商管全華圖書
叢書 BUSINESS MANAGEMENT

基礎經濟學
Economics

— 李見發、戴錦周、邱泰穎 著 —

全華

PREFACE 二版序

在基礎經濟學二版付梓時，COVID-19 已漸入尾聲，全世界的生產與消費活動也逐漸恢復，在過去這段時間，全球經濟經歷了一場艱苦的試煉，不僅深深地影響了我們的日常生活，更對整體經濟體系產生了巨大的影響。尤其是人工智慧（AI）的快速發展，對經濟結構和生產與消費，產生了深遠的影響，AI 技術的應用，使得生產和製造過程更加自動化，能夠處理複雜的任務，提高生產效率。透過大數據分析，廠商能夠發現新的市場機會，改進產品和服務，提高了消費者滿意度。AI 對經濟活動的影響日趨深遠，值得我們持續密切關注。

第二版的基礎經濟學總計有 18 章比初版多了 2 章，這樣對於教授學年課的教師，在教學內容上能更有彈性。我們也將初版的結構進行了修改與調整，以反應當前經濟環境的變化。在個體經濟部分，為了將第 6 章「不完全競爭市場」做更詳盡介紹，而拆解成「獨占」與「獨占性競爭和寡占」兩章，同時新增了第 9 章「公共財與外部性」，使個體經濟的內容更加完整。在總體經濟方面，我們重新檢視了各章節的名稱，期使每個章節的標題能更貼合實際生活，讓讀者從標題就能瞭解該章的核心內容。在第 3 章的第 3 節與第 4 章第 2 節，均有星號標示，授課教師可依學生的學習成效與授課進度，做教學上的取捨。

本書有以下幾點特色：

1. 概念化：以深入淺出的筆法闡述經濟學概念，並輔以大量簡單易懂的圖表。
2. 時事小專欄：提供時事小專欄的目的是，希望讓初學者在研讀經濟學理論的同時，也可以瞭解實際的事件，如此，才會更接近日常生活，激發初學者學習的動力。
3. 知識補給站：我們利用它們做為輔助題材，來介紹一些有趣的經濟現象，提供額外重要名詞或概念。
4. 學後評量：在讀完一章後，學生可以藉回答學後評量的習題以測試其對基本課題的瞭解程度。

最後，我們要衷心感謝廣大的讀者。您們提出的寶貴建議和意見，讓這本書能夠不斷的改進，您們的參與和支持是這本書不斷進步的原動力。期待在這次的修訂後，基礎經濟學能夠更符合讀者們的期待。

李見發
戴錦周
邱泰穎 謹識
2024 年 6 月

CONTENTS

01 緒論

02 需求、供給與彈性

03 消費者最適選擇

04 廠商生產與成本

05 完全競爭市場

06 獨占

07 獨占性競爭與寡占

08 生產要素市場

09 公共財與外部性

10 國民經濟活動的衡量

11 國民所得的決定

12 金融體系與貨幣

13 總合供給與總合需求

14 中央銀行與貨幣政策

15 生活的痛苦指數：失業與通貨膨脹

16 經濟成長：資本累積與技術進步

17 國際貿易

18 國際收支與匯率

01

緒論

本章綱要

1.1 經濟學的定義
1.2 經濟學的分類
1.3 經濟學的應用範圍
1.4 經濟循環流程
1.5 經濟學家的思考方式
1.6 生產可能曲線
1.7 交易利得
1.8 本書架構

焦點透視鏡｜疫情後的復甦：看亞洲經濟體如何「派糖」促消費

2020 年初開始爆發的新冠大流行重創亞洲經濟。消費作為經濟成長的重要手段，對一些亞洲經濟體來說甚至是其主要收入來源。邁向「後疫情時代」，亞洲各經濟體，譬如泰國、臺灣、中國、香港等地政府都各自推出各種刺激消費的政策，盼望策動遭遇打擊的經濟。

臺灣：從振興券到現金，從業者期盼重新開始。

根據臺灣行政院今年 1 月發佈的最新經濟預測，2022 年第 4 季臺灣經濟成長率為 0.86%，終結了連續 26 季的正成長。2022 年全年經濟成長率約 2.43%，創 2017 年以來最低。

面對疫情衝擊，臺灣政府開始派發各種消費卷作為振興消費的手段，且「派糖」金額逐年攀升。2023 年，臺灣政府以「全民共享經濟成果」為由，挪出若干經費，預計發給每位臺灣公民約 6 千元臺幣（約 198 美元）「普發現金」（純現金），預算法案本周已在立法院獲得通過。對於隨著疫情高低起伏的消費經濟，臺灣小商人感受良多。

香港：政府派糖與遊客回歸

2020 年以來，在疫情及防疫政策衝擊下，香港的旅遊觀光業遭受重擊。根據公開資料，香港旅遊業的本地生產總值（GDP）佔比，2020 年，新冠疫情打擊下，其產值佔比暴跌至 0.4%。訪港旅客由 2019 年的 5591 萬人次，在 2020 年急墜到 357 萬人次，2021 年只剩下 9.1 萬人。香港的消費復甦可能要更多依賴外來客人。其中大陸旅客被視為許多商鋪及觀光業者的「救命靈藥」。

1.1 經濟學的定義

從早上起床，一直到晚上就寢，每個人一天面臨許多選擇，早餐想到今天要吃麥當勞、摩斯漢堡還是漢堡王？昨天手機星巴克 app 抽獎，竟抽到咖啡買一送一，那今天早餐當然吃星巴克囉。到了午餐與晚餐時間，又要思考要吃什麼好呢？乃至於畢業後要從事什麼樣的工作，結婚後計畫生幾位寶寶。我們每天都面臨做選擇，這樣的選擇結果或許別人不認爲是最好，可是你覺得這個選擇對自己而言是最有利，這就是生活也就是經濟。你或許會有疑問，我的生活怎麼會是經濟呢？在這一章，我將敘述什麼是經濟學？爲什麼要學習經濟學，以及經濟學的分類。

中國大陸：房地產消費能否復甦

中國經濟去年出現近半個世紀以來第二低的增速，這凸顯了中國 2022 年嚴格的新冠封鎖措施產生的影響。而房地產現在是中國寄望拉動經濟復甦的主要消費行為。盼望高單價的房地產消費，能重振中國大陸受疫情打擊的經濟。

泰國：觀光消費如何走向新生

泰國經濟一直萬分倚賴來自觀光者的消費。

為了吸引國外遊客回流，泰國早在 2021 年底，比起其他亞太城市更早鬆綁了入境防疫規定。此外，2022 年底，中國迅速宣佈「解封」開放出入境旅遊，泰國亦是少數國家不針對中國旅客入境檢測的國家，這是因為中國遊客一直是泰國國際旅遊的主要消費力。

資料來源：BBC NEWS 中文 2023/2/23

解說

消費支出占一國 GDP 比例通常高達 50% 以上，因此受到新冠肺炎大流行影響，消費支出大量減少對一國的經濟成長影響非常大，因此在後疫情時代，各國的重要經濟政策都著眼於如何刺激消費支出。臺灣在疫情後，消費者多選擇走出室外彌補這空白的三年，因此運動類活動，健身房／健身中心，藝術表演活動紛紛恢復舉辦，許多疫前停辦的實體活動、市集、音樂節陸續回歸；觀光工廠、商家為了加快實體營運恢復的速度也紛紛轉型，除了既有販售品項，也規劃實體的體驗活動，用多元的產品類型、趣味的方式，把握住疫後渴望獲得真實體驗的消費者。

經濟就是生活，所以簡單說，經濟學（economics）就是一門教我們如何做選擇的社會科學。爲什麼要做選擇？因爲人類慾望無窮，而滿足慾望的資源卻是相對地有限，如前例，早餐既要能吃飽又要有營養，更重要的還要便宜，有這麼多目標要達成，當然得做一個你認爲最佳的分配。

透過經濟學的學習，可以了解自己爲什麼會這麼選擇的理由。因此，經濟學是「一門研究人類經濟行爲的社會科學，教導人類如何在有限資源且具多種用途下，從事消費、生產與分配，以滿足我們現在與未來的需要」。

從上面定義可以知道，資源是有限的，而人類的慾望卻是無窮，所以要好好的做規劃，不僅要滿足目前的需要，而且要滿足未來人類的需要，而且資源要永續利用，不能在這一代開發殆盡。

爲什麼要學習經濟學？經濟學能教我們賺錢發財嗎？如果要發財，應該研讀投資學，經濟學不是教我們如何發財的社會科學，經濟學運用歸納與演繹的社會科學研究方法，觀察多數消費者與生產者的行爲後得到若干原理，再將原理運用到消費者與生產者身上，驗證他們的行爲是否符合經濟學原理，並將原理應用到其它領域。

經濟就是生活，所以無論財金相關科系同學，應該要學習經濟學，非財金相關領域科系同學，也應該了解經濟學的重要性，因爲你也在生活中，做無數選擇。我們可以說經濟理論是所有商科之母，學習好經濟學對於日後學習其它商學學科將會事半功倍。

時事小專欄

後疫情時代零接觸經濟仍夯 99% 消費者願意續用行動錢包

後疫情時代零接觸經濟仍未退燒，根據 Visa 最新「消費者支付態度報告 4.0」，超過 6 成消費者在線上購物時會用行動錢包結帳，即便是實體店面也有 8 成消費者會每周使用，有 99% 消費者表示未來會繼續使用行動錢包。

調查發現，10% 的消費者每三個月就需要海外匯款一次，其中 8% 有子女居住在海外，19% 有親戚居住在海外，衍生出常態性頻繁的跨境匯款需求。

報告指出，匯款目的除了為支付家人生活費（36%）、子女學費（28%），另有 41% 則是為個人投資需求，而消費者最常使用的海外匯款方式為直接透過網銀或行動網銀（46%）。

消費跨境在全球邊境未開放期間成為消費者生活的一部分，調查發現，每 2 人就有 1 人（53%）在過去一年曾跨境網購，71% 每月多次跨境血拚，吸引消費者跨境網購原因在於：價格低於本地（49%），以及更多種類或商品可選擇（48%），讓消費者未來也會持續跨境網購。

調查也發現，書籍（21%）、時尚服飾（19%）與健康保健品（19%）是臺灣消費者跨境網購最愛購買類別。

資料來源：摘錄自中國時報資訊 2020/09/23

知識補給站 為什麼要學經濟學？

1. 提升思維方式：學習經濟學能讓你打開視野，提供分析個人與社會經濟行為的科學方法。
2. 經濟學包括一些有效的工具：了解個人收入與支出的關係，以及了解政府經濟政策。
3. 讓自己過得更好：如何分配資源提升自己的效用。

資料來源：澳洲 U 網：為什麼要學點經濟學？

1.2 經濟學的分類

一、依研究對象區分

經濟學的分類，依研究的對象可分成個體經濟學（microeconomics）與總體經濟學（macroeconomics）。個體經濟學探討家計單位或廠商，如何在資源有限情況下，分配資源以追求效用極大化或利潤極大化。總體經濟學是以整個國家或社會爲研究對象，在國家有限資源情況下，如何做資源分配，達成一國經濟目標最適化。

個體經濟學如同觀察研究一顆樹或少數幾顆樹，樹的成長情況如何，有沒有病蟲害，要怎樣做才能讓這幾棵樹長好。總體經濟學是以整個林相作爲觀察與研究對象。將經濟學分成個體與總體，只是爲了教學與學習方便，經濟學是完整的，不能切割成個體與總體。

二、依研究方法區分

經濟學如從研究方法區分，可分成實證經濟學（positive economics）與規範經濟學（normative economics）。實證經濟學著重於對經濟現況的陳述與推論，沒有價值好壞的判斷。規範經濟學，不僅對於經濟現況做陳述，而且有主觀價值好壞的判斷。

例如只說明 2023 年 11 月失業率爲 3.34%、消費者物價指數年增率爲 2.71%，景氣對策信號持續呈黃藍燈，這些屬於實證經濟學範疇。而規範經濟學則會進一步提出主觀價值判斷，失業率是高還是低，如果認爲偏高，建議政府應採取何種對策。

1.3 經濟學的應用範圍

經濟學理論可應用於不同領域，成為一門獨立學科。例如將消費與生產理論應用於農業，形成農業經濟學。應用於休閒與工作分配則成為休閒經濟學。

將成本理論應用於勞動力分配則成為勞動經濟學。應用於運輸行為則成為運輸經濟學。應用於國際貿易就成為國際經濟學。

因此，經濟學應用層面很廣，學好經濟學對於學習其它商學相關學科助益甚大。

1.4 經濟循環流程

我們透過經濟循環周流圖（circular-flow diagram）來進一步了解個體經濟與總體經濟，這兩領域所探討的市場類型與經濟主體之差異性。

一、個體經濟循環流程

個體經濟體系中，有兩個市場，財貨與勞務市場、要素市場（土地、勞動與資本）。兩個經濟主體：家計單位與廠商。在圖 1.1 中，家計單位向廠商購買財貨與勞務，同時支付貨幣，廠商因交易而有貨幣收入。

家計單位在商品（財貨與勞務）市場，扮演需求者的角色，而廠商則扮演供給者的角色，這樣有需求與供給就形成一個完整的市場。

在下方的要素市場，家計單位提供就業，提供體力或腦力，換取工資或薪資，是要素供給者，而廠商需要人才來替他從事生產，而支付薪資成本，是要素需求的一方，這樣有需求也有供給也形成一個完整的要素市場。外面那一圈，稱為商品與要素的循環，裡面那一圈則是貨幣與所得的循環。

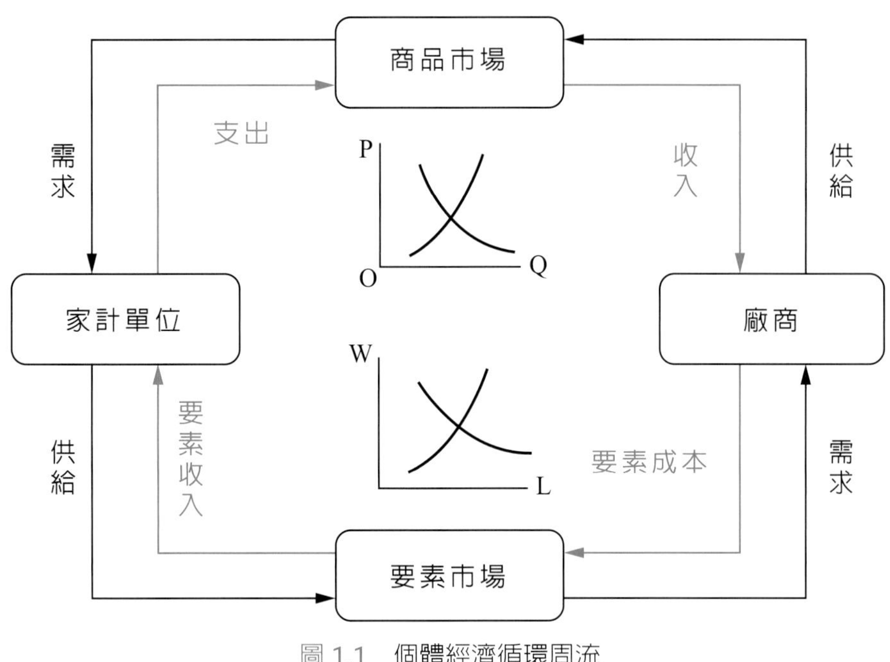

圖 1.1 個體經濟循環周流

二、總體經濟循環流程

爲了簡化說明總體經濟循環周流，假設是一個封閉經濟體系（沒有國外部門），經濟主體再增加政府部門，市場增加金融市場。圖 1.2 是封閉的總體經濟流程圖。圖中所有箭頭的流向都是貨幣所得的循環。

家計單位在商品市場的支出，這項支出形成廠商的銷售收入，進而在勞動市場中以工資或薪資型態支付給家計單位。同時家計單位的收入如大於支出，此剩餘稱爲私人儲蓄，形成可貸資金供給的一部分，透過金融市場，以間接金融（indirect finance）或直接金融（direct finance）方式，流向對可貸資金形成需求的廠商。

政府部門對家計單位與廠商，會有課稅或移轉支付，稅收如大於政府支出，稱爲預算盈餘（budget surplus）亦即政府儲蓄。政府部門的貨幣政策也會影響金融市場的貨幣數量與利率。

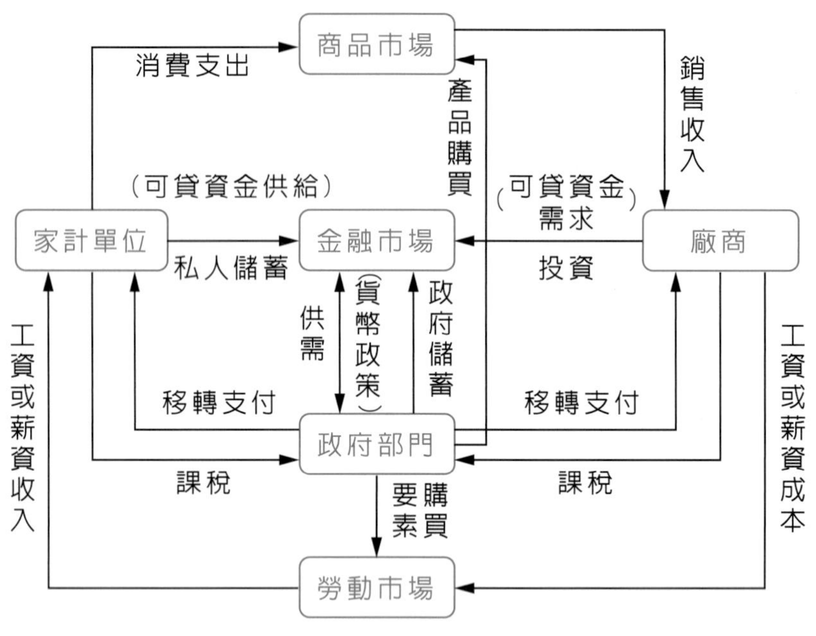

圖 1.2　總體經濟循環周流

1.5 經濟學家的思考方式

本節將說明經濟學家經常使用的思考方式。

知識補給站　經濟學教你權衡取捨

在經濟生活中，人們不可避免地要作出各種決策。人們在冷靜、鎮定的狀態下總是傾向於做出有利於自身最大利益方面的選擇，這才是權衡取捨中最重要的。

就拿魚和熊掌來說，你根據自己的情況與標準，來判斷你獲得魚的益處大於熊掌呢？還是獲得熊掌的益處大於魚。在權衡兩者的利弊與得失之後做出的選擇，懂得及時取捨，才能迎來更多的機會。

經濟學是一門和生活緊密相連的學科，博大精深。經濟學在生活中也非常有用，生存在當今社會，每個人都要了解一定的經濟學知識。

資料來源：摘錄自每日頭條 2017/12/12

一、以邊際的思考作為決策的基礎

所謂邊際（margin）是一種以漸進的方式，來衡量額外增減一單位的得與失。例如考試快到了，這時會想一想，多念一小時的課本，哪一科能讓我得最多分數，是數學還是國文？如果數學基礎不好，這時再多做幾小時數學，恐怕分數增加不了幾分，還不如來背背國文，只要有背就有分數。因此會作出準備國文較有效率的選擇。

在第三章的消費者行爲分析中，消費者爲追求滿足程度最大，也會用邊際的思考方式，來決定要不要再消費一單位財貨。而對生產者而言，也是用邊際來做思考，決定要不要再多生產一單位，使利潤達到最大化，詳細內容在第三、四章再作說明。

二、理性的選擇

所謂的理性（rationality）是指在做任何決策前，會蒐集資訊且分析資訊，然後作出個人認爲最適的選擇，這樣的選擇也許旁人會認爲並不是最佳的結果。例如中午要吃飯，你會考慮到有多少用餐時間，想吃什麼？這時候餐廳或自助餐的排隊人潮有多長，價格又是如何？當下不用耗費很長的時間立即作出要吃哪一家餐廳的選擇，也許朋友會認爲你選的餐廳並不是最佳的，但只要是經過收集與分析資訊的步驟而做出決定，這就是理性的選擇結果。

或是在就業中想利用假日進修，一定會蒐集資料，有哪些學校有假日進修班？要念幾年才能取得學位，學費多少，通勤距離多遠，經過資料分析而做出選擇某校來進修，這也是理性的選擇結果。

三、個人決策容易受到外在誘因干擾

消費者的決策很容易受到外在環境因素的影響，例如已決定要吃自助餐，結果隔壁餐廳新開幕有打折活動，可能馬上改變原先的決策。

經濟學是社會科學的一支，社會由人所組成，人的選擇經常在改變，也因此商品廣告才會有效果。或是大學新生招生，有些學校會以高額獎學金或送平板電腦方式，吸引新生入學。

四、天下沒有白吃的午餐

做任何事情都需耗費成本，就算不花錢也要花時間。有捨必有得，失是得的成本，在經濟學裡稱爲機會成本（opportunity cost）。因爲資源有多種用途，當你使用在某一用途時，必須犧牲在其他用途的收益。

例如阿平有三個工作機會，A 工作月薪 32,000 元，B 工作月薪 30,000 元，C 工作月薪 33,000 元。當阿平選擇 C 工作時，放棄 A 與 B 的工作機會，這時他選擇 C 工作的機會成本就是 32,000 元，是他放棄 A 與 B 中收入最高那一項薪水，而非 A 與 B 薪水的總和。

時事小專欄

示範綠能轉型 全臺最大規模漁電共生場域啓用

臺南市北門區，16 日上午有一場，全臺最大漁電共生場域啓用典禮。由能源商和養殖業者以公部門代表等，共同出席。見證全臺大，128MW 的漁電共生場域落成啓用。事實上這處漁電共生廠已經運轉滿一年，在堅持先有漁，再有電的理念下，為臺灣綠能轉型，做出了示範。

歷時五年，成功在臺南北門的沿海地區，整合 170 公頃魚塭。以養殖創新、綠能發展、地方共榮和生態維護為目標，成功打造出，全臺規模最大的，漁電共生場域。業者強調，其實花了很多時間來溝通，也經過了去年 2023 年，一整年的放養之後，才能夠很驕傲的，站在這邊來完成這個啓用典禮。對於外界質疑，光電基樁的設置，會阻礙養殖。參與的養殖戶出面強調，技術上早已完全克服。

漁民說，其實把水抽到剩下集魚區的範圍，然後再採收，就沒有基樁影響的問題。而且透過技術創新，將場域畫分為養殖池和蓄水池，養殖池放養文蛤，蓄水池混養虱目魚和白蝦，漁獲收成不僅產量不受影響，還多了種電效應，讓養殖戶收入穩定增加。

迎接臺灣能源轉型，多贏時代。這處漁電共生場域，年發電量約 1.8 億度，相當於 5 萬戶家庭年用電量，減少碳排放量，9.5 萬公噸，也兼具儲能效益。希望讓外界能更了解，政府、民間，共同推動綠能轉型的成效。

資料來源：民視新聞網 2024/01/16

五、以模型分析經濟問題

經濟學家分析經濟問題，一般以模型（models）來分析。模型的功能類似地圖，可指引方向正確到達目的地。經濟是動態，所有變數均在變動中，如果不簡化是無法分析經濟問題。假設有些變數固定不動，而分析某一變數變動帶來的影響。例如地圖並不會繪出路上的一草一木，但根據地圖的指引可到達目的地。經濟學的模型功能如同地圖，雖然有假設條件但仍不失眞，一樣可以達到分析的目的。

1.6 生產可能曲線

經濟學家常用生產可能曲線（production possibility curve，PPC），說明機會成本與經濟成長的概念。所謂生產可能曲線是指在技術與要素使用量固定的條件下，生產兩個產品的最大可能產量的組合軌跡。

在 PPC 線上每一個產品組合都是最大，因爲充分使用要素，即採用最有效率的方式進行生產，所謂效率是指資源的重新調整或配置，不可能使所有人都變更好的狀態，亦即增產某產品時，必須減少其他產品的生產，也就是增加 A 產品的生產同時，須減少 B 產品的生產。因爲減少 B 產品才能釋出生產要素，轉移給生產 A 產品。

爲簡化說明，假設這個社會只生產兩種產品，而生產要素有最佳生產用途。在平面空間繪出這兩種產品，糧食與汽車的生產可能曲線，如圖 1.3 所示。其中糧食衡量單位爲百萬公噸，汽車單位爲百萬台。將全國所有資源集中生產糧食，每年最高產量 7 百萬公噸，若集中生產汽車，每年最多生產 28 百萬台。如果同時生產糧食與汽車，則產品組合會落在 PPC 線上某一點。

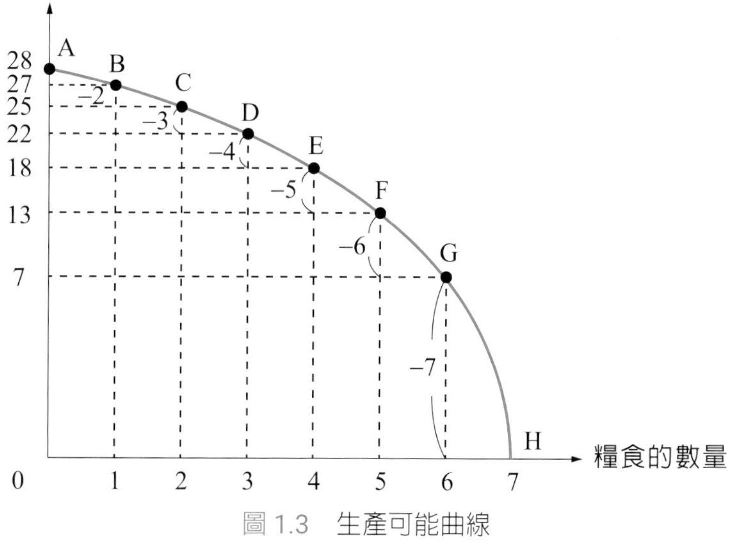

圖 1.3　生產可能曲線

假使一開始在 A 點生產，此時全部資源投入汽車生產，汽車產量最大爲 28 百萬台，而糧食產量爲 0。若此經濟社會開始生產糧食，則必須將一些汽車生產用途的資源移轉至糧食生產，汽車產量必然減少。

例如從 A 點下移至 B 點，顯示當增產 1 百萬噸糧食時，汽車則須減產 1 百萬台，汽車減產等於是糧食增產的機會成本，同樣由 B 點下移至 C 點，再增加 1 百萬噸糧食生產，則必須減產 2 百萬台汽車，成爲增產第 2 個百萬噸糧食的機會成本。依此類推，由 C 點下移至 D 點，增產第 3 個百萬噸糧食的機會成本，詳如表 1.1 所示。

表 1.1 中第四欄即代表增產糧食的機會成本，負數表示「減產」，所以糧食持續增產，而汽車減少的產量愈來愈多（機會成本以絕對值來比較）。沿著 PPC 曲線從 A 點逐漸向右下方移動，每增產一百萬噸糧食的機會成本呈遞增現象，亦即 PPC 曲線呈現凹向原點。

爲什麼會發生機會成本遞增現象？原因來自於生產要素有最佳生產用途，也就是生產要素間異質，例如有些勞動者是汽車技師，有些勞動者是農民，剛開始要增產糧食，一定會先投入農民來生產，等到生產糧食的農民已完全投入，此時如果還要增產糧食，只好挪用那些適合生產汽車的技師，因此汽車減產的數量會愈來愈多。

表 1.1　生產可能表

組合	糧食	汽車	增產糧食所放棄的汽車
A	0	28	—
B	1	27	–1
C	2	25	–2
D	3	22	–3
E	4	18	–4
F	5	13	–5
G	6	7	–6
H	7	0	–7

例題 1-1

麵包的生產可能曲線已知為 $B^2 + 2B + 4R - 168$，其中 B 為麵包的產量，R 為捲餅的產量，請問麵包的最大產量為何？捲餅的最大產量又為何？

解 當 $B = 0$ 時，捲餅的最大產量為：$4R = 168 \quad R = 42$
當 $R = 0$ 時，麵包的最大產量為：$B^2 + 2B - 168 = 0$ 利用二次式公式求解，所以 $B = 12$

生產可能曲線除了用來說明機會成本外，還可以用來表示一國的經濟成長型態。在一定期間內，PPC 曲線位置不會移動，隨一段時間經過，一國擁有的生產要素數量和生產技術水準會發生改變。如果一段時間經過，生產要素的數量與技術水準皆適合糧食與資本財生產，則 PPC 曲線會平行向外移動，如圖 1.4 稱為中性經濟成長（或稱平衡成長）。而圖 1.5 顯示資本財增產成長速度快過糧食增產速度，稱為偏向工業部門的經濟成長；相反地，圖 1.6 則稱為偏向農業部門的經濟成長。

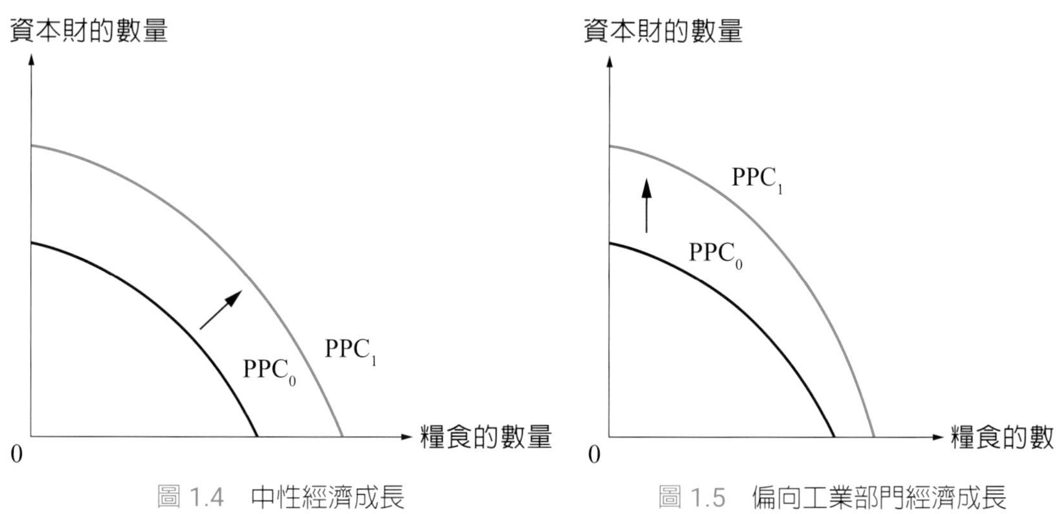

圖 1.4 中性經濟成長

圖 1.5 偏向工業部門經濟成長

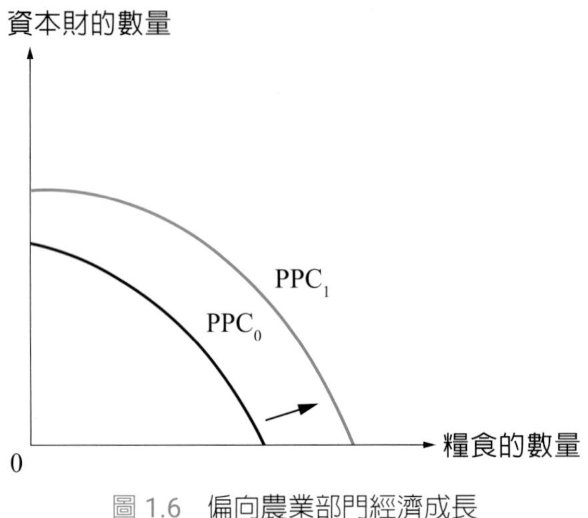

圖 1.6　偏向農業部門經濟成長

1.7　交易利得

經濟學認為一個國家透過專業化（specialization）生產可促成經濟成長，再依據比較利益法則與他國進行貿易交換，如此可提高一國的福利水準。

一、絕對利益與比較利益

比較利益（comparative advantage）係由大衛．李嘉圖（David Ricardo）所提出，他修正亞當．斯密（Adam Smith）所提出的絕對利益（absolute advantage）原理，李嘉圖認為，兩國只要專業化生產自身具有比較利益之產品，能夠使二國總產出增加，社會福利也將因此提升。

比較利益是指某一個國家生產某一項產品的機會成本低於其他國家，則這個國家對該項產品具有比較利益。機會成本的不同，係來自於資源具有最佳用途，在前一節的生產可能曲線，已詳細說明其概念。

例如一名律師一小時的諮詢，平均收費 1 萬元，他也擅長中文打字，一分鐘可打 80 個字，平均一小時可收到約 300 元，諮詢費與打字收入相差了 33 倍，所以執行律師業務機會成本相對低。其它要素也有相似情形，例如有些土地適合蓋房子卻不適合耕種。有些資本設備很精密卻很難操作，有些設備生產力高卻需要經常維修。

絕對利益是指一國在某項商品的生產力高於其他國家，則對該商品的生產具有絕對利益，所以絕對利益是兩國生產力（每小時產出）的比較，而比較利益指的是機會成本的比較。一國即使對所有產品的生產都具絕對利益，也不會對所有產品都有比較利益。比較利益源自於機會成本的不同，每個國家資源稟賦不同，所以生產不同的產品就會有不同的機會成本。

知識補給站　亞當．斯密

亞當．斯密（Adam Smith，1723 年 6 月 5 日（受洗）（新曆 6 月 16 日）～ 1790 年 7 月 17 日）為蘇格蘭哲學家和經濟學家，他所著的《國富論》成為了第一本試圖闡述歐洲產業和商業發展歷史的著作。這本書發展出了現代的經濟學學科，也提供了現代自由貿易、資本主義和自由意志主義的理論基礎。因此，亞當．斯密被譽為經濟學之父。

資料來源：維基百科

以下用簡單例子，說明比較利益的概念，以及專業化生產交換後，如何提升雙方的福利。

在一條巷子的兩端各開了一家小吃店，一家由小慧阿嬤經營，另一家由小蘋阿嬤經營，兩家店賣的東西相同。

小慧阿嬤年紀較大動作慢，店裡的機器設備也較老舊，她的生產可能表如表 1.2 所示，她綁一顆肉粽要 2 分鐘，所以 1 小時只能綁個 30 顆肉粽。不過小慧阿嬤對煮四神湯很認眞，一份四神湯只要 4 分鐘，所以她一小時可以做出 15 份四神湯，小慧阿嬤綁一顆肉粽要 2 分鐘，一份四神湯要 4 分鐘，所以如果她多花 4 分鐘煮一份四神湯，她就少綁 2 顆肉粽。

相反地，如果她多花 2 分鐘綁一顆肉粽，她就少煮 0.5 份四神湯，因此，小慧阿嬤綁一顆肉粽的機會成本為 1/2 份四神湯，而小慧阿嬤煮一份四神湯的機會成本為 2 顆肉粽。

假設小慧阿嬤的顧客每小時買 18 顆肉粽與 6 份四神湯，所以小慧阿嬤每小時花 36 分鐘綁 18 顆肉粽，且花 24 分鐘做 6 份四神湯。圖 1.7 是小慧阿嬤的生產可能曲線，生產可能曲線是直線型而非向外凸出，這是因爲不管小慧阿嬤將時間如何分配，她綁一顆肉粽與煮一份四神湯的時間都是固定的，也就是綁一顆肉粽與煮一份四神湯的機會成本都是一樣的。

表 1.2　小慧阿嬤生產可能表

項目	生產一份所需時間（分鐘）	一小時產量
肉粽	2	30
四神湯	4	15

小慧阿嬤綁一顆肉粽的機會成本爲 1/2 份四神湯，小慧阿嬤煮一份四神湯的機會成本爲 2 顆肉粽。

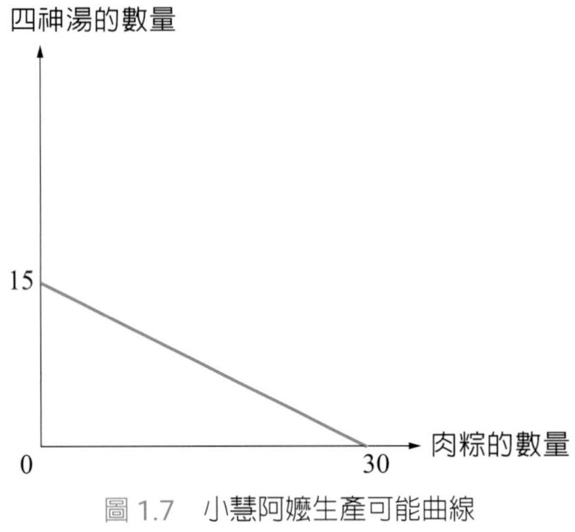

圖 1.7　小慧阿嬤生產可能曲線

小蘋阿嬤比較年輕手腳俐落，她的生產可能表如表 1.3 所示，她綁一顆肉粽跟小慧阿嬤一樣要 2 分鐘，所以 1 小時能綁個 30 顆肉粽。不過小蘋阿嬤使用效率較高的烹煮設備，所以她煮一份四神湯只要 2 分鐘，所以她一小時可以做出 30 份四神湯，小蘋阿嬤綁一顆肉粽要 2 分鐘，一份四神湯也要 2 分鐘，所以如果她多花 2 分鐘做一份四神湯，她就少做一顆肉粽。

相反地，如果她多花 2 分鐘綁一顆肉粽，她就少煮一份四神湯，因此，小蘋阿嬤綁一顆肉粽的機會成本爲 1 份四神湯，煮一份四神湯的機會成本爲 1 顆肉粽。

假設小蘋阿嬤的顧客每小時買 9 顆肉粽與 21 份四神湯，所以小蘋阿嬤每小時花 18 分鐘綁 9 顆肉粽，且花 42 分鐘煮 21 份四神湯。圖 1.8 是小蘋阿嬤的生產可能曲線，生產可能曲線形狀也是直線型。因爲不管她如何分配時間，她綁一顆肉粽與煮一份四神湯的時間都是固定的。

表 1.3　小蘋阿嬤的生產可能表

項目	生產一份所需時間（分鐘）	一小時產量
肉粽	2	30
四神湯	2	30

小蘋阿嬤綁一顆肉粽的機會成本爲 1 份四神湯，小蘋阿嬤煮一份四神湯的機會成本爲 1 顆肉粽。

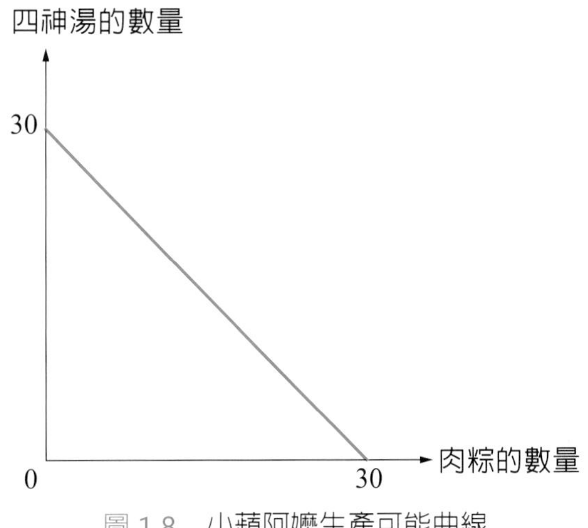

圖 1.8　小蘋阿嬤生產可能曲線

小慧阿嬤與小蘋阿嬤誰在綁肉粽上具有比較利益？誰在煮四神湯上具有比較利益？如前所述，比較利益是指某國生產某一種商品的機會成本低於其它國家，則該國在該項產品上具有比較利益。

小慧阿嬤綁一顆肉粽的機會成本是 1/2 碗的四神湯，而小蘋阿嬤綁一顆肉粽的機會成本爲 1 份四神湯，所以小慧阿嬤在肉粽上具有比較利益。小蘋阿嬤煮一份四神湯的機會成本爲 1 顆肉粽，而小慧阿嬤煮一份四神湯機會成本爲 2 顆肉粽。所以小蘋阿嬤在四神湯上具有比較利益。

二、交易利得的實現

有一天兩個阿嬤在菜市場遇到了，閒談中突發異想，兩人爲何不由競爭改成合作，可是要如何合作呢？小慧阿嬤提出如下幾個很棒的建議：

1. 我們都專業化生產我們具比較利益的商品。
2. 小慧阿嬤將所有的資源全部用來綁肉粽，不煮四神湯。
3. 小蘋阿嬤將所有的資源全部用煮四神湯，不綁肉粽。
4. 兩人合作，每小時可以綁 30 顆肉粽與 30 份四神湯，如表 1.4 之 (b) 所示。
5. 然後進行交易：小慧阿嬤用肉粽跟小蘋阿嬤換四神湯；小蘋阿嬤用四神湯跟小慧阿嬤換肉粽。
6. 訂一個雙方都可以接受的交易比例。

可是交易比例要如何決定呢？如果交易比例是一個肉粽換 0.5 份四神湯，對小慧阿嬤一點好處也沒有，因爲跟交易前自己的機會成本一樣，而小蘋阿嬤獲益最大，如果交易比例是一顆肉粽換一份四神湯，對小蘋阿嬤一點好處也沒有，因爲跟交易前自己的機會成本一樣，而小慧阿嬤獲益最大，因此雙方可以接受的交易比例必須介於雙方的機會成本之間。小慧阿嬤與小蘋阿嬤後來商討出的交易比例是一顆肉粽換 0.7 份四神湯。在此交易條件下，小慧阿嬤提議用 10 顆肉粽跟小蘋阿嬤換 7 份四神湯，等同小蘋阿嬤用 7 份四神湯跟小慧阿嬤換 10 顆肉粽（如表 1.4 之 (c) 所示）。經過交易之後，小慧阿嬤有 7 份四神湯，（自己生產的 30 顆肉粽扣掉換給小蘋阿嬤的 10 顆，肉粽剩 20 顆）。她現在有更多數量的肉粽與四神湯可以賣給顧客（比較表 1.4 之 (d) 與 (a)）。

小蘋阿嬤則有 10 顆肉粽，（自己生產的 30 份四神湯扣掉換給小慧阿嬤的 7 份，四神湯剩 23 份），她現在也有更多數量的肉粽與四神湯可以賣給顧客（比較表 1.4 之 (d) 與 (a)）。因此，經過交易之後，小慧阿嬤每小時有 2 顆肉粽與 1 份四神湯的交易利得（gains from trade 或稱貿易利得），小蘋阿嬤每小時有 1 顆肉粽與 2 份四神湯的交易利得。

表 1.4　小慧阿嬤與小蘋阿嬤交易利得

老闆 \ 項目	交易前 (a)		專業化生產 (b)		交易條件 (c)		交易後 (d)		交易利得 (e)	
	肉粽	四神湯	肉粽	四神湯	肉粽	四神湯	肉粽	四神湯	肉粽	四神湯
小慧阿嬤	18	6	30	0	賣 10	買 7	20	7	+2	+1
小蘋阿嬤	9	21	0	30	買 10	賣 7	10	23	+1	+2

由圖 1.9 可知，小慧阿嬤在 A 點生產，提供顧客 18 顆肉粽與 6 份四神湯，交易條件是以 1 顆肉粽換 0.7 份四神湯。圖中虛線就是交易線（trade line），斜率（絕對值）即等於 0.7。交易後生產點爲 A' 點，在原 A 點右上方有 2 顆肉粽與 1 份四神湯的交易利得。

由圖 1.10 可知，小蘋阿嬤在 B 點生產，提供顧客 9 顆肉粽與 21 份四神湯，交易條件是以 1 顆肉粽換 0.7 份四神湯。交易線斜率等於 0.7，交易後生產點爲 B' 點，在原 B 點右上方有 1 顆肉粽與 2 份四神湯的交易利得。

雖然小蘋阿嬤的生產力都高過小慧阿嬤，但她們透過專業化生產具比較利益的產品，進行交易而獲得良好結果。

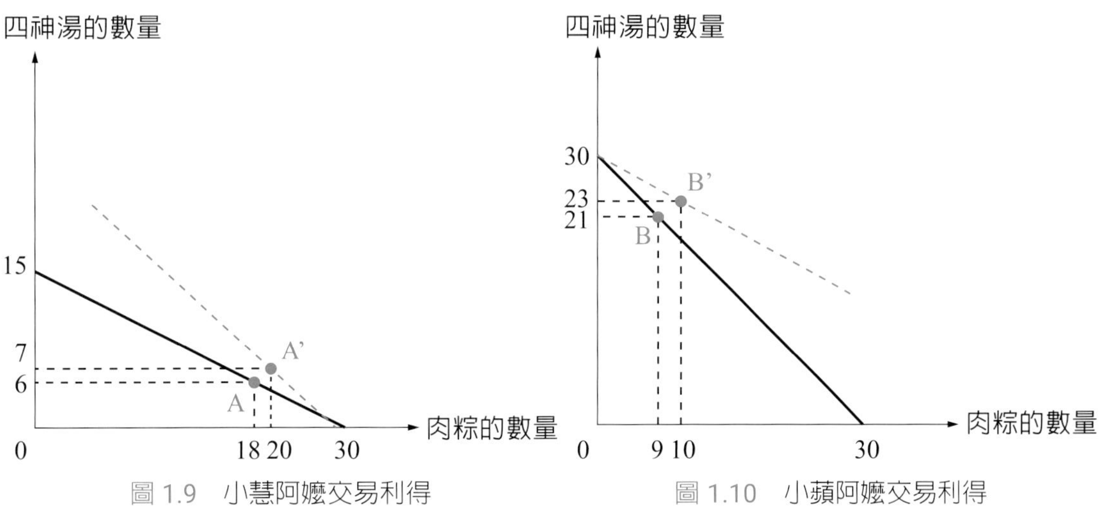

圖 1.9　小慧阿嬤交易利得

圖 1.10　小蘋阿嬤交易利得

時事小專欄

疫後拚振興！
台北 101 景觀台推優惠吸客

新冠肺炎（COVID-19）對經濟的衝擊

新冠病毒的除了造成人類生命死亡與呼吸道嚴重後遺症外，對全球經濟的影響非常重大，改變了人類消費行為與生產結構。

新冠肺炎對消費型態的影響

疫情對國內經濟影響層面主要包括：國人消費意願下滑，來臺旅客人次減少，將衝擊我國民間消費及服務輸出動能。此外，全球需求緊縮及生產陷入停滯，將減少對我國生產之終端產品及中間財需求，影響我國商品出口。由於國人原規劃的出國旅遊可能有部分轉為國內旅遊，以及紓困振興及移緩濟急共計千億元等之正面效益，可望減緩疫情衝擊。

為防控疫情發展出遠端居家辦公和線上社交等技術與相關產品，成為全球經濟新的成長點。人工智慧、大數據和機器人等技術迅速發展，使線上會議、線上教育、線上醫療等相關產業蓬勃發展。外送平台消費模式促進了消費新型態的創新。

因應疫情而加快數位產業發展，加快了去現金化進程，電子支付系統以及信用卡因而速發展。

資料來源：國發會專案報告 2020/03/30

1.8 本書架構

本書共分成 18 章。第 1 章緒論，說明什麼是經濟學、經濟學的分類以及經濟學家常用的思考方式。第 2 章爲需求供給與彈性。探討市場中最重要的兩個力量，需求與供給，以及影響這兩條線變動的因素。最後我們探討彈性的種類與影響因素。第 3 章消費者的最適選擇，分別從邊際效用分析法與無異曲線分析法，來分析消費者效用最大化的均衡條件，並導出財貨的需求曲線。第 4 章廠商生產與成本，分別從短期與長期分析廠商生產與成本行爲。第 5 章完全競爭市場，說明完全競爭市場短期停業點與均衡條件，長期時均衡條件又是如何。第 6 章獨占，分別介紹獨占廠商的長短期均衡與差別取價。

第 7 章介紹獨占性競爭與寡占，說明獨占性競爭的長短期均衡，最後分析寡占廠商的特性與競爭策略。第 8 章生產要素市場，分別從勞動市場、土地市場與資本市場，說明工資、地租與利率的意義以及如何決定其價格。第 9 章介紹公共財與外部性，在本章中說明財貨的分類標準，公共財的最適數量是如何決定，在外部性方面，說明正負外部性存在時，均衡數量如何決定，以及政府如何透過政策，矯正正負外部性的缺陷。第 10 章國民經濟活動的衡量：國內生產毛額，介紹經濟活動的三種衡量方法與國內生產毛額有關的重要概念。第 11 章國民所得的決定，先建立簡單凱因斯模型，再加入政府部門的模型分析均衡所得如何決定，最後再說明節儉矛盾的概念。

第 12 章金融體系與貨幣，說明貨幣的功能與衡量，存款貨幣的創造，最後介紹貨幣數量學說。第 13 章總和供給與總和需求，分別說明總合供需曲線的定義與影響總合供需曲線的原因，利用總合供需曲線，分析需求面與供給面的衝擊效果。第 14 章中央銀行與貨幣政策，說明貨幣供給的定義與貨幣的組成，以及各種貨幣政策工具內容與目標，時間落後等問題。

第 15 章生活的痛苦指數：失業與通貨膨脹，分別說明失業的定義與種類，什麼是通貨膨脹，以及通貨膨脹會造成哪些社會成本，最後經由短期菲力普曲線，進一步說明失業與物價之間的關係。第 16 章經濟成長：資本累積與技術進步，說明經濟成長的意義以及如何衡量技術進步，最後介紹經濟成長的理論內容。第 17 章國際貿易，說明國際貿易的好處，並且以比較利益，說明兩國的貿易利得，探討關稅與配額措施對經濟的影響。第 18 章國際收支與匯率，本章介紹國際收支帳的組成，再介紹外匯市場，說明匯率與外匯市場的關係，利用絕對購買力平價與相對購買力平價，分析匯率變動與通貨膨脹的關係。

本章結論

經濟就是生活，經濟學是「一門研究人類經濟行爲的社會科學，教導人們如何在有限資源且具多種用途下，從事消費、生產與分配，以滿足我們現在與未來的需要」。經濟學的分類，從研究對象區分，可分成個體經濟學與總體經濟學。如依研究方法區分，可分成實證經濟學與歸納經濟學。

經濟學家經常使用的思考方式：邊際的思考作爲決策的基礎、理性的選擇、個人決策容易受到外在誘因干擾、天下沒有白吃的午餐、常用模型分析經濟問題。生產可能曲線可用來說明機會成本遞增與經濟成長的概念。比較利益在於比較兩國的機會成本大小，機會成本愈小則具比較利益，絕對利益則是比較兩國生產力大小。

NOTE

02

需求、供給與彈性

本章綱要

焦點透視鏡 陳吉仲：雞蛋供需持平 蛋價不動

農業部長陳吉仲 12 日說，進口雞蛋庫存 6000 萬顆，且雞蛋生產量持續穩定，供需持平，價格近期應不會有波動。

陳吉仲 12 日接受專訪時，針對民眾關心的蛋價問題作上述表示。

陳吉仲指出，過去很少進口雞蛋，因為國內雞蛋生產量可以補足國人雞蛋需求量，但在疫情期間，有許多消費者養成健身習慣，消費者運動後會想補充蛋白質，除了吃雞胸肉外也會吃雞蛋，使得雞蛋消費量增加。

2.1 需求與需求量

需求（demand）是指在既定價格下，對應某一需求量的價量對應關係，也就是一個價格就會對應某一個需求量，同樣的，一個需求量也會對應某一個價格，這種價量對應的關係就稱爲需求。

需求量（quantity demanded）是指在某一既定價格下，消費者願意而且能夠購買的數量，「願意」表示購買後可以滿足慾望，「能夠」代表所得買得起這樣的數量，這是一種個人主觀購買意願與能力的表達，不是眞的會購買。

需求有三種表示方法，分別是需求表（demand schedules，如表 2.1）、需求曲線（demand curve，如圖 2.1）與需求函數（demand function，如式 2.1）。

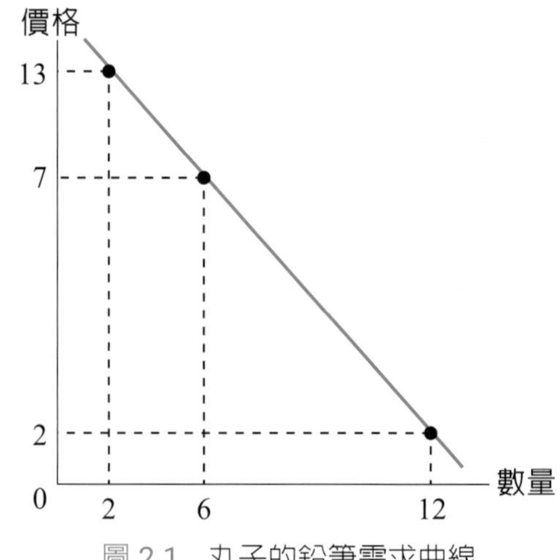

圖 2.1　丸子的鉛筆需求曲線

陳吉仲表示，根據統計，過去一天約需要 2000 萬顆的雞蛋，今年已經成長到 2400 萬顆，又因為禽流感及天氣影響，導致國內雞蛋產量不足，所以今年才有專案進口的雞蛋。

關於蛋價，陳吉仲表示，以產地批發價來看，以前雞蛋一斤 10 顆，一顆價格約新臺幣 2、3 元，現在雞蛋一顆要 4 元，這因飼料成本上漲而導致雞蛋價格上漲，曾經最高也漲到一斤 45 元、批發價 55 元。

資料來源：自立晚報 2023/8/13

解說

從 2021 年下半年起，缺蛋問題頻頻躍上版面，到處都在缺蛋，民眾抱怨聲連連，關鍵在於全球氣候變遷引起的禽流感等家禽疾病。國人食安意識抬頭，衛生單位要求雞蛋須藥物零檢出，雞農普遍已有共識，不在飼養蛋雞的過程使用促進生長等各式藥物，也削弱雞隻的抗疫病能力。受到烏俄戰爭影響，國際原物料價格上揚，玉米等飼料成本相應調漲，雞農利用春節期間讓蛋中雞換羽休產、汰換老雞，但換羽期間最長可達 60 天，產蛋雞隻因此減少。

例如表 2.1 是丸子個人的鉛筆需求表，用表格，說明鉛筆的價量關係。當鉛筆一支 2 元時丸子買 12 支，4 元時買 10 支，當價格上升至 13 元時則買 2 支。

如以價格當縱軸，需求量當橫軸，將表 2.1 的價格與需求量，在平面空間描繪出來，並連成一條線，這條線稱為需求曲線。如丸子的鉛筆需求曲線（圖 2.1）。

需求函數是以數學函數的方式，表現價格與需求量的對應關係，如（式 2.1）。

$$Q_X^D = f(P_X, P_Y, I...) \qquad (式\ 2.1)$$

式中 Q_X^D 表 X 財貨的需求量

P_X 表 X 財貨的價格

P_Y 表相關 Y 財貨的價格

I 表所得

例題 2-1

假設需求函數如下：

$Q^D = -30P + 0.05Y + 2P_r + 4T$，式中 P 為財貨價格，Y 為所得，$P_r$ 為相關財貨價格，T 為偏好，已知 Y = 5,000，P_r = 25，T = 30。則需求函數為何？

解 $Q^D = -30P + 0.05Y + 2P_r + 4T = -30P + 0.05(5,000) + 2(25) + 4(30)$

$= -30P + 420$

所以需求函數為 $Q^D = 420 - 30P$

在圖 2.1 丸子的鉛筆需求曲線中，假設其他影響鉛筆需求量變動的因素都不變時（其它條件不變，all else equal），鉛筆的價格與鉛筆的需求量呈反方向變動，這種現象稱爲需求法則（law of demand）。

知識補給站　薩繆爾森：如果教會鸚鵡說「需求」和「供給」也可以成為經濟學家

美國經濟學家薩繆爾遜說，如果能教會鸚鵡說「需求」和「供給」這兩個詞，這隻鸚鵡就可以成為一個經濟學家。

懂供需的鸚鵡能做經濟學家，是因為經濟學家認為需求和供給的分析方法，是經濟學獨有的思考問題的方式，其他學科都沒有這樣的方法。需求分析能提供他們對於任何問題的完整答案，也成為經濟學家唯一的分析模式，經濟學家認為：問題總是那些問題，只不過是答案卻一直隨著環境的變化而變動。

資料來源：摘錄自每日頭條 2016/07/31

需求又可分成個別需求（individual demand）與市場需求（market demand）兩種。個別需求是個別消費者對某財貨的需求，而市場需求是該財貨市場中所有消費者，在不同價格下，與需求量總和的對應關係。

例如表 2.1 是丸子的鉛筆需求表，表 2.2 是阿薇的鉛筆需求表，假設鉛筆市場只有丸子與阿薇這兩位消費者，將兩位消費者在每一個既定價格下，願意且能夠購買的需求量作水平加總（horizontal aggregation），則可以得到鉛筆的市場需求表，如表 2.3 所示。

表 2.1　丸子的鉛筆需求表

P	Q
2	12
4	10
7	6
10	4
13	2

表 2.2　阿薇的鉛筆需求表

P	Q
2	10
4	8
7	4
10	2
13	1

表 2.3　鉛筆的市場需求表

P	Q
2	22
4	18
7	10
10	6
13	3

同樣的將圖 2.1 丸子的鉛筆需求曲線與阿薇的鉛筆需求曲線作水平加總，也可以繪出鉛筆市的場需求曲線，如圖 2.2。

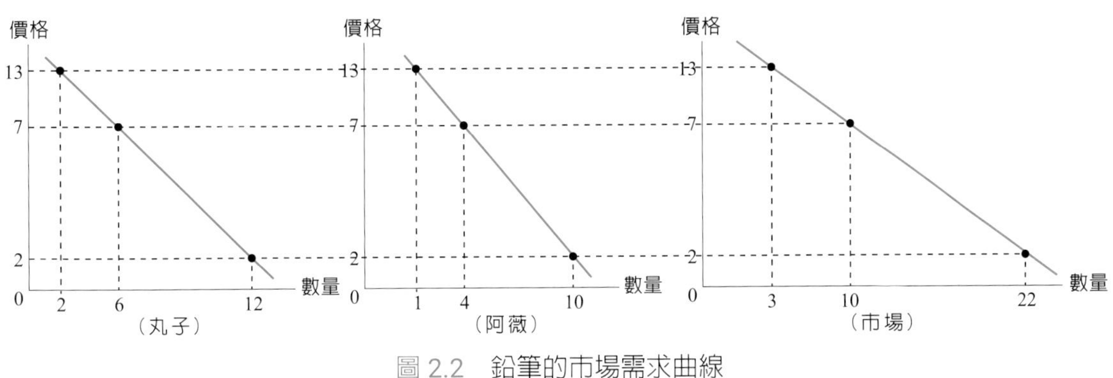

圖 2.2　鉛筆的市場需求曲線

一、需求量變動與需求變動

需求量變動（changes in quantity demanded）是指沿著一條需求曲線，因爲財貨本身的價格變動，所導致需求量的改變，所以需求量變動是一條需求曲線上點的移動，影響因素就是本身財貨的價格。

需求變動（shift in demand or change in demand）是指受到財貨本身價格以外其他因素的影響，而導致整條需求曲線向左或向右移動。向左移動稱爲需求減少（decrease in demand），向右移則稱爲需求增加（increase in demand）（如圖 2.3）。

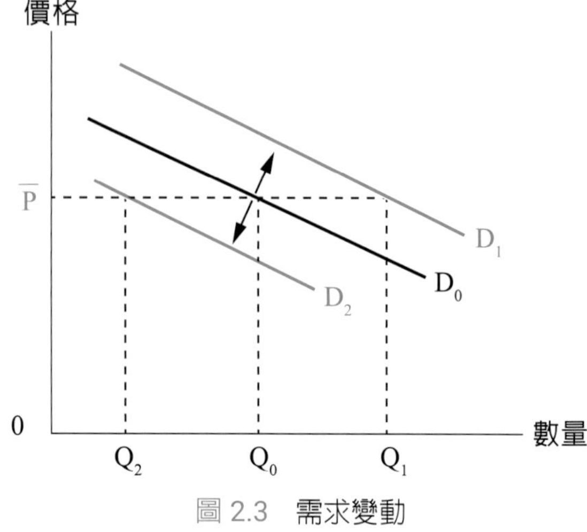

圖 2.3　需求變動

導致需求變動的因素說明如下：

（一）相關的財貨價格

與鉛筆形成替代或互補關係的其它財貨價格變動。

1. 替代品的價格

與鉛筆形成替代關係的財貨例如原子筆或鋼筆，當原子筆或鋼筆的價格變動，就會影響鉛筆的需求量，縱使鉛筆的價格未見改變，當原子筆的價格上升，會購買相對便宜的鉛筆來替代較貴原子筆，則鉛筆的需求曲線整條會向右移，此時鉛筆的價格不變，而鉛筆的需求量增加了。反之，當原子筆的價格下降時，鉛筆的需求曲線會向左移。

2. 互補品的價格

與鉛筆形成互補關係如橡皮擦，當橡皮擦的價格變動，也會影響其鉛筆的需求量。當橡皮擦的價格下降時，會使得鉛筆的需求曲線整條向右移動，鉛筆的價格不變，而鉛筆需的求量增加了。反之，當橡皮擦的價格上升，則鉛筆的需求曲線向左移。

（二）所得

對正常財而言，當所得增加時，人們會多買該財貨，即該財貨的需求量會增加，此時該財貨的需求曲線向右移；而如果是劣等財（inferior goods），雖然所得增加，卻會少買該財貨，導致該財貨的需求曲線向左移動，該財貨的價格雖然不變，需求量反而減少，至於哪些財貨是劣等財則因人而異。

（三）預期

需求量的改變也會受到預期因素影響。預期因素包括對未來價格的預期或是對未來所得的預期。如果預期鉛筆的價格即將上漲，則會增加鉛筆購買，鉛筆的需求曲線向右移動，同樣的，如果衛生紙或汽油宣布即將漲價，也會發生排隊搶購人潮。如果預期薪資即將調漲，一樣會增加正常財貨的購買。

（四）偏好或嗜好

對某一財貨的偏好或喜歡程度的改變，縱使該財貨的價格不變，也會影響需求量。例如有人說吃香蕉可以減重，而對原來就喜歡吃香蕉那些消費者而言，會消費更多香蕉，使得香蕉的需求曲線向右移，香蕉的需求量增加了。又如數年前流行葡式蛋塔，蛋塔店一家一家開，當消費者對蛋塔熱度退了，這幾家店也陸續關門歇業。

（五）消費者人數

消費該財貨的消費者愈多，則對該財貨的需求量愈大，此時，該財貨的需求曲線將往右移。

時事小專欄

電動車需求大 2025 全球鋰恐短缺

《CNBC》報導，鋰是生產電動車電池不可或缺的元素，世界經濟論壇（WEF）預計，到了 2030 年全球需求量將超過 300 萬噸，而據研調機構標普全球普氏預測，2030 年電動車銷量將飆升至 3000 萬輛以上。

惠譽解決方案研究部門 BMI 近期發布一項報告，將鋰短缺的主因歸咎於中國對鋰的需求超越供給，BMI 預估，2023 ～ 2032 年中國電動車對鋰需求年增將達 20.4%，但同期中國的鋰供應量僅增長 6%。

德意志銀行研究主管布蘭查德（Corinne Blanchard）表示，儘管供應會增長，但需求將以更快的速度增長，因此確信元素鋰未來終將面臨短缺，布蘭查德認為，到了 2025 年底，鋰將出現約 4 ～ 6 萬噸的小幅赤字，但預計到 2030 年底，赤字將達到 76 萬 8000 噸。

雖然並非每個分析師都認為鋰會這麼快出現短缺，如能源研究公司 Rystad Energy 副總裁 Susan Zou 估計，2023、2024 年鋰礦總供應量將增長 30% 和 40%，但儘管今明兩年全球鋰將出現過剩，短缺情況仍可能在 2028 年開始困擾電動車產業的供應鏈。

資料來源：自由時報 2023/08/29

2.2 供給與供給量

供給（supply）是指在既定價格下，對應某一供給量的價量對應關係，也就是一個價格就會對應某一供給量，同樣地，一個供給量也會對應某一個價格，這種價量對應關係就稱之為供給。

而供給量是指在某一既定價格下，生產者願意而且能夠提供的數量，「願意」表示生產後可以增加收益，「能夠」代表生產者有足夠的要素與技術，可以生產出這麼多的數量，這也是生產者個人主觀意願與能力的表達，不是眞的會生產。

供給也有三種表示方法，分別是供給表（supply schedule，如表 2.4）、供給曲線（supply curve，如圖 2.4）與供給函數（supply function，如式 2.2）。

表 2.4 是小花個人的鉛筆供給表，以表格的方式表示鉛筆的價量對應關係。當鉛筆一支 2 元時，小花願意生產 2 支，4 元時生產 5 支，當價格上升至 13 元時生產 12 支。

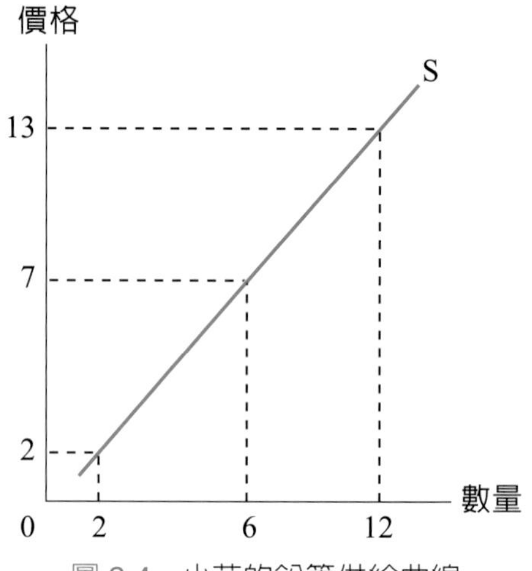

圖 2.4　小花的鉛筆供給曲線

如以價格為縱軸，供給量為橫軸，將表 2.4 的價格與供給量對應關係，在平面空間描繪出來，並連成一條線，稱為供給曲線，如圖 2.4 小花的鉛筆供給曲線。

供給函數是以數學函數方式，表示價格與數量的對應關係，如（式 2.2）。

$$Q_X^S = f(P_X, T, P_Z...) \qquad (式\ 2.2)$$

式中 Q_X^S 表 X 財貨的供給量

P_X 表 X 財貨的價格

T 表生產技術

P_Z 表相關財貨 Z 的價格

由圖 2.4 小花的鉛筆供給曲線可以發現，假設其他影響鉛筆供給量變動的因素都不變時（其它條件不變），鉛筆的價格與鉛筆的供給量呈同方向變動，這種現象稱為供給法則（law of supply）。

供給可分成個別供給（individual supply）與市場供給（market supply）兩種。個別供給是個別生產者對某財貨的供給，而市場供給是該財貨市場中所有生產者的供給加總。表 2.4 與表 2.5 分別爲小花與小蘋的鉛筆供給表，假設鉛筆市場只有小花與小蘋兩位生產者，將兩位生產者在每一個既定價格下，願意且能夠提供的數量作水平加總，可以得到鉛筆的市場供給表（如表 2.6）。

表 2.4　小花的鉛筆供給表

P	Q
2	2
4	5
7	6
10	11
13	12

表 2.5　小蘋的鉛筆供給表

P	Q
2	2
4	3
7	4
10	7
13	10

表 2.6　鉛筆的市場供給表

P	Q
2	4
4	8
7	10
10	18
13	22

同樣的將圖 2.4 小花的鉛筆供給曲線與小蘋的鉛筆供給曲線作水平加總，也可以得到鉛筆的市場供給曲線，如圖 2.5。

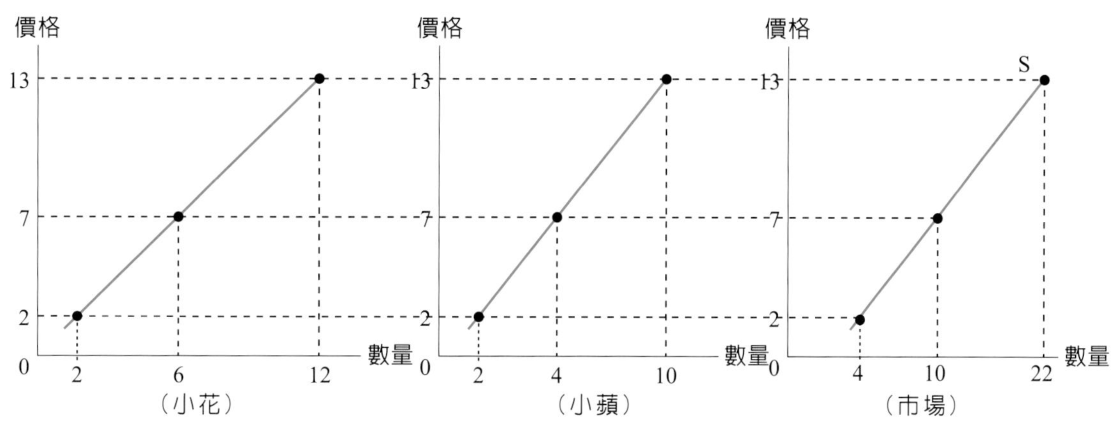

圖 2.5　鉛筆的市場供給曲線

一、供給量變動與供給變動

供給量變動（changes in quantity supplied）是指沿著一條供給曲線，因爲財貨本身的價格變動，導致所對應的供給量發生改變，所以供給量變動是指一條供給曲線上點的移動，其影響因素也就是財貨本身的價格。

供給變動（shift in supply or change in supply）是指受到財貨本身價格以外其他因素的影響，導致整條供給曲線移動。向左移動稱爲供給減少（decrease in supply），向右移則稱之爲供給增加（increase in supply），如圖 2.6。

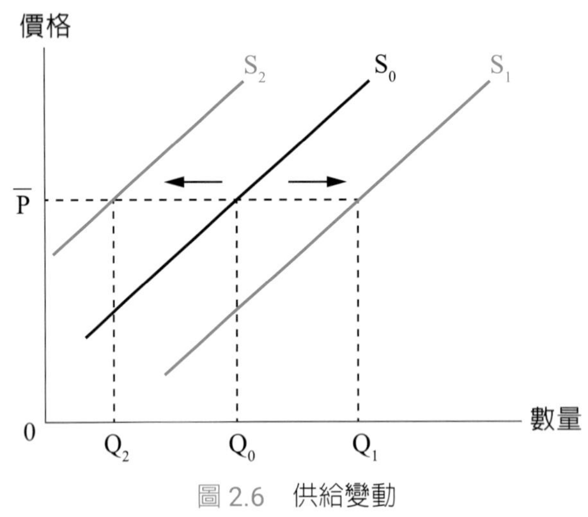

圖 2.6　供給變動

導致供給變動的因素說明如下：

（一）生產技術

廠商的技術如發生技術進步，亦即相同要素投入下，得到更多產出，因此相同價格下，供給量會增加，或是在相同產出下，可用更少要素投入達成，所以在相同供給量下，價格應下降。因此，無論以價格或是供給量觀察，供給曲線會向右移動。反之，發生技術退步時，供給曲線整條線會向左移動。

（二）要素價格

要素價格就是廠商所支付的工資或利息，是生產成本的一部份。當要素價格下降時，廠商支付成本減少，因此在相同價格下，廠商應會增加供給量，或是相同供給量下，應降低價格。因此，無論以價格或是供給量觀察，供給曲線會向右移動。反之，當要素價格上升時，廠商的生產成本提高，則供給曲線會向左移動。

（三）相關財貨價格

1. 替代品的價格

如前所述，鉛筆的需求量會受到跟鉛筆替代或互補的財貨價格變動影響。同樣的，鉛筆的供給量也會受到跟鉛筆在生產上，形成替代或互補關係價格變動的影響。例如，小花的工廠同時可生產鉛筆與原子筆，因此鉛筆跟原子筆在生產上屬替代關係。當原子筆價格上升，小花如果增加原子筆生產可以增加收益，因此會減少鉛筆生產，此時鉛筆供給曲線會向左移動。反之，原子筆價格下降，小花會增加鉛筆生產，因此鉛筆供給曲線會向右移動。生產上的替代品衆多，例如隱形眼鏡與鏡框眼鏡，高麗菜與空心菜，鋼筆與原子筆，電動汽車與汽油汽車之關係。

2. 互補品的價格

生產面的互補品稱爲聯合產品（joint products），也就是生產過程中所產生的附屬品。例如豬肉與豬肝的關係，蔗糖與蔗板。當豬肝價格上升，豬肝生產增加，連帶使豬肉供給量也增加，因此豬肉供給曲線向右移。當豬肝價格下跌，豬肝生產減少，連帶使豬肉供給曲線向左移，豬肉供給量因此減少。

（四）預期

影響供給變動的預期因素是指對未來價格預期，例如預期衛生紙價格將上漲，供給者會發生惜售或囤積現象，等將來衛生紙價格眞的上漲後，再拿出來出售，因此衛生紙的供給曲線會向左移。反之，預期衛生紙價格即將下跌，供給者會出清存貨，趕快將衛生紙拿出來出售，因此衛生紙的供給曲線會向右移。

（五）生產者人數

某一產品的生產人數增加，當然會使該財貨供給曲線向右移。例如高麗菜的價格很高時，種植高麗菜的人數增加，耕種面積增加，高麗菜的供給曲線會向右移。反之，則向左移。

綜上所述，將影響供給量與需求量改變的因素整理成表 2.7。

表 2.7　影響供給量與需求量變動的因素

項目		影響因素
需求面	需求量變動	財貨本身的價格
	需求變動	相關財貨的價格、所得、預期、偏好或嗜好、消費者人數
供給面	供給量變動	財貨本身的價格
	供給變動	生產技術、要素價格、相關財貨的價格、預期、生產者人數

時事小專欄

供應警示下旬紫爆…高麗菜便宜 農民剉著等

冬季大宗蔬菜高麗菜菜價去年底開始下滑，3 天前批發價每公斤跌破 10 元，消費者在市場和超市買到的價格是去年夏季一半，欣喜「總算便宜了」，農民卻歎菜賤傷農。農業部預警系統顯示，本月下旬高麗菜價將「紫爆」，更讓農民「剉著等」。

農民載到北農拍賣，初秋上價每公斤 13 元，下價 4 元，雪翠上價每公斤 15 元，下價 4 元；芳苑鄉農民洪鈿豐表示，他的朋友把 470 箱、每箱 20 公斤高麗菜運至臺北農產運銷公司拍賣，扣除菜苗、種植、人工、運送等成本，利潤 1 萬元，相當於 70 天種一分半菜田的「盈餘」，不禁面有菜色。

彰化縣溪湖鎮果菜市場交易行情顯示，初秋品種高麗菜，今年元旦到 3 日交易均價每公斤最低 10 至 10.3 元，接著摜破 10 元，下滑到最低 9.6 至 9.9 元，品種雪翠的高麗菜批發價格向來高於初秋，今年元月也從去年每公斤均價最低 15 元一路跌到 11.4 元。

農委會高麗菜預警系統顯示，去年 10 月中旬到 11 月上旬，全臺每 10 天出場約 59 萬株高麗苗，採收期落在去年 11 月中旬到本月的中旬，供應呈現紅色警示，但預期下旬產量將大增 10 萬至 13 萬顆，供應警示「紫爆」。

資料來源：聯合報 2024/01/08

2.3 市場均衡

我們將鉛筆的供給曲線與鉛筆的需求曲線繪在同一平面空間時，由於兩條曲線斜率（slope）不同，會產生交點，這個交點稱為市場均衡點（market equilibrium），此時的價格稱為均衡價格（equilibrium price），數量稱為均衡數量（equilibrium quantity）。

如圖 2.7 的 E 點。所謂的均衡是指「一種不會自發改變的狀態」，也就是不發生前述的需求變動或是供給變動時，均衡價格與均衡數量將永遠維持。

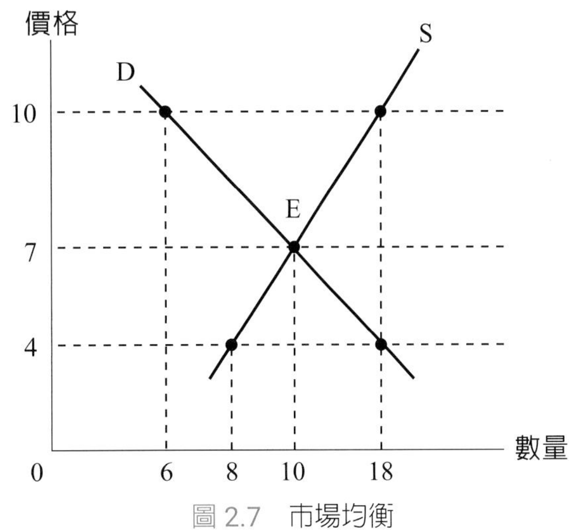

圖 2.7　市場均衡

觀察圖 2.7，當市場價格高於均衡價格時，供給量會大於需求量，此時市場有生產過剩的現象，稱爲超額供給（excess supply）。例如鉛筆市場價格 10 元時，供給量 18 支，而需求量是 6 支，超額供給量 12 支。此時爲出清存貨，生產者會自動降價，市場價格機能發揮作用，當價格下降時，依據供給法則，生產者會減少供給量，同時需求法則也發揮作用，消費者會沿著需求曲線，增加需求量，一方面供給量減少，另一方面需求量增加，最後達成均衡狀態。

當市場價格低於均衡價格時，供給量會小於需求量，市場發生短缺或生產不足的現象，稱爲超額需求（excess demand），例如鉛筆市場價格是 4 元時，需求量 18 支，而供給量只有 8 支，超額需求量 10 支。因爲生產不足，眞正需要這產品的消費者願意出高價來購買，因此市場發生搶購的現象，在搶購過程中，市場價格會慢慢上升，由於供給法則與需求法則的作用，生產者沿供給曲線增加供給量，消費者沿著需求曲線減少需求量，最終來到均衡點。

值得注意的是，市場存在超額供給時，價格自然下降，而市場存在超額需求時，價格會上升，使市場回復均衡。

例題 2-2

如果高麗菜的供需函數分別為：$Q^D = 10 - 2P$、$Q^S = -5 + 3P$
請問均衡時價格與數量為何？

解 均衡時 $Q^D = Q^S$　所以 $10 - 2P = -5 + 3P$　$P^* = 3$ 代入
$10 - 2P = Q^D = Q^S = Q^*$　$Q^* = 4$
均衡時 $P^* = 3$　$Q^* = 4$

2.4 供給、需求變動的均衡

此小節會分析當市場發生需求變動或供給變動，或兩者一起變動時，對均衡的影響。可以依三個步驟進行分析：(1) 變動因素是影響供給曲線還是需求曲線？ (2) 受到影響的曲線移動方向又是如何？ (3) 對均衡價格與均衡數量又產生何種影響？

一、單一曲線移動

單一曲線移動是指當需求曲線或供給曲線受到上述變動因素影響，導致市場均衡價格與數量發生變動。例如需求增加時（受到財貨本身的價格以外因素的影響），供給曲線不動，需求曲線由 D_0 右移至 D_1，均衡點由 E_0 移到 E_1，比較這兩個均衡點的價格與數量變化，發現均衡價格上升，而均衡數量也增加，這種比較方式因為不討論調整所需時間與方向，所以稱為比較靜態分析（comparative static analysis），也就是從原均衡點到新均衡點是瞬間達成，如圖 2.8。

例如所得提高，消費者對蘋果需求增加，使得蘋果市場的均衡價格與數量都增加了。反之，需求減少時，價格下降，而數量也減少。當供給增加時（受到財貨本身的價格以外因素影響），需求曲線不動，供給曲線由 S_0 右移至 S_1，均衡點由 E_0 移到 E_1，比較這兩個均衡點的價格與數量變化，發現均衡價格下降，均衡數量增加，如圖 2.9。例如當高麗菜多種時，一段時間後高麗菜的價格會下降，高麗菜變便宜，均衡數量也會增加。反之，供給減少時，價格上升，數量也減少。

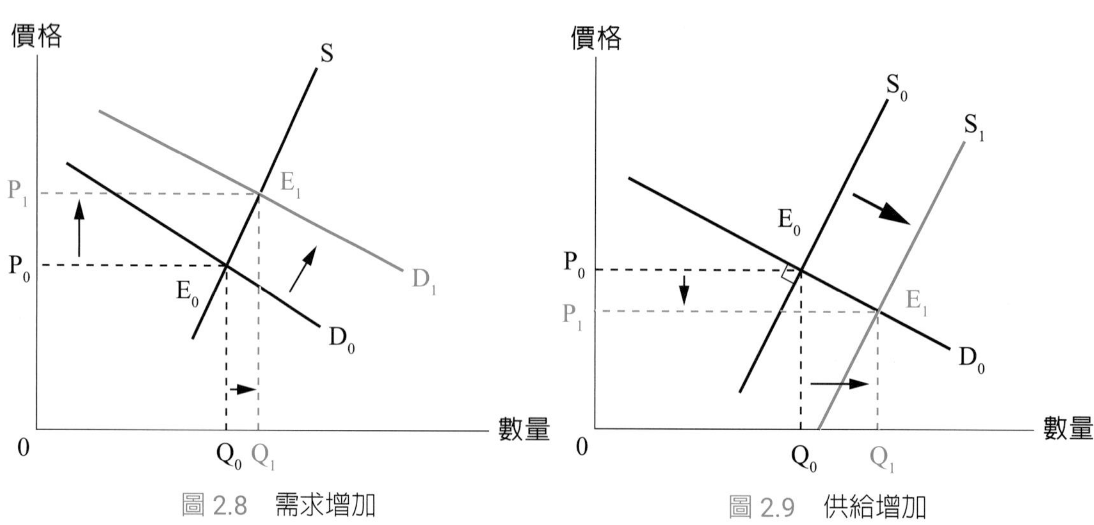

圖 2.8　需求增加

圖 2.9　供給增加

時事小專欄

國內雞蛋供需失衡調漲 今起批發價每臺斤 55 元

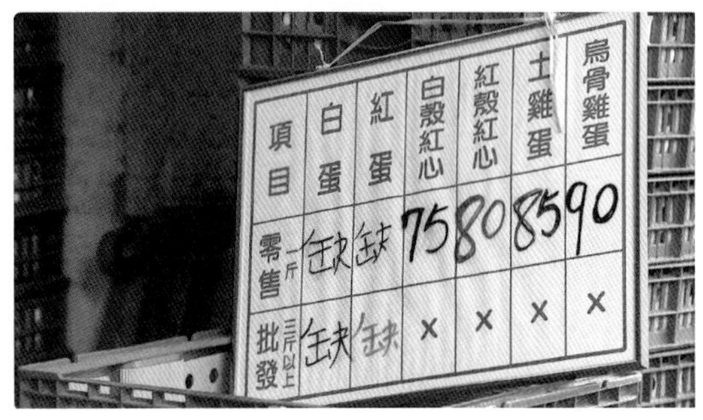

早上 6 時多，蛋行都還沒開門，門口已經湧現排隊買蛋的民衆，就怕晚來買不到。

民衆提及，「很難買啊，到處都找不到蛋啊，真是這個政府不知道在幹嘛。」

想買蛋，不僅手腳得夠快，最搶手的白殼雞蛋，全都缺貨。只剩下白殼紅心蛋或其他蛋種可賣，但受歡迎的程度，幾乎上架沒多久就銷售一空。

蛋行業者指出，「現場賣，我也沒辦法賣普通的白蛋，就只是賣一些特殊蛋，就是白殼紅心啊，但是那個價格賣出來其實也沒賺什麼錢，就是大家買得到蛋而已，但是貨也不多，你看我整間店也都空了。」

不只蛋行湧現買蛋潮，就連超市和量販店，雞蛋同樣供應吃緊，貨架全都空。市場關注，部分地區買不到雞蛋，又碰上蛋價從 6 日開始，批發價從每臺斤 52 元漲到 55 元，想在早餐店來顆荷包蛋，荷包會不會因此瘦身？

行政院副院長鄭文燦提及，「我想供給面的調整很重要，那擴大進口是必要的。另外，這個加工蛋跟這個庫存的釋出，也有助於市面流通的數量可以增加。」

農委會主委陳吉仲指出，「第一個不能有打疫苗的國家，第二個絕對要經過檢疫跟衛生安全證明，那這個只要一出口的時候，我會立刻跟各位來報告。」

除了從國外進口雞蛋來臺，也得趕緊提升國內產蛋量，才能讓雞蛋供需恢復正常。

資料來源：公視新聞網 2023/03/06

二、供需曲線同時變動

供需曲線同時變動又可分成供需曲線呈同方向變動與供需曲線呈反方向變動。

（一）供需曲線同方向變動

供需曲線同方向變動，是指供需曲線同時向右移動或同時向左移動，其中又可區分供需曲線誰移動幅度較大的三種情況，總計有 6 種狀況，爲節省篇幅，以下僅說明供需同時向右移動，其餘情況留待讀者自行練習。

當供需曲線同時向右移時，必須考慮到兩條線右移幅度相對大小，例如需求曲線右移幅度大於、小於或等於供給曲線右移幅度，如圖 2.10。當供需曲線同時向右移時，均衡價格變動方向不確定，均衡數量一定增加。

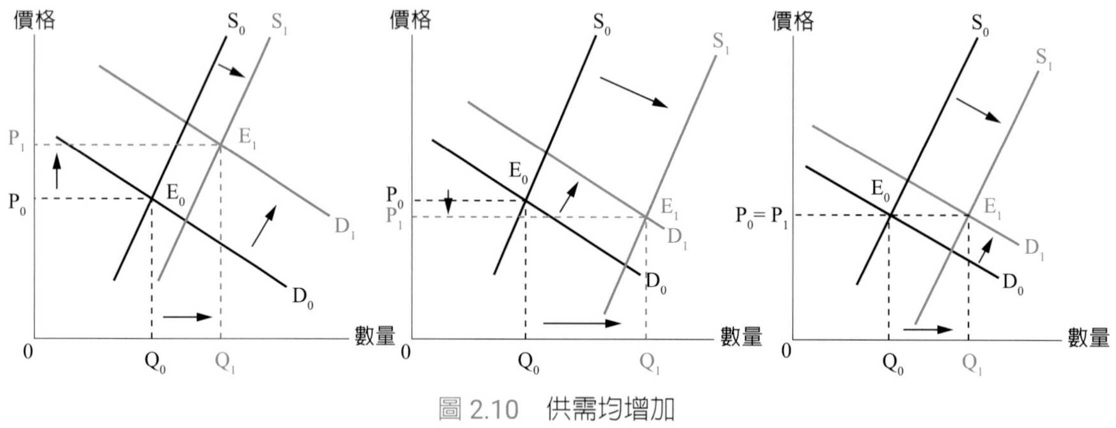

圖 2.10　供需均增加

（二）供需曲線反方向變動

供需曲線反方向變動，是指當需求曲線向右移時，供給曲線則向左移，反之亦同。當需求曲線向右移，供給曲線則向左移時，移動幅度也可以區分成，需求曲線向右移的移動幅度大於、小於或等於供給曲線左移幅度。

計有 6 種狀況，為節省篇幅，以下僅說明需求曲線向右移移動幅度大於供給曲線左移幅度，其餘情況留待讀者自行練習。如圖 2.11 所示，當需求曲線右移移動幅度大於供給曲線左移幅度時，均衡價格一定上升，均衡數量不確定。

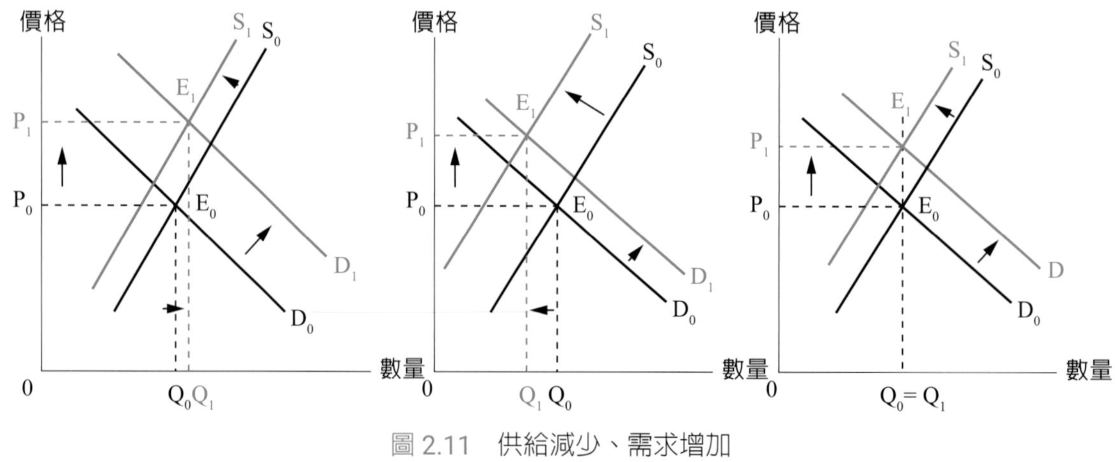

圖 2.11　供給減少、需求增加

綜上所述，將各種供需均衡變動結果整理成表 2.8。

表 2.8　供需變動對均衡之影響

項目			結果
單一曲線移動	需求增加		P↑，Q↑
	需求減少		P↓，Q↓
	供給增加		P↓，Q↑
	供給減少		P↑，Q↓
供需均變動	同向	均增加	P 不確定，Q↑
		均減少	P 不確定，Q↓
	反向	需求增加，供給減少	P↑，Q 不確定
		需求減少，供給增加	P↓，Q 不確定

2.5 價格管制

如前所述，一個市場的均衡價格是由供給與需求共同決定，但是這個價格如果政府認爲不公平，爲了保護弱勢的一方，政府往往會制定價格管制策略，這個管制後的價格已偏離市場機制，當然也會產生不公平的後果。

爲了瞭解價格管制的後果，我們分別以價格下限（price floor）與價格上限（price ceiling）分別作說明。

一、價格下限

所謂價格下限是指一項財貨的法定最低價格。我們以圖 2.12 說明價格下限的效果。假設圖 2.12 係勞動市場的供需曲線。圖中均衡工資由供給與需求共同決定，如 W_0。

政府如認爲 W_0 太低，無法保障勞工基本生活所需，而將工資提高至 W_1，如圖 (a)，如此原均衡工資變成不合法工資水準。在 W_1 水準下，勞動供給量爲 L_1，勞動需求量爲 L_0，勞動供給量大於勞動需求量，因此有勞動超額供給現象（失業）產生。而圖 (b) 是不具約束效力的價格下限，因爲原均衡工資 W_0 在價格下限的上方，屬於合法區域，這樣的價格下限政策便屬無效。

政府歷年來的基本工資調整或是農產品保證價格收購，都是價格下限的例子。

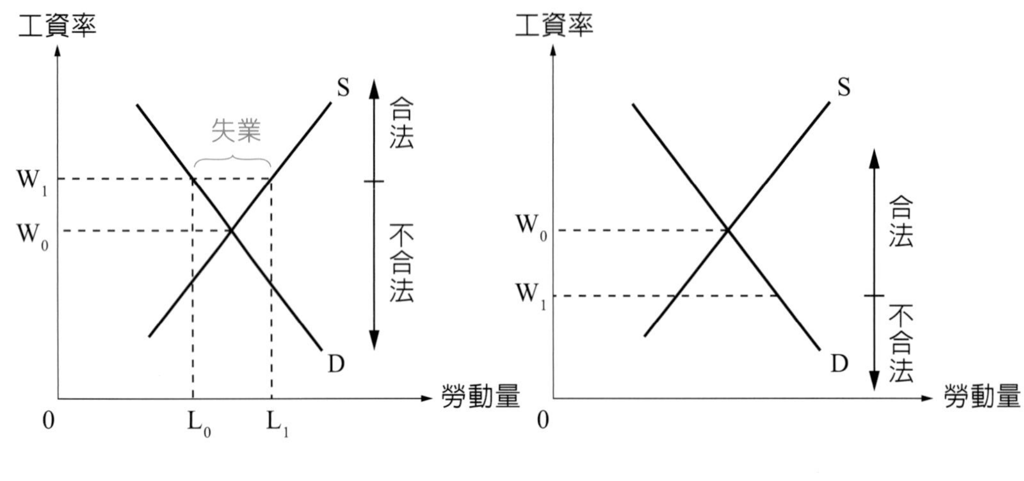

(a)具約束力價格下限　(b)不具約束力價格下限

圖 2.12　價格下限

時事小專欄

基本工資 113 年元旦起調漲 月薪 2 萬 7470 元

民國 113 年有多項新制上路，攸關勞工生活的基本工資也將調漲，月薪將從新臺幣 2 萬 6400 元調到 2 萬 7470 元、時薪從 176 元調到 183 元，預估有 239 萬名勞工受惠。

民國 113 年 1 月 1 日起，每月基本工資將由 2 萬 6400 元調整至 2 萬 7470 元，調升 1070 元、調幅約為 4.05%，每小時基本工資則比照每月基本工資調幅，由 176 元調整至 183 元，調升 7 元。

根據勞動部統計，基本工資調升後，月薪部分預計有 179 萬名勞工受惠，時薪估約有 60 萬名勞工受惠。

配合基本工資調漲，勞工保險投保薪資分級表、勞工退休金月提繳分級表及勞工職業災害保險投保薪資分級表也將同步跟進調整，將現行月投保薪資第 1 級 2 萬 6400 元修改為 2 萬 7470 元、第 2 級修正為 2 萬 7471 元至 2 萬 7600 元，而勞工退休金月提繳分級表則是新增第 23 級月提繳工資為 2 萬 7470 元。

資料來源：聯合新聞網 2023/12/27

二、價格上限

所謂價格上限是指一項財貨的法定最高價格。我們以圖 2.13 說明價格上限的效果。假設圖 2.13 係房屋租賃市場的供需曲線。圖中均衡租屋價格由供給與需求共同決定，如 P_0。

政府如認爲 P_0 太高，無法保護租屋者，因此將價格降低至 P_1 如圖 (a)，如此原均衡價格變成不合法價格水準。在 P_1 水準下，房屋的供給量爲 Q_0，房屋的需求量爲 Q_1，房屋需求量大於房屋供給量，因此有房屋超額需求現象（租不到房子）產生。圖 (b) 是不具約束效力的價格上限，因爲原均衡價格 P_0 在價格上限的下方，屬於合法區域，這樣的價格上限政策便屬無效。如早期政府的利率管制即是價格上限例子。

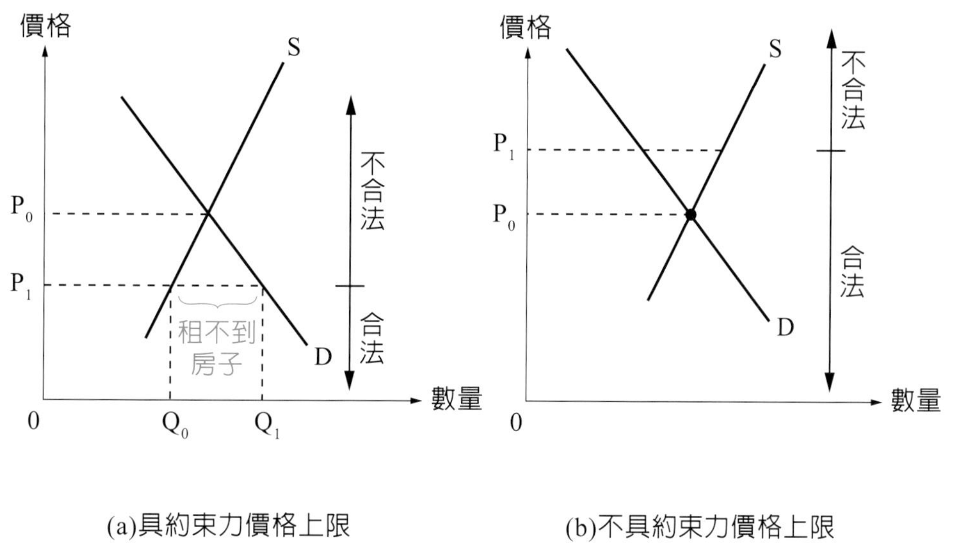

(a)具約束力價格上限　　(b)不具約束力價格上限

圖 2.13　價格上限

2.6 彈性

依據前述需求法則，在同一條需求曲線上，當價格降低一元時，需求量會增加多少？問不同的消費者可能會得到不同答案，原因是當消費者的需求曲線較陡時，價格下降一元，需求量只增加一點點，而當消費者需求曲線較平坦時，價格下降一元，需求量會增加很多。所以同樣價格下降一元，這兩種情形需求量的反應卻截然不同。那到底價格下降一元，需求量的反應是大還是小呢？爲了得到客觀答案，就需要計算彈性值，由彈性值大小來說明需求量的反應程度。

所謂彈性（elasticity）是指「衡量依變數對自變數變動的反應程度」，例如手拍皮球，自變數就是手的力道大小，依變數就是球從地上反彈的高度，依此概念，我們可以來衡量，當財貨價格（自變數）變動時，被影響的需求量或供給量（依變數）會變動多少。

以下從需求面與供給面，分別說明各種彈性的意義與衡量方法。

一、需求面彈性

需求面彈性依影響因素來源可分成三種，需求價格彈性（price elasticity of demand）、需求所得彈性（income elasticity）、需求交叉彈性（cross elasticity）。

（一）需求價格彈性

需求價格彈性係衡量價格變動百分之一時，需求量會變動多少個百分比。實際計算時，有兩種計算方法：點彈性（point elasticity）與弧彈性（arc elasticity）。

點彈性顧名思義是衡量在需求曲線上某一個價格發生微小變動時，需求量的反應程度，如（式 2.3）。

E_X^D 表示 X 財貨的需求價格彈性。ΔQ_X^D 表示 X 財貨需求量的變動量。ΔP_X 是 X 財貨價格的變動量，P_X 與 Q_X^D 分別是在需求曲線上某一點的價格與需求量。

$$E_X^D = \left| \frac{\Delta Q_X^D}{\Delta P_X} \times \frac{P_X}{Q_X^D} \right| \qquad \text{（式 2.3）}$$

（式 2.3）的第一項是該點在需求曲線上斜率的倒數，依據需求法則，價格與需求量呈反向變動，這裡會自動產生負號。而第二項是該點在需求曲線上的位置。爲方便比較彈性大小，可加絕對值以正數來比較大小。

如果彈性值大於 1 我們稱之爲富於彈性（elastic），小於 1 稱爲缺乏彈性（inelastic），等於 1 則稱爲單一彈性（unitarily elastic）或單位彈性。

爲方便計算點彈性，以圖 2.14 中 A、B、C 三點爲例說明。

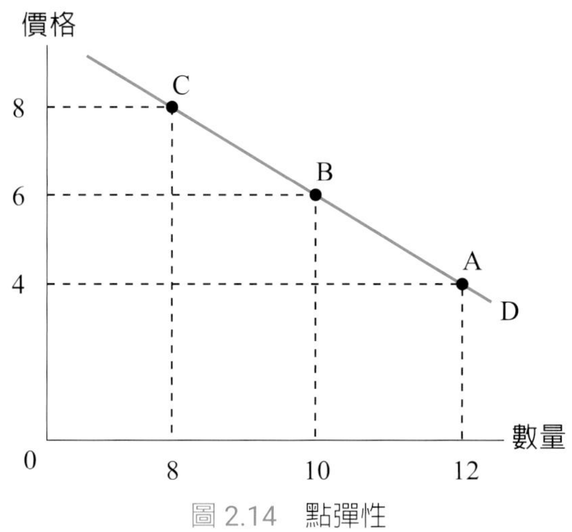

圖 2.14 點彈性

表 2.9 點彈性的計算

位置	P	Q	價格上升	價格下降
A	4	12	0.33（A → B）	0.6（B → A）
B	6	10		
C	8	8	0.6（B → C）	1（C → B）

表 2.9 是點彈性計算結果。同一條需求曲線，價格上升的彈性值，依序是 0.33、0.6。價格下降時彈性值，依序是 0.6、1。同一線上價格上升與下降，其彈性值竟不同，爲什麼會這樣？

原因有兩個，第一：從點彈性名稱來看，這個彈性是在衡量需求線上，某一點的價格發生微量變動時對需求量的影響，也就是說價格與需求量都可以無限細分，例如價格可以從 4.01 元上漲到 4.02 元，而需求量從 11.89 減少到 11.88。在現實社會中，價格與數量均無法這麼細分，所以要衡量上述同一需求線上，價格在 4 與 6 元變動所引起的需求量變動，用點彈性公式來計算是用錯場合，應該用弧彈性才正確。

第二：點彈性公式的第一項是斜率倒數，第二項是原起始點，在同一線上各點，其斜率倒數都一樣，而起始點都不同，所以彈性值均會不同。那點彈性就沒用了嗎？其實也不是沒用，如果需求用函數表示，這時要衡量需求曲線上某點彈性值，可以用點彈性來衡量，而且用微分方式來處理，而非代數方法。

例題 2-3

已知蘋果的需求資料如下：價格為 80 單位時，需求量 300 單位，當價格為 100 單位時，需求量為 200 單位。請計算價格由 80 單位上漲至 100 單位的價格彈性值。

解 需求價格彈性 $= \left|\dfrac{\text{需求量變動百分比}}{\text{價格變動百分比}}\right|$

需求量變動百分比 $= (Q_1 - Q_0) / Q_0 = (300 - 200) / 200 = 50\%$

價格變動百分比 $= (P_1 - P_0) / P_0 = (80 - 100) / 80 = -25\%$

所以需求價格彈性 $= | -50\% / 25\% | = 2$

弧彈性是衡量曲線上兩點之間的彈性值。如（式 2.4）。

$$E_X^D = \left|\frac{\Delta Q_X^D}{\Delta P_X} \times \frac{\frac{(P_0 + P_1)}{2}}{\frac{(Q_0 + Q_1)}{2}}\right| \qquad (\text{式 } 2.4)$$

觀察（式 2.4）的右項，取價格與數量變動前後的平均數。用弧彈性重新計算上述價格變動彈性值，結果如表 2.10。無論價格上升或下降，彈性值均一致了。

表 2.10　弧彈性的計算

位置	P	Q	價格上升	價格下降
A	4	12	0.45（A → B）	0.45（B → A）
B	6	10		
C	8	8	0.78（B → C）	0.78（C → B）

例題 2-4

某財貨的需要資料如下：

價格 6 元　需求量 = 1

價格 5 元　需求量 = 2

試求價格由 6 元減為 5 元以及價格由 5 元增加為 6 元的弧彈性值。

解 ① 價格由 6 元減為 5 元的弧彈性：

$E_d = | -(2 - 1 / 5 - 6) \times (5 + 6 / 2 + 1) | = 3.67$

② 價格由 5 元增加為 6 元的弧彈性

$E_d = | -(1 - 2 / 6 - 5) \times (6 + 5 / 1 + 2) | = 3.67$

圖 2.15 係不同直線型需求價格彈性之比較。圖中將需求曲線簡化成直線型以方便說明。需求價格彈性值均加絕對值，以正數跟 1 做比較。圖中以逆時鐘觀察，垂直線時彈性值爲 0，愈向左傾斜，彈性值則愈大，當需求線變成水平線時，彈性爲無限大。

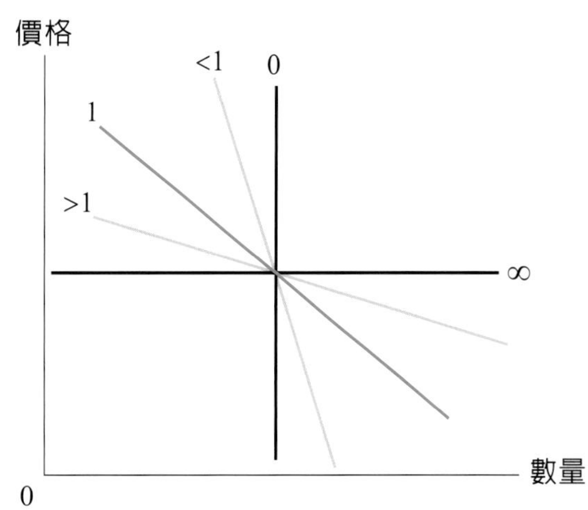

圖 2.15　不同直線型需求曲線之價格彈性

（二）需求所得彈性

需求所得彈性是衡量所得變動百分之一時，需求量會變動多少個百分比。爲方便說明仍沿用點彈性公式，用點彈性來說明並不影響結果，只是點彈性公式較簡潔而已，需求所得彈性如（式 2.5）。根據需求所得彈性值，可以將財貨分成正常財（normal goods）與劣等財（inferior goods）。

$$E_I^D = \frac{\Delta Q_X^D}{\Delta I_X} \times \frac{I_X}{Q_X^D} \qquad (式\ 2.5)$$

1. 正常財

正常財是指當所得增加時，對該財貨的需求量也會增加，所以需求所得彈性應該大於 0。其中又依需求量增加幅度大於或小於所得增加幅度，可進一步區分成，必需品（necessity goods）與高級品（superior goods）或稱奢侈品兩種。必需品的需求所得彈性值介於 0 與 1 之間，而奢侈品彈性大於 1。

因此，正常財：$E_I^D > 0$，必需品：$0 < E_I^D < 1$，奢侈品：$E_I^D > 1$。

2. 劣等財

劣等財是指當所得增加時，對該財貨的需求量反而減少，所以需求所得彈性值應該小於 0，即 $E_I^D < 0$。

（三）需求交叉彈性

需求交叉彈性是衡量一種財貨價格變動百分之一時，對另一種財貨需求量會引起多少變動百分比，如（式 2.6）。由需求交叉彈性正負符號或 0，可以知道兩種財貨彼此間的關係，是替代（substitutes）或互補（complements）或獨立關係。

$$E_{XY}^D = \frac{\Delta Q_X^D}{\Delta P_Y} \times \frac{P_Y}{Q_X^D} \qquad (\text{式 } 2.6)$$

1. 替代品

如果交叉彈性爲正，表示一種財貨價格變動與另一種財貨需求量變動方向，呈同方向關係，則兩者互爲替代品。例如原子筆價格變貴，鉛筆需求量增加，兩者交叉彈性大於 0。

2. 互補品

如果交叉彈性爲負，表示一種財貨價格變動與另一種財貨需求量變動方向，呈反方向關係，則兩者互爲互補品。例如橡皮擦價格變貴，鉛筆需求量減少，兩者交叉彈性小於 0。

3. 獨立品

如果交叉彈性爲 0，表示一種財貨價格變動與另一種財貨需求量變動沒有影響，則兩者互爲獨立品或稱爲無關品。例如衛生紙價格變貴，汽車需求量不受影響，兩者交叉彈性等於 0。

例題 2-5

假設牛肉的需求函數為 $Q = 4,850 - 5P_b + 1.5P_p + 0.1Y$，式中 Y 表所得，$P_b$ 表牛肉的價格，P_p 表豬肉的價格，已知 $Y = 10,000$，$P_b = 2\ 00$，$P_p = 100$。試求所得增加至 15,000 的所得彈性與 P_p 上漲至 200 的交叉彈性，並說明其特性。

解 ① 所得彈性：

$$E = \frac{需求量變動百分比}{價格變動百分比}$$

當 $Y = 10,000$，$P_b = 200$，$P_p = 100$ 時，

$Q = 4,850 - 5(200) + 1.5(100) + 0.1(10,000) = 5,000$

當 $Y = 15,000$，$P_b = 200$，$P_p = 100$ 時，

$Q = 4,850 - 5(200) + 1.5(100) + 0.1(15,000) = 5,500$

需求量變動百分比 $= (Q_1 - Q_0) / Q_0 = (5,500 - 5,000) / 5,000 = 10\%$

所得變動百分比 $= (Y_1 - Y_0) / Y_0 = (15,000 - 10,000) / 10,000 = 50\%$

所以所得彈性 $(E) = 10\% / 50\% = 0.2$

因為 $0 < E < 1$，所以牛肉是正常財中的必需品。

② 交叉彈性：

$$E = \frac{需求量變動百分比}{豬肉價格變動百分比}$$

當 P_p 上漲至 200 時，$Q_1 = 5,150$

需求量變動百分比 $= (Q_1 - Q_0) / Q_0 = (5,150 - 5,000) / 5,000 = 3\%$

豬肉價格變動百分比 $= (P_{p1} - P_{p0}) / P_{p0} = (200 - 100) / 100 = 100\%$

所以交叉彈性 $(E) = 3\% / 100\% = 0.03$

因為 $E > 0$，所以牛肉與豬肉為替代關係。

（四）影響需求彈性的因素

1. 替代品多寡與替代性強弱

替代品愈多或替代性愈強，則該財貨的需求量愈容易受到替代品的價格變動影響，因此需求彈性會變大。例如某品牌鉛筆的需求量，很容易受到其他不同品牌鉛筆的價格變動影響。

2. 財貨定義的廣狹

財貨定義廣狹也會影響需求彈性大小，定義愈廣則彈性愈小，定義愈狹小則彈性愈大。例如糧食則需求彈性非常小，而水果類中的西瓜彈性就較大。

3. 該財貨支出占總支出比例

該財貨支出占總支出的比例愈大則彈性也愈大。例如以汽車作為主要代步工具，每月汽油費用佔所得比例不低，當汽油價格持續上升時，會大量減少開車次數。

4. 時間長短

時間愈長則愈能產生替代品，因此彈性也會變大。

時事小專欄

雞蛋價格彈性低，量減價漲仍有利大成營收

主計總處公布 1 月消費者物價指數 CPI 年增率為 2.84%，已連續 6 個月超過 2% 通膨警戒線，尤其近期臺灣掀起雞蛋荒，供不應求直接反映在物價上，雞蛋 1 月漲幅擴大至 18.38% 創近 3 年新高水準。

在禽流感大量撲殺雞隻、天冷影響母雞產蛋率、先前疫情衝擊餐飲業內用及飼料高漲使雞農減產等諸多因素影響下，造成國內大鬧蛋荒，業內表示 1 天因此少掉 300 萬顆蛋，農委會祭出各種政策希望解決缺蛋問題，近期更宣布將雞蛋產地價從每臺斤 34.5 元調高 2 元至 36.5 元，並對雞農補貼每臺斤飼料成本 3 元的「2 + 3」政策，法人表示，雖然產量減少，但蛋價提高的情況下，以雞蛋的低價格彈性，對總收入仍為正向，尤其雞蛋市佔率近 1 成居一哥地位的大成在雞蛋事業可望因此受惠。 資料來源：MoneyDJ 新聞 2022/02/14

二、供給面彈性

供給面彈性只衡量供給價格彈性。前述在計算需求面彈性時，依影響因素來源有三種彈性，而供給面卻只有價格彈性一項，為什麼？在第一章曾說明，消費者的消費決策，容易受到外在誘因而改變，因此以生產者角度來看，應多了解消費者在不同價格、所得與其他財貨價格時，需求量會如何改變，如此有助於生產者擬定生產策略以符合消費者的需要。相對的，生產者就較單純，供給量受本身財貨的價格影響較大。

（一）供給價格彈性

供給價格彈性是用於衡量價格變動百分之一時，供給量會變動多少個百分比，如（式 2.7）。為方便說明仍以點彈性型態表示。但實際衡量時仍應以弧彈性來計算，計算（式 2.8）與（式 2.4）相似。

$$E_X^S = \frac{\Delta Q_X^S}{\Delta P_X} \times \frac{P_X}{Q_X^S} \quad (式\ 2.7)$$

$$E_X^S = \frac{\Delta Q_X^S}{\Delta P_X} \times \frac{\frac{(P_0 + P_1)}{2}}{\frac{(Q_0 + Q_1)}{2}} \quad (式\ 2.8)$$

例題 2-6

觀察下列供給函數：(1) P = 3Q　(1) P = –2 + 5Q　(3) P = 3 + 4Q
試判斷其供給彈性。

解 (1) 因為截距項 = 0，所以此函數由原點出發，所以供給彈性 = 1
(2) 此函數與橫軸相交，所以供給彈性 < 1
(3) 因為 a > 0，此函數與縱軸相交，所以供給彈性 > 1

圖 2.16 係不同直線型供給價格彈性之比較。圖中將供給曲線簡化成直線型以方便說明。圖中以順時鐘觀察，垂直線時彈性值為 0，愈向右傾斜，彈性值則愈大，當供給線變成水平線時，彈性無限大。

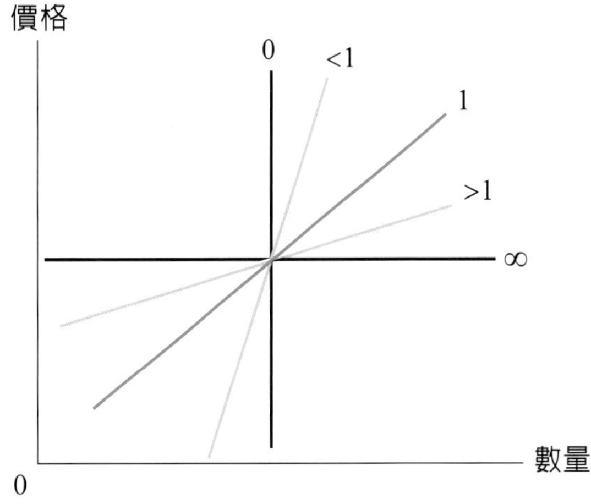

圖 2.16　不同直線型供給曲線之價格彈性

（二）影響供給彈性的因素

1. 生產者改變產量的難易程度

如果生產量很容易隨價格做調整，則供給彈性大，供給曲線較平坦。例如當蔬菜價格很高時，農民無法在非常短期間，增加蔬菜的供給量，因此蔬菜的供給彈性便相對工業產品爲小。

2. 生產要素是否具備多種用途

生產某一財貨的要素用途愈廣，則該財貨的供給量，很容易受到要素挪作其它用途影響，供給彈性會較大。例如種植高麗菜的農地也可以種植其它蔬菜，當其它蔬菜價格相對較高時，高麗菜供給量會大量減少，因此高麗菜有相對較大的供給彈性。

3. 生產成本隨產量變動的敏感性

當產量提高，生產者投入要素也必須增加，生產成本必然上升，此時價格如果可以快速提升以反映成本增加，則供給彈性小，供給曲線較陡。反之則較平坦。

4. 時間長短

當時間增長時，生產者愈能調整生產規模，供給彈性會增大。反之，時間愈短，供給彈性愈小。農產品在長期時，彈性會相對較短期爲大。

三、需求價格彈性與總收益

（一）價格變動與總收益

廠商爲追求利潤最大化，可以透過兩個途徑達成，一種是提高價格，增加總收益。另一種是減少要素投入，降低生產成本。這兩種方法以提高售價相對比降低成本來得容易。

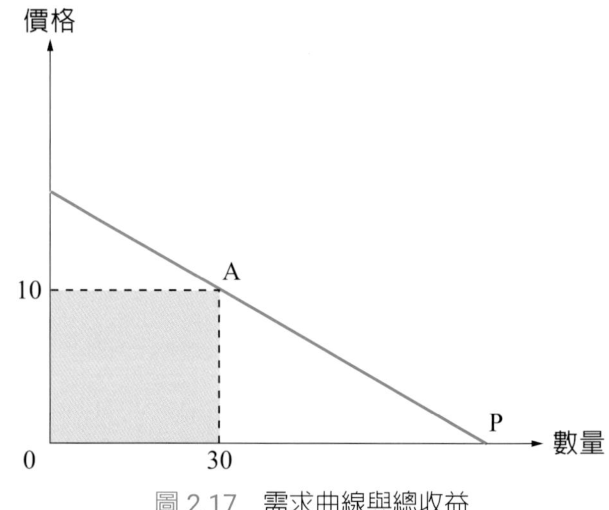

圖 2.17　需求曲線與總收益

廠商的收益也是消費者的支出。生產者爲增加總收益，不是將所有財貨均提高價格，因爲有些財貨，價格提高後總收益反而減少。因此，生產者在提高價格之前，必須先了解需求價格彈性與收益之間到底有何關係，應針對不同需求價格彈性的財貨採取不同價格策略。

圖 2.17 爲需求曲線與總收益，圖中總收益等於價格 10 乘以銷售量 30，總收益 300 亦即等於長方形的面積。

（二）需求價格彈性與總收益

當價格變動時，需求量會沿著需求曲線移動，此時總收益會如何變動？決定於需求價格彈性的大小。如圖 2.18，價格在富於彈性的區域時。當價格爲 P_0 時，需求量 Q_0，總收益等於 A + C 的面積。當價格爲 P_1 時，需求量爲 Q_1，總收益等於 B + C 的面積。

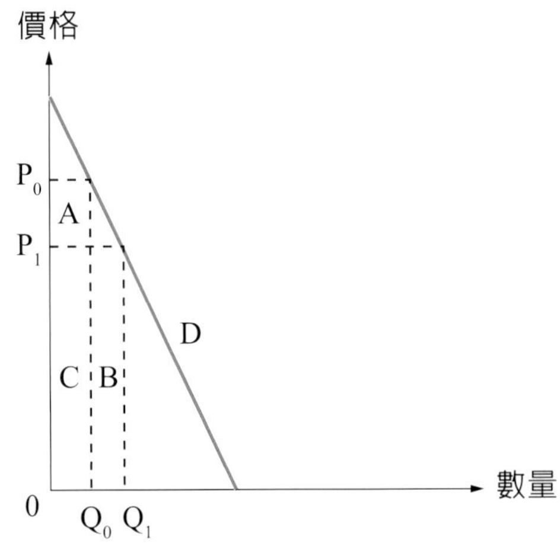

圖 2.18　價格在富於彈性的區域

C 是價格變動前後所共有，因此只須比較 A 與 B 面積大小，就可以知道價格變動對總收益的影響爲何？如圖 2.18 所示，價格由 P_0 降 P_1 時，B 面積比 A 大，所以價格在富於彈性的區域時，降價會使總收益增加。

在圖 2.19 中，價格在缺乏彈性的區域時，價格由 P_0 降 P_1 時，B 面積比 A 小，所以價格在缺乏彈性的區域時，降價反而會使總收益減少。圖 2.20 是單位彈性需求曲線，P_0 降 P_1 時，B 面積跟 A 面積一樣大，所以單位彈性的需求曲線，降價不會使總收益變動。

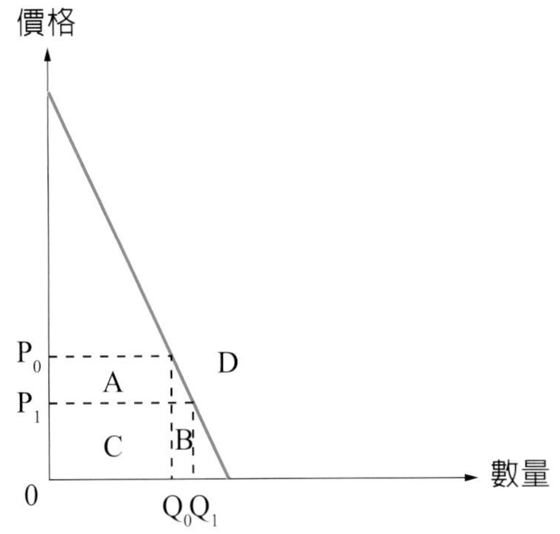

圖 2.19　價格在缺乏彈性的區域

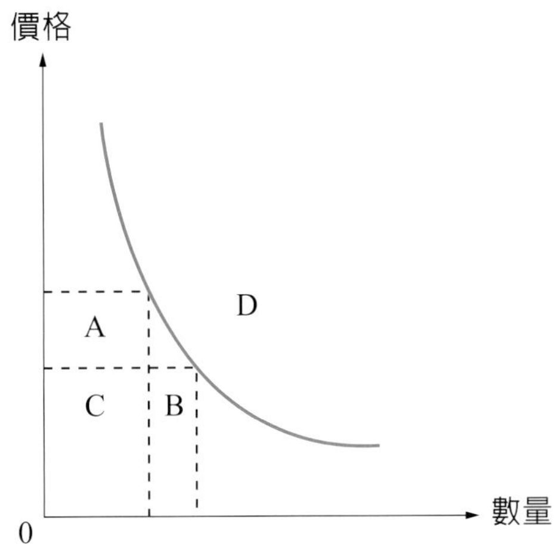

圖 2.20　單位彈性的需求曲線

價格與總收益關係，可以由（式 2.9）得知。

$$\frac{\Delta TR}{\Delta P}=Q+P\times\frac{\Delta Q}{\Delta P}=Q\times\left(1+\frac{P}{Q}\times\frac{\Delta Q}{\Delta P}\right)=Q\times\left[1-\left(-\frac{P}{Q}\times\frac{\Delta Q}{\Delta P}\right)\right]=Q\left(1-E^{D}\right)\quad(式\ 2.9)$$

觀察（式 2.9），$\frac{\Delta TR}{\Delta P}$表示價格變動對總收益的影響，影響（增加或不變還是減少）是由等式右邊的需求價格彈性決定。當 $E^D>1$，需求富於彈性時，$\frac{\Delta TR}{\Delta P}<0$，兩者呈反向變動關係，亦即降價，總收益會增加。漲價時，總收益反而減少。當 $E^D<1$，需求缺乏彈性時，$\frac{\Delta TR}{\Delta P}>0$，兩者呈同向變動關係，亦即降價，總收益減少。漲價，總收益反而增加。

因此，生產者針對需求價格彈性較大的財貨應該予以降價，如此總收益才會增加。例如百貨公司舉辦周年慶活動對於高價格的化妝品、高解析度電視機與有品牌高價女用包包均有價格折扣。甚至坊間經常看到的「跳樓大拍賣」或租約到期低價銷售等行銷手法，均屬於此原則應用。

而針對需求價格彈性較小產品，則應提高價格，消費者可以少買卻不得不買，如此使總收益增加。例如重要民生必需品、農產品均屬之，當價格上升時，消費者支出會增加。

將上述說明，彙整成表 2.11 所示。

表 2.11　價格彈性與總收益之關係

彈性	價格	總收益	價格與總收益的關係
$E_d>1$	上升	減少	反向變動
	下降	增加	
$E_d<1$	上升	增加	同向變動
	下降	減少	
$E_d=1$	上升	不變	無關
	下降	不變	

（三）直線型需求曲線的價格彈性與總收益

上述需求價格彈性與總收益之關係，是以不同彈性的需求曲線來說明，那在同一條需求曲線時，上述結論仍可適用嗎？以下以表 2.12 與圖 2.21 來說明。

在前面我們比較了不同需求曲線的彈性大小。雖然有些需求曲線線上每一點的彈性都一樣。但大部分的需求曲線並不具有這樣的性質。如果需求曲線是一條直線，線上每一點的彈性值皆不相同。

表 2.12 顯示需求曲線爲直線時，總收益與需求價格彈性之關係，如表 2.12 所示，第一欄是需求量，第二欄是價格，第三欄是總收益（P × Q）。第四欄與第五欄是根據弧彈性公式，分別計算的數量變動百分比與價格變動百分比。第六欄是第四欄除以第五欄的彈性值。計算價格從 14 元開始降價後，每一個價量對應點的價格彈性值。

由表 2.12 可知，價格從 14 元下降後，總收益隨降價而增加，需求價格彈性屬於富於彈性。當價格從 8 元降至 6 元時，總收益不變，需求價格彈性等於 1（單位彈性）。從 6 元再降價後，總收益隨之減少，需求價格彈性均小於 1，屬於缺乏彈性。將表 2.12 的價量對應點繪成圖 2.21。

觀察圖 2.21，在需求曲線中點位置，彈性剛好等於 1，需求曲線上的點愈接近縱軸，則需求價格彈性值愈大，如果需求曲線上的點剛好在縱軸上，則彈性值無限大（完全彈性）。愈接近橫軸，需求價格彈性值愈小，如果需求曲線上的點剛好在橫軸上則彈性值爲 0（完全無彈性）。

表 2.12　直線型需求曲線之總收益與彈性

Q	P	TR = Q × P	弧彈性之數量變動百分比	弧彈性之價格變動百分比	彈性值	彈性種類
0	14	0	—	—	—	—
4	12	48	200	15	13	富於彈性
8	10	80	66.7	18	3.7	富於彈性
12	8	96	40	22	1.8	富於彈性
16	6	96	28.6	28.6	1	單位彈性
20	4	80	22.2	40	0.6	缺乏彈性
24	2	48	18.1	66.7	0.3	缺乏彈性

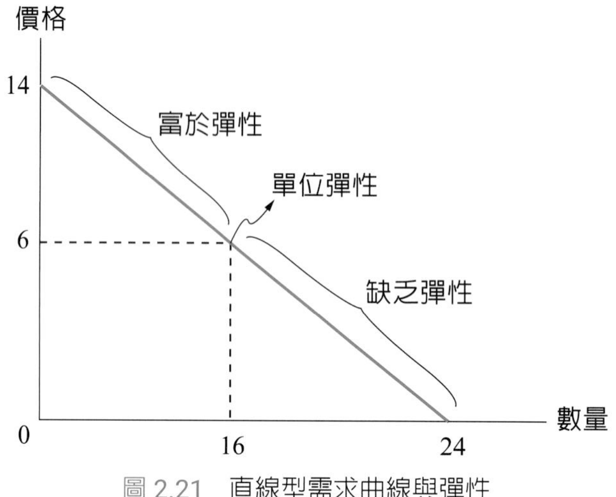

圖 2.21　直線型需求曲線與彈性

時事小專欄

雞蛋大小不一 南投養雞場當茶葉蛋賣薄利多銷

面對之前的雞蛋荒問題，南投縣一家養雞場，將土雞場轉型成為放養的蛋雞，透過農場直營方式，直接面對消費者銷售，把太大或太小的蛋製作成茶葉蛋，3 顆 10 元新臺幣，每一人限購 3 顆；薄利多銷，假日一天，可賣出 2、3 千顆茶葉蛋。

民眾：「雞蛋便宜啊，3 顆才 10 元，（妳們常來買嗎？）沒有第一次來！」

現在市面上一般的雞蛋，都賣到 1 斤 55 元以上，這裡的茶葉蛋，3 顆才賣 10 塊錢，每個人限量買 3 顆，尤其跟超商的茶葉蛋比起來，民眾覺得很實惠。

民眾：「茶葉蛋算便宜，便宜很多，現在超商一顆賣多少？超商一顆 13 元，這邊 3 顆 10 元。」

南投這家養雞場，在地經營 66 年，原本飼養土雞，這 1、2 年來，因為蛋荒；把土雞場轉型成為放養的蛋雞，直接設攤銷售各種雞蛋，還把太大或太小的蛋，拿來做成茶葉蛋。

透過農場直營方式，直接面對消費者，業者希望降低成本，促銷臺灣的國產雞蛋。

資料來源：新唐人亞太電視 2023/10/20

2.7 租稅

政府爲興建公共建設，經常會以課稅方式來籌措資金。租稅負擔與供需價格彈性有關，以下將分別對生產者（供給）課稅與消費者者（需求）課稅，來分析稅負的分攤情況。

假設政府爲籌措建設經費，擬對每盒巧克力課 10 元的稅。當此一政策宣布後，糖果公會主張應由消費者負擔這個稅（使用者付費原則），而消費者基金會則認爲應由生產者負擔稅。雙方在協調會上最後做成協議，主張買方與賣方各付一半的稅。這樣的課稅負擔結果，買賣雙方都可以接受嗎？如果 10 元的稅全部由買方付，或全部由賣方付，或各付一半，這三種方案對巧克力市場的價格與數量會產生何種影響？

爲分析這些方案，可以利用供給曲線與需求曲線來分析，我們會得到令人驚訝的結果。

一、對賣方課稅

首先分析對賣方課稅的情況。假設對巧克力賣方課每盒 10 元的稅。這項措施有何影響？我們可依三個步驟進行分析：(1) 課稅影響供給曲線還是需求曲線？ (2) 受到影響的曲線移動方向又是如何？ (3) 價格與數量如何變動？雙方稅負如何分配？

1. 在此情況下，由於買方不需要付稅，所以需求曲線不會受到影響。而賣方由於需要付稅，所以在任一不含稅的銷售價格下，其生產成本會增加。因此，供給曲線會移動。
2. 賣方付稅因爲是增加成本，從而在任一生產量下，必須反映成本增加，因此供給會減少，供給曲線會往左上方移動。

   就任一供給量而言，賣方現在所要求的價格會比以前無稅下的價格高 10 元，以反映課稅 10 元。因此，如圖 2.22 所示，供給曲線會垂直往上移動 10 元。
3. 在供給曲線往左上方移動之後，如圖 2.22 所示，巧克力的均衡價格由原先的 100 元上升至 102 元（需求曲線與新供給曲線交點所對應的價格），且均衡數量由 200 盒減爲 180 盒。因此，對賣方課稅會使巧克力的市場交易量減少，市場價格由 100 元上升至 102 元，所以課稅造成買方比以前每單位多付了 2 元。賣方雖然收到 102 元，但扣掉 10 元的稅之後，實際只收到 92 元， 比之前的 100 元少了 8 元。

我們現在回到稅負歸屬的問題：稅由誰負擔？雖然稅是由賣方支付給政府，但卻是由買方與賣方共同負擔。因爲市場價格由原均衡的 100 元上漲爲 102 元，所以買方支付價格增加。賣方雖然從買方收到的價格 102 元，要比沒有課稅時來得多，但扣掉付給政府的稅之後，其所收到的稅後價格 92 元（92 元 = 102 元 – 10 元），比沒有課稅時來得少，所以賣方也比以前差。

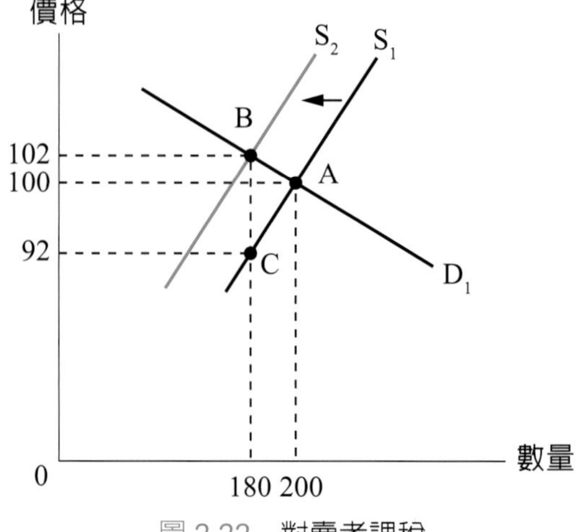

圖 2.22　對賣者課稅

因此課稅會壓抑市場活動，當一財貨被課稅時，其銷售量會下降。稅是由買賣雙方共同負擔。在新的均衡價格下，買方付的價格比以前高，而賣方收到的價格卻比未課稅前低。

二、對買方課稅

現在分析對買方課稅的情況。如果政府對巧克力買者課每盒 10 元的稅，因此買方除了要付給賣方所要求的交易價格外，還需另外負擔 10 元的稅。此一課稅政策會如何影響巧克力的買方與賣方？我們還是依前述三個步驟進行分析。

1. 對買方課稅會影響巧克力的需求，賣方不用付稅，供給曲線不會受到影響，因此，課稅只會影響需求曲線。
2. 買方除了要付給賣方巧克力交易價格外，還需另外負擔 10 元稅，因此買方對巧克力的購買意願會降低，亦即其對巧克力的需求會減少。如圖 2.23 所示，巧克力需求曲線往左下方移動。

   需求曲線往下移的幅度會有多大？因爲買方需支付 10 元的稅，所以買方實支付的價格會比市場價格（在任一價格下）均高出 10 元。例如，巧克力每盒的市場價格是 100 元，則買方總共付了 110 元。因此，如要買方購買原先沒有課稅之下每盒 100 元的巧克力數量，買方現在只願付給巧克力賣方每盒 90 元，這是因爲他現在還要負擔 10 元的稅。要買方購買其他的數量也會有同樣情形。他每盒所願意支付的價格都比原先沒有稅的情況下少了 10 元。因此如圖 2.23 所示，需求曲線會垂直往下移動 10 元幅度，由 D_1 移至 D_2。

3. 如圖 2.23 所示，在需求曲線往左下方移動之後，巧克力的均衡價格由原先的 100 元降至 92 元（供給曲線與新的需求曲線交點所對應的價格），均衡數量由 200 盒降為 180 盒。因為均衡數量下降，所以對巧克力買方課稅同樣也會使市場交易縮小。

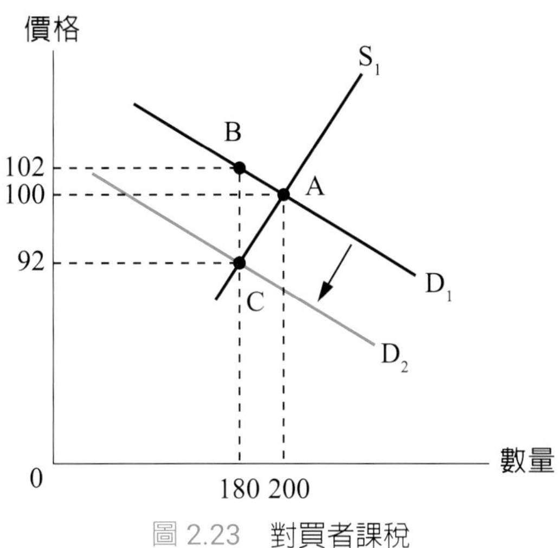

圖 2.23　對買者課稅

比較圖 2.22 與圖 2.23，會發現一個令人驚訝的結論：對買方課稅與對賣方課稅所造成的影響完全一樣。在這兩種情況下、課稅均會造成買方支付每單位的價格與賣方收到的價格有所不同，且差距為單位稅額 10 元。

因此不管是對誰課稅，買方所支付的完稅價格一樣，且賣方所收到的完稅價格也一樣；買方有相同稅額的負擔（以上例而言為 2 元），且賣方也有相同稅額的負擔（8 元）。這兩種情況的唯一差別是，在名義上稅是由誰繳的。

例題 2-7

如果需求函數為 $Q^D = 200 - 2P$，供給函數為 $Q^S = -40 + P$，政府對每單位產量課 15 元從量稅。請問稅前、稅後均衡價格與數量各是多少？消費者與生產者又負擔多少稅？

解 $Q^D = 200 - 2P$　$Q^S = -40 + P$

稅前：$Q^D = Q^S$　所以 $200 - 2P = -40 + P$　$P = 80$　$Q = 40$

稅後：$Q^D = Q^S(P - 15)$　則 $200 - 2P = -40 + (P - 15)$　$P = 85$　$Q = 30$

消費者負擔 $85 - 80 = 5$，消費者負擔 5 元稅額；

生產者負擔 $15 - 5 = 10$ 元稅額

三、價格彈性與租稅的分攤

當一財貨被課稅時，稅由買方與賣方雙方共同負擔，但買賣雙方實際的負擔比例爲何？

可由圖 2.24 來回答此一問題。圖 2.24 顯示的是課稅前的供給曲線與需求曲線。我們只要知道單位稅額，就可以知道新的均衡點所在（如我們剛才的分析，不管政府對誰課稅，最後的結果都一樣）。

圖 2.24(a) 顯示的情況是需求富於彈性，供給則相對缺乏彈性，亦即需求線相對平坦，供給曲線相對陡峭。在此情況下，買方所支付的價格上升幅度有限，所以買方負擔的稅較少。相同地，賣方所收到的價格大幅下降，所以稅額主要是由賣方負擔。

而圖 2.24(b) 所顯示的情況與圖 2.24(a) 正好相反：供給富於彈性，需求相對缺乏彈性。在此情況下，買方所支付的價格大幅增加，而賣方所收到的價格僅小幅下降，因此，稅額主要是由買方負擔。

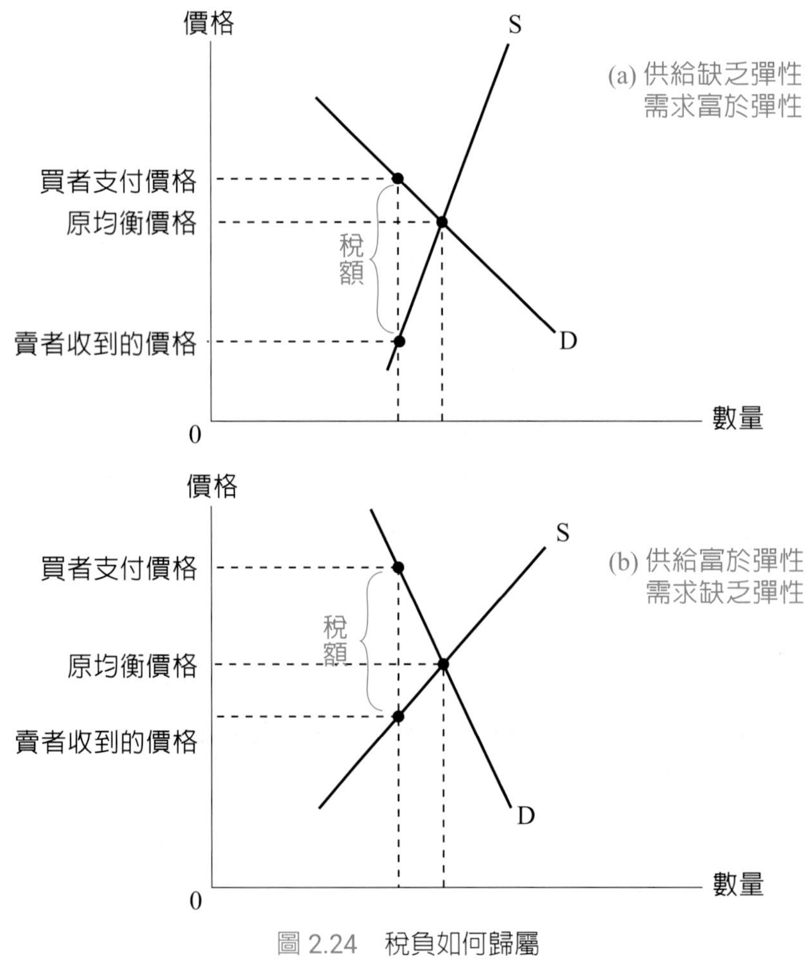

圖 2.24　稅負如何歸屬

由圖 2.24 我們可以得到一個關於稅負歸屬的一般結論：就是較缺乏彈性的那一方租稅負擔就比較重。何以如此？在本質上，價格彈性衡量的是當市場價格改變時，雙方數量改變的難易程度。需求價格彈性小，表示買方對該產品依賴性高，沒有太多其他的選擇。供給彈性小，也表示賣方沒有太多其他的選擇。當某一商品被課稅時，價格彈性較小的那一方，由於其他的選擇機會較少，因此較不容易離開該市場，也因此租稅的負擔就比較重。

我們也可以想像一種極端的情況，來理解價格彈性與稅負歸屬之間的關係。假設供給價格彈性為無限大，在此情況下，若政府對此一商品課稅，則由於賣方所願意收到的價格與課稅前一樣（因為供給曲線是水平的），所以賣方並沒有負擔到任何的稅額，而稅額全部由買方負擔。供給價格彈性無限大表示賣方有相當多的其他選擇，要賣方負擔稅，賣方就乾脆離開這個市場。因此，稅就全部由買方負擔。同樣的，如果需求曲線彈性無限大，則課稅結果將完全由賣方負擔，其理亦同。

本章結論

需求是指在既定價格下對應某一需求量的價量對應關係。需求量是指在某一既定價格下，消費者願意而且能夠購買的數量。需求量變動的影響因素是本身財貨價格。需求變動的影響因素有相關財貨價格、所得、預期、偏好或嗜好、消費者人數。

供給是指在既定價格下對應某一供給量的價量對應關係。供給量是指在某一既定價格下，生產者願意而且能夠提供的數量。供給量的變動是指因本身財貨的價格變動，導致所對應的供給量的改變。供給變動的影響因素有生產技術、要素價格、相關財貨價格、預期或生產者人數。

需求面彈性有價格彈性、所得彈性、交叉彈性。供給面彈性則有價格彈性。影響需求價格彈性的因素有替代品多寡與替代性強弱、產品定義的廣狹、該財貨支出占總支出比例、時間長短。影響供給價格彈性的因素有生產者改變產量的難易程度、生產要素是否具備多種用途、生產成本隨產量變動的敏感性、時間長短。

價格管制可分成價格下限與價格上限。租稅的分攤多寡，與針對生產者或消費者課稅無關，與供需雙方價格彈性大小有關。

課稅稅負負擔，需由供需雙方彈性大小來決定，彈性愈大則負擔愈小。

NOTE

03

消費者最適選擇

本章綱要

焦點透視鏡 2023 全球十大消費者趨勢出爐！ Z 世代與女性力量崛起 後疫情時代消費習慣大不同

全球消費者趨勢一：更人性的自動化

在 2022 年，有 58% 的消費者比起網路機器人，願意透過與人類溝通來解決客服問題，顯見科技的進步並不能滿足消費者實際與人接觸的渴望。

全球消費者趨勢二：預算管理大師

在 2022 年，有 55% 的零售業人士表示，公司因通貨膨脹提高價格，卻有高達 75% 的消費者表示不打算增加開銷，對消費者而言，商品的 CP 值遠比品牌忠誠度重要。

全球消費者趨勢三：高效掌控螢幕時間

現代生活離不開電子設備，據調查發現，有 57% 的消費者在 2022 年刪除了手機上的 App，但並不是為了減少螢幕使用時間，而是希望更專注於軟體功能和提升效率。

全球消費者趨勢四：生態經濟崛起

2022 年只有不到 20% 的消費者願意為永續屬性的必需品增加支出，卻意外推動維修、二手買賣和租賃等綠色活動的發展，有 34% 的消費者願意購買二手物品，43% 的消費者減少了個人能源消耗。

全球消費者趨勢五：遊戲大眾化

遊戲已經成為娛樂產業的領導者，玩家也橫跨各年齡層，這些忠實玩家除了購買遊戲主機，也願意砸錢在虛擬產品上，提升遊戲體驗。

全球消費者趨勢六：活在當下

面對經濟動蕩中，消費者不知道明天會發生什麼事，所以及時行樂、活在當下，成了人們理想的生活方式，在 2022 年，多達 50% 的消費者表示自己享受生活，不擔心未來規劃。

3.1 邊際效用分析法

消費的最終目的，都是爲了慾望上的滿足，這種滿足程度是個人主觀的感受，經濟學家以效用（utility）稱之，數字的大小代表消費者慾望得到滿足的程度，其功能就如同溫度計一樣。效用只是一個數字沒有單位，數字愈高代表消費得到的滿足程度愈大。

全球消費者趨勢七：生活重回正軌

新冠疫情讓消費者更渴望真實的體驗和活動，而後疫情時代來臨，人們開始回到辦公室工作，各大活動、夜生活捲土重來，餐廳生意也從谷底反彈。

全球消費者趨勢八：她力量崛起

性別平等意識抬頭，消費者拒絕對性別問題保持沈默，並支持符合自身價值觀的品牌。

全球消費者趨勢九：反卷的上班族

2022 年，53% 的消費者在工作、學習與生活之間有嚴格界限，他們將持續尋找工作與生活中的平衡點，而企業應幫助他們保持身心健康。

全球消費者趨勢十：不拘一格的新生代

Z 世代成長於新冠疫情期間，他們比其他世代具備更強的適應力，並且堅持自己的信念，做自己的主人，唯有具備真實性和社會影響力的營銷方式才能引起他們的共鳴。

資料來源：HOME 2023/02/02

解說

歐睿國際於 2023 年 1 月發佈《2023 全球十大消費者趨勢》的報告指出，在理性與感性並存的年代，消費與數位化愈發重要，而女性力量與 Z 世代都是影響 2023 年全球消費趨勢的關鍵因素。該報告預估，2023 年全球餐飲服務銷售額將有 56% 來自餐廳訂單，品牌有機會與新消費者建立長久互動關係，能夠提振信心的產品和服務將受到消費者的青睞，而體驗式零售和餐飲服務可以提高品牌與消費者間的互動性，激發品牌活力與熱情。Z 世代改變了傳統媒體的行銷方式，商品使用推薦和評價比廣告更有用，這種用戶自發生成的、簡短且有互動性的內容更有吸引力，透過用戶的真實反饋，就能讓產品自己說話，無需傳統廣告。

早期的基數效用論者，認爲效用是可以計算並比較，可以計算吃一餐飯得到的總滿足程度有多大，而且可以跟別人比較，也可以跟自己不同的消費型態作比較，這種論點也稱爲邊際效用分析法（marginal utility approach）。可是這種分析方法過於主觀，所以序數效用論者又發展出較客觀的序數效用分析法（又稱爲無異曲線分析法（indifference curve approach）），他們認爲效用數字大小僅能代表個人偏好順序而已，並不是眞的獲得這麼多的滿足程度。

本章將分別利用這兩種分析法，來分析消費者應如何分配所得以獲得最大效用，以及如何在效用最大化的假設下導出財貨的需求曲線。

知識補給站

吃到飽退燒了？小鳥胃怨無法回本 網曝「年紀分水嶺」：是種負擔

「吃到飽」餐廳廣受大家喜愛，各類美食讓饕客一次滿足，有網友表示，近日和親戚到吃到飽餐廳用餐，但感覺才吃沒多少就飽了，感覺是賠錢貨，「請問大家還會去吃吃到飽餐廳嗎？」貼文曝光後，掀起不少網友熱議。

原 PO 在 PTT 上發文表示，上周末和親戚到吃到飽餐廳用餐，「不知道為什麼覺得自己吃的很少，感覺是賠錢貨，可能食量變得很小一下子就吃飽了，請問大家還會去吃吃到飽餐廳嗎？」

貼文曝光後，引發不少網友討論，「會去，但不會想吃到回本」、「會啊！種類選擇多」、「吃到飽餐廳不用吃到飽啊！就一個讓喜歡嘗試不同口味的，花一點錢就可以的地方」、「會啊！不用煩惱每個人的喜好，想吃什麼就拿什麼。而且用餐時間很長，可以好好聊天，如果同桌長輩聊到尷尬話題，還可以假裝要去拿菜離席」；不過有人持相反意見，「不會，商人要賺錢這種品質都比較差，社會人沒必要去」、「不會，吃別的也一樣吃很飽」。

此外，有不少網友認為，年過 30 後，吃吃到飽會變成一種負擔，「過 30 之後沒去吃過」、「去吃到飽的好處是大家可以選自己想吃的，什麼吃飽吃回本，30 歲以後就沒想過了」、「等你過 30 就很少會想去了，偶爾去也不會老是有吃回本的想法」、「到了一個年紀就沒辦法了」。

資料來源：三立新聞網 2023/07/19

一、總效用與邊際效用

假設效用是可以計算的，那麼我們就可以計算出消費一定數量財貨所能得到的總滿足程度，稱爲總效用（total utility，TU）。

邊際效用（marginal utility，MU）是指增減一單位財貨的消費量對總效用的影響，如（式 3.1）。

$$MU_X = \frac{\Delta TU_X}{\Delta Q_X} \qquad (式\ 3.1)$$

式中 ΔTU_X 表總效用的變動量，ΔQ_X 表財貨 X 的變動量

財貨 X 消費量之總效用即各消費量邊際效用之加總，如（式 3.2）。

$$TU_X = \sum_{1}^{n} MU_X \qquad (式\ 3.2)$$

表 3.1 列出某人消費煎餃的總效用與邊際效用。圖 3.1 是煎餃的總效用與邊際效用曲線。

表 3.1　總效用與邊際效用

Q	TU	MU
0	0	—
1	2	2
2	7	5
3	11	4
4	14	3
5	14	0
6	12	–2
7	8	–4

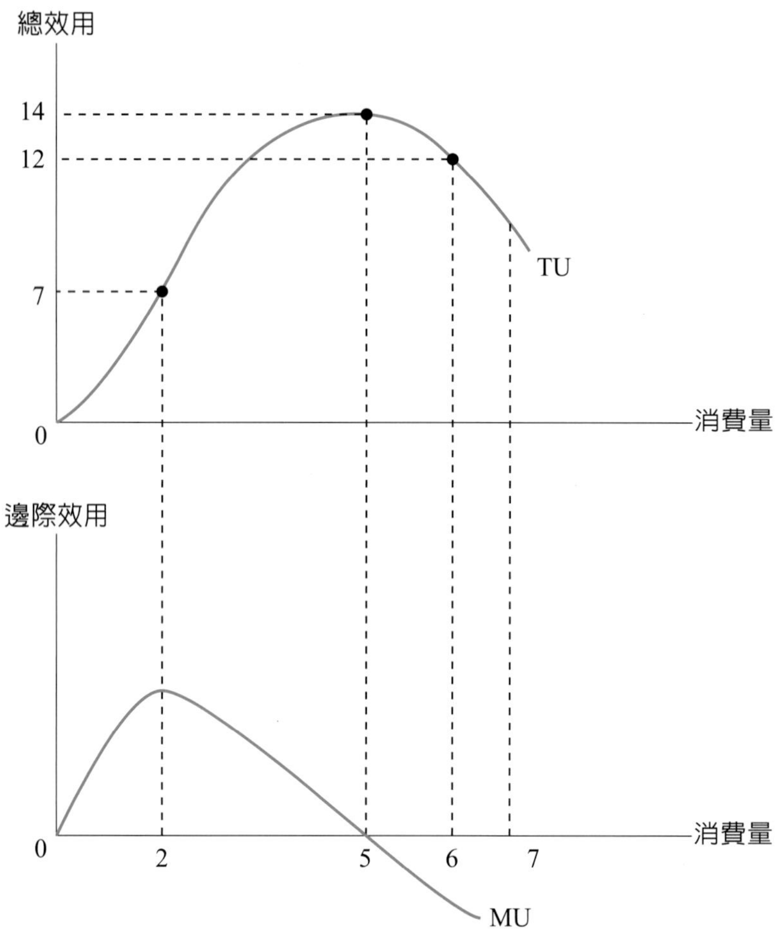

圖 3.1　總效用曲線與邊際效用曲線

剛開始某人也還沒消費煎餃，飢餓慾望未獲得滿足，總效用爲 0，隨著對煎餃的消費量增加，總效用也跟著增加，至消費到第 5 個煎餃時，總效用達到最大 14 單位，如果再繼續消費煎餃，總效用已呈下降趨勢。如以邊際效用觀察，隨著開始消費煎餃，邊際效用快速上升，消費到第 2 個煎餃已達最高 5 單位，隨消費量增加呈緩慢下降現象，甚至呈現負值。

負值的邊際效用代表該消費量已帶來不適感覺，因此理性消費者應消費至第 5 個煎餃爲止，此時總效用已達極大，邊際效用爲 0，消費慾望也已獲最大滿足。

圖 3.1 顯示，邊際效用會隨消費量增加而快速增加，至某一數量後便呈緩慢下降趨勢，甚至出現負值，這種邊際效用隨消費量增加而遞減的現象，稱爲邊際效用遞減法則（law of diminishing marginal utility）。

爲什麼會發生邊際效用遞減，人們的胃容納有限，慾望總有被滿足的時候。剛開始肚子餓，總覺得東西很好吃，慢慢飢餓感消失了，東西就沒剛開始享用時那麼好吃，也就是說邊際效用開始遞減了。例如看電影，第一部電影覺得很精彩，再看第二部，此時的感受就沒前一部好看，再看第三部電影，此時就坐不住了，這也是看電影的邊際效用在遞減。

例題 3-1

假設當 Y 的消費數量不變時，某甲增加一單位 X 消費所獲得的總效用（TU）變動量為 16 – 2X + Y，相對的，當 X 的消費數量不變時，增加一單位 Y 消費所獲得的 TU 變動量為 10 – 4Y + X，則某甲的 X 與 Y 的邊際效用（MU）各為何？

解 因為 $MU_X = \dfrac{\Delta TU}{\Delta X}$，而 $\Delta X = 1$，$\Delta TU = 16 - 2X + Y$，

所以 $MU_X = 16 - 2X + Y$

$MU_Y = \dfrac{\Delta TU}{\Delta Y}$，而 $\Delta Y = 1$，$\Delta TU = 10 - 4Y + X$，所以 $MU_Y = 10 - 4Y + X$

時事小專欄

破解吃到飽 " 五輪進食攻略 " 拚回本！

吃到飽最難回本　老闆揭 4 種料理拿幾盤都不會虧

去 buffet 吃到飽餐廳，到底要怎麼吃才能回本？有餐廳老闆透露，4 種民眾最愛的常見料理其實成本相當低，就算全部拿光也不會讓餐廳虧錢。

吃到飽餐廳料理種類豐富，如何在有限的時間及食量內做出正確選擇，一直是十分熱門的話題。根據搜狐號《小乾倩倩的遊戲的美食》指出，有餐廳老闆透露，下列 4 道料理食材成本相當低，不論顧客拿幾盤，恐怕都無法吃回本。

1. 涼拌菜

涼拌菜的人工和原料成本低，而且涼拌菜使用的食材通常都不會太貴，只是用特殊醬料或調味醃製而成。

2. 小黃魚

許多人誤以為小黃魚食材昂貴，但實際上餐廳使用的小黃魚成本較低，並沒有讓餐廳花上多少錢。

3. 飯糰

部分餐廳會提供份量十足且變化多樣的飯糰，但實際上飯糰的成本低廉，即便你把餐廳的飯糰全部吃完，老闆也不會著急。

4. 肉捲

雖然肉捲口感不錯，份量也不大，讓許多人會忍不住一次拿很多，但事實上這些肉特別薄、成本也不高。

《小乾倩倩的遊戲的美食》建議下次去吃到飽餐廳，看到上述 4 種食物，就算真的很喜歡也還是忍一忍、別吃太多，留點肚子吃一些別的，比較划得來。

資料來源：摘錄自中時新聞網 2021/01/05

知識補給站

邊際效用與邊際效用遞減

在經濟學中，效用被用來描述商品滿足人慾望的能力，人們消費某一財貨或勞務時，每增加一個單位所獲得的滿足程度，稱為邊際效用。大多數情況下邊際效用是呈遞減趨勢，比如飢餓的人，吃第一口食物時覺得特別香，而快吃完時，卻會覺得味道沒那麼好了，當然邊際效用也會出現遞增情況，比如說一個集郵愛好者，在收集到一套郵票中的最後一張時，其滿足程度往往是最大的。

資料來源：https://www.youtube.com/watch?v=XiFh03K_yEc

二、消費者效用極大化之均衡條件

消費者消費目標爲追求效用極大化，如果只消費一種財貨而且不需考慮所得與價格，則應消費至總效用極大，此時邊際效用應爲 0 或接近 0。可是實際上，消費財貨不會只有一種，而且要考慮自己所得有多少，還有財貨價格問題。

爲簡化說明，假設小慧只消費小籠包與豆漿兩種財貨，小籠包一個 10 元，豆漿一杯 6 元，她的所得只有 42 元。爲達到效用極大化所得需全部支出，小慧應如何分配小籠包與豆漿的消費數量？效用極大化條件如（式 3.3）所示。式中 MU_M 是貨幣的邊際效用，假設爲固定數，P_M 是貨幣的價格值爲 1。因此可將 $\frac{MU_M}{P_M}$ 予以忽略。

$$\frac{MU_X}{P_X}=\frac{MU_Y}{P_Y}=\frac{MU_I}{P_I} \text{ 或 } \frac{MU_X}{P_X}=\frac{MU_Y}{P_Y} \qquad (\text{式 } 3.3)$$

（式 3.3）中，MU_X 與 MU_Y 分別表示 X 財貨與 Y 財貨的邊際效用，P_X 與 P_Y 分別表示 X 財貨與 Y 財貨的價格。

由（式 3.3）可知，消費者如欲達到效用極大化，必須滿足平均每一元所得，無論在 X 與 Y 財貨上所得到的邊際效用均相等，我們稱爲邊際效用均等法則（principle of equally marginal utility）。如果等式不成立，可以透過增減財貨數量使等式成立，例如 $\frac{MU_X}{P_X}>\frac{MU_Y}{P_Y}$，表示平均每一元所得在 X 財貨所得到的邊際效用比在 Y 財貨多，則繼續增加消費 X 財貨，並減少 Y 財貨，經過邊際效用遞減法則的作用，兩者終會相等滿足效用極大化均衡條件。反之，$\frac{MU_X}{P_X}<\frac{MU_Y}{P_Y}$，則增加消費 Y 財貨，並減少 X 財貨，使等式成立。經由表 3.2 的例子，可以了解如何找出效用極大化的財貨組合。

表 3.2　效用最大化財貨組合（$P_X=10$ 元）

Q	TU_X	MU_X	$\frac{MU_X}{P_X}$	TU_Y	MU_Y	$\frac{MU_Y}{P_Y}$
1	10	10	1	10	10	1.7
2	25	15	1.5	22	12	2
3	45	20	2	31	9	1.5
4	59	14	1.4	37	6	1
5	72	13	1.3	40	3	0.5
6	82	10	1	41	1	0.2

由表 3.2 中，先計算出第四欄與第七欄平均每一元的邊際效用，依據（式 3.3），要得到效用最大，必須滿足兩個財貨平均每一元的邊際效用均相等條件。

因此，表中有三組財貨組合均滿足此一條件，分別是 1、1.5 與 2，但是效用最大的財貨組合，應該只有一組，所以進一步計算，有哪一組財貨組合可以剛好將所得支出完畢，那一組財貨組合便是效用極大組合。

首先平均每一元的邊際效用為 1 時，小籠包消費 1 個，豆漿消費 4 杯，支出 34 元，所得有剩餘，如繼續支出可增加總效用，因此不是均衡組合。或小籠包消費 6 個，豆漿消費 4 杯，支出 84 元，超過 42 元所得亦不是均衡組合。

平均每一元的邊際效用為 1.5 時，小籠包消費 2 個，豆漿消費 3 杯，支出 38 元也不是均衡點。平均每一元的邊際效用為 2 時，小籠包消費 3 個，豆漿消費 2 杯，支出恰好是 42 元。

因此可知效用極大化財貨組合是小籠包消費 3 個，豆漿消費 2 杯，總效用為 67 單位。

圖 3.2 係平均每一元的邊際效用。觀察圖 3.2，由 $\frac{MU_X}{P_X}$ 與 $\frac{MU_Y}{P_Y}$ 交點可得到均衡財貨組合。在所得 42 元限制下，小籠包每個 10 元，豆漿每杯 6 元時，每一元的邊際效用為 2 時，可得到均衡組合，此時小籠包消費 3 個，豆漿消費 2 杯，可使總效用達到極大化。

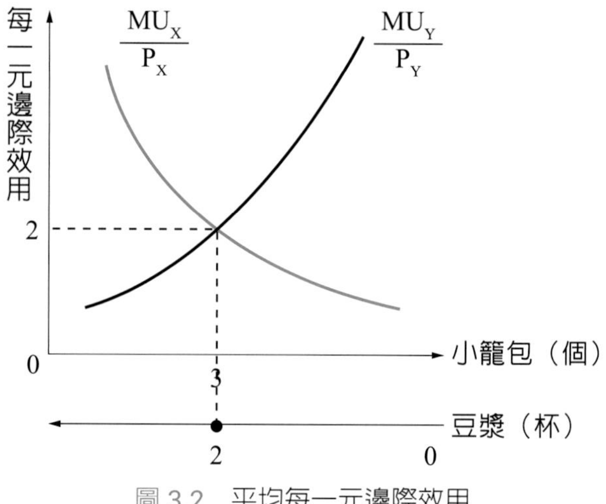

圖 3.2　平均每一元邊際效用

當消費 n 種財貨時，為達到效用極大化，亦必須符合上述邊際效用均等法則，如（式 3.4）。表示在 n 種財貨之間平均每一元的邊際效用均相等。

$$\frac{MU_1}{P_1}=\frac{MU_2}{P_2}=\frac{MU_3}{P_3}=\cdots=\frac{MU_n}{P_n} \quad \text{（式 3.4）}$$

例題 3-2

小蘋有 10 元要買花生（X）與啤酒（Y），已知花生的邊際效用為 10 – X，啤酒的邊際效用為 21 – 2Y，花生與啤酒每單位價格均為 1 元，為得到最大滿足，小蘋應該如何分配這兩財貨的購買數量？

解 因為 $(MU_X / P_X) = (MU_Y / P_Y)$，所以 (10 – X) = (21 – 2Y)

10X = 21 – 2Y　且 X + Y = 10　將 Y = 10 – X 代入

得 X* = 3，Y* = 7 表示小蘋要買 3 單位花生與 7 單位啤酒，可得最大滿足。

三、邊際效用分析法與財貨需求曲線

根據前述邊際效用均等法則，當消費滿足（式 3.3）條件時可獲得極大效用，當等式不成立時，必須調整財貨數量，使等式再次成立。我們可以利用這個特性來導出財貨的需求曲線。如前例，小籠包一個 10 元，豆漿一杯 6 元，所得 42 元，效用極大化財貨組合是消費小籠包 3 個，豆漿 2 杯。

此時在小籠包的需求曲線上只有一點，同樣在豆漿的需求曲線上也是一點，爲得到需求曲線，價格必需變動，得到另一個價量對應點，至少有兩個價量對應點才能連成一條曲線，也就是該財貨的需求曲線。

因此，爲導出小籠包的需求曲線，假設小籠包的價格由 10 元降至 6 元。重新製表如表 3.3 所示。觀察表 3.3，兩種財貨平均每一元的邊際效用均相等只有 1.7，有兩組財貨組合，第一組消費 1 個小籠包 1 杯豆漿，支出僅 12 元，所得有剩餘明顯不是效用極大均衡組合。

第二組消費 6 個小籠包、1 杯豆漿，支出恰好 42 元。所以當小籠包價格降至 6 元時，小籠包的消費量由 3 個增至 6 個，而豆漿的數量由 2 杯減至 1 杯。

由此亦可證明當（式 3.3）不成立時，應增加平均每一元的邊際效用較大財貨的消費，並減少每一元的邊際效用較小財貨的消費，如此調整可使效用回復極大化。

表 3.3　效用最大化財貨組合（P_X = 6 元）

Q	TU_X	MU_X	$\frac{MU_X}{P_X}$	TU_Y	MU_Y	$\frac{MU_Y}{P_Y}$
1	10	10	1.7	10	10	1.7
2	25	15	2.5	22	12	2
3	45	20	3.3	31	9	1.5
4	59	14	2.3	37	6	1
5	72	13	2.2	40	3	0.5
6	82	10	1.7	41	1	0.2

小籠包與豆漿的需求曲線如圖 3.3 與圖 3.4。當小籠包的價格變動愈多次，所得到的小籠包的需求曲線愈精確。豆漿的需求曲線也是以相同方法獲得。

在本例中，因爲豆漿的價格未改變，當小籠包的價格下降時，爲維持等式成立達到效用極大化，小籠包的消費需求增加，而豆漿已發生需求減少現象，如圖 3.4 中，消費組合由 A 點至 B 點。

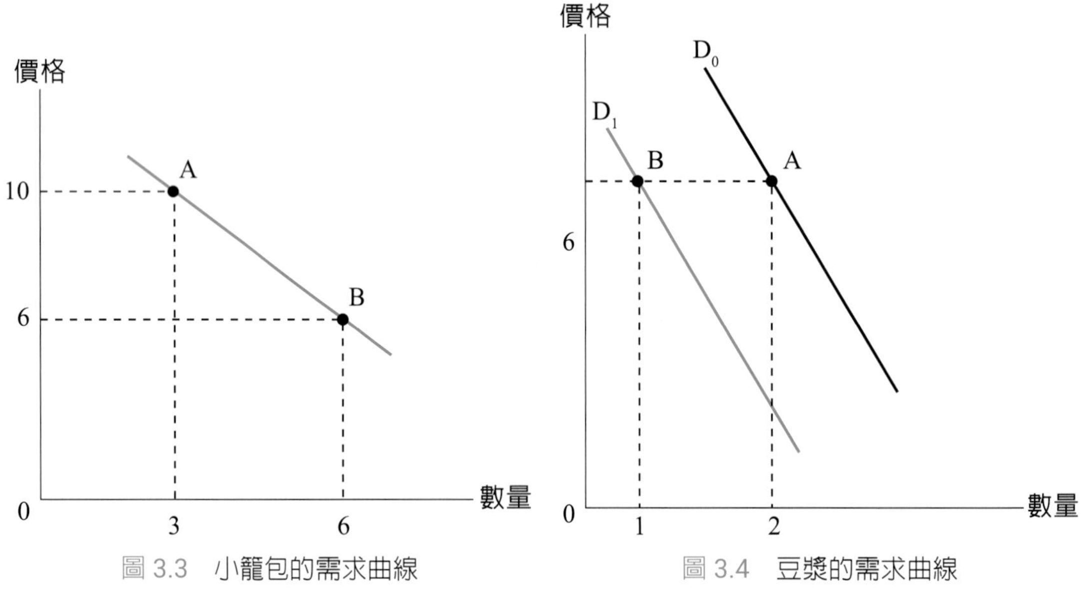

圖 3.3　小籠包的需求曲線

圖 3.4　豆漿的需求曲線

3.2 消費者剩餘

所謂消費者剩餘（consumer surplus）係指消費者購買某一數量財貨，主觀願意支付的金額與客觀實際支付金額兩者之差。可以解釋成消費者心中覺得省下多少錢。如圖3.5。在需求曲線上的價格是消費者在某一既定需求量下，主觀願意支付的最高價格，亦即生產者的售價如比這個價格高，他就不買，愈低愈好，最好不用花錢。

觀察圖 3.5，胖胖一次買四顆煎餃，老闆賣他 24 元，也就是一顆煎餃 6 元。現在四顆煎餃分開買，一次只買一顆，當胖胖第一顆煎餃，他心目中願意支付的價格是 10 元，可是老闆依舊賣他 6 元，胖胖覺得省下 4 元（10 – 6）。再買一顆煎餃也就是第二顆煎餃，胖胖心目中願意支付 8 元，老闆依舊賣他 6 元，此時，胖胖覺得省下 2 元（8 – 6）。再買第三顆，胖胖心目中願意支付 7 元，老闆依舊賣他 6 元，這時，他覺得省下 1 元（7 – 6）。到最後一顆也就是第四顆煎餃時，消費主觀願意支付價格等於售價，已無消費者剩餘（6 – 6）。所以這四顆煎餃的消費者剩餘是 (10 – 6) + (8 – 6) + (7 – 6) + (6 – 6) = 7 元。

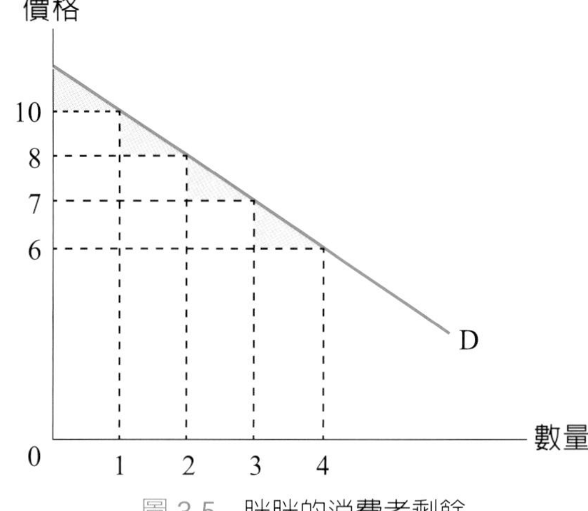

圖 3.5　胖胖的消費者剩餘

又假定我們可無限的細分消費數量，則此時的消費者剩餘可表現在圖 3.6 中，需求曲線（D_X）以下且以上的部分（即△ $AP_{X_B}B$）爲消費者剩餘，即消費者按照最後一單位財貨（X）的價格（P_{X_B}）支付所有購買該財貨的金額，但在最後一單位財貨的消費量以前，消費者願意支付的價格都大於最後一單位的價格，消費者卻沒有對這大於 P_{X_B} 的部分支付，這無須支付卻能享有的部分就是消費者剩餘。

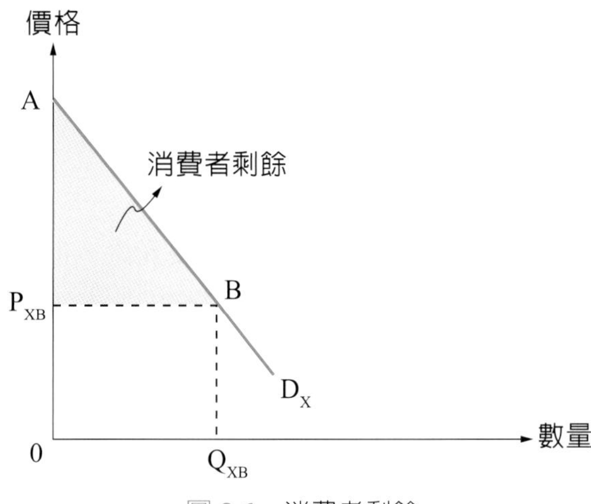

圖 3.6　消費者剩餘

時事小專欄

盧秀燕抽臺中購物節最大獎「千萬好宅」中獎人接電話先掛斷：以為拜票

第五屆臺中購物節今在臺中市府舉辦壓軸「抽好宅」，臺中市長盧秀燕抽出今年最大獎千萬好宅，由西屯區黃小姐幸運中獎，黃小姐第一通接通後，以為是拜票掛掉電話，第二通得知自己中獎了，驚訝的說「我抽中房子了，快哭了」。

盧秀燕指出，這屆活動排除房地產、土地消費登錄類型，活動總登錄消費金額仍達 328 億元，相較前屆第四屆 358 億元，僅差距 30 億元，且為 8 個縣市購物節中唯一破 300 億，每年均為全國第一名。她說，市府運用 3.5 億預算，不只帶動消費，更創造逾 600 億元產值。

經發局指出，此屆活動著重振興基層經濟與地方十區，讓區域專屬消費創下 14.1 億元佳績，相較前屆 10 億元，成長將近 4 成，而收據專屬消費則達成 15.2 億元成績，較前屆 5 億元成長了 3 倍。另每日平均登錄消費金額也逐年提升，從前年第三屆 4.8 億元，至此屆升至 5.2 億元，而外縣市來臺中消費的金額則突破 100 億元，其中消費比例最高的縣市依序為彰化縣、南投縣、雲林縣、新北市、苗栗縣。經發局表示，臺中通暨購物節 APP 下載次數也突破 235 萬次，相較去年成長 50 萬次。

資料來源：聯合報 2024/01/09

一、水與鑽石的矛盾

水很重要是維繫生命的重要元素，但是水的價格卻很便宜，鑽石不是民生必需品，但是價格卻很高，爲什麼會這樣呢？有人說「物以稀爲貴」，只答對一半。水很重要表示水的總效用超過鑽石的總效用，然而財貨的價格是由供需決定。

一般而言，人們對水的消費量遠大於對鑽石的消費量，根據邊際效用遞減法則，水的邊際效用會遠低於鑽石的邊際效用，然而消費者為了達到極大效用，須符合平均每一元的邊際效用相等（如（式 3.4）所示），即花費在水與鑽石的最後一塊錢所獲得的邊際效用相等。因此，水的價值會遠低於鑽石的價格。

例題 3-3

已知效用函數為 $4X^2 - 2XY + 6Y^2$，$MU_X = 8X - 2Y$，$MU_Y = -2X + 12Y$，預算線為 $X + Y = 72$。試求效用極大時，X 與 Y 的消費量為何？

解 因為 $(MU_X / P_X) = (MU_Y / P_Y)$，$MU_X = 8X - 2Y$，
$MU_Y = -2X + 12Y$，$P_X = P_Y = 1$
所以 $8X - 2Y = -2X + 12Y$，得 $10X = 14Y$
將 $10X = 14Y$ 與 $X + Y = 72$ 聯立求解，得 $X^* = 42$，$Y^* = 30$

圖 3.7 係水市場的供需情況。水的需求曲線較陡，而供給相對豐富，供需所決定價格較低廉，消費者追求效用極大時會增加消費量，因此邊際效用也低，但因為消費量大，消費者剩餘也大。圖 3.8 是鑽石市場的供需圖形。鑽石相對水而言，有較大的需求彈性，而供給相對較少，供需所決定價格較高，消費者剩餘也比較小。

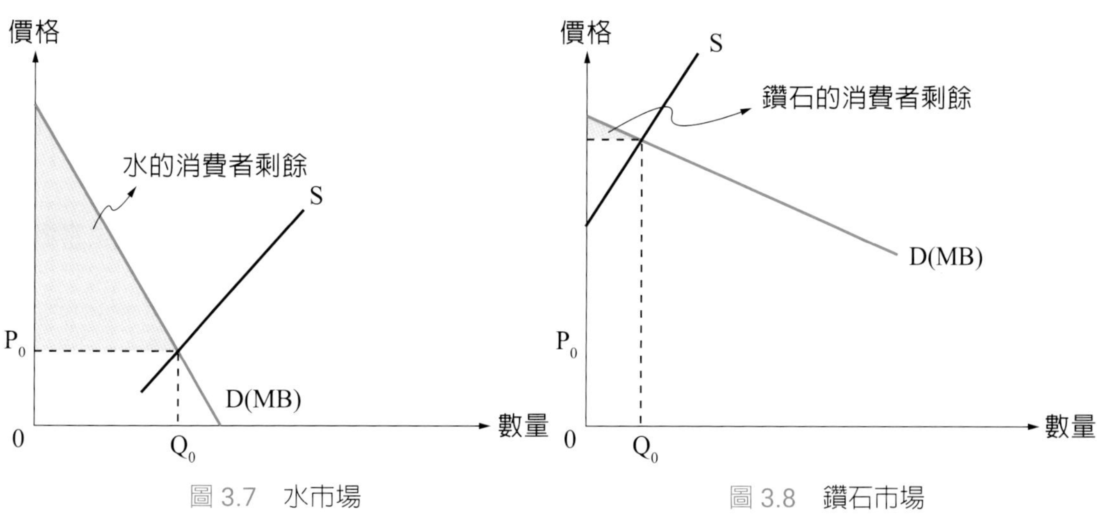

圖 3.7 水市場　　圖 3.8 鑽石市場

3.3 無異曲線分析法＊

邊際效用分析法認爲效用是可以計算也可以相互比較，但是效用是個人主觀感受。既然是個人主觀感受，用這種方法來計算並比較效用高低就不夠嚴謹，因此序數效用論者才又發展出無異曲線分析法。無異曲線分析法認爲，每個人對自己的喜好應該很清楚，對不同財貨都可以排列出偏好次序，這種次序也可以用數字高低來表示，但數字僅用以排列次序，並不認爲可以獲得如此效用。

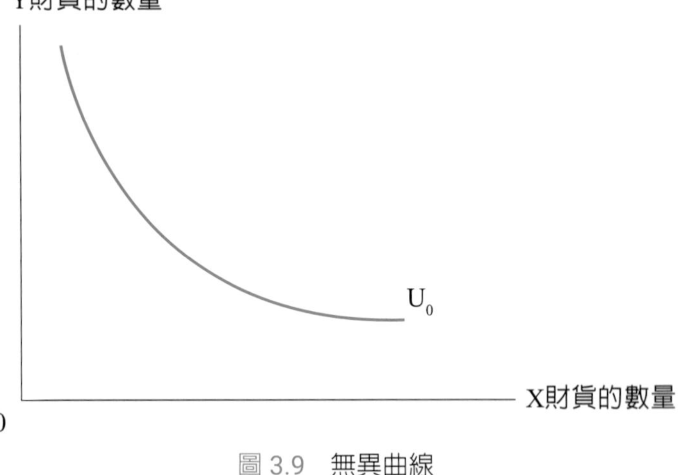

圖 3.9　無異曲線

無異曲線（indifference curve）又稱爲等效用曲線（iso-utility curve），表示兩種財貨不同消費量組合，均獲得相同滿足程度的軌跡，因此線上每一點的財貨組合效用都相同，如圖 3.9，U_0 表某一固定效用值。

無異曲線分析法對消費者的行爲分析是建立在三個理性行爲假設上：

1. 面對一組財貨組合 A，在未達到效用極大前，消費數量愈多，則效用愈大。
2. 面對兩組財貨組合 A 與 B 時，下列情況只有一種會發生：喜歡 A 程度大於 B、喜歡 B 程度大於 A、A 與 B 兩者一樣喜歡。
3. 面對三組財貨組合 A、B、C 時，偏好會發生遞移現象，喜歡 A 程度大於 B，喜歡 B 程度大於 C，則可知喜歡 A 程度一定大於 C。

一、無異曲線的特性

無異曲線具備下列特性。

（一）無異曲線斜率為負

如何導出如圖 3.9 的無異曲線？在圖 3.10 中將平面空間以 A 點爲中心，區分成四區，分別是Ⅰ、Ⅱ、Ⅲ與Ⅳ。依前述消費者的三個理性行爲假設下，在 A 點的左下方斜線區域（第Ⅲ區）的各財貨組合，因爲兩種財貨消費數量均比 A 點少，因此該區域各點的效用均比 A 點少，在該區域內是無法獲得與 A 點效用相同的財貨組合，因此無異曲線的財貨組合不會出現在該區內。

在 A 點的右上方直線區域（第 I 區）的各財貨組合，因爲兩種財貨消費數量均比 A 點多，因此該區域各點的效用均比 A 點大，在該區域內是無法獲得與 A 點效用相同的財貨組合，因此無異曲線的財貨組合也不會出現在該區內。效用相同的財貨組合只可能出現在Ⅱ與Ⅳ區域。

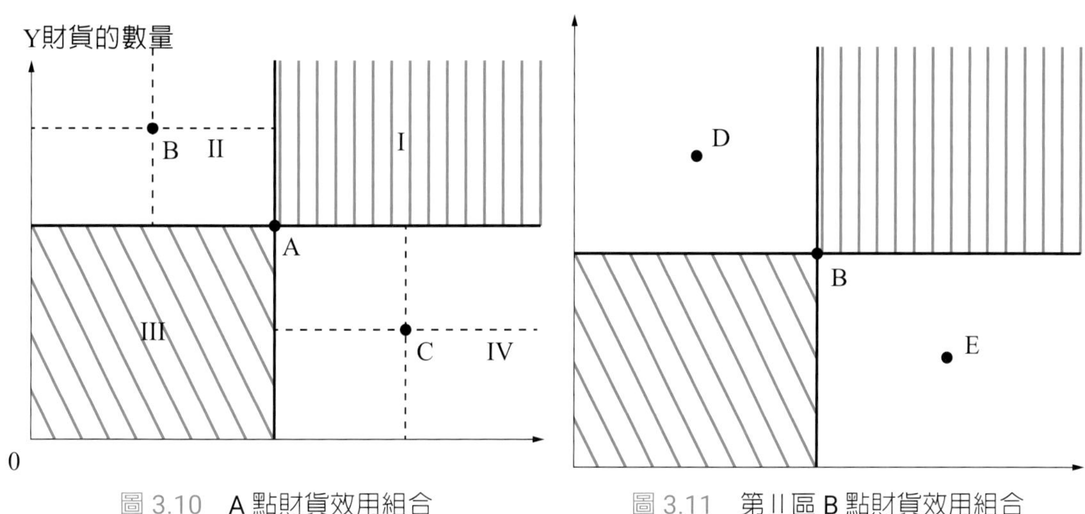

圖 3.10 A 點財貨效用組合　　圖 3.11 第 II 區 B 點財貨效用組合

將第 II 區放大成圖 3.11。在圖 3.11 中一樣以 B 點爲中心，分成四個區域。在 B 點的左下方斜線區域的各財貨組合，因爲兩種財貨消費數量均比 B 點少，因此該區域各點的效用均比 B 點小，在該區域內是無法獲得與 B 點效用相同的財貨組合，因此無異曲線的財貨組合不會出現在該區內。

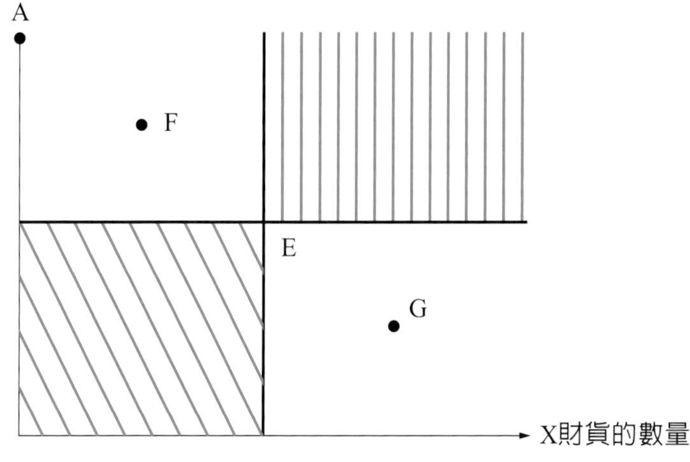

圖 3.12 第Ⅳ區 E 點財貨效用組合

在 B 點的右上方直線區域的各財貨組合，因爲兩種財貨消費數量均比 B 點多，因此該區域各點的效用均比 B 點大，在該區域內是無法獲得與 B 點效用相同的財貨組合，因此無異曲線的財貨組合也不會出現在該區內。

同樣的將第Ⅳ區放大成圖 3.12。與 E 點相同效用的組合只會出現在 E 點的左上方與右下方區域。將效用相同的可能區域不斷的分成四區域，將不可能出現效用相同區域刪除後，效用相同的財貨組合線逐漸呈現如圖 3.9。

觀察圖 3.9，曲線形狀左上右下，縱軸與橫軸變數變動相反，稱爲負斜率。表示爲維持相同效用水準，當增加一種財貨消費時，另一種財貨消費必須減少。兩個財貨消費量變動方向相反，因此無異曲線斜率爲負。

（二）無異曲線凸向原點

觀察圖 3.13，當等量增加 X 消費量如 $\Delta X_0(=X_1-X_0)$ 與 $\Delta X_1(=X_2-X_1)$，爲維持相同效用水準 U_0，Y 財貨消費量必須減少如 $\Delta Y_0(=Y_1-Y_0)$ 與 $\Delta Y_1(=Y_2-Y_1)$，且發現 $\Delta Y_0 > \Delta Y_1$，爲什麼願意放棄的 Y 財貨會愈來愈少？其原因受前述邊際效用遞減法則的作用。

當持續增加 X 消費，X 財貨的邊際效用在遞減，相對的，因增加 X 財貨而放棄 Y 財貨的邊際效用卻在增加，因此爲維持相同效用，所願意放棄的 Y 就愈來愈少了。因增加 X 財貨而放棄 Y 財貨兩者變動量之比，就是無異曲線的切線斜率，也稱爲邊際替代率（marginal rate of substitution，MRS），如（式 3.5），邊際替代率亦等於兩個財貨的邊際效用比。

$$MRS_{XY}=\left|\frac{\Delta Y}{\Delta X}\right|_{U_0}=\frac{MU_X}{MU_Y}\text{ 或 }MRS_{XY}=\frac{-\Delta Y}{\Delta X}\bigg|_{U_0}=\frac{MU_X}{MU_Y}\qquad(\text{式 }3.5)$$

因爲 X 與 Y 變動方向相反，邊際替代率需加絕對值或在公式前加負號轉爲正數，如此才能作比較。觀察圖 3.13 可知，邊際替代率愈往曲線右邊愈小，稱之爲邊際替代率遞減法則（law of diminishing MRS），正因爲邊際替代率遞減緣故，所以無異曲線會是一條凸向原點的曲線。

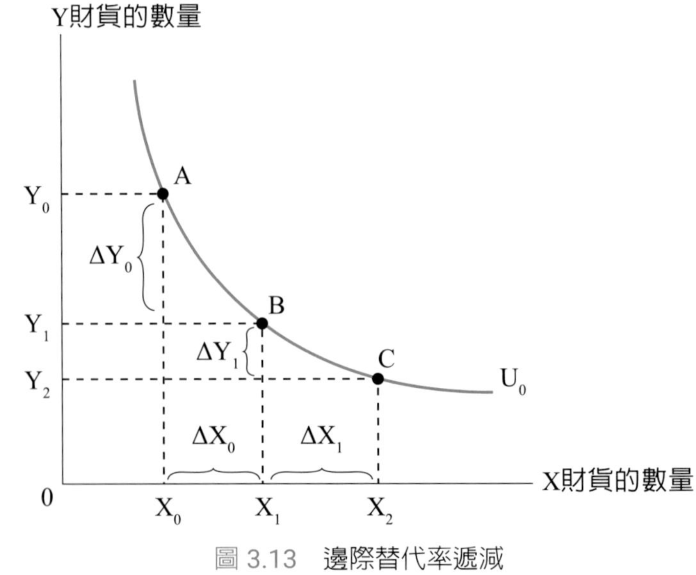

圖 3.13　邊際替代率遞減

（三）任兩條無異曲線不會相交

如圖 3.14 所示，A 與 B 位在同一條無異曲線 U_1 上，可知 A 與 B 效用相同。A 與 C 位在同一條無異曲線 U_0 上，A 與 C 效用應相同。A 與 B 效用相同，而 A 與 C 效用又相同，依據效用遞移定律，B 與 C 效用應相同，可是觀察圖形，B 點消費的 Y 比 C 點多，B 點效用應大於 C 點，發生矛盾現象，無從判定 B 點與 C 點之關係，因此任兩條無異曲線不會有交點。

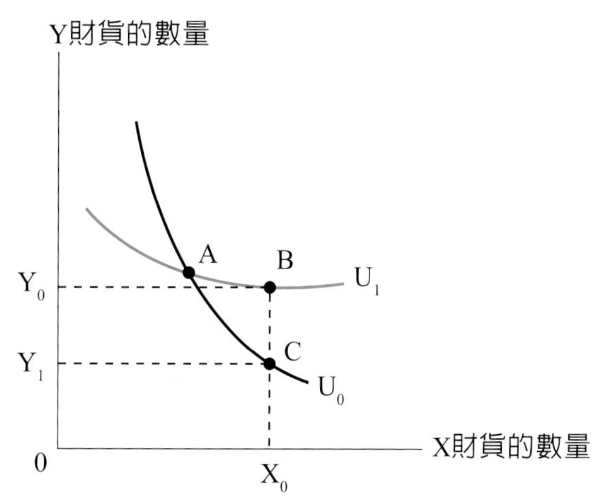

圖 3.14　有交點的無異曲線

（四）離原點愈遠效用水準愈高

觀察圖 3.15，圖中有兩條無異曲線，效用分別爲 U_0 與 U_1。以 X_1 爲觀察基準，B 點比 C 點消費更多的 Y，B 點效用比 C 點高。如以 Y_1 爲觀察基準，B 點比 A 點消費更多的 X，因此 B 點效用又比 A 點高。因此，B 點效用比 A 點或 C 點高，且 A 點與 C 點因位同一條無異曲線上效用相同，可知 B 點所處的 U_1 效用大於 U_0，所有 U_1 線上財貨組合效用都會大於 U_0，也就是離原點愈遠效用愈高，也可以解釋成愈往右方的無異曲線效用愈大。

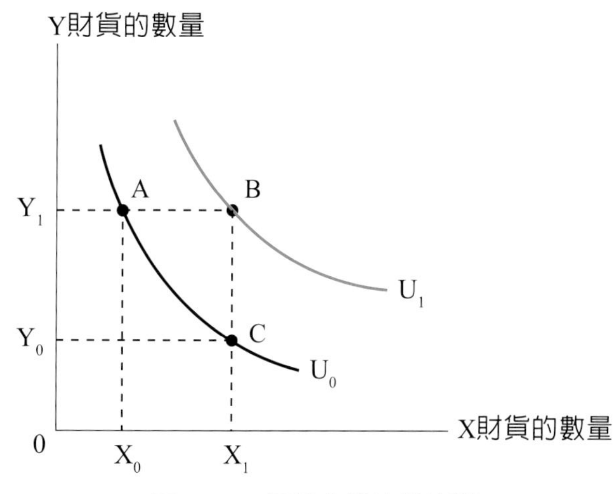

圖 3.15　無異曲線效用比較

綜合上述各項特性可知，平面空間會有無限多條無異曲線，而且任兩條無異曲線都不會相交，無異曲線愈往右上方效用愈大。以消費者而言，消費的目的無非是爲了慾望的滿足，且滿足程度愈大愈好，這是個人主觀的意識，但滿足程度能實現多少，還得受到客觀條件所得的限制了。

二、特殊財貨與無異曲線

（一）完全替代財貨與完全互補財貨的無異曲線

圖 3.16 係完全替代財貨（perfect substitutes）的無異曲線。X 與 Y 具有完全替代的特性。例如 10 個一元輔幣的貨幣價值與 1 個十元輔幣的貨幣價值完全相同，因此兩者的無異曲線便成負斜率的直線。

圖 3.17 係完全互補財貨（perfect complements）的無異曲線。X 與 Y 爲完全互補財貨，亦即兩者的消費量具有比例關係，例如 X_0 與 Y_0 的效用爲 U_0，如果只增加 X 的數量至 X_1，效用仍是 U_0，同樣只單獨增加 Y 至 Y_1，效用仍爲 U_0。只有同時增加 X 與 Y 數量至 X_1 與 Y_1，效用才會提高至 U_1。例如一杯咖啡加 2 顆糖可得到 U_0 效用，只單方面增加咖啡或糖，都無法提高效用。只有兩杯咖啡加四顆糖，才能提高效用至 U_1。或是左手套與右手套的情況都是完全互補的例子。

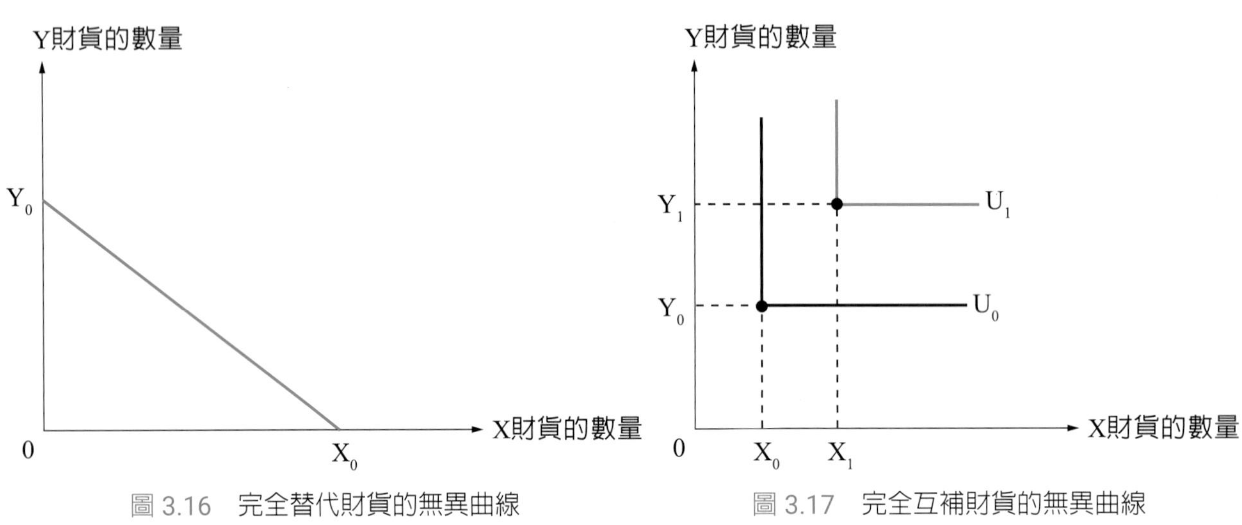

圖 3.16　完全替代財貨的無異曲線　　圖 3.17　完全互補財貨的無異曲線

（二）兩個財貨中有一個是厭惡財（違反消費愈多效用愈大原則）

圖 3.18 中 X 是報酬率；Y 是投資風險，所以 Y 是厭惡財，因此，$U_1 > U_0$。圖 3.19 中 X 是環境汙染；Y 是經濟成長，X 是厭惡財，因此，$U_1 > U_0$。

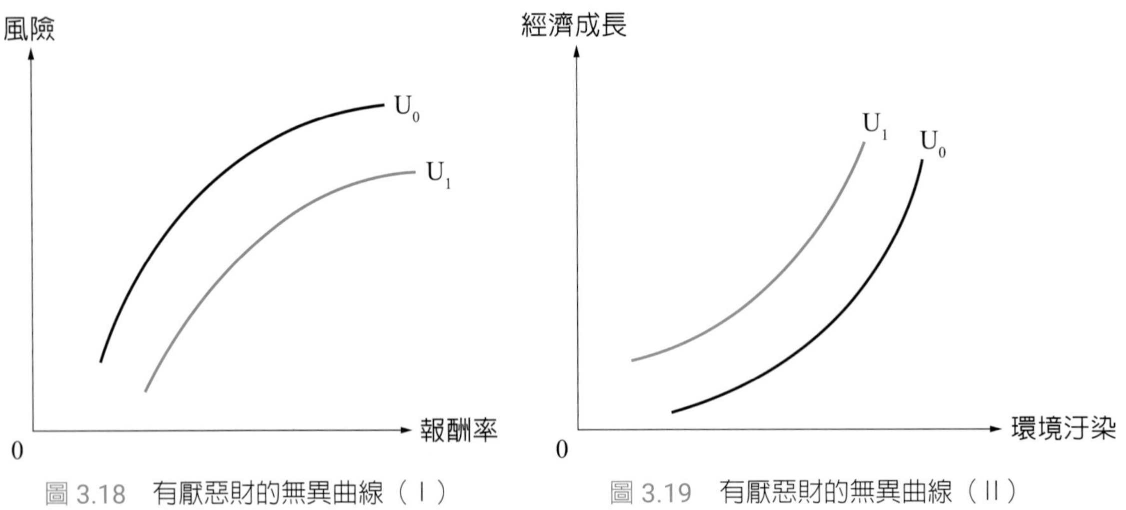

圖 3.18　有厭惡財的無異曲線（Ⅰ）　　圖 3.19　有厭惡財的無異曲線（Ⅱ）

三、預算線

所謂預算線（budget line）是指在既定所得與財貨價格下，將所得全部支出在所有財貨組合的軌跡，如圖 3.20 所示。圖中 $\frac{I}{P_X}$ 表示全部所得購買 X 財貨的最大數量，$\frac{I}{P_Y}$ 表示全部所得購買 Y 的最大數量。

圖 3.20 的三角形斜線曲線區域，代表所得未全部支出的財貨組合空間。而在預算線右方區域代表該財貨組合的支出超出預算，是無法購買的區域。

另外，預算線也可以用預算線方程式表示。$P_X \cdot X + P_Y \cdot Y = I$。等式左方是財貨總支出，等式右方是所得。將 P_XX 移至等式右方，整理得（式 3.6）。式中兩個財貨相對價格比 $\frac{-P_X}{P_Y}$，就是預算線的斜率。

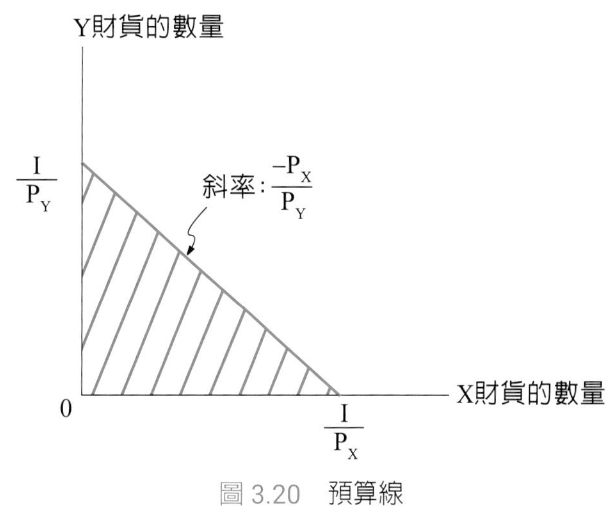

圖 3.20　預算線

$$Y = \frac{I}{P_Y} - \frac{P_X}{P_Y} \cdot X \qquad \text{（式 3.6）}$$

例題 3-4

小君喜歡豆花（X）與包子（Y），豆花每碗 10 元，包子每個 20 元，小君的所得為 400 元。請問小君的預算線方程式為何？

解 400 = 10X + 20Y，則 Y = 20 – 0.5X，為預算線方程式。

（一）預算線斜率變動

因預算線斜率是 $\frac{P_X}{P_Y}$，所以當財貨價格變動時，預算線的斜率會變動。例如 X 財貨的價格下跌時（$P_{X_0} > P_{X_1}$），預算線斜率變平坦，如圖 3.21，反之 X 財貨的價格上升時，預算線斜率變陡。同樣 Y 財貨的價格變動也會影響線的斜率，Y 財貨的價格下降（$P_{Y_0} > P_{Y_1}$），預算線以 $\frac{I}{P_X}$ 當旋轉軸向上移動斜率變陡，反之斜率變平坦，如圖 3.22。

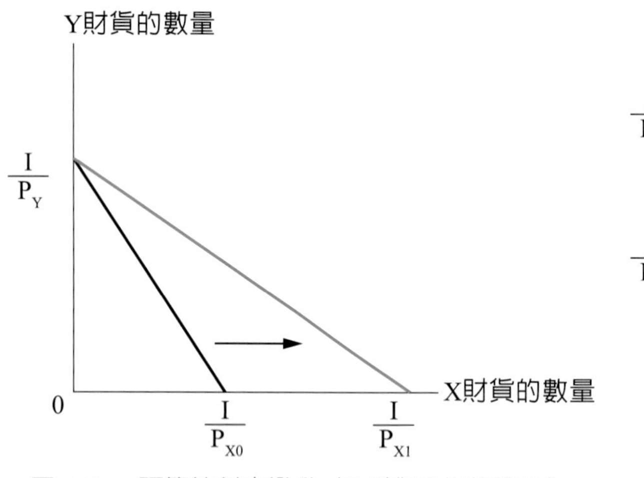

圖 3.21　預算線斜率變動（X 財貨的價格變動）

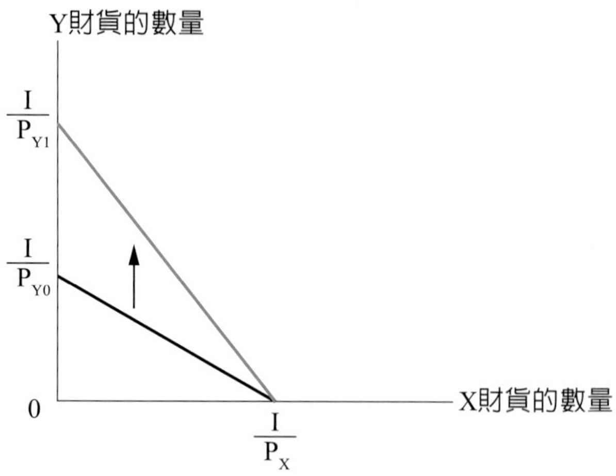

圖 3.22　預算線斜率變動（Y 財貨的價格變動）

（二）預算線的移動

財貨價格變動會影響預算線斜率，而所得變動會導致預算線整條線位置的移動。例如當所得提高（$I_1 > I_0$），全部所得支出購買其中一種財貨的最大數量比所得增加前來得多，如圖 3.23 所示，也就是說當所得提高，預算線會平行向右移，反之，預算線會平行向左移動。

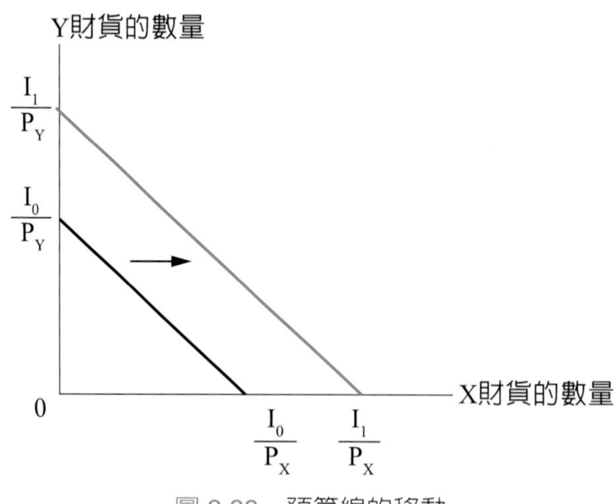

圖 3.23　預算線的移動

四、消費者效用極大化之均衡條件

無異曲線代表消費者主觀的滿足程度，滿足程度當然愈大愈好，能夠獲得多大效用，還得受到所得的限制。因此，消費者效用極大的均衡組合一定會發生在預算線上，也就是說將所得全部支出時，可以獲得的效用，無異曲線與預算線相切的財貨組合，代表在既定所得下消費者可以獲得的極大效用，這一點就是均衡點，如圖 3.24。

在均衡點 E 時，無異曲線的切線斜率會等於預算線斜率，因為由（式 3.5）邊際替代率與（式 3.6）預算線斜率可知：$\frac{-\Delta Y}{\Delta X}=\frac{MU_X}{MU_Y}$，且 $\frac{-\Delta Y}{\Delta X}=\frac{P_X}{P_Y}$

所以 $\frac{-\Delta Y}{\Delta X}=\frac{MU_X}{MU_Y}=\frac{P_X}{P_Y}$，整理成 $\frac{MU_X}{P_X}=\frac{MU_Y}{P_Y}$，亦即平均每一元的邊際效用無論在 X 財貨與 Y 財貨均相等。這個均衡條件與邊際效用分析法的均衡條件完全相同。

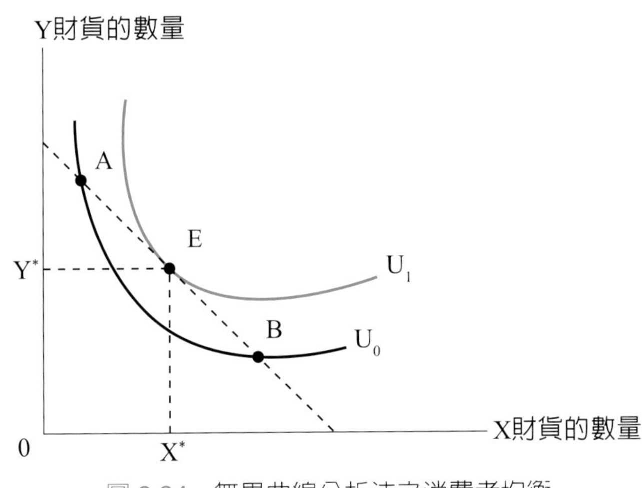

圖 3.24　無異曲線分析法之消費者均衡

如果等式不成立，例如 A 點時，無異曲線切線斜率大於預算線斜率，即 $\frac{MU_X}{P_X}>\frac{MU_Y}{P_Y}$，代表 X 財貨平均每一元的邊際效用大於 Y 財貨，則此時增加對 X 財貨消費、減少對 Y 財貨消費，直至等式成立。

反之，在 B 點時，無異曲線切線斜率小於預算線斜率，即 $\frac{MU_X}{P_X}<\frac{MU_Y}{P_Y}$，代表 X 財貨平均每一元的邊際效用小於 Y 財貨，則此時消費者會增加對 Y 財貨消費、減少對 X 財貨消費，直至等式再次成立。

（一）完全替代財貨與完全互補財貨的均衡點

1. 完全替代

前述完全替代財貨的無異曲線爲負斜率直線型態，與直線型的預算線決定均衡點時，容易形成角落解或邊角解（corner solution）。如圖 3.25 所示。比較完全替代財貨的邊際替代率（因爲是直線，邊際替代率爲固定常數）與預算線斜率大小，效用最大的均衡點有三種可能情況。

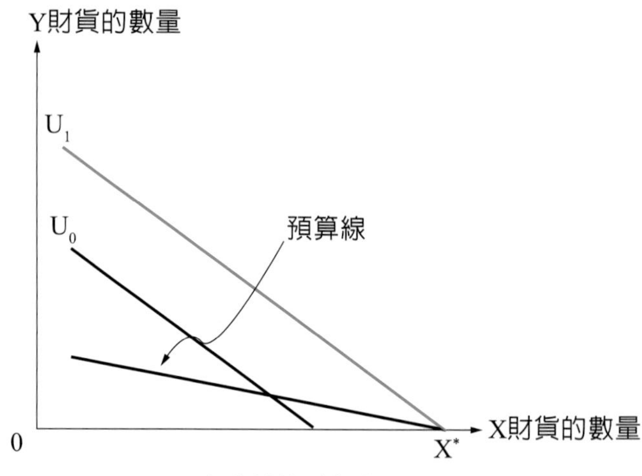

圖 3.25　完全替代財貨效用最大的均衡點

(1) $MRS > \frac{P_X}{P_Y}$：所有所得會買 X 財貨，而不買 Y 財貨，如圖 3.25 所示，均衡點落在橫軸上。

(2) $MRS < \frac{P_X}{P_Y}$：所有所得會購買 Y 財貨，而不買 X 財貨。均衡點落在縱軸上。

(3) $MRS = \frac{P_X}{P_Y}$：無異曲線與預算線重合，X 與 Y 財貨有無限多組解。將上述情況整理成表 3.4。

表 3.4　完全替代財貨的均衡點

情況	X 消費量	Y 消費量	均衡點
$MRS > \frac{P_X}{P_Y}$	$\frac{I}{P_X}$	0	橫軸上
$MRS < \frac{P_X}{P_Y}$	0	$\frac{I}{P_Y}$	縱軸上
$MRS = \frac{P_X}{P_Y}$	0 與 $\frac{I}{P_X}$ 之間	0 與 $\frac{I}{P_Y}$ 之間	兩線重合 無限多組解

2. 完全互補

完全互補財貨均衡點如圖 3.26 所示。

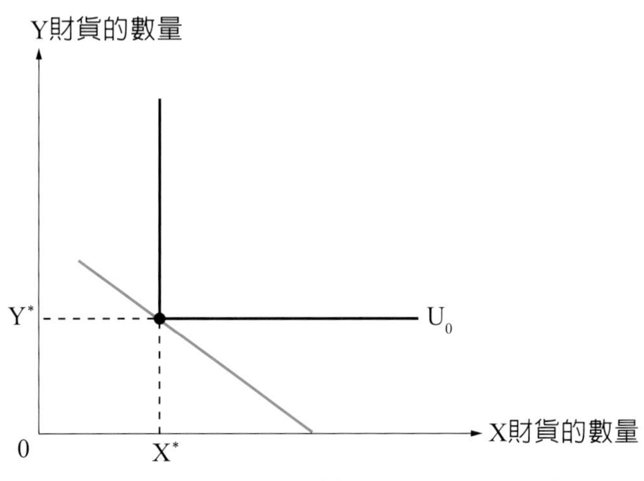

圖 3.26 完全互補財貨效用極大的均衡點

3. 兩個財貨中有一個是厭惡財

圖 3.27 中因爲 Y 是厭惡財，所以均衡點落在橫軸上。圖 3.28 中因爲 X 是厭惡財，所以均衡點落在縱軸上。

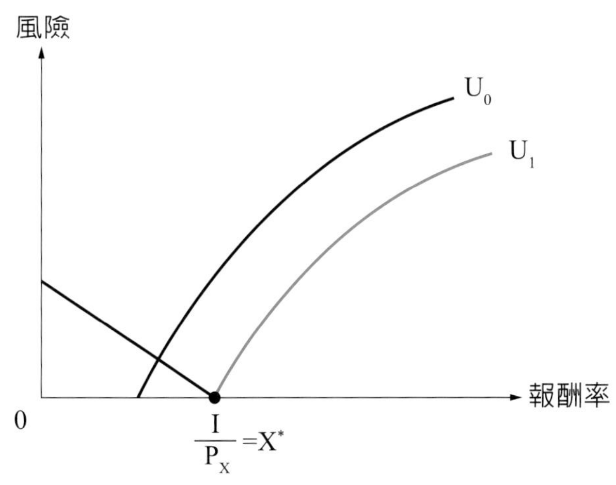

圖 3.27 有厭惡財的效用最大化均衡點（I）

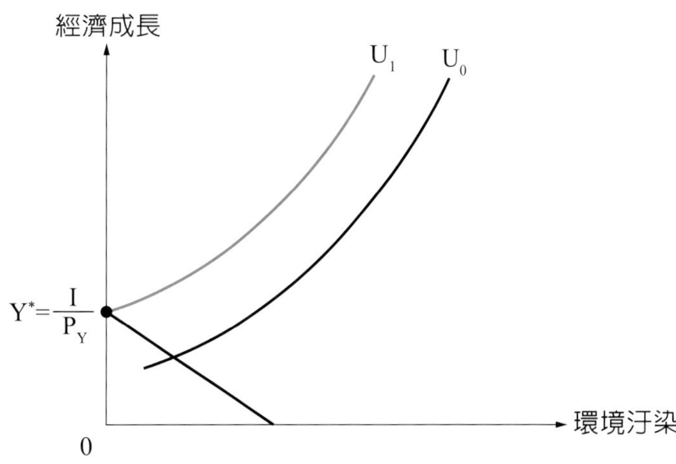

圖 3.28 有厭惡財的效用極大化均衡點（II）

五、無異曲線分析法與財貨的需求曲線

其它情況不變時，當財貨價格改變，消費者均衡點也會改變，將所有均衡點連接起來的曲線，稱爲價格消費曲線（price consumption curve，PCC），如圖 3.29。

利用價格消費曲線可導出財貨的需求曲線。如前所述，當財貨價格變動將影響預算線斜率，預算線斜率改變一定會跟某一條無異曲線相切，連接新、舊價格與數量的組合點，可得到財貨的需求曲線。

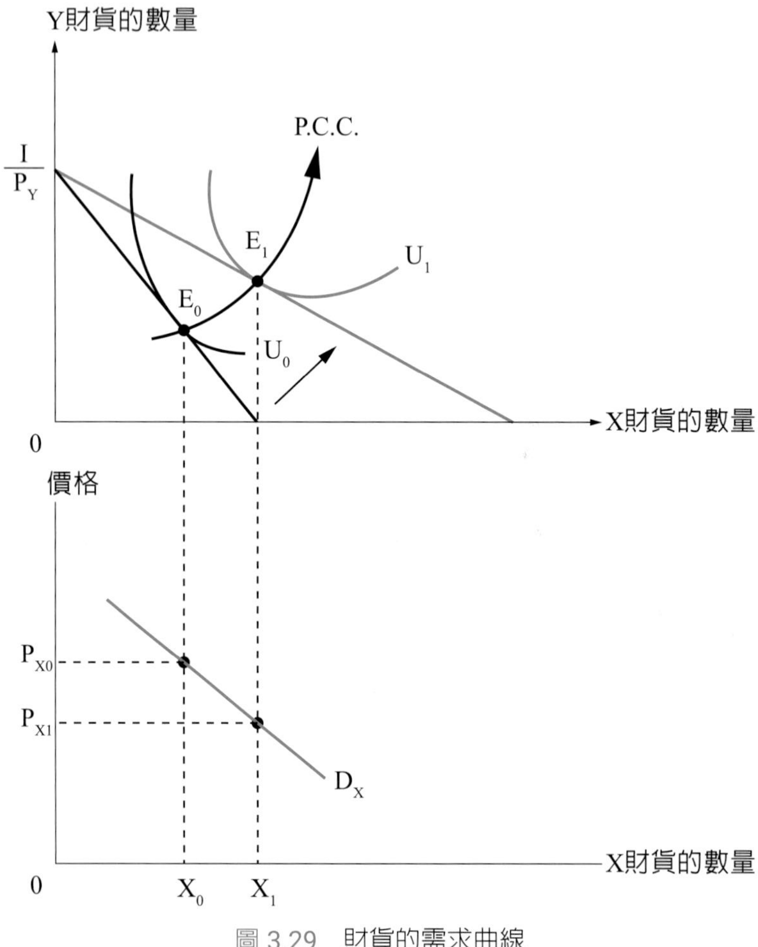

圖 3.29　財貨的需求曲線

例如無異曲線 U_0 與預算線相切，原均衡點 E_0，X 財貨的消費量 X_0，當 X 財貨價格 P_{X_0} 下降至 P_{X_1} 時，預算線以 $\frac{I}{P_Y}$ 當旋轉軸向右旋轉，預算線斜率變平坦，與某一條無異曲線如 U_1 相切，新均衡點爲 E_1，X 財貨的新消費量爲 X_1，連接（P_{X_0}, X_0）與（P_{X_1}, X_1）可得 X 財貨需求曲線，如圖 3.29 所示。相同的方法亦可導出 Y 財貨的需求曲線。

知識補給站　人工智慧（AI）對消費決策有什麼影響？

AI 對消費決策有著深遠的影響，它已經開始改變了消費者在購物和消費過程中的行為和體驗。AI 對消費決策的影響有以下各項：

1. 個性化推薦：AI 技術能夠根據消費者的購買歷史、偏好和行為，提供個性化的商品和服務推薦。這讓消費者可以更容易找到符合其需求的產品，提高了購物的便利性和滿意度。
2. 更好的消費者服務：AI 可以用於提供更快速和準確的客戶服務。例如，智能聊天機器人可以回答消費者的問題，解決疑慮，幫助消費者作出更明智的購買決策。
3. 價格比較和優惠提示：AI 技術使得消費者可以更輕鬆地比較不同品牌和商家的價格，找到最優惠的選擇。同時，AI 也能夠識別和提示消費者關於優惠券、促銷和折扣等特殊優惠。
4. 預測購買行為：AI 可以分析消費者的數據，預測其未來的購買行為。這讓企業可以更好地了解消費者的需求，優化庫存管理和生產計畫，滿足市場需求。
5. 評價和評論分析：AI 可以自動分析消費者的評價和評論，從中找出消費者的需求和不滿意之處，這有助於企業改進產品和服務，提高品牌形象和消費者忠誠度。

AI 技術對於消費決策的影響是多方面的，它不僅提供了更好的購物體驗和個性化推薦，也讓企業更好地了解消費者需求，優化產品和服務。

資料來源：ChatGPT

六、價格效果

由以上分析可知，當財貨價格變動時，由於需求法則作用，將會影響該財貨的需求量，據此可導出財貨的需求曲線，這種因價格變動而影響該財貨的需求量，稱爲價格效果（Price Effect，PE）。事實上價格效果係由替代效果（Substitutes Effect，SE）與所得效果（Income Effect，IE）共同組成。

所謂替代效果係指爲維持相同效用水準，當價格變動時，以相對較便宜的財貨來取代相對較貴的財貨。而所得效果是指當價格變動時，消費者的實質所得或購買力會發生變動，消費者對該財貨之消費變動的數量。例如價格下降則相同貨幣數量能買到更多財貨，也稱爲實質購買力增加，反之，價格上升，實質購買力下降。

價格效果之組成如圖 3.30。原預算線切 U_0 於 A 點，當價格由 P_{X_0} 下降至 P_{X_1} 時，新預算線切 U_1 於 B 點，X 財貨的消費量由 X_0 增至 X_1，稱爲價格效果。因價格下降導致實質所得增加，爲維持相同效用，先扣除一筆錢使新預算線平行左移如虛線與 U_0 相切，如 C 點，觀察 A、C 兩點，在相同效用下，因相對價格變動導致 X_0 增至 X_2，因此稱爲替代效果。歸還剛才扣除的一筆錢，預算線由虛線平行右移至 B 點，觀察 C、B 兩點，因實質所得變動，導致 X_2 增至 X_1，稱爲所得效果。因此，價格效果（PE）= 替代效果（SE）+ 所得效果（IE）。

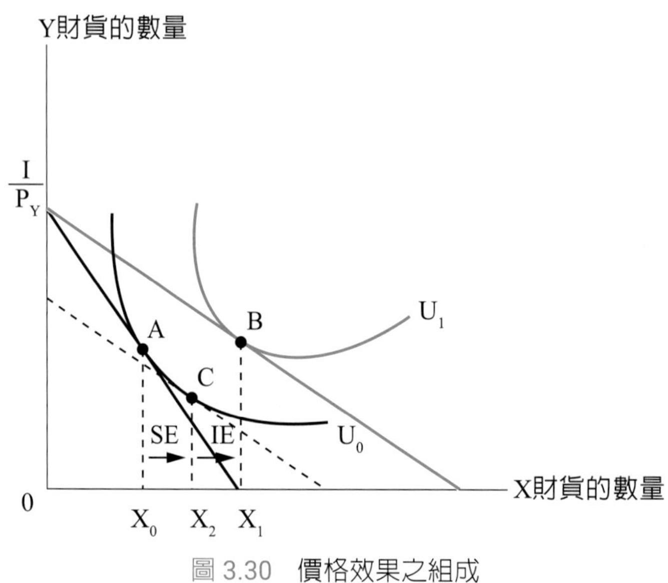

圖 3.30　價格效果之組成

（一）正常財的價格效果

在第二章曾定義正常財貨爲當所得增加時，對某財貨的需求量會增加。圖 3.30 可當作正常財的價格效果組成之說明。價格下降後，無論是替代效果或所得效果，均會增加財貨數量。

（二）劣等財的價格效果

所謂劣等財貨如前所述，當所得增加時，對該財貨的需求量反而減少。所以劣等財的所得效果爲負，如圖 3.31。價格下降後，有正的替代效果（A 點到 C 點），卻有負的所得效果（C 點到 B 點），但是正的替代效果大於負的所得效果，以至於有正的價格效果（A 點到 B 點，價格下降需求量仍增加）。

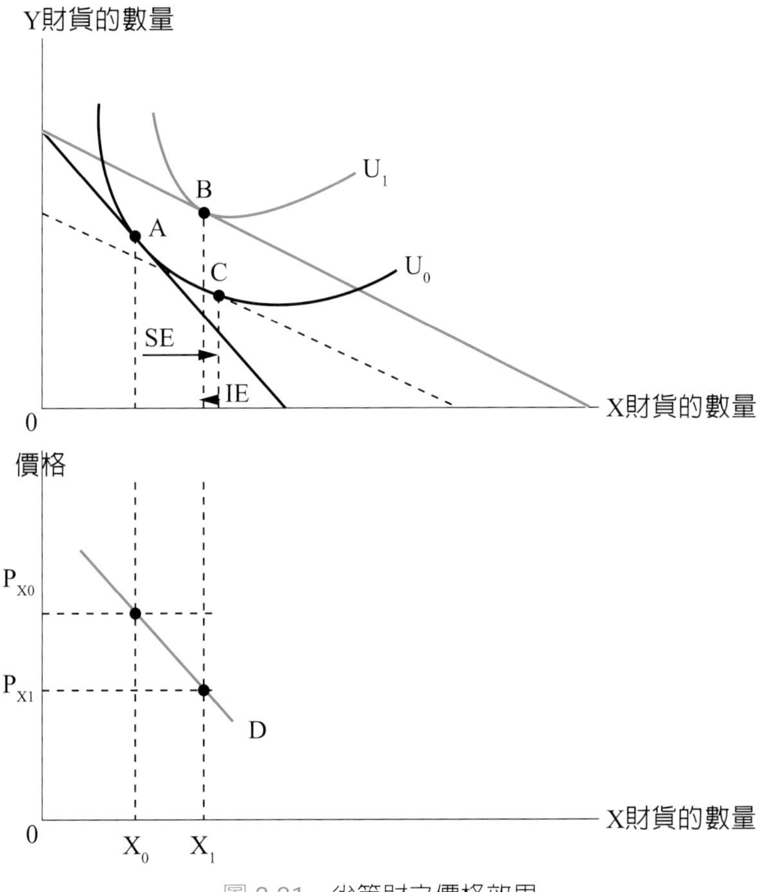

圖 3.31　劣等財之價格效果

（三）季芬財的價格效果

季芬財違反需求法則，亦即價格愈高買得愈多，多發生在低所得者身上。季芬財最早是由英國經濟學者季芬（Sir R. Giffen）發現馬鈴薯有此一現象，又如臺灣早期農村的地瓜，當物價上升，米與肉類的價格漲得更高，只好多吃相對便宜的地瓜充飢，導致地瓜價格上升，對地瓜需求量愈多。

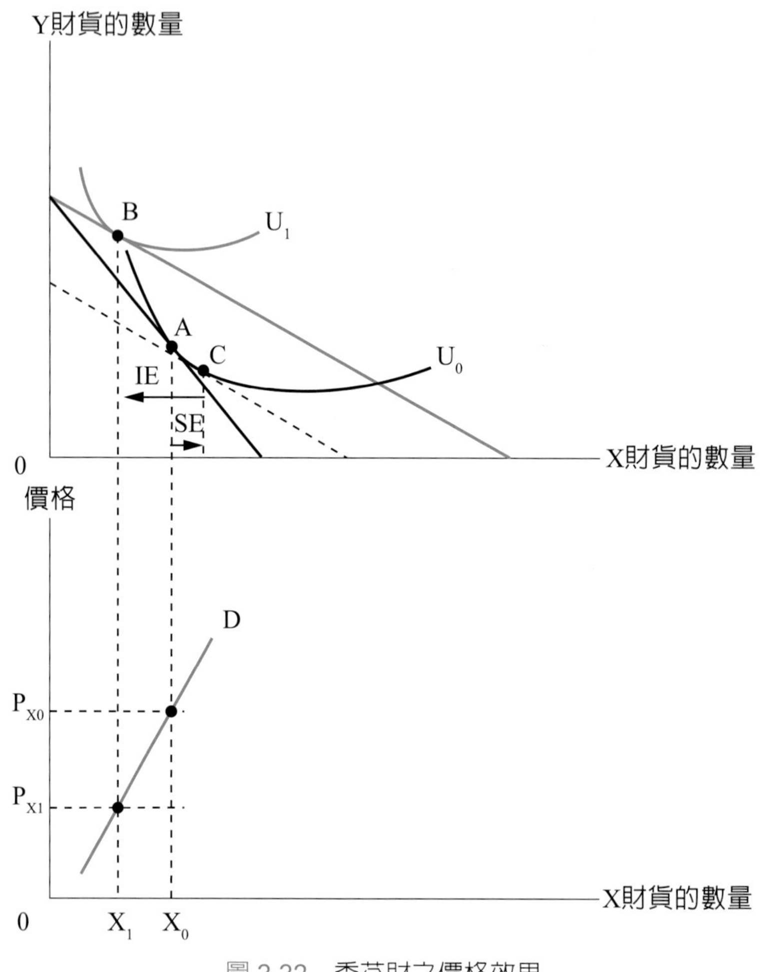

圖 3.32　季芬財之價格效果

季芬財之價格效果如圖 3.32 所示。價格下降後，有正的替代效果（A 點到 C 點），卻有負的所得效果（C 點到 B 點），但是因為負的所得效果大於正的替代效果，以至於有負的價格效果（A 點到 B 點，價格下降需求量仍減少相等於價格上升需求量亦增加）。

綜上所述，將三種財貨的價格效果與需求曲線，以及是否違反需求法則，整理成表 3.5。

表 3.5　三種財貨的價格效果與需求曲線

效果財貨	價格效果	替代效果	所得效果	需求曲線	需求法則
正常財	正	正	正	負斜率	符合
劣等財	正	正（大）	負（小）	負斜率	符合
季芬財	負	正（小）	負（大）	正斜率	違反

七、所得消費曲線與恩格爾曲線

如前所述，當所得增加時，預算線會平行向右移動，變動後的新預算線會與某一條無異曲線相切。將各均衡點連成線則稱爲所得消費曲線（income consumption curve，ICC）。所謂所得消費曲線是指消費者面對所得改變後，各個最適需求量的商品組合連線，又我們可以由所得消費曲線進一步導出恩格爾曲線（engel curve，EC）。

所謂恩格爾曲線是指當消費者偏好與財貨價格不變下，觀察所得與某一特定財貨需求量之關係曲線。圖 3.33 係所得消費曲線與恩格爾曲線。圖中所得由 I_0 增加至 I_1 時，與新無異曲線 U_1 相切，將新舊均衡點連接即得所得消費曲線。

當所得增加後，財貨 X 的消費量由 X_0 增加至 X_1，財貨 Y 的消費量由 Y_0 增加至 Y_1，所以得知 X 與 Y 兩個財貨均是正常財貨，但是我們無法判別是正常財的必需品還是奢侈品。

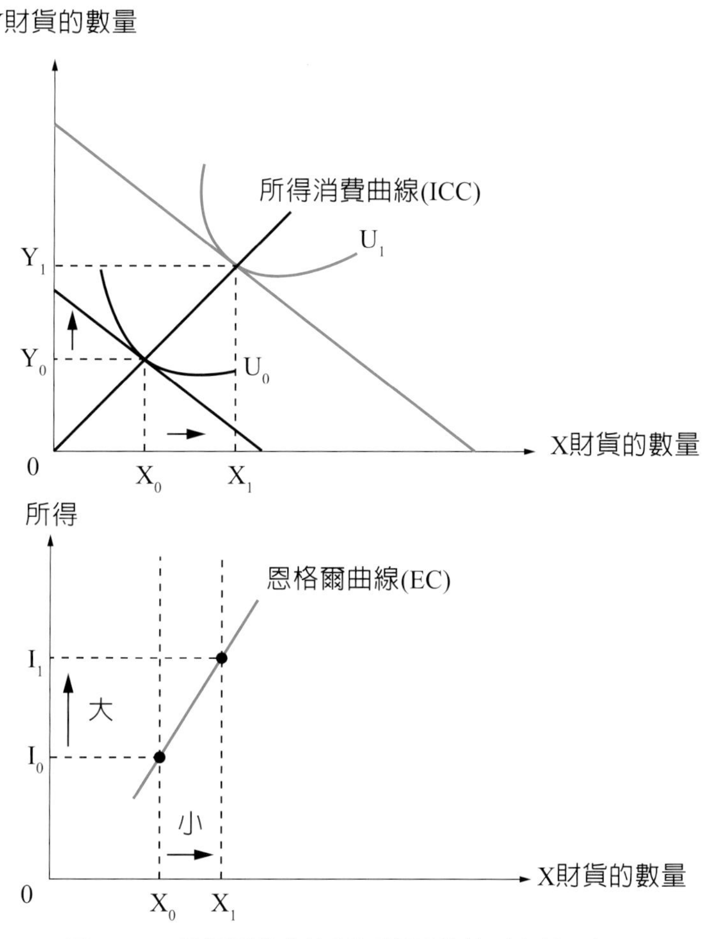

圖 3.33　所得消費曲線與恩格爾曲線（必需品）

然而我們觀察正斜率的恩格爾曲線是較陡還是較平坦，就可得知橫軸財貨是必需品還是奢侈品了。由圖3.33 所得增加的幅度大於 X 財貨的消費量增加的幅度，所以 X 財貨屬正常財的必需品。亦即所得彈性小於 1（ΔI > ΔX），恩格爾曲線斜率較陡。

圖 3.34 係奢侈品的所得消費曲線與恩格爾曲線。圖中所得由 I_0 增加至 I_1 時，與新無異曲線 U_1 相切，將新舊均衡點連接即得所得消費曲線。當所得增加後，X 財貨的消費量由 X_0 增加至 X_1，Y 財貨的消費量由 Y_0 增加至 Y_1，所以得知 X 與 Y 兩個財貨仍是正常財貨，觀察正斜率的恩格爾曲線是較平坦，所得彈性大於 1（ΔI < ΔX），可獲知橫軸財貨是正常財中的奢侈品。

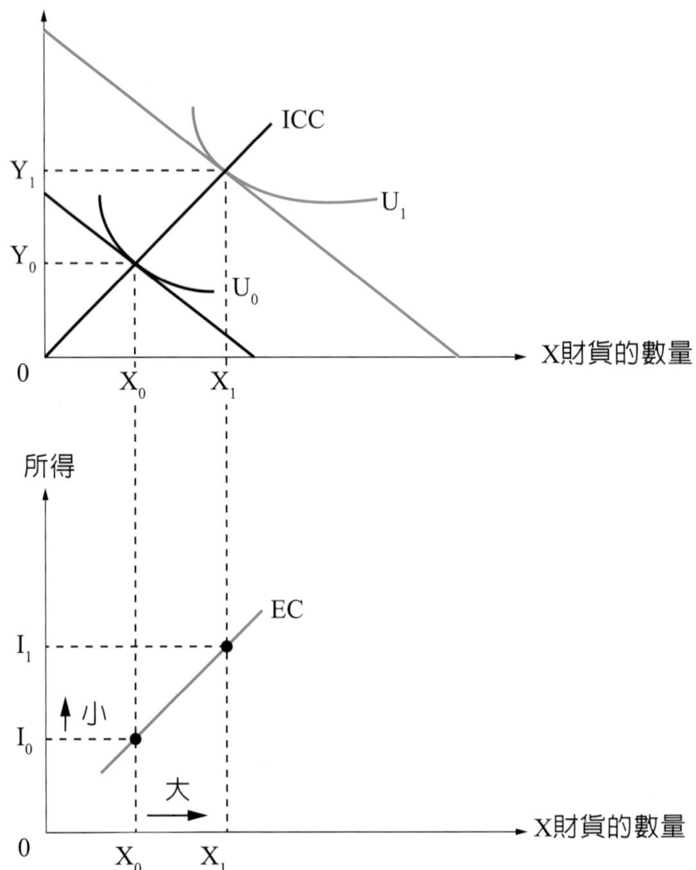

圖 3.34　所得消費曲線與恩格爾曲線（奢侈品）

圖 3.35 係劣等財貨的所得消費曲線與恩格爾曲線。圖中所得由 I_0 增加至 I_1 時，與新無異曲線 U_1 相切，將新舊均衡點連接即得所得消費曲線。當所得增加後，X 財貨的消費量由 X_0 減少至 X_1，Y 財貨的消費量由 Y_0 增加至 Y_1，所以得知 X 是劣等財，而 Y 仍是正常財，恩格爾曲線斜率爲負，所得彈性小於 0。

所以由所得消費曲線的斜率正負，可以知道橫軸財貨是正常財還是劣等財，但是要進一步知道是正常財中的必需品還是奢侈品，就必須觀察恩格爾曲線的斜率是較陡還是較平坦。在此有一點必須注意，當消費兩種財貨，當所得增加時，不可能兩種財貨均是劣等財，其中一定有一個財貨是正常財。

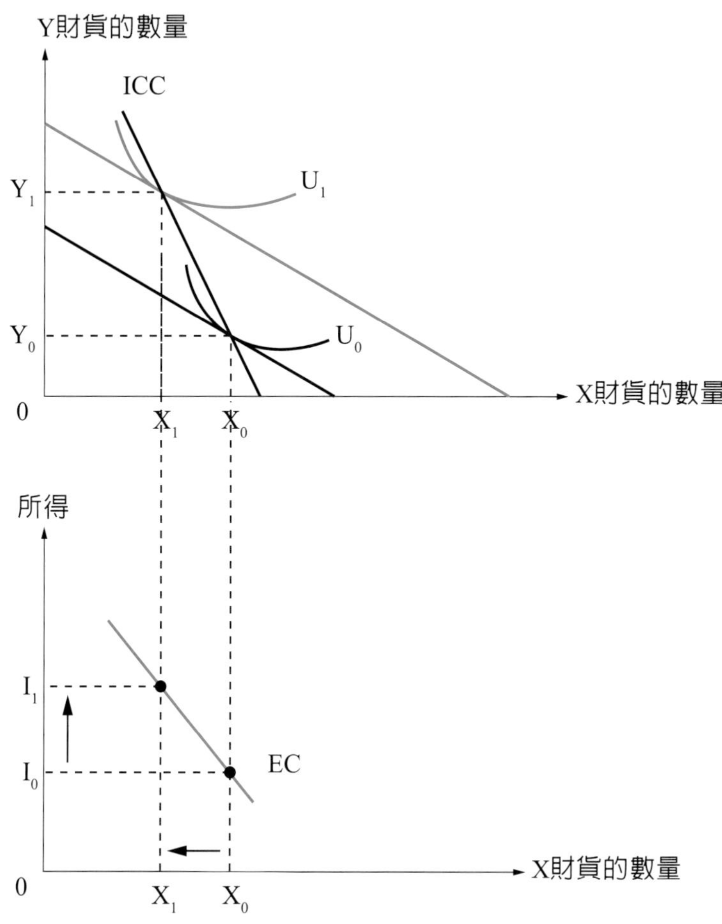

圖 3.35 所得消費曲線與恩格爾曲線（劣等財）

將上述各種所得消費曲線與恩格爾曲線型態，整理成表 3.6。

表 3.6 所得消費曲線與恩格爾曲線整理表

<table>
<tr><td rowspan="2">所得消費曲線</td><td>斜率</td><td colspan="2">正</td><td>負</td></tr>
<tr><td>財貨性質</td><td colspan="2">正常財</td><td>劣等財</td></tr>
<tr><td rowspan="4">恩格爾曲線</td><td rowspan="2">斜率</td><td colspan="2">正</td><td rowspan="2">負</td></tr>
<tr><td>較陡</td><td>較平坦</td></tr>
<tr><td>財貨性質</td><td>必需品</td><td>奢侈品</td><td>劣等財</td></tr>
<tr><td>E_I</td><td>$0 < E_I < 1$</td><td>$E_I > 1$</td><td>$E_I < 0$</td></tr>
</table>

時事小專欄

日本恩格爾係數升至 1986 年以來最高

新冠推升伙食費，
日本恩格爾係數 34 年來高點

為防控新型冠狀病毒的停課和在家辦公，明顯改變了日本家庭收支的情況。照明和取暖費、水費、衛生紙開銷……，由於家人在家時間增加而提高了家庭開銷，但最為代表或許就是伙食費。日本 4 月 7 日發佈的 2 月家庭收支調查顯示，伙食費約為 7.5 萬日元，比 1 年前增加了 4.2%。逾 4% 的增長是 7 年來的最高。

由此受到關注的是人們熟悉的「恩格爾係數」。有名的「恩格爾法則」按照伙食費佔消費的比率來計算，越是貧困家庭，比率較高，但隨著變得更為富有，比率將下降。維持生命不可或缺的伙食費不管收入高低都是必要的，其比率較高，越顯示缺乏用於其他支出的寬裕金錢的狀態。

「恩格爾係數」由於因家庭組成和生活習慣而發生變化，因此存在不適合進行單純國際比較等的一面，但方向基本準確。日本成為經濟大國的軌跡也基本符合恩格爾法則。在戰後不久高達 60% 左右的「恩格爾係數」隨著之後的經濟增長而持續下降，到 2000 年代前半起降至 20 ～ 24%。

日本「恩格爾係數」在 2020 年 2 月迅速提高至 34 年來最高水平。2 人以上的工薪家庭的數值達到 25% 左右，這是 1986 年以來的首次。雖然歸根到底是單月的數字，但如果考慮到東京緊急事態宣言發佈後「宅在家中」趨勢加強，全年的數值也有可能進一步上升。日本的家庭是否「貧窮」到了三十多年的經濟增長化為烏有？

資料來源：摘錄自日本經濟新聞 2020/04/30

知識補給站 恩斯特．恩格爾

恩斯特．恩格爾（Ernst Engel，1821 年 3 月 26 日 – 1896 年 12 月 8 日）為 19 世紀德國統計學家和經濟學家，社會統計學派的代表人物。曾任薩克遜王國統計局局長和普魯士王國統計局局長。他既有豐富的統計實踐經驗。又有深湛的統計理論。

恩格爾在統計科學上的主要貢獻是提出統計調查、整理和分析三階段的統計方法。他在英、法、德和比利時等國的工人家庭調查資料分析中發現：一個家庭（或個人）的收入愈低，則其食品支出在收入中所占比例就愈高；反之，其比例就愈低。這就是著名的恩格爾法則。恩格爾係數等於（食品支出總額收入）×100%。他在整理統計資料，刊印政府歷史資料、統計年鑑與統計研究等刊物，以及改革和普及政府統計等方面，都有很大的功績。

恩格爾的主要著作有《統計學是獨立的科學和方法》、《比利時工人家庭的生活費》等，特別是後一篇著作有很大影響。他以恩格爾曲線和恩格爾定律聞名。

資料來源：維基百科

本章結論

效用代表消費者在消費某項財貨時，個人主觀的滿足程度。邊際效用是衡量增減一單位財貨消費對總效用的影響。效用分析法分成邊際效用分析法與無異曲線分析法，兩個方法差異主要在於邊際效用分析法認爲這種個人主觀的滿足可以計算與比較，而無異曲線分析法則認爲，個人對財貨的喜愛程度自己最清楚，效用值只是用來排列次序用而已。

這兩種方法所得到的效用極大化均衡條件都一樣，平均每一元所得，無論在 X 與 Y 財貨上所得到的邊際效用均相等，而且所得均支出完畢。也都可以導出財貨的需求曲線，所以在需求曲線每一點可以說是極大化效用點。

雖然兩種方法都有相同均衡條件與需求曲線，無異曲線分析法的應用範圍與實用性要比邊際效用分析法來得普遍，無論在國際經濟學或福利經濟學，都可以看到無異曲線的蹤跡。

NOTE

04

廠商生產與成本

本章綱要

4.1 廠商經營的目標
4.2 生產理論 *
4.3 成本理論

成本高風險大 知名玩具商從中國轉移生產

路透社報導說，六年前，知名玩具製造商孩之寶（Hasbro）首次向印度耐用品和航空航天供應商 Aequs 尋求分包合作。Aequs 消費者垂直市場主管羅希特・赫格德（Rohit Hegde）說，孩之寶希望 Aequs 能進入玩具製造領域，現在他們正在尋求將數百萬美元產品從中國轉移到印度。

現在全球玩具製造商面臨一個兩難選擇。一方面，如果大部分生產仍留在中國境內，未來玩具價格上漲的風險會增加。但另一方面，印度和其它國家在效率方面不夠高。孩之寶和芭比娃娃製造商美泰（Mattel）等玩具製造商，都經歷了在 COVID-19 疫情期間因大部分生產依賴中國而爆發的風險，當時中國港口難以出口貨物，並間歇性關閉，導致貨物滯留中國、無法及時運往海外。

4.1 廠商經營的目標

前一章以消費者角度，分析如何分配有限的所得達到個人效用極大化，在這一章我們換個角度，改成消費者的相對面—生產者角度，來談談生產與成本的關係。

在第一章的個體經濟循環流程圖裡，談到生產者（就是產品的市場供給者），一方面在產品市場出售產品收取貨幣，另一方面在要素市場雇用要素支付成本，生產出產品然後在產品市場出售。所以廠商在要素市場雇用要素，支付要素成本，另一方面因使用要素，有產品產出。

因此，生產與成本可說是一體兩面，有使用要素支付成本，因此有產品生產，有產出必定有使用要素必支付成本。生產時使用的要素稱爲生產要素，例如土地、勞動、資本（機器設備、廠房、存貨）與企業才能（或企業家管理精神），這四個要素稱爲生產四大要素，其他在生產時必須使用到的原料，如電、水與汽油等，也是由這四大要素再生產出來的。

孩之寶在 2018 年的年度報告中開始將過度依賴中國生產列為運營風險；美泰自 2007 年以來一直在試圖遠離中國生產，當時該公司不得不召回數百萬件含鉛污染的玩具。中國的最低工資比印度高出一大截。

中國工資不斷上漲正在推高玩具價格。例如，根據研究公司 Circana（前身為 NPD）的數據，英國 2022 年上半年的玩具價格上漲了約 8%。報告說，如果製造商不能通過轉移到更便宜的生產中心來降低成本，價格將繼續大幅上漲。

資料來源：大紀元 2024/01/16

解說

因為中國的勞工成本飆升和運營風險增加，儘管不容易找到下家，全球知名玩具製造商仍不得不將生產從中國轉移到其它更便宜的國家。自 COVID 疫情爆發以來，整個玩具行業更是加大了離開中國的力度。雖然這個過程並不容易。因為玩具具有很強的季節性，需要提前半年甚至更長時間生產入庫，餘下時間是運送到全球各地。同時，玩具製造商還必須在安全、採購和確保工人得到良好待遇方面執行更加嚴格的標準。

廠商經營的目標，如無特殊情況（例如追求市場占有率最大），一般均假設廠商是追求利潤（profit）極大化，經濟學以 π 代表利潤，而利潤等於總收入減總成本。

總成本又稱爲經濟成本或機會成本（opportunity cost），由外顯成本（explicit cost）與隱藏成本（implicit cost）所組成。所謂的外顯成本係指可依據會計原則記帳，有收據或發票的實際貨幣支出。隱藏成本則是使用自己的要素卻未支付報酬給自己，例如是自家店面犧牲租金收入，或自己兒女幫忙生產卻未支薪。

總收入減外顯成本就是一般所謂的會計利潤，計算經濟利潤時還必須從會計利潤再扣除隱藏成本：

經濟利潤 = 總收入 – 經濟成本

經濟利潤 = 總收入 – 外顯成本 – 隱藏成本 = 會計成本 – 隱藏成本

如果經濟利潤大於 0 稱爲超額利潤（excess profit），等於 0 則稱爲正常利潤（normal profit），而小於 0 則稱爲經濟損失（economics losses）。

經濟利潤與會計利潤關係如圖 4.1 所示：

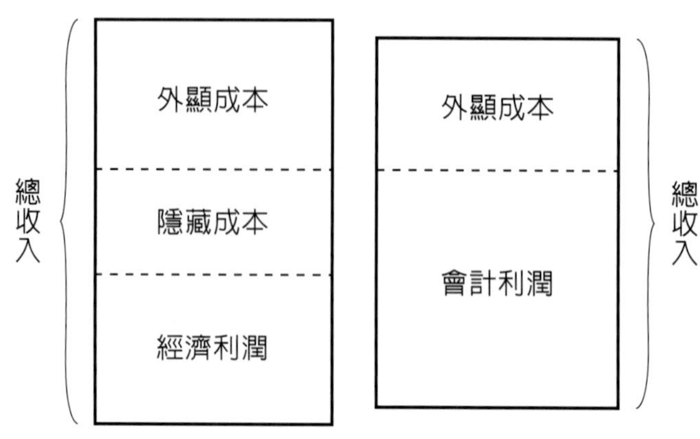

圖 4.1　經濟利潤與會計利潤

4.2 生產理論 *

生產的期間可分短期與長期兩類，所謂短期是指在觀察期間，生產者所使用生產要素中，有些要素的使用量是無法隨產量變動而變動，例如影印店在考試前生意總是特別好，為因應突然增加的影印工作，老闆會要求員工加班延長工作時數，或增聘臨時工讀生，老闆不會為了突然增加的生意而添購新的影印機，所以員工或工作時數就是變動生產要素（variable factor），而影印機就是固定生產要素（fixed factor）。

而長期則是在觀察期間，生產者所使用所有生產要素都可以隨產量變動而變動。因此，短期生產時就有變動生產要素與固定生產要素之分，而長期時所有要素均是變動生產要素。如果影印店老闆認為生意增加是永久現象，那他會新購影印機，這樣就變成長期了。

所以長短期並不是以絕對時間長短來做區分，而是在你觀察期間內，生產者變更生產要素數量的難易程度，例如小雜貨店，收銀機算是資本設備，他只要打個電話，一天內送來新收銀機，就算是短短一天，就他而言已經是長期了。同樣的，大廠商要新購機器設備，新建廠房通常要規劃很久，也不是那麼容易的事。通常以 L 代表勞動即變動生產要素，K 代表資本即固定生產要素。

一、短期生產

在本小節一開始，我們先定義幾個生產面的名詞，總產量（total product，TP）與平均產量（average product，AP）與邊際產量（marginal product，MP）。

總產量是指生產者在特定期間與既定生產要素價格下，變動要素配合固定生產要素，所能達到的最大產出的軌跡，TP 也可以以 Q 表示。平均產量是指平均一單位變動生產要素能獲得的產出，如（式 4.1）。邊際產量是指變動一單位變動要素能獲得的產出，如（式 4.2）。

$$AP_L = \frac{TP}{L} \text{ 或 } \frac{Q}{L} \qquad (\text{式 } 4.1)$$

$$MP_L = \frac{\Delta TP}{\Delta L} \text{ 或 } \frac{\Delta Q}{\Delta L} \qquad (\text{式 } 4.2)$$

例題 4-1

如果勞動增加一單位，總產量變動量為 86K – 4L，試求 MP_L 為多少？

解 $MP_L = \frac{\Delta Q}{\Delta L}$，而 $\Delta Q = 86K - 4L$ 且 $\Delta L = 1$

所以 $MP_L = \frac{\Delta Q}{\Delta L} = 86K - 4L$

表 4.1 是高麗菜產量表。觀察表 4.1，高麗菜總產量隨勞動投入增加而增加，到第 6 人時總產量達到極大。平均產量先上升再下降。邊際產量也是先上升達到頂點然後下降，第 6 人時邊際產量等於 0，再多 1 人到第 7 人時，邊際產量已是 –65。

表 4.1　高麗菜產量表

L	TP_L	AP_L	MP_L
1	50	50	50
2	130	65	80
3	189	63	69
4	240	60	51
5	275	55	35
6	275	55	0
7	210	30	–65

短期廠商的生產活動可用產量曲線或生產函數來表示。圖 4.2 是短期生產曲線。圖 4.2 分兩個部分，上半部是總產量曲線（TP_L），下半部是平均產量曲線（AP_L）與邊際產量曲線（MP_L）。

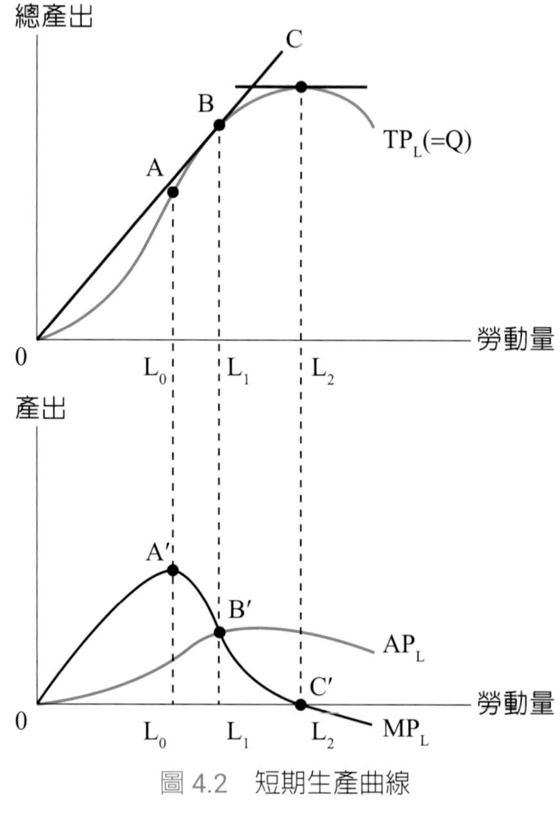

圖 4.2　短期生產曲線

觀察總產量曲線形狀，總產量在 A 點之前隨 L 增加呈遞增率遞增，過了 A 點未達 C 點之前，隨著 L 增加呈遞減，在 C 點已達最大產量，過 C 點之後，隨著 L 增加，總產量呈遞減趨勢。

再觀察下半部的平均產量與邊際產量曲線形狀，從數學上來說，AP_L 曲線等於從原點出發對 TP_L 曲線的射線斜率，MP_L 曲線是 TP_L 曲線切線的斜率，在 TP_L 曲線上的 B 點，兩個曲線的斜率相等，表示 AP_L 曲線與 MP_L 曲線會在此投入量相交，即 B' 點。

觀察 MP_L 曲線，因為它是 TP_L 曲線切線的斜率，在 TP_L 曲線的 A 點時，因 TP_L 曲線形狀反轉，所以切線的斜率最大，如 A' 點，在 TP_L 曲線的 C 點時，因 TP_L 曲線切線的斜率等於 0，MP_L 曲線也等於 0，過了 C 點 TP_L 曲線切線的斜率為負，MP_L 曲線就落在橫軸下方。

AP_L 是 TP_L 射線的斜率，其值永遠爲正，因此 AP_L 曲線永遠在橫軸上方。

短期生產亦可用生產函數表示，如（式 4.3）。

$$TP_L = f(L, \overline{K}), \overline{K} \text{ 表固定要素}$$
$$\text{或 } Q = f(L, \overline{K}) \quad (\text{式 } 4.3)$$

（一）TP_L、AP_L 與 MP_L 之關係

觀察圖 4.2 可知，當 TP_L 呈加速遞增時，MP_L 在上升；當 TP_L 呈減速遞增時，MP_L 在下降；當 TP_L 達極大時，MP_L 等於 0；當 TP_L 呈遞減時，MP_L 變成負值。當 AP_L 呈上升趨勢，$AP_L < MP_L$；當 AP_L 呈下降趨勢，$AP_L > MP_L$；當 AP_L 達極大時，$AP_L = MP_L$。

（二）生產三階段

根據 AP_L 與 MP_L 之關係，可將生產分成三階段，如圖 4.3。

生產第一階段位於勞動投入量在 L_1 之前，即 AP_L 達極大化之前的階段。在第一階段中持續增加變動生產要素投入，將促使變動生產要素及固定生產要素之生產效率不斷提高。因爲在第一階段中固定生產要素之數量與變動生產要素之數量太不成比例（即固定生產要素相對豐富，而變動生產要素數量相對稀少），因此固定生產要素只被低度使用，而變動生產要素則被過度使用。因此，只要增加變動生產要素投入量即可改善兩者不成比例程度，結果將導致兩者生產效率提高。

第二生產階段位於 AP_L 極大與 MP_L 等於 0 階段，勞動投入量在 L_1 與 L_2 之間，亦即 A 點至 B 點之間。在本階段中。TP_L 處於減速遞增階段，MP_L 隨之持續遞減，當 TP_L 達最大化之際，MP_L 等於零。更值得注意的是，在整個階段中 AP_L 處於遞減狀態，但是 AP_K 則繼續遞增。這表示在第二階段 ，變動要素生產效率隨投入量增加而遞減，但固定要素生產效率則隨變動要素投入量增加而提高。

第三生產階段位於 L_2 之後的階段，MP_L 呈負值階段。在第二階段及第三階段交界處 TP_L 達最大，表示固定要素正被充分使用，所以 TP_L 達到最大。在這階段下如果持續增加變動生產要素的投入，反而會使變動生產要素變成相對豐富，而固定生產要素變成相對稀少，結果將促使 TP_L 與 AP_K 開始趨於減少。AP_L 持續下降，MP_L 變成負數。所以，在第三階段變動生產要素及固定生產要素之生產效率均處於遞減狀態。

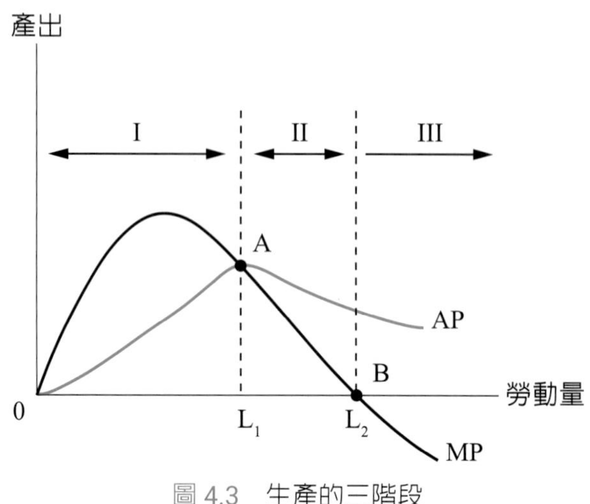

圖 4.3　生產的三階段

這三個生產階段哪一個階段才是合理生產階段呢？就是增加投入就有正的生產效率（產出）。我們就以這個標準來分析哪一個階段是所謂的合理。

先觀察第一生產階段，在此一階段，隨勞動投入量增加，平均產量（AP_L）一直在上升，但是邊際產量卻呈先遞增再遞減現象，隱含愈多勞動投入，超過某一數量後對 TP_L 的貢獻卻是減少，所以這一個階段不是合理生產階段。同理，第三生產階段也是不合理，因爲邊際產量（MP_L）已是負數，勞動投入雖多卻是沒幫到忙是來壞事的。

再觀察第二生產階段，在這一階段內，平均產量（AP_L）雖然下降，但是正數。邊際產量（MP_L）呈現遞減，也是正數。因此從 AP_L 的極大點到 MP_L 等於 0 這一階段，就稱爲合理生產階段。而且在這一階段，邊際產量 MP_L 隨勞動投入增加而呈遞減趨勢，就稱爲勞動邊際報酬遞減法則（law of diminishing returns）。

既然第二生產階段是合理生產階段，廠商在這階段內，要使用多少生產要素組合生產，還得進一步考慮到要素價格。

如果固定生產要素的價格等於 0，則變動生產要素的價格相對昂貴，廠商的唯一成本即是支付給勞動的薪資。在這種情況下，廠商要將要素僱用量擴張到第一階段與第二階段之交界處，以便促使變動生產要素（勞動）的生產效率達到最高。反之，如果變動生產要素的價格等於 0，而固定生產要素的價格相對昂貴，在這種情況下，廠商唯一的成本支出即是支付給資本的利息，所以爲了促使固定生產要素（資本）生產效率達到最高，廠商必須將生產要素僱用量，增加到第二生產階段與第三生產階段交界處。

如果固定生產要素與變動生產要素均需支出相當貨幣代價來取得，可依據以上兩種極端情況得到以下的一般性結論：假如固定生產要素的價格相對便宜，則生產要素僱用量應愈接近第一階段與第二階段之交界處。反之，變動生產要素的價格相對便宜，則生產要素僱用量應愈接近第二階段與第三階段交界處。但是在短期時，利潤極大化產量，不一定落在第二生產階段內，因爲利潤極大化產量，不但受到生產要素的價格（成本）影響外，還受到產品價格（收入）因素的影響。

時事小專欄

禽流感進入高峰期 蛋農憂雞蛋產量過剩「年後蛋價恐崩盤」

雲林古坑 1 處蛋雞場爆發 H5N1 亞型高病原性禽流感，撲殺逾 1.5 萬隻 42 周齡蛋雞，外界關心禽流感進入高風險時節，是否會再面對缺蛋問題。農業部畜牧司副司長李宜謙表示，今年種雞進口量提高至 33 萬，若蛋雞受疫情影響減少，仍可馬上彌補上；但蛋農表示，雞蛋產量過剩，疫情評估後若不嚴重，「預估年後、過年期間蛋價會崩盤」。

李宜謙表示，今年起種雞進口量從 25 萬提高到 33 萬隻，除協助汰換老母雞，就是為因應禽流感。天氣逐漸轉冷，加上候鳥遷徙，須因應隨時可能發生的疫情威脅。

李宜謙說，蛋雞就算受到疫情影響減少，我國種雞進口量充裕，可馬上彌補因疫情撲殺的雞隻，農業部也會協助蛋農盡速復養。

但彰化蛋農表示，本土雞蛋產量足夠供應國人需求，農業部仍增加種雞進口數量，原先國內僅需每月 60 至 180 萬隻種雞，如今每月暴增至 300 多萬隻，種雞數量過多。彰化蛋農表示，過往缺蛋問題都是因為禽流感情況嚴峻，今年禽流感狀況還要再觀察，若不嚴重的話，種雞、中雞數量會過多、雞蛋產能過剩，就算天氣轉涼、雞蛋需求增加，但仍比不過雞蛋產出量，預估過年時「蛋價恐崩盤」，屆時恐還需要殺母雞以防產量過剩問題。

資料來源：聯合新聞網 2023/11/28

二、長期生產 *

（一）等產量曲線

在生產爲長期時，所有生產要素的數量均可以變動，所以長期時沒有固定生產要素。廠商長期的生產活動可以用長期生產函數表示，如（式 4.4）。

$$TP = f(L, K) \text{ 或 } Q = f(L, K) \qquad (\text{式 } 4.4)$$

因爲長期時 L 與 K 的投入量均可以變動，我們可以仿效前一章無異曲線的概念，定義出一條等產量曲線（isoquant）。所謂等產量曲線係指相同產量下各種不同要素的組合軌跡連線。如圖 4.4：

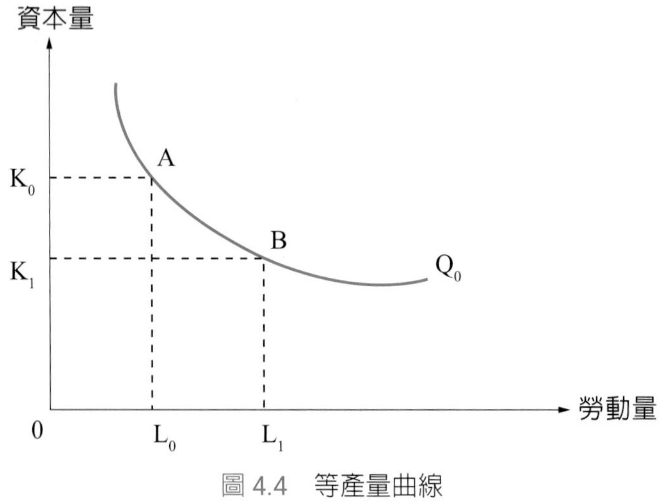

圖 4.4　等產量曲線

等產量曲線的特性如下：

1. 等產量曲線的斜率爲負

   觀察圖 4.4，等產量曲線的斜率爲負的，表示爲維持相同產出水準，當增加一種要素投入時，另一種要素投入必須減少。兩個要素投入量的變動方向相反，L 增加投入量就必須放棄 K 的投入量，兩者變動量之比就是等產量曲線的斜率，也稱之爲邊際技術替代率（marginal rate of technical substitution，MRTS），邊際技術替代率亦等於兩個生產要素的邊際產量之比例。如（式 4.5）。

$$MRTS_{LK} = \left|\frac{\Delta K}{\Delta L}\right| = \left|\frac{MP_L}{MP_K}\right| \qquad (\text{式 } 4.5)$$

例題 4-2

假設生產函數為 $Q = 36LK - 2K^2 - 3L^2$，勞動的邊際產量為 $36K - 6L$ 資本的邊際產量為 $36L - 4K$。請計算 $MRTS_{LK}$ 為何？

解 $Q = 36LK - 2K^2 - 3L^2$

$$MRTS_{LK} = \left|\frac{\Delta K}{\Delta L}\right| = \left|\frac{MP_L}{MP_K}\right| \quad MP_K = \frac{\Delta Q}{\Delta K} = 36L - 4K \quad MP_L = \frac{\Delta Q}{\Delta L} = 36K - 6L$$

2. 等產量曲線凸向原點

觀察圖 4.5，當等量增加 L 的投入量如 $\Delta L_0(= L_1 - L_0)$ 與 $\Delta L_1(= L_2 - L_1)$，爲維持相同產出水準 Q_0，K 的投入量必須減少如 $\Delta K_0(= K_1 - K_0)$ 與 $\Delta K_1(= K_2 - K_1)$，且發現 $\Delta K_0 > \Delta K_1$。

爲什麼願意放棄的 K 的投入量會愈來愈少？其原因受邊際技術替代率遞減的影響。當持續增加 L 的投入量，L 的投入量的邊際產量在遞減，相對的，因增加 L 的投入量而放棄 K 的投入量的邊際產量卻在增加，因此爲維持相同產量，所願意放棄的 K 的投入量就愈來愈少了，因爲 L 與 K 變動方向相反，所以邊際技術替代率值爲負數，爲方便作比較，邊際技術替代率需加絕對值或在公式前加負號轉爲正數。

觀察圖 4.5 可知，邊際技術替代率愈往曲線右邊愈小，因此等產量曲線爲一凸向原點的曲線。

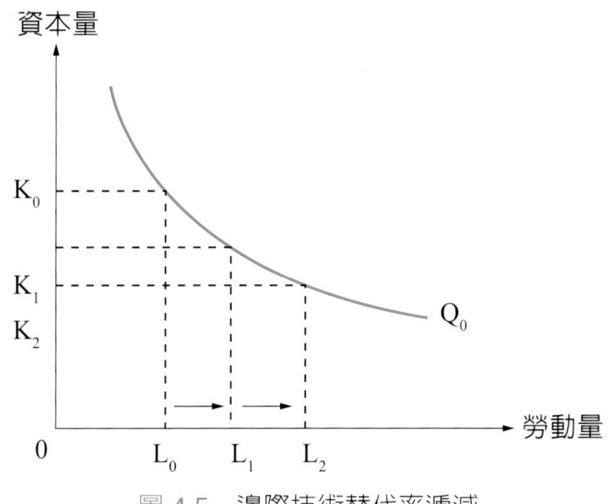

圖 4.5　邊際技術替代率遞減

3. 任兩條等產量曲線不會相交

如果兩條等產量線有交點，表示同一組要素投入量可生產出不同的產量，違反了等產量線的定義，因此可知任兩條等產量線不應有交點。

4. 愈往東北方的等產量曲線，產量水準愈高

觀察圖 4.6，圖中有兩條等產量曲線，產出分別為 Q_0 與 Q_1。以 $\overline{L}$ 為觀察基準，B 點比 C 點投入更多的 K，B 點產出應該比 C 點高。如以 $\overline{K}$ 為觀察基準，B 點比 A 點投入更多的 L，因此 B 點產出又比 A 點高。

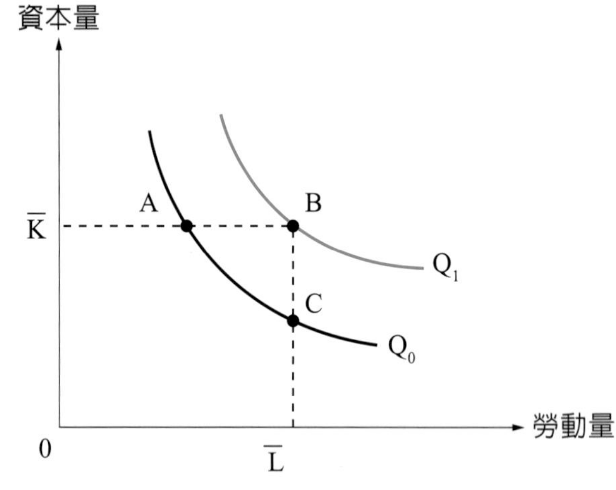

圖 4.6　等產量曲線產量之比較

因此，B 點產出比 A 點或 C 點高，且 A 點與 C 點因位同一條等產量曲線上產量應相同，所以可知 B 點所處的 Q_1 產量大於 Q_0，所有 Q_1 線上的要素組合產量都會大於 Q_0，也就是離原點愈遠產量愈高，愈往東北方的等產量曲線產量愈大。

綜合上述各項特性可知，平面空間會有無限多條等產量曲線，而且任兩條等產量曲線都不會相交，愈往右上方產量愈大。對生產者而言，產量愈大就代表潛藏的收入愈大，但是能否實現，還得視生產者願意雇用多少生產要素（成本）了。

（二）特殊形狀之等產量曲線

一般凸向原點的等產量曲線顯示兩個生產要素的邊際技術替代率為遞減。除此之外尚有兩種特殊形狀的等產量曲線，其一為是要素間完全替代的等產量曲線，另一種是完全互補的等產量曲線。

1. 要素完全替代的等產量曲線

L 與 K 在生產過程中形成完全替代，則 MRTS 為一固定常數，如圖 4.7 所示。圖 4.7 中因為 L 與 K 是完全替代，可以 2 個 L 或 2 個 K 或 1 個 L 及一個 K，均可以生產 Q_0 產量。Q_1 在 Q_0 右上方，Q_1 產量大於 Q_0，生產 Q_1 的生產要素組合可由 3L 或 3K 達成。

2. 要素完全互補的等產量曲線

若 L 與 K 在生產過程中形成完全互補，則生產函數為固定比例的生產函數，如圖 4.8 所示。圖中 A 點 B 點與 C 點產量均相同，亦即 1 個 L 與 I 個 K，或 2 個 L 與 1 個

K，或 1 個 L 與 2 個 K，均可生產出 Q_0。例如一台影印機一個人操作得到的產量與一台影印機兩個人操作相同，或是與兩台影印機一個人操作相同。Q_1 在 Q_0 右上方的產量大於 Q_0，而生產 Q_1 的生產要素組合就要 2L 與 2K 才能達成。

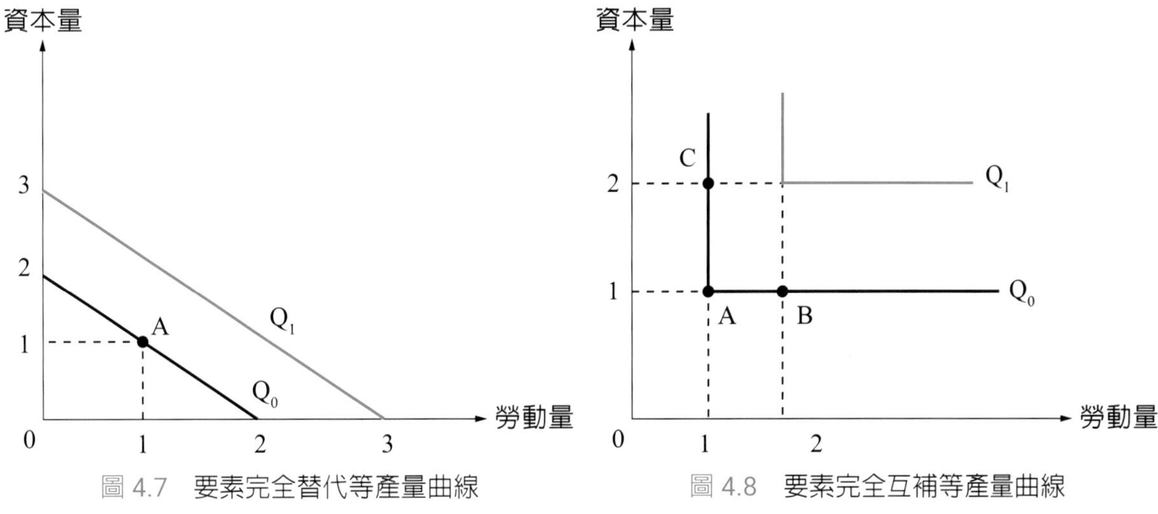

圖 4.7　要素完全替代等產量曲線

圖 4.8　要素完全互補等產量曲線

（三）等成本曲線

等成本曲線的概念與前述預算線相似，所謂等成本線（iso-cost curve）係指在要素價格不變下，有相同成本的各種不同生產要素組合的軌跡。如圖 4.9 所示。圖中 $\frac{C}{P_L}$ 表將全部支出雇用 L 的最大數量，$\frac{C}{P_K}$ 表將全部支出雇用 K 的最大數量。

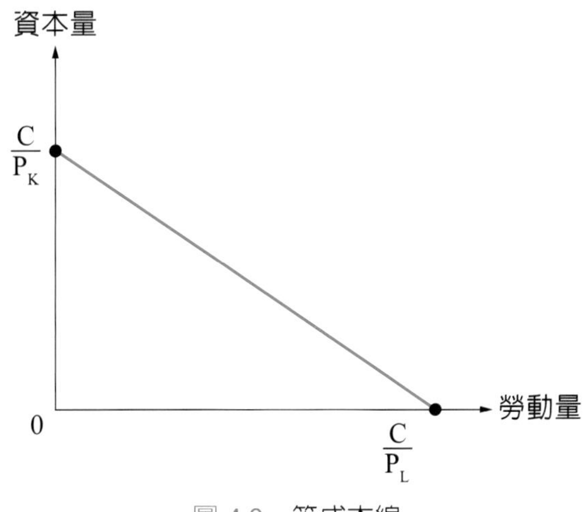

圖 4.9　等成本線

等成本線也可用方程式表示爲 $P_LL + P_KK = C$，等式左方是要素雇用總成本，等式右方是成本。將 P_LL 移至等式右方，整理成如（式 4.6）。式中兩個生產要素相對價格比 $\frac{-P_L}{P_K}$ 就是等成本線的斜率，表示如下：

$$\frac{\Delta K}{\Delta L}=\frac{-P_L}{P_K} \text{ 或 } \frac{-\Delta K}{\Delta L}=\frac{P_L}{P_K}$$

$$K=\left(\frac{C}{P_K}\right)-L\times\left(\frac{P_L}{P_K}\right) \qquad \text{（式 4.6）}$$

例題 4-3

某廠商計畫支出 200 貨幣單位，而勞動每單位價格為 10，資本每單位價格為 5，請問等成本線方程式為何？

解 200 = 10L + 5K　則 5K = 200 – 10L　等成本線方程式為 K = 40 – 2L

1. 等成本線斜率改變

等成本線斜率改變係受到生產要素的價格（P_L 或 P_K）變動的影響。例如當勞動的價格（P_L）下降，由 P_L^0 下降至 P_L^1，則會使等成本線斜率（$\frac{P_L}{P_K}$）變小，則等成本線將以縱軸 A 點爲旋轉軸向右旋轉，亦即等成本線變平坦。反之，如勞動的價格上升，由 P_L^0 上升至 P_L^2，則等成本線會向左旋轉變陡，如圖 4.10 所示。如果資本的價格（P_K）改變，則會以橫軸當旋轉軸向右上或向左下旋轉。

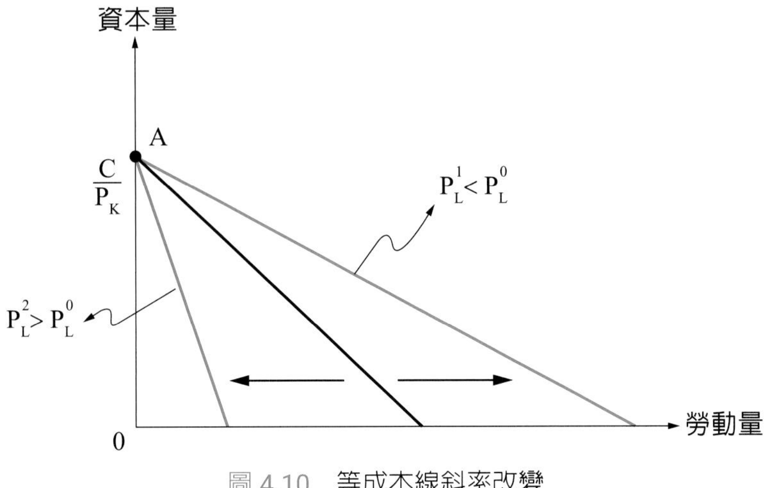

圖 4.10　等成本線斜率改變

2. 等成本線位置移動

整條等成本線位置移動是因爲廠商的生產成本（C）改變了。例如當生產成本由 C_0 增加至 C_1，則等成本線平行向右上移動，反之，當生產成本由 C_0 減少至 C_2，則等成本線平行向左下移動，如圖 4.11 所示。

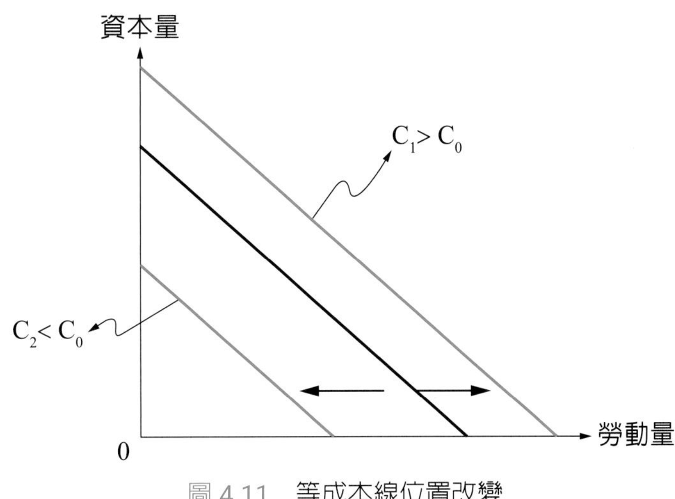

圖 4.11　等成本線位置改變

（四）生產者最適選擇

如前所述，在平面空間有無限多不相交的等產量曲線，生產者希望產量愈大愈好，這樣總收入會增加利潤也會增加，可是這樣的想法能否實現，還得受限於生產者願意支出多少錢，也就是要受到等成本線的限制。我們將等產量線與等成本線繪在一起，圖 4.12 的 E 點就是生產者的最適要素組合。

在均衡點（E 點）上，等產量曲線的切線斜率會等於等成本線的斜率，由前述邊際技術替代率與等成本線的斜率的公式可知：$\frac{-\Delta K}{\Delta L}=\frac{MP_L}{MP_K}$ 且 $\frac{-\Delta K}{\Delta L}=\frac{P_L}{P_K}$

所以 $\frac{-\Delta K}{\Delta L}=\frac{MP_L}{MP_K}=\frac{P_L}{P_K}$，整理成 $\frac{MP_L}{P_L}=\frac{MP_K}{P_K}$，亦即平均每一元的邊際產量無論在 L 與 K 均相等。如果等式不成立，例如 A 點時，等產量曲線切線的斜率大於等成本線的斜率，即 $\frac{MP_L}{P_L}>\frac{MP_K}{P_K}$，代表 L 的平均每一元的邊際產量均大於 K，則繼續要素投入 L 同時減少 K，直至等式達成。

反之在 B 點時，等產量曲線切線的斜率小於等成本線的斜率，即 $\frac{MP_L}{P_L}<\frac{MP_K}{P_K}$，代表 L 的平均每一元的邊際產量小於 K，則繼續要素投入 K 同時減少 L，直至等式再次達成。所以生產者的均衡點一定落在兩者的切點上。

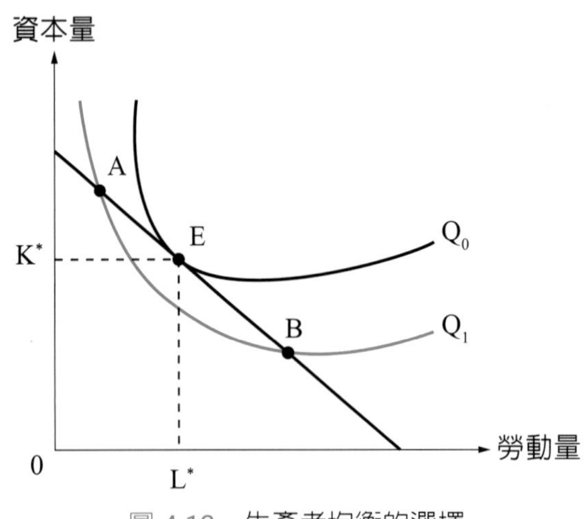

圖 4.12　生產者均衡的選擇

例題 4-4

假設玉米的勞動邊際產量為 40 – 2L，資本邊際產量為 60 – 2K，且 $P_L = P_K = 2$，生產預算成本 C = 60，試求最適的 L 與 K 各是多少？

解 $MP_L / MP_K = P_L / P_K$，$\frac{40-2L}{60-2K} = \frac{2}{2}$，L – K = –10 代入

2L + 2K = 60，得 K* = 20　L* = 10

（五）要素完全替代與要素完全互補的均衡點

1. 要素完全替代

前述要素完全替代的等產量曲線為負斜率直線的型態，與直線型的等成本線決定均衡點時，易形成角落解。如圖 4.13 所示。比較要素完全替代的邊際技術替代率與等成本線斜率大小，均衡點有三種可能情況如下：

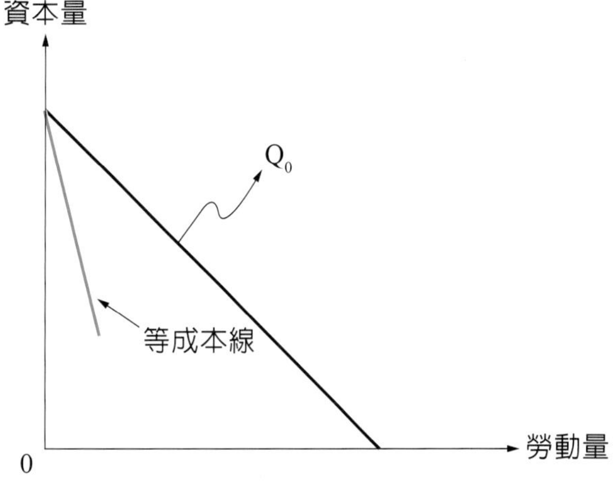

圖 4.13　要素完全替代的均衡點

(1) $MRTS < \frac{P_L}{P_K}$：即 $\frac{MP_K}{P_K} > \frac{MP_L}{P_L}$，全部支出均雇用 K，而 L 不雇用，如圖 4.13 所示，均衡點落在縱軸。

(2) $MRTS > \frac{P_L}{P_K}$：即 $\frac{MP_K}{P_K} < \frac{MP_L}{P_L}$，全部支出均雇用 L，而 K 不雇用，均衡點落在橫軸。

(3) $MRTS = \frac{P_L}{P_K}$：即 $\frac{MP_K}{P_K} = \frac{MP_L}{P_L}$，等產量曲線與等成本線重合，L 與 K 有無限多組解。將上述情況整理成表 4.2。

表 4.2　生產要素完全替代的均衡點

情況	L 投入量	K 投入量	均衡點
$MRTS < \frac{P_L}{P_K}$	0	$\frac{C}{P_K}$	縱軸上
$MRTS > \frac{P_L}{P_K}$	$\frac{C}{P_L}$	0	橫軸上
$MRTS = \frac{P_L}{P_K}$	0 與 $\frac{C}{P_L}$ 之間	0 與 $\frac{C}{P_K}$ 之間	兩線重合

2. 要素完全互補

要素完全互補的均衡點如圖 4.14 所示。

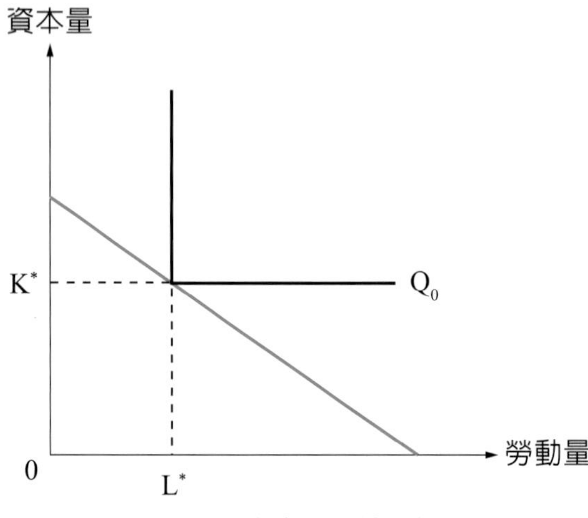

圖 4.14　要素完全互補的均衡點

知識補給站　人工智慧（AI）如何幫助廠商降低生產成本

1. 優化生產流程：AI 可以幫助廠商分析生產過程中的數據，找出低效率或資源浪費的環節，進而優化生產流程，提高生產效率，降低生產成本。
2. 預測維護：AI 可以利用感測器數據和機器學習技術，預測機器設備的故障和維護需求，使得廠商能夠在設備損壞前進行預防性維護，減少停機時間和維修成本。
3. 庫存管理：AI 可以根據過去的銷售數據和需求預測，幫助廠商優化庫存管理，避免庫存過多或過少，降低庫存成本和損失。
4. 員工調度：利用 AI 規劃和優化員工的排班和生產調度，確保生產線的持續運作，減少空閒時間和加班成本。
5. 品質控制：AI 可以應用在生產過程中的品質控制，及時檢測產品瑕疵，減少次品率，提高產品質量，降低不良品成本。
6. 自動化生產：引入機器人和自動化設備進行生產，可以提高生產效率，節省人力成本，同時減少人為錯誤，提高產品一致性。
7. 數據分析與決策：AI 可以處理大量的生產和銷售數據，並提供分析和預測，幫助廠商做出更明智的生產決策，降低風險提高效率。

綜合應用以上方法，廠商可以在生產過程中有效地利用 AI 技術，從而降低生產成本，提高競爭力。

資料來源：ChatGPT

4.3 成本理論

在短期時，由於有固定生產要素，因此產生固定成本。而在長期，所有要素雇用量均可變動，所以只有變動成本，也就是長期總成本就等於長期總變動成本。本節爲了介紹成本，必須導入要素價格，上一節討論生產時以 P_L 代表勞動價格，在本節進一步以 w 替代 P_L，而以 r 替代 P_K。

一、短期成本

總成本（total cost，TC）= 總變動成本（total varable cost，TVC）+ 總固定成本（total fixed cost）。在短期時，勞動價格（w）與資本價格（r）均由勞動市場與資本市場決定，生產者面對的要素價格爲固定值，以 $\bar{w}$ 與 $\bar{r}$ 表示。所以

$$TC = TVC + TFC = \bar{w}L + \bar{r}\bar{K}$$

上式等式兩邊均除以 Q 即得 $\frac{TC}{Q} = \frac{TVC}{Q} + \frac{TFC}{Q} = \frac{\bar{w}L}{Q} + \frac{\bar{r}\bar{K}}{Q}$，另等於 AC = AVC + AFC，而 $MC = \frac{\Delta TC}{\Delta Q}$，式中總成本（TC）是生產者支付給生產要素的全部支出成本。總變動成本（TVC）是生產者支付給變動要素的支出成本，這項成本會隨產量變動而變動。總固定成本（TFC）是生產者支付給固定要素的支出成本，這項成本不隨產量變動而變動，爲一固定數。

平均成本（AC）是平均一單位產量需分擔的總成本。平均變動成本（AVC）是平均一單位產量需分擔的總變動成本。平均固定成本（AFC）是平均一單位產量需分擔的總固定成本，會隨產量增加而遞減。邊際成本（MC）是變動一單位產量對總成本的影響。

上述各成本之間的關係如表 4.3 所示，其中假設 w = 20，r = 10。

表 4.3　各種成本間關係

Q	L	K	TVC	TFC	TC	AC	AVC	AFC	MC
50	1	2	20	20	40	0.80	0.40	0.40	—
130	2	2	40	20	60	0.46	0.31	0.15	0.25
189	3	2	60	20	80	0.43	0.32	0.11	0.34
240	4	2	80	20	100	0.41	0.33	0.08	0.39
275	5	2	100	20	120	0.44	0.37	0.07	0.57

觀察表 4.3，TC 曲線與 TVC 曲線呈上升趨勢，而 AC 曲線與 AVC 曲線呈遞減趨勢，MC 曲線先下降再上升。

我們可經由短期總產量曲線（TP）導出短期總變動曲線（TVC）。我們先將圖 4.2 上部的短期總產量曲線，橫軸與縱軸對調，因此勞動投入（L）變成縱軸，而產量（Q）變成橫軸，縱軸的 L 再乘以 $\overline{w}$ 成為 TVC（圖 4.15），依據表 4.3 的資料，當 $Q_0 = 130$，TVC = 40；$Q_1 = 189$，TVC = 60。

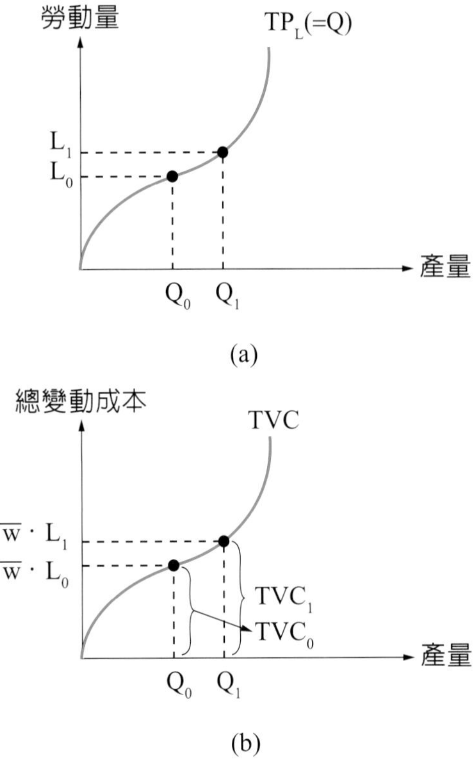

圖 4.15 短期總變動成本曲線

圖 4.16 係短期總固定成本曲線（TFC），為一水平線。因為 TC = TVC + TFC，將圖 4.15 與圖 4.16 繪至同一平面空間，如圖 4.17 之 (a)，我們可得總成本曲線（TC）。TC 曲線與 TVC 曲線形狀完全一樣，亦即 TC 曲線是 TVC 曲線垂直往上 TFC 的高度而得。

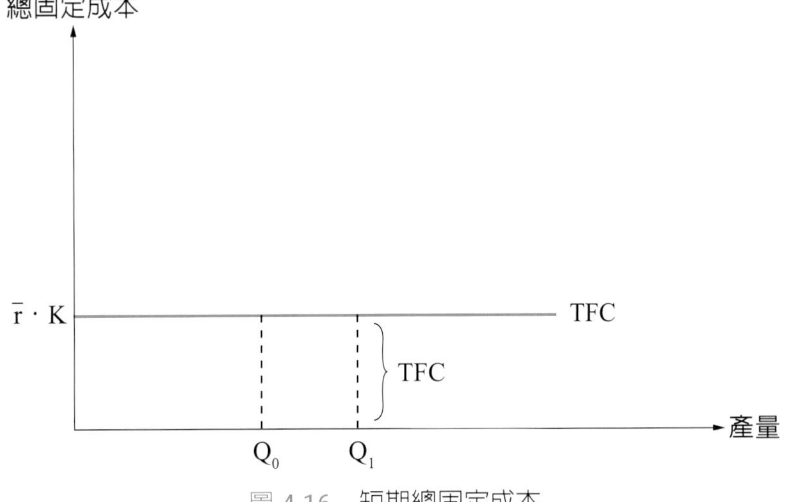

圖 4.16 短期總固定成本

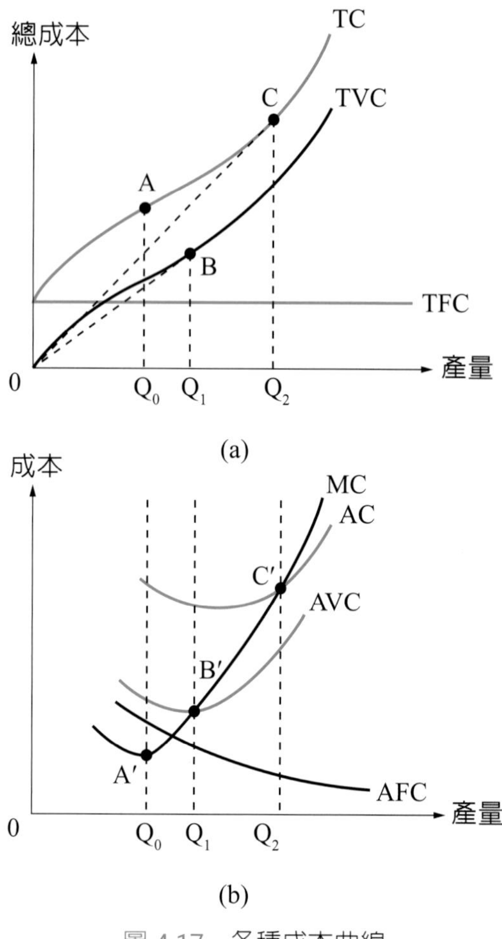

圖 4.17　各種成本曲線

例題 4-5

假設某廠商的成本函數為 TC = $10Q^2$ + 1,000，請問平均成本極小時，產量為多少？

解 TC = $10Q^2$ + 1000　AC = ($10Q^2$ + 1,000) / Q = 10Q + (1,000 / Q)

AC 達到極小的產量即表示可使 AC = 0 的產量

當 Q = 10 可使平均成本極小

圖 4.18 係平均固定成本曲線（AFC）。圖 4.18 的上半部，在每個產量（Q_0、Q_1、Q_2）與 TFC 曲線對應點 A、B、C，由原點出發的射線，射線的兩股比值（$\frac{AQ_0}{0Q_0}$、$\frac{BQ_1}{0Q_1}$、$\frac{CQ_2}{0Q_2}$）就是 A'、B'、C' 各點，連接 A'、B'、C' 得到 AFC 曲線，AFC 會隨產量增加而呈遞減趨勢。

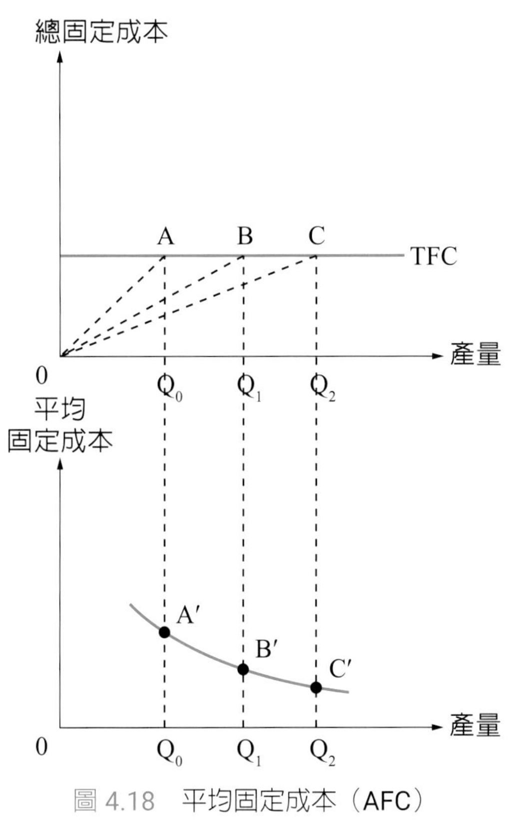

圖 4.18　平均固定成本（AFC）

例題 4-6

假設一廠商的利潤函數為 $\pi = -10{,}000 + 400Q - 2Q^2$，而變動一單位產量時，利潤的變動量為 $-4Q + 400$。請問：

1. 該廠商之固定成本為多少？
2. 利潤極大時的產量是多少？

解 $\pi = TR - TC = TR - TVC - TFC = -2Q^2 + 400Q - 10{,}000$

固定成本為 10,000，利潤極大的產量：$\frac{\Delta\pi}{\Delta Q} = -4Q + 400 = 0$　所以 $Q^* = 100$

圖 4.19 係平均變動成本曲線（AVC）。在圖 4.19 的上半部，MC 是 TVC 曲線在各產量下切線的斜率，在 A 點時切線的斜率等於 0，表示在 Q_0 時，MC 爲最小。相同的，在 Q_1 時，由原點出發的射線，射線的斜率恰好等於切線的斜率，代表在 Q_1 時 MC 與 AVC 兩者相等，亦即 MC 曲線會通過 AVC 曲線的最低點。

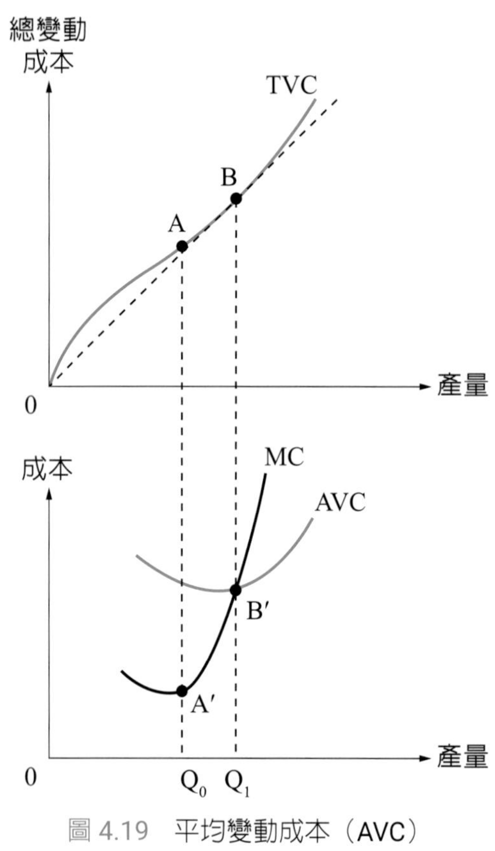

圖 4.19　平均變動成本（AVC）

例題 4-7

填入下表 ( ) 正確數字：

Q	TC	TVC	TFC	MC
0	(1)	0	20	—
1	34	(2)	20	(3)
2	(5)	(4)	20	8

解 (1) 20　(2) 14　(3) 14　(4) 42　(5) 76

將圖 4.18 與圖 4.19 繪製在同一平面空間，得到如圖 4.17 之 (b)，各種成本曲線之間的關係。圖中，MC 是 TC 曲線或 TVC 曲線切線的斜率，因爲 TC 曲線與 TVC 曲線形狀完全一樣，所以所得到的 MC 曲線是同一條曲線，在 Q_0 時，剛好是 TC 曲線與 TVC 曲線的反曲點（形狀反轉）A 點，所以切線的斜率爲 0，也就是 MC 曲線的最低點 A' 點。

由原點出發的射線，先在 Q_1 時的 B 點與 TVC 曲線相切，後在 Q_2 時 C 點與 TC 曲線相切，表示 MC 曲線會先經過 AVC 曲線最低點（B' 點），再通過 AC 曲線最低點（C' 點）。所以 AC 曲線會在 AVC 曲線的上方，兩條線的差距恰等於 AFC，左邊較寬而右邊較窄，表示 AFC 隨產量增加而遞減，但兩條曲線不會有交點，也就是廠商的產量不會大到讓 AFC 等於 0。

觀察圖 4.17 之 (b)，可知 MC 與 AC 或 AVC 三者關係如下：

1. 當 AC 或 AVC 呈遞減趨勢時，MC 小於 AC 或 AVC。
2. 當 AC 或 AVC 呈遞增趨勢時，MC 大於 AC 或 AVC。
3. 當 MC 曲線通過 AC 曲線的最低點或通過 AVC 曲線的最低點時，MC 等於 AC 或 AVC。

時事小專欄

iPhone 16 恐漲價！日媒估「3 大生產成本」創歷史新高

有日媒近日對蘋果新款「iPhone 15」進行拆解分析，發現其生產成本顯著上升。與去年的 iPhone 14 系列相較，iPhone 15 Pro Max 的零件成本高達 558 美元（約 1.7 萬臺幣），較其前代機型增加了 12%，創下 iPhone 零件總成本的新紀錄，但蘋果極有可能調漲明年推出的 iPhone 16 系列，藉此轉嫁成本。

根據《日本經濟新聞》報導，過去 2018 年至 2021 年中，蘋果 iPhone Pro Max 系列的零件總成本範圍大約在 400 至 450 美元（1.2 萬至 1.4 萬元新臺幣）之間。但自 2022 年起，該系列的零件成本驟增，「iPhone 14 Pro Max」已經上升到了近 20%；iPhone 15 系列的其他型號，如 iPhone 15 和 iPhone 15 Pro，也分別比其前代產品增加了 16% 和 8% 的成本。根據分析發現，iPhone 15 Pro Max 的主要成本增加來自於其專用的相機和材料升級，其中，長焦相機的成本上升了 380%，達到 30 美元（約 933 元新臺幣）；新採用的鈦金屬邊框成本高達 50 美元（約 1555 元新臺幣），比以往的不銹鋼邊框增加了 43%；另一顯著成本增加的部分是其晶片，A17 Pro 晶片的價格為 130 美元（約 4043 元新臺幣），比去年的 A16 晶片高出 27%。

資料來源：風傳媒 2023/10/23

二、長期成本

長期時所有要素數量均可變動，不存在著固定成本，亦即長期總成本（LTC）就等於 w × L + r × K，也就是指長期時所有要素的支出成本，亦等於長期總變動成本（LTVC）。長期邊際成本（LMC），是變動一單位產量對長期總成本的影響，可從 LTC 或 LTVC 計算得到。長期平均成本（LAC）等於平均每一產量要分擔的長期總成本。

長期的各種成本關係如下：

$$LMC = \frac{\Delta LTC}{\Delta Q} = \frac{\Delta LTVC}{\Delta Q} \quad (式\ 4.7)$$

$$LAC = \frac{LTC}{Q} \quad (式\ 4.8)$$

在圖 4.20 中，因爲沒有固定成本，所以 LTC 曲線將從原點出發，在 A 點時爲反曲點，切線的斜率爲 0，表示在 Q_0 時 LMC 達最低點。從原點出發的射線，在 Q_1 時與切線重合，表示 LMC 會在 Q_1 時與 LAC 相等，亦即 LMC 曲線將通過 LAC 曲線的最低點。

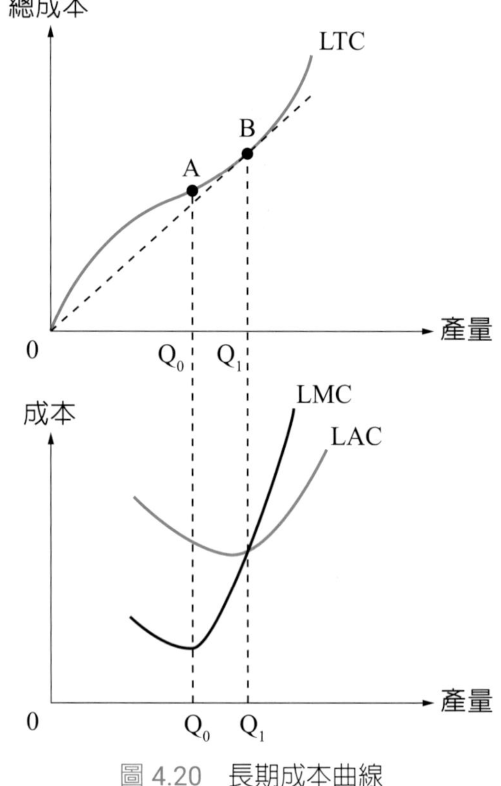

圖 4.20　長期成本曲線

三、長期成本與短期成本的關係

如前所述，長期時所有要素均可以變動，亦即 K（規模）也是可以變動的。本小節分析如何由短期成本導出長期成本。假設第一個生產規模（K_1）的短期生產成本爲 $STC_1 = TVC_1 + TFC_1$，如果廠商尚有第二個生產規模（K_2）與第三個生產規模（K_3）可選擇，$K_3 > K_2 > K_1$，短期成本分別爲 $STC_2 = TVC_2 + TFC_2$ 與 $STC_3 = TVC_3 + TFC_3$。

在長期時，廠商有無限多的 K（生產規模）可供選擇，則長期時的總成本可視為由 n 種短期總成本所構成，即 $STC_i = TVC_i + TFC_i$，$I = 1, 2, 3 \cdots n$，為簡化起見，將廠商長期可供選擇的規模簡化成 3 個即 K_1、K_2 與 K_3。三個規模的短期總本如圖 4.21 的上半部所示。

當產量為 Q_0 時，第一個生產規模的短期總成本為 0a，第二個生產規模的短期總成本為 0b，第三個生產規模的短期總成本為 0c，因為 0c > 0b > 0a，所以當產量為 Q_0 時，使用第一個生產規模可使總成本達到最低。

觀察圖 4.21，當產量低於 Q_1 時以第一個生產規模的總成本最低，產量介於 Q_1 與 Q_2 之間，則以第二個生產規模的總成本為最低，當產量大於 Q_3 時，則以第三個生產規模的總成本為最低。因此 LTC 由 A、B、C、D 各點組成的藍色線。

圖 4.21 的下半部的 SAC_1 曲線與 SMC_1 曲線是由上半部的 TC_1 曲線所導出。同理 SAC_2 曲線與 SMC_2 曲線是由上半部的 STC_2 曲線所導出，SAC_3 曲線與 SMC_3 曲線是由上半部的 STC_3 曲線所導出。由於 STC_1 曲線與 STC_2 曲線在 Q_1 時相交，STC_2 曲線與 STC_3 曲線在 Q_2 時相交，所以 SAC_1 曲線與 SAC_2 曲線，SAC_2 曲線與 SAC_3 曲線分別在 Q_1 與 Q_2 相交。與 LTC 曲線之 ABCD 相對應的 LAC 曲線應該為 SAC_1 曲線、SAC_2 曲線與 SAC_3 曲線的 EFGH 的粗線部分。同理與 LTC 曲線相對應的 LMC 曲線分別為 SMC_1 曲線、SMC_2 曲線、SMC_3 曲線的粗線部分，如 IJ、KL 與 MN 線段。

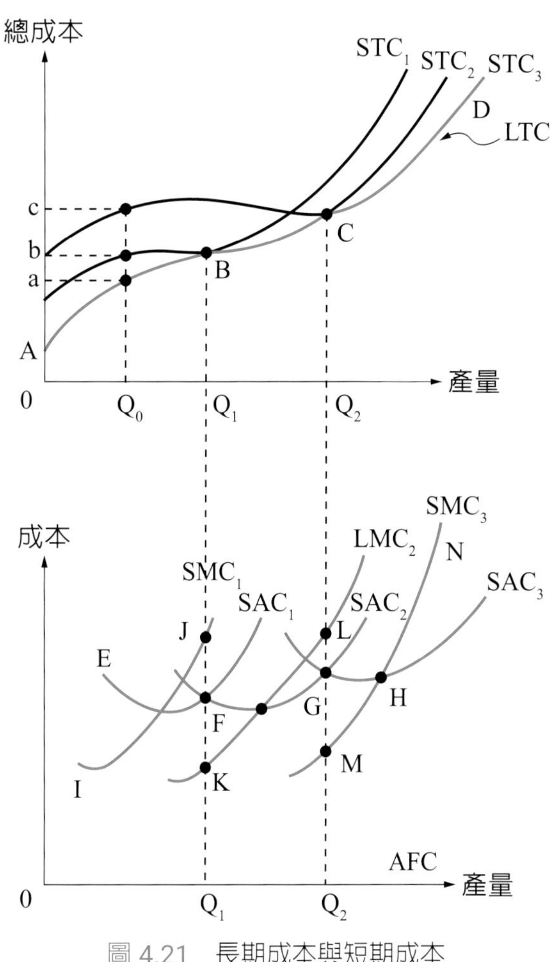

圖 4.21　長期成本與短期成本

在一條 LMC 曲線上，有 JK、LM 中斷的現象，這是因為在 LTC 曲線上的 B 點到 C 點之間切線的斜率有巨大改變的緣故。以上我們假設廠商只有三個規模可供選擇，如果 K（生產規模）可無限細分，則有無限多的生產規模可供選擇，則 LTC 曲線慢慢變成如圖 4.21 的平滑曲線。

觀察圖 4.21 可知，LTC 曲線是由各個產量下最低的 STC 曲線所構成，亦即 LTC 曲線是所有短期總成本（STC）曲線的包絡曲線（envelope curve），是一條平滑曲線。同理，如圖 4.22 所示，LAC 曲線也是 SAC 曲線的包絡曲線。

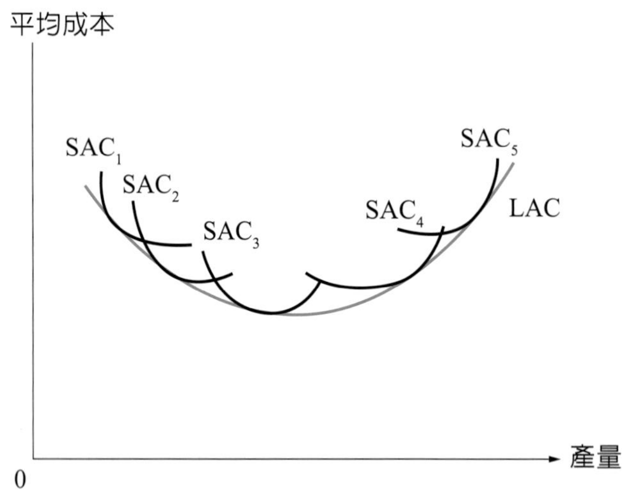

圖 4.22　長期平均成本與短期平均成本

觀察圖 4.23，在 LAC 曲線最低點的左方區域線段，短期平均成本（SAC）會在其曲線遞減線段與遞減的長期平均成本（LAC）曲線相切，例如 A 點。在 A 點的 LAC 曲線的切線斜率與 SAC 曲線的切線斜率相等，表示在 Q_1 時，LMC 曲線與 SMC 曲線相交，且相交於 LAC 曲線下方。

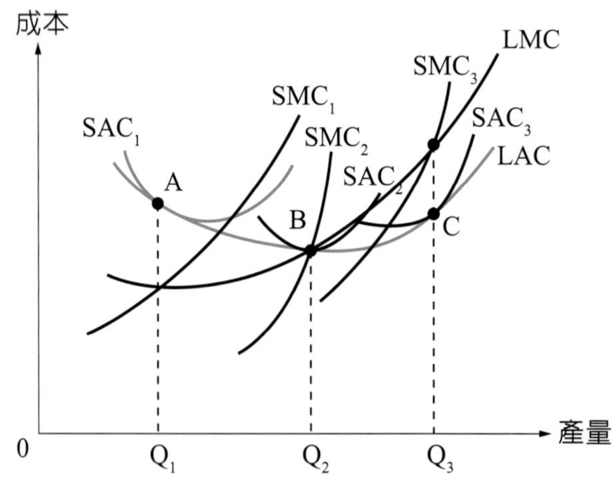

圖 4.23　長期邊際成本與短期邊際成本

同理，在 LAC 曲線最低點的右方區域線段，短期平均成本曲線（SAC）會在遞增線段與遞增的長期平均成本曲線（LAC）相切，例如 C 點。因爲 SMC 與 LMC 的最低點在 C 點左方，所以 LMC 曲線與 SMC 曲線會相交，且相交於 LAC 上方。

因此在 LAC 曲線最低點，LMC 曲線與 SMC 曲線相交如 B 點。此 LAC 曲線最低點產量稱爲有效率的產量或是最適生產規模（optimum scale of plant）。在 B 點時，LAC = SAC = LMC = SMC。

本章結論

在這一章我們分別討論長、短期生產理論與成本理論。透過對偶性，說明了生產與成本是一體兩面。

經濟利潤是由總收入減經濟成本而得，經濟成本又稱爲機會成本，由外顯成本與隱藏成本組成。當經濟利潤大於 0 稱爲超額利潤，當經濟利潤等於 0 稱爲正常利潤，而小於 0 則稱爲經濟損失。

在生產理論方面，等產量曲線與等成本線相切，決定了廠商最適生產要素雇用量。均衡條件爲平均每一元的邊際產出均相等，這個條件跟前一章的消費者最適選擇的條件意義是相仿的。

在成本理論方面，短期總成本由短期總變動成本與總固定成本加總而得，由短期成本可導出長期成本，亦即長期成本曲線是短期成本曲線的包絡線。

NOTE

05

完全競爭市場

本章綱要

5.1 市場結構的類型
5.2 完全競爭市場的特性
5.3 廠商面對的需求曲線
5.4 短期均衡
5.5 長期均衡
5.6 市場效率

焦點透視鏡｜全球米價再創高！臺灣稻米產量足夠 仍需及早因應氣候調適

用油熱鍋、爆香調味，再加入白米飯還有淋上蛋液，大火快炒，香氣立刻飄散出來，不論餐廳還是家常菜，都少不了這一道臺式蛋炒飯。

用的就是臺灣在地白米，米飯飄香，不過物價齊漲，白米也不例外。

飯店行政主廚林慶福：「米飯是最主要的我們的主食，所以不管是宴客小吃啊，它都是有米飯在裡面，米飯、炒飯、煮粥都是要用米下去煮，因為我們物價一直上揚，然後白米也是一樣，每年逐漸的增加個 10%20% 左右，今年也漲幅在二十幾 % 左右，成本就會上漲一點，不過這都是由我們店家自行吸收。」

通膨的影響下，餐飲業者成本壓力都提高，求其在世界最大稻米出口國印度禁止部分稻米銷往海外，導致全球米價在 8 月上漲漲 9.8%，創 15 年來新高，泰國米出口價上漲到每公噸超過 600 美元，大約臺幣 2 萬元，比去年同期飆漲近 50%。而我們臺灣是稻米生產國，在價格上躲過一劫。

依照品種不同，白米價格也有差異，但長期以來，臺灣的稻米產量都能自給自足，甚至過量，再加上重的飲食習慣改變，所以政府也會徵收公糧做調配，但近幾年氣候變遷衝擊，

5.1 市場結構的類型

孔子的禮運大同篇描寫一個完美社會的狀態，這個理想社會是大家共同的夢想，是一個充滿平等、博愛、和諧與福利互助的大同世界。在經濟學裡也有一個完美的市場，就是本章要介紹的完全競爭市場，這個市場與其它市場類型比較，有最大的經濟效率，最低的價格以及有效率產量。

然而這個完美的市場，在現實社會並不存在，既然不存在，我們爲什麼還要學習？努力總要有個成功的目標。同理，這個完美的市場就是被作爲比較的標準。有了比較標準才知道需要做多少努力與改善。

中南部遇大旱，南部頻繁休耕，栽種面積減少，在對抗旱季的成本也提升，是臺灣稻農得面臨的危機。

農糧署稻作產業組副組長楊敏宗：「最近五年國內粳白米的一個零售價格，那年平均價格是介於 41.25 到 42.63 元之間，那這個價格的話算是非常平穩，9 月份從 9 月 1 日到 9 月 23 日的一個，平均價格的話是每公斤是 43.64 元，那這個價格跟去年同期去年 9 月來比較的話，去年 9 月是 42.74 元，也就是說從去年到今年一公斤的話，大約是上漲 0.9 元那上漲幅度是 2.2%，所以國內的一個米價是非常平穩的。」儘管臺灣的米價上漲幅度不大，但在嚴重的氣候變遷隱憂下，農業風險提高，避免米價受衝擊，仍得未雨綢繆。

資料來源：TVBS 新聞網 2023/10/06

解說

受到氣候衝擊以及國際影響，全球米價八月創下新高，而我們臺灣稻米產量可以自給自足，米價上漲幅度不大，價格受國際波動比較小，不過，因應氣候變遷，極端氣候導致的乾旱、暴雨，都可能推升農民的成本，必須要提早做好因應對策。因應策略，可以從以下幾方面來努力：

1. 選育優良品種、抗耐（逆境及病蟲害）品種。
2. 推廣節能高效及防逆境等栽培技術。
3. 合理栽培管理作業及調整耕作制度。
4. 加強氣候變化趨勢的預測和農業氣象預報等。

市場是集合買者與賣者的地方，買賣的產品非常多樣化，品質有一樣也有不一樣的，有的能喊價有時又不能。

一、分類標準

本書依照一般傳統方法，依據市場廠商家數多寡、產品品質有沒有一樣與進入市場有沒有障礙，這三個原則將市場類型分成，完全競爭、獨占、獨占性競爭與寡占四種。

二、市場類型

（一）完全競爭（perfect competition）

通常指市場內廠商家數非常多多到數不清，交易的產品完全同質，廠商進出市場非常自由，有時也假設廠商間有完全訊息，廠商對於生產方式與技術都非常清楚，例如初級農產品市場的稻米與小麥比其它產品，更接近完全競爭市場。

知識補給站 小麥品質

小麥之分級依據經濟部中央標準局 77 年 1 月 7 日修正之 CNS 2427 國家標準：

小麥依其形狀特性分為春麥（Spring wheat），杜蘭麥（Durum wheat）、白麥（White wheat）、冬麥（Winter wheat）、雜類麥（Unclassed wheat）及混合麥（Mixed wheat）等 6 類，不同種類之混合率不得超過 10%，但混合麥除外。各類分為 5 級。

資料來源：觀點種子網

（二）獨占（monopoly）

市場內只有一家廠商，廠商提供的產品並無類似的替代品，也就是具有獨特性。因此，對於財貨價格具有完全的決定能力，例如臺灣電力公司或臺灣自來水公司。

（三）獨占性競爭（monopolistic competition）

獨占性競爭的廠商家數眾多與完全競爭市場具有自由進出市場的特徵，產品品質具有異質性，產品間有高度替代性，所以消費者有許多選擇，而異質性使得廠商也是價格決定者，這個類型廠商日常生活遇到最多，例如自助餐、餐廳與夜市。

（四）寡占（oligopoly）

寡占市場的主要特徵在於市場內廠商家數較少，因為廠商家數少，所以任一家廠商的行為會影響到其他廠商的反應。因此，寡占市場結構特別強調廠商間的相互依存性（mutual interdenendence）。廠商家數少也是因為市場的進入障礙頗高。產品品質有同質或異質，同質寡占如水泥或鋼鐵，而異質寡占如汽車或飛機。

將上述四種市場類型整理如表 5.1。

表 5.1　市場類型

特性＼市場	完全競爭	獨占	獨占性競爭	寡占
廠商數目	極多數	一家	多數	少數
產品品質	同質	獨特性	異質	同質或異質
自由進出	是	否	是	否
價格決定能力	無	絕對	有些	有，但相互影響
例子	稻米、小麥較接近	台電、台水	餐廳、夜市	汽車、飛機

如以廠商人數與產品品質來劃分，則如圖 5.1 所示。

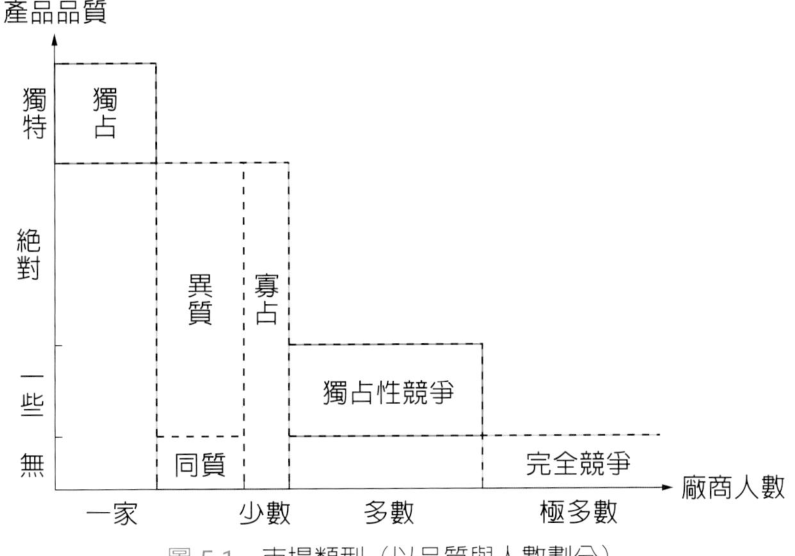

圖 5.1　市場類型（以品質與人數劃分）

5.2 完全競爭市場的特性

完全競爭市場具有四個基本特性，分述如下：

1. 生產者與消費者極多數

   完全競爭市場的廠商與消費者人數非常非常多，稱爲極多數，由於廠商家數多到無法計數，所以每一個廠商的產量及消費者的購買量，均僅占市場極微小的比例，因此不論其買賣數量爲何，買賣雙方均沒有影響市場供給與需求的能力。

   亦即在完全競爭市場下，個別廠商及消費者都是價格接受者（price takers），市場價格係由市場的供給與需求共同決定，每一個廠商與消費者都依市場決定的價格來交易。沒有一個廠商願意提高價格，因爲當價格一提高銷售量馬上變成 0，也沒有一個廠商願意降低價格，因爲價格一降低，產品馬上售完，但總收入會減少，所以也沒有一個廠商願意這樣做，所以是價格接受者。

2. 同質產品

   所有廠商銷售同質或標準化的財貨，這些財貨具完全替代（perfect substitutes），或完全相同（identical）的特性。因爲產品同質，所以消費者向哪位生產者買並無差別。

知識補給站

臺灣米的種類

以米質特性來區分，臺灣稻米可分為三大類，分別是：粳稻、秈稻與糯稻。

粳稻的俗稱就是「蓬萊米」，粳米的形狀圓短與顏色透明，部分品種米粒有局部白粉質，是我們最常吃的米種，煮熟後「有點黏又不會太黏」，Q 軟適中。秈稻俗稱為「在來米」，秈米形狀細長、透明度高，煮熟後吃起來口感硬硬的，較乾、較鬆與不黏。而「糯米」顏色呈現不透明狀，以形狀區分為圓短的「粳糯」和細長的「秈糯」，煮熟後米飯較軟、較黏。

若以加工方式區分，米也分為三類，分別是：糙米、胚芽米與白米。

資料來源：看雜誌第 130 期 2013/03/05

3. 完全訊息

買賣雙方充分瞭解價格，買賣雙方對財貨市場與要素市場具有完全資訊（perfect information）。生產者對於產品的技術與生產方式非常了解。因財貨具完全替代，任一廠商提高售價，消費者藉著資訊完全流通，馬上轉向購買其他同質且售價較低廠商的財貨。

4. 自由進出

長期下廠商可以自由進出市場，不會遭遇任何進入障礙。因此，在短期時，市場中廠商如有超額利潤時，潛在的廠商就可以進入市場生產銷售財貨，共同分享利潤。反之，廠商有經濟損失時，則可隨時退出市場。

知識補給站 農業發展條例

在農業發展條例及農業用地興建農舍辦法中，均有明文規定在農業用地上興建農舍的申請人應為「農民」，然而「農民」之資格應如何取得？

一、農民的定義

以往農民之認定，皆以戶籍職業欄位有無自耕農、半自耕農、佃農、雇農或農事工作者之文字登記為依據，自從農業發展條例修法放寬規定後，「農民」的定義已相對簡單，就是實際從事農業生產的人。

二、農民身分的證明文件

可分為三類，只要具備其中之一即為農民：

（一）勞保局開立之農民健康保險被保險人投保證明。

（二）健保署開立之全民健康保險第三類被保險人投保證明。

（三）其他農業生產相關佐證資料。

時事小專欄

光電侵良田「無米樂」恐變「無米了」

嘉南平原素以臺灣糧倉著稱，但在極端氣候下，2021 年以來 6 期水稻有 4 期休耕，今年更破天荒一、二期稻作都休耕，頻繁休耕被光電業者視為新商機，最近臺南後壁區則傳出許多地主收到光電業者發出的合作意向書，面對業者祭出誘人租金，部分地主坦言「很心動」，地方人士則擔心，「無米樂」恐怕變「無米了」。

嘉南平原以往一年兩期稻作合計產量可達 37 萬公噸，臺南後壁是臺灣西部最大稻米產區，稻作面積約 3000 公頃，因《無米樂》紀錄片聞名後，一度還因該紀錄片主角「崑濱伯」種出冠軍米，讓位處偏鄉的後壁人自豪因為稻米品質佳，讓「後壁變頭前」（後壁與後面臺語發音相同）。

據了解，後壁因適合水稻耕作，若出租給農民，每分地租金行情每年 7000 元至 1 萬元不等，但光電業者開出的租金，1 分地 1 年 3 萬元，起碼是租給農民的 3 倍；若是種稻，農民每分地每年收入約 1 萬 5000 元，租給光電業者，收入翻倍，有地主透露，很多地主都已經跟業者簽約。

地方人士指出，早在政府推動再生能源政策時，後壁就有光電業者想租地種電，以往大多找尋地力不佳、生產力較弱的農地，透過變更地目以架設地面型太陽能設施，不過小型地面農電爭議多，中央 2020 年 7 月修法嚴加審核農地變更案，光電業者轉為開發以溫室附設綠能模式的「農電共生」，後壁區農地大部分屬「特定農業區」，不能設置地面型光電，農電共生卻不受限。

資料來源：中時新聞網 2023/8/27

5.3 廠商面對的需求曲線

根據前述完全競爭市場的特性可知，廠商與消費者都是價格接受者，價格由市場供給與需求共同決定。完全競爭市場中所有的廠商，都根據這個價格來制定生產決策追求利潤極大化。因爲是價格接受者，每一個廠商所面對的市場需求曲線是一條水平線，如圖 5.2。在圖 5.2 中，價格由市場供需決定是一固定常數。

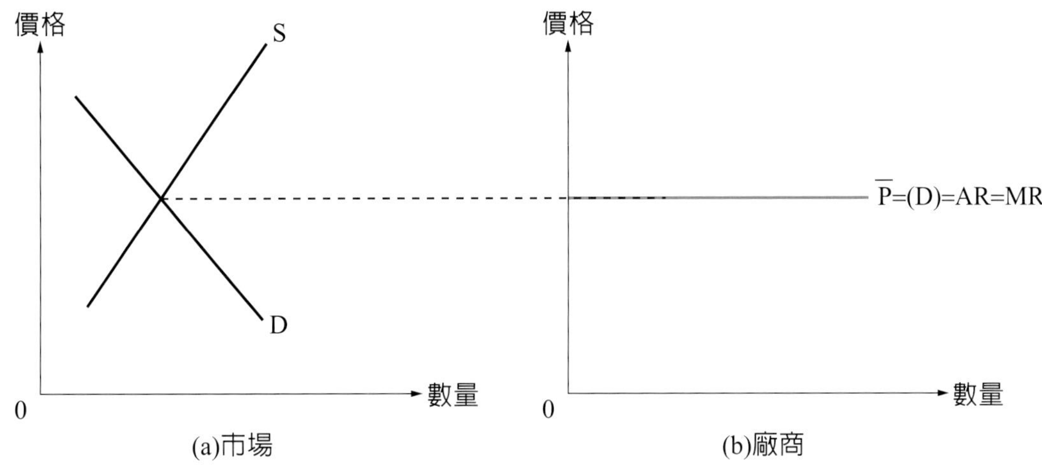

圖 5.2　完全競爭廠商面對的需求曲線

因爲總收入等於價格乘以產量，在完全競爭市場裡，總收入曲線的斜率就等於價格，如圖 5.3 所示。平均收入（AR）表示平均一單位產量所得到的收入，也等於價格。邊際收入（MR）表示變動一單位產量對總收入的影響，亦等於價格。

TR、AR 與 MR 彼此關係如下：

$$TR = \overline{P} \times Q$$

$$AR = \frac{TR}{Q} = \frac{\overline{P} \times Q}{Q} = \overline{P}$$

$$MR = \frac{\Delta TR}{\Delta Q} = \frac{\Delta\left(\overline{P} \times Q\right)}{\Delta Q} = \frac{\overline{P} \times \Delta Q}{\Delta Q} = \overline{P} \qquad \text{（式 5.1）}$$

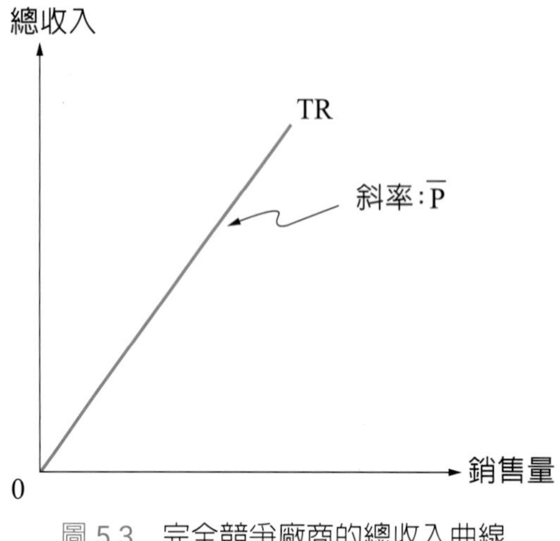

圖 5.3　完全競爭廠商的總收入曲線

所以 $\overline{P}$ = AR = MR，固定價格等於平均收入也等於邊際收入。當市場供需發生變動，均衡價格改變也會影響這條需求曲線的高度。如圖 5.4。

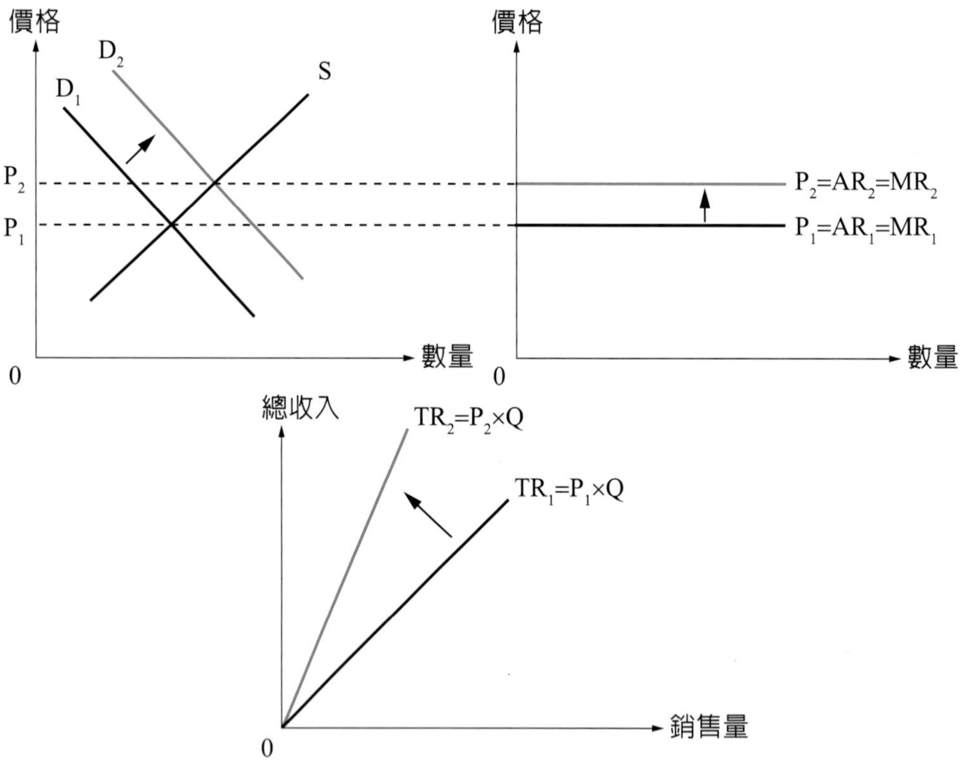

圖 5.4　市場供需變動對完全競爭廠商總收入曲線的影響

圖中市場需求發生變動（需求增加），D_1 右移至 D_2，市場價格由 P_1 上升至 P_2，價格上升使 TR 左移，TR_1 左移至 TR_2 斜率變陡。廠商面對的市場需求線往上移，移動 ΔP（$= P_2 - P_1$）的幅度。

例題 5-1

如果需求函數為 $Q = 24 - 0.2P$，且 MR 的斜率是 AR 的兩倍，則 TR、AR、MR 各是多少？

解 因為 $Q = 24 - 0.2P$　則 $P = 120 - 5Q$　$TR = P \times Q = (120 - 5Q) \times Q$

$TR = 120Q - 5Q^2$　$AR = \dfrac{TR}{Q} = (120Q - 5Q^2) / Q = 120 - 5Q$

已知 MR 的斜率是 AR 的兩倍，所以 $MR = \dfrac{\Delta TR}{\Delta Q} = 120 - 10Q$

5.4 短期均衡

在短期時，廠商爲了追求利潤極大化，應如何決定產量與價格呢？在回答這個問題前，我們先想想，廠商是如何決定最適產量？由前一章的對偶性，我們知道合理的生產階段，MC 是遞增（正斜率）。而 MR 代表產量變動對 TR 的影響，是負斜率（在完全競爭市場斜率爲 0，彈性無限大）。因此，廠商要增產一單位產量或減少一單位產量時，必須同時考慮產量變動對 MR 與 MC 的影響。

如圖 5.5 所示。觀察圖 5.5 可知，當產量爲 Q_0 時，邊際收入大於邊際成本，表示廠商生產 Q_0 會有正的利潤，在此產量下的總收入大於總成本，雖有正的利潤但利潤未達極大化，如果增加產量，利潤會持續增加至極大。

同理，當產量在 Q_1 時，邊際收入小於邊際成本，表示廠商生產 Q_1 會有經濟損失，在此產量下的總收入小於總成本而有負的利潤，如果減少產量，可以讓經濟損失逐漸減少，使利潤增加至極大。

當產量達到 Q* 時，邊際收入等於邊際成本，此時利潤達到極大化。所以 MR(Q*) = MC(Q*) 是廠商利潤極大化的必要條件。有必要條件當然也有充分條件。充分條件需滿足邊際成本曲線的斜率大於邊際收入曲線的斜率。

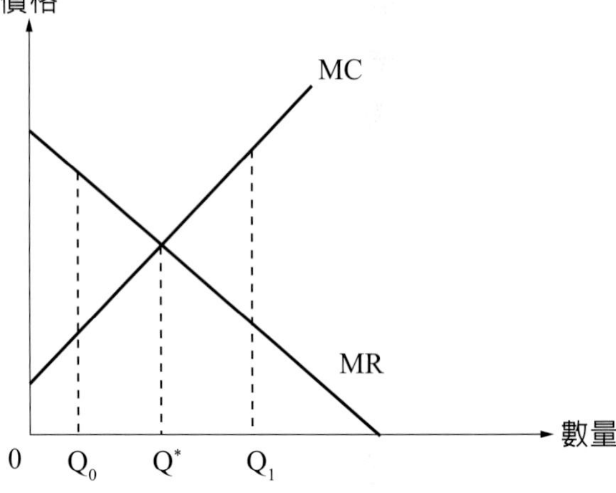

圖 5.5　利潤最大化的產量決定

以完全競爭而言，MR 曲線是一條水平線，MC 曲線爲一遞增曲線，充分條件自動達成，至於其它類型市場結構，例如獨占、獨占性競爭與寡占，這些市場類型的 MR 曲線爲一負斜率線，也會滿足此充分條件。因此，在決定利潤極大化或損失極小化產量時，只需要考慮是否滿足 MR = MC 的必要條件即可。

$$MR(Q^*) = MC(Q^*) \qquad \text{必要條件}$$

$$\frac{\Delta MR(Q^*)}{\Delta Q} < \frac{\Delta MC(Q^*)}{\Delta Q} \qquad \text{充分條件} \qquad (\text{式 } 5.2)$$

例題 5-2

完全競爭廠商短期成本為 $TC = 8Q^2 - 43Q + 180$，且 $MC = 16Q - 43$，如果 $P = 5$，求利潤極大化產量為何？

解 當 $P = 5$，則 $TR = 5Q$，$MC = \frac{\Delta TC}{\Delta Q} = 16Q - 43$

$MR = \frac{\Delta TR}{\Delta Q} = AR = P = 5$，因為利潤最大化必要條件為 MR = MC，所以

$16Q - 43 = 5$，則 $Q^* = 3$

決定短期利潤極大化產量的方法有兩種：(1) 總量分析法，又稱爲總收入與總成本法（TR-TC 法）。(2) 邊際量分析法，又稱爲邊際收入與邊際成本法（MR-MC 法）。這兩種方法所得到的結果一致。以下分別說明之。

一、總收入與總成本法

利用總收入與總成本法，決定利潤極大化或損失極小化產量的步驟如下：

1. 描繪出 TR 曲線。
2. 描繪出 TC 曲線。
3. 於 TR 大於 TC 區域，找出 TR 與 TC 垂直高度差最大的產量。或任一產量之 TR 均低於 TC，則找出 TC 與 TR 垂直高度差最小的產量，就是損失極小化的產量。
4. 計算 $\pi = TR - TC \geq 0$ 或 < 0。

（一）超額利潤（$\pi > 0$）

將 TR 與 TC 曲線依前述步驟，於平面空間描繪正確，如圖 5.6 所示。觀察圖 5.6 之 (a)，TR 曲線由原點出發一直線，與 TC 曲線相交於 A、B 兩點。在 A、B 兩點處表示 TR = TC，$\pi = 0$ 爲損益兩平點（break-even point），可知 Q_0 與 Q_1 不是利潤極大化產量。觀察 (a) 圖在 Q_0 與 Q_1 之間，TR 均大於 TC，因此可知利潤極大化產量一定落在 Q_0 與 Q_1 之間。

如何找出利潤極大化的產量呢？可以平行於 TR 對 TC 做一切線，該切點所決定的 Q*，即是利潤極大化產量，該切點滿足利潤極大化的必要條件（TR 的切線斜率與 TC 切線斜率相等）。

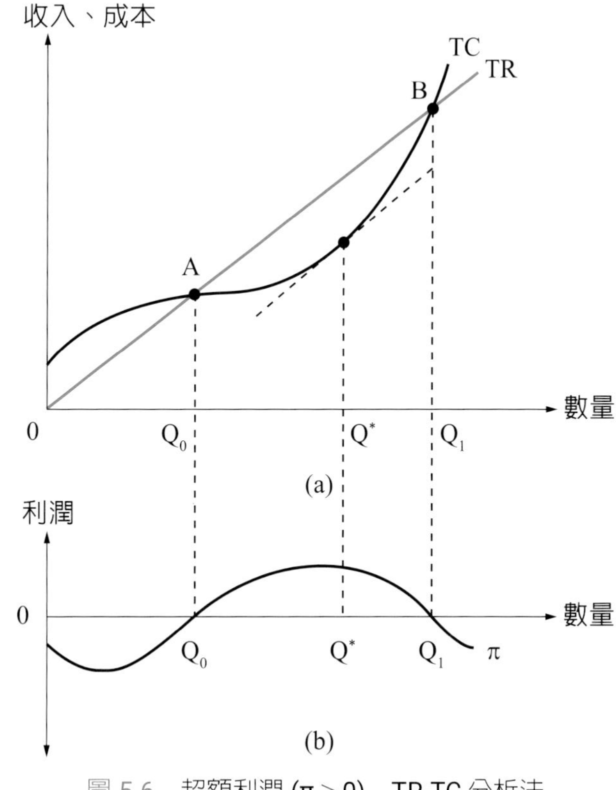

圖 5.6 超額利潤 ($\pi > 0$) TR-TC 分析法

(b) 圖是利潤曲線。觀察圖形，利潤曲線由負數轉爲正數，在 Q_0 與 Q_1 時，$\pi = 0$，於 Q* 時利潤達到極大化。於 Q* 處利潤等於 TR 與 TC 兩者的高度差，亦等於利潤曲線與橫軸的垂直距離。

表 5.2 係以表型態計算完全競爭廠商短期利潤。觀察表可知，當第一欄的產量由 1 開始遞增時，利潤由 –30 遞增至最高的 60 後又依次遞減。當產量 6 時，利潤等於 60 極大，同時也符合利潤極大化的必要條件，MR = MC = 40。

表 5.2　完全競爭廠商短期超額利潤

Q	P	TR	TC	MC	π
1	40	40	70	—	–30
2	40	80	90	20	–10
3	40	120	100	10	10
4	40	160	115	15	45
5	40	200	140	25	60
6	40	240	180	40	60
7	40	280	240	60	40
8	40	320	320	80	0
9	40	360	425	105	–65
10	40	400	560	135	–160

（二）正常利潤（$\pi = 0$）

如圖 5.7(a) 所示，TR 是由原點出發的一直線，與 TC 曲線相切於 A 點，決定產量 Q*，除 Q* 外其餘產量 TR 均小於 TC，因此 Q* 是僅獲正常利潤的產量。在 (b) 圖的利潤曲線，於 Q* 處利潤曲線與橫軸相切，表示 $\pi = 0$，其餘產量利潤均爲負數。

（三）經濟損失（$\pi < 0$）

由圖 5.8(a) 知，TR 是由原點出發的一直線，在任一產量下均小於 TC，所以要決定一個損失極小化的產量。平行於 TR 對 TC 做一切線切點爲 A，該切點所決定的 Q*，即是損失極小化產量。在 (b) 圖的利潤曲線，於 Q* 處利潤曲線與橫軸距離最近，於 Q* 處損失等於 TC 與 TR 兩者的高度差，亦等於利潤曲線與橫軸最接近的距離。

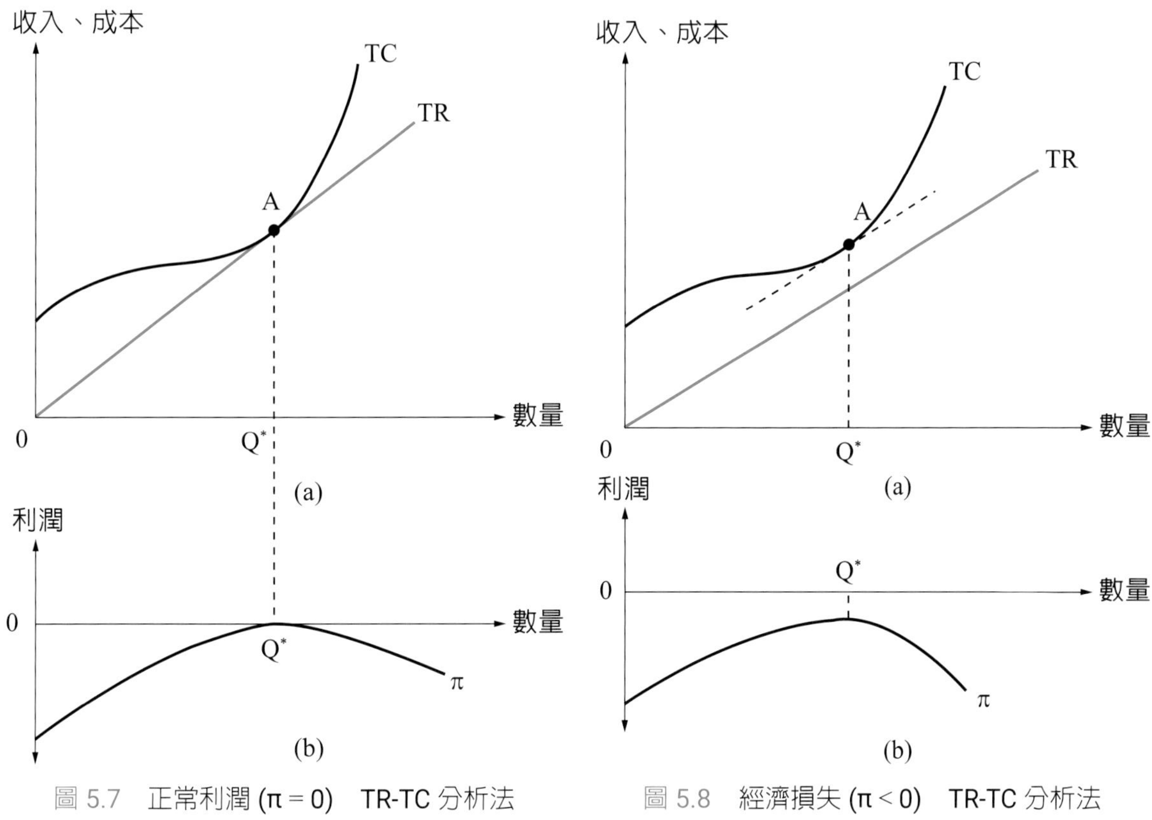

圖 5.7　正常利潤 (π = 0)　TR-TC 分析法　　圖 5.8　經濟損失 (π < 0)　TR-TC 分析法

表 5.3 係以表型態計算完全競爭廠商的短期經濟損失。觀察表可知，當第一欄的產量由 1 開始遞增時，利潤均為負值，廠商為追求損失極小化，當產量為 3 時，利潤等於 –70 損失最小，也符合利潤極大化的必要條件，MR = MC = 10。

表 5.3　完全競爭廠商短期經濟損失

Q	P	TR	TC	MC	π
1	10	10	70	—	–60
2	10	20	90	20	–70
3	10	30	100	10	–70
4	10	40	115	15	–75
5	10	50	140	25	–90
6	10	60	180	40	–120
7	10	70	240	60	–170
8	10	80	320	80	–240
9	10	90	425	105	–335
10	10	100	560	135	–460

二、邊際收入與邊際成本法

利用邊際收入與邊際成本法，決定利潤極大化或損失極小化產量的步驟如下：

1. 畫出廠商的平均成本曲線，也就是廠商每單位的成本曲線。
2. 畫出廠商的邊際成本曲線。
3. 畫出平均收入線，也是廠商所面對的需求曲線。
4. 由平均收入計算出廠商的總收入，進而找出邊際收入線。
5. 根據邊際收入等於邊際成本的必要條件，找出利潤極大化或損失極小化的產量。
6. 由該產量對應到廠商的平均收入線，計算出利潤極大化或損失極小化的價格。
7. 在該產量下對應到廠商的平均成本曲線，計算出平均成本。
8. 將價格減平均成本得到平均利潤（或稱單位利潤），再將平均利潤乘以該產量得到總利潤。
9. 若價格大於平均成本，即有超額利潤；若價格等於平均成本，即有正常利潤；若價格小於平均成本，即有經濟損失。
10. 若發生經濟損失時，則必須進一步計算出該產量下，所對應的平均變動成本。

若價格位於平均成本與平均變動成本之間時，表示雖然發生經濟損失，但在該價格下仍回收部分固定成本，故仍應繼續營業；反之，若價格低於平均變動成本，則表示所有固定成本都沒有回收還發生倒貼，此時則應歇業。歇業時只損失固定成本，此時損失比開業時的損失來得小。

（一）超額利潤（$\pi > 0$）

將 MR、AR 與 MC、AC 曲線依前述步驟，於平面空間描繪正確，如圖 5.9 所示。MR 曲線與 MC 曲線交於 A 點，決定利潤極大化產量 Q*，於 Q* 下對應於 AC 曲線得到 B 點，在 Q* 下因爲價格大於 AC，所以有超額利潤，A 點到 B 點距離即爲平均利潤，再乘以 Q* 得到總利潤，亦即四邊形 ABCD 面積。

根據上述，我們可以將決定利潤極大化或損失極小化的產量、價格與利潤的步驟重點整理如下：

1. MR 曲線與 MC 曲線交點決定 Q*
2. 價格 P* 依 AR 決定
3. 利潤（π）$= (P^* - AC) \times Q^*$

這三個步驟一樣適用於下一章以後的其它市場類型。

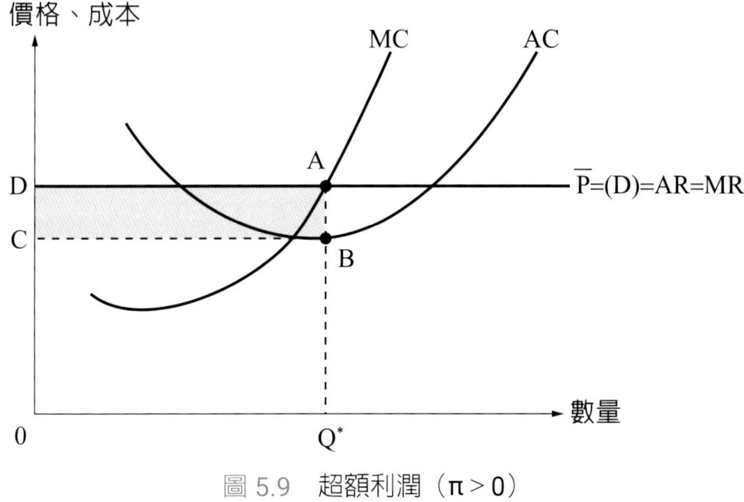

圖 5.9　超額利潤（π > 0）

（二）正常利潤（π = 0）

如圖 5.10 所示，市場供需所決定價格剛好切在 AC 曲線最低點（A 點），A 點也恰好是 MR 曲線與 MC 曲線的交點，因爲 P* = AC 所以只得到正常利潤。

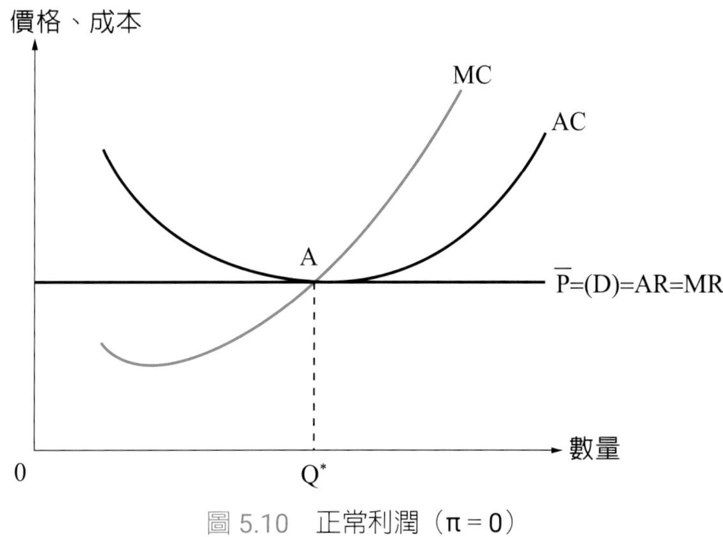

圖 5.10　正常利潤（π = 0）

（三）經濟損失（π < 0）

如圖 5.11 所示，MR 曲線與 MC 曲線交於 A 點，決定利潤極大化產量 Q*，於 Q* 下對應於 AC 曲線得到 B 點，在 Q* 下因爲價格小於 AC，所以有經濟損失發生，經濟損失等於四邊形 BADC 面積。但是在該價格下仍回收 AEFD 部分固定成本，所以廠商會繼續經營（Q > 0），即使如圖 5.12 所示，價格下降到與 AVC 最低點相切，在該價格下，損失所有固定成本 BADC，廠商可繼續經營或選擇歇業（Q ≥ 0）。

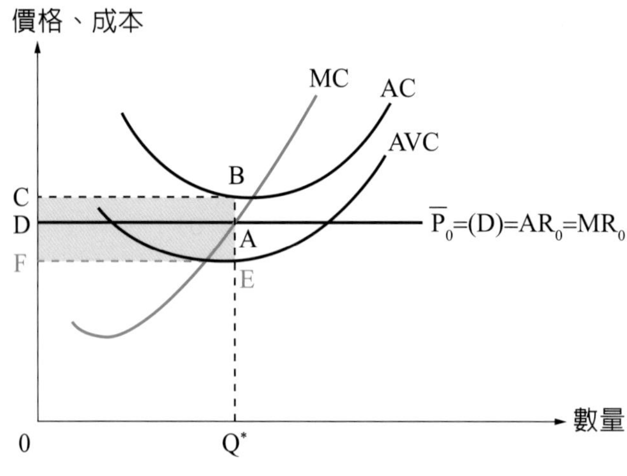

圖 5.11　經濟損失（π < 0），回收部分固定成本

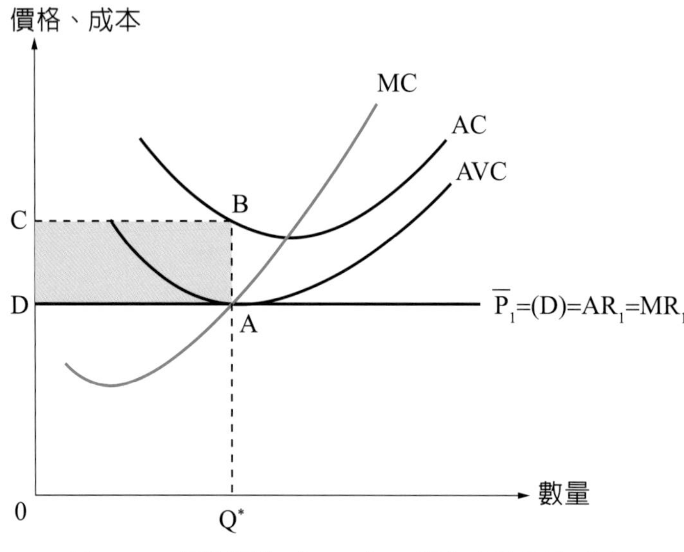

圖 5.12　經濟損失（π < 0），損失全部固定成本

如果如圖 5.13 所示，價格下降到 AVC 最低點以下，在該價格下，除損失所有固定成本（四邊形 BEFC）外，還額外負擔損失（倒貼）四邊形 EADF，此時廠商應該歇業（Q = 0），因此 AVC 最低點稱爲歇業點（shutdown point）。

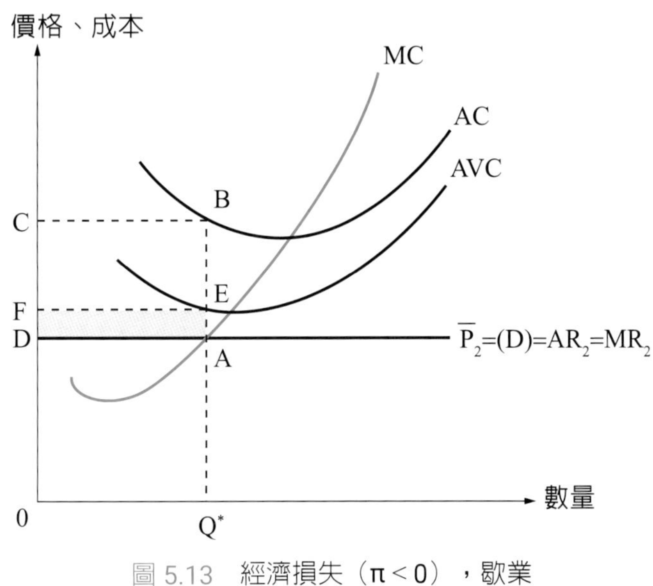

圖 5.13　經濟損失（π < 0），歇業

三、廠商短期供給曲線

根據上述分析可知，只要均衡價格大於 AC 時，廠商享有超額利潤都會繼續生產。當價格下降到 AC 曲線以下，雖然有損失，但只要有固定成本回收，還是會繼續生產，但是如果價格低於 AVC 最低點以下，此時廠商應該要歇業。

因此，將所有廠商願意生產的價格與 MC 交點連接起來，便可得到完全競爭廠商的短期供給曲線，如圖 5.14 所示。圖中廠商短期供給曲線是在 AVC 曲線的最低點（A 點）以上的 MC 曲線線段，當價格等於 P_0 時，廠商可生產也可以歇業，用虛線表示，當價格低於 P_0 時，供給量爲 0，供給曲線與縱軸重合。

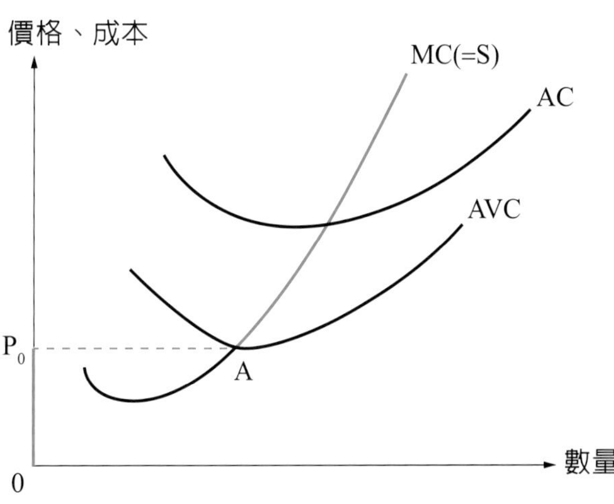

圖 5.14　廠商的短期供給曲線

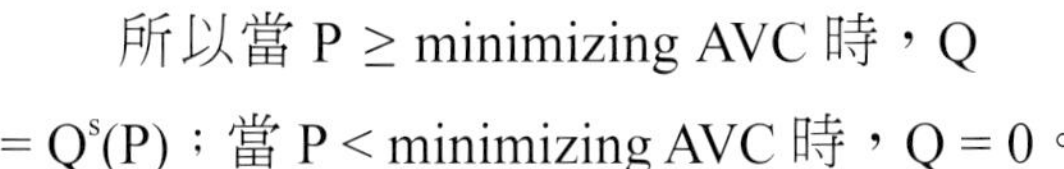

所以當 P ≥ minimizing AVC 時，Q = $Q^s(P)$；當 P < minimizing AVC 時，Q = 0。

四、產業短期供給曲線

根據上述導出廠商短期供給曲線的方法，只要將全體廠商的短期供給曲線予以水平加總，即可得到產業的短期供給曲線。如圖 5.15 所示，假設產業中只有 2 家廠商，這兩家廠商的供給曲線如 MC_A 與 MC_B 所示，當價格為 P_0 時與第一家廠商 A 的 AVC 最低點 a 點相交，當價格為 P_1 時與第二家廠商 B 的 AVC 最低點 b 點相交。

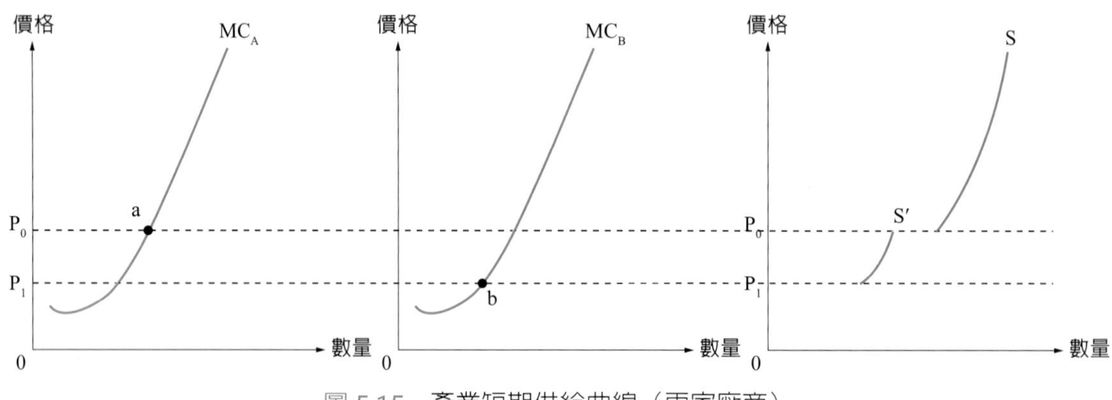

圖 5.15　產業短期供給曲線（兩家廠商）

依據水平加總方法可知，產業短期供給曲線 SS' 並不包括 P_1 以下的 MC 線段，當價格等於 P_0 時，產業短期供給曲線出現中斷現象，不過隨著廠商人數增加，這種產業供給曲線中斷現象將逐漸消失而呈現平滑曲線，如圖 5.16。

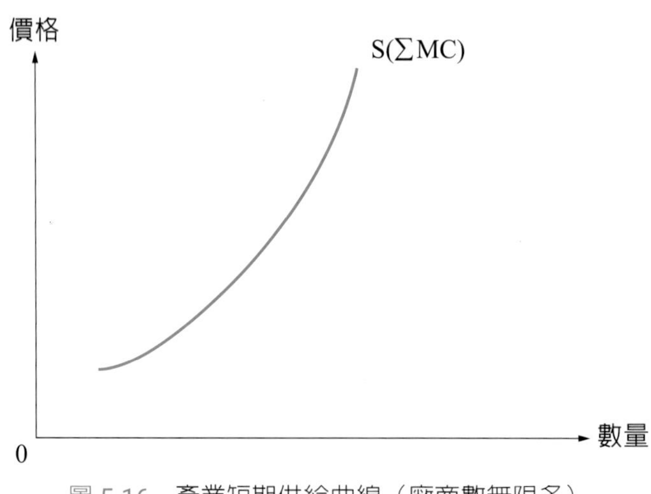

圖 5.16　產業短期供給曲線（廠商數無限多）

但是值得注意的是，產業短期供給曲線，等於個別廠商的 AVC 曲線最低點以上 MC 線段的水平加總，這個結論是建立在變動要素價格不變的前提假設下。如果變動要素價格會隨廠商產量增加而提高，致使所有廠商的 AC 與 MC 均上升，因此產業的短期供給曲線斜率會變得較陡。

五、生產者剩餘

生產者剩餘（producer surplus）係指生產者生產某特定數量財貨時，他最低願意接受（minimum willingness to accept，MWTA）的價格，與實際接受價格間的差額，代表生產者生產此一財貨所賺取的利潤，等於生產者收到的價格（給一塊）與其邊際成本（要五毛）間的差額。

如前所述，邊際成本是完全競爭廠商的短期供給曲線，所以在邊際成本曲線上的價格，代表生產者在該數量能接受的最低價格，當消費者願意且能夠支付的價格愈高時，表示生產者的利潤在增加中。

如果一個蛋餅的售價是 40 元，當出售第一個蛋餅時，生產者願意接受的最低價格是 15 元，等於生產者收入增加 25 元 (40 – 15)，當再出售第二個蛋餅時，生產者願意接受的最低價格爲 20 元，若同樣以 40 元出售，則所得增加 20 元 (40 – 20)，前述額外增加的所得（分別爲 25 元與 20 元），就是生產者剩餘。如果不存在固定成本，生產者剩餘等於利潤，如果有固定成本，利潤等於生產者剩餘減去固定成本。

如圖 5.17 所示，當價格爲 40 元時，生產第 1 個蛋餅的剩餘是 25 元 (40 – 15)、第 2 個蛋餅的剩餘是 20 元 (40 – 20)、第 3 個蛋餅的剩餘是 15 元 (40 – 25)、第 4 個蛋餅的剩餘是 10 元 (40 – 30)、第 5 個蛋餅的剩餘是 0 元 (40 – 40)。將個別剩餘相加得到 70 元，即是生產者剩餘 (25 + 20 + 15 + 10 + 0)。當財貨可無限細分時，生產者追求利潤極大，生產者剩餘爲三角形 ABC 面積，亦即均衡價格以下與縱軸及供給曲線圍成的面積。

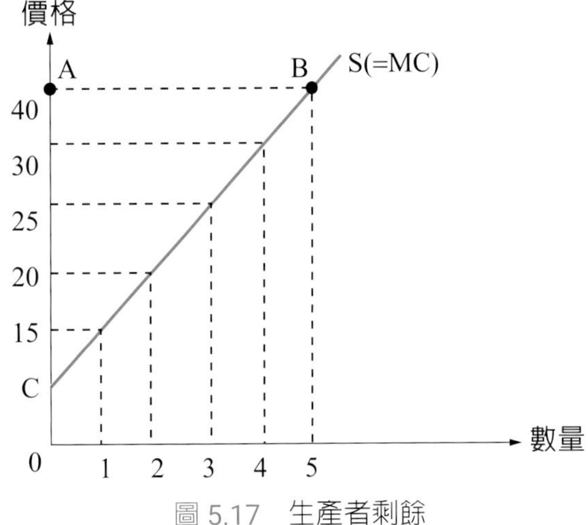

圖 5.17　生產者剩餘

上述是依生產者的供給曲線來衡量生產者剩餘，如果依成本結構來計算生產者剩餘，則如圖 5.18 所示。圖中當價格已知，廠商依利潤極大化產量決定條件：P = AR = MR = MC 決定最適產量 Q*，因為供給線亦為 MC 曲線，所以生產者剩餘為 PAB 所圍成藍色區域之面積，亦即 TR – TVC = π + TFC（又 TVC 可由 AVC × Q 得到），因此生產者剩餘亦等於圖中的四邊形 PABC 面積。

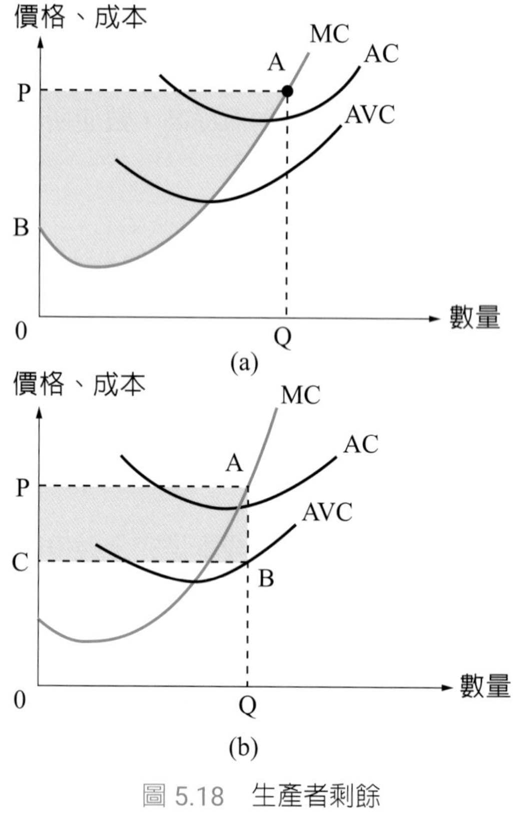

圖 5.18　生產者剩餘

5.5 長期均衡

短期時產業中廠商家數與生產規模均是固定不變，長期時會發生兩種現象。生產規模與廠商人數均可變動。也就是在短期時，市場中的原有廠商如有超額利潤，則會擴大生產規模，期使利潤再增加，同時因有超額利潤也會吸引新廠商加入。同理，市場中的原有廠商如有經濟損失，有的廠商會退出市場，有的廠商會縮小生產規模，以使損失減少，結果長期時市場供給曲線會因此而移動。

一、生產規模調整

圖 5.19 係廠商規模調整。假設原廠商在擴大生產規模時，產業中其他廠商不會改變生產規模，同時新的廠商也不會加入。在這樣的假設下，整個產業的供給曲線 S 維持不變（因為只有一家廠商擴大生產規模，它的產量只佔整個產業總產量比例非常小），市場價格亦不變。

市場供需所決定的價格為 P_0，此時產業中某一家廠商採規模 0（即 SAC_0 與 SMC_0）從事生產，產量為 Q_0。$P_0 = AR = MR = SMC_0$，決定 AB 超額利潤。在 Q_0 產量之下，廠商之利潤並未達成極大化，因為不滿足長期均衡條件：$MR \neq LMC$。為獲致利潤之極大化，該廠商必須不斷擴大生產規模至規模 2（即 SAC_2 與 SMC_2）並生產產量至 Q_2，在 Q_2 下 $P = AR = MR = SMC = LMC$，長期利潤達極大化，為 CD 與 Q_2 圍成的面積。

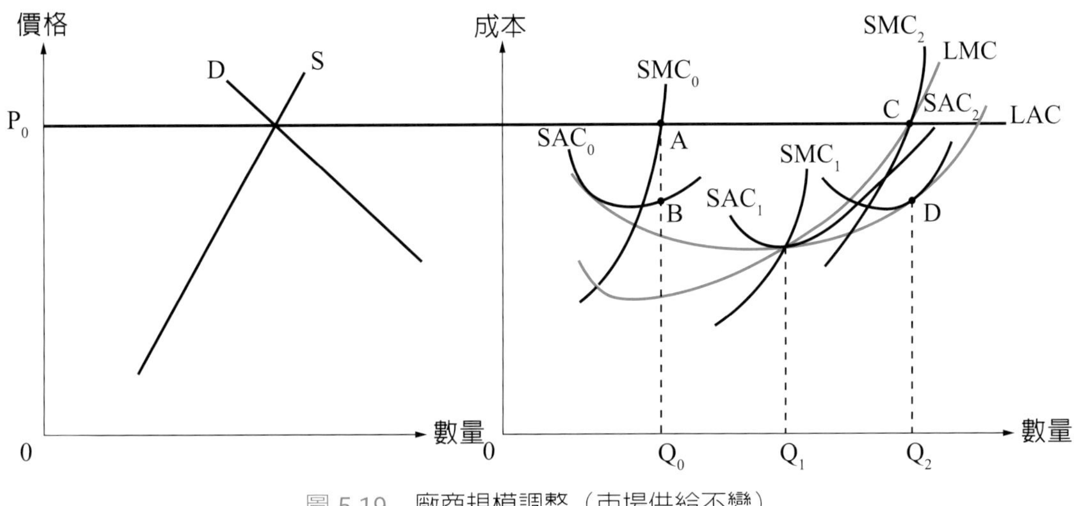

圖 5.19　廠商規模調整（市場供給不變）

二、廠商人數變動

上述廠商長期極大利潤實際上是無法實現，因為產業在長期下，一出現超額利潤，會吸引新廠商加入分一杯羹，結果將增加產業供給，在市場需求維持不變下，市場價格將隨供給增加而下降，一直到超額利潤消失為止。藉圖 5.20 來分析。

觀察圖 5.20 可知，當市場價格為 P_0 時，個別廠商正用生產規模 0 從事生產，產量為 Q_0，此時單位產量的超額利潤為 AB。由於有超額利潤存在，會吸引新廠商加入，使市場供給曲線由 S_0 移至 S_1，市場價格降至 P_1，由於市場價格下降，個別廠商將其生產規模再調整為規模 1，並生產 Q_1 產量。此時單位產量的超額利潤減為 CD。

由於尚有超額利潤存在，會繼續吸引新廠商加入，直到市場供給曲線由 S_1 移至 S_2，市場價格逐漸降至 P_2，此時廠商生產規模調整為規模 2 時，新廠商才停止加入，此時個別廠商之產量為 Q_2，$P = AR = MR$ 切在 LAC 最低點。

前述短期廠商利潤極大化的必要條件：MR = MC，在長期時必要條件爲 MR = LMC，由於完全競爭市場的 P = MR，根據前一章長期成本的分析，LMC 一定等於短期某一規模的 SMC，所以長期必要條件可改寫成 P = MR = SMC = LMC，且 P ≥ LAC。

在該均衡狀態之下，個別廠商會在 LAC 最低點從事生產。

觀察圖 5.20，長期時當市場價格由 P_0 降爲 P_2 時，個別廠商之產量由 Q_0 減少爲 Q_2，但整個產業之產量卻由 Q_0^*, 增至 Q_2^*，表示產業產量增加完全是來自新廠商加入所致。

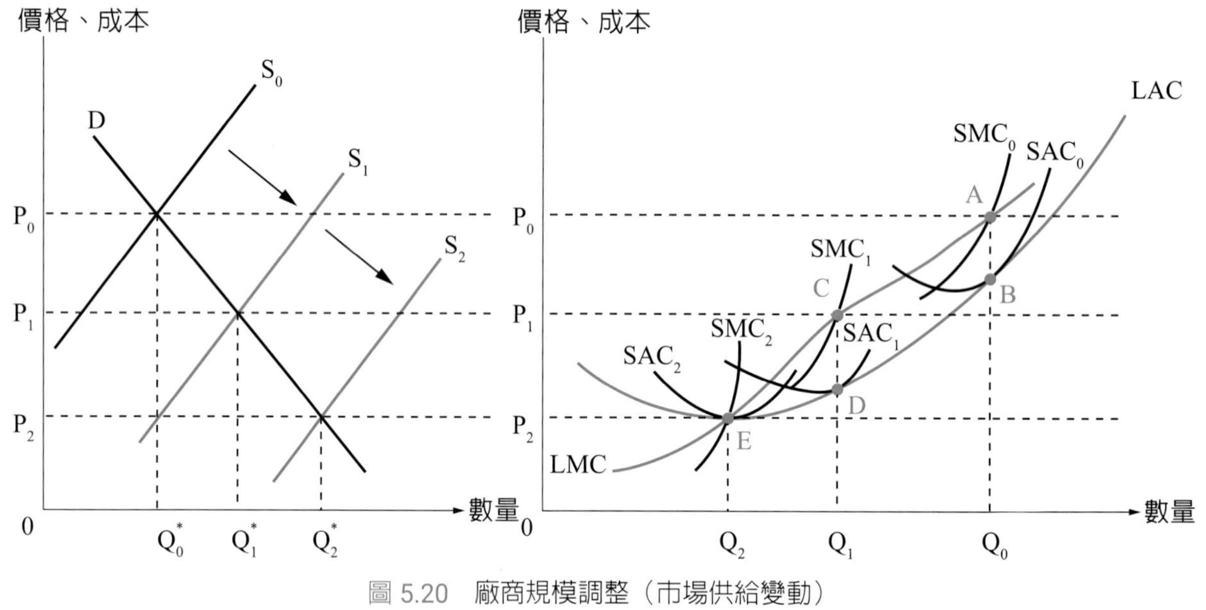

圖 5.20　廠商規模調整（市場供給變動）

結合圖 5.19 與圖 5.20 之分析，將長期均衡調整過程結果，簡化成圖 5.21 所示。

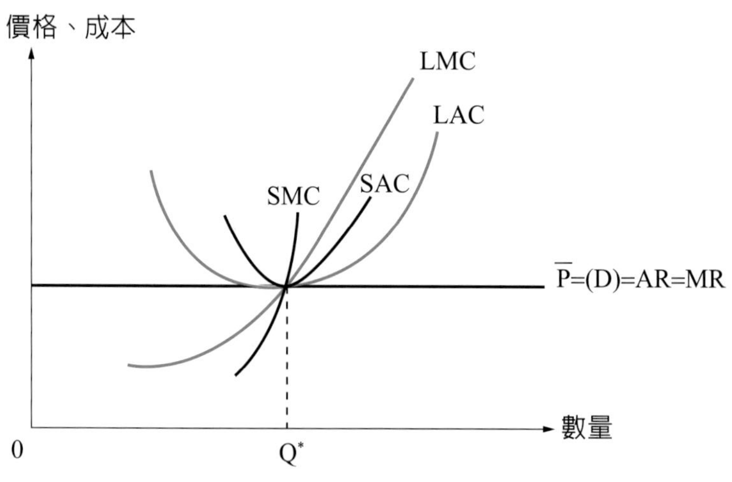

圖 5.21　完全競爭市場廠商長期均衡

三、產業長期供給曲線

以上所探討的主要是個別廠商在長期之下的供給情況。至於產業在長期之下的供給情況則較爲複雜，因爲新廠商加入可能導致生產成本之變動，因爲新加入廠商會增加整個產業的產量，增加產量進而增加對要素的需求，而要素價格變動與否，將導致產業長期供給曲線呈現三種類型，如成本遞增型產業（increasing-cost industry）、成本遞減型產業（decreasing –costindustry）與成本不變型產業（constant-cost industry）。

亦即當新廠商加入產業，爲增加產量，若競用要素結果，使要素價格上升，則稱爲成本遞增型產業。當新廠商加入產業，爲增加產量，競用要素結果反而使要素價格下降，則稱爲成本遞減型產業。當新廠商加入產業增加產量時，競用要素結果不影響要素價格，則稱爲成本不變型產業，以下將分別說明其內容。

（一）成本遞增型產業

如圖 5.22 所示，當市場價格於 P_0 時，廠商與產業均處於長期均衡狀態。假設市場需要發生變動，由原來的 D_0 右移至 D_1，則市場價格提升至 P_1。該價格之提升，在長期下將產生兩種結果：(1) 原有的廠商將調整生產規模以提高生產效率，亦即將沿著 LMC 調整產量。(2) 新廠商開始加入。原有廠商的規模調整與新廠商之加入本來是在同一時間發生，爲便於分析起見，假設原有廠商將先調整生產規模，直到規模調整完畢後新廠商才開始加入。

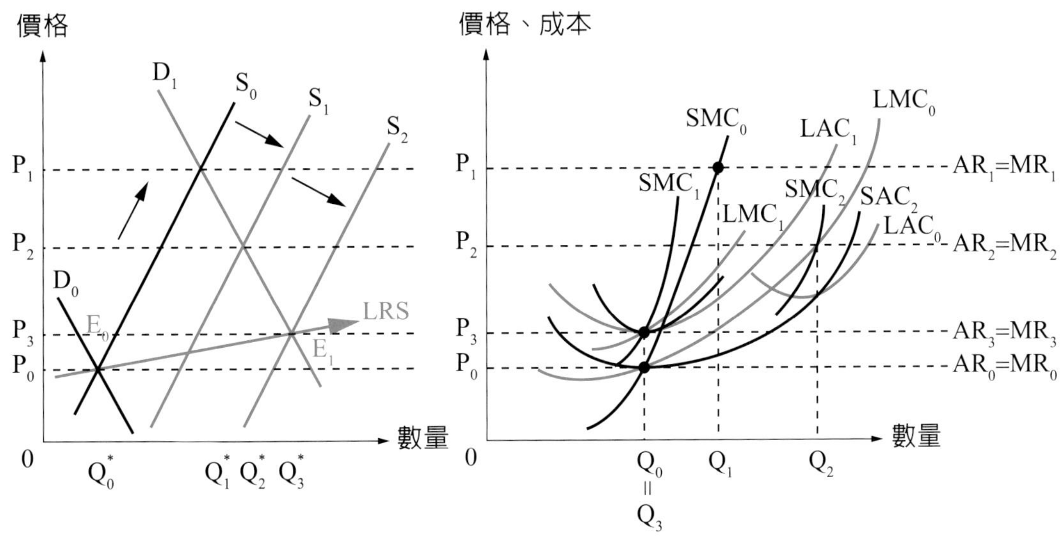

圖 5.22　產業長期供給曲線：成本遞增型產業

短期內產業產量將由原來的 Q_0^* 增加為 Q_1^*，個別廠商產量亦由原來的 Q_0 增加為 Q_1。廠商因為 $AR_1 = MR_1 = SMC_0$ 而享有超額利潤。因為享有超額利潤，除原有廠商會擴大生產規模外，也會吸引新廠商加入。無論原有廠商擴大生產規模或新廠商之加入，都會競相使用要素，而影響要素價格。

為簡化分析，假設原有廠商擴大生產規模時，並不影響要素價格，但當新廠商加入時，要素價格將隨之提高。

觀察圖 5.22，原有廠商擴大生產規模後，短期市場供給曲線由 S_0 右移至 S_1，市場價格下降至 P_2，而產業及個 廠商之產量將分別為 Q_2^* 與 Q_2。由於原有廠商仍賺取超額利潤，故吸引新廠商加入。新廠商加入後增加產量，除了使供給曲線由 S_1 右移至 S_2 外，同時因刺激要素價格上漲而使廠商的成本增加。

假設各種要素價格均成等比例提高，則廠商各成本曲線，如 LAC_0、SAC_0、SMC_0 及 LMC_0 均平行向上移動（若各種要素價格並非等比例之提高，則上述曲線將向左上方或右上方移動）。

新廠商加入將持續到短期市場供給曲線由 S_1 移至 S_2，以及成本曲線分別由 LAC_0、SAC_0、SMC_0 及 LMC_0 平行移到 LAC_1、SMC_1 及 LMC_1 時才停止，此時價格下跌與成本上漲兩種力量剛好把超額利潤全部擠掉。市場價格為 $P_3 = AR_3 = MR_3$，產業及廠商之產量分別為 Q_3^* 及 Q_3，個別廠商在 LAC 曲線最低點生產，廠商及產業再度達成長期均衡。

連接舊均衡點 E_0 與新均衡點 E_1，得到成本遞增產業之長期供給曲線 LRS。是一條具有正斜率之曲線。這條具有正斜率的 LRS 曲線，表示產業只有在財貨售價不斷提高的情況下才能增加財貨供給量。導致 LRS 曲線具有正斜率之主要原因，在於成本遞增這一無可逃避之事實。

當產業所使用的要素數量佔總要素供給量的比例甚大時，該產業產量增加將顯著增加該等要素之需要，因此提高要素價格，致使廠商負擔較高的成本支出。因要素價格之上漲是廠商外部的因素所造成而非廠商本身所能控制，因此可將要素價格之上漲及生產成本之增加，視為廠商之外部不經濟效果。

（二）成本遞減型產業

如圖 5.23 所示，在原來長期均衡時市場價格為 P_0，產業及個別廠商之產量分別為 Q_0^* 與 Q_0。由於市場需要曲線由 D_0 移至 D_1，使得市場價格由 P_0 上升至 P_1，此時產業之產量亦由 Q_0^* 增至 Q_1^*，原有的廠商將沿 SMC_0 曲線，產量由 Q_0 增至 Q_1。長期時，原有

廠商將沿 LMC_0 曲線擴大其生產規模，使 S_0 右移至 S_1，市場價格下降為 P_2，而個別廠商之產量增至 Q_2。

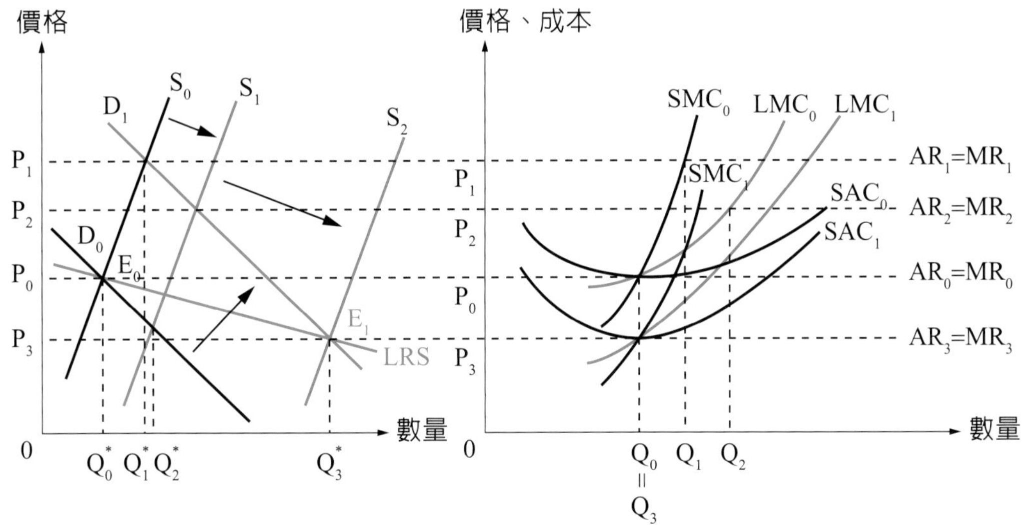

圖 5.23　產業長期供給曲線：成本遞減型產業

此時原有廠商因享有超額利潤，故吸引新廠商加入。惟新廠商加入，一方面透過供給之增加而壓低市場價格，另一方面則透過要素價格之下跌而壓低成本，這兩種力量將彼此影響，一直到超額利潤消失為止。觀察圖 5.23，新廠商之加入要持續到 S_1 右移至 S_2，且 LAC_0、SAC_0、SMC_0 與 LMC_0 等曲線會平行向下移至 LAC_1、SMC_1 與 LMC_1 時才停止。此時產業與個別廠商才再度達成長期均衡。

連接舊均衡點 E_0 與新均衡點 E_1，得成本遞減產業之長期供給曲線 LRS。該 LRS 具有負的斜率，表示在長期下若增加產業的產量，則財貨價格將可趨於降低。這是一種極為少見的情況，這種情況之產生，主要是因新廠商加入後，產業擴充產量反而引起要素價格下跌所致。例如廠商數目不斷增加情況下，因為方便獲得金融機構低利貸款，用以購買新設備，因此不斷改善有助於要素價格之下降。不過這種要素價格下降是廠商外部的因素所造成，而非廠商本身所能控制，因此可以將要素價格之下降及長期生產成本降低視為廠商所享有之外部經濟效果。

（三）成本不變型產業

在這樣的產業內，所有的廠商（包括即將加入該產業的新廠商）均被假設具有完全相同的成本結構，而且產業的產量之變動並不足以引起該成本結構之變動。事實上，我們在前文中討論廠商與產業之長期均衡以及導引廠商的長期供給曲線時，所依據的也是這樣的假設。

觀察圖 5.24，個別廠商在長期均衡之下將以 P_0 之價格生產 Q_0 數量，此時個別廠商所使用的生產規模爲 SAC_0 曲線與 SMC_0 曲線。市場需要曲線（D_0）與市場供給曲線（S_0）共同決定均衡價格（P_0）與均衡數量（Q_0^*）。當需要曲線由 D_0 右移至 D_1，使得市場價格由 P_0 上升至 P_1。短期內產業產量隨之增至 Q_1^*，個別廠商會利用現有的生產規模將產量提高到 Q_1。當個別廠商以 P_1 價格生產 Q_1 時，有超額利潤發生。

市場需要曲線由 D_0 移至 D_1 之後不再發生變動，則市場價格由 P_0 上升至 P_1。原有廠商延著 LMC 曲線調整生產規模以增加產量之後，短期市場供給曲線才由 S_0 移至 S_1。此時產業產量由 Q_1^* 增至 Q_2^*, 而市場價格則由 P_1 下跌爲 P_2。在 P_2 的價格下，原有的廠商使用一個比規模 0 更大的規模（該一規模位於規模 0 之右上方，爲避免圖形太過複雜，該規模之成本曲線並未繪出），在這個規模之下廠商產量爲 Q_2。原有廠商在生產規模調整之後仍然有超額利潤，故會吸引新廠商加入，使得市場供給增加。

當新廠商加入使短期市場供給曲線由 S_1 移至 S_2，市場價格乃降至需要增加前的水準 P_0，產業產量增至 Q_3^*。在 P_0 的價格下，個別廠商的生產規模將被調整回規模 0，產量爲 Q_3 與 Q_0 相同。此時廠商超額利潤已不再存在，新廠商也停止加入，此時廠商與產業又回復長期均衡。如果有過多的新廠商加入，使得短期市場供給曲線由 S2 移至右下方之任何位置，則市場價格將低於 P_0，產業產量將超過 Q_3^*，此時個別廠商將蒙受經濟損失，如此將有一部份廠商會退出產業，廠商會一直持續退出到短期市場供給曲線回復至 S_2，而且市場價格回復至 P_0 時才停止。

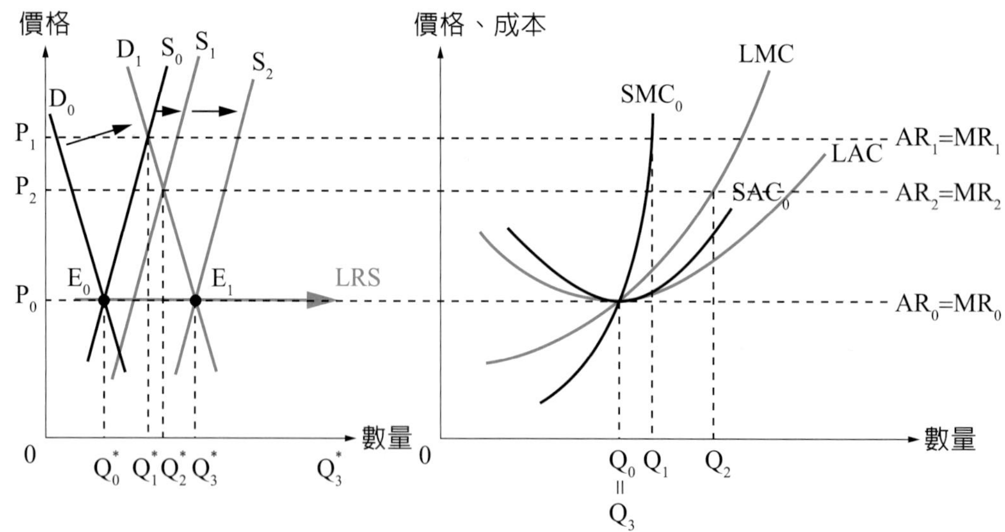

圖 5.24　產業長期供給曲線：成本不變型產業

連接舊均衡點（E_0）與新均衡點（E_1），得成本不變型產業之長期供給曲線 LRS。該曲線平行於橫軸，這表示在一定價格之下，產業可無限制地提供商品。產業之均衡點由 E_0 移至 E_1，產業均衡產量由 Q_0^* 增至 Q_3^*，產量增加是因爲新廠商之加入所造成。

在成本不變型產業裏，新廠商之加入雖然會競相使用要素，造成要素需要增加，但卻不會造成要素價格上漲，主要原因在於該產業所僱用的要素數量只佔要素總供給量的微小比例。因爲新廠商加入產業並不足以影響要素價格，則該產業之廠商所面臨的成本結構自然也不變。

時事小專欄

網傳臺東池上 55 公頃農地變光電？經部：勿以訛傳訛

網傳臺東池上 55 公頃農地變光電，會讓池上米絕跡，對此經濟部表示，從未收到臺東縣府核轉池上地區光電開發案件，當地更無類似光電開發案件，呼籲民眾勿被錯誤資訊所誤導，也不要以訛傳訛。

關於網路傳言的臺東 55 公頃的農地將轉作為光電開發，經濟部今天發布新聞稿表示，經查證兩年前池上曾有廢耕近 50 年國有土地，因附近無水源，且為石礫地，曾有廠商規劃設置光電，但因未達成共識而停止開發，並未提出申請，現在當地更無類似光電開發案件，也不會有池上米消失的情況。

關於光電開發，經濟部重申，光電推動一直是以地方共榮的精神為本，會審慎把關；經濟部傍晚也在臉書表示，光電板並不會提高環境的溫度，因光電板吸收太陽光轉換成電，甚至還可以幫忙降溫，像今年臺南的安平漁港碼頭設了光電板的遮陽設施後，漁民反映，碼頭變得很涼快。

資料來源：中央社 2023/09/15

5.6 市場效率

本章一開始就提到，在現實社會裡根本不存在完全競爭市場，既然不存在，又爲何花費大量篇幅分析其長短期均衡？經濟學家們爲又何經常鼓吹自由競爭？關鍵在於透過完全競爭的市場機能（market mechanism），可使社會資源分配具有效率（efficiency）。

經濟學所謂的效率分爲以下幾種：

1. 生產效率（**productive efficiency**）
   指長期時以最低的成本生產一定數量商品，即在 LAC 最低點生產。或是指生產某特定產量，生產者使用成本最低的要素組合，亦即等產量曲線與等成本線相切。完全競爭市場的生產效率是指前者。
2. 配置效率（**allocative efficiency**）
   指廠商生產的商品組合，剛好是消費者最想消費的商品，這個商品組合正落在生產可能線上，與社會效用無異曲線相切，代表生產活動符合消費者偏好。
3. 經濟效率（**economic efficiency**）
   指市場價格機能的運作，能使社會淨效益達到最大。或是資源的重新調整或配置，絕不可能使所有人都變更好的狀態，又稱爲柏萊圖效率（pareto efficiency）或稱柏萊圖最適境界（pareto optimality）。換言之，當資源重新調整或配置時，如果有一些人因此獲利，一定會有一些人受害。公平不必然意味著效率。
   完全競爭市場具有生產效率，因爲長期均衡時，P = (D) = AR = MR 切在長期平均成本最低點，而且以最適生產規模從事生產，符合生產效率的定義。前述經濟效率，隱含生產該數量的邊際成本等於消費者最後一單位商品得到的邊際利益，只要邊際效益大於邊際成本，廠商會繼續增產商品，直到兩者相等爲止。反之，如果邊際效益小於邊際成本，廠商會減產直到兩者恢復相等爲止。

假設社會不存在外部性（externality），將個別消費者的需求曲線（邊際利益線）相加得到市場需求曲線，亦即社會邊際利益曲線（marginal social benefit curve，MSB），相同的，將所有廠商的邊際成本線相加，則得市場供給曲線，則是社會邊際成本曲線（manginal social cost curve，MSC），市場均衡點爲 E 點，此時均衡價格和產量分別爲 P^* 與 Q^*。

觀察圖 5.25 可知，產量未達 Q^* 以前，每增產一單位商品的社會邊際效益大於社會邊際成本，此時如果增產有助於提高社會剩餘水準。反之，產量超過 Q^* 以後，每增產一單位商品的社會邊際效益小於社會邊際成本，增產反而降低社會剩餘水準，所以可知，社會剩餘在 Q^* 處達到極大。

在均衡點 E，消費者剩餘等於 ΔP^*AE 而生產者剩餘等於 ΔP^*EB。社會剩餘即等於消費者剩餘加生產者剩餘，又可稱爲社會淨效益。當產量爲 Q_0 時，社會剩餘無法達到最大，因爲有 ΔDCE 的無謂損失發生。當產量爲 Q_1 時，社會剩餘 BAE 還須扣除 ΔEFG 的剩餘部分，此時的社會剩餘也不是最大。所以在 Q^* 時社會剩餘達到最大，也表示達到經濟效率。

完全競爭市場透過價格機能運作，達成市場供需均衡，在均衡產量下邊際社會利益等於邊際社會成本，具有經濟效率，表示此時的社會剩餘水準最大。換言之，此時經濟社會是以最有效率方式使用要素，生產消費者最想要的商品，故稱達到效率。

完全競爭市場的長短期均衡必要條件，皆是 P = (D) = AR = MR = MC，所以經濟學家常以 P = MC 條件，除了做爲測度獨占程度外，同時也可代表某市場是否達到效率的依據，例如勒納指數（lerner index，L）的獨占力指標，$L = \dfrac{P - MC}{P}$，當 P = MC，表示獨占力爲 0，即是完全競爭市場結構。

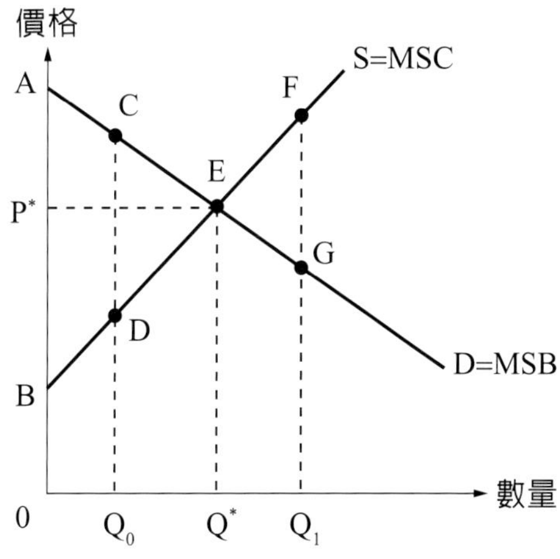

圖 5.25　完全競爭市場與經濟效率

知識補給站 柏萊圖效率

柏萊圖效率（英語：Pareto efficiency），或稱柏萊圖最適境界（英語：Pareto optimality），是經濟學中的重要概念，並且在賽局理論、工程學和社會科學中有著廣泛的應用。與其密切相關的另一個概念是柏萊圖改善。柏萊圖最適是以提出這個概念的義大利社會學家維弗雷多．柏萊圖的名字所命名。

柏萊圖最適是指資源分配的一種理想狀態。給定固有的一群人和可分配的資源，如果從一種分配狀態到另一種狀態的變化中，在沒有使任何人情況變壞的前提下，使得至少一個人變得更好，這就是柏萊圖改善。柏萊圖最適的狀態就是不可能再有更多的柏萊圖改善的狀態；換句話說，不可能在不使任何其他人受損的情況下再改善某些人的情況。

資料來源：維基百科

本章結論

完全競爭市場雖然在現實社會中並不存在，但是市場的經濟效率最大，長期時只有正常利潤，是其它類型市場的模範生，是作為比較的對象。在本章我們分別以短期與長期均衡來這個市場類型分析。

短期時，分別以 TR-TC 分析法與 MR-MC 分析法，決定廠商利潤極大化的產量、價格與利潤。在長期時導出廠商均衡條件：P = (D) = AR = MR = MC = LMC = LAC。並導出產業長期供給曲線，依新廠商加入市場是否會影響要素價格，分成成本遞增、成本遞減與成本不變產業三種類型。

06

獨占

本章綱要

6.1　獨占的意義與特性
6.2　獨占廠商的收入與需求曲線
6.3　短期均衡
6.4　長期均衡
6.5　差別取價與多工廠獨占
6.6　自然獨占
6.7　獨占與完全競爭市場之比較

焦點透視鏡 | 水費快漲了！台水擬擴大累進費率「用愈多愈貴」

台水水費 29 年沒有調整，近期又碰到缺水問題，為了讓省水更被重視，目前也預計從用水大戶的收費開始漲，政院副院長鄭文燦表示，水價調漲還在規劃階段，但累計費率是必然趨勢。

台水 29 年沒有調整價格，平均 1 度水費 11 元，只占每個家庭消費支出 0.31%，平均 1 人 1 天用水只需要 3 元，價格也是全球第三低，經濟部長王美花也表示，會依據相關成本及臺灣物價影響等進行檢討，最主要仍是要讓大家擁有合理的水價並且節約用水。

行政院副院長鄭文燦：「累進費率是必然的一個趨勢，這幾年的平均用水量是有成長。」

6.1 獨占的意義與特性

在前一章完全競爭市場，我們說買賣雙方人數非常多，多到無法計算，所以買賣雙方都是價格接受者，也就是市場價格是由市場供需來決定。在這一章我們要介紹與完全競爭市場，完全相反的另一種市場結構 - 獨占。獨占從字面上就可以理解，指的是這個市場只有一位廠商提供產品，要購買只能向該廠商購買，除非你不買，也就是只此一家別無分號的意思。眞正的完全競爭市場在現實社會根本不存在，可是獨占卻是很常見，例如早期的臺灣省菸酒公賣局、現在的台灣高鐵、台鐵、台灣電力公司、台灣自來水公司、臺北自來水事業處等等都是獨占廠商。

獨占廠商具有下列三項特性：

1. 只有一位生產者

   獨占廠商是該市場唯一的生產者，消費者要買也只能向他購買，因此廠商所面對的需求曲線就是市場的需求曲線。

台水現行水價只有分四段收費，價差比值只有 1.64 倍，未來會增加擬定擴大累進費率增加數段級距，用水多的人收費較高，民生用水比較不受影響，但像是游泳池，乍看之下會使用大量的水，但旺季每月用水只有 800 度，不過超過 9000 度以上的才會稱為「用水大戶」，前十名就是台積電、中鋼、中油，等電子業、製造業等，科技大廠為多數，約占總用水量 41%。

台水財務處處長白榮裕：「也會考量對工商業的衝擊，我們會滾動的一個檢討。」

台水表示目前實際漲幅多少，對用水大戶的收費規劃都還在擬定當中，但水費調漲影響層面廣，漲價規劃上也會細細考量。

資料來源：TVBS 新聞 2023/5/13

解說

臺灣省自來水公司屬於獨占事業，獨占廠商是價格的決定者，而水是重要的民生必需品，價格調漲後民眾為節省支出，也會被迫節約用水進而養成節約用水習慣。水的價格採累進費率，用量愈多所支付金額也愈多，不像一般商品，消費者買愈多廠商索取的價格愈低，這是因為自來水屬於耗竭性資源的特質所致，並非取之不盡用之不竭的資源。

2. 所生產的產品具有獨特性幾乎沒有近似替代品

獨占廠商的產品具有獨特性，幾乎沒有近似的替代品。例如，我們要使用上非常方便又價格便宜的水，一定會向自來水公司購買，如果不向自來水公司購買，而去買礦泉水或到溪裡舀水回家使用，其所耗時間與金錢成本早已超過向自來水公司購買的價格，所以不會有人買礦泉水來洗澡或到溪裡舀水回家使用。同理，要一按開關就有方便的照明使用，一定使用台電的電，而不會買很多蠟燭來達到相同的照明度。要想快速到達台北一定搭乘台灣高鐵，如果時間許可，又想要到各都市中心，會選擇搭台鐵。

3. 存在明顯的進入障礙

在完全競爭市場，廠商進出市場沒有任何障礙，但是獨占有相當高的進入障礙，使得其它廠商無法進入該市場來分一杯羹。形成進入障礙的原因有法律上的因素：例如專利權與智慧財產權的保護，或是政府特許事業。經濟上的因素：廠商在生產上具有明顯的規模經濟效果，平均成本隨產量增加而遞減，這種獨占廠商就稱爲自然獨占（natural monopoly）。或是該產品市場需求量很少，一家廠商提供便已足夠。人爲因素：該廠商控制重要的生產原料，造成該產品也只有他能提供。

時事小專欄

FT：富士康不再獨佔 蘋果和立訊精密簽約生產高階 iPhone

英國《金融時報》（Financial Times）週四（5 日）報導，蘋果將與立訊精密（002475-CN）簽約在中國生產高階 iPhone，意味著富士康獨佔 iPhone Pro 系列的獨家組裝地位不再。

去年在中國大陸鄭州，全球最大的蘋果手機製造基地富士康工廠爆發工人示威，反對嚴厲的新冠防疫措施，導致 iPhone 產能受到干擾，讓蘋果計劃實現供應商多元化。

《金融時報》引述三位消息人士透露，立訊精密將簽約拿下蘋果第一筆高階 iPhone 大訂單。立訊精密是富士康（Foxconn）以及和碩（Pegatron）在中國的最大競爭對手。消息人士指出，自去年 11 月以來，立訊精密已在其位於上海西北城市崑山的工廠生產少量 iPhone 14 Pro Max，以彌補富士康的產量損失。

富士康獨佔 iPhone Pro 系列的獨家組裝地位不再的消息並非首次傳出。

研調機構 TrendForce 在去年 12 月 28 日就發布報告指出，由於富士康因疫情影響生產，讓立訊精密成為 iPhone 15 Pro Max 組裝供應鏈行列之一。

資料來源：鉅亨網 2023/01/05

6.2 獨占廠商的收入與需求曲線

獨占廠商既是廠商同時也代表產業，因為只有他能提供產品，產品價格要如何決定，也是由他決定，因此獨占是價格決定者，與完全競爭市場是價格接受者截然不同。價格既然由廠商決定，就不再是一固定常數，總收入就由會變動的價格與數量共同決定。

如果廠商只單方面考量總收入極大 (暫時忽略成本)，他會在總收入極大處決定產量，而當總收入極大時，邊際收入恰好等於 0，此時的需求價格彈性恰等於 1，所以獨占廠商總是在富於彈性的需求曲線區域生產，當降價時總收入反而增加，如前所述薄利多銷情況。因此獨占廠商的平均收入線也是負斜率的市場需求曲線，表示廠商是價格決定者，如果降價則需求量會增加，反之則減少。如圖 6.1 所示。

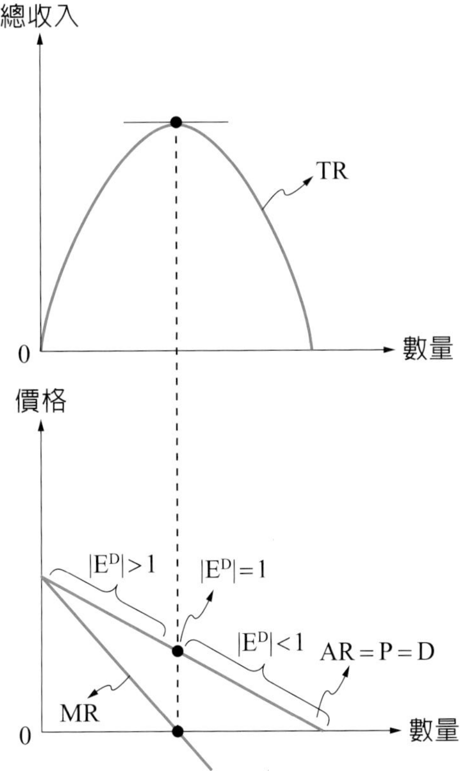

圖 6.1 獨占廠商的收入與需求曲線

獨占廠商的總收入 (TR)、平均收入 (AR) 與邊際收入 (MR) 的關係如下：

$TR = P \times Q$

$$AR = \frac{TR}{Q} = \frac{P \times Q}{Q} = P$$

$$MR = \frac{\Delta TR}{\Delta Q} = \frac{\Delta(P \times Q)}{\Delta Q} = \frac{\Delta P \times Q + \Delta P \times \Delta Q + P \times \Delta Q}{\Delta Q}$$

因爲 $\Delta P \times \Delta Q$ 接近於 0，

所以 $MR = \frac{\Delta P \times Q + P \times \Delta Q}{\Delta Q} = P + \frac{\Delta P \times Q}{\Delta Q} = P\left(1 - \frac{1}{|E|}\right)$，而 $E = \frac{\Delta Q}{\Delta P} \times \frac{P}{Q}$

因為 $|E^D| > 1$，所以 $P > MR$，亦即 $AR(= P = D) > MR$ （式 6.1）

6.3 短期均衡

在前一章說明廠商產量決策時，廠商要增產一單位產量或減少一單位產量時，必須同時考慮產量變動對 MR 與 MC 的影響。也清楚無論是完全競爭市場或獨占、獨占性競爭與寡占等，廠商的最適產量決定也必須滿足 MR = MC 的必要條件。

獨占廠商決定短期利潤極大化產量的方法也可採用前一章的總量分析法或邊際量分析法。這兩種方法所得到的結果一致。以下分別說明之。

一、總收入與總成本法

利用總收入與總成本法，決定利潤極大化或損失極小化產量的步驟如下：

1. 描繪出 TR 線。
2. 描繪出 TC 曲線。
3. 於 TR 大於 TC 區域，找出 TR 與 TC 垂直高度差最大的產量。或任一產量之 TR 均低於 TC，則找出 TC 曲線與 TR 曲線垂直高度差最小的產量，就是損失極小化的產量。
4. 計算 $\pi = TR - TC \geq 0$ 或 < 0。

（一）超額利潤 ($\pi > 0$)

將 TR 與 TC 曲線依前述步驟，於平面空間描繪正確，如圖 6.2 所示。觀察圖 6.2 之 (a)，TR 曲線是一曲線，與 TC 曲線相交於 A、B 兩點。在 A、B 兩點處表示 TR = TC，$\pi = 0$ 爲損益兩平點，因此 Q_0 與 Q_1 不是利潤極大化產量。觀察 (a) 圖在 Q_0 與 Q_1 之間，TR 均大於 TC，因此可知利潤極大化產量一定落在 Q_0 與 Q_1 之間。如何找出利潤極大化的產量呢？可以平行於 TR 曲線與 TC 曲線分別做一切線，該切點如 C 點與 D 點所決定的 Q^*，即是利潤極大化產量，該切點滿足利潤極大化的必要條件 MR = MC。(b) 圖是利潤曲線。觀察圖形，利潤曲線由負數轉爲正數，在 Q_0 與 Q_1 時，$\pi = 0$，於 Q^* 時利潤達到極大化。於 Q^* 處利潤等於 TR 曲線與 TC 曲線兩者的高度差，亦等於利潤曲線與橫軸的垂直距離。

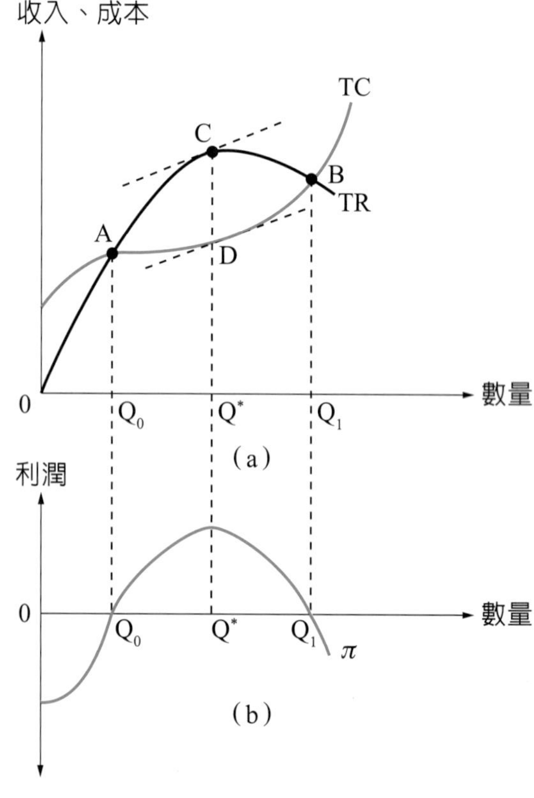

圖 6.2　獨占超額利潤 ($\pi > 0$)TR-TC 分析法

（二）正常利潤 ($\pi = 0$)

如圖 6.3 所示。觀察圖 6.3 之 (a)，TR 與 TC 曲線相切於 A 點，決定產量 Q^*，除 Q^* 外其餘產量 TR 均小於 TC，因此 Q^* 是僅獲正常利潤的產量。在 (b) 圖的利潤曲線，於 Q^* 處利潤曲線與橫軸相切，表示 $\pi = 0$，其餘產量利潤均爲負數。

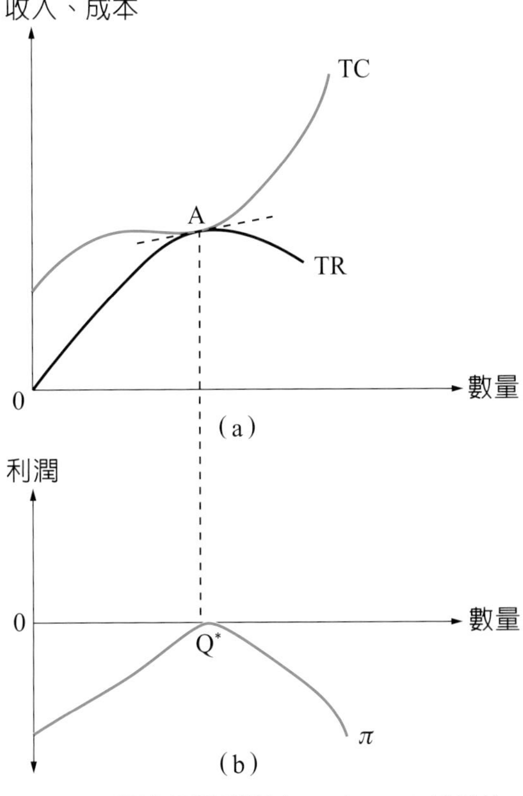

圖 6.3　獨占正常利潤 ($\pi = 0$)TR-TC 分析法

（三）經濟損失 ($\pi < 0$)

如圖 6.4 所示。觀察圖 6.4 之 (a)，TR 在任一產量下均小於 TC，所以要決定一個損失極小化的產量。分別對 TR 與 TC 做一平行切線切點爲 A 與 B，該切點所決定的 Q^*，即是損失極小化產量。在 (b) 圖的利潤曲線，於 Q^* 處利潤曲線與橫軸距離最近，最小損失等於 TC 與 TR 曲線兩者的高度差，亦等於利潤曲線與橫軸最接近的距離。

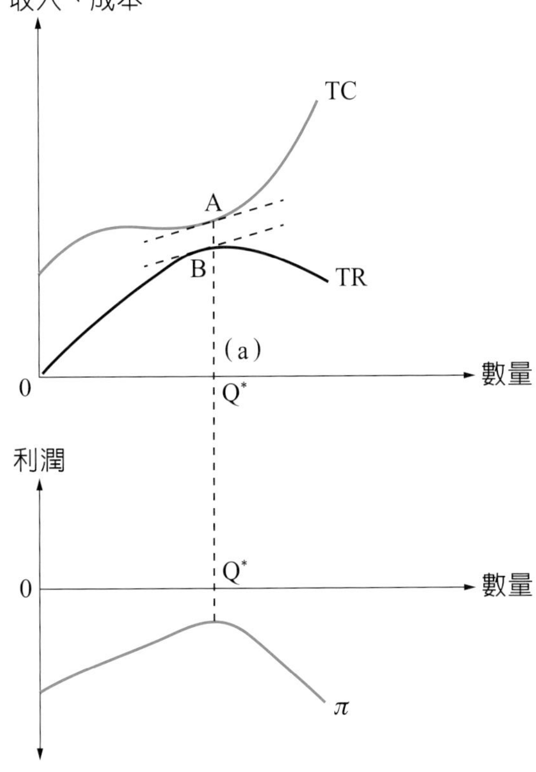

圖 6.4　獨占經濟損失 ($\pi < 0$)TR-TC 分析法

二、邊際收入與邊際成本法

利用邊際收入與邊際成本法，決定利潤極大化或損失極小化產量的步驟如下：

1. 畫出廠商的平均成本曲線，也就是廠商每單位的成本曲線。
2. 畫出廠商的邊際成本曲線。
3. 畫出平均收入線與邊際收入線。
4. 根據邊際收入等於邊際成本的必要條件，找出利潤極大化或損失極小化的產量。
5. 由該產量對應到廠商的平均收入線，計算出利潤極大化或損失極小化的價格。
6. 在該產量下對應到廠商的平均成本曲線，計算出平均成本。
7. 將價格減平均成本得到平均利潤（或稱單位利潤），再將平均利潤乘以該產量得到總利潤。
8. 若價格大於平均成本，即有超額利潤；若價格等於平均成本，即有正常利潤；若價格小於平均成本，即有經濟損失。

（一）超額利潤（$\pi > 0$）

將 AR、MR 與 MC、AC 曲線依前述步驟，於平面空間描繪正確，如圖 6.5 所示。觀察圖，MR 與 MC 曲線交於 E 點，決定利潤極大化產量 Q^*，於 Q^* 下對應於 AR 曲線是 A 點，對應到 AC 曲線得到 B 點，在 Q^* 下因為價格大於 AC，所以有超額利潤，A 點到 B 點距離即為平均利潤，再乘以 Q^* 得到總利潤，亦即四邊形 ABCD 面積。

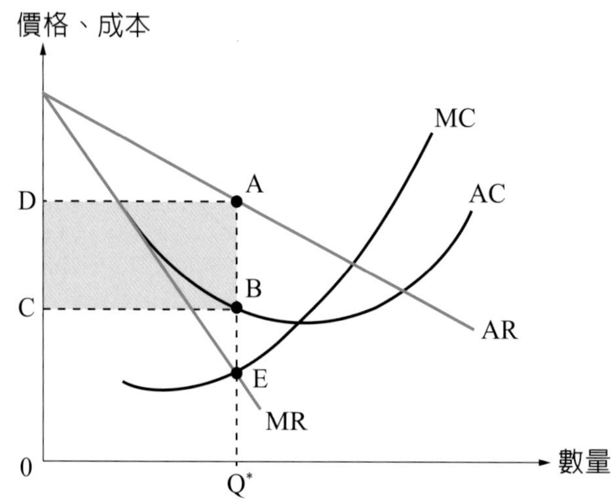

圖 6.5　獨占超額利潤 ($\pi > 0$)MR 與 MC 分析法

根據上述，獨占廠商決定利潤極大化或損失極小化的產量、價格與利潤的步驟重點整理如下：

1. MR 曲線與 MC 曲線交點決定 Q^*
2. 價格 P^* 依 AR 決定
3. 利潤（π）$= (P^* - AC) \times Q^*$

（二）正常利潤（π = 0）

如圖 6.6 所示，MR 與 MC 曲線相交於 B 點，決定 Q^* 產量，Q^* 對應到 AR 線剛好與 AC 曲線相切 A 點，因為 $P^* = AC$ 只得到正常利潤。

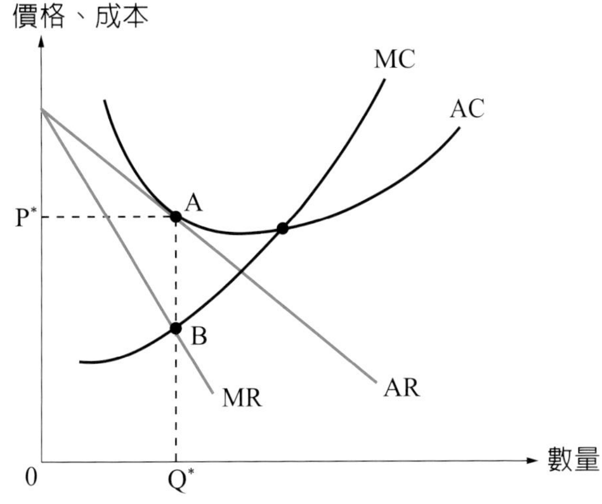

圖 6.6　獨占正常利潤 (π = 0) MR 與 MC 分析法

（三）經濟損失（π < 0）

如圖 6.7 所示，MR 曲線與 MC 曲線交於 E 點，決定利潤極大化產量 Q^*，於 Q^* 下對應於 AR 線於 B 點，對應於 AC 曲線得到 A 點，在 Q^* 時因為價格小於 AC，所以有經濟損失發生，經濟損失等於四邊形 ABCD 面積。

理論上獨占廠商，短期時可能發生超額利潤、正常利潤與經濟損失，但在實務上當發生利潤減少時，獨占廠商便會調整價格以增加利潤，因此極少發生經濟損失情形。

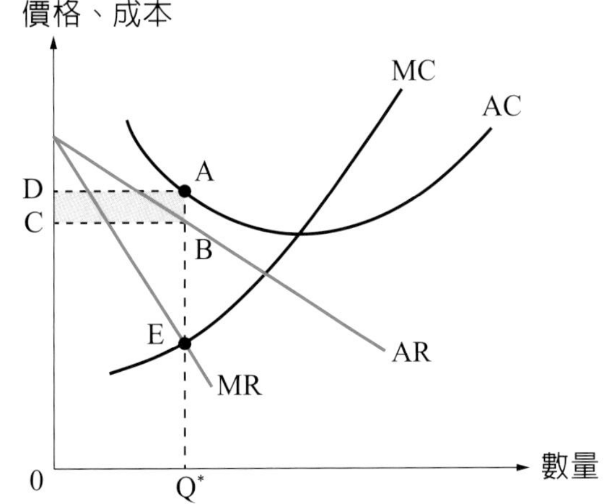

圖 6.7　獨占經濟損失 (π < 0) MR 與 MC 分析法

三、獨占與供給曲線

獨占廠商是否跟完全競爭市場的廠商一樣，有一條正斜率的短期供給曲線呢？答案是：沒有。為什麼獨占廠商會沒有供給曲線？回顧第 2 章曾對供給做一個定義「供給是指在既定價格下，對應某一供給量的價量對應關係，也就是一個價格就會對應某一供給量，同樣地，一個供給量也會對應某一個價格，這種價量對應關係就稱之為供給」。獨占因為廠商有價格決定力量，因此一個價格有可能對應不只一個數量，如圖 6.8。在圖中，獨占廠商面對兩個不同市場，平均收入線分別是 AR_1 與 AR_2，邊際收入線分別是 MR_1 與 MR_2，依據 MR = MC 之條件，MR_1 = MC，決定 Q_1，MR_2 = MC，決定 Q_2，可是這兩個市場價格都是 P。獨占廠商可以以相同價格賣給不同市場的消費者，就是「一價數量」的概念。另外還有一種情況，就是「一量數價」，就是廠商為了總利潤達到極大化，不同市場賣的價格卻不同，稱為差別取價（price discrimination），差別取價本章後面會做進一步分析，在此不再說明。無論是一價數量或一量數價，價格與供給量都不存在一對一的對應關係，因為不符合「供給」的定義，所以獨占廠商是沒有短期供給曲線。

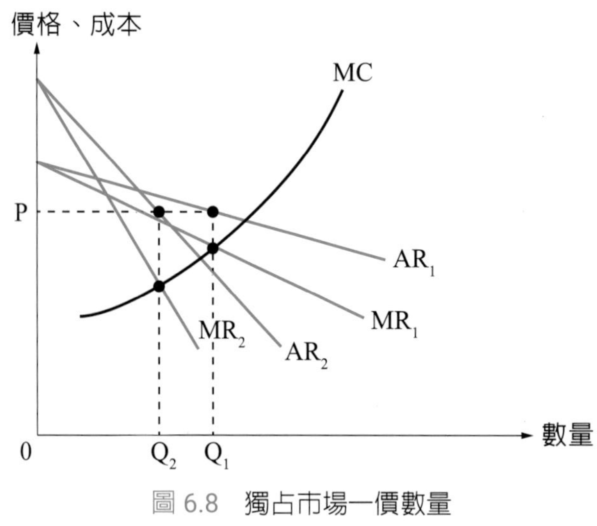

圖 6.8　獨占市場一價數量

例題 6-1

假設一個獨占廠商的總收益為 $100Q^2 - 2Q^2$，邊際收益為 100 − 4Q，而總成本為 50 + 40Q，邊際成本為 40，請問

1. 均衡產量與價格各為多少？
2. 利潤又是多少？

解
1. 均衡時 MR = MC　100 − 4Q = 40　Q = 15　P = AR = TR/Q　P = 70
2. π = TR − TC = 400

6.4 長期均衡

如前所述，長期時會發生兩種現象：生產規模與廠商人數變動。獨占不會發生廠商人數變動，因此不用考慮廠商人數變動的影響，獨占廠商爲增加利潤，長期時只會發生生產規模的調整。以圖 6.9 來說明獨占之長期均衡調整。

觀察圖 6.9，AR 線是獨占廠商所面對的市場需求線也是平均收入線，MR 爲邊際收入線。LAC 是長期平均成本曲線，也是短期平均成本曲線的包絡曲線。短期時，獨占的 SAC_1 曲線與 LAC 曲線相切於 A 點，SMC 曲線與 LMC 曲線及 MR 曲線相交於 I 點，決定 Q_1 產量，價格爲 0C，短期利潤極大化爲 DABC 面積。長期時爲使利潤極大化，廠商將調整生產規模，依 LMC = SMC = MR 相交於 J 點決定產量 Q_2，可使利潤達到極大化，價格爲 0F，利潤爲 HEFG 面積。所以獨占長期均衡條件如下：LMC = SMC = MR，LAC = SAC。

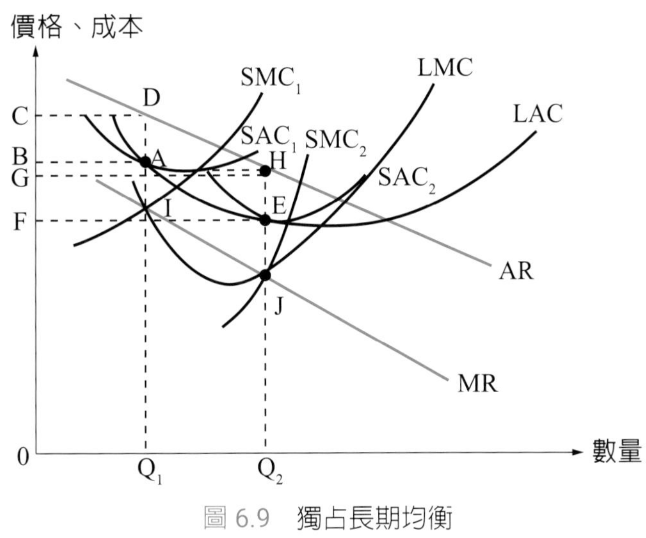

圖 6.9　獨占長期均衡

獨占廠商在長期時是否一定追求利潤極大化？答案是否定的。理由如下：

1. 怕刺激潛在競爭者出現：因爲持續性的超額利潤，難免會刺激潛在競爭者想盡辦法進入市場來分一杯羹。
2. 防止政府管制：持續性超額利潤也會引起政府關注，以訂定相關法案來嚴防廠商的獨占行爲。
3. 爲了維護消費者利益：例如公用事業如水或電，經常依平均成本訂價或依邊際成本訂價，以較低價格方式提高消費者福利。

6.5 差別取價與多工廠獨占

一、差別取價

前面所述的獨占短期或長期分析，無論購買者身分或購買數量多寡，廠商都以相同價格出售，也就是以統一價格銷售。可是在現實社會，獨占廠商基於賣方優勢，爲了追求利潤極大化，而經常將產品依據銷售量多寡，或依據不同銷售對象而訂定不同價格，稱爲差別取價，例如電影票價分全票與優待票與愛心票。台鐵票價分全票、孩童票、敬老票、愛心票。KTV 不同時段價格也不同。

所以差別取價是指：相同的產品以不同的價格出售給消費者。當廠商具有決定價格能力時（如獨占廠商），就可以實施差別取價提高利潤。差別取價有三種形式：第一級差別取價、第二級與第三級差別取價。以下分別說明之。

知識補給站　差別取價

差別取價（英語：price discrimination），亦稱差別定價、價格分歧、價格歧視，是獨占者對同一種物品向某些消費者收取的價格高於另一些消費者，或者對少量購買的消費者收取的價格高於大量購買的消費者。通常以顧客對象、地區等特性作為區分。

資料來源：維基百科

1. 第一級差別取價

   第一級差別取價假設商品可無限細分，且獨占廠商知道每一個消費者的需求，所以每一單位的商品均依照需求曲線上消費者願付價格（willingness to pay）出售，也稱爲完全差別取價，獨占廠商將消費者剩餘全部予以剝奪，如圖 6.10 所示。圖中產量 Q_0，因爲產品可無限細分，廠商依消費者心中願付最高價格索價，因此消費者剩餘三角形 ABC 爲獨占者所有，原來的 AR 線（市場需求線 D）變成廠商修正後的 MR 線如 MR_1。實務上第一級差別取價很難時實施，因爲產品無法細分，再者廠商無從得知消費者對每一產品數量，心中願意支付的最高價格是多少。

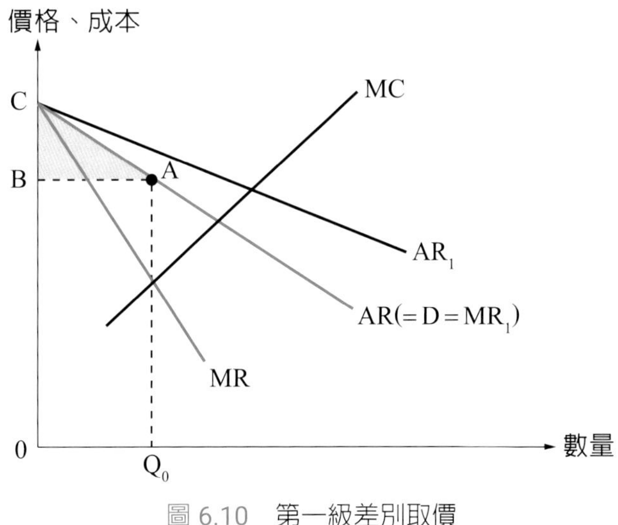

圖 6.10　第一級差別取價

2. 第二級差別取價

第二級差別取價不像第一級差別取價，消費者是依心目中最高價格購買，而是令消費者在某一數量範圍內支付某一價格。第二級差別取價只剝奪部分消費者剩餘，例如玩具一個 30 元，一次購買 4 個算 100 元。所以第二級差別取價又被稱為多部計價法（multipart pricing），如圖 6.11。圖中 D 表示需求曲線，獨占廠商規定基本購買量為 Q_0，在該範圍內，價格為 P_0，若購買量超過 Q_0，則索取較低費率 P_1，此時消費者剩餘為圖 6.11 中陰影部分。又例如商家為了促銷，祭出「一次買 10 件，打 95 折」的價格折扣策略，對於不想一次買 10 件的零買散購客人來說，雖然購買相同的產品，卻要付出較高的價錢。在國內著名的大賣場（hypermarket），如好市多（Costco）、家樂福（Carrefour）和大潤發（RT-MART）等，常將商品打包成串、成捆地販賣，以較低的售價，吸引顧客大量購買，就是常見的例子。在第二級差別取價之下，獨占廠商可以剝奪部分的消費者剩餘。

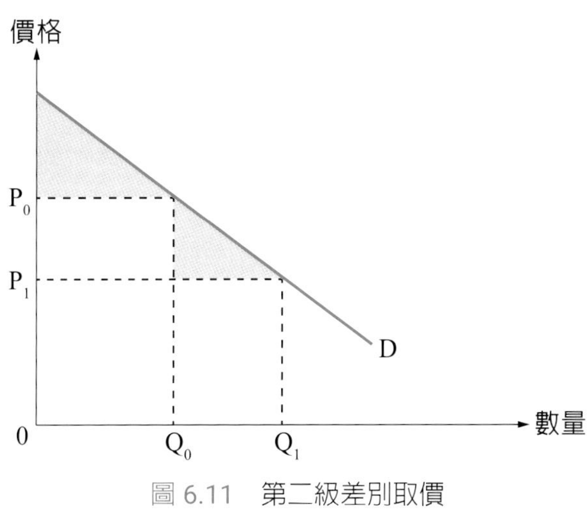

圖 6.11　第二級差別取價

3. 第三級差別取價

第三級差別取價係對於不同市場的需求者，訂定不同價格。一般來說，對於需求價格彈性較小的消費者收取較高的價格；對於需求價格彈性較大的消費者收取較低的價格。因為需求價格彈性較小的消費者，購買的需求較為殷切，較高的售價，他也不至於不買，故可以收取較高的價格；需求價格彈性較大的消費者，可買可不買，稍微賣貴一點，他可能就不買了，故訂價應該低一點。

換句話說，對於需求價格彈性較小的消費者來說，漲價所造成的需求量減少的程度微小，適度的高價位可以帶來較多的銷售收入；對於需求價格彈性較大的消費者來說，他們面對價格的些微變動，反應是巨大的，少量的漲價造成的需求量大幅度的減少；反之，少量的降價造成的需求量大幅度的增加。故可用適度的低價位換取較高的需求量，以帶來較多的銷售收入。

第三級差別訂價的例子，所在多有，如電影院、旅遊景點、博物館的門票和鐵路、客運業的車票分成全票、半票，對一般消費者收取全票，對學生、長者、身心障礙或軍人收取半票，此為依消費者身份進行差別訂價的例子。

另外，自來公司根據民生用水、生產用水，並收取不同的費用；電力公司依照民生用電、商業用電或工業用電，收取不同的費率，則是依用途的不同而進行的差別訂價。此外，也可依時間進行差別訂價，例如機票在淡旺季的價格不同，又如客運車票在假日和尖峰時間較貴，平日與離峰時間則較便宜。以圖 6.12 說明第三級差別取價。

圖中有兩個被隔離的市場，分別是國內與國外市場，市場需求線與邊際收入線分別為，D_1、MR_1 與 D_2、MR_2。這兩個被隔離的市場需求彈性不同，D_1 較缺乏彈性而 D_2 相對富於彈性，由這兩個市場的需求曲線與邊際收入線，利用水平加總方式可以得到獨占廠商的 D 與 ΣMR 線，MC 為獨占廠商之邊際成本曲線。

ΣMR 與 MC 相交，決定利潤極大化產量 Q_3，Q_3 產量將依 $\Sigma MR = MC = MR_1 = MR_2$ 之條件分配於兩個市場，再依 AR 決定不同市場售價，也可以這麼理解，不同市場售價使得 $\Sigma MR = MC = MR_1 = MR_2$ 之條件成立。

所以國內市場產量由 $\Sigma MR = MC = MR_1$ 決定 Q_1，國外市場 $\Sigma MR = MC = MR_2$ 決定 Q_2，$Q_3 = Q_1 + Q_2$。如果獨占廠商不實施差別取價（即統一售價），兩個市場的價格由 $MR = MC$ 決定統一價格 P_3。如果實施差別取價，國內市場價格由 D_1 決定 P_1，國外市場價格由 D_2 決定 P_2，因為國內市場彈性小而國外市場彈性大，所以 $P_1 > P_2$。

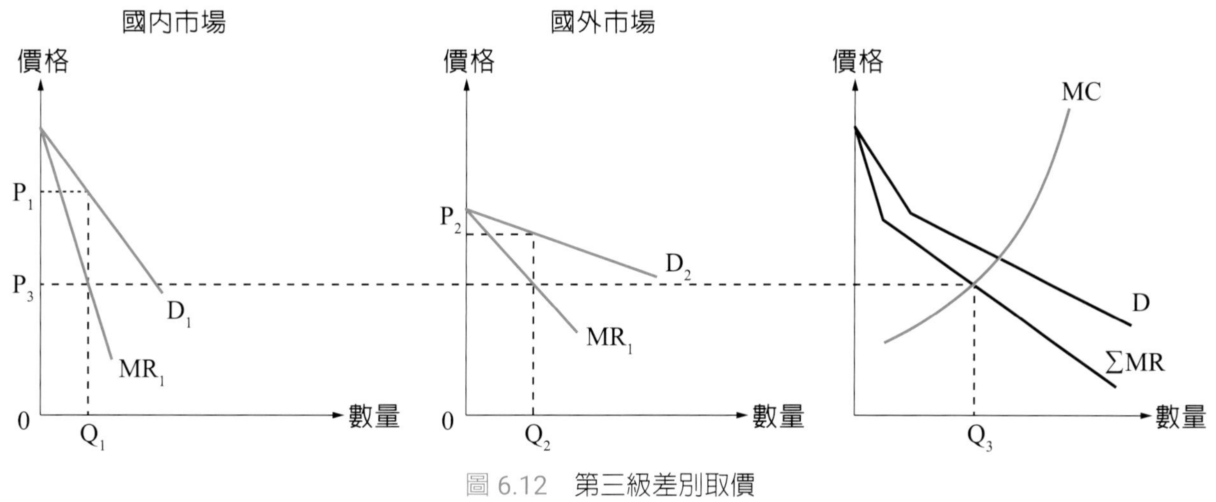

圖 6.12 第三級差別取價

此外，差別取價要能成爲可行的策略，必須滿足以下各項條件：

(1) 消費者必須是可以作市場區隔（market segmentation）

各市場表現出不同的需求彈性，所以獨占廠商可以對彈性小的消費者收取較高的價格，對需求價格彈性大的消費者收取較低的價格。例如急著要出國辦事的商務旅客，直接在機場買票，可能要支付較高的票價，因爲你急著出國，所以彈性小，賣你較高的價格，你也只好接受，沒有其它選擇。如果是自由行旅客，時間上是充裕的，彈性很大，機票提早網路預訂，而且往往是經過比價的結果，所以買到的機票多半是相當低廉的價格。商務旅客和自由行旅客是可以市場區隔的，因爲他們買機票的急迫性和購買的管道是明顯不同的。

(2) 商品不能在市場間轉售

避免在低價市場買進，轉而在高價市場賣出，賺取價差，進行所謂的套利（arbitrage）。例如原文教科書在全球發行時，可能考慮亞洲地區的物價和所得情形，以較便宜的價格發行亞洲版。譬如歐美地區的售價爲 100 美元，而亞洲地區的售價爲 50 美元，這中間便存在 50 美元的套利空間，便會引誘不法商人將亞洲版回銷歐美地區，以賺取這 50 美元的價差。不過這個價差必須扣除運費和其它相關的成本，才是轉賣的淨利。過去常聽說留學生要同學幫忙在臺灣購買教科書寄到美國，就是市場區隔的衍生現象。另外，也聽說有留學生學成歸國，會購買轎車連同書籍家具裝上貨櫃運回國內，由於美國的車價大約國內的一半，所以扣除運費，還是划算的。不過這是學生自用，不是大量轉售牟利，應該不算違法。

(3) 區隔和控制市場的成本，不得超過實行差別取價的額外利潤

差別取價是相同的商品在不同的市場、不同的時段或對不同的消費者售予不同的價格，所以差別取價比統一訂價的銷售方式要複雜得多，必須要事前的區隔和事後的控制（取締），才能夠施行成功，而凡此種種作為，都是要付出成本的，因為要付出成本，所以要考量這樣做是否划算？假設實施差別取價可為企業每月帶來 2 千萬的額外營收，但是區隔和控制市場所衍生的人事、設備和管理成本也是 2 千萬甚至更多，那就不值得實施差別訂價了。最後我們用數學方式證明「彈性大市場索價低而彈性小市場索價高」。

因為 $MR = P\left(1 - \frac{1}{|E|}\right)$

以第三級差別取價而言

$$MR_1 = P_1\left(1 - \frac{1}{|E_1|}\right) \quad \text{（式 6.2）}$$

$$MR_2 = P_2\left(1 - \frac{1}{|E_2|}\right) \quad \text{（式 6.3）}$$

又均衡時 $MR = MR_1 = MR_2$

所以 $P_1\left(1 - \frac{1}{|E_1|}\right) = P_2\left(1 - \frac{1}{|E_2|}\right)$

因為 $|E_1| < |E_2|$

所以 $\left(1 - \frac{1}{|E_1|}\right) < \left(1 - \frac{1}{|E_2|}\right)$

因此 $P_1 > P_2$

例題 6-2

如果獨占廠商分別對 AB 兩個市場採差別取價，A 市場的市場需求線為 $P_A = 60 - 2.5Q_A$，邊際收益為 $60 - 5Q_A$；B 市場的市場需求線為 $P_B = 160 - 10Q_B$，邊際收益為 $160 - 20Q_B$，獨占廠商的邊際成本為 40，請問被採差別取價的這兩個市場，價格與產量各為多少？

解 差別取價均衡條件：$MR_A = MR_B = MC$

所以 $60 - 5Q_A = 40$　$160 - 20Q_B = 40$

得 $Q_A = 4$　$Q_B = 6$　$Q = Q_A + Q_B = 10$

分別將 Q_A 與 Q_B 代入 AB 市場需求線得 $P_A = 50$　$P_B = 100$

二、多工廠獨占

前述第三級差別取價是廠商面臨不同市場，爲使利潤極大化如何訂定不同價格，而多工廠獨占是指廠商如何決定各子工廠產量，使得總利潤達到極大，情況與前述差別取價有所不同。獨占者因爲每個工廠的邊際成本均不相同，如果減少邊際成本高工廠的產量，而減少的產量移轉至低邊際成本的工廠來生產，總產量不變，但因總成本減少而可增加利潤。所以當各工廠的邊際成本均相等時，才能使總成本達到最小，此時獨占的邊際成本等於各工廠的邊際成本加總如 ΣMC，如圖 6.13 所示。圖中獨占者有臺北與臺中兩個工廠，ΣMC 是兩個工廠的 MC 加總，根據 $MR = \Sigma MC$ 決定獨占的均衡數量 Q_M 及價格 P_M，臺北與臺中廠的產量依 $MC_1 = MC_2 = MR = \Sigma MC$ 決定，臺北廠產量 Q_1 臺中廠產量 Q_2，而且 $Q_M = Q_1 + Q_2$。

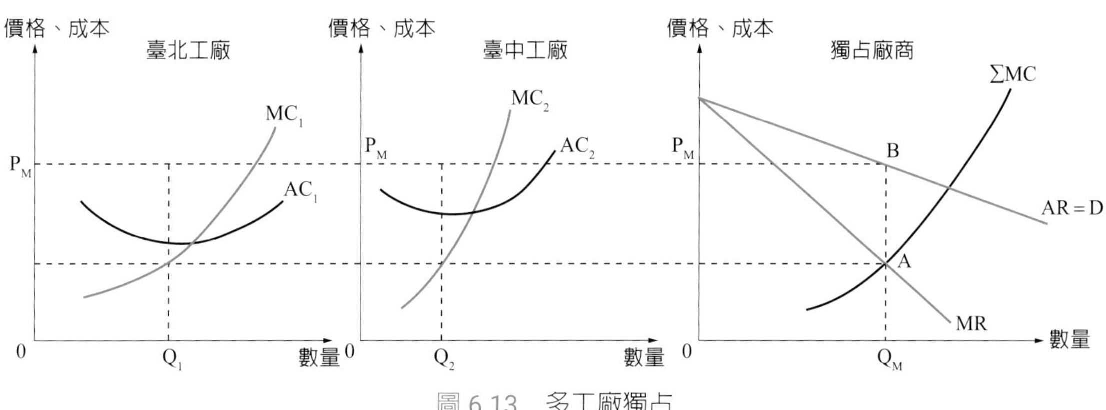

圖 6.13　多工廠獨占

以下將第三級差別取價與多工廠獨占均衡條件彙整如表 6.1。

表 6.1　第三級差別取價與多工廠獨占

項目	目標	均衡條件
第三級差別取價	利潤極大化 決定 P	$MR_1 = MR_2 = \cdots = MR_n = \Sigma MR = MC$
多工廠獨占	利潤極大化 決定 Q	$MC_1 = MC_2 = \cdots = MC_n = \Sigma MC = MR$

時事小專欄

涉差別定價？可口可樂、百事可樂遭美 FTC 調查

據 Politico 周一引述知情人士說法指出，美國聯邦貿易委員會（FTC）針對可口可樂（Coca-Cola）和百事可樂（PepsiCo）進行初步調查，為要瞭解這兩家飲料巨擘是否有差別定價（price discrimination）的情況。

該報導指出，美國 FTC 依據《魯賓遜 - 帕特曼法》（Robinson-Patman Act）而就兩業者定價策略進行審查。該項反托拉斯法案旨在防止針對小企業進行不公平的定價。

據悉，美國 FTC 已與沃爾瑪等大型零售商連繫至少一個月，為要取得採購和定價的相關數據與資訊。不過沃爾瑪並非調查對象。

資料來源：中時新聞網 2023/1/10

6.6 自然獨占

所謂自然獨占是指在市場有效需求範圍內，單一個別廠商的長期平均成本（LAC），隨產量增加而呈現持續下跌現象，也就是說這個廠商具有生產的規模經濟效果，因此自然而然成爲市場上唯一的一家廠商，由它供應市場全部的需求量，其他廠商因爲成本因素也無法與它競爭。以下分別從經濟效率與政府管制兩個部分來說明自然獨占。

一、自然獨占有經濟效率損失

以圖 6.14 來說明自然獨占與經濟效率的關係。在圖 6.14 中，LAC 與 LMC 曲線分別表示獨占的長期平均成本與長期邊際成本曲線，AR 線就是廠商所面對的平均收入線也是市場需求線，廠商的 LAC 均低於 AR 線，表示廠商在既定產量下均有經濟利潤，所以該財貨的生產者願意提供該產品。再者 LAC 隨產量增加而呈現下跌現象，所以生產具有規模經濟效果，因此該廠商具有自然獨占優勢。

自然獨占廠商爲追求利潤極大，依據 MR = LMC 條件交點 A 點，決定 Q_0 產量，價格依 AR 決定 B 點爲 P_0。在此均衡狀態下，如果與完全競爭市場比較，完全競爭市場均衡依 P = AR = LMC 條件交點 C 點，決定完全競爭市場 Q_1 產量，價格依 AR 決定爲 P_1。自然獨占與完全競爭市場相較，自然獨占經濟效率少了 ABC 所圍成區域的面積，所以自然獨占有經濟效率上的損失。亦即在 Q_0 時社會邊際利益（MSB）即前述需求曲線或 AR 線高度，大於社會邊際成本 (MSC) 即 LMC 線或供給線的高度，如果繼續增產有助於增加社會剩餘，可知 Q_0 產量過少，相較於資源最適配置產量 Q_1，少了 Q_0Q_1 線段的產量，社會淨利益減少了 ABC 所圍成區域的面積。

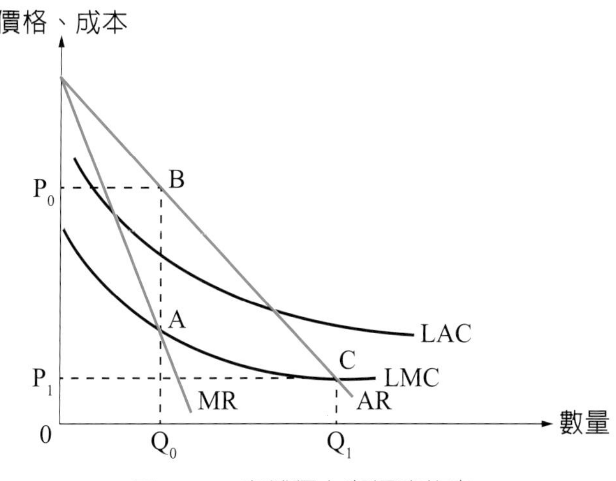

圖 6.14 自然獨占與經濟效率

二、自然獨占的管制

自然獨占廠商在生產上雖然具有規模經濟效果，可是其利潤極大之產量，並不符合 MSC = MSB 社會剩餘極大化原則，以致於有經濟效率的損失，因此需要政府介入管制，尤其是對公用事業的訂價管制。以下分別依邊際成本與平均成本訂價法說明，如圖 6.15 所示。

（一）邊際成本訂價法

如果政府以追求社會剩餘最大化爲目標，則需根據 MSC = MSB 來訂價，價格爲 P_M 與完全競爭市場訂價相同，則社會剩餘可以達到極大，但是價格 P_M 低於 LAC，自然獨占廠商有四邊形 ABP_MC 面積之經濟損失，需要政府予以補貼，廠商才願意提供 Q_M 數量，但是補貼的經費是否由增稅而來？如此恐衍申其他公平性問題。

（二）平均成本訂價法

爲了避免邊際成本訂價法雖可達成效率原則，但卻衍申其他公平性問題，採用平均成本訂價法不失爲可行的替代方法。此法的價格由 AR 曲線與 LAC 曲線交點 D 決定價格爲 P_A，產量爲 Q_A。因爲價格與 LAC 相等，所以只有正常利潤。此法不會發生利潤極大化（MR = LMC）時的經濟效率損失（面積 FGB），也不會發生邊際成本訂價法，爲補貼廠商虧損而衍申課稅的公平性問題，但是平均成本訂價法仍會有接近三角形的 DBE 面積的福利損失。

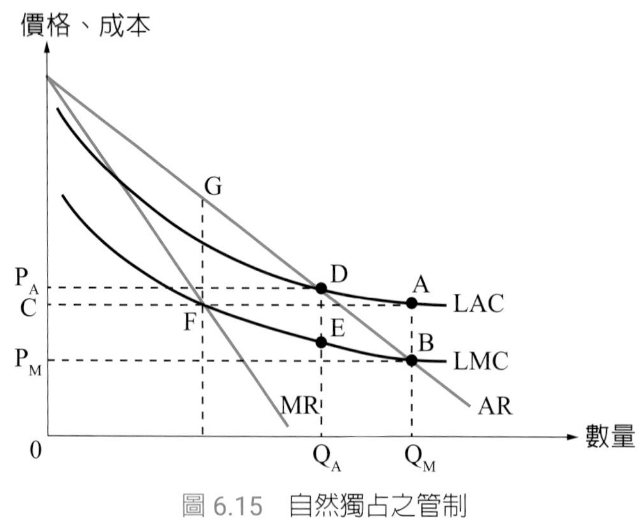

圖 6.15 自然獨占之管制

時事小專欄

電價漲不漲　大選後熱議題

台電到今（2023）年底預計累虧近 4,000 億元，經濟部預訂 9 月召開電價費率審議會，決定今年 10 月之後電價，台電初步估算，若要完全反映國際燃料價格成本，平均每度電價至少要漲到 4.1 元，亦即每度電價有調升 1 元空間，至於電價會不會漲？何時調漲？要漲多少？外界預期，明年選後，調升電價議題將再浮出檯面。根據台電公布資訊，因目前國際燃料成本屬高檔，尚未回到俄烏戰爭之前水準，今年 6 月底台電自發燃煤成本每度 3.80 元，自發燃氣成本則為 3.70，此尚未涵蓋其他成本。台電資料顯示，今年 4 月一波調升電價後，國內平均電價為 3.12 元，若要完全反映國際燃料價格成本，平均每度電價至少要上漲到 4.1 元，亦即每度電價有調升 1 元空間，才能打平。這也凸顯出台電是賠錢方式發電、售電，台電巨額虧損就是對電價補貼的後果。

資料來源：經濟日報 2023/08/08

6.7 獨占與完全競爭市場之比較

如圖 6.15，圖中獨占廠商享有超額利潤，但是如果市場需求減少，導致 AR 線向下移動或者廠商成本提高，都有可能壓縮利潤，使得廠商短期利潤減少甚至發生經濟損失。所以短期時，獨占與完全競爭市場廠商都有可能發生超額利潤或經濟損失，不過獨占廠商既然是價格決定者，必然不會讓損失真的發生。在社會剩餘方面何者較大？我們以圖 6.16 來說明。

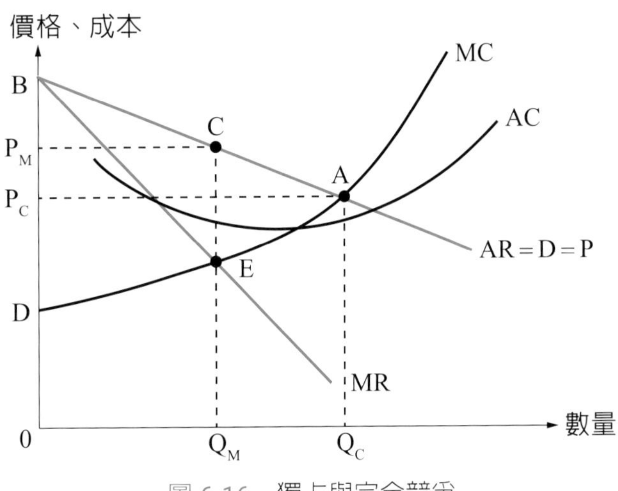

圖 6.16　獨占與完全競爭

完全競爭市場廠商依 AR 曲線（= P = MR）與 MC 曲線交於 A 點，決定 Q_C 的產量與 P_C 價格。在價格 P_C 時，消費者剩餘爲三角形 AP_CB 面積，生產者剩餘爲 P_CAD 所圍成區域的面積。而獨占依 MR = MC 交點 E，決定 Q_M 的產量與 P_M 價格。在價格 P_M 時，消費者剩餘爲三角形 P_MBC 面積，生產者剩餘爲 P_MCED 所圍成區域的面積。因此可以知道：

1. 價格方面：獨占價格 P_M 高於完全競爭價格 P_C
2. 產量方面：獨占產量 Q_M 小於完全競爭產量 Q_C
3. 社會剩餘方面：獨占的社會剩餘小於完全競爭，比完全競爭少了 CAE 面積。

本章結論

獨占廠商具有只有一位生產者、所生產的產品具有獨特性幾乎沒有近似替代品、存在明顯的進入障礙等三項特性。獨占廠商的平均收入線也是負斜率的市場需求曲線，表示廠商是價格決定者，在任一產量下其平均收入 AR 均大於邊際收入 MR。

獨占沒有短期供給曲線，因爲可以採一量多價或一價多量銷售方式，不存在價格與供給量一對一的對應關係。短期時可能會有超額利潤、正常利潤與經濟損失發生，但是獨占廠商有價格決定能力，當利潤減少時便會調整價格因應，長期時未必追求利潤極大化，因爲怕刺激潛在競爭者出現、防止政府管制與爲了維護消費者利益等理由。

獨占廠商要能成功實施第三級差別取價有三項條件：消費者必須是可以做市場區隔、商品不能在市場間轉售與區隔和控制市場的成本，不得超過實行差別訂價的額外利潤。

自然獨占的訂價管制，可依邊際成本或平均成本訂價，前者廠商會有經濟損失發生，亟需政府補貼；後者廠商僅有正常利潤，但仍有經濟損失。

如果將獨占與完全競爭作一比較，獨占廠商訂價高產量少，有社會剩餘損失，而完全競爭訂價低產量高，社會剩餘最大。

07

獨占性競爭與寡占

本章綱要

7.1　獨占性競爭的意義與特性
7.2　獨占性競爭的需求曲線
7.3　短期與長期均衡
7.4　獨占性競爭廠商的策略
7.5　獨占性競爭與完全競爭之比較
7.6　寡占的意義與特性
7.7　寡占理論模型
7.8　寡占廠商的競爭策略與優勢
7.9　賽局

臺灣四季春大戰 綠茶市場再掀熱潮

臺灣人熱愛喝茶，國內茶飲料市場蓬勃發展。據經濟部統計，我國每年賣出 10.2 億杯手搖茶飲，平均每人每年喝 44 杯，營收達 500 億元。近年來，手搖飲料店不可或缺的明星商品就是四季春茶。那麼，為什麼四季春茶能比過去臺灣民眾喜愛的綠茶更受歡迎呢？

四季春是臺灣獨有、自然育成的茶葉品種，種植特色如其名四季如春，四季皆能採收。四季春做成的茶品茶香濃郁且帶有自然花香，風味獨特，清爽回甘。炎熱的天氣飲用更加清爽解渴，比起過去厚重苦澀的綠茶，更受到消費者喜愛。四季春獨特清雅的香氣，現泡般的香氣如何完整保存，並非一蹴即成。臺灣飲料大廠維他露，2017 年率先推出御茶園臺灣四

前兩章介紹的完全競爭市場與獨占，恰好是市場結構的兩個極端狀態，一個是廠商人數多到無法數，是價格接受者，且產品同質；另一個是只有一位生產者，是價格決定者，產品具有獨特性。在本章我們要繼續介紹市場結構另外兩個市場：獨占性競爭與寡占。1920 年代末期至 1930 年代，許多經濟學家開始研究介於完全競爭與獨占之間的市場結構，即是獨占性競爭與寡占，稱之爲不完全競爭（imperfect competition）。在這一章裡我們先介紹獨占性競爭後說明寡占市場。

7.1 獨占性競爭的意義與特性

獨占性競爭（monopolistic competition）又稱壟斷性競爭，指許多廠商爭相銷售一些異質但替代性很高產品的市場。這種市場似乎介於完全競爭與獨占之間，但所具有完全競爭之特質遠超過獨占的特性，兼具獨占和競爭特性的市場。由於產品的替代性高，廠商爲增加銷售量，力求產品差異化（differentiation），所以每一個獨占性競爭廠商，對其產品都擁有類似獨占的獨占力量，但又與眞正的獨占廠商有所不同。因此獨占性競爭廠商彼此之間的產品具有高度的需求交叉彈性。其次，獨占性競爭廠商家數也很多，可是又不像完全競爭廠商家數多到無法數，因爲產品具有差異化而不像完全競爭廠商是無

季春，選用 100% 臺灣南投四季春茶葉，再透過「低溫無菌冷充填技術」，不添加香料，完整封存四季春綠茶特殊迷人的香氣，清爽不苦澀，新鮮現泡般的口感，口感挑戰手搖店，上市後即成為當年度最暢銷的新品。

近年四季春銷售持續成長，各家廠商也紛紛跟進推出，持續帶動四季春茶的需求與銷售。臺灣食品龍頭今年夏天也投入四季春綠茶的市場，眾家廠商口感特色不同，不一定 100% 使用臺灣四季春茶茶葉，茶味濃淡各有偏好，綠茶市場正進入一個令人期待的新時代，讓綠茶市場有更加多元的選擇，讓愛喝茶的消費者們享受到更多好喝、便利的包裝茶。

資料來源：自由時報 2023/07/27

解說

臺灣人很喜歡喝茶，尤其是攜帶方便的手搖飲料，手搖飲料市場屬於獨占性競爭市場，生產的廠商非常多，價格可以自己決定，產品屬於異質性，所以替代性也很高，每個產品的價差並不大，為了滿足多變的消費者的需求，廠商多採差異化行銷方式，以增加產品的市場佔有率。

奈的價格接受者，也就是獨占性競爭廠商，在某一限度內是可以透過個別行動影響價格。在日常生活中遇到的廠商大多都是獨占性競爭，例如早餐店、餐廳、茶飲料店、夜市等。

獨占性競爭市場的特性可以歸納爲以下各項：

1. 衆多的廠商與消費者

   廠商家數很多，這種多是可以計算出來，例如做普查不管是否有繳稅都接受調查，只是要耗費大量人力時間與金錢成本。每一家廠商的產量在市場中所占比例很小，所以單一廠商的決策很少引起其他廠商的注意，不像獨占或寡占廠商的規模較大具有操控市場的能力。

2. 產品具異質性但替代性高

   在獨占性競爭市場中，每一家廠商雖然生產類似產品，但各具特色具差異化，每個消費者對不同產品的偏好亦不同，所以廠商對喜愛其產品的消費者，產生類似獨占廠商的獨占特質，而享有價格決定力，因爲生產類似產品的廠商人數很多，因此獨占性競爭廠商的價格決定力就不像獨占廠商那麼大（只此一家嫌貴就不要買）。例如蛋餅可以比別家價格稍高一點，喜歡的消費者自然可以接受，但不能賣天價，這樣一份蛋餅都賣不出去，而且會淪爲新聞報導體材。

3. 廠商可以自由進出市場

獨占性競爭市場，由於沒有進出障礙，廠商可以自由進出市場，長期時，如果個別廠商享有超額利潤，就會吸引生產相似產品的廠商加入市場，這樣每一家廠商的利潤就會減少，直到每一家廠商都只有正常利潤。同樣的，廠商如果有虧損，也可以自由退出市場，因此長期時廠商都只有正常利潤。因爲沒有什麼進入市場的障礙（如特許權、執照等），或是進入門檻低，所以只要市場有利可圖，存在超額利潤，便會吸引新廠商加入市場，大家紛紛進來分食市場大餅，有經濟損失又可以退出，以致於此市場具有高度的競爭性。

7.2 獨占性競爭的需求曲線

一、兩條需求曲線

完全競爭市場，每一位廠商所面對的市場需求曲線是一條水平線，而決定市場價格的產業需求曲線是負斜率需求線。依張柏林（E. H. Chamberlin）獨占性競爭理論之所述，獨占性競爭廠商面對兩條需求曲線，與完全競爭市場廠商迴異。如圖 7.1 所示。這是因爲張柏林的獨占性競爭理論中做了幾項假設。

1. 產品間的替代程度很高，所以以產品群（product group）的概念來取代產業的概念。
2. 產品具有異質性。
3. 廠商以價格做爲追求利潤的工具。
4. 每個產品群的廠商都有相同的成本線，面對相同的需求線。
5. 每個廠商的決策可以被忽略，因爲每個廠商的決策都均勻分布在產品群的競爭者之間，決策微不足道可以被忽略。

在圖 7.1 中，有兩條需求線，分別表示爲 d 與 D。E 點表示起始點，價格爲 P，依據上述假設條件，自己降價不會引起其它競爭者注意，不僅自己的需求量可以增加，還可以吸引其它競爭者原有的消費者來購買，因此廠商預期只要降價將可以大量增加需求量。當他漲價時，不僅自己的消費者會減少購買量，而且有些消費者會轉而向其它競爭者購買，因此預期需求量會減少很多，所以廠商面對的需求線就形成較富於彈性的需求線 d，稱爲預期的需求曲線（expected demand curve）。

由於每一位廠商面對的需求曲線都富於彈性，所以每一位廠商都希望透過降價（薄利多銷）方式增加利潤，當每位廠商都如此操作時，實際上每位廠商面對的需求量增加很有限，當大家都一起降價不僅自己的需求量增加不多，也無法從其它競爭者吸引消費者購買，因此需求彈性變成較缺乏彈性，需求線變成較陡型態如 D 線，稱爲比例的需求曲線（proportional demand curve）。

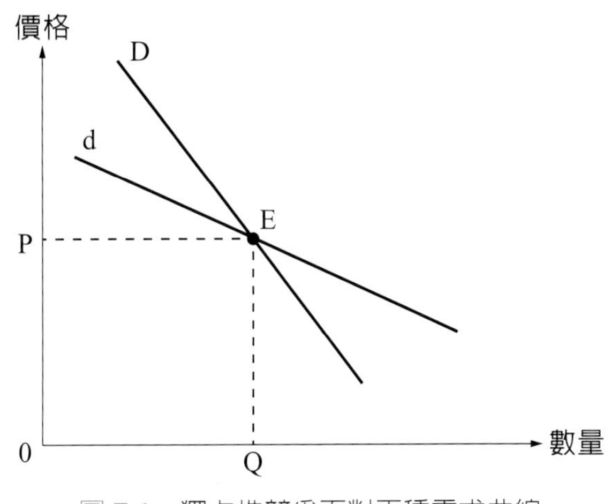

圖 7.1　獨占性競爭面對兩種需求曲線

二、與獨占廠商需求曲線之差異

獨占性競爭廠商與獨占廠商，雖然都面對負斜率的需求曲線，但是獨占性競爭市場有許多生產類似替代性高的產品，因此消費者的選擇機會也會變多，所以獨占性競爭市場的需求彈性，相較於獨占需求彈性要來得大，需求曲線會較平坦，而獨占面對的需求曲線較陡需求彈性較小，如圖 7.2。所以在進行短期分析時，不能直接引用獨占廠商的圖形，誤認爲兩者圖形完全相同。

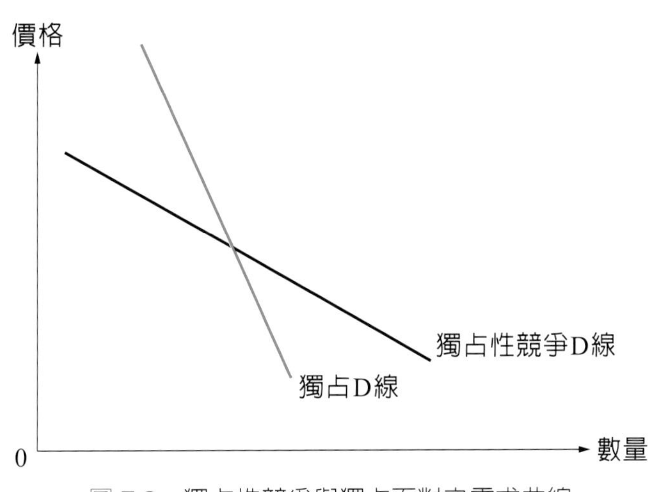

圖 7.2　獨占性競爭與獨占面對之需求曲線

7.3 短期與長期均衡

一、短期均衡

短期時獨占性競爭的分析方法與獨占相同，可以用總量分析（TR 與 TC）法也可以用邊際量分析法（MR 與 MC）。總量分析法與前兩章相同，爲節省篇幅本章就不再贅敘，以下以邊際量分析法說明之。

1. 超額利潤（$\pi > 0$）

由於獨占性競爭廠商因爲產品具有個別的差異性，使得廠商對其產品享有跟獨占一樣的獨占性，強調產品的些微差異性，以吸引特定的消費者來消費，針對這些特定的消費者，獨占性競爭廠商就跟獨占類似享有部分的價格決定能力，因而享有類似獨占的超額利潤，獨占性競爭廠商可以透過一些方法或手段來擴大它的超額利潤，例如強調產品的差異性或透過廣告，或是售後服務等來吸引潛在的消費者購買。

但是獨占性競爭廠商，面臨生產類似產品的衆多競爭廠商，能夠吸引來購買的潛在消費者也是有限，因此短期雖有超額利潤，但無法跟獨占就是產業，沒有競爭對手的超額利潤相比擬。短期分析方法跟獨占廠商相同。如圖 7.3 所示，如前所述，獨占性競爭廠商的 AR 線（市場需求曲線）要比獨占廠商的 AR 曲線要相對平坦。爲追求利潤極大化，需符合 MR = MC 原則決定其 Q_{MC} 產量，依 AR 曲線決定 P_{MC} 價格，利潤爲四邊形 $ABCP_{MC}$ 面積。

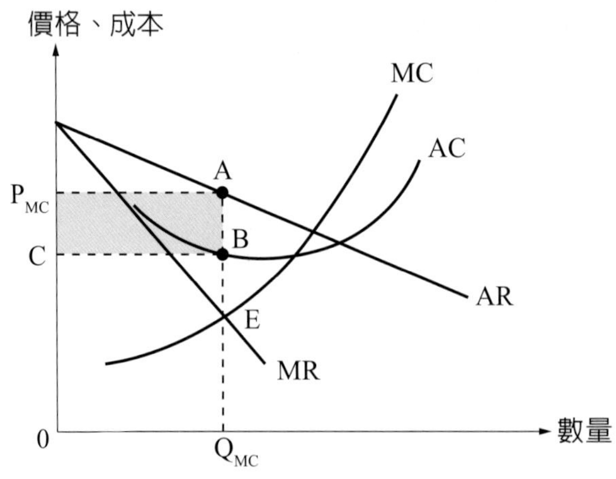

圖 7.3　獨占性競爭超額利潤

2. 正常利潤（$\pi = 0$）

如圖 7.4 所示。圖中 MR 與 MC 曲線交於 E 點決定 Q_{MC} 產量，依 AR 曲線決定 P_{MC} 價格，因為 P_{MC} 恰好與 AC 曲線相切，因為 $P_{MC} - AC = 0$，所以 $\pi = 0$ 只有正常利潤。

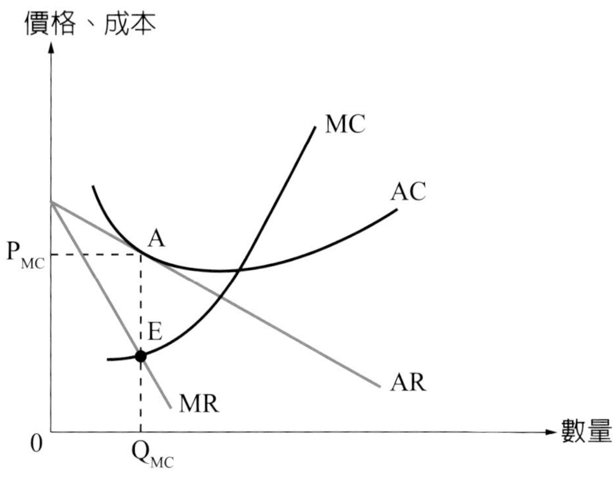

圖 7.4　獨占性競爭正常利潤

3. 經濟損失

圖 7.5 則表示獨占性競爭廠商短期有經濟損失，廠商依 MR 與 MC 曲線交於 E 點決定 Q_{MC} 產量，依 AR 曲線決定 P_{MC} 價格，因為 P_{MC} 低於平均成本，單位利潤 $P_{MC} - AC < 0$，因此有損失發生，總損失為四邊形 $BAP_{MC}C$ 面積，雖然有損失發生，但是廠商仍回收四邊形 $ADFP_{MC}$ 面積的固定成本，因此廠商仍可以繼續經營。

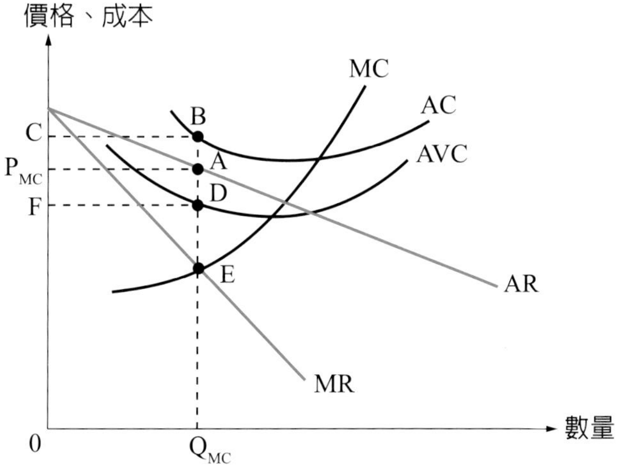

圖 7.5　獨占性競爭經濟損失

如果損失如圖 7.6 所示，則廠商將選擇歇業。圖中廠商生產 Q_{MC} 產量的經濟損失為 $BAP_{MC}C$ 面積，價格 P_{MC} 比平均變動成本還低，除了固定成本 BDFC 面積無法回收外，還倒貼 $DAP_{MC}F$ 面積，此時如果廠商選擇歇業 Q = 0，則只損失 BDFC 的固定成本，歇業的損失比生產的損失來得小，因此廠商應該選擇歇業。

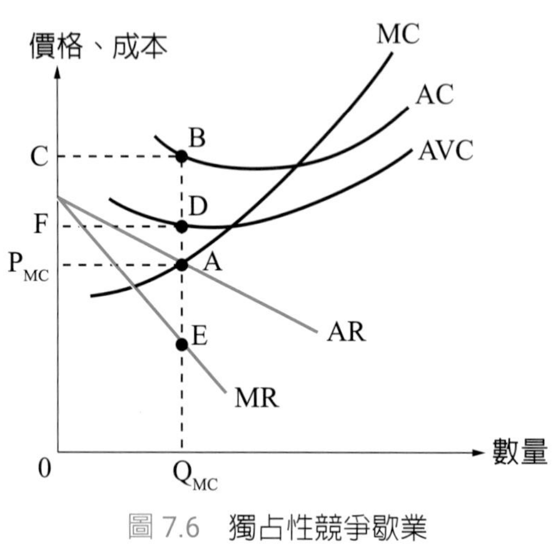

圖 7.6　獨占性競爭歇業

二、長期均衡

第 5 章曾說明，短期時產業中廠商家數與生產規模均是固定不變，長期時會發生兩種現象。生產規模與廠商家數均可變動。也就是在短期時，市場中的原有廠商如有超額利潤，則會擴大生產規模，期使利潤再增加，同時因有超額利潤也會吸引新廠商加入。同理，市場中的原有廠商如有經濟損失，有的廠商會退出市場，有的廠商會縮小生產規模，以使損失減少，獨占時廠商即產業，長期時不用考慮廠商人數變動之影響，而獨占性競爭長期時與完全競爭相同，不僅廠商人數會變動而且也會發生廠商規模的調整。

短期時廠商如有超額利潤將吸引新廠商加入，由於新廠商加入會吸走一部分顧客，導致需求曲線將向左移動（需求減少），舊廠商因應市場變化也會調整生產規模，以達到利潤極大化的目標。廠商如發生經濟損失，也可能退出生產，舊廠商退出使原有廠商的顧客數形同增加，導致需求曲線將向右移動（需求增加），舊廠商因應市場變化也會調整生產規模。經過如此反覆調整，長期時直至所有廠商都享有正常利潤為止，如圖 7.7 所示。因此，獨占性競爭長期均衡條件為：LMC = SMC = MR，P = AR（= D）= SAC = LAC。

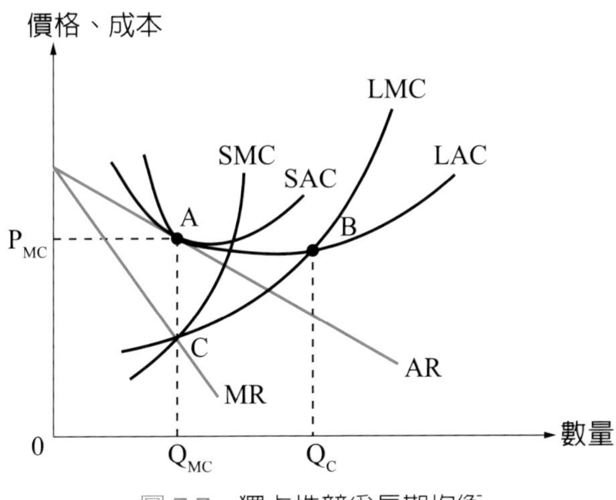

圖 7.7 獨占性競爭長期均衡

觀察圖 7.7。由於獨占性競爭的 AR 曲線爲負斜率，LAC 曲線呈 U 字型曲線，LMC 曲線穿過 LAC 曲線最低點 B 點，又長期時所有廠商都只享有正常利潤，所以 AR 曲線必定與 LAC 曲線相切於 LAC 曲線遞減之處如 A 點，同時 LAC 曲線又是 SAC 曲線的包絡線，因此 SAC 曲線與 LAC 曲線也相切於 A 點，利潤極大化產量由 MR = LMC 決定同時也等於 SMC 如 C 點，利潤極大化產量爲 Q_{MC} 價格爲 P_{MC}。

所以獨占性競爭的廠商在長期時，無法與完全競爭一樣在 LAC 曲線最低點 B 點生產如 Q_C，前述在 LAC 曲線最低點生產稱爲具有生產效率產量，而獨占性競爭長期產量 Q_{MC} 小於 Q_C，所以獨占性競爭長期不具生產效率，Q_{MC} 稱爲超額產能（excess capacity），表示生產能量未充分發揮，有生產設備或要素閒置未充分使用現象。

7.4 獨占性競爭廠商的策略

獨占性競爭市場產品雖然具異質性但替代性高，造成消費者有多種選擇機會，爲吸引消費者注意購買增加利潤，廠商經常採取強調產品差異化策略方式，尤其透過廣告行銷。

一、產品差異化策略

獨占性競爭廠商為吸引消費者並建立品牌忠誠度，可以採取下列策略：

1. 產品特性差異化：廠商可以通過改變產品的設計、功能、品質、包裝等來使其與競爭對手的產品有所區別。例如，引入獨特的特色、添加額外的功能或改進產品的外觀，以滿足不同消費者的需求。
2. 宣傳和廣告：廠商可以透過廣告和行銷策略來強調其產品的特點和優勢。這有助於提高消費者對產品的認知度，並建立品牌形象，從而吸引更多的客戶。
3. 客戶服務：提供卓越的客戶服務也是差異化的一種方式。這包括提供更好的售後服務、延展保固期限、提供線上支援等，從而增加顧客的滿意度和忠誠度。
4. 定價策略：獨占性競爭廠商可以採取不同的定價策略，如高價策略、折扣促銷或是提供套餐選擇等，以吸引不同層次的消費者。
5. 分割市場：將市場細分為多個不同的區域或目標客群，針對不同區域或客群推出適合其需求的產品和服務。
6. 品牌建設：建立強大的品牌是差異化戰略的重要部分，一個有吸引力且具有認知度的品牌，可以幫助廠商在競爭激烈的市場中脫穎而出。

獨占性競爭廠商通常會運用這些策略，以創造獨特的產品價值，與競爭對手作區隔，吸引消費者並建立持久的市場地位。

二、廣告行銷策略

一般而言，廣告分為兩種：訊息性廣告（informative advertising）與說服性廣告（persuasive advertising ）。訊息性廣告在傳達有關產品價格、品質與銷售通路資訊，讓消費者更認識產品，有更多選擇機會，可提高產品的需求彈性，藉由大規模銷售壓低價格，以薄利多銷方式增加利潤，有促進競爭（pro-competitive）的效果。說服性廣告在改變消費者認知，建立產品忠誠度，透過產品差異化降低產品需求彈性，提高產品定價能力，因此有反競爭（anti-competitive）的效果。以下我們分別以圖形 7.8 與 7.9 來分析獨占性競爭廠商的說服性廣告效果。

假設廣告前廠商成本為 TC_0，廣告支出 Adv 為一固定常數，廣告後成本為 $TC_1 = TC_0 + Adv$，將等式左右兩邊均除以 Q，變成 $AC_1 = AC_0 + A_{Adv}$，A_{Adv} 是廣告的平均成本，因為 $AC_1 > AC_0$ 表示廣告後平均成本上升，如圖 7.8 所示。為簡化分析，假設廠商的邊際成本在廣告前後均不變，廠商僅賺取正常利潤，因此 AR_0 與 AC_0 曲線相切決定 P_0，MR_0 與 MC 曲線相交決定 Q_0，因為只有正常利潤，所以 P_0 等於 C_0（Q_0 的平均成本）。廣告支出後不僅平均成本上升，廠商所面對的需求曲線亦向右移動為 AR_1，邊際收入向右移動為 MR_1，MR_1 與 MC 曲線相交決定 Q_1，依 AR_1 曲線決定價格為 P_1，Q_1 的平均成本為 C_1，由於廣告造成需求曲線右移幅度大於平均成本上升幅度，所以 P_1 大於 C_1，顯示廣告後創造的收益遠比廣告成本來得高，有超額利潤存在，因此廠商會持續投入廣告。

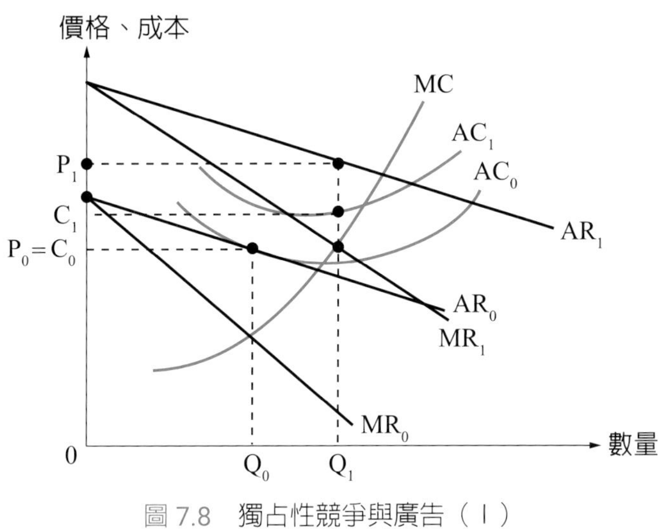

圖 7.8　獨占性競爭與廣告（I）

反之，如果廣告造成需求曲線右移幅度小於平均成本上升幅度，所以 P_1 小於 C_1，顯示廣告後創造的收益遠比廣告成本來得小，有經濟損失存在，因此廠商不再投入廣告了，如圖 7.9。

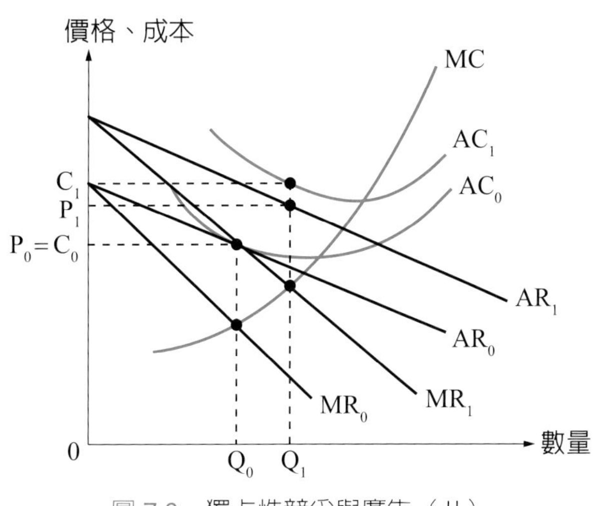

圖 7.9　獨占性競爭與廣告（II）

知識補給站　AI 在廣告方面的運用

AI 在廣告方面的運用已經成為數字營銷的一個重要趨勢，它能夠幫助廣告主和行銷人員更精確地定位目標顧客，提高廣告效果，同時也增加了廣告投放的效率。以下是 AI 在廣告方面的主要運用方式：

1. 個性化廣告投放：AI 可以根據消費者的興趣、行為和偏好，將廣告進行個性化定制。這使得廣告更具吸引力，更可能引起消費者的興趣，提高廣告的點擊率和轉換率。
2. 預測消費者行為：AI 使用大數據分析，可以預測消費者的購買行為和消費習慣。這有助於廣告主更好地了解目標顧客，根據消費者的特徵和行為進行廣告定位，減少廣告浪費，提高廣告的效果。
3. 智能投放媒體：AI 可以根據廣告主的需求和預算，智能選擇最適合的廣告平台和媒體進行投放。這使得廣告投放更加精確，提高廣告的曝光率和轉換效果。
4. 廣告內容生成：AI 技術可以用於自動生成廣告內容，例如文字、圖片和影片。這節省了廣告創作的時間和成本，同時保證了廣告內容的一致性和品質。
5. 廣告效果評估：AI 可以幫助廣告主實時監測廣告效果，分析廣告投放的效果和回饋。有助於及時調整廣告策略，提高廣告投放的最大效果。
6. 廣告評價和優化：AI 技術可以通過分析消費者的反饋和回饋數據，評估廣告的效果和效益。這有助於廣告主了解廣告的優點和缺點，進行優化和改進，提高廣告投放的效果和投資報酬率。

總結來說，AI 在廣告方面的運用可以幫助廣告主更好地理解消費者，提供更個性化和精準的廣告體驗，同時也提高了廣告投放的效率和效果。

資料來源：chatGPT

7.5 獨占性競爭與完全競爭之比較

短期時，獨占性競爭與完全競爭的差異與前一章獨占與完全競爭比較的差異相同。我們分短期與長期，將獨占性競爭與完全競爭作一比較。圖 7.10 係短期時獨占性競爭與完全競爭之比較。圖中 Q_{MC} 與 P_{MC} 分別是獨占性競爭的均衡產量與價格，Q_C 與 P_C 分別是完全競爭的均衡產量與價格。獨占性競爭與完全競爭比較，有較高價格與較少的產量，完全競爭的社會剩餘是 DCE 面積，而獨占性競爭的社會剩餘是 DBAE，與完全競爭相比少了 BCA 面積的剩餘。

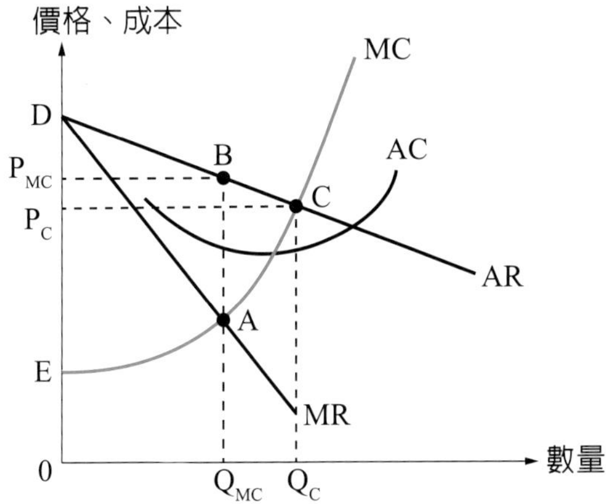

圖 7.10　獨占性競爭與完全競爭之比較（短期）

長期時如圖 7.11 所示。長期時獨占性競爭與完全競爭都只有正常利潤，獨占性競爭與完全競爭比較，獨占性競爭有較高價格與較少的產量，而且發生超額產能現象，而且有 BCA 面積的剩餘損失，完全競爭則有生產效率的產量。

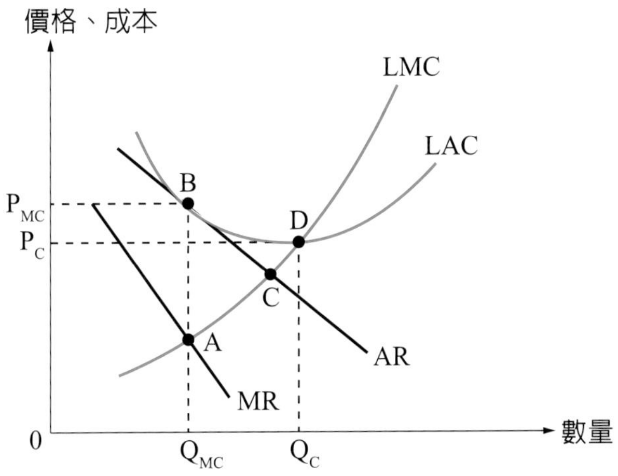

圖 7.11　獨占性競爭與完全競爭之比較（長期）

7.6 寡占的意義與特性

寡占（oligopoly）是指僅有少數幾家廠商提供產品的市場，不像獨占只有一家，也跟很多家的獨占性競爭市場不同。最簡單的寡占市場，是市場中僅有兩家廠商，稱爲雙占（duopoly）。寡占理論因爲廠商人數少，在不同假設條件下，得到不同的結論，跟前述三種市場結構不同，以致難有一致性的結論。因此，本章僅將古典及近代的寡占模型作一簡單介紹，最後說明寡占市場中最常被運用的工具 - 賽局。

寡占市場的特性如下：

1. 廠商家數少

   少數就是寡占的最大特色，由於市場中的廠商數目少，所以其所作所爲，都容易被競爭對手察覺，成爲決策參考的商業情報，所以寡占廠商的決策會相互影響。

2. 產品可能同質，也可能異質

   如果是同質稱爲同質寡占，例如，油品市場中，台塑及台灣中油，兩家企業龍頭對市場有重大影響力，其它如水泥或鋼鐵產業等是。如果是異質稱爲異質寡占，例如面板廠的瀚宇彩晶、友達、華映與 Sharp 等；電子書閱讀器的蘋果電腦公司、亞馬遜公司和 Barnes and Noble；又如手機大廠 Apple、Samsung 與 Sony 等，也是大家所熟悉的異質寡占例子，其它如汽車、家用電器、飛機製造產業等。

3. 廠商很難自由進出市場

   寡占市場中廠商數較少，新廠商加入時容易受到現有廠商的抵制與排擠。且各個廠商的生產規模較大，退出的沉沒成本（sunk costs）亦高。沉沒成本是指已經付出且不可回收的成本，例如房子的裝潢或辦公室的 OA 隔間，一旦拆下很難移作他用。由於沉沒成本的存在，除非虧損慘重，否則廠商不會輕言退出。

4. 廠商是價格尋覓者

   由於寡占廠商家數不多，個別廠商對其產品價格均有相當的決定力量，但是又受到競爭對手反應決策影響，寡占廠商既非價格接受者，也不是價格決定者，而是價格尋覓者（price searcher）。

7.7 寡占理論模型

將古典及近代的重要寡占理論模型整理如表 7.1。表中將模型屬性分成三類，分別是雙方天眞、相互依存與相互勾結模型。其中雙方天眞與相互依存模型，分成數量猜測或價格猜測。相互依存再細分爲一方天眞一方狡猾與雙方狡猾。相互勾結分成卡特爾與價格領導，其中價格領導可依成本優勢或規模優勢決定價格。所謂的天眞（naive）是認爲競爭對手不會改變生產數量或價格，而各自決定產量或價格以追求自身利潤極大化。而所謂狡猾（sophisticated），是指將天眞廠商之行爲考量，納入自身的產量或價格決策之中，再據以追求利潤極大。

庫諾產量猜測模型中，兩個廠商在決定自己的產量時，均天眞的認爲對手不會改變生產數量，而各自追求利潤的極大化。產品的市場價格則依據該兩廠商的總和產量而定。在貝德蘭價格猜測模型中，兩個廠商削價競爭，直到市場下降到邊際成本爲止。史塔貝克模型 - 雙占市場中，狡猾的廠商知道天眞的廠商會依照庫諾模型從事生產，因而會將天眞的廠商之行爲考量納入身的產量決策中，再據以追求其利潤極大。

表 7.1 寡占理論模型

<table>
<tr><th colspan="2">屬性</th><th colspan="2">類型</th><th>模型</th></tr>
<tr><td colspan="2" rowspan="3">雙方天真</td><td colspan="2" rowspan="2">數量猜測</td><td>庫諾模型 (Cournot Model)</td></tr>
<tr><td>貝德蘭模型 (Bertrand Model)</td></tr>
<tr><td colspan="2">價格猜測</td><td>艾吉渥茲模型 (Edgeworth Model)</td></tr>
<tr><td rowspan="3">相互依存</td><td>雙方狡猾</td><td colspan="2">數量猜測</td><td>張柏林模型 (Chamberlin Model)</td></tr>
<tr><td>一方天真一方狡猾</td><td colspan="2">價格猜測</td><td>史塔貝克模型 (Stackelberg Model)</td></tr>
<tr><td colspan="3">價格猜測</td><td>史威茲拗折需求曲線模型 (Sweezy Model)</td></tr>
<tr><td rowspan="3">相互勾結</td><td colspan="3">卡特爾</td><td></td></tr>
<tr><td rowspan="2">價格領導</td><td colspan="2">成本優勢</td><td></td></tr>
<tr><td colspan="2">規模優勢</td><td></td></tr>
</table>

以下分別介紹相互依存裡的史威茲拗折需求曲線模型，以及相互勾結的卡特爾組織與價格領導制。

一、史威茲拗折需求曲線模型

在史威茲拗折需求曲線模型中，寡占廠商的需求曲線之所以出現拗折點，是居於對廠商的行為假設，認為寡占廠商對價格的預期反應是「跟跌不跟漲」，如圖 7.12 所示。

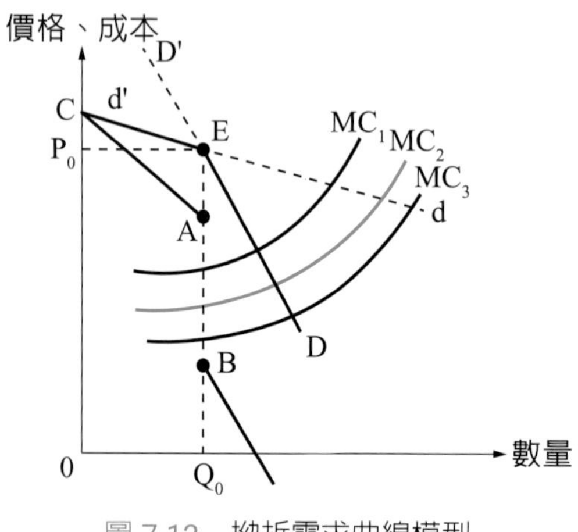

圖 7.12　拗折需求曲線模型

圖中現行價格如 P_0，當廠商降低價格時，競爭對手很快會得知他們的顧客正快速流失中，因此他們也必須採取跟著降價的反應不可，因此當價格由 P_0 下降時，該寡占廠商的需求曲線由較陡且缺乏彈性的 ED 線段組成，類似前述的比例需求曲線概念。如果寡占廠商降價，其它廠商都不跟隨，則需求曲線變成較富彈性的 Ed 組成，類似前述的預期需求曲線概念。

相反的，如果該寡占廠商提高價格，則其它競爭對手是不會跟隨的，因為不跟隨漲價，可以接收對手因漲價而喪失的客源。這就是當價格由 P_0 上漲時，該寡占廠商的需求曲線，將由較平坦且富彈性的 d'E 線段組成。如果寡占廠商漲價，其它廠商都跟隨，則需求曲線變成較缺乏彈性的 D'E 線段組成。因此在競爭對手「跟跌不跟漲」的假設下，寡占廠商所面對的需求曲線，變成一條有拗折點的需求曲線 d'ED。如果發生物價膨脹，寡占廠商若提高價格，則競爭對手將跟著提高價格，假設條件就變成「跟漲不跟跌」，此時需求曲線呈現反轉型態 D'Ed。由於有拗折點 E，相對應的 MR 曲線，在拗折點下出現一個中斷 AB 的缺口，將 MR 曲線分成兩段，一段 d'A 與較平坦的需求線 d'E 對應，另一段 B 對應較陡的需求線 ED。因為需求曲線出現拗折點，所以造成寡占模型價格僵化原因。

圖中的邊際成本線 MC 都經過 MR 曲線中斷缺口，不管是較高邊際成本 MC_1 曲線或較低邊際成本 MC_3 曲線，只要高不過 A 點低不過 B 點，都滿足 MR = MC 的條件，決定利潤最大產量 Q_0 與價格 P_0。

史威茲拗折需求曲線模型也有缺點：

1. 未說明價格僵化的原因，沒有說明爲何價格恰好出現在拗折點上。
2. 未說明邊際成本曲線爲何都經過 MR 曲線中斷缺口，導致產量永遠都是 Q_0。

二、卡特爾

不管是產量競爭策略抑或價格競爭策略，結果可能都是不利於廠商的，所以與其因爲競爭而互蒙其害，不如勾結以共謀其利，於是產生了寡占廠商的「卡特爾組織」。所謂卡特爾是指一些寡占廠商爲了避免競爭而從事勾結協議。有些卡特爾採取公開的勾結形式，有些則採取秘密的勾結形式。協議內容包括：市場統一售價、非價格競爭、市場銷售配額等協定。依照協議目標，卡特爾可分成 1. 追求聯合利潤極大化的卡特爾，稱爲完全卡特爾（perfect cartels）。2. 追求市場占有率的卡特爾，稱爲不完全卡特爾（imperfect cartels）。卡特爾組織整合寡占廠商，而表現出像一個獨占廠商的行爲。如前所述，獨占廠商的決策邏輯爲以量制價，生產少一點、價格賣高一點，以便賺取極大的利潤。但是如此一來，便導致經濟效率低落（產量較低，平均成本較高）和增加社會無謂損失的缺點。最著名的卡特爾是石油輸出國家組織（Organization of the Petroleum Exporting Countries，OPEC），聯合壟斷石油的生產，影響油價，以追求會員國的利益。OPEC 目前共有 12 個會員國，約占世界石油蘊藏量的 71.8% 及石油產量 38%。OPEC 於 1960 年 9 月 14 日在伊拉克首都巴格達成立，成立時有沙地阿拉伯、委內瑞拉、科威特、伊拉克及伊朗等五個會員國。其後，陸續加入利比亞、印尼與阿拉伯聯合大公國等八個國家，其中厄瓜多爾及印尼、卡達、安哥拉已退出該組織。其實卡特爾組織並不穩定，因爲要大家一起減產以謀共同的利益，是件很困難的事情。在價格較高的情況下，常有成員私下增產，以獲得額外的利益。而人同此心，心同此理，大家都私下增產的結果，以量制價的協議就崩潰了。爲了避免成員私下增產，卡特爾就必須嚴格監督成員的行爲，因此要付出監督成本。

以圖 7.13 說明追求聯合利潤極大化下，生產同質產品卡特爾的價格與產量之決定。在圖中 AR = D 是該同質產品如石油的市場需求線，假設要素市場是完全競爭（價格接受者），則卡特爾的邊際成本曲線（ΣMC）是產業內所有會員國邊際成本線的水平加總。爲追求聯合利潤極大化的卡特爾，最適產量的決定原則與一般市場結構廠商相同，即 MR = MC，如此最適產量爲 Q_C 統一售價爲 P_C。現在的問題是如何將 Q_C 的銷售量分配給各會員國？令各會員國邊際成本均相同而均分？還是對各會員制定銷售配額？不管哪一種方式，一些會員國經常投機取巧，暗中欺詐或公然杯葛，使得協議難長久維持。

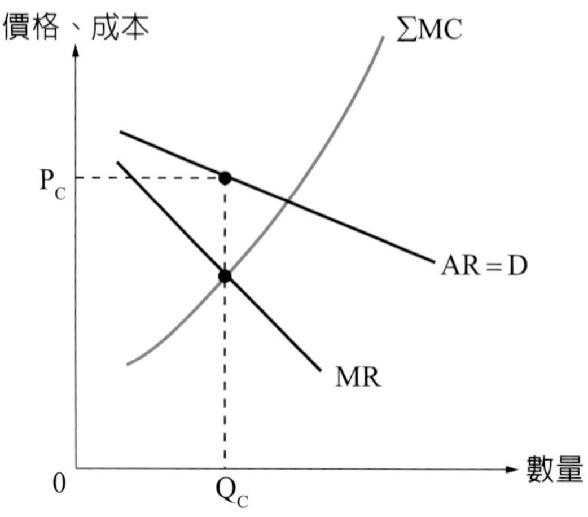

圖 7.13　聯合利潤極大化之卡特爾

一般來說，卡特爾組織能否持續運作，和下列因素有關：

1. 組織成員數

組織成員愈多，監督成本愈高，卡特爾組織越難運作。

2. 監督成本

監督成本愈高，卡特爾組織愈難運作。

3. 經濟景氣

常言道：同甘共苦，但是共苦容易，同甘很難。不景氣時，成員比較願意配合控制產量，讓價格穩定，共渡時艱。相對地，經濟景氣時，如何妥適分配龐大的利潤，反而成爲一大難題。

4. 產品的需求彈性

彈性愈小，卡特爾議價的能力愈強。需求價格彈性小的商品，大幅的價格上漲僅會導致有限的需求量減少；反之，數量的小幅減少會對應大幅的價格上漲。如此一來，才使得價格操縱成爲可能。石油就是一個需求價格彈性小的商品，現代經濟不能沒有石油，它是重要的能源，同時石化產品也是主要的工業原物料，所以石油的需求價格彈性小。

5. 進入障礙

進入障礙愈小，卡特爾組織越難維持。因爲若進入障礙小，成爲會員的門檻低，當卡特爾價格較高時，會吸引新會員加入，組織的總供給因而增加，以量制價的策略將更難成功，卡特爾組織自然難以維持。

三、價格領導制

另一種寡占廠商勾結的形式就是價格領導制（price leadership），簡稱價格領導。所謂價格領導是由產業中某一家廠商制定好價格，而其他廠商的價格以此爲依據的一種勾結方式。價格領導有時採取公開而正式的協定，有時礙於法律因素而採君子協定（gentlemen's agreement）或默契。

價格領導的方式有兩種：

1. 依據成本之優勢，即低成本的廠商成爲價格領導者。
2. 依據規模之優勢，規模相對龐大的廠商成爲價格領導者。

以圖 7.14 說明基於成本優勢的價格領導。圖 7.14 中有兩家寡占廠商勾結要均分市場，這兩家廠商分別是 1 與 2，平均成本與邊際成本曲線分別爲 AC_1、AC_2 與 MC_1、MC_2，由圖可知第 1 家廠商成本較高，而第 2 家廠商成本相對較低。這兩家廠商共同面對的市場需求線爲 D，因爲要均分市場，所以個別廠商面對的需求線爲 d 線（$d = \frac{1}{2}D$），邊際收入曲線亦相同 $MR_1 = MR_2$，依據 MR = MC 產量決定原則，第 1 家廠商利潤極大化產量爲 Q_1^1，價格爲 P_1，第 2 廠商利潤極大化產量爲 Q_2 價格爲 P_2，但是第 1 家廠商甘心成爲價格追隨者，也不得不犧牲一些利潤，在 P_2 價格下銷售 Q_1（$= Q_2$）數量。

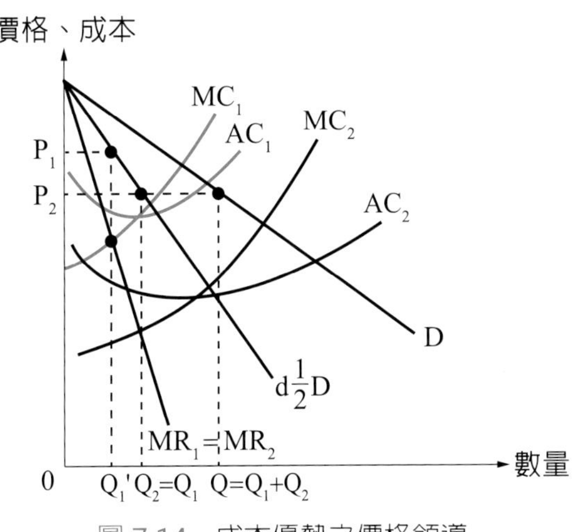

圖 7.14　成本優勢之價格領導

另一種價格領導制，是由生產規模及市場占有率非常大的廠商，制定價格而其他小廠商來跟隨。大廠商可藉著價格戰將所有小廠商趕出市場，但此舉有違法律與道德，因此，大廠商通常訂一個可以讓所有小廠商，出售其所有產品的價格，如果該價格小廠商無法提供，就由大廠商來提供之，此種狀況類似完全競爭市場，所有的小廠商都是價格接受者，所以在現行價格下，小廠商所面對的市場需求線就成為一條水平線，每個小廠商依 MR = MC 而生產，因為 P = AR = MR，所以 P = MC，因此將所有小廠商的 MC 水平加總，就得到全體小廠商的供給曲線 S（= ΣMC），如圖 7.15 所示。

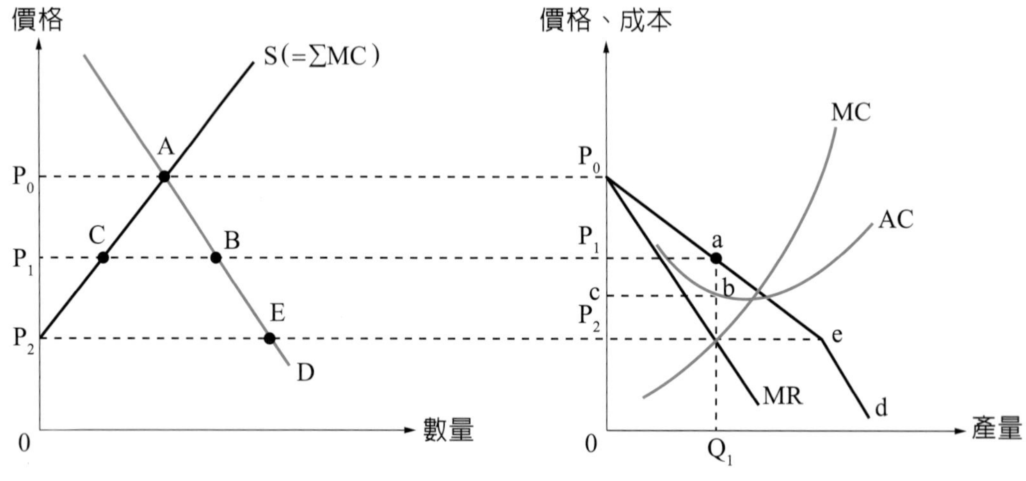

圖 7.15　規模優勢之價格領導

觀察圖 7.15，大廠商面對的需求曲線 d，是將每一個價格下的市場需求量減小廠商的供給量得到的價量關係曲線。

例如，當價格等 P_0 時，小廠商足以供應市場全部需求量 P_0A，此時大廠商的所面臨的需求量為 0，當價格為 P_1 時，小廠商提供 P_1C 數量，大廠商提供 CB（= P_1a）數量，當價格為 P_2 時，小廠商不再提供任何產品，整個市場需求量由大廠商提供，如 P_2E（= P_2e）數量。

當價格低於 P_2 時，市場需求曲線即成為大廠商所面臨的需求曲線。圖中的 AC 與 MC 曲線，分別是大廠商的平均成本與邊際成本曲線。大廠商依據 MR = MC 條件，將價格訂於 P_1，並銷售 Q_1 數量，所有小廠商都跟隨大廠商的 P_1 價格，並共同銷售 P_1C 數量產品，此時擔任價格領導者的大廠商，將獲得超額利潤 abc P_1 面積，其他小廠是否也享有利潤得視各小廠商的成本高低而定了。

時事小專欄

《UNIQLO 和 ZARA 的熱銷學》：兩大品牌如何顛覆市場價格的常理，博得顧客支持？

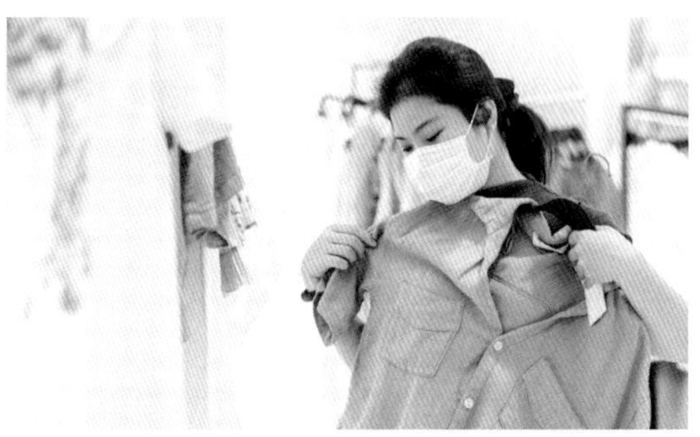

優衣庫跟 ZARA 兩個品牌，都是依據零售連鎖店的原則明確篩選，各商品類別的價位。因此，他們對於成本管理也相當嚴苛。

時裝連鎖店中，也有像這兩個品牌一樣都是採用 SPA 模式的連鎖店，期望透過大量展店來擴大經營，並藉由強大的議價能力（Buying power）提供便宜的好貨。

關於優衣庫的概念，該公司在官方網站揭示了這幾句話：「我們永遠以市場最低價格，為大眾提供任何時間、任何地點、任何人都能穿著，時尚感與高品質兼備的基本款休閒服。」

具體來說，優衣庫所謂的市場最低價格，意思是襯衫、女用襯衫等上衣類只要一千九百九十日圓（約合臺幣五百五十元）。在那樣的市場之中，優衣庫搶得先機，早早將多數消費者一秒不多想就能馬上掏錢下手的一千九百日圓價格設定為目標價位。

早在「刷毛一千九百日圓」一舉成名以前，優衣庫就已經靠著篩選商品進行大量下單、大量銷售，透過對消費者徹底宣傳這個價位，每逢週末，一直都是各區域最多客人光顧的店家（優衣庫在一九九〇年代前半，每一個款式達到五萬件的產量，下訂單的數量超越當時連鎖業界的競爭對手十至數十倍）。

「一千九百日圓」功不可沒，這個價格為優衣庫帶來便宜的形象，絕對是成功主因之一。之後優衣庫成為價格領導者，也是市場上的領頭羊，其他公司開始跟進，就連外資低價連鎖服裝也進入日本市場。

資料來源：The News Lens 關鍵評論 2020/2/25

時事小專欄

公平會白皮書列 9 大濫用競爭樣態 緊盯演算法聯合行為

公平會今天發布數位經濟競爭政策白皮書初稿，列出數位平台 9 大濫用市場地位支配樣態，更罕見將網路演算法涉及聯合行為納入探討，公平會表示，新科技讓廠商更容易掌握彼此價格，進而達到聯合行為，未來將加強科技執法。

數位經濟競爭政策白皮書初稿，探討五大競爭議題，包括市場界定與市場力衡量、濫用市場支配地位、結合、演算法與聯合行為、網路不實廣告。

其中，針對數位平台濫用市場支配地位，更是列出 9 大樣態，包括低價利誘、差別取價、最惠客戶條款與新聞媒體議價等。

新聞媒體議價部分，白皮書提到屬於跨部會議題，公平會未來執法方向上，會採取相關協助措施，促進新聞媒體業者與數位平台的協商。

此外，白皮書內容也提到，演算法與聯合行為涉及競爭面向，過往公平會較少觸及上述議題，這次寫入政策白皮書成為市場關注點。

公平會發言人陳志民晚間告訴中央社記者，廠商之間要有聯合行為，通常是協調價格一致性，不過總會廠商為搶市占、爭取訂單用差別價格銷售，聯合行為就很難成立。

陳志民說，有了 AI 技術、演算法後，廠商可以透過這項新工具，即時掌握是否有人偷降價，結果可能更容易達到聯合行為，產生過去沒有的新形式演算法勾結（algorithmic collusion），但認定勾結存在的舉證難度也會提升。

為避免聯合行為歪風盛行，公平會將視需求引進外部技術專家協助檢視演算法相關程式或指令，利用演算法所涉及的聯合行為，仍未脫離既有法律規範。

未來執法方向上，陳志民表示，會強化市場研究及產業調查輔助個案審理，另外也會加強科技執法，同時建立廠商遵法意識。

資料來源：中央通訊社 2022/3/2

時事小專欄

布倫特油價飆升 8% 沙特領導的 OPEC+ 為何突然宣佈減產？

周一（3 日）亞市，原油價格開市後直線拉升，一度飆升逾 8%，此前 OPEC+ 因擔心經濟增長放緩和銀行業危機對需求的潛在衝擊而意外減產。亞洲開市初，布倫特原油飆升 8% 至 86.44 美元的高位，美國 WTI 原油一度升 7.8% 至 81.58 美元，惟隨後有所回落。

石油輸出國組織及其盟友（即 OPEC+）周日（2 日）表示，將減產約 116 萬桶 / 日，而該組織成員國此前曾暗示將維持產量不變。

此次減產後，OPEC+ 的總減產規模達到了 366 萬桶 / 日，其中包括歐佩克 10 月份宣佈的 200 萬桶 / 日，以及俄羅斯承諾的 50 萬桶 / 日。

沙特阿拉伯在此次減產中貢獻了最多的減產份額，達 50 萬桶 / 日，其次是伊拉克的 21.1 萬桶 / 日和阿拉伯聯合酋長國的 14.4 萬桶 / 日。

今晚，OPEC 將舉行部長級聯合監督委員會會議，預計將完成這一減產決定的正式程序。

此前，OPEC 曾暗示要維持產量穩定。然而於美國多間銀行倒閉引發了對經濟增長放緩和需求減弱的擔憂後，一些 OPEC 成員國誓言要干預市場，穩定暴跌的油價。

另一方面，拜登政府表示 OPEC+ 的減產行為不可取，並稱美國政府將繼續把目標放在為消費者降低汽油價格上。為此，白宮此前於 2022 年釋放了超過 1 億桶的戰略石油儲備。

同時對於 OPEC 減產的原因，還有一種說法是因為拜登政府上周公開排除了回補石油戰略儲備的可能性，引發沙特的不滿。

資料來源：investing.com 2023/4/3

7.8 寡占廠商的競爭策略與優勢

寡占廠商的競爭策略可以分成產量競爭策略、價格競爭策略和品質競爭策略。產量競爭策略是：透過提高產量，強化規模經濟，降低平均成本，並擴大自己的市場占有率，增加議價能力，進而提高產品的銷售收益和利潤；價格競爭策略則是以降價方式擊退競爭對手，來擴大自己的市場占有率、銷售收益或利潤。

當然，這樣的作法都將遭致其他廠商在產量或訂價上的反制，而使得策略效果不如預期。至於品質競爭策略，則是以品質取勝或是利用功能上的創新，來吸引消費者。

例如 2019 年手機市場競爭激烈，iPhone、Samsung 和 Sony 等手機大廠，在拍照功能上各出新款，有的可以「自動開啓相機」以把握拍照時機，有的可以「雙光圈拍照」、長鏡頭、廣角和超級慢動作等。乃至於結合人工智慧運算，喚起 App 或 AI 偵測使用習慣，讓照相的功能更爲順手。

各大廠在產量競爭策略和價格競爭策略之外，更以各種創新功能來吸引顧客選用它們的手機。但是其研發費用和製造成本，將因而提高。在科技產品競爭激烈，且生命週期縮短的情況下，如果新產品沒有一上市就熱賣，要回收研發創新的支出，將是一個困難的挑戰。不管是產量競爭策略、價格競爭策略或品質競爭策略，都有其利弊，故廠商應適當取捨，或是搭配使用各種策略，才能維持長期的獲利和事業的永續發展。

在知識經濟和創新創業的時代，寡占廠商爲了保護自家產品的銷售和利潤，有了創新發明，就要趕快去申請專利，有了專利的保護，別人就不能模仿，如此便能提升自己的競爭力。

在臺灣，專利有三種：1. 發明專利：利用自然法則之技術思想之高度創作。2. 新型專利：利用形狀、構造或其組合，所產生的創新。3. 設計專利：利用物品（包含物品之部分）之形狀、花紋或色彩或其結合，透過視覺訴求之創作。通過專利的申請者，經濟部智慧財產局會給予 10 到 20 年的專利保護期，而違反專利，侵權者將遭受罰金、有期徒刑及民事賠償的處分。

7.9 賽局

所謂賽局（game），是指兩個或兩個以上的參賽者（players），因追求的目標有衝突而處於一種對抗狀態。由於參賽者所追求的目標不一致，所以目標不可能都達成，亦即每個賽局裡一定有勝有負，每位參賽者都知道報酬（payoffs）狀況，獲勝的參賽者將獲得正報酬（positive payoffs），失敗的參賽者獲得負報酬（negative payoffs）。任何賽局都有四個基本元素：參賽者、遊戲規則（rules）、策略（strategies）、和報酬。

賽局可分成兩種：機率賽局（game of chance）與策略賽局（game of strategy）。機率賽局以運氣決定勝負，而不必講究技巧。例如在骰子的賭博中，若以出現的點數之高低決定勝負，則此種屬於機率賽局。而策略賽局之勝負除受運氣影響之外，尚受參賽者所採行的策路之優劣所影響。例如象棋比賽、勞資議商、國際貿易談判等，均是策略賽局。本節所討論之賽局僅限於策略賽局。

在諸多分析寡占市場的理論中，獲得 1994 年諾貝爾經濟學獎的約翰．奈許（John F. Nash，1928 ～ 2015）所發展的賽局理論（game theory），獨樹一格，故特別在此做介紹。賽局理論研究是參賽者的決策行爲如何相互影響、如何制訂最適策略，以及賽局如何達成均衡等問題。參賽者在遊戲規則的限制下，猜測對手的反應，採取各種進攻或防守的策略，以獲取最後的報酬。由於賽局理論所處理的問題結構，和寡占廠商勾心鬥角的行爲非常相似，所以經濟學家將賽局理論應用在寡占市場的分析上。

賽局理論最經典的例子就是囚犯困境（prisoner's dilemma），茲簡述如下：假設有甲、乙兩人結夥犯案，不愼失風被逮。警方特別將甲、乙分開審訊，並設計了如表 7.2 的賽局，以誘導囚犯如實招供：（1）如果你招供，而對方不招供，則你將轉爲污點證人，立即釋放，而對方將被判 5 年徒刑；（2）如果兩人都招供，則都被判 2 年徒刑；（3）如果兩人均不招供，因證據不足，只被能判 1 年徒刑。所以顯然兩人都不招供、矢口否認，是對囚犯最有利的。

但因兩人被分開審訊，無法溝通，只能從各自的利益角度進行思考—站在甲的立場，可能有乙招供和乙不招供兩種情況：（1）若乙招供的情況下，甲若招供，甲將被判 2 年徒刑；若甲不招供，甲將被判 5 年徒刑，所以甲應該招供；（2）若乙不招供的情況下，甲若招供，甲將不用判刑；若甲不招供，甲將被判 1 年徒刑，所以甲還是應該招供。所以不管乙招不招供，甲都應該招供，「招供」即成爲甲的「優勢策略（dominant strategy）」。

優勢策略是不管對方採取何種策略，參賽者都應該採用的策略。同理，若站在乙的立場，所有的遊戲規則和可能的情況都與甲類似，所以招供也會是乙的優勢策略。所以最後兩人都會招認，而各判 2 年徒刑，如表 7.2 之（2，2）。而當所有參賽者都依據「個體理性」而選擇了招供，這種情況就稱爲奈許均衡（Nash equilibrium）。

在奈許均衡之下，參賽者都沒改變策略的動機，一動不如一靜，故稱之爲均衡。如表 7.2，在原（2，2）之下，甲不會想改變成「不招」，因爲如此一來他會變成被判 5 年；同理，乙也是一樣的想法，於是達成均衡的情況。 但是站在整個賽局來看，（1，1）的結果是顯然是最好的，具有所謂的「社會理性」，但是由於分開審訊，無法串供，無法彼此傳遞有利訊息，只能依據「個體理性」做選擇，而產生了「次佳解（second best solution）」。囚犯困境是不合作賽局之個體理性與社會理性不一致的典型例子。這也告訴我們：溝通和合作在增進社會福利過程中的重要性。

表 7.2　囚犯困境賽局

囚犯（甲、乙）		乙	
		招供	不招
甲	招供	（2, 2）	（0, 5）
	不招	（5, 0）	（1, 1）

備註：括弧內第一個數字為甲被判刑年數，第二個數字為乙被判刑年數。

再舉一個例子說明賽局理論在商業上的應用，假設有兩家廠商 A 與 B，是市場中的主要競爭對手，他們都在考量要不要大撒幣進行廣告策略，表 7.3 是他們的報酬矩陣。站在廠商 A 的立場，他要面臨兩種情況：（1）若廠商 B 採廣告策略時，廠商 A 採廣告策略，廠商 A 可賺 12 億，若廠商 A 不採廣告策略，廠商 A 可賺 10 億，所以權衡利弊之下，廠商 A 應該採廣告策略。（2）若廠商 B 採不廣告策略，廠商 A 採廣告策略，廠商 A 可賺 14 億，若廠商 A 採不廣告策略，廠商 A 可賺 9 億，所以不管廠商 B 採廣告策略與否，廠商 A 都應該採廣告策略。所以廣告策略是廠商 A 的優勢策略。另一方面，站在廠商 B 的立場，前面的分析，廠商 B 應該早在意料之中，所以廠商 B 也知道廣告策略會是廠商 A 的優勢策略。當廠商 A 採廣告策略時，廠商 B 採廣告策略，廠商 B 可賺 13 億；若廠商 B 採不廣告策略，廠商 B 可賺 10 億，所以權衡之下，廠商 B 應該採廣告策略。所以，最後兩家廠商均採廣告策略，而達到奈許均衡。

表 7.3　廣告策略的報酬矩陣

廠商（A、B）		B	
		廣告	不廣告
A	廣告	（12 億 , 13 億）	（14 億 , 10 億）
	不廣告	（10 億 , 14 億）	（9 億 , 9 億）

備註：括弧內第一個數字為 A 之報酬，第二個數字為 B 之報酬。

本章結論

獨占性競爭又稱壟斷性競爭市場，指許多廠商爭相銷售一些異質但替代性很高產品的市場。這種市場似乎介於完全競爭與獨占之間。獨占性競爭的特性有：眾多的廠商與消費者、產品具異質性但替代性高與廠商可以自由進出市場。獨占性競爭廠商有兩條市場需求曲線，預期的需求曲線與比例的需求曲線。如果與獨占廠商面對的市場需求線比較，獨占性競爭面對的市場需求線相對較平坦。獨占性競爭廠商在長期時只有正常利潤，但是會發生產額產能現象。

寡占是指僅有少數幾家廠商提供產品的市場，不像獨占只有一家，也跟很多家的獨占性競爭市場不同。寡占市場的特性有：廠商家數少、產品可能同質，也可能異質、廠商很難自由進出市場。寡占廠商的競爭策略可以分成產量競爭策略、價格競爭策略和品質競爭策略。賽局，是指兩個或兩個以上的參賽者，因追求的目標有衝突而處於一種對抗狀態。任何賽局都有四個基本元素：參賽者、遊戲規則、策略、和報酬。

NOTE

08

生產要素市場

本章綱要

焦點透視鏡

獎勵中高齡就業 勞團：關鍵在職場

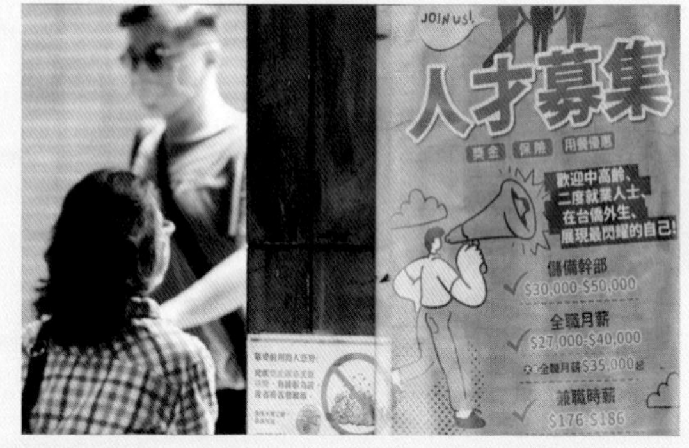

臺灣將於二〇三〇年面臨四十萬名勞動力缺口，為開發中高齡、二就婦女投入勞動市場，勞動部日前推出「婦女再就業計畫」，祭三萬元就業獎勵金，預計年底再推就獎，吸引五十五歲以上中高齡勞工「回流」，目前初步規畫比照二就婦女，發給一次性就獎，但適用資格、發放金額與形式，外界意見仍分歧。

全產總秘書長戴國榮說，很多中高齡是因企業關廠、顧老顧孫等家庭因素被迫離職，不是勞工不願意繼續待在職場，而是回不去，應從職場環境對症下藥。

臺灣去年整體勞參率約百分之五十九點二。廿五歲到四十九歲都還有百分之八十五、九十，但五十五歲過後，斷崖式下滑，五十五歲至五十九歲勞參率一口氣跌至百分之五十九點六，六十到六十四歲更僅剩下百分之卅九點六。跟南韓、日本差距落在十五至卅五個百分點間。

8.1 生產要素市場的分類

經濟學所謂的生產要素主要有四個，分別是勞動、土地、資本與企業才能。英國經濟學家威廉白第爵士（Sir William Petty）曾說過「（Labour is the father and active principle of wealth, as lands are the mother.），勞動是財富之父，土地是財富之母」。

勞動市場的價格爲工資或薪資，資本市場的價格爲利率，土地市場的價格爲地租，企業才能的報酬爲利潤。其中企業才能或稱企業家管理精神，這種管理才能可以經由後天學習獲得，屬於企業家的個人特質，不存在所謂供需問題，所以也沒有市場存在，上述要素市場的分類是以要素性質區分，如以要素價格是由市場供需決定或是由個別要素供給或需求一方決定，可再區分成完全競爭的要素市場與不完全競爭的要素市場。

完全競爭的要素市場有幾個特性：(1) 要素需求者與供給者非常非常多。每一個供給者或需求者，因銷售量與僱用量占整個市場的比例非常小，因此每一個要素供需者都是價格的接受者。(2) 要素雙方對市場行情十分靈通。(3) 生產要素具有完全移動性。

就業獎勵行之有年。勞動部過去針對 3 K 製造業、照顧服務業、營建工程業等，都先後祭出缺工就業獎勵。今年五月因應疫後缺工潮，旅宿房務、航空地勤、餐飲業等產業，也有疫後缺工就獎。九月則再推出「婦女再就業計畫」，近期正規畫中高齡「55plus 計畫」，也預計發放就獎。但檢視缺工就獎近三年成效，3 K 製造業年僅約千人領補助，平均請領月數十四個月。照顧服務業去年六千多人領就獎，但平均請領月數僅十三個月。營造業更不再續辦。進入這三產業的勞工平均皆未領滿十八個月，寧可閃人，遭質疑大撒幣真能促進就業嗎？

勞動部官員解釋，就獎只是提供誘因，把人引進來，但要留才，仍要靠雇主提供薪資願景、好的勞動環境。

資料來源：聯合新聞網 2023/10/12

解說

2025 年臺灣即將邁入超高齡社會，加上受少子化影響，國內勞動缺工問題持續擴大，未來勞動力缺口恐怕達到 40 萬以上，尤其是中高齡者變多，國發會除了多管齊下，從招攬國際人才、留學生來臺，也鼓勵婦女及中高齡就業。人力業者建議，企業要改善職場環境、友善中高齡勞工，也可透過彈性工時，吸引更多長輩加入。

不完全競爭要素市場，要素供給者或需求者可單獨決定要素價格。分爲獨賣市場與獨買市場。獨賣市場是指要素供給者只有一位（例如勞動者組織成工會），由工會代表勞動者與廠商議定工資。獨買市場是指要素需求者只有一位，單一廠商提供就業機會，要工作只能去他那裏，否則就是無法就業，工資多少當然由這位要素獨買者說了算。

要素需求爲引申需求（derived demand），表示廠商對生產要素產生需要是因爲消費者對財貨有需要所引申出來。因爲消費者要買所以廠商才會僱用要素來生產，所以第二章討論的財貨需求屬於直接需求，而要素需求屬於間接需求也就是所謂的引申需求。所以當要素生產力提高或產品需求增加或要素價格下跌，均會使要素需求發生改變（需求變動或需求量變動）。因爲不存在企業家才能市場，以下各節分別說明勞動市場、土地市場與資本市場。

8.2 勞動市場

勞動市場的價格是由勞動供需雙方共同決定。這個價格在藍領階級就稱爲工資，在白領階級就稱爲薪資，不管是工資還是薪資都是勞動的報酬，以下就不再細分而統稱爲工資。

一、均衡勞動量的決定

勞動需求是引申需求，均衡勞動量的決定也受到不同產品市場型態的影響（完全競爭或不完全競爭），在決定均衡勞動量之前先定義幾個相關名詞。

（一）要素收入面與要素成本面

1. **邊際產值（value of marginal product，VMP）**

   邊際產值是指變動一單位勞動僱用量所引起的財貨市場價值的變動量。即 $VMP_L = P \times MP_L$。

2. **邊際產量收入（marginal revenue of product，MRP）**

   邊際產量收入是指變動一單位勞動僱用量所引起總收入的變動量。即 $\Delta TR / \Delta L = MRP_L = MR \times MP_L$。

3. **平均產量收入（average revenue of product，ARP）**

   平均產量收入是指平均一單位勞動僱用量所得到收入。即 $ARP_L = TR / L = (P \times Q) / L = P \times AP_L$。

4. **總產量收入（total revenue of product，TRP）**

   總產量收入是指投入勞動要素所得到的總產量，在市場時的總收入。即 $TRP_L = TP_L \times P$。

   當產品市場是完全競爭時，因爲 $P = MR$，所以 $VMP_L = MRP_L$，如圖 8.1。

   當產品市場不完全競爭時，因爲 $P > MR$，所以 $VMP_L > MRP_L$，如圖 8.2。

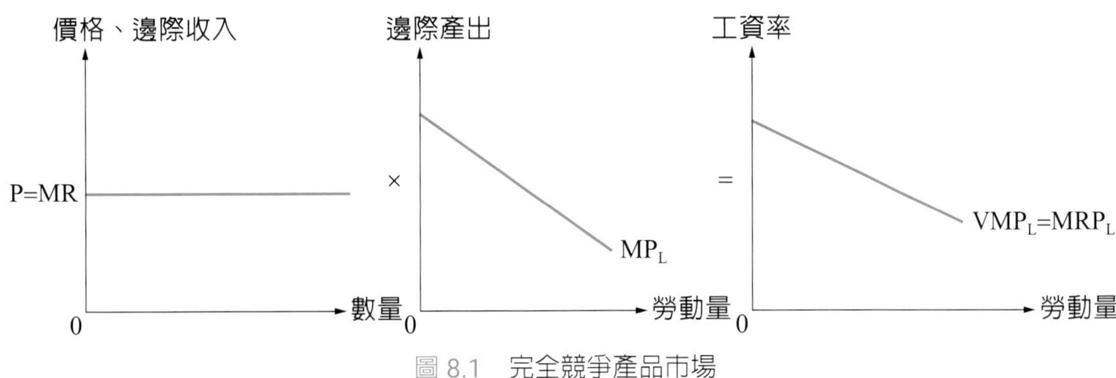

圖 8.1　完全競爭產品市場

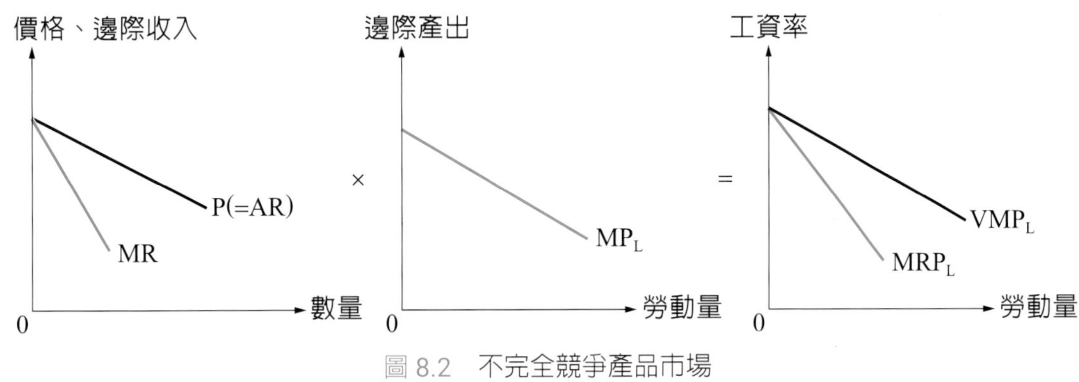

圖 8.2　不完全競爭產品市場

5. 邊際要素成本（**marginal factor cost，MFC**）

邊際要素成本是指變動一單位勞動僱用量所引起總成本的變動量。即 $MFC_L = \Delta TC_L / \Delta L = \Delta(P_L \times L) / \Delta L$。

6. 平均要素成本（**average factor cost，AFC**）

平均要素成本是指平均一單位勞動僱用量所需負擔的總成本。即 $AFC_L = TC_L / L = P_L \times L / L = P_L$。

當要素市場是完全競爭時（$\Delta P_L = 0$），因爲 $MFC_L = \Delta TC_L / \Delta L = \Delta(P_L \times L) / \Delta L = P_L \times (\Delta L / \Delta L) = P_L$，所以 $MFC_L = AFC_L = P_L$，如圖 8.3。

當要素市場是不完全競爭時（$\Delta P_L \neq 0$），因爲 $MFC_L = \Delta TC_L / \Delta L = \Delta(P_L \times L) / \Delta L = P_L + L \times (\Delta P_L / \Delta L) = P_L + L \times (\Delta P_L / \Delta L \times P_L / P_L) = P_L[1 + (1 / \varepsilon^S_L)] = AFC_L[1 + (1 / \varepsilon^S_L)]$，$\varepsilon^S_L$ 爲勞動供給彈性，$0 < \varepsilon^S_L < \infty$，所以 $MFC_L > AFC_L$，如圖 8.4。

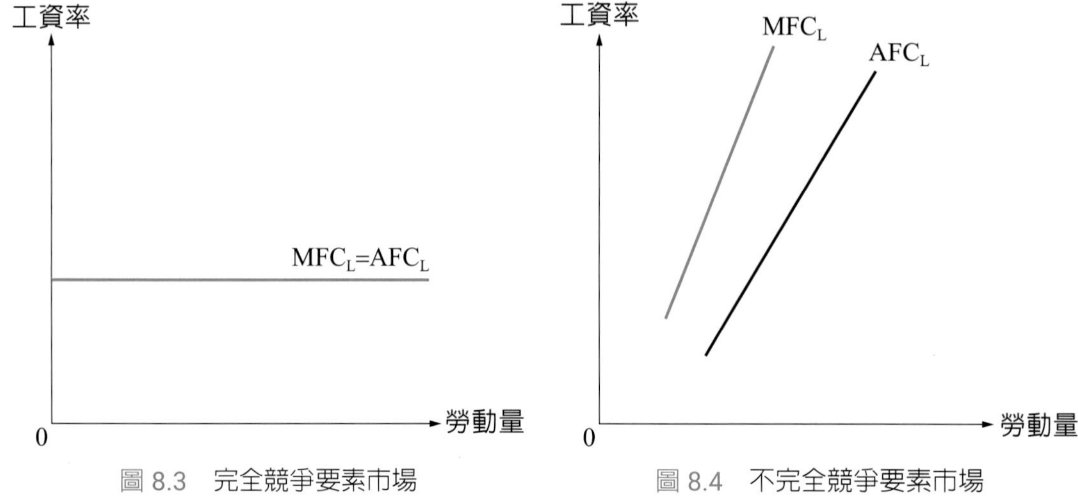

圖 8.3　完全競爭要素市場　　圖 8.4　不完全競爭要素市場

產品市場決定利潤極大化產量係依 MR = MC 決定，價格依 AR 決定，類似地，要素市場決定要素僱用量，也是考慮增減一單位要素對收益與成本的影響，亦即由 MRP = MFC 決定僱用量，要素價格由 AFC 決定。

（二）產品市場為完全競爭與要素市場為完全競爭

當兩個市場都是完全競爭，表示兩個市場的參與者都是價格接受者，均衡要素僱用量如圖 8.5 所示。觀察圖 8.5 知，均衡要素僱用量由 $MRP_L = MFC_L$ 的交點 E 點決定，要素價格仍爲 P^*_L。均衡條件爲 $VMP_L = MRP_L = MFC_L = AFC_L = P_L$。

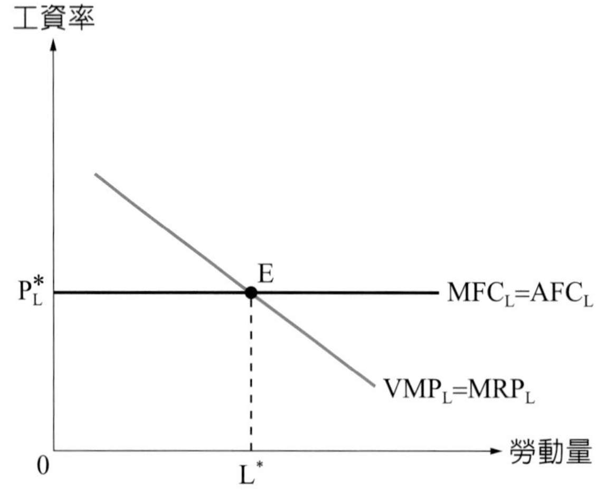

圖 8.5　產品市場與要素市場均完全競爭

（三）產品市場為不完全競爭與要素市場為完全競爭

當產品爲不完全競爭市場時，如產品市場爲獨賣，$VMP_L > MRP_L$，而要素市場是完全競爭市場，$MFC_L = AFC_L$。均衡要素僱用量如圖 8.6 所示。觀察圖 8.6 知，均衡要素僱用量由 $MRP_L = MFC_L$ 的交點 E 點決定，要素價格（P^*_L）由 AFC_L 決定。因爲產品市場不完全競爭，P_0 是在產品市場多支付的價格。均衡條件爲 $VMP_L > MRP_L = MFC_L = AFC_L = P_L$。

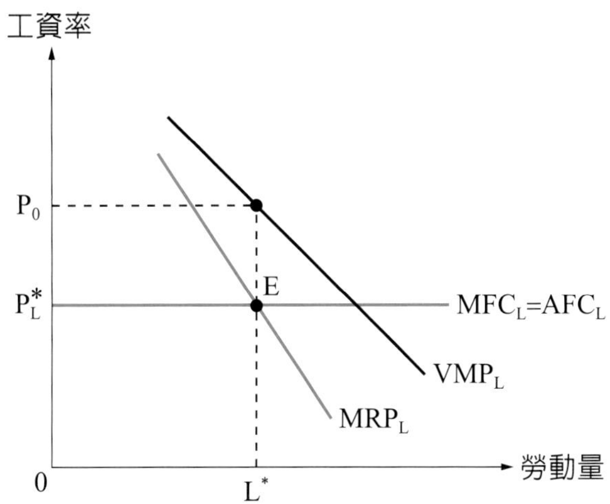

圖 8.6　產品市場不完全競爭與要素市場完全競爭

（四）產品市場為完全競爭與要素市場為不完全競爭

產品市場爲完全競爭時，則 $VMP_L = MRP_L$，但要素市場爲不全競爭，因此 $MFC_L > AFC_L$。均衡要素僱用量如圖 8.7 所示。觀察圖 8.7 知，均衡要素僱用量由 $MRP_L = MFC_L$ 的交點 E 點決定，要素價格 P^*_L 由 AFC_L 決定。因爲要素市場不完全競爭，$P_1P^*_L$ 爲被剝削的工資。均衡條件爲 $VMP_L = MRP_L = MFC_L > AFC_L = P_L$。

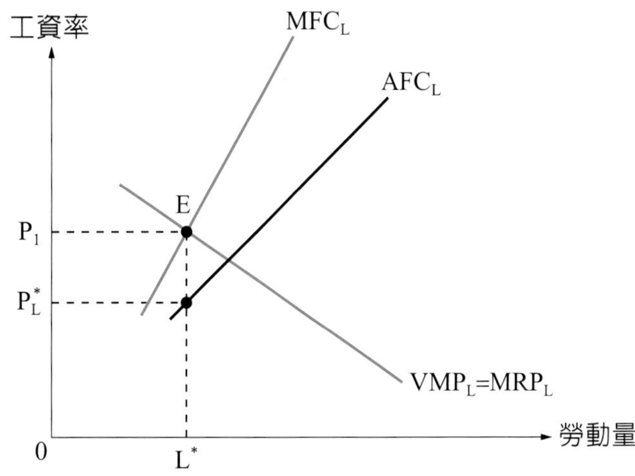

圖 8.7　產品市場完全競爭與要素市場不完全競爭

（五）產品市場為不完全競爭與要素市場為不完全競爭

產品市場爲不完全競爭表示勞動者在產品市場面臨獨賣狀況，$VMP_L > MRP_L$，而要素市場也是不完全競爭，此時勞動者也是面臨要素市場的獨買，$MFC_L > AFC_L$。均衡要素僱用量如圖 8.8 所示。觀察圖 8.8 知，均衡要素僱用量由 $MRP_L = MFC_L$ 的交點 E 點決定，要素價格 P^*_L 由 AFC_L 決定。因爲產品市場不完全競爭，P_0P_1 是在產品市場多支付的價格，加上要素市場不完全競爭，$P_1P^*_L$ 爲被剝奪的工資。均衡條件爲 $VMP_L > MRP_L = MFC_L > AFC_L = P_L$。

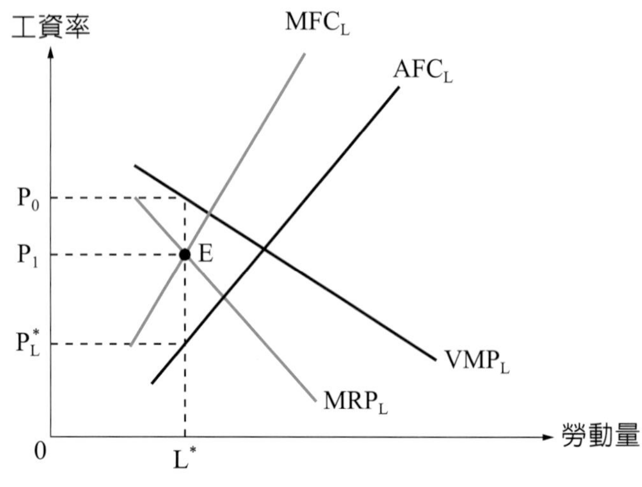

圖 8.8　產品與要素市場均不完全競爭

將上述四種不同類型產品與要素市場之要素僱用均衡條件，整理如表 8.1。

表 8.1　要素僱用均衡條件

項目		產品市場	
		完全競爭	不完全競爭
要素市場	完全競爭	$VMP_L = MRP_L = MFC_L = AFC_L = P_L$	$VMP_L > MRP_L = MFC_L = AFC_L = P_L$
	不完全競爭	$VMP_L = MRP_L = MFC_L > AFC_L = P_L$	$VMP_L > MRP_L = MFC_L > AFC_L = P_L$

二、勞動需求

在本小節將分別導出長短期勞動需求曲線。先說明短期的勞動需求曲線。短期勞動需求曲線係假設其它條件不變（如資本價格與資本使用量均不變），變動的只有勞動價格 P_L，在此條件導出的勞動需求曲線。以下假設要素市場爲完全競爭，而產品市場分爲完全競爭與不完全競爭兩種類型，分別導出勞動需求曲線。

（一）產品市場為完全競爭的短期勞動需求曲線

當產品市場爲完全競爭時，$VMP_L = P \times MP_L = MRP_L = MR \times MP_L$。當要素市場是完全競爭時，$MFC_L = AFC_L = P_L$。觀察圖 8.9 知，圖中 (a) 是勞動市場勞動量決定圖形。(b) 是廠商勞動僱用量決定圖形。

圖 (a) 中，當 D_L 與 S_L^1 交點決定 P_L^1，在 P_L^1 價格下決定市場勞動量爲 L_1^*。圖 (b) 中因爲要素市場也是完全競爭，所以 $MFC_L = AFC_L = P_L^1$，依均衡僱用條件 MRP = MFC，決定廠商勞動量。$MFC_L = AFC_L = P_L^1$ 與 MRP 交於 A 與 C 點，分別決定 L_1 與 L_2。比較 L_1 時的 TRP 與 TFC，TRP 等於 $P_L^3BL_10$ 面積，TFC 等於 $P_L^1AL_10$ 面積，因爲 TFC > TRP，所以 L_1 不會被僱用。

同樣地，在 L_2 時，TFC 等於 $P_L^1CL_20$ 面積，TRP 爲 D 點所圍成四邊形面積。很明顯，在 L_2 時，TFC > TRP，L_2 也不會被僱用。當勞動供給增加至 S_L^2，要素價格由 P_L^1 下降至 P_L^2，$MFC_L = AFC_L = P_L^2$ 與 MRP 交於 E 點，廠商勞動量爲 L_3，此時 TRP 等於 $P_L^2EL_30$ 面積，TFC 亦等於 $P_L^2EL_30$ 面積，因爲 TFC = TRP，L_3 可被僱用也可以不被僱用，本文假設 L_3 會被僱用。

當勞動供給增加至 S_L^3，要素價格由 P_L^2 下降至 P_L^3，$MFC_L = AFC_L = P_L^3$ 與 MRP 曲線交於 F 點，廠商勞動量爲 L_4，在 L_4 時 TRP 等於 F 點向上至 ARP 處與縱軸橫軸圍成的面積，爲求圖形簡潔未標出位置符號。TFC 亦等於 $P_L^3FL_40$ 面積。很明顯，TFC < TRP，所以 L_4 會被僱用。當勞動供給再增加至 S_L^4，要素價格由 P_L^3 下降至 P_L^4，$MFC_L = AFC_L = P_L^4$ 與 MRP 曲線交於 G 點，廠商勞動量爲 L_5，在 L_5 時 TRP 等於 G 點向上至 ARP 處與縱軸橫軸圍成的面積。TFC 亦等於 $P_L^4GL_40$ 面積。很明顯，TFC < TRP，所以 L_5 也會被僱用。

綜上所述，在 ARP 極大點以下延著 MRP 線段，就是短期勞動需求曲線，因爲產品市場爲完全競爭時，VMP = MRP，也可以說 VMP 曲線是勞動需求曲線，但當產品市場爲不完全競爭時，VMP 曲線還會是勞動需求曲線嗎？

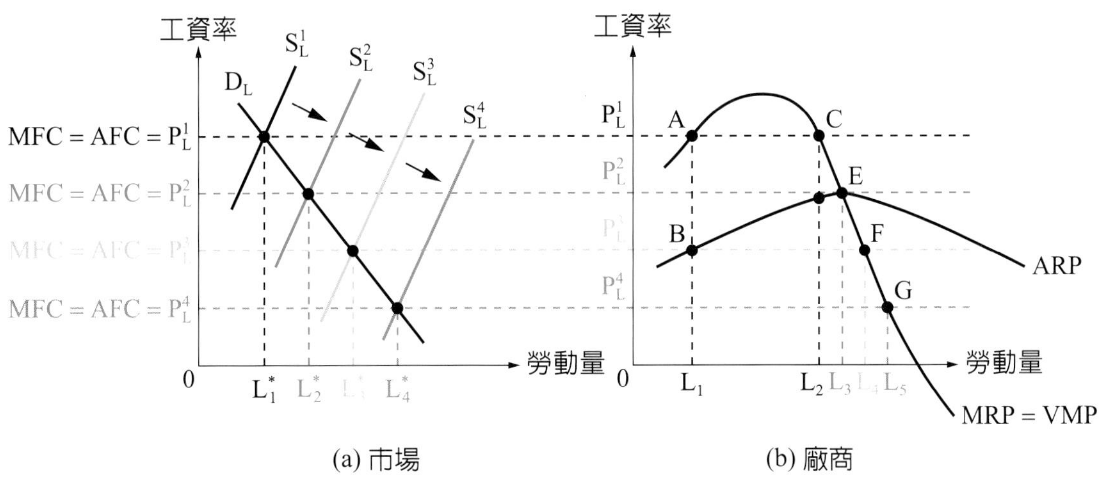

圖 8.9 短期勞動需求曲線（產品市場完全競爭）

（二）產品市場為不完全競爭的短期勞動需求曲線

當產品市場爲不完全競爭，則 $VMP_L > MRP_L$，而要素市場爲完全競爭，$MFC_L = AFC_L = P_L$。觀察圖 8.10 知，圖中當要素價格爲 P_L^1 時，$MFC_L = AFC_L = P_L^1$ 與 MRP 交於 A 點，決定 L_1 僱用量。要素價格下降爲 P_L^2 時，$MFC_L = AFC_L = P_L^2$ 與 MRP 交於 B 點，決定 L_2 僱用量。要素價格再下降爲 P_L^3 時，$MFC_L = AFC_L = P_L^3$ 與 MRP 交於 C 點，決定 L_3 僱用量。

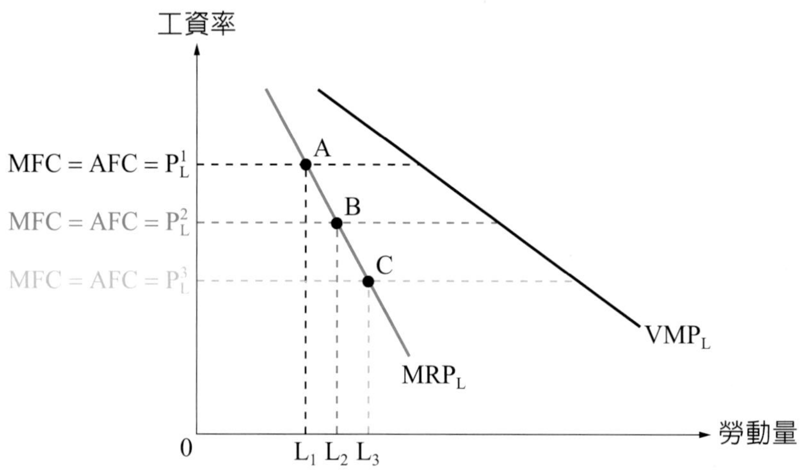

圖 8.10　短期勞動需求曲線（產品市場不完全競爭）

A 點、B 點與 C 點，均落在 MRP 曲線上非 VMP 曲線，所以當產品市場爲不完全競爭時，短期勞動需求曲線仍是 MRP 曲線，所以不管產品市場是否爲完全競爭，MRP 曲線就是勞動需求曲線。如果要說勞動需求曲線是 VMP 曲線，前提是產品市場必須是完全競爭，否則便不成立。那如果要素市場是不完全競爭時，MRP 還會是勞動需求線嗎？答案是否定的，因爲要素價格與勞動僱用量對應點，已不在同一條線上了，所以無法形成勞動需求線。

三、長期勞動需求曲線

如前所述，長期時不存在固定要素，所有生產要素均爲可變，當 P_L 變動導致 K 投入發生改變，無論資本與勞動是形成替代或互補關係，此時資本的變動均會影響 MP_L，MP_L 變動會影響 MRP_L 因爲 $MRP_L = MR \times MP_L$ 如圖 8.11 與圖 8.12 所示。

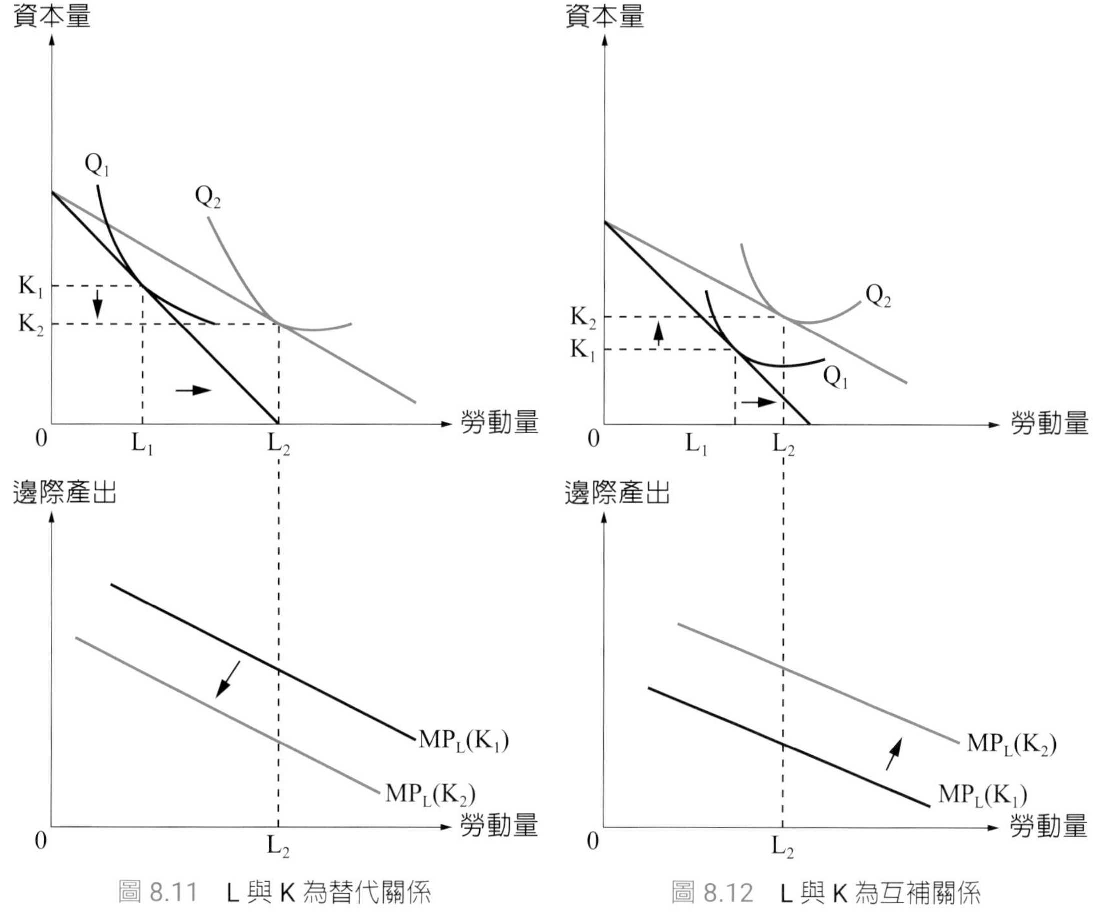

圖 8.11　L 與 K 為替代關係　　圖 8.12　L 與 K 為互補關係

圖 8.11 係說明 L 與 K 互爲替代關係，當 P_L 下降，K 投入減少，使 MP_L 曲線左移，亦即表示勞動需求線也左移。圖 8.12 係說明 L 與 K 爲互補關係，當 P_L 下降，K 投入也增加，使 MP_L 曲線右移，亦即表示勞動需求線也右移。

長期時，P_K 也是可變的，假設 L 與 K 爲互補關係，當 P_L 下降，使 L 增加，而 K 也增加，K 的需求增加會使 P_K 上升，P_K 上升又減少雇用一些 K，所以 K 增加幅度沒有之前的多，最後 MP_L 曲線只右移一點點，也就是 MRP_L 曲線只右移一點點，因此長期勞動需求線斜率，會比 P_K 不變的勞動需求線斜率陡。因爲要素需求是引申需求，產品市場的價格變動也會影響要素需求。

四、影響勞動需求曲線移動之因素

我們已經分析了商品的價格與其他要素的價格如何使整條勞動需求線移動。本小節除了說明這兩個因素之外，將再說明其它因素對勞動需求線的影響。

（一）財貨價格

財貨價格上升時，廠商會增加該財貨的產量，也增加生產該財貨所需的要素需求，因此要素需求線會往右移動。反之，財貨價格下降時，廠商會減少該商品的產量，自然地減少生產該財貨所需的要素需求，因此要素需求線會往左移動。

例如爲了防疫，許多產業與學校均改成居家上班或線上會議或授課，也使得筆記型電腦需求上升，筆電的市場價格上升，筆電製造商爲了因應市場需求，增加筆電的產量，進而增加勞動的投入量，因此勞動需求線會往右移動。

換一個角度來思考，當商品價格上升時，代表生產要素對公司的貢獻度提高了，亦即生產要素所產生的邊際產量收入增加，因此要素需求線會往右移動。當商品價格下降時，表示生產要素對公司的貢獻度降低了，亦即要素所產生的邊際產量收入減少，要素的需求線會往左移動。

（二）其他要素價格

其他要素價格對勞動市場需求線的影響與兩種要素之間的關係有關。要素之間的關係可能是替代關係，也可能是互補關係。如果兩要素爲替代關係，當一種要素的價格下降時，生產者對另一要素的需求就會減少，因此需求線往左移動。

假設勞動和機器設備是替代關係，當工資長期上漲時，廠商爲了降低成本，往往會將生產流程改爲自動化生產線，因此增加對機器設備的需求。反之，當兩要素爲互補關係時，一種要素的價格下降，生產者對另一要素的需求就會增加，使得需求線往右方移動。

例如爲了防疫，在許多重要大眾運輸場所與學校，增設許多紅外線溫度感測器，當紅外線溫度感測器價格下降，連帶使操作人員的需求也增加。

（三）勞動生產力

勞動生產力的提升代表勞動邊際產量增加，使得勞動的邊際產量收入線往右方移動，表示勞動需求增加。反之，如果勞動生產力下降，代表勞動的邊際產量也下降，使得勞動的邊際產量收入線往左移動，表示勞動需求減少。

例如企業經常舉辦員工在職訓練，藉以提升勞動的生產力，勞動的生產力增加，勞動需求也因此增加了。如果勞動與資本爲互補關係，則資本存量增加也會提升勞動生產力。

（四）技術進步型態

如前所述，技術進步型態分為勞動多用型與資本多用型。當發生勞動多用型技術進步，廠商的勞動邊際產量會因勞工的生產力提升而上升，從而使其勞動邊際產量收入與勞動需求增加，造成勞動需求曲線右移。當發生資本多用型技術進步，勞動會被資本所取代，勞動需求將減少。

表 8.2　影響勞動需求曲線移動的因素

財貨價格	上升	P ↑	D_L ↑
	下降	P ↓	D_L ↓
其他要素價格	替代	P_K ↓	D_L ↓
	互補	P_K ↓	D_L ↑
勞動生產力	提升	MP_L ↑	D_L ↑
	降低	MP_L ↓	D_L ↓
技術進步型態	勞動多用	MP_L ↑	D_L ↑
	資本多用	P_K ↓	D_L ↓

時事小專欄

央行駁臺灣患「荷蘭病」 傳產低薪反映「勞動需求減少」

近期外界關注臺灣產業發展過度集中科技業，並以半導體業為由，議論臺灣是否有荷蘭病現象。中央銀行今（6）日強調，傳產製造業較電子資通訊業薪資漲幅明顯為低，主要反映勞動需求減少，與荷蘭病因資源移動效果引起的勞動供給減少，造成工資上漲的症狀不同。另外，近來傳產致力高值化，持續保持競爭力，附加價值率均呈上升走勢，並未出現因匯率升值損及競爭力之荷蘭病症狀。

1960 年代荷蘭在北海發現天然氣油田，因此 1970 至 1980 年代初期，大量出口天然氣帶來貿易順差，累積大量外匯，卻也因荷蘭盾（Dutch guilder）實質匯率大幅升值，削弱其他產業（如製造業）生產、出口，並使競爭力下降。1977 年「經濟學人」（Economist）首度將荷蘭面臨的問題稱之為荷蘭病（Dutch Disease）。

近年臺灣傳產製造業薪資漲幅不大，較電子資通訊業漲幅明顯為低，而就業呈現下滑。2020 年受疫情影響，全球需求下滑，傳產業出口受挫，受僱員工人數下降，薪資亦下跌，此主要反映勞動需求減少，而與荷蘭病因資源移動效果引起的勞動供給減少，造成工資上漲的症狀不同。隨 2021 年之後全球景氣回升，傳產製造業出口增溫，薪資轉為正成長，惟就業持續小幅下降。

資料來源：民衆日報 2022/11/6

五、勞動供給

由第一章的個體經濟循環周流圖可知，家計單位在產品市場扮演需求角色，在要素市場變成供給的角色。家計單位在要素市場提供個人的體力或腦力換取工資或薪資。社會勞動供給曲線爲正斜率的勞動供給曲線（如圖 8.13），畢竟社會中的大多數勞動者還是喜歡工資率愈高愈好，當工資率提高反而認爲休閒是種奢侈（機會成本提高），願意增加工作時數，所以勞動供給是總工時的概念，如（式 8.1）。

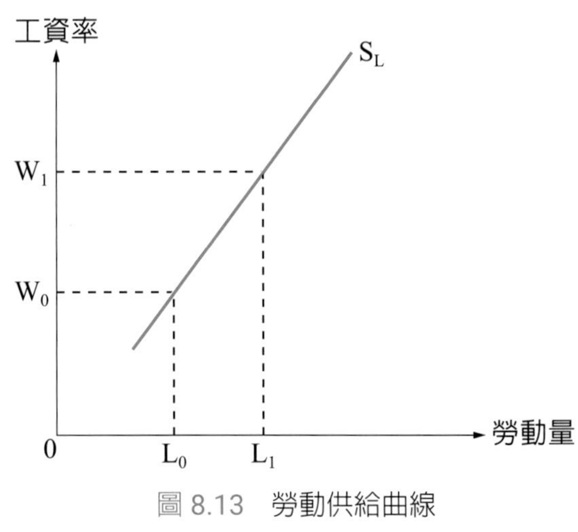

圖 8.13　勞動供給曲線

$$勞動供給 = 勞動力 \times 工作時數 \quad (式 8.1)$$

（一）影響勞動供給曲線移動的因素

由（式 8.1）可知，勞動力與工作時數的改變，均會影響勞動供給曲線的移動，分述如下。

1. 嗜好或觀念轉變

傳統觀念認爲婦女最好在家裡，照顧小孩及老年人，出外工作反而會被認爲是因爲男主人工作能力不足所致。近年來許多婦女已走出家庭，在職場的表現非常亮眼。依據勞動部統計資料顯示，婦女的勞動參與率（勞動力占 15 歲以上民間人口比率），由 2002 年的 46.6%，在 2012 年首度突破 50%，而 2021 年續升至 51.49%，逐年穩定成長。婦女勞動參與率的上升，會使勞動供給曲線右移。

2. 替代機會的轉變

任何一個勞動市場的勞動供給，會受到其它勞動市場工作機會的影響。例如蘋果採收工人的工資突然提高，會使得採收橘子工人供給減少。如台積電宣布 2021 年將調薪 20%，要留住人才及吸引新人才，此舉將帶動高科技勞動力的移動。

3. 移工

勞工在區域之間或國家之間移動非常頻繁，也是造成勞動供給變動的重大原因之一。截至 2023 年 11 月止，臺灣地區的產業與社福移工總計 754,130 人。如以國籍區分，印尼占 36%，越南占 35%，菲律賓占 20%，泰國占 9%。如以工作性質區分，產業移工占 64%，社福移工占 36%。這些在臺灣的移工也使國內相關產業的勞動供給增加。

4. 人口結構轉變

前述勞動參與率是指 15 歲以上民間人口中，勞動力所占比率。所以一國中勞動力的增減對勞動供給影響很大。依據內政部統計資料，2020 年臺灣出生與死亡人口出現死亡交叉，也就是說死亡人數超越出生人數。因爲受疫情影響，結婚數也創下史上最低，恐將使得 2021 年的出生人口面臨 15 萬人數保衛戰。而且死亡率與出生率差距將逐年擴大，臺灣已面臨人口逐年減少的窘境。逐漸降低的出生率表示經過 15 年後的勞動力將呈現萎縮現象，不僅衝擊勞動市場，也影響役男人數，威脅國家安全。

時事小專欄

連 34 個月「生不如死」！臺灣生育率全球倒數第一

我國行政院《我國少子女化對策計畫》，針對低生育率分析，晚婚、不婚、生育年齡的延後、育兒成本增加、家庭經濟、工作環境，皆是造成少子化的成因。

根據國發會統計顯示，臺灣目前的人口年齡中位數為 44.4 歲，到 2030 年時將快速提高至 48.4 歲，2050 年時更將高達 56 歲，臺灣明顯邁入超高齡化社會。

全球生育率倒數 5 名排名，依序是臺灣 1.09 人、南韓的 1.11 人、新加坡的 1.17 人及香港、澳門的 1.23 人；根據統計至今（2023）年 10 月底，全臺人口總數為 2341 萬 1858 人，與上年同月相比增加了 19 萬 9802 人，與上月比較增加 7558 人。新生兒部分，全臺 10 月出生人數為 1 萬 3068 人，是 21 個月以來單月出生人數最多的月分，不過臺灣 10 月死亡人數 1 萬 6594 人，較上月擴大了 13.6%，死亡人數比出生人數多 3526 人，連 34 個月「生不如死」。現今年輕人不敢生小孩，到 2050 年，臺灣將進入超高齡社會。2030 年，企業最愛用的 25 歲至 44 歲勞動力將大幅減少，各產業招募人才將面臨巨大挑戰。對一個國家來說，人口下滑意味著全國勞動力萎縮、市場生產力下降，以及政府稅收減少和支出增加。生育率下降，勞動人口減少，影響經濟發展，年輕人總撫養比增加，預估 2030 年青壯年人口撫養負擔比重將突破 50%。

資料來源：TNBS 新聞網 2023/12/04

六、雙邊獨占

最後分析一個勞動市場的極端情況，勞動供給爲獨賣，即衆多勞工組織成工會，而勞動需求爲獨買，這就是勞動市場的雙邊獨占（bilateral monopoly）。例如一家煉油廠商，面對由煉油工人組成的工會。圖 8.14 中 D_L 曲線代表買方獨占的勞動需要曲線（即 MRP_L）。

如前所述，無論產品市場是否是完全競爭，MRP_L 是勞動的邊際生產入，也是勞動需求線。MC 代表賣方獨占的邊際成本線。獨占廠商是沒有供給曲線，但如果獨占者被限制以固定價格出售產品，則在平均變動成本曲線以上的邊際成本曲線段，就是他的供給曲線。因此，當不考慮賣方獨占時，MC_L 可代表勞動的供給曲線，MFC_L 則代表買方獨占的邊際要素成本線。若不考慮要素出售者所擁有的賣方獨占力，則買方獨占者將依 MFC_L 與 MRP_L 交點 A 點，決定 L_1 勞動量，給付 W_1 的工資。

另一方面，如果不考慮要素購買者所擁有之買方獨占力，只考慮要素銷售者所擁有之賣方獨占力，則 D_L 代表賣方獨占者的 AR 曲線，與其對應則是 MR 曲線。賣方獨占者將依 MR 與 MC 的交點 B 點，決定 L_2 最有利的勞動銷售量，工資爲 W_2。由於要素購買者和要素銷售者都只有一位，買方獨占者喜歡的工資是 W_2，賣方獨占者喜歡的工資是 W_1，因此在議價上，雙方存有基本的衝突，這種衝突將導致市場價格的不穩定性，所以隨著一方有較強的議價能力，則工資將偏向那方，所以雙邊獨占模型只能提供工資的可能範圍，而無法指出市場的確切工資。

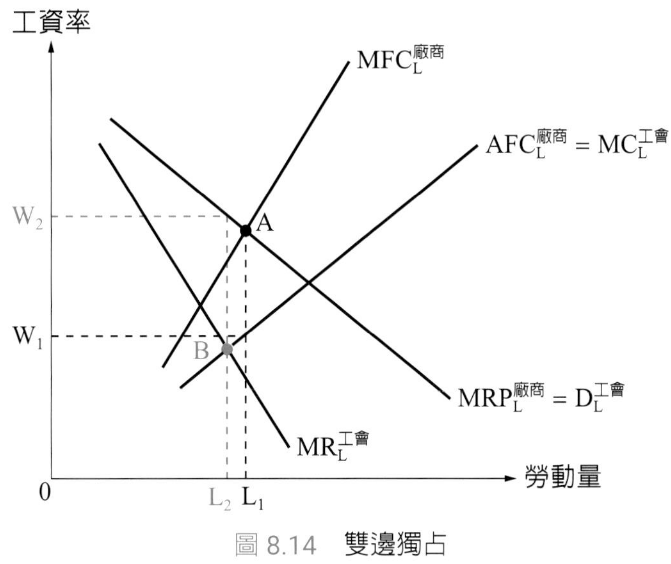

圖 8.14　雙邊獨占

8.3 土地市場

一、土地的定義

經濟學所謂的土地，除了陸地之外，還包括河海、湖泊、地下礦產、地上林木以及附著於地上的日光、熱能、風力、雨水等一切的自然物及自然力，均包括於土地的範圍裡面。英國著名的經濟學家馬歇爾（A. Marshall）曾對土地下一個定義，他說所謂土地乃指自然為輔助人類而自由給予的陸、水、空氣及光熱等各種物質與能力。這個定義包括兩個重點：(1) 土地乃自然所賜，非人類以勞力所生產的產品。(2) 土地乃包括地球表面的水、陸、空氣等自然物和光、熱、風等自然力。

我國土地法第一條規定：「本法所稱土地，謂水陸及天然富源」。民法第七百七十三條規定：「土地所有權，除法令有限制外，於其行使有利益之範圍 ，及於土地之上下，如他人之干涉，無礙其所有權之行使者，不得排除之」。

二、土地的價格—地租

（一）地租的意義

地租（Rent）是土地的報酬，最初是指支付給地主的報酬，後已擴大用來說明支付給任何擁有稀少性資源的生產因素之所有者的報酬。

（二）地租是由商品價格決定

以下說明一個很重要的概念，地租是由商品價格決定的，卻不能反過來決定商品的價格。十八世紀初英國國內的糧食需求，大部分仰賴歐洲大陸進口，後來發生法國大革命戰爭與拿破崙戰爭，歐洲的穀物不再運往英國，1795 年開始英國國內穀物價格暴漲。由於穀物是基本糧食之一，所以穀物價格暴漲之後，許多人民遭受飢餓的痛苦，於是乎工人要求增加工資，因此引發英國政局不安定，許多人認爲穀物價格高漲是因爲地主向農民索取高額的地租所致。

然而李嘉圖（D. Ricardo）力排衆議，認爲穀物價格的上漲是因爲需求增加過多，穀物供給不能配合需求所產生的結果。糧價上漲以後，由於生產糧食有利可圖，所以競相承租土地來生產糧食，所以促使地租提高，如果糧食的需求不多，對土地的需求就不會增加，那麼地租就不會上漲，所以穀物價格上漲，不是因爲繳納較高地租所致，而繳納高地租是因爲穀物價格變貴了。所以李嘉圖認爲，土地的價格 - 地租是由土地供需所決定，而土地的需求是由穀物價格高低決定，所以地租是由穀物價格所決定，而不是決定穀物價格的因素。這也是在說明土地需求是引申需求，因爲最終財貨穀物變貴，爲多生產穀物，所以競相租用土地，以至於將土地價格地租推高。

爲解決糧價居高不下的問題，1846 年在李嘉圖及其同學派學者努力下，終於取消限制穀物進口的穀物法案（the corn laws），使得英國糧食進口增加，穀物價格終於下跌，減少了對土地需求的壓力，因此也抑制了地租持續上升的現象。

由上述例子可知：(1) 地租的產生完全決定於商品價格，而商品價格的高低又決定於供需曲線（與地租無關）。(2) 從個別生產者觀點而言，地租可視爲生產成本之一，生產者因爲付出了地租，對該項資源的利用，必然會盡更大的努力。因此，就個體而言，地租具有充分利用資源的功能。(3) 就整個社會觀點而言，地租不可視爲生產成本之一，整個社會的平均成本並未因少數人支付了地租而提高。同時，由於地租的提高（降低），不能使生產資源的供給增加（減少），生產力提高（降低）。因此，就社會總體而言，地租並沒有促使生產力提高（降低）的經濟功能。

（三）地租、準地租、經濟租

地租是土地的報酬，原僅指支付給地主的報酬，後已擴大用來說明支付給任何擁有稀少性資源的生產因素所有者的報酬，這就是經濟學上的地租，也稱爲「經濟地租」（economic rent）。例如廠商能夠享有超額利潤，這是因爲他擁有特殊的技術、設備或優良地段等（稱爲稀少性資源），一旦其他廠商也能享有這些資源，則他就不是稀少性資源的擁有者，此時地租就消失了。

就土地而言，地租之發生是由於土地具有稀少性。雖然有些學者認爲地租的 生是由於土地報酬有遞減的現象或是土地私有制或土地品質的差異，但是眞正的原因還是由於它的稀少性。所以某些生產因素在短期間具有類似土地稀少性的特質，故稱短期生產因素的報酬爲準地租（quasi-rent）。

就社會觀點而言，地租也是一種剩餘，它是總收入扣除總成本（包含外顯成本及隱藏成本）之後的剩餘，也稱爲經濟利潤，爲何又稱爲地租呢？因爲生產者經營的結果能夠獲得正的經濟利潤是由於他擁有別人所不能擁有的，即前述的特殊技術、設備或優良地段等，一旦這些資源爲某些生產者所能獨自享有，則表示它具有稀少性，社會對此種稀少性資源所支付的報酬，可視爲總收入扣除總成本之後的剩餘。因此，地租就是經濟利潤（反之則不成立），就是一種剩餘的概念。

時事小專欄

工料成本雙漲、土地價格墊高 房仲全聯會：房價恐續升

2024 總統大選落幕，中華民國不動產仲介經紀商業同業公會全國聯合會（房仲全聯會）表示，新政府上路後，可望推動或擴大「百萬社宅、青年貸款、租金補貼」；不過，在工料成本雙漲、土地價格墊高的情況下，房價恐續升。

業界認為，選前候選人提出的政策大同小異，只有程度不同，新政府推動政策時，應能獲得立委認同，相較其他產業，不動產業後市相對穩定樂觀。

住商不動產企劃研究室執行總監徐佳馨認為，新政府應會延續目前政策，從推動囤房稅 2.0、協助百萬租屋家戶到精進青年安心成家貸款，整體住宅市場狀況變化不大，2024 年房市維持穩定基調。

房仲全聯會不動產智庫總會長林金雄表示，總統當選人賴清德提出的百萬社宅政見，其中包含 25 萬戶直接興建，未來還要透過市地重劃與區段徵收取得更多社宅用地。

林金雄提醒，選後房市是樂觀中藏有隱憂，仍有些不安因子需注意。目前缺工又要低碳環保，工料成本雙漲，都會推高營建成本，房價更難下降。另外，透過重劃與區徵取得社宅用地，也會墊高開發成本與提高土地標售價格。

資料來源：經濟日報 2024/01/16

8.4 資本市場

一、資本的意義

資本型態有兩種：(1) 實質資本（real capital），指爲提高產能而特別製造的生產設備、廠房建築物與存貨。(2) 貨幣資本（money capital），指的是貨幣。貨幣是由中央銀行發行，不具有生產力更不能代表生產設備與廠房，但是透過市場交易行爲，以貨幣交易生產設備就等於控制了實質資本，所以經濟學的資本，是指實質資本。資本是存量概念，將兩期資本存量相減就等於投資，而投資屬於流量的概念。資本的價格是利率或是利息（interest）。我們經常將利率與利息混爲一談，兩者的意義是不相同的。

利息是使用貨幣所需時支付的代價，例如向銀行貸款 10 萬元，雙方約定好每年償還 1,000 元（不包括手續費），這 1,000 元就是利息，佔 10 萬的 1%，這 1% 就稱爲利率，利率就是資本的價格。利率如果考慮到物價膨脹的影響又可分爲名目利率（nominal rate of interest）與實質利率（real rate of interest），前者是指在金融機構看到的牌告利率，後者是指扣除物價膨脹之後的實質利率。

利率是如何決定？如果產品市場與要素市場都是完全競爭，資本財的價格應由資本財的邊際產值來決定，利率等於產品價格與資本邊際產量的乘積，因此當產品價格愈高或資本的邊際產量愈大時，利率就愈高。

時事小專欄

拓展籌措資金管道 桃園市建設公債發行自治條例將送審

桃園市政府為建設地方向各銀行借款，2022、2023 年長短期債務總計分別為 328 億元和 338 億元，微幅成長，但受全球市場經濟影響，中央銀行近兩年升息 5 次影響，利息成長驚人，2022 年只有 2.8 億元，2023 年卻多達 6 億元。財政局評估開源節流及發展多元資金籌措管道，去年中旬著手研擬「桃園市建設公債發行自治條例」，今

天報市政會議通過，將送議會審議，通過後由法務局公告實施。目前全臺有發行公債自治條例的縣市有臺北、新北和高雄，實際發行過公債的縣市則是北高 2 市；六都中，臺中也有訂自治條例規劃，目前已用議會審議，而桃園則是今天報市政會議通過。財政局長歐美鐶表示，發行公債與銀行借款最大的不同在於銀行借款利息會隨著市場變化浮動，公債則會鎖定利率，也因如此，財政人員發行公債時間點的眼光要很精準，如何選在利息最低點發行，考驗財政人員的判斷和精算能力，如果能發行低利率的公債，將錢用於償還高利率的銀行借款，也有助於減輕市府財政壓力。

不過，歐美鐶強調訂定自治條例目的是增加籌措資金的管道，發行公債量仍受公共債務法債務限制規範，而且這個管道是備而不用，並非一經議會審查通過就馬上要發行公債，未來是否發行會再視財政和市場利率等情形評估。

資料來源：聯合報 2024/01/17

知識補給站

投信：日本恐延後結束負利率

2024 年新年開春之際，日本石川縣遭逢規模 7.6 強烈有感地震，東京羽田機場擦撞意外大火，皆紛紛登上國際媒體頭條；柏瑞投信投資長黃軍儒表示，日本央行原本預計上半年要結束負利率政策，雖這 2 起天災與意外，不會對今年日本經濟成長率造成衝擊，但社會悲傷的氛圍、日本央行過往習慣的「政治性」思維，要結束負利率政策的時辰恐怕會往延後，最快下半年才會啓動升息循環。美國聯準會等全球主要央行，近 2 年來處於快速升息循環中，日本央行是唯一實施負利率政策的國家，美、日巨大利差下，導致日圓對美元匯率一度狂貶至 150 以下，有利日本力拚疫後經濟，大批國際觀光客前往日本大賺觀光財，「股神」巴菲特等知名國際投資人也大舉買進日本股市。

受俄烏戰爭原物料上漲影響，日本通膨連續 19 個月超過 2%，薪資上漲預期也增加，日本央行原本有計畫於今年 4 月要結束負利率政策，讓貨幣政策逐步正常化；不過，黃軍儒認為，新年開春金融市場變化快速，從美國聯準會會議紀錄發布看來，美國降息循環將往後延，日本的升息循環最快也要到下半年才啓動。

資料來源：中國時報 2024/01/05

本章結論

在生產要素市場這一章，我們分析了勞動、土地與資本市場，而企業家才能這個要素，因爲沒有市場所以不予分析。不管產品市場是否是完全競爭，MRP 線就是勞動需求曲線。如果要說勞動需求曲線是 VMP 線，前提是產品市場必須是完全競爭，否則便不成立。如果要素市場是不完全競爭時，無法形成勞動需求線。也分別說明影響勞動供需的因素。在土地市場方面，說明了地租、準地租與經濟地租的關係。在資本市場方面，利率如果考慮到物價膨脹的影響又可分爲名目利率與實質利率，而利率等於產品價格與資本邊際產量的乘積，因此當產品價格愈高或資本的邊際產量愈大時，利率就愈高。

09 公共財與外部性

本章綱要

通霄鐵道荷花田爆收費糾紛 地主一氣全部砍光光

苗栗縣通霄鎮五南里平交道附近有五區荷花田，因可以拍到美麗荷花在夏日綻放美景，還可捕捉到鐵道列車「相遇」荷花田的趣味畫面，長期吸引不少民眾和攝影玩家前往賞景。但今年發生遊客與其中一名地主對於收取 50 元清潔費爆爭議，遊客也報警由警方到場處理，鬧出風波後，該區荷花田地主今天氣得乾脆將荷花砍光光。

該地主在發生爭議時，已先表示主要是民眾製造垃圾，並且破壞荷花田，導致荷花被折枝，他不願意荷花田被破壞，所以收取環境維護費，並且全數捐給當地五南里信仰中心慈雲寺當作香油金，收取的環境維護費並未進入其口袋，捐香油金做公益有收據。

在前面各章的市場結構分析中，所討論的財貨都是屬於私有財，例如肉類、蔬菜、水果與衣服等都是，另外還有一些財貨是屬於公共財（public goods），例如路燈、國防與治安等。在這一章我們除了分析公共財的相關問題外，還要探討生產與消費行爲對他人的影響，也就是外部性（exterality）的問題。

9.1 財貨分類標準與公共財

要了解什麼是公共財之前，要先知道財貨是如何被分類。在財貨分類上，一般採用兩個標準：1. 排他性（exclusivity）。2. 消費敵對性（rivalness）。排他性指的是技術上可以阻止任何人消費該財貨，例如生產者可以決定在既定價格下，不賣給這個消費者，或是買半票看電影或搭車，業者可以要求查看證件。反之，不具備排他性是指該財貨的供給者，技術上無法禁止任何人消費該財貨，或在技術上可以禁止任何人消費，但所需的成本太高或是根本做不到。例如公園民眾都可自由進入，如果限制某些人不可進入，就有違法之虞。消費敵對性是指財貨某人購買之後，其他人就不能消費同一物品，不過，接受媒體訪問時，該地主指已經種植 10 年荷花田，今年發生破壞荷花田與製造環境髒亂狀況，才會酌收 50 元清潔費。因與報警遊客發生糾紛後部分媒體報導收取「停車費」，讓該地主也氣得說「道路又不是我家開的」，不滿自己遭曲解，且發生風波後還被部分網友攻擊、質疑，氣得乾脆把該區荷花田砍光。

資料來源：自由時報 2023/05/31

解說

通宵鐵道旁的荷花是私有財，民眾一窩蜂慕名而來，為了拍攝美照不僅製造髒亂，甚至破壞了荷花。種植荷花的農民為此欲收 50 元的環境維護費，農民與民眾為了這 50 元爭吵不休，最後農民一氣之下，把荷花都砍了。這篇報導內容涉及公共財與外部性的問題，究竟農民收費合不合理？為什麼願意付費的遊客那麼少？讀者看完本章內容之後，心中便自有答案。

例如我買了這一件衣服，這件衣服便屬於我的，別人無法消費這一件衣服。反之，消費無敵對性是指所有人皆可消費，多一人消費並不會減損其他人的利益，因此又可稱爲聯合消費（joint consumption）或集體消費（collective consumption）或消費不可分割性（indivisbility）。

根據上述兩個標準，將財貨區分成表 9.1 中四種財貨。

1. **私有財（private goods）：**

   指同時具備消費排他性與敵對性。例如蛋糕就是私有財，當我花錢買了一個蛋糕，這個蛋糕就是我的，我如果不送給別人，別人不能主張這個蛋糕是他的。同時因爲我吃了那個蛋糕，這個蛋糕市場也減少了一個蛋糕的數量。一般財貨如果沒有特別的說明，都是屬於私有財。

2. **準私有財（quasi private goods）：**

   指財貨不適用排他性卻具有消費敵對性。例如公海中的魚就具備消費的敵對性，你多抓一隻魚，別人就少抓一隻魚，而且是在公海上任何人都可以去捕撈。或是擁擠的免費游泳池也屬之，所以準私有財又可稱爲公有資源（common resources）。

3. 準公共財（quasi public goods）：

指財貨具備排他性卻不具有消費敵對性。例如有線電視頻道，要看節目就得付費，如果私接線路就違法，要退租業者收回頻道機上盒即可，你租或不租有線電視頻道，都不會影響別人收看權益。或是收費的游泳池，消費者一定要繳費才能入場，且在一定人數內，多一個人來游泳並不會影響你的權益。其他如收費的國家公園，只有繳費才可以進入，其他人無法再買我的那一張門票，進入國家公園後，所有遊客都可以一起欣賞壯麗的風景，消費上不具敵對性。

4. 公共財（public goods）：

指財貨不具備排他性也不具有消費敵對性。一般稱爲公共財，例如國防、治安與路燈等，此等財貨不具備排他性，因爲對生產該財貨的人要採取排他性時，付出的成本非常高或在現行技術無法做到排他，例如，針對沒有繳稅的國民，無法做到不給予國防或治安上的保護。

表 9.1　財貨分類標準

財貨比較		消費敵對性	
		有	沒有
排他原則	適用	私有財	準公共財
	不適用	準私有財	公共財

經過上述詳細說明，我們可以用簡單概念將四種財貨作區分。簡單的說，排他性就是指否可主張財貨的財產權（有沒有收費），有收費如私有財（衣服、汽車），沒有收費如準私有財（公海的魚）。消費敵對性，我消費時會不會影響別人效用或是別人消費時會不會影響我的效用，有影響如私有財（衣服、汽車），不會影響如公共財（國防）。或準共財如收費的國家公園。

綜合上述，可知公共財同時不具備消費排他原則也不具消費敵對性，如公有路燈國防與治安，生產時無法主張財產權，每一個人使用也不影響其他人來消費。

9.2 公共財最適數量與價格的決定

財貨的數量與價格均由供給與需求來決定，公共財亦不例外，以下先分別說明公共財的供給與需求等面向，最後再探討數量與價格是如何決定。

一、公共財之供給

公共財因爲具備消費不具排他性與敵對性，私人企業居於追求利潤之理由，也不會提供公共財，所以公共財一般都由政府來提供。政府提供的理由有以下幾項：

1. 市場失靈：市場失靈（market failures）是指在市場價格機能運作下，無法獲得柏萊圖最適境界，或是無法透過市場價格機能達成資源最適配置情形，效率上的損失就稱爲無謂損失（deadweight loss）。公共財不具有消費排他性與敵對性等特性，使得市場無法有效地供應和配置這些財貨。由於私人企業無法從公共財的供應中獲利，缺乏動機和利潤動力，因此依靠市場機制是無法滿足社會對公共財的需求，因此公共財需要由政府來提供。
2. 居於公衆利益：公共財的存在和提供通常對整個社會產生正面的外部效果，可以提高社會的福祉和生活品質。政府在提供公共財時，考慮的是整體社會利益，而不僅僅是個人或企業的利益。
3. 維護公平與正義原則：公共財的供應確保了社會中所有人都能夠公平地獲得這些財貨的使用權，有助於縮小貧富差距，確保社會中弱勢群體也能享受公共財帶來的福利。
4. 全民分攤成本：公共財的提供需要大量的資金，而這些成本往往難以由單一個人或企業承擔。政府作爲人民的後盾也是民衆集體意志的代表，能夠集結社會資源，共同承擔公共財的建設和營運費用。
5. 促進經濟效率：在某些情況下，政府提供公共財能夠提高整體經濟效率。例如，在避免資源競爭性浪費和解決搭便車 (free rider) 免費享用者問題方面，政府的介入可以促進社會資源的有效配置。

在經費來源方面，政府經常以下列方式籌措資金來源：

1. 稅收：政府經常從民衆與企業徵收各種稅收，用以支持公共財的供應和其他公共服務。政府通過徵收各種類型的稅收，如所得稅、消費稅、財產稅等，來籌集資金。這些資金可以用於建設和維護公共設施、提供公共交通、教育、衛生等公共服務，以及支持公共財的供應。
2. 政府資金撥款：政府可以直接從自己的預算中撥款來支持公共財的提供。這些撥款可能來自政府的一般收入、債券發行、外部資助等來源。政府撥款通常會分配給特定的項目，如公園建設、基礎設施改善、科技研究和環境保護等，以確保公共財得到適當的資金支持。

3. 特定用途收費：有時候政府提供的公共財可能會對使用者收取特定的使用費。例如收費公路、公園入場費、國家公園或遊樂場門票等。這些收費可以部分補貼公共財的建設和維護成本，同時又維持準公共財的排他性。
4. 外部資助和合作：政府可以透過與其他機構、組織或國際機構合作，獲取外部資金來支持公共財的提供。這些外部資助可以來自國際援助、非政府組織、私人企業捐贈等。政府與外部組織的合作有助於擴大公共財的供應範圍和資源。

總而言之，政府提供公共財是爲了彌補市場無法提供的缺憾，確保社會的整體利益和公平性，以及促進社會資源的有效利用。然而，政府提供公共財也需要謹慎評估和有效管理，以確保資源使用的合理性和效率。

二、公共財的需求

消費公共財不需要付費，也對他人的效用沒有影響時，消費者在理性原則下，將可能不願意表現出自己對該財貨的偏好，以避免消費該財貨時要支付價格，而抱持著我消費別人付錢的心態，就是成爲搭便車免費享用者，簡稱搭便車。搭便車是指在公共財供應中的一種現象，即個人在無需支付費用的情況下，可以享受到公共財所帶來的利益，因此導致了過度消耗公共財的後果。

這個現象可以用一個例子來解釋：假設有一個美麗的公園，任何人都可以進入並欣賞園中的美景。當只有少數人來訪時，公園的環境保持良好，每個人都可以得到足夠的空間和寧靜。然而，隨著網紅宣傳，更多人聽說了這個打卡勝地，遊客人數不斷增加，造成許多人都想來參觀。由於公園是公共財，無法阻止他人進入，這些新增的遊客都可以免費享受公園的美景。

隨著參觀人數的增加，公園開始發生過度消耗的問題。由於人數太多，公園的資源開始受到壓力，草地開始出現磨損，樹木受到損害，垃圾開始堆積，公用廁所髒亂惡臭，整個環境品質下降。這會對其他遊客造成不便，並且可能破壞公園原本的美景。在沒有適當的管理或管控機制下，公共財容易遭受過度消耗，最終導致品質下降，而社會整體的福祉可能受到損害。解決方式就是建立合適的管理措施，例如限制公共財的使用量 (限制人數)、或收取適量的使用費用或制定預約制度等，以確保公共財得到合理使用，避免過度消耗和資源浪費。

因爲公共財的需求經常出現搭便車現象，使得市場的總需求曲線，不再等於社會邊際利益曲線（MSB），因此該財貨無法透過市場機制 (價格機能) 提供社會最適數量，使得市場機制所決定的數量，往往小於社會最適數量，而造成市場失靈社會剩餘減少現象，詳細情況將在下一小節說明。

三、最適數量與價格的決定

無論是私有財抑或是公共財，當財貨生產的邊際社會成本曲線（MSC）與社會邊際利益曲線（MSB）相等時，所決定的數量就是社會最適數量，可以達到經濟效率，但由於公共財不具消費排他性與敵對性，使得公共財的社會最適數量的決定，與一般私有財有所不同。以下分別說明私有財與公共財社會最適數量的決定條件。

1. 私有財

私有財的最適數量與第 2 章所述，如何得到市場需求曲線的方法相似。私有財因為具有消費排他性與敵對性，當消費一單位財貨帶給社會的邊際利益，係由消費一單位帶給個人的邊際利益決定，因為具有消費排他性與敵對性，所以消費一單位財貨的社會邊際利益也等於個人的邊際利益。

例如一個蛋糕，甲消費時得到 200 元的邊際利益，因為私有財有敵對性，別人無法再消費這一個蛋糕，所以這一個蛋糕帶給社會的邊際利益，就是甲的 200 元邊際利益。同理，當乙消費時得到 100 元的邊際利益，乙的這一個蛋糕帶給社會的邊際利益，就是乙的個人 100 元邊際利益。

以下再舉例說明私有財水平加總的意義。例如甲消費第 1、2、3 單位蛋糕的邊際利益分別是 200 元、190 元、180 元，而乙要得到 200 元、190 元、180 元的邊際利益，必須消費 7、8、9 單位，所以帶給社會邊際利益分別為 200 元、190 元、180 元時的社會財貨數量，應該是 8、10、12，也就是將邊際利益分別為 200 元、190 元、180 元時之兩位消費者消費的最後一單加總，例如當 200 元，數量為 8(= 1 + 7) 單位，190 元時為 10(= 2 + 8) 單位，180 元時為 12(= 3 + 9) 單位。

因此，在任一相同的社會邊際利益下，社會消費最適數量，應為所有消費者獲得該邊際利益的最後一單位數量加總，亦即在相同的邊際利益下，水平加總所有消費者的消費數量。

因為暫不考慮外部性，該單位財貨的社會邊際成本，等於廠商生產該單位財貨的邊際成本，依上述概念，每一個財貨的社會邊際成本等於所有廠商生產的邊際成本水平加總。

前述無論是私有財抑或是公共財，當財貨生產的邊際社會成本曲線（MSC）與社會邊際利益曲線（MSB）相等時，所決定的數量就是社會最適數量，以私有財而言，不考慮外部性，則最適均衡數量條件就是，消費者消費該財貨的邊際利益等於廠商生產該財貨的邊際成本，而財貨的邊際利益就是消費者多消費一單位該財貨的邊際願付價格（marginal willing to pay, MWTP），因此式 9.1 成立。

$$MSB = MWTP_1 = MWTP_2 = \cdots = MWTP_n = MWTP = MC = MSC \qquad (式 9.1)$$

如果該產品市場屬於完全競爭，所有消費者 (n 個消費者) 都是價格接受者，面對相同價格，所有消費者都會調整消費量，直到最後一單位所得到邊際利益 (願付價格)，等於其所面對的價格如式 9.2。

$$MWTP_1 = MWTP_2 = \cdots = MWTP_n = MWTP = P \qquad (式 9.2)$$

廠商為追求利潤最大化，會調整產量直到最後一單位產量的邊際成本等於價格 (價格等於邊際收入)，假設有 m 家廠商，均衡條件如式 9.3。

$$MC_1 = MC_2 = \cdots = MC_m = MC = MR = P \qquad (式 9.3)$$

綜上所述，當市場均衡時，式 9.4 成立。

$$MWTP = P = MR = MC \qquad (式 9.4)$$

(式 9.4) 中 $MWTP = P$，表示當消費者消費至他的願付價格等於市場價格時，可以獲得最大的消費者剩餘，如果 $MWTP > P$ 時，增加消費量可以增加消費者剩餘直至等式成立，反之，則應減少消費量直至等式成立。而 $P = MC$，是廠商的生產者剩餘最大化條件，當 $P > MC$，廠商繼續增加產量可以增加生產者剩餘，反之，則應減少產量直至等式成立。完全競爭市場的利潤最大產量條件為 $MR = P = MC$，所以市場達到均衡（社會剩餘最大）時，9.4 式會成立。

以圖 9.1 說明私有財之水平加總。圖中有兩位消費者分別為甲與乙，他們在每個財貨量下的邊際願付價格分別為 $MWTP_{甲}$與 $MWTP_{乙}$，市場對於某一價格下的總需求量，等於甲乙兩個人在該價格下需求量的加總，亦即水平加總。所以該市場的邊際願付價格也是兩個人邊際願付價格的水平加總如 $MWTP_{甲乙}$，廠商依據 $MC = MWTP_{甲乙}$，決定最適產量與價格。

均衡條件如 9.5 式所示。

$$MWTP_{甲} = MWTP_{乙} = MWTP = P = MC$$
$$Q = Q_{甲} + Q_{乙} \quad (式 9.5)$$

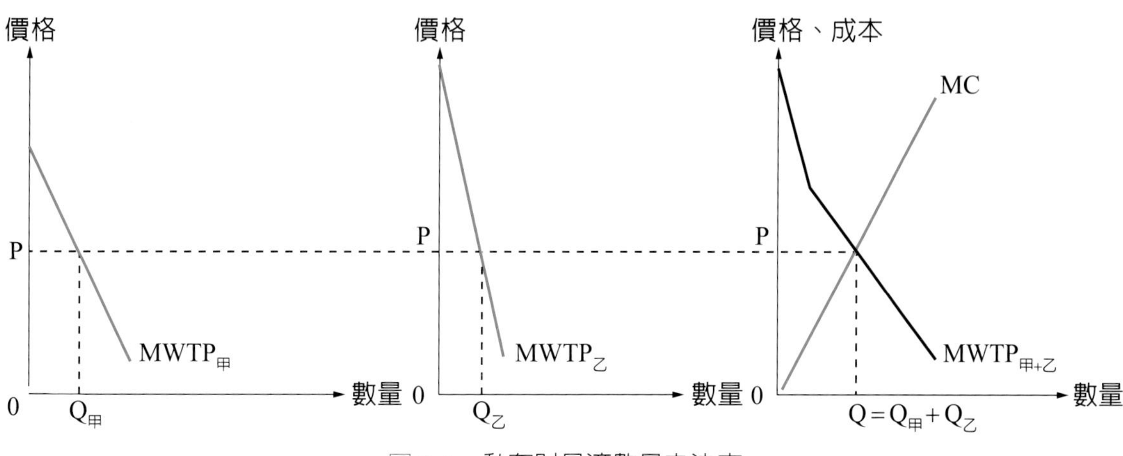

圖 9.1　私有財最適數量之決定

2.　公共財

接著我們來分析公共財的最適數量又是如何決定？與私有財相同，財貨生產的邊際社會成本曲線 (MSC) 與社會邊際利益曲線 (MSB) 相等時，所決定的數量就是社會最適數量，但是公共財不具消費排他性與敵對性，任一數量的公共財帶給社會的邊際利益，得由所有消費該數量消費者的邊際利益決定，假設不考慮外部性，該財貨帶給社會的邊際利益，由所有消費該數量消費者的邊際利益加總而得。

假設社會只有丙跟丁兩個人，以消費公園爲例。假使丙消費該公園獲得的邊際利益爲 50 元，因爲公園不具敵對性，丁也去公園遊玩，他獲得的邊際利益爲 80 元，則公園帶給社會的邊際利益應該是丙與丁得到的邊際利益總和爲 130 元 (= 80 + 50)，因此，公共財的邊際社會利益，是所有消費者消費該單位公共財所有邊際利益的加總，亦即在相同的消費量下，垂直加總所有消費者的邊際利益。

因爲不考慮外部性，公共財的邊際社會成本就等於生產該單位財貨廠商的邊際成本，以整個社會而言，財貨的邊際社會成本就等於所有生產廠商的邊際成本水平加總。

綜合上述，任何財貨生產的邊際社會成本曲線（MSC）與社會邊際利益曲線（MSB）相等時，所決定的數量就是社會最適數量，以公共財而言，不具消費排他性與敵對性且不考慮外部性，則均衡條件成爲，所有 n 個消費者消費該財貨的邊際利益加總，亦即等於所有消費者增加消費一單位願付價格（MWTP）加總，等於廠商生產該單位財貨的邊際成本，因此 9.6 式成立。

$$MSB = MWTP_1 + MWTP_2 + MWTP_3 + \cdots + MWTP_n = \sum_{i=1}^{n} MWTP_i = MC = MSC \qquad (式 9.6)$$

以圖 9.2 來作說明。圖中丙與丁同時消費公園，消費數量 $Q_{丙}$與 $Q_{丁}$都一樣，也會等於均衡數量 Q^*，即：

$$Q^* = Q_{丙} = Q_{丁}$$

在均衡數量下兩個人都依心目中最高價格支付即：

$$P_{丙} = MWTP_{丙}，P_{丁} = MWTP_{丁}$$

依 (式 9.6)，丙丁二人之 MWTP 加總應等於公園的邊際成本，即：

$$MSB = MWTP_{丙} + MWTP_{丁} = \Sigma MWTP_{丙丁} = P_{丙} + P_{丁} = MC = MSC$$

最適公園數量 Q^* 與價格 P^*，是由公園的邊際成本 MC 與兩位消費者邊際願意支付價格垂直加總後的 $MWTP_{丙丁}$所共同決定，在 Q^* 下對應兩人的 MWTP，分別決定了 $MWTP_{丙} = P_{丙}$，$MWTP_{丁} = P_{丁}$。

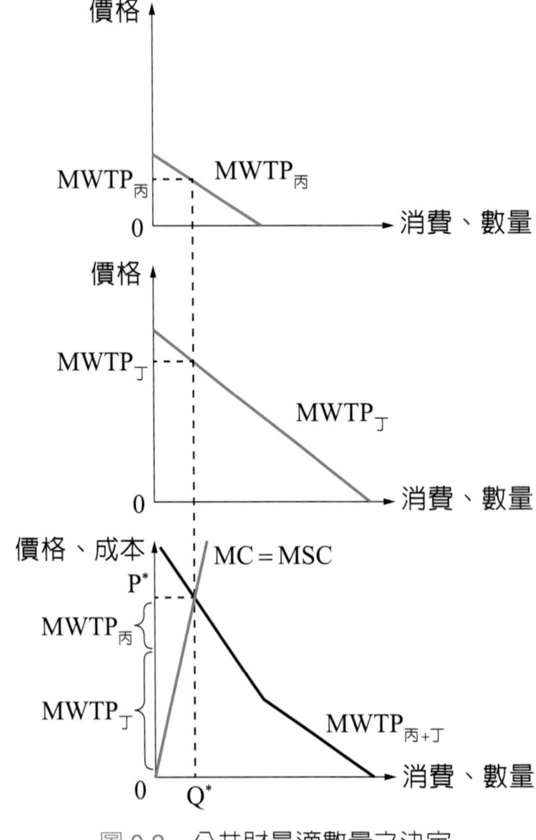

圖 9.2　公共財最適數量之決定

但是如果公共財的消費者有搭便車之現象，將使實際公共財數量過少，而發生社會剩餘減少之情形，以圖 9.3 說明之。假設市場中有 AB 兩位消費者，他們對於公共財的邊際願付價格分別是，$MWTP_A$ 與 $MWTP_B$，在決定公共財的過程中，A 誠實表示自己對公共財的願付價格，而 B 卻隱藏自己的願付價格（圖中以虛線表示），社會最適公共財數量，係由垂直加總兩人之 MWTP，而 $\Sigma MWTP_{AB} = MSB$，再由 $\Sigma MWTP_{AB} = MC = MSC$ 決定均衡數量 Q^*，因爲只有 A 誠實表示而 B 搭便車隱藏自己的願付價格，所以實際數量由 A 決定了 Q_A，而 $Q_A < Q^*$，造成 CED 斜線面積的社會剩餘損失。所以公共財市場中只要有搭便車的現象存在，就會造成公共財的數量被低估，而發生社會剩餘損失現象，搭便車的人愈多則失衡愈嚴重。

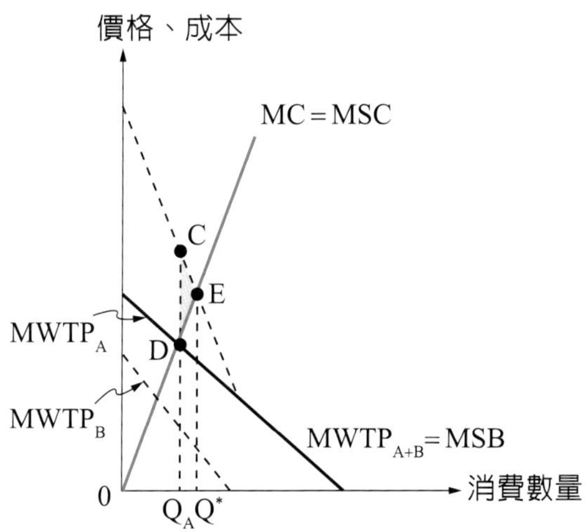

圖 9.3　搭便車與公共財最適數量

綜上所述，我們可將私有財與公共財最適數量的決定作一比較。私有財因爲消費具有排他性與敵對性，最適消費量是由消費者水平加總的 MWTP 曲線與 MC 曲線共同決定。公共財不具消費排他性與敵對性，市場消費量不因多人消費而變動，所以最適消費量是由消費者垂直加總的 MWTP 與 MC 共同決定。

9.3 環境公共財

所謂環境公共財，是指一個人或團體使用該資源，同時無法排除其他人也來使用的公有資源，而且一人使用不會影響其他人使用的資源。典型的環境公共財包括空氣、水源、森林、海洋和全球氣候等。這些資源的特性使得環境公共財對社會產生以下獨特的影響：

1. 消費不具敵對性與排他性：環境公共財不會因爲一人的使用而限制其他人的使用，每個人都可以同時共享這些資源的好處。然而，這也意味著任何個人或企業無法在使用環境公共財時排除其他人，這可能導致過度使用和濫用，最終損害這些資源的永續性。
2. 過度消費問題：由於環境公共財無法清楚劃分財產權，沒有明確的所有權，因此難以進行交易和市場定價。這可能導致市場無法有效配置資源，使得這些資源面臨過度開發和過度消耗的問題。
3. 搭便車問題：環境公共財容易發生搭便車的現象，即有些人想使用卻不想付出代價，可以享受到其他人爲之付出的環境保護和管理的好處，可能導致社會整體對環境公共財的保護不夠，缺乏足夠的激勵機制。
4. 跨國影響：環境公共財的特性使得其影響是跨國界。例如全球氣候變遷是一個典型的環境公共財問題，其中一國的溫室氣體排放會影響整個地球的氣候變化，需要全球協力合作才能解決。

因此，環境公共財對社會的影響是複雜而重要的。爲了保護和管理這些資源，需要政府、國際社會以及公民的共同努力，建立有效的環境保護機制和永續發展策略，確保這些環境公共財能夠爲人類和地球提供長期的利益。重要的管理與保護措施如下：

1. 政府監管與政策：政府在環境公共財的管理中扮演著關鍵角色。政府可以通過制定環境法規和政策，設立保護區和限制環境污染來確保資源的永續利用。同時，政府需要加強監管對違規行爲進行處罰，確保法律的執行。
2. 國際合作：由於環境公共財通常涉及跨國界影響，國際合作是必不可少的。各國需要通過國際協議和機制共同應對全球性的環境問題，如氣候變遷和海洋污染等問題。
3. 資源永續利用：爲了確保環境公共財的永續利用，需要採取限制過度開發和消耗等措施。例如，設立自然保護區、森林保護區和漁業管理區，保護野生動植物和自然生態系統。
4. 加強教育與宣導：提高民衆對環境保護的意識和重要性是非常重要的，可透過教育和宣傳活動，讓人們了解環境公共財的價值和脆弱性，鼓勵人們參與保護活動。
5. 科技創新：科技創新可以提供新方法和技術解決環境的問題。例如，發展乾淨能源技術、環境監測技術等，有助於減少對環境的負面影響。

環境公共財的管理與保護是一個綜合性的問題，需要政府、企業、國際組織和民衆共同參與和合作。只有通過多方合作，才能確保這些重要的資源能夠得到有效地保護和永續利用。

時事小專欄

秋刀魚捕獲量持續低迷 日本決定將捕撈上限降低 24%

秋刀魚近年漁獲量持續減少，日本去年的捕撈量僅為 1.806 萬噸，日本水產廳認為，捕撈量與捕撈上限存在較大差距，決定大砍捕撈上限 24%，是自是 1997 年捕撈上限現行制度引進以來最低值。

據日本《共同社》報導，秋刀魚漁獲量持續減少，今年 3 月北太平洋漁業委員會召開會議，包含臺灣、日本、中國等 9 個國家參與討論，根據科學研究結果，認為目前秋刀魚資源量仍低迷，需要減少漁獲量讓資源恢復，多國決定就總體捕撈上限削減約 25% 達成一致。

日本水產廳基本決定 2023 年秋刀魚捕撈上限為 11.8131 萬噸，較 2022 年減少 24%。這將是 1997 年捕撈上限現行制度引入以來的最低值，水產廳認為日本 2022 年的捕撈量僅為 1.806 萬噸，與捕撈上限存在較大差距。由於近年來秋刀魚持續歷史性魚荒，據分析此次下調捕撈上限對價格和需求的影響有限。

而臺灣 2023 年及 2024 年每年秋刀魚漁獲限額為 8 萬 1210 公噸，比 2021、2022 年的每年限額 10 萬 8280 公噸減少約 25%。

資料來源：自由時報 2023/04/25

時事小專欄

撒 1800 億現金笑呵呵？
學者憂「公共財悲歌」 國債近 6 兆爽一時後患多

去年稅收超徵 4500 億元，總統蔡英文昨表示，政府可運用的 1800 億元中，將保留一定額度，以發放現金方式讓全民共享。不過目前正值全球景氣走弱，學者認為，發放時機與配套非常重要，否則拉抬經濟效果有限。另也也有學者認為，去年稅收雖超徵，但國債仍有近 6 兆元，這次普發現金，將來恐引發更多問題。

對於政府超徵稅收如何使用，中經院院長葉俊顯認為，公共經濟學有個理論是「公共財悲歌」，當個人利益與公共利益有衝突時，若無限制擴大個人利益，公共財將大幅被壓縮。政府沒有及時回應超徵稅收是否普發，就是因為經營國家和家庭一樣，必須各方面考量，好比一家之主如果突然獲得一筆金錢，會思考是要平均分給每個家人，還是要還房貸、學貸，綜合考量後才會有定論。

資料來源：旺得富理財網 2023/01/04

9.4 外部性的意義與分類

外部性係指某一經濟個體的經濟行爲，無償的（without being priced）影響到其他經濟個體的現象。亦即某些生產者或消費者的生產或消費行爲，對其他的生產者或消費者的成本或效益產生了無償的影響，這些影響就統稱爲外部性。如果受影響的經濟主體屬於受益，將此具有效益的外部性稱爲外部效益（external benefit）或是正外部性（positive externality），以下簡稱爲正外部性。例如，鄰居庭院種植的花朵非常美麗，讓所有路人均能賞心悅目心情愉悅。或是教育對人類科技的影響，提升人類的福祉。反之，當受影響的經濟主體遭受到損失時，將此種損失稱爲外部成本（external cost）或是負外部性（negative externality），以下簡稱爲負外部性。例如，附近工地發出巨大吵雜聲音，讓人心神不寧。或是附近工廠偷排廢水至河川，污染附近農田。

簡單而言，經濟主體的行爲對他人產生利益稱爲外部效益或正外部性，反之，如果對他人產生損害則稱爲外部成本或負外部性。

外部性型態，依經濟主體與行爲，可區分爲三種型態：

一、生產者與生產者間的外部性

係指生產者的經濟行爲，無償的影響到其他生產者的效益或成本。例如果農與養蜂農之間的關係，養蜂農的蜜蜂，因爲附近有果樹而有花蜜可採，而果樹因爲有蜜蜂幫忙授粉而豐收，屬於正外部性。如果工廠偷排廢水至河川，污染附近灌溉的農田，造成稻米無法收割，甚至農田需廢耕導致農民損失慘重，或是火力發電廠排放的煤塵粒，污染附近農作物，導致農作物品質變差或產量減少，都屬於負外部性。

二、生產者與消費者間的外部性

係指生產者 (或消費者) 的經濟行爲，無償的影響到其他消費者 (或生產者) 的效益或成本。例如，火力發電廠排放的煤塵粒，飄到附近的住家，使得晾在外面的衣物或生活用品受到污染，或是讓住家緊閉門窗空氣不流通導致呼吸不順暢，或是民衆集會遊行，影響店家的生意，都屬於負外部性。或是工廠花園化，廠區種滿美麗的植栽，附近的居民都喜歡來散步，屬於正外部性。

三、消費者與消費者間的外部性

係指消費者的經濟行爲，無償的影響到其他消費者的效益或成本。例如，爲預防 COVID-19，鼓勵民衆打疫苗，形成集體預防效果，或是受教育，提高了醫療衛生水準，發明許多新產品，提升人類福祉，屬於正外部性。吸菸所產生的二手菸，或是音樂會對附近住家產生的噪音或是上課中手機鈴聲響起，都屬於負外部性。將以上三種外部性型態彙整成表 9.2。

表 9.2　經濟主體與外部性分類

主體＼型態＼主體		生產者	消費者
生產者	正	蜂農與果農	工廠花園化
	負	廢水污染農田	媒塵粒污染衣物 工地施工噪音
消費者	正	對文創產品的支持	教育、打疫苗
	負	遊行抗議	二手菸 上課手機鈴聲

9.5 負外部性與矯正策略

當經濟個體的經濟行爲會無償的影響到其他人造成外部性時，社會資源就無法有效率分配，經濟效率無法達成而發生市場失靈現象，反之，當財貨的邊際社會利益（marginal social benefit，MSB）等於邊際社會成本（marginal social cost，MSC）時，社會資源就可以達到有效率分配。以下先說明負外部性對最適產量的影響。如圖 9.4 所示。圖 9.4 中 MC 即代表廠商的生產邊際成本曲線，MEC（marginal external cost）代表邊際外部成本曲線，表示生產者生產額外一單位產品時，因而加諸於其他人的成本。MSC 代表邊際社會成本，是整個社會因生產而承擔的總成本，等於廠商生產的邊際成本與邊際外部成本之和，亦即

$$MSC = MC + MEC \qquad (式 9.7)$$

圖 9.4 中，透過市場價格機能決定的市場均衡數量爲 Q_0，係私人廠商追求利潤或利益最大爲目標，由私人的邊際成本曲線（MC）與私人邊際利益曲線（MB）共同決定如 E_0 點，而社會最適產量即柏萊圖最適產量，是由社會邊際利益曲線（MSB）與社會邊際成本曲線（MSC）共同決定 Q^* 如 E_1 點。因此存在負外部性時，市場決定的數量 Q_0，因低估社會總成本而多生產，導致產量高於社會最適數量 Q^*，過度生產導致無謂損失發生，如△ $E_2E_0E_1$ 面積。

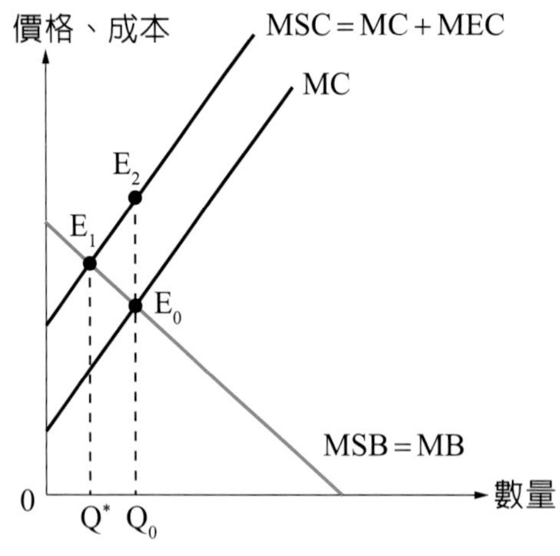

圖 9.4 負外部性與最適產量

既然負外部性會導致效率損失，有什麼方法可以矯正呢？經濟學家提出「外部成本內部化」的概念，解決這個問題。外部成本內部化，指經濟個體做決策時，必須將其行為所導致的外部成本納入考量。例如，鹽酥雞店，因長時間炸雞塊導致的油煙與味道，使得附近鄰居苦不堪言，經向環保局投訴，鹽酥雞店老闆為了改善這種情況，只好加裝排油煙機設備，將油煙排至頂樓，或是縮短營業時間。或是火力電廠，為減少燃煤過程排放的汙染物影響了民眾健康，而加裝的「空氣品質控制系統」，以符合政府對空氣品質的要求。

因此，外部成本內部化，可以對負外部性的廠商，產生類似課稅或處罰的效果，使得廠商能自動減產。皮古（A. C. Pigou）是第一個提出以租稅方式來矯正負外部性，所以我們通常將這種租稅稱為皮古稅（Pigourian tax）。以圖 9.5 來說明課稅對負外部性的矯正效果。圖中顯示當廠商的生產具有負外部性時，如果廠商故意忽略此生產對他人的外部成本時，依據自己的 MC = MB 決定了產量 Q_0，且 Q_0 大於社會最適產量 Q^*，過度生產導致了無謂損失發生。

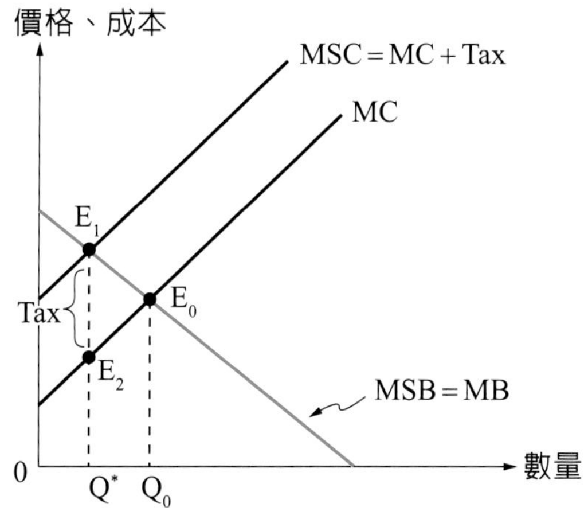

圖 9.5　課稅與負外部性

如果政府對廠商課稅，使廠商將生產的外部成本內部化，此時廠商的邊際成本必須加上稅（等於外部成本）後，成為邊際社會成本，此時廠商的產量 Q^*，符合邊際社會成本等於邊際社會利益，是最適的產量。政府的稅額就等於在最適產量下，邊際成本與邊際社會成本的差距如 E_1E_2。如此便可解決廠商生產造成的負外部性，與效率無謂損失發生的問題。

另外一個矯正策略就是應用寇斯定理。寇斯定理是指在某些情況下，外部性不一定會導致市場失靈，而是可以透過適當的合約或協商來解決。這一理論由經濟學家羅納德．寇斯（Ronald Coase）於 1960 年提出，他指出當交易成本足夠低且財產權明確時，市場參與者可以透過互相協商來解決外部性所帶來的問題，不一定需要政府干預。

寇斯定理強調了市場和協商在處理外部性問題方面的重要性，並且提出了一種新的觀點，認爲市場不一定會因外部性而失靈，而是可以透過各方的合作來達成效果。

例如養豬場和附近的居民，養豬場可能會產生氣味和污染等外部成本，影響到住宅區的居民。根據寇斯定理的觀點，這個情況下市場不一定會立即失靈，而是可以透過協商解決。

如果居民感受到了養豬場帶來的外部成本，他們可以與養豬場主進行協商。養豬場主可以考慮投資更高效的污染控制設備或改變一些營運方式，以減少氣味和污染。居民可能也願意支付一些費用，以換取更好的環境品質。

在這種情況下，寇斯定理的運用，是讓市場參與者可以通過互相協商，找到一個彼此都能接受的解決方案，而不必依賴政府的介入。當然，前提必須是交易成本足夠低且財產權 (新鮮空氣與環境) 能夠被明確確定。

另外一個例子，美國伊利諾州芝加哥市的芝加哥河污染問題。在 20 世紀初，芝加哥河遭受到工廠廢水排放的污染，導致河水變得惡臭且不適合飲用或娛樂活動。市區的居民和企業都受到了這種污染的外部成本影響。

當時政府考慮是否要進行干預，但一些企業主和市民之間進行了類似寇斯定理的協商。最終，企業主和市民制定了一項計畫，共同分擔清理芝加哥河的成本。

企業同意投資建設污水處理廠，以減少污染排放，同時市民也同意支付一些費用來支持這項計畫。這種協商使得外部成本得以有效解決，芝加哥河的水質也逐漸得到改善。

由這些例子可知，市場參與者可以通過協商和合作，解決外部性帶來的問題，不一定需要政府的介入。這種協商可以基於財產權的明確界定，讓各方找到共同受益的解決方法。

知識補給站　皮古稅

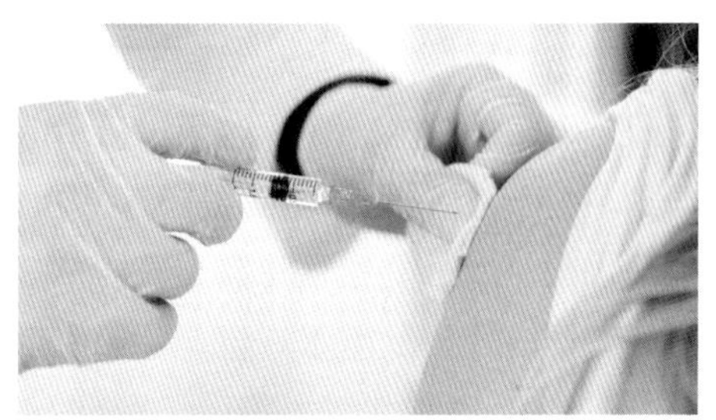

皮古稅（英語：Pigouvian tax）是對任何產生負外部性（成本未包含在市場價格中）的市場活動的稅。該稅種旨在糾正不良或低效的市場結果（市場失靈），並通過將稅率設置為等於負外部性的外部邊際成本來進行糾正，最終達到恢復市場健康發展的目的。

社會成本包括私人成本和外部成本。但是，在存在負外部性的情況下，市場活動的私人成本無法覆蓋社會成本。在這種情況下，市場結果是低效的，並可能導致產品的過度消費。這種外部性的常見例子有環境污染，以及過度消費菸草和含糖飲料導致公共醫療保健費用的增加。在存在正外部性，即某種市場活動有助於公共利益，但因這種活動而受益的人並不為此付費情況下，此時市場上此類產品就可能會供給不足。類似的邏輯表明，可以設立皮古補貼來讓消費者為有益社會的市場活動和產品付費，以鼓勵增加其供給。為注射流感疫苗者提供補貼即為一例。

皮古稅的研究，以英國經濟學家亞瑟・塞西爾・皮古（1877–1959）的名字命名，他還提出了經濟外部性的概念。威廉・鮑莫爾在皮古 1972 年的現代經濟學著作框架中貢獻了重要力量。

資料來源：維基百科

知識補給站　羅納德・哈里・寇斯

羅納德・哈里・寇斯（英語：Ronald Harry Coase，1910 年 12 月 29 日—2013 年 9 月 2 日），生於英國英格蘭倫敦，英國著名經濟學家，美國芝加哥大學經濟學教授、芝加哥經濟學派代表人物，法律經濟學的創始人之一，1991 年諾貝爾經濟學獎得主。寇斯是交易成本理論、寇斯定理與寇斯猜想的提出者，對產權理論、法律經濟學以及新制度經濟學都作出了極大貢獻，1991 年獲得諾貝爾經濟學獎。

資料來源：維基百科

時事小專欄

疑工廠倒廢液…淨水場遭污染 關西、新埔 6400 戶急停水

新竹縣鳳山溪上游疑因有工廠傾倒廢液汙染水源，不但傳出劇烈惡臭，還造成大量魚群暴斃。由於汙染源僅離自來水場約 20 公尺，自來水公司也緊急發出公告，為避免汙染源影響民眾飲用水安全，今天上午 9 點 30 分起，將預防性擴大停水至 6 月 14 日中午 12 時，預計影響關西、新埔地區 6400 戶。環保局也強調，若查出廢液成分有害，將移送檢調偵辦。

自來水公司指出，今天上午 7 點 40 分，因鳳山溪上游原水疑似受油汙污染，無法淨水處理、停止供水。自來水公司為避免汙染源影響民眾飲用水安全，預防性擴大停水範圍，停水時間從上午 9 點 30 分起，預計停到 6 月 14 日中午 12 時，共停水 50 小時 30 分，將會再視現場情況排除後復水。關西鎮長陳光彩表示，位於關西自來水場對面約 20 公尺，今天上午被發現疑似遭有機事業廢液污染，環保局現場採樣送驗，為鄉親飲水安全，台水公司緊急公告停水。陳光彩表示，由於停水 2 天嚴重影響民眾生活，自來水公司也緊急趕工，將在舊取水口上游 150 公尺處串接新的取水口，希望趕在明天中午前回覆供水。

住在關西的黃姓居民痛批，關西已成為廢棄物的天堂，天氣好的時候，無良業者就往偏僻山區倒垃圾，上次赤柯山燃燒廢棄物才臭了 3 天，現在又有鳳山溪汙染，空汙、水汙根本「無所不在」，而主管單位都毫無作為，每次都只能事後彌補，前面都沒任何預防工作。

資料來源：聯合報 2023/06/12

9.6 正外部性與矯正策略

正外部性如教育、打疫苗或是人工智慧（Artificial Intelligence, AI）對生產與消費的影響。圖 9.6 顯示廠商生產產生正外部性的影響。廠商生產時不考慮生產所造成的正外部性時，以私人邊際成本與邊際利益決定產量 Q_0，如 E_0 點。Q_0 也是廠商利潤最大化產量，但是廠商生產過程中已產生了正外部性，很顯然私人的邊際利益線，已無法代表廠商生產後的真正邊際社會利益，因此必須將生產所產生的邊際外部利益（marginal external benefit，MEB）計算在內，亦即 MSB = MB + MEB。因此社會最適產量應由

MSC 曲線與 MSB 曲線共同決定，如 E_1 點的產量 Q^*，正外部性即等於在產量 Q_0 下，MSB 與 MB 的 E_2E_0 差距。

在正外部性時，因爲廠商的產量少於社會最適產量，因此同樣造成△ $E_2E_1E_0$ 的無謂損失。

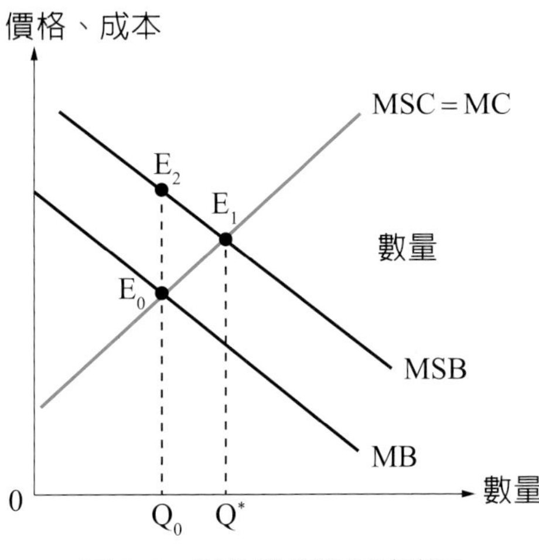

圖 9.6　正外部性與最適產量

如前所述，有負外部性依賴課稅方式矯正。同樣的，發生正外部性可以採取相反的策略 - 補貼方式來矯正，如圖 9.7。如果政府對廠商補貼，使廠商將其生產的外部利益內生化，此時廠商的邊際利益加上補貼金額（等於外部利益）後，成爲邊際社會利益，此時廠商的產量 Q^*，符合邊際社會成本等於邊際社會利益，是最適的產量。政府的補貼金額就等於在最適產量下，邊際利益與邊際社會利益曲線的差距如 E_2E_0。如此便可解決廠商生產造成的正外部性，與效率無謂損失發生的問題。

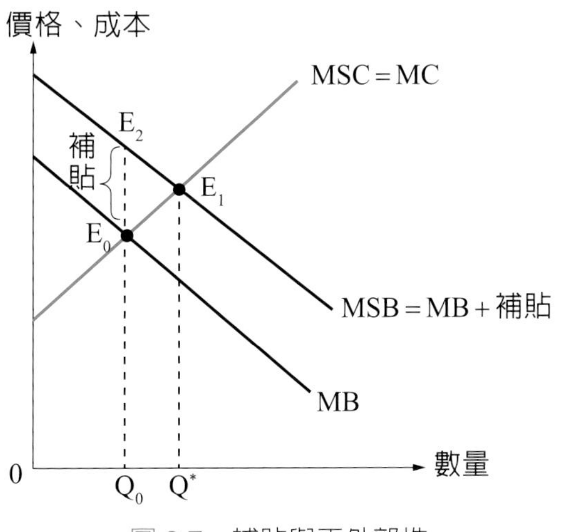

圖 9.7　補貼與正外部性

9.7 焦點透視鏡 - 新聞的經濟涵義

從經濟學的角度來看，新聞報導荷花田的情況剛好與本章所討論的公共財和正外部性有關。鐵道旁的荷花田是一個景觀資源，具有公共財性質，因爲它可以同時被多人觀賞，不會因一個人的觀賞而減少其他人的觀賞。這種情況下，如果地主單方面改變使用方式並要收費，可能會引發糾紛，因爲有許多搭便車者，認爲他是在公用道路上欣賞荷花，不是進入私有場域，因而不願意繳費，這也牽涉到公共財的眞正價格無法明確計算。

另外，外部性也可能在這種情況下發揮作用。如果荷花田的美麗景觀能夠帶來附加價值，例如吸引遊客、提升附近社區的價值，那麼這種價值可能不僅僅反映在地主自身的收益上，還可能對周圍環境和社區帶來利益。因此，地主單方面改變使用方式和收費，可能會影響到這種外部性效應的分配和最大化。

總之，這種糾紛可能涉及到如何平衡荷花私有財的財產權和使用權，如何考慮觀賞美麗荷花的公共財性質，以及對周圍環境的外部性影響。雙方均需要有一個可以共同遵守的規範，才能有效解決這個問題。

本章結論

一般財貨分類上，採用兩個標準：1. 排他原則。2. 消費敵對性。將財貨分類成純私有財、準私有財、純公共財與準公共財。而公共財同時具備這兩個特性。

公共財不具消費排他性與敵對性，市場消費量不因多人消費而變動，所以最適消費量是由消費者垂直加總的 MWTP 與 MC 共同決定。

外部性係指某一經濟主體的經濟行爲，無償的影響到其他經濟主體的現象。如果受影響的經濟主體屬於受益，將此具有效益的外部性稱爲外部效益或是正外部性，反之，當受影響的經濟主體遭受到損失時，將此種損失稱爲外部成本或是負外部性。外部性型態，依經濟主體與行爲，可區分爲三種型態：生產者與生產者、生產者與消費者、消費者與消費者。

當發生負外部性，如果廠商忽略此外部性，產量會比最適產量多，有無謂損失發生，政府可採課稅方式矯正，或依寇斯定理協商解決。當發生正外部性，如果廠商忽略此外部性，產量會比最適產量還少，有無謂損失發生，政府可採補貼方式矯正之。

10

國民經濟活動的衡量

本章綱要

10.1 衡量國民經濟活動的價值
10.2 經濟活動的三種計算方法
10.3 與國內生產毛額有關的重要概念
10.4 其他衡量國民經濟活動的指標

焦點透視鏡 | 從國父語錄看經濟

國父是革命運動和西方政經思想重要的啓蒙者，他說：「夫國者人之積也，人者心之器也。」從經濟學的觀點，這句話可以幫助我們理解總體經濟學和個體經濟學的不同。

「國者人之積」，將個人的經濟活動，「積」累加總（aggregate）在一起，可以得到整個國家的經濟表現，講的是總體經濟。「人者心之器」，人是受內「心」動機（motive）的驅使而產生經濟行為，這講的是個體經濟。總體經濟和個體經濟是經濟分析的兩種方法，一個從社會全體的觀點來分析問題，一個從經濟個體的觀點來分析問題，兩者相輔相成。

進行總體經濟分析時，需要前面章節的個體基礎（microfoundation），才能見林又見樹。反過來，在進行個體經濟分析時，也不要忘了形勢比人強，國際市場、國家經濟結構和

10.1 衡量國民經濟活動的價值

衡量國民經濟活動的價值通常使用國內生產毛額（gross domestic product，GDP）來進行評估，GDP 是一個國家或地區在一定時間內，所生產的最終財貨與服務（final goods and services）的市場價值總和。茲詳細解釋如下：

一、一段期間

所謂的一段期間，通常是指一年，在一年的期間內，一國總共生產了多少財貨與服務，都要計算進來。所以，GDP 是一種流量（flow）的概念。和流量相對的概念是存量（stock），亦即在某一個時點，衡量從過去到現在所累積的總量。以浴缸注水爲例，一個小時內，由水龍頭注入多少水，稱爲流量。在某一時點，記錄浴缸的水量，是爲存量。一個小時前後浴缸中的水量的變化等於水龍頭注了一小時的流量，所以存量的變化等於流量。

總體經濟政策，會影響個體的行為和績效。現在，我們暫時離開個體經濟學，進入總體經濟學的章節。總體經濟學的特點就是「加總」，將一個國家所有人的經濟活動加總起來，稱為國民生產。

國民在生產的同時也獲得報酬（所得），所以國民生產也叫國民所得。衡量國民所得的主要指標有國內生產毛額（gross domestic product，GDP）和國民生產毛額（gross national product，GNP），前者是屬地主義（所有居民的所得都算），後者是屬人主義（所有國民的所得都算）。

解說

在 1999 年以前，我國主要以 GNP 來衡量經濟活動，1999 年以後改以 GDP 來衡量，並將 GNP 改稱為國民所得毛額（gross national income，GNI）。因為現在跨國企業蓬勃發展，海外生產活動愈來愈重要，所以必須把外國公司在本國的生產包含進來，才能真實反應當地的經濟情況，故各國紛紛改採 GDP。

在經濟變數中，除了 GDP 以外，消費、投資、出口與進口等，都是流量；而存貨、資本、儲蓄與外匯存底等，則是存量。

二、最終財貨與服務

有形的商品叫財貨（goods），無形的的商品叫服務（services）。services 有人翻譯成勞務，但是配合大家常講的經濟結構之農業、製造業和「服務」業（service industry），所以本書將 services 翻譯成「服務」。

一家廠商所生產的東西可以是財貨或服務，前者如生產手機，後者如手機的維修服務。經濟發展的過程，通常是以農業爲主的經濟結構，轉變成以製造業爲主的經濟結構，再轉變成以服務業爲主的經濟結構。服務業包括金融業、證劵業、旅遊業與教育產業等。在知識經濟（knowledge economy）時代，很多高所得的工作，如工程師、醫師、會計師或律師等「師」字輩的職業，都是以提供特殊專業服務爲主的工作，所謂的特殊專業服務即爲「知識」或 know how。

爲求行文簡潔，在後文中，講到財貨，即是包括有形的財貨和無形的服務。GDP 定義中所謂的「最終財貨」是強調財貨被購買之後，不再轉售（resold）。因爲一旦轉售，就是當作中間財貨（intermediate goods），成爲下一階段產品的投入項。如果我們不區分最終財貨和中間財貨，通通加總起來，將產生「重複計算」的問題。

如圖 10.1 所示，農夫生產價值 100 元的小麥，並將小麥賣給麵粉廠，麵粉廠將小麥磨成麵粉以 150 元賣給麵包店，麵包店將麵粉做成麵包，賣得 300 元。

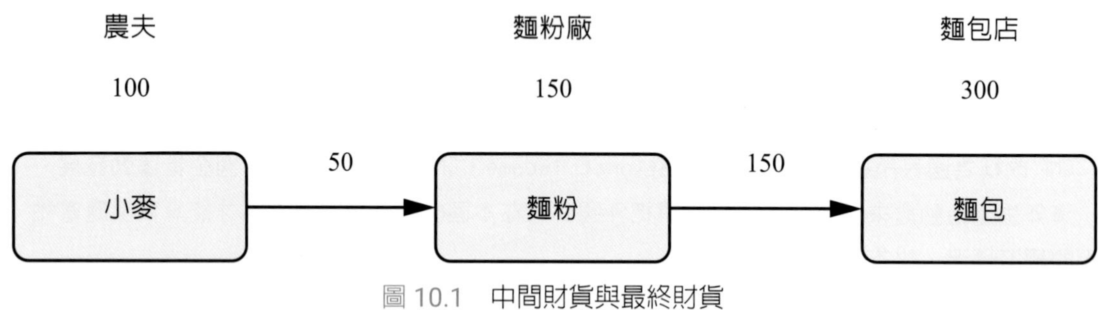

圖 10.1　中間財貨與最終財貨

所以，小麥和麵粉是中間財貨，麵包才是最終財貨。因此最終財貨的價值爲 300 元。如果不區分最終財貨和中間財貨，將導致重複計算，而虛增爲 550 元：

100 元小麥 + 150 元麵粉 + 300 元麵包 = 550 元（重複計算）

必須只計算最終財貨的價值或扣除中間投入的附加價值（value added）之加總，才是正確的。

農夫的附加價值	100
麵粉廠的附加價值	150 – 100 = 50
麵包店的附加價值	300 – 150 = 150
總附加價值	100 + 50 + 150 = 300

時事小專欄

蘋果賺走智慧手機近 9 成利潤

蘋果手機賺走了大部分利潤

文藝復興時期英國哲學家弗蘭西斯．培根（Francis Bacon，1561-1626）說：「知識就是力量，Knowledge is power」，因為知識能夠幫助我們理解宇宙人生的現象，協助我們如理思惟，進而解決我們以前無法解決的問題，所以擁有知識才能擁有解決問題的力量，所以說知識就是力量。

但是在現在社會中，我們則進一步說：「知識就是財富，Knowledge is money」，因為在知識經濟時代，知識是創意創新、開創新局、提高生產力和創造產品附加價值的重要元素，所以知識不僅是力量也是財富。

現代社會中，知識可以轉換成許多的專利，而形成所謂的智慧產權，擁有者可以向使用者收取權利金，像蘋果公司就擁有數量龐大且關鍵的專利，因此它雖然自己不直接生產，而只是授權給其他企業代工生產，但是即便如此，蘋果公司所創造的附加價值就甚為驚人，根據市調研究機構（Counterpoint Research）指出：蘋果手機在全球手機的獲利比重遙遙領先其他競爭對手，2018 第 2 季蘋果 iPhone 占全球手機獲利比重達到 62%，排名其次的韓國三星手機（Samsung）獲利占比僅 17%。iPhone 的獲利比重也是中國華為（Huawei）、Oppo、Vivo 和小米（Xiaomi）獲利比重加總起來的三倍，而其他手機廠商加總起來的獲利比重，不到 1%。

由於蘋果公司掌握大量的創新研發專利和市場通路和品牌忠誠度，技術成分不高的製造組裝工作大部分在中國進行，所以大部分的利潤都被美國賺去了，中國的組裝代工廠只得到微薄的利潤，大家戲稱毛三到四（與茅山道士諧音，毛利潤率只有 3~4%）。

所以，附加價值雖是一個計算 GDP 的觀念，也是產業轉型或產業升級的重要觀念，亦即：產業轉型是把低附加價值的產業，轉型成高附加價值的產業；而產業升級是把低附加價值的產業，提升成高附加價值的產業。

資料來源：摘錄自中央社 2018/09/21

三、市場價值

GDP 衡量的是所有財貨的市場價值，而不單單只是數量的加總，因爲各財貨的單位大小不同，籠統的數量加總是沒有意義的，如一輛公車加一輛腳踏車等於兩輛車子是沒有意義的，所以必須換算成貨幣價值（＝數量 × 價格）再加總。

其中我們強調「市場價值」，因爲經過市場出售，會有一個公認的價格、一個客觀衡量價值的標準。沒有經過市場的財貨，如料理家務，很難估算它的價值，往往無法算到 GDP 中。另外，走私貨物或毒品交易等違法經濟活動，是政府所禁止的，多數國家不會算在 GDP 裡面。

我國國民所得統計，對於爲規避稅負及違法之地下經濟活動，視資料取得狀況，適度予以採納加計，如攤販經營概況調查，可涵蓋部分未辦理營業登記之商業活動。根據 2018 年攤販經營概況調查，全國攤販共計 30.7 萬攤，其中小吃、食品及飲料類佔 53.41%，生鮮食品類佔 23.29%，成衣、被服、布及鞋類佔 10.10%。攤販從業人數計 47.6 萬人，平均每攤全年營業收入 175 萬 8 千元，全年利潤爲 57 萬 5 千元。攤販從業人員在 2018 年估計創造了 57 萬 5 千元 × 30.7 萬攤 = 1,765 億元的所得。

另外，從營造業耗用的水泥量值，可反推砂石供給，並掌握非法盜採之砂石規模等。至於毒品與色情等，各主要國家原本多未予以估算。但是基於歐盟預算來源係以 GNI 規模計算各國繳交份額，爲增進各國資料之一致性，歐盟統計局於 2013 年致函歐盟各會員國，要求將非法活動產值採納加計於 GDP，目前英國、德國、義大利與西班牙等國均已採納加計，但是法國基於道德倫理考量不予納計。其他非歐盟國家也多未加估算，如美國、加拿大、澳大利亞、南韓等，我國亦然。

四、毛額

國內生產毛額的「毛額」是指 GDP 裡面尚有「折舊」未扣掉。機器設備、建築物等固定資本存量的價值，會隨時間而損耗，稱爲折舊（depreciation）。投資毛額減去折舊等於投資淨額，才是眞正資本存量增加的部分。國內生產毛額減去折舊，稱爲國內生產淨額（net domestic product，NDP）。

$$NDP = GDP - \text{折舊} \qquad (\text{式 } 10.1)$$

生產要素（土地、勞動、資本和企業家才能）之中，資本爲「人類所創造的」生產工具，在經濟成長的過程中，扮演關鍵的角色，透過不斷的投資活動，累積和更新資本存量，才能維持和提升生產力。

而折舊則是侵蝕資本存量的主要因素，例如一套價值一億元而可以使用 10 年的機器設備，10 年後它的價值是零，但是我們可能從外表看不出它的價值正在逐年遞減，因爲機器設備始終擺在哪兒，因而忽略和錯過更新的計畫，所以我們應該每年提存一千萬（折舊攤提），10 年後舊機器不堪使用時，將有一億元的基金再買一部新的機器，如此產能便能繼續維持下去，而不受影響。

同理，一個國家或一座城市，如果不注意基礎建設的折舊和更新的問題，任其停置損耗，與現代世界各國都在突飛猛進的情勢相較之下，就會顯得「又老又窮」，進而最終失去競爭力！所以國內生產毛額和國內生產淨額的差額－折舊也是一個重要的因素，當投資超過折舊的金額，才會有正的投資淨額和增長的資本存量。

10.2 衡量經濟活動三種計算方法

要了解經濟活動的衡量，可以借助於圖 10.2 的經濟活動循環周流圖。在一個簡化的經濟體中，只有一個家庭（或稱家計單位，household）和一家廠商（firm）。圖 10.2 的上方，家計單位擁有土地、勞動、資本等生產要素，並將它們提供給廠商進行生產，即所謂資源的就業（employment of resources），然後獲取所得（income）。支付給家計單位的所得，站在廠商的觀點，是它的成本（costs）。

圖 10.2 的下方，家計單位向廠商購買財貨以進行消費，產生支出（expenditure），同時也是廠商的收入（revenue）。外圈的經濟活動（所得、成本、支出、收入）以貨幣計值，是貨幣周流，以虛線表示；內圈的經濟活動（就業、生產財貨）以實物呈現，是實物周流，以實線表示。由圖 10.2 可以知道，計算國民經濟活動的價值有以下三種方法：

一、產出面法（Production Approach）

衡量圖 10.2 中①的流量價值，我們可將所有最終財貨的市場價值予以加總，即是產出面法。上述 GDP 的定義，即是產出面法的觀點。

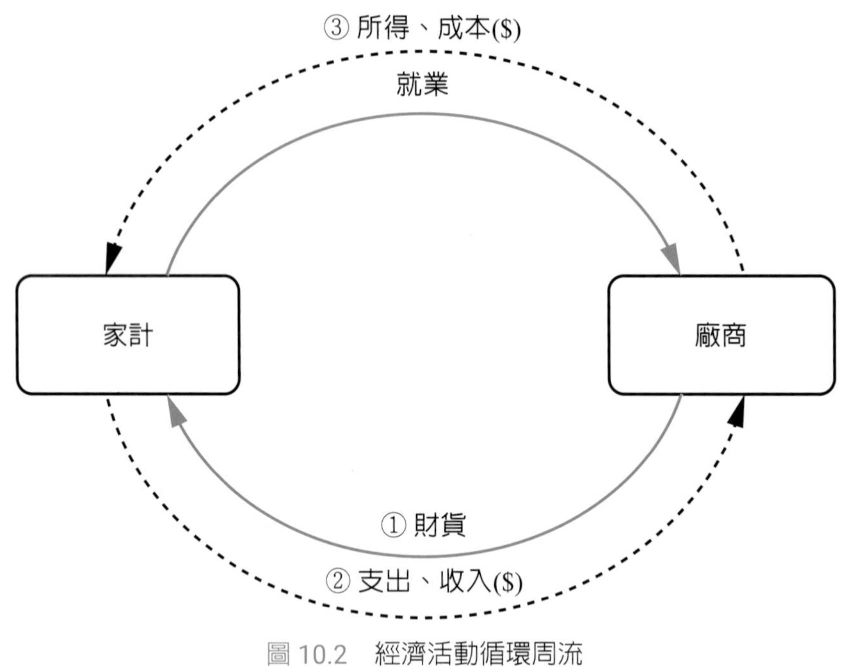

圖 10.2　經濟活動循環周流

二、支出面法（Expenditure Approach）

這種方法基於不同部門的支出，來計算 GDP，衡量圖 10.2 中②支出的流量價值，即是支出面法。根據國民所得會計恆等式（national income account identity），支出的組成爲：

$$Y = C + I + G + (EX - IM) = C + I + G + NX \qquad \text{(式 10.2)}$$

其中 Y = GDP，C = 消費，I = 投資，G = 政府支出，EX = 出口，IM = 進口，NX = EX – IM = 淨出口。

（式 10.2）表示廠商所生產的財貨分別被家計、廠商、政府和國外部門所購買。被家計部門買走的，稱之爲消費支出（C）；被廠商部門買走的，成爲生產過程所使用的資本財，又稱爲投資支出（I）；被政府部門買走的，成爲政府支出（G）；被國外部門買走的，即本國對外國的出口（EX），而本國也可能向外國進口財貨，所以出口（EX）減進口（IM），即爲淨出口（NX）。

當出口大於進口時，淨出口（NX）大於 0；當出口小於進口時，淨出口（NX）小於 0。將所有部門（家計、廠商、政府和國外部門）的支出，予以加總，即是支出面法的 GDP。

表 10.1 我國 GDP 各項支出及 GNI

單位：新臺幣百萬元

年度	消費 C	政府支出 G	投資 I	出口 EX	進口 IM	淨出口 EX－IM	GDP	GNI
2011	7,774,972	2,191,998	3,366,687	11,528,993	10,600,449	928,544	14,262,201	14,634,307
2012	8,015,850	2,284,488	3,330,452	11,634,675	10,587,700	1,046,975	14,677,765	15,109,951
2013	8,242,378	2,259,221	3,441,464	11,854,435	10,526,770	1,327,665	15,270,728	15,673,232
2014	8,602,842	2,360,910	3,668,439	12,559,478	10,933,622	1,625,856	16,258,047	16,697,152
2015	8,787,564	2,363,711	3,706,196	12,157,096	9,959,487	2,197,609	17,055,080	17,494,741
2016	9,082,075	2,482,242	3,797,566	11,808,128	9,614,743	2,193,385	17,555,268	18,006,409
2017	9,325,676	2,486,552	3,771,289	12,095,508	9,695,678	2,399,830	17,983,347	18,430,708
2018	9,610,482	2,623,385	4,085,901	12,191,349	10,136,095	2,055,254	18,375,022	18,789,823
2019	9,883,066	2,652,859	4,500,281	11,922,648	10,050,222	1,872,426	18,908,632	19,384,783
2020	9,601,096	2,772,825	4,822,800	11,567,527	8,849,442	2,718,085	19,914,806	20,486,586
2021	9,705,876	2,944,989	5,937,568	14,040,574	10,965,776	3,074,798	21,663,231	22,231,360
2022	10,361,735	3,157,324	6,383,861	15,862,030	13,085,107	2,776,923	22,679,843	23,374,561
2023	11,456,492	3,222,884	5,844,899	14,918,331	11,891,753	3,026,578	23,550,853	24,252,764
%*	48.6	13.7	24.8	63.3	50.5	12.9	100	

* 註：為 2023 年各支出項目佔 2023 年 GDP 的比率。

表 10.1 是國內所得毛額（GDP）各項支出及國民所得毛額（GNI）各年度的表列，2023 年我國的 GDP 高達 23,550,853 百萬新臺幣，亦即當年度臺灣居民總共生產了 23 兆 5 千多億元新臺幣的價值。其中消費佔 48.6%、投資佔 24.8%、政府支出佔 13.7% 與淨出口佔 12.8%（出口的 63.3% 佔比減去進口的 50.5% 佔比）。所以出口、消費與投資是國家經濟成長的三大支柱。此外，消費和投資代表內需動能，而出口代表外需動能，向來有經濟成長「雙引擎」之稱。

內需的決定因素有兩個：一是購買力，另一個爲人口。富裕的國家，人民的購買力自然強勁，若再加上有衆多的人口，就能構成強大的內需動能，例如美國（3.28 億人）、歐盟（5.07 億人）和日本（1.26 億人），既是經濟高度開發地區，而且擁有衆多的人口，所以能成爲重要的消費市場。

此外，發展中的中國擁有 13.93 億人口，雖然其人均 GDP 只有 9,608 美元，如果經濟能繼續成長，假以時日，將成爲一個非常巨大的內需市場，所以中國是一個充滿想像空間的潛在市場。其實，如果不看內陸低度發展地區，中國沿海省市因都市化、人口集中和 30 年長期高度經濟成長的結果，人均 GDP 已超過 2 萬美元，已經是一個重要的內需市場了。

其次，第二個經濟成長的引擎是出口。我國的出口佔 GDP 的 67%，顯示出口的重要性，因爲臺灣是一個島國，2,300 萬人口的內需市場不足以支撐整個國家的經濟成長，必需把我國具有競爭力的產品賣出去，才能創造經濟成長的佳績。另外，政府支出也很重要，在景氣循環的衰退、蕭條時期，國民沒錢消費，所以消費疲軟，廠商因爲市場買氣低迷，也不敢加碼投資，而內需市場不外乎消費、投資與政府支出三項，當消費和投資使不上力時，政府的角色就相形重要了，所以政府主動增加支出，可以刺激經濟，帶動復甦。至於表 10.1 最後兩欄的國外淨要素所得（NFI）和國民所得毛額（GNI），將在後文加以介紹。

三、所得面法（Income Approach）

這種方法基於生產過程中產生的各種收入來計算 GDP，衡量圖 10.2 中③所得的流量價值，即是所得面法。所得面法將家計單位所提供的土地、勞動、資本、企業家才能的報酬予以加總，而土地的報酬爲地租、勞動的報酬爲薪資、資本的報酬爲利息、企業家才能的報酬爲利潤，故將地租、薪資、利息、利潤等各項所得予以加總，即是所得面法。

10.3 與國內生產毛額有關的重要概念

一、名目國內生產毛額與實質國內生產毛額

前面說到國內生產毛額（GDP）是按市場價值計算的，而市場價值是數量和價格的乘積，根據採用「當期的價格」或「基期的價格」，可分爲名目國內生產毛額（nominal GDP）與實質國內生產毛額（real GDP）。

所謂基期（base period）顧名思義就是共同採用的基準期，通常採取整數年份且物價平穩的年份當作基期，如西元 2000 年或民國 100 年。採用當期價格計算的稱爲「名目」國內生產毛額，採用基期價格計算的則稱之爲「實質」國內生產毛額。若採用基期價格

計算，由於基期的價格是固定的（例如固定在民國 100 年），所以價格是固定不變的，此時不同期的 GDP 之所以不同，是來自於數量而不是價格，所以採用基期價格計算的 GDP，稱爲實質國內生產毛額。

茲舉例說明如下：假設有一個小國，只生產稻米和香蕉兩種商品，其 t0 ～ t2 年的財貨數量和價格如表 10.2 所示。

表 10.2　名目國內生產毛額與實質國內生產毛額

	稻米		香蕉		名目 GDP	實質 GDP	GDP 平減指數
年度	數量	價格	數量	價格			
t0（基期）	100	40	200	70	18000	18000	100.00
t1	90	45	210	72	19170	18300	104.75
t2	110	50	220	90	25300	19800	127.78

以表 10.2 的 t2 年爲例，當期的稻米價格爲 50，香蕉價格爲 90，

名目 $GDP_{t2} = 110 \times 50 + 220 \times 90 = 25{,}300$

若以 t0 年爲基期，基期的稻米價格爲 40，香蕉價格爲 70，

實質 $GDP_{t2} = 110 \times 40 + 220 \times 70 = 19{,}800$

實質 GDP 把價格固定在基期的價格，去除了價格因素的干擾，所以可以比較不同年度 GDP 純粹在產量上的變化，故稱爲實質 GDP。

二、國內生產毛額平減指數

名目國內生產毛額與實質國內生產毛額之間只差一個價格變動的因素，故兩者相除可以得到一般物價指數，又稱爲 GDP 平減指數（GDP deflator）：

$$\text{GDP 平減指數} = \frac{\text{名目GDP}}{\text{實質GDP}} \qquad (\text{式 } 10.3)$$

以表 10.2 的 t2 年爲例，GDP 平減指數 $= \dfrac{25{,}300}{19{,}800} = 127.78\%$

t2 年的 GDP 平減指數爲 127.78%：表示和基期 t0 年相比較，t2 年的一般物價指數漲了 27.78%。同理，表 10.2 中 t1 年的 GDP 平減指數爲 104.75%：表示 t1 年比 t0 年的物價漲了 4.75%。而 t0 年的 GDP 平減指數爲 100%，因爲它是自己和自己比較，自己除以自己，所以是 100%。

三、經濟成長率

一國的經濟成長指一個國家實質國內生產毛額持續不斷增加的現象。而經濟成長率（economic growth rate）則是「實質 GDP」的變動率。

$$經濟成長率\ t = \frac{(實質\ GDP_t - 實質\ GDP_{t-1})}{實質\ GDP_{t-1}} \qquad (式\ 10.4)$$

以上題爲例：$經濟成長率\ t2 = \frac{(19,800 - 18,300)}{18,300} = 8.20\%$

例題 10-1

假設 A 國在 2018 年的名目 GDP 為 9,000 億元，且 GDP 平減指數為 120。

(1) A 國的實質 GDP 為何？

(2) 若 2019 年的實質 GDP 為 8,000 億元，經濟成長率為何？

解 (1) $實質\ GDP = \frac{名目GDP}{GDP\ 平減指數} = \frac{9,000}{120} \times 100 = 7,500\ 億元$

(2) $經濟成長率 = \frac{(實質\ GDP_t - 實質\ GDP_{t-1})}{實質\ GDP_{t-1}} = \frac{(8,000 - 7,500)}{7,500} 億元 = 6.67\%$

表 10.3 是行政院主計處所提供的各年度我國名目 GDP、人均名目 GDP（即 GDP/ 人口）、經濟成長率與名目國民所得毛額 GNI，爲了方便與各國作比較，以美元計價。我國 2023 年的名目 GDP 爲 755,306 百萬美元，將近 7.6 千億美元。我國的人均名目 GDP 於 2011 年超過 2 萬美元，2023 年爲 32,327 美元。

表 10.3　我國名目 GDP、經濟成長率與名目 GNI

年	名目 GDP 百萬美元	人均名目 GDP 美元	經濟成長率 %	名目 GNI 百萬美元
2011	483,957	20,866	3.67	496,583
2012	495,536	21,295	2.22	510,127
2013	512,957	21,973	2.48	526,477
2014	535,332	22,874	4.72	549,791
2015	534,474	22,780	1.47	548,253
2016	543,002	23,091	2.17	556,957
2017	590,780	25,080	3.31	605,477
2018	609,251	25,838	2.79	623,005
2019	611,336	25,908	3.06	626,731
2020	673,252	28,549	3.39	692,582
2021	773,135	32,944	6.62	793,410
2022	760,813	32,625	2.59	784,118
2023	755,306	32,327	1.31	777,983

資料來源：行政院主計處。

圖 10.3 是我國在 2011-2023 期間，名目 GDP 的趨勢圖，該圖顯示：儘管世界局勢日新月異，我國名目 GDP 大致來說能維持一個穩定成長的趨勢。

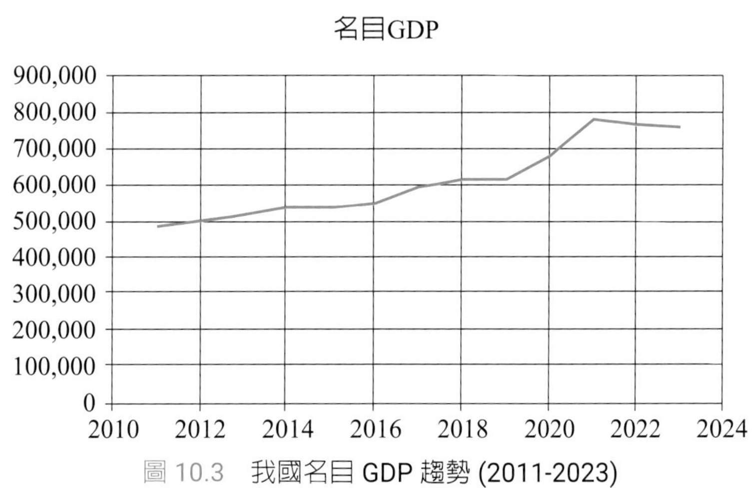

圖 10.3　我國名目 GDP 趨勢 (2011-2023)

時事小專欄

超越中國！
臺灣 GDP 成長近 3 年新高

臺灣防疫成功和經濟逆勢成長

我國主計總處於 2021 年 1 月 29 日公布 2020 年臺灣經濟成長率概估為 2.98%，在疫情之下，仍逆勢締造亮眼成績。不只是近 30 年來經濟成長率首度超越中國，更傲視所有已開發國家。背後有兩大因素支撐，一是出口，受惠於新興科技應用及遠距商機熱度延續，加上傳統產業之貨品需求，逐步回溫，其次，國人在國內消費持續活絡，緩衝疫情對經濟的不利影響。2021 年第 4 季，國人在國外消費續呈大幅衰退，但國人國內消費持續成長。在台股創高，加上周年慶、購物節促銷活動激勵之下，國人國內消費成長率為 4.26%，繼第 3 季 5.16%，創下十年新高後，第 4 季續處高檔水準。總而言之，因防疫有成，生產、製造、消費活動得以持續，才能有這樣的成長幅度。

資料來源：摘錄自中央通訊社 2021/01/29

在國際上，GDP、人均 GDP 和經濟成長率常被當作一國經濟實力、人民福祉和國際地位的指標。GDP 代表一國經濟規模或市場的規模，人均 GDP 則代表該地區富裕的程度，或人民的購買力，經濟成長率則代表一國經濟規模持續擴張的力道。表 10.4 是 2023 年各國名目 GDP 的排名，在世界 233 個國家和地區中，我國名目 GDP 的世界排名爲第 22，在亞洲排名爲第 6，僅落後於中國、日本、印度、韓國與印尼，因此雖然臺灣土地面積不大，僅 36,193 平方公里，但就 GDP 的規模而言，已算是中型的經濟體，故不可妄自菲薄。

表 10.4　各國 2023 名目 GDP 排名

排名	國家	名目 GDP（百萬美元）	排名	國家	名目 GDP（百萬美元）
1	美國	26,949,643	16	印尼	1,417,387
2	中國	17,700,899	17	土耳其	1,154,600
3	德國	4,429,838	18	荷蘭	1,092,748
4	日本	4,230,862	19	沙烏地阿拉伯	1,069,437
5	印度	3,732,224	20	瑞士	905,684
6	英國	3,332,059	21	波蘭	842,172
7	法國	3,049,016	22	臺灣	751,930
8	義大利	2,186,082	23	比利時	627,511
9	巴西	2,126,809	24	阿根廷	621,833
10	加拿大	2,117,805	25	瑞典	597,110
11	俄羅斯	1,862,470	26	愛爾蘭	589,569
12	墨西哥	1,811,468	27	挪威	546,768
13	韓國	1,709,232	28	奧地利	526,182
14	澳大利亞	1,687,713	29	以色列	521,688
15	西班牙	1,582,054	30	泰國	512,193

資料來源：國際貨幣基金組織，（2024）維基百科。
國際貨幣基金組織、世界銀行、聯合國的數字互有出入但接近。

表 10.5 是各國 2023 人均 GDP 的排名，其中我國在世界的排名爲第 36，而在亞洲的排名爲第 5 －在新加坡、香港、日本和韓國之後。臺灣、韓國、香港和新加坡，同屬儒家文化圈，位於西太平洋，自 1960 年代末至 1990 年代期間發展迅速的經濟體，故號稱亞洲四小龍（Four Asian Tigers），不過它的英文是四虎（tigers），而不是四小龍（dragons）。

表 10.5　各國 2023 人均 GDP 排名

排名	國家	人均 GDP（美元）	排名	國家	人均 GDP（美元）
1	盧森堡	132,372	26	義大利	36,812
2	愛爾蘭	114,581	28	日本	35,385
3	挪威	101,103	30	臺灣	33,907
4	瑞士	98,767	33	韓國	33,393
5	新加坡	91,100	36	西班牙	31,223
6	卡達	83,891	63	俄羅斯	14,403
8	美國	80,034	64	中國	13,721
9	丹麥	64,964	61	阿根廷	13,709
10	澳大利亞	56,352	66	馬來西亞	13,382
11	荷蘭	61,098	68	墨西哥	12,673
12	奧地利	56,802	71	土耳其	11,931
13	以色列	55,535	79	巴西	9,673
14	瑞典	55,395	84	泰國	8,181
16	比利時	53,377	112	印尼	5,016
18	加拿大	52,722	116	越南	4,475
18	香港	52,429	124	菲律賓	3,905
19	德國	51,383	128	埃及	3,644
21	紐西蘭	48,826	132	不丹	3,497
22	英國	46,371	139	印度	2,601
23	法國	44,408	152	寮國	1,858

資料來源：國際貨幣基金組織，（2024）維基百科。

四、購買力平價計算的人均 GDP

購買力平價（purchasing power parity，PPP）計算的人均 GDP 是將各國的物價（或通貨膨脹率）和匯率因素考慮進來，以便更中肯地比較各國的所得，作爲衡量各國經濟實力的指標。例如表 10.5 的香港的人均 GDP 爲 52,429 美元，遠高於臺灣的 33,907 美元，但是香港當地的物價亦遠高於臺灣，所以若考慮當地的物價，兩地人均 GDP 的購買力就沒有差那麼大了。

表 10.6 爲各國 2023 購買力平價計算的人均 GDP，其中香港的購買力平價計算人均 GDP 爲 72,861 美元，臺灣爲 72,485 美元，差距明顯縮小了。

表 10.6　各國 2023 購買力平價計算的人均 GDP

排名	國家	購買力平價計算的人均 GDP（美元）
1	盧森堡	143,304
2	愛爾蘭	137,638
2	新加坡	133,108
4	卡達	114,210
5	瑞士	89,537
8	挪威	82,236
9	美國	80,412
11	荷蘭	73,317
12	香港	72,861
13	臺灣	72,485
19	比利時	65,813
20	澳大利亞	64,675
25	加拿大	59,813
26	法國	58,765
27	英國	56,836
28	韓國	47,027
30	義大利	54,259
32	紐西蘭	53,809
33	日本	52,120
36	西班牙	50,472

資料來源：國際貨幣基金組織，（2023）維基百科。

前面介紹的實質人均 GDP 可用於比較同一國家不同時點的（去除物價因素的）每人平均所得；購買力平價計算的人均 GDP 則是用於比較同一時點不同國家的（去除各國物價和匯率因素的）每人平均所得。如表 10.6 所示，根據國際貨幣基金（IMF）2023 年估計，以購買力平價計算的各國人均 GDP，臺灣以 72,485 美元列第 13 位，領先日本和韓國。盧森堡名列全球最富裕經濟體，人均 GDP 達 143,304 美元。亞洲主要經濟體中，表現優於臺灣的有澳門、新加坡和香港。

時事小專欄

WEF 全球競爭力報告
我國排第 12

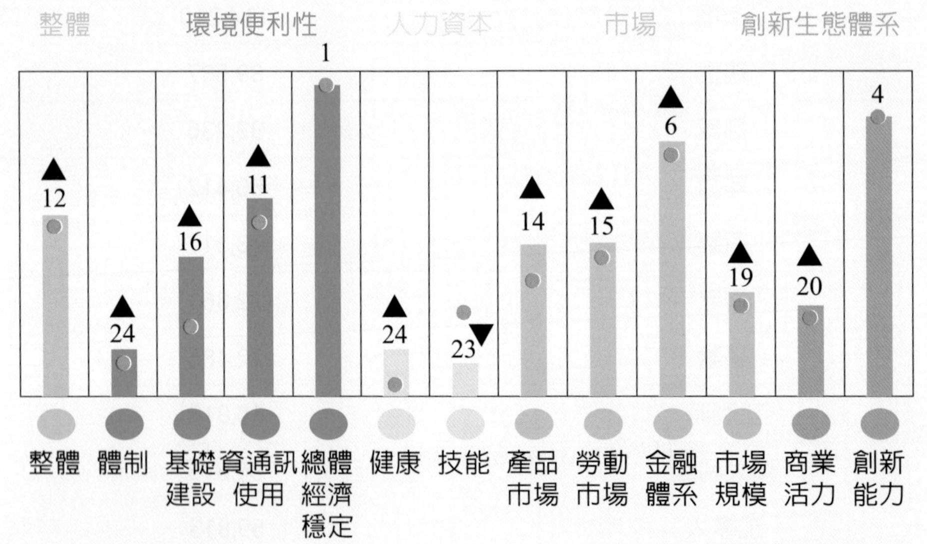

根據瑞士「世界經濟論壇（World Economic Forum，WEF）2019 年全球競爭力報告」，在 141 個受評國家中，我國排名第 12 名；而在亞洲地區的排名中，我國則次於新加坡（第 1 名）、香港（第 3 名）、日本（第 6 名）；領先韓國（第 13 名）及中國大陸（第 28 名）。其中 WEF「全球競爭力指數 4.0」評比項目分為：「環境便利性」、「人力資本」、「市場」及「創新生態體系」等 4 大類和 12 大面向。

我國總體經濟穩定、創新能力優異，備受國際肯定。而 12 面向評比中，9 項較 2018 年進步，其中以「總體經濟穩定」、「創新能力」與「金融體系」3 項表現最佳，分別為第 1 名、第 4 名與第 6 名。

此外，在 103 個細項評比中，亦有多項表現優異，例如：土地管理的品質（第 1 名）、電力普及度（第 2 名）、服務業的競爭程度（第 5 名）、工資決策的彈性程度（第 4 名）、專業勞動力在國內的流動程度（第 5 名），表現優異；衡量總體經濟穩定的通貨膨脹率（第 1 名）、政府債務占 GDP 比率之變動（第 1 名），蟬聯居冠；金融體系項目中，保險費總額占 GDP 之比重（第 1 名）、逾放比率（第 1 名）居冠，中小企業取得融資的程度（第 5 名），表現頗佳；創新能力方面，產業群聚完善發展的普遍程度（第 3 名）、研發支出占 GDP 之比重（第 5 名），則備受肯定。

在 2019 年，臺灣（第 4 名）與德國（第 1 名）、美國（第 2 名）和瑞士（第 3 名），續居全球四大創新國，其創新能力這一項分數維持 80 分以上。

資料來源：經濟部國家發展委員會

五、國內生產毛額的局限性

GDP 雖然是世界各國廣泛採用的國民所得指標，但是 GDP 往往不能眞正反映一國的福利水準，因爲以下原因：

1. 物價因素的干擾

GDP 衡量的所有最終財貨的市場價值，所以含有物價的因素的干擾。而由於經濟成長的過程中，常伴隨著通貨膨漲的問題，所以名目 GDP 無法眞實反映一國經濟活動情況和人民生活水準，尤其在物價波動明顯的時期爲然。

因此實質 GDP 比名目 GDP 更能夠衡量一國所生產的商品價值，其次，即使是實質 GDP，由於各國物價水準不同，做 GDP 的跨國比較，也會失眞。開發中國家的物價便宜，已開發國家的物價昂貴，所以 GDP 可能低估開發中國家的生活水準，而高估了已開發國家的生活水準。

2. 沒有考慮所得分配、生活品質、個人福祉問題

GDP 衡量的是全體居民的所得總和，無法得知經濟社會所得分配的情況，而經濟成長的同時，許多國家深受所得分配不均、貧富差距惡化問題的困擾，出現了所謂的兩極化或 M 型化現象，人均 GDP 高並不一定意味著一個國家每個人的生活水準都很高。除了所得之外，資料顯示，人民的財富和消費也有 M 型化的現象。

知識補給站　M 型社會

M 型社會或極端社會（M-Form Society；M-shaped Society）最早見於威廉．大內（William Ouchi）的著述中—《M 型社會：美國團隊如何奪回競爭優勢》。後來日本趨勢學家大前研一在《M 型社會：中產階級消失的危機與商機》一書中對 M 型社會提供更多的觀察和建議，「M 型社會」遂成為臺灣的流行用語。

M 型社會原本是用以描述：日本社會由原來的中產階級為主流的社會，轉變為富裕與貧窮兩個極端為主流的社會。其轉變的簡單邏輯為：中產階級在變動快速的新時代中，或是成功或是失敗，成功的中產階級向上提昇，進入富裕階級，成為 M 型的右腳；失敗的中產階級則跌入貧窮階級，成為 M 型的左腳，中間的中產階級逐漸消失，如 M 型中間的凹陷，最後社會的財富（所得）分配變成 M 型分配。

M 型社會是經濟發展過程中常見的社會現象，不過更有甚者，經濟學家發現：M 型社會是會遺傳的！因為富裕階級有豐厚的資源教育下一代，讓子女唸貴族學校、出國留學，學成之後，安排事業接班或繼承龐大財產，富裕階級的子女可說是贏在起跑線上！相對地，貧窮的家庭則缺乏資源來栽培子女，有些學生必須半工半讀或在沉重的學貸之下完成學業，在學業的表現上和進入社會的經濟條件上，便輸人一截，而居於弱勢，如此一來往往使貧窮問題延續到下一代，造成貧窮的世襲，嚴重的話，M 型社會可能製造出一整個失敗的世代。

政府一定要提出適當的政策改善這種 M 型化的問題，否則問題會越來越嚴重，最後反噬整個社會的經濟成果。例如貧窮年輕人不敢結婚，結婚也不敢生育，造成整國家的低生育率，而低生育率也會打擊內需，造成惡性循環。

M 型社會相關的所得分配不均的問題，並無法顯示在 GDP 的數字上，如果太注重 GDP 的數字增長，而忽略了構成 GDP 的結構問題（大部分的 GDP 增長是來自於少數人，多數人都在僅能糊口溫飽的水平上掙扎），富者更富、貧者更貧，終將造成社會的巨大危機。

資料來源：維基百科

3. 沒有考慮環境污染

環境汙染即所謂的「外部成本」，工業生產並沒有把所有排放的廢氣、廢水或噪音的社會成本，算進生產成本中，也就沒有算進 GDP 中，經濟成長可能導致資源枯竭，GDP 沒有考慮環境永續性。另外，其實消費過程，也會產生廢棄物和擁擠等問題，也是沒算進 GDP 之中。

4. 沒有考慮休閒的價值

許多國家雖有高水準的人均 GDP，但其國民並沒有高度的幸福感，工作的壓力讓生活步調緊湊，乃至於失去了身體和精神的健康。休閒雖然沒有算進 GDP 中，但和貨幣所得一樣，可以增進人們的幸福，所以進步國家往往實施週休二日制度。一些紐西蘭公司甚至實施週休三日制度，以提昇員工的工作效率和幸福感。所以 GDP 沒有考慮一國居民休閒活動的價值是一個缺點。

5. 忽略非市場活動

家庭主婦料理家務和照顧老小的家庭勞動，並沒有透過市場得到評價，所以沒算進 GDP。此外，在不景氣時，很多人失去工作，爲了維持生計，擺路邊攤，做個小生意度小月，沒開發票，沒有交易資料，所以無法算進 GDP。因此 GDP 只算市場價值，恐低估了一國的經濟活力。

知識補給站 綠色國內生產毛額

為了顯示環境與經濟體互動關聯與影響，以及因應保護自然生態環境之國際趨勢，我國積極建置環境與資源相關資料，並編製國際通稱為環境與經濟帳之綠色國內生產毛額 GGDP（green gross domestic product，green GDP）。

GGDP 將經濟成長所導致的環境影響考慮到傳統 GDP 的衡量中，將生物多樣性（biodiversity）的損失和氣候變遷的代價予以貨幣化。有些環境專家喜歡用人均廢棄物（waste per capita）或二氧化碳年排放量（carbon dioxide emissions per year）等所謂永續發展指標，來作為具體的衡量指標。

如表 10.7 所示，我國近年來二氧化碳排放量，從 2007 到 2016 年，皆在 27 億公噸左右，並沒有減少的趨勢。能源、工業、運輸是三個主要排放部門，分別占 59.7、17.1、12.8%。所以大家要更加努力節能減碳。

表 10.7　溫室氣體排放量—二氧化碳排放量

單位：千公噸

年度	全國	能源	工業	運輸	農業	服務業	住宅
2007	279,586	163,041	50,374	35,419	1,091	4,237	5,047
2008	266,377	157,980	45,485	33,394	1,365	4,242	5,017
2009	252,237	148,721	43,000	33,711	998	4,267	5,030
2010	270,134	158,795	48,239	34,824	941	4,207	4,857
2011	276,166	163,451	48,760	35,293	937	3,901	4,786
2012	272,332	161,481	47,655	34,503	1,041	3,640	4,672
2013	272,618	160,886	48,415	34,472	1,011	3,817	4,484
2014	276,235	169,049	45,276	34,951	1,082	3,934	4,411
2015	275,634	168,912	44,345	35,759	1,105	3,952	4,469
2016	279,216	172,327	44,186	36,809	1,074	3,727	4,537
平均占比%	100	59.7	17.1	12.8	0.4	1.5	1.7

資料來源：行政院環境保護署、經濟部能源局。

表 10.8 為民國 103 年至 107 年各年的綠色國內生產毛額（GGDP）的表列。GGDP 是由 GDP 減去（空氣、水、固體廢棄物的）環境品質折損估算值和（礦物與土石資源、地下水的）資源數量折耗估算值，所得到的淨值。其中 107 年環境資源的質損值及折耗值合計約為 605.7 億元新台幣，占 GDP 的 0.33%，且有逐年微減的趨勢。

表 10.8　我國綠色國內生產毛額 GGDP（環境與經濟綜合帳）

	指標項目	單位	103 年	104 年	105 年	106 年	107 年
質損值	合計	億元新台幣	475.7	449.9	449.3	459.7	457.8
	空氣	億元新台幣	158.8	149.5	153.9	160.6	155.1
	水	億元新台幣	296.2	281.9	277	277.5	279.2
	固體廢棄物	億元新台幣	20.7	18.4	18.3	21.5	23.5

（續表 10.8）

折耗值	合計	億元新台幣	186.2	190.1	157.4	144.3	147.9
	礦物與土石資源	億元新台幣	55.9	59.7	31.8	20.1	24.6
	地下水	億元新台幣	130.3	130.4	125.6	124.2	123.3
綠色 GDP 指標	GDP(a)	億元新台幣	162,580.50	170,550.80	175,552.70	179,833.50	183,428.90
	質損值及折耗值 (b)	億元新台幣	661.9	640	606.7	604	605.7
	占 GDP 之比率 (b/a)	%	0.41	0.38	0.35	0.34	0.33
	綠色 GDP(b-a)	億元新台幣	161,918.50	169,910.80	174,946.00	179,229.50	182,823.30

資料來源：行政院環境保護署、經濟部能源局、行政院主計處。

10.4 其他衡量國民經濟活動的指標

除了國內生產毛額（GDP）以外，國民生產毛額（Gross National Product，GNP）也是重要的國民所得指標。GNP 是指本國國民在一定時間內的生產活動的總產值。與 GDP 不同，GNP 包括了國內居民和國際領土上的生產活動，以及國內居民在國際上的生產活動。GNP 爲「屬人主義」，凡是國民的所得都要算進來，包括國內和國外；而 GDP 是「屬地主義」，凡是國內居民的產出都算，包括本國人和外國人。

GNP 可以通過以下方式計算：

$$GNP = GDP + NFI \quad \text{(式 10.5)}$$

國外淨要素所得 (net factor income from the rest of world，NFI) 表示本國生產要素在國外的要素報酬減去外國生產要素在本國的要素報酬。如果國內居民在國際上賺得更多的錢（例如，通過投資或跨國公司的經營），那麼 GNP 會高於 GDP，反之亦然。

GNP 是一個反映國內居民總生產和所得的指標，它用於評估國家經濟的整體健康狀況。然而，隨著國際貿易和國際資本流動的增加，GDP 已經成爲更常用的經濟指標，因爲它更容易計算和比較，而且不涉及複雜的國際收支資料。國民生產淨額（Net National Product，NNP）：NNP 是 GDP 的一種變體，它減去了折舊，以計算國家的實際經濟價值。NNP 可以用以下公式計算：

$$\text{NNP} = \text{GDP} - \text{折舊} \qquad (\text{式 } 10.6)$$

國民所得（National Income）：國民所得代表國家在一年內賺取的所有收入，包括工資、利潤、利息和租金。這是一個比較精細的指標，通常不包括經濟耗損。國民所得可以用以下公式計算：

$$\text{國民所得} = \text{GDP} - \text{折舊} - \text{企業稅} + \text{補貼} \qquad (\text{式 } 10.7)$$

國民可支配所得（Disposable Personal Income）：國民可支配收入考慮了個人所得稅和其他轉移支付（如社會福利和退休金），這些支付會影響到個人可支配的收入。

國民儲蓄（National Savings）：國民儲蓄是指國家在一定時期內的儲蓄總額，這包括個人、企業與政府的儲蓄。國民儲蓄是一個重要的經濟指標，因爲它反映了一個國家的資本積累能力。這些方法可以用來評估一個國家的經濟狀況和總體經濟表現，不同的國家和經濟分析師可能會使用不同的方法來關注特定的方面，以更全面地了解國民所得。

本章結論

GDP 是衡量國民所得最重要的指標，GDP 的意義是：一國國內，全體居民在一段期間內，所生產的最終財貨的市場價值總和。若採用當期價格計算，稱爲名目 GDP，採用基期價格計算的，稱爲實質 GDP；兩者相除可以得到 GDP 平減指數。實質 GDP 的年增率稱爲經濟成長率。在國際上，GDP、人均 GDP 和經濟成長率常被當作一國經濟實力、人民福祉和國際地位的指標。GDP 代表一個國家的經濟規模或市場的規模，人均 GDP 則代表該地區富裕的程度，或人民的購買力。

GDP 雖然是被世界各國廣泛採用，但是它往往無法完全眞正反映一國的福利水準，因爲 GDP 存在幾個缺點：(1) 物價因素的干擾；(2) 沒有考慮所得分配問題；(3) 沒有考慮環境污染；(4) 沒有考慮休閒的價值；(5) 沒有考慮非市場活動。所以我們以 GDP 來衡量國民所得的同時，也要參考其它有關物價、所得分配、環境污染、休閒與非市場活動的因素。

NOTE

11

國民所得的決定

本章綱要

焦點透視鏡｜經濟大蕭條與凱因斯登場

經濟大蕭條（Great Depression）是指1929至1933年間（第二次世界大戰前）全球性的經濟大衰退，為二十世紀持續時間最長、影響最廣、強度最大的經濟衰退事件。在二十一世紀，經濟大蕭條常被當成世界經濟衰退的參考，所以當新冠肺炎（COVID-19）引起的全球經濟衰退時，就讓大家想起1930年代的經濟大蕭條。

經濟大蕭條從1929年10月24日的美國股市下跌開始，到10月29日成為1929年華爾街股災，並席捲了全世界。經濟大蕭條對已開發國家和開發中國家都帶來了毀滅性的打擊。人均所得、企業盈利與政府稅收，乃至於一般物價，均全面下挫。國際貿易銳減50%，美國失業率飆升到25%，有些國家的失業率甚至到了33%。全世界各大主要城市，全部遭到重創，特別是依賴重工業的地區。

11.1 商品市場的需求面

本章要介紹的內容是商品市場如何達到均衡，最常被引用來探討商品市場均衡的理論是簡單凱因斯模型（simple Keynesian model）。凱因斯（1936）發表《就業、利息與貨幣的一般理論》（The General Theory of Employment, Interest and Money），他認爲當時的經濟問題源於有效需求不足，因爲即使是生產再多的財貨，如果沒有足夠的市場需求來因應，將導致商品銷售不出去，廠商沒有收入，勞動者沒有所得，最後工廠倒閉，人們失業，於是經濟社會呈現一片蕭條的景象。所以有效需求的不足，才是引起失業和資源閒置的根本原因。由此可知：凱因斯的分析方法迥異於古典學派，古典學派主張賽伊法則（Say's law），供給創造自身的需求，故重視供給面的分析，凱因斯則著重於需求面分析。此外，古典學派重視價格的機能，主張透過價格水準的調整，長期之下市場終將達到均衡，而簡單凱因斯模型則是一種短期的分析，也因此簡單凱因斯模型常假設物價水準固定，而在市場趨向均衡過程中，用商品數量的調整來取代價格水準的調整。

此外，農產品價格下降約 60%，也重擊農業。經過各種努力，有些國家在 1930 年代中期開始恢復，但大多數國家直到二戰結束後，才得以恢復。與其它重大歷史事件一樣，不同學者對經濟大蕭條的起因，有迥然不同的解釋。

古典學派認為經濟大蕭條是肇因於政府錯誤的管制，使一個正常的經濟衰退擴大為經濟大蕭條。有些學者則認為經濟大蕭條顯示了資本主義市場的缺陷，呼籲實施更多的政府管制和干預。

資料來源：維基百科

解說

英國經濟學家凱因斯（John Maynard Keynes）認為「有效需求」不足才是真正的根本原因，呼籲政府在危機時刻必需增加財政支出，或大幅減稅以挽救經濟頹勢。凱因斯是現代西方經濟學最有影響力的人物，凱因斯模型和弗洛伊德的精神分析法及愛因斯坦的相對論並稱為二十世紀人類知識界的三大革命。

一、有效需求

凱因斯所建立的模型，後人稱爲簡單凱因斯模型（simple Keynesian model）、45 度線圖分析法或所得 - 支出模型（income-expenditure model），凱因斯只考慮商品市場，忽略貨幣市場、債券市場與勞動市場，並假定物價水準固定，所以名目國民所得等於實質國民所得。在這些假設下，經濟體系最終財貨的有效需求（effective demand）對總產出具有決定性的影響。需求（demand）和有效需求有何不同？「需求」是經濟學家用以描述消費者購買財貨的意願和能力的專有名詞；而「有效需求」則是在商品市場中預擬被消費者所購買的財貨之數量，所以有效需求是綜合反映消費者的所得、意願與需要等因素所導致的實際購買結果，而不只是購買的意願。

明確地說，在簡單凱因斯模型中，有效需求指的是一個國家的預擬總支出（aggregate expenditure），根據第 10 章已提到的國民所得會計恆等式（national income account identity）的等號右邊，經濟體系的預擬總支出（planned aggregate expenditure，AE）的組成爲：

$$AE = C + I^p + G + NX \quad (式 11.1)$$

其中 C = 預擬消費，I^p = 預擬投資，G = 預擬政府支出，NX = 預擬淨出口。當預擬總支出（AE）等於實際的國內生產毛額（GDP）Y 時，商品市場達到均衡：

$$AE = Y \quad (式 11.2)$$

預擬總支出代表商品市場的需求，Y 代表商品市場的供給，二者相等時商品市場達到均衡。在此之所以強調「預擬」是因爲一個國家的預擬的總支出不一定等於總產出 Y，而兩者的差距，則是以存貨的變動（非預擬的投資）來調整，由於主要受到影響的項目爲投資，所以在此預擬投資 I^p 特別標註上標 "p"。因此，實際投資 = 預擬投資 + 存貨的變動。

此外，第十章已提到計算經濟活動的價值有產出面、支出面與所得面三種方法，所以在均衡時，Y 代表總產出、總支出，也是國民所得，因此簡單凱因斯模型（式 11.2），又稱爲「所得 - 支出模型」，亦即 Y 代表所得，AE 代表支出。

爲了簡化起見，在此先不考慮政府和國外部門，所以模型的均衡條件可以簡化爲：

$$Y = AE = C + I^p \quad (式 11.3)$$

二、消費函數

接下來，我們將逐一討論各項支出，（式 11.3）右邊第一項爲預擬消費，所以先來介紹消費。凱因斯認爲預擬消費主要是受到所得的影響，所以他建立的消費函數（consumption function）爲：

$$C = C_0 + bY \quad (式 11.4)$$

其中 C 爲消費，Y 爲所得，C_0 與 b 爲參數，且 $C_0 > 0$，$0 < b < 1$。所以在此消費由兩部分組成：

1. **自發性消費（autonomous consumption）C_0**

   自發性消費（C_0）是與所得多寡無關的固定消費，相當於維持生存的基本開銷，要活下去總是要消費一些商品，所以 $C_0 > 0$。

2. 誘發性消費（induced consumption）bY

誘發性消費是與所得有關的消費，或是由所得所誘發的消費，亦即所得愈高，花費愈高的部分，其中 b 又稱爲邊際消費傾向（marginal propensity to consume，MPC），代表所得增加一元，消費會增加的金額：

$$MPC = b = \frac{\Delta C}{\Delta Y} \quad (\text{式 } 11.5)$$

所以 b 是「斜率」，也是消費對所得「微分」的概念，一般來說，人們是量入爲出的，不會用盡他們的所得，所以消費的增量（ΔC）只佔所得增量（ΔY）的一部分，所以 $0 < b < 1$。例如 $b = 0.8$，表示所得每增加一元，消費會增加 0.8 元，而所得增加一萬元，消費會增加 8,000 元。

此種現象稱爲凱因斯的「基本心理法則」（fundamental psychological law）：人們的消費會隨著所得的增加而增加，但消費的增量會小於所得的增量。

另外一個類似 MPC 的指標爲平均消費傾向（average propensity to consume，APC），代表消費總金額佔總所得的比例：

$$APC = \frac{C}{Y} = \frac{(C_0 + bY)}{Y} = \frac{C_0}{Y} + b = \frac{C_0}{Y} + MPC \quad (\text{式 } 11.6)$$

一般來說，$0 < APC < 1$。此外，由（式 11.6）知，因爲 $\frac{C_0}{Y} > 0$，所以 APC > MPC，亦即平均消費傾向總是大於邊際消費傾向。如圖 11.1 所示，以 A 點爲例，其平均消費傾向爲 0A 線的斜率，或 $APC = \frac{AY_1}{0Y_1}$，而邊際消費傾向則爲 C_0A 線的斜率。

很明顯地，0A 線的斜率大於 C_0A 線的斜率，所以 APC > MPC。此外 APC 代表所得花在消費的比例，貧窮的家庭所得大部分用在消費上，無法有太多的剩餘（儲蓄），所以貧窮家庭的 APC 較大。賺多少花多少的「月光族」，其 APC = 1。

而富人的所得高，消費只佔所得的一小部分，所以富貴家庭的 APC 較小。由於貧窮家庭 APC 的較大，富貴家庭的 APC 較小，所以（假設人口規模和 GDP 都相同）所得分配較平均的社會的總消費，會大於所得分配不均（財富集中在少數人身上）的總消費。

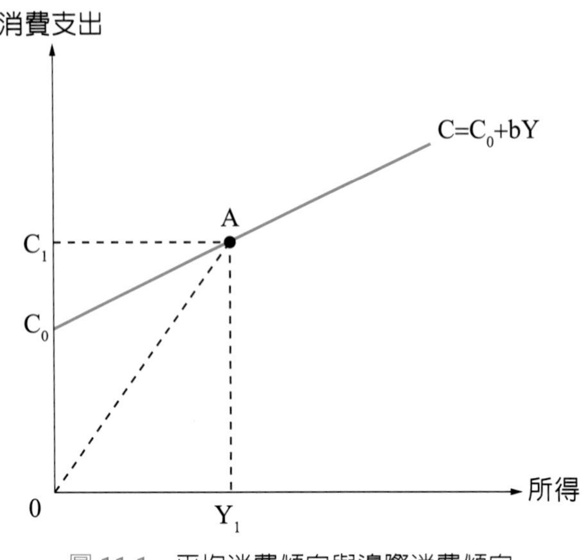

圖 11.1　平均消費傾向與邊際消費傾向

時事小專欄

3 月消費者信心指數疫情以來新高

消費者信心指數反映市場情勢

主計總處和研究機構會編製各種指數，以了解市場的現況和未來走勢。例如中央大學台經中心 2021 年 3 月 29 日發布 3 月「消費者信心指數」（Consumer Confidence Index，CCI）為 76.52 點，較 2 月上升 1.88 點，6 個分項指標中，4 項指數走揚，2 項指數下滑。以「投資信心」回升幅度最大，且指數為 1 年來新高，顯示股民看好股票後市；「購買耐久性財貨信心」出現回檔，而國際原物料價格回升則略微影響國內物價信心。3 月 CCI 為 76.52 點，為 2020 年 4 月以來新高。自 2020 年 1 月下旬爆發新冠肺炎疫情以來，從 CCI 指數發現消費者信心直直落，2020 年 2 月至 5 月信心指數直線下滑，直到 6 月反彈後，至今維持向上趨勢。

資料來源：卡優新聞網 2021/03/30

三、投資函數

構成總支出的第二個項目是投資。一般來說廠商的投資行爲會受到利率、報酬率、利潤與內部資金的充足性及廠商對未來景氣的預期等因素的影響。根據這些因素，在進行投資之前，廠商會擬定一個投資計畫，並決定一個預擬的投資金額（planned invesment，I^p），在此假設此金額不受所得高低的影響，稱爲自發性投資（autonomous investment），所以預擬投資是一固定的金額（I_0）：

$$I^p = I_0 \quad \text{（式 11.7）}$$

11.2 簡單凱因斯模型—所得 - 支出模型

將消費函數（式 11.4）和投資函數（式 11.7）代入總支出 AE 中，可得：

$$AE = (C_0 + bY) + I_0 = (C_0 + I_0) + bY \quad \text{（式 11.8）}$$

如圖 11.2 所示，AE 線爲一條截距爲 $(C_0 + I_0)$、斜率爲 b 的直線。消費線爲一條截距爲 C_0、斜率爲 b 的直線。$AE = C + I_0$，所以消費線向上平移 I_0 的距離，即可得到 AE 線。由於總支出線是一條正斜率的直線，代表所得水準愈高，總支出也會愈高。

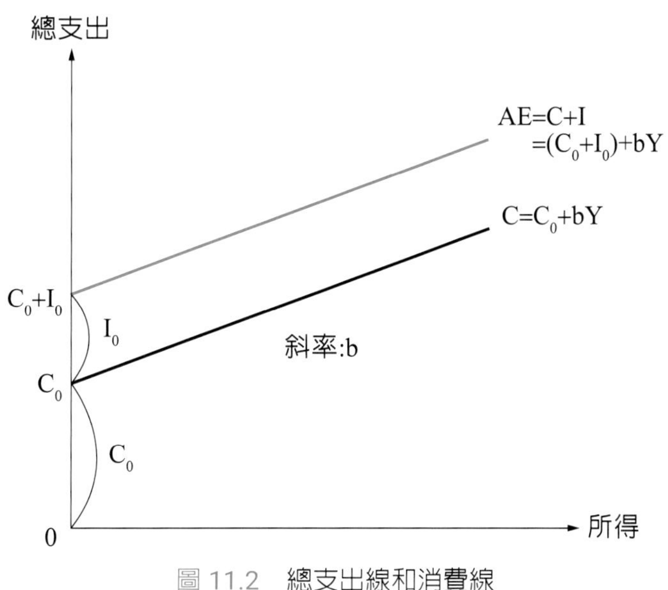

圖 11.2　總支出線和消費線

將（式 11.8）代入商品市場的均衡條件（式 11.3），移項整理，可解出均衡所得 Y^*：

$$Y^* = \frac{C_0 + I_0}{1-b} \qquad (式\ 11.9)$$

上標 * 代表此為商品市場達到供需均衡的所得水準，和一般的所得（Y）不同。我們也可以用繪圖的方式，來理解均衡所得的決定。如圖 11.3 所示，縱軸為總支出（AE）， 軸為所得（Y），凱因斯用了一條 45° 輔助線，來代表商品市場的均衡，因為 45° 線到兩軸的距離相等，代表 AE = Y。所以，總支出線（AE）和 45° 線的交點 E 可決定均衡所得 Y^* 的水準。

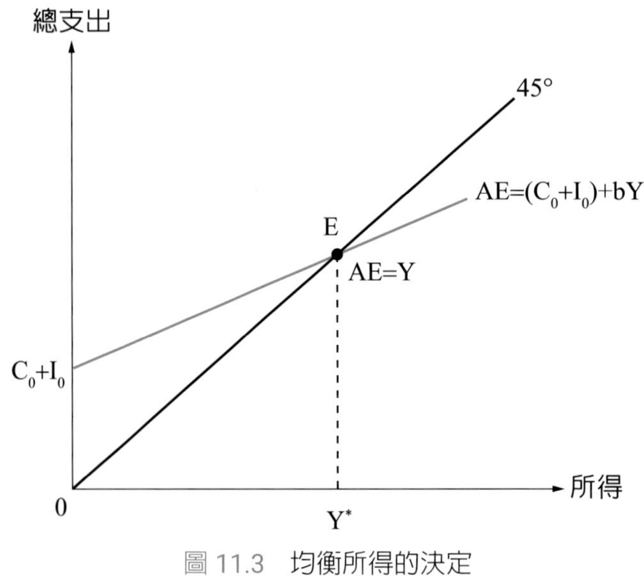

圖 11.3　均衡所得的決定

均衡所得的調整過程

接下來討論「市場失衡（disequilibrium）」的情況，若所得小於 Y^*，如圖 11.4 中的 Y_1，預擬總支出（AE）（A 點）> 總產出 Y_1（B 點），因為 45° 線 $0Y_1 = BY_1$，所以出現超額需求；若所得大於 Y^*，如 Y_2，AE（F 點）< Y_2（D 點），因為 45° 線 $0Y_2 = DY_2$，所以出現超額供給，只有在 E 點（$AE = Y^*$）時，商品市場達到供需均衡。但是商品市場在不均衡的時候，如何調整到均衡呢？凱因斯強調「存貨」的功能。

在 Y_1 時，商品市場有超額需求，所以就把過去生產的存貨拿出來賣，倉庫中的存貨會減少，而存貨減少對廠商來說是一個「增產」的訊號，所以下一期的產出 Y 就會增加，於是產出會逐漸向 Y^* 靠近，直到 Y^*，此時增產的行為才會停止，同時存貨水準也不再變動。

反之亦然，在 Y_2 時，商品市場會有超額供給，賣不出去的商品成為存貨，倉庫中的存貨會增加，而存貨增加是一個「減產」的訊號，所以下一期的 Y 就會減少，而向 Y^* 靠近。在產出水準調整的過程中，存貨的變動（Δ 存貨）視為是廠商非計畫性的存貨投資（unintended inventory investment），所以實際的投資 I 為：

$$I = I^p + \Delta \text{ 存貨} \quad \text{(式 11.10)}$$

在均衡時生產出來的財貨剛好賣完，Δ 存貨 = 0，所以

$$I = I^p \quad \text{(式 11.11)}$$

總之，當所得 Y = Y^* 時，縱軸的預擬總支出水準等於橫軸的總產出水準，同時預擬總支出等於實際總支出，而且存貨的調整為零，所以商品市場達到均衡。

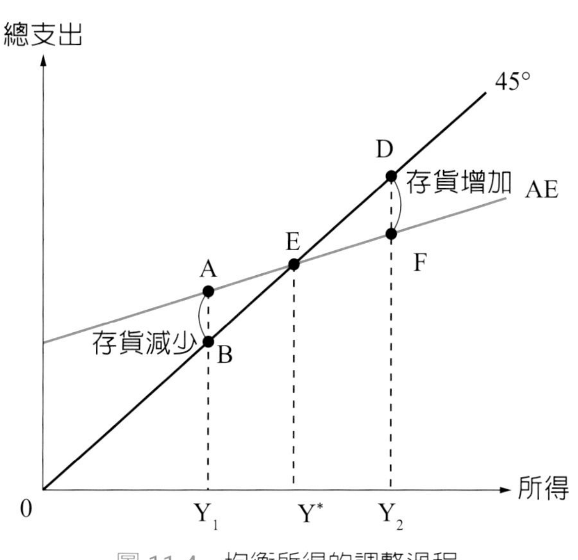

圖 11.4　均衡所得的調整過程

知識補給站　凱因斯小傳

凱因斯（John Maynard Keynes，1883~1946）是 20 世紀最偉大的經濟學家，被譽為「經濟學的愛因斯坦」。英國歷史上最偉大的兩個人物，一位是莎士比亞，另一位就是凱因斯。在經濟學理論上有巨大成就的凱因斯，其實並不是一開始就專攻經濟學的，他青年時期興趣廣泛，歷史、詩歌和數學都有所涉獵，不過他的數學天份特別出眾。

他出身於英國的一個中產家庭，父親是大學的經濟學與倫理學教授，母親則是積極參與社會活動的神學家。受到父母的影響，凱因斯喜愛思考和參加各種社團，樂於與人交流。

凱因斯就讀英國著名的貴族中學－伊頓公學（Eton College），主修數學，但對古典文學、歷史、運動和戲劇等也有興趣，常在圖書館閱讀各種書籍。伊頓公學畢業後，凱因斯以優異的成績申請到劍橋大學，仍然主修數學，並對哲學有興趣，但後來因英國新古典學派經濟學家 Alfred Marshall 的鼓勵而開始研究經濟學。

凱因斯不只是一個學者，而且有豐富的實務經驗。他曾經在英國財政部印度事務部工作，任劍橋大學國王學院的經濟學講師，創立政治經濟學俱樂部，並因其最初著作《指數編制方法》而獲「亞當．斯密獎」，任《經濟學雜誌》主編，擔任皇家印度通貨與財政委員會委員，兼任皇家經濟學會秘書，擔任英國財政部巴黎和會代表，主持英國財政經濟顧問委員會，出席 Bretton Woods 聯合國貨幣金融會議，並擔任了國際貨幣基金組織和國際復興開發銀行的董事。

二戰後英國百廢待興，凱因斯代表英國政府出訪美國以尋求重建貸款的援助。在生活上，凱因斯是位風雅人士，他贊助藝術也從事收藏，並且嗜品美酒，尤其是香檳。凱因斯十分善於言辭，雄辯滔滔，其文筆也很出色。

資料來源：維基百科

11.3 投資 - 儲蓄模型

前一節是利用總支出等於總產出求得均衡所得的模型，另外從投資等於儲蓄的模型也可以得到相同的結果，以下首先建立儲蓄函數：

一、儲蓄函數

一般來說，家計單位將所得用於消費上，剩餘的部分會儲蓄起來，所以家計單位對於所得（Y）的分配，有消費（C）和儲蓄（S）兩種用途：

$$Y = C + S \qquad (\text{式 } 11.12)$$

結合（式 11.3）與（式 11.12）可以得到：

$$C + S = C + I^p \qquad (\text{式 } 11.13)$$

等號兩邊消去 C 可得：

$$S = I^p \qquad (\text{式 } 11.14)$$

所以，也可透過儲蓄和預擬投資的相等求出均衡所得。（式 11.14）可以解釋爲：當所得的漏出項等於流入項時，便能求得均衡的所得。由於國民所得等於消費加投資，Y = C + I，而當儲蓄增加時，消費便減少，所以所得也會跟著減少，因此儲蓄是所得的漏出項；而投資是國民所得的構成項目之一，當投資增加時，所得也會跟著增加，所以投資是所得的流入項。

當儲蓄等於投資時，所得的漏出項等於流入項，商品市場便達到均衡。如圖 11.5 所示，以浴缸爲例，投資好比注入的水量，儲蓄好比流出的水量，浴缸的水位則代表國民所得，當注入的水量等於流出的水量時，浴缸的水位便不再改變而達到均衡。

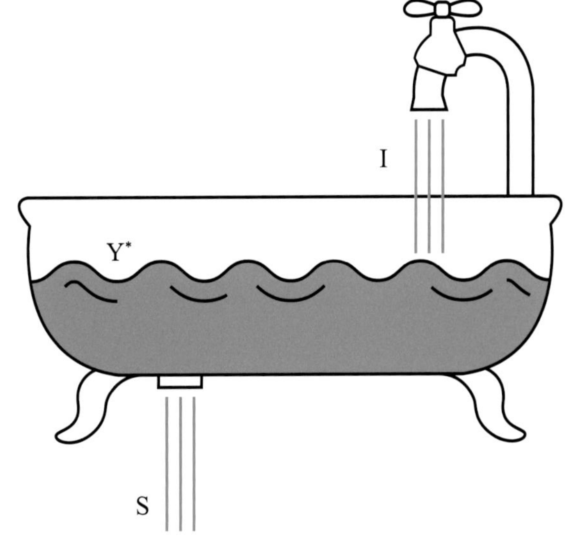

圖 11.5　投資 - 儲蓄模型的浴缸譬喻

儲蓄爲所得減去消費後的剩餘 $S = Y - C$，將預擬消費函數（式 11.4）代入，可得預擬儲蓄函數：

$$S = Y - C = Y - (C_0 + bY) = -C_0 + (1 - b)Y \quad \text{（式 11.15）}$$

由（式 11.5）可知：儲蓄函數是一條以 $-C_0$ 爲截距，$(1 - b)$ 爲斜率的直線。截距 $(-C_0)$ 代表當所得 Y 爲 0 時，會有 $(-C_0)$ 的負儲蓄（negative savings），因爲即使沒有所得，日子還是要過，必須花費 C_0 的自發性消費，等於儲蓄要減少 C_0，所以是一種負儲蓄。而斜率代表邊際儲蓄傾向（marginal propensity to save，MPS），亦即所得增加一元，儲蓄會增加的金額：

$$MPS = \frac{\Delta S}{\Delta Y} = 1 - b \quad \text{（式 11.16）}$$

例如當 $b = 0.8$ 時，$MPS = 1 - 0.8 = 0.2$，表示如果所得增加一元，儲蓄會增加 0.2 元；而如果所得增加一萬元，儲蓄會增加 2,000 元。由（式 11.5）知：$MPC = b$，所以

$$MPC + MPS = b + (1 - b) = 1 \quad \text{（式 11.17）}$$

亦即，邊際消費傾向和邊際儲蓄傾向的和爲 1。進一步再將預擬儲蓄函數（式 11.15）和預擬投資（式 11.7），代入（式 11.14）可得：

$$-C_0 + (1 - b)Y = I_0 \quad \text{（式 11.18）}$$

移項後可求得均衡所得 Y^*：

$$Y^* = \frac{C_0 + I_0}{1 - b} \quad \text{（式 11.19）}$$

此結果與（式 11.9）的均衡所得是完全相同的。另一方面，我們也可以用畫圖的方式來求解，如圖 11.6 的下半部所示，預擬儲蓄線 S 是一條以 $-C_0$ 爲截距、$(1-b)$ 爲斜率的直線，預擬投資則是維持在 I_0 水準的一條水平線，兩條線相交於 E' 點，因而決定均衡所得 Y^*。

爲了方便比較所得 - 支出模型和投資 - 儲蓄模型，我們將兩個模型畫在一起，上面是所得 - 支出模型，下面是投資 - 儲蓄模型，而上面模型的 N、M 與 E 點和下面模型的 N'、M' 與 E' 點是相對應的。N 點的所得爲 0，所以其儲蓄 $S = -C_0 + (1-b)Y = -C_0 + (1-b)0 = -C_0$（即 N' 點）。M 點的所得等於消費，所以其儲蓄爲 0（M' 點）。而上面的均衡點（E）和下面的均衡點（E'）相對應，其所得均爲 Y^*，所以兩個模型之均衡解是相同的。

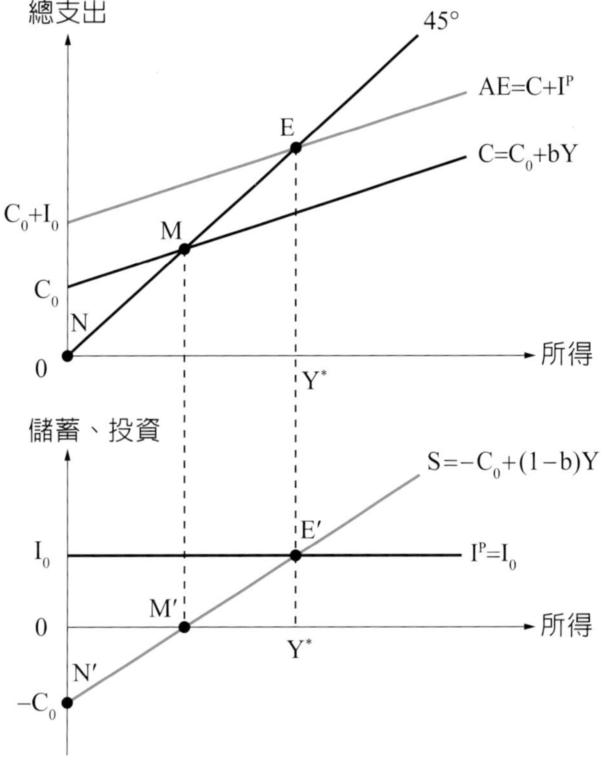

圖 11.6 所得 - 支出模型和投資 - 儲蓄模型

例題 11-1

假設某一個國家的 GDP 由消費和投資所組成：$Y = C + I$，其中消費函數為 $C = 50 + 0.8Y$，投資函數為 $I = 40$，試分別根據所得 - 支出模型和投資 - 儲蓄模型，求取均衡的國民所得水準。

解 根據所得 - 支出模型：

$Y = C + I = (50 + 0.8Y) + 40$

$$Y^* = \frac{50+40}{1-0.8} = 450$$

另外，根據投資 - 儲蓄模型：

$S = -C_0 + (1-b)Y = I$

$-50 + (1-0.8)Y = 40$

$Y^* = 450$

所以，不管是用哪一個模型，使商品市場達到均衡的國民所得均為 450。

知識補給站　凱因斯的選美理論

「選美理論」是凱因斯在研究不確定性（uncertainty）時提出的有趣的論點，他認為：「金融投資如同選美，在有眾多美女參加的選美比賽中，如果猜中了誰能夠得冠軍，你就可以得到大獎。」至於應該怎麼猜呢？凱因斯說：「假設有個選美比賽，民眾必須由一百張照片中，選出六張最美麗的人，比賽結果將以所有參賽者的平均為準，將獎金頒給個人選擇與總體平均最接近的人。因此，參賽者要選的，並非自己覺得最美的人，而是認為最能吸引其他參賽者的美女。而人同此心，心同此理，因此所有參賽者也都如此看待問題。所以重點不是以自己的判斷為依據，甚至不是以一般觀點為依據，來選出最美的人。」

凱因斯的選美理論被應用到投資學，用來分析人們心理因素對投資決策的影響。凱因斯的看法後來被引伸為最大笨蛋理論（Greater Fool Theory）：你之所以完全不管某件東西的真實價值，即使它一文不值，你也願意花高價買下，是因為你預期有一個更大的笨蛋，會花更高的價格把它買走。但是如果找不到更大笨蛋，那你就是最大的笨蛋！

其實 2500 年前，孫子兵法已經談到：「知彼知己，百戰不殆。」要百戰百勝，除了要有自知之明之外，還要「知彼」，正確預期其他市場參與者的想法，然後形成我們的策略，才能完成我們的目標。

資料來源：維基百科

11.4 加入政府部門的模型

簡單凱因斯模型只考慮消費和投資兩項支出，其實不足以彰顯凱因斯學派所強調政府角色的特點，所以現在把政府部門加入模型中。政府一方面課稅，一方面把所課的稅收用在國家的建設上，所以模型會多出兩個變數：政府支出（G）和稅收（T），其中政府支出（G）會出現在總支出中：

$$AE = C + I^p + G \qquad \text{(式 11.20)}$$

另一方面，課稅使人們的所得減少，此時眞正可以用於消費的是扣掉稅賦之後的可支配所得（disposable income）（Y – T）。所以此時消費不再只是所得（Y）的函數，而是可支配所得（Y – T）的函數。此外，因爲政府必須依年度預算計畫來施政，所以假設政府支出和稅收都是固定的（亦即都是自發性的、與所得無關）。$G = G_0$，$T = T_0$，所以消費函數被修正爲：

$$C = C_0 + b(Y - T) = C_0 + b(Y - T_0) \qquad \text{(式 11.21)}$$

和總支出修正爲：

$$AE = C + I^p + G = C_0 + b(Y - T_0) + I_0 + G_0 \qquad \text{(式 11.22)}$$

所以商品市場的均衡變成：

$$Y = AE = C_0 + b(Y - T_0) + I_0 + G_0 \qquad \text{(式 11.23)}$$

於是我們可以解得均衡的國民所得爲：

$$Y^* = \frac{C_0 - bT_0 + I_0 + G_0}{1 - b} \qquad \text{(式 11.24)}$$

例題 11-2

假設某一個國家的 GDP 由消費、投資和政府支出所構成：$Y = C + I + G$，其中消費函數為 $C = 50 + 0.8(Y - T)$，投資 $I = 40$，政府支出 $G = 60$，則能使商品市場均衡的國民所得水準為何？

解 $Y^* = \frac{50 - 0.75 \times 50 + 40 + 60}{1 - 0.8} = 562.5$

知識補給站　凱因斯語錄

凱因斯不僅學問淵博，思想深刻，而且雄才善辯，留下許多令人印象深刻的名言，常在不同的場合被後人引用，以下選譯數則，與讀者分享：

「長期」會誤導當前事務。因為長期，我們都死了。

But this long run is a misleading guide to current affairs. In the long run we are all dead.

自信不被知識分子影響的那些所謂務實的人，往往只是幾個過時經濟學家思想的奴隸。

Practical men, who believe themselves to be quite exempt from any intellectual influence, are usually the slaves of some defunct economist.

成功的投資源於能夠預測他人的預測。

Successful investing is anticipating the anticipations of others.

困難之處，與其說是在發展新的觀念，還不如說是在脫離舊觀念。

The difficulty lies not so much in developing new ideas as in escaping from old ones.

觀念型塑歷史的進程。

Ideas shape the course of history.

人類的政治問題是將三件事情結合在一起：經濟效率、社會公平和個人自由。

The political problem of mankind is to combine three things: economic efficiency, social justice and individual liberty.

貨幣的重要性源於它是現在和未來的一種連結。

The importance of money flows from it being a link between the present and the future.

> 偶而犯錯其實是無傷的，尤其是如果你可以及時發現的話。
>
> There is no harm in being sometimes wrong - especially if one is promptly found out.
>
> 驅動市場的是動物本能，而不是理性。
>
> The markets are moved by animal spirits, and not by reason.
>
> 大概的正確強過於精準的錯誤。
>
> It is better to be roughly right than precisely wrong.
>
> 懷疑一旦開始，就會迅速地傳播。
>
> Once doubt begins it spreads rapidly.

一、乘數效果與財政政策

將上述（式 11.24）改寫成以「自發性支出項」為主的型式（參數移到旁邊）如下：

$$Y^* = \left(\frac{1}{1-b}\right)C_0 + \left(\frac{-b}{1-b}\right)T_0 + \left(\frac{1}{1-b}\right)I_0 + \left(\frac{1}{1-b}\right)G_0 \qquad \text{(式 11.25)}$$

由（式 11.25）可知：均衡所得 Y^* 受到自發性消費 C_0、定額稅 T_0、自發性投資 I_0、政府支出 G_0 等自發性支出項的影響，而其影響的幅度和方向要看其係數。由於 C_0、I_0 和 G_0 的係數（或稱乘數）都是正的 $\left(\frac{1}{1-b} > 0\right)$，所以增加自發性消費、預擬投資與政府支出都可以提高均衡所得 Y^* 的水準，亦即活絡民眾的消費活動、鼓勵企業擴大投資或是政府增加公共財政的支出，對於提高國民所得都有促進的作用。此外，T_0 的係數是負的 $\left(\frac{-b}{1-b} < 0\right)$，所以增加定額稅會降低均衡所得。

換言之，增加稅賦，改善國家財政收支情形雖好，但它是有副作用的，均衡的國民所得終將因稅賦加重而減少。凱因斯學派認爲自發性支出項對均衡所得的影響有倍數的效果，稱爲乘數效果（multiplier effect），此乘數即（式 11.25）中的係數：

自發性消費（C_0）的乘數 $= \dfrac{1}{1-b}$

定額稅（T_0）的乘數 $= \dfrac{-b}{1-b}$

自發性投資（I_0）的乘數 $= \dfrac{1}{1-b}$

政府支出（G_0）的乘數 $= \dfrac{1}{1-b}$

如果將上面例題中的 b = 0.8 代入（式 11.25），可以幫助我們更具體了解乘數的意義：

$$Y^* = \left(\frac{1}{1-0.8}\right)C_0 + \left(\frac{-0.8}{1-0.8}\right)T_0 + \left(\frac{1}{1-0.8}\right)I_0 + \left(\frac{1}{1-0.8}\right)G_0$$

$$= 5C_0 - 4T_0 + 5I_0 + 5G_0 \quad \text{（式 11.26）}$$

由（式 11.26）可知，C_0、I_0 和 G_0 的乘數均爲 5，代表 C_0（或 I_0、G_0）每增加 1 單位，Y^* 會增加 5 單位。T_0 的乘數爲 –4，代表 T_0 每增加 1 單位，Y^* 會減少 4 單位。在乘數效果中，我們特別注重政府支出和稅賦的乘數效果，因爲它們構成了財政政策重要的理論基礎。

所謂財政政策（fiscal policy）是指利用政府財政收支來影響經濟活動的政策。其可分爲擴張性的財政政策和緊縮性的財政政策，前者透過增加政府支出或減稅，來刺激景氣和提高均衡所得；而後者則是透過削減政府支出或增稅，來降低均衡所得或抑制景氣過熱，以免產生經濟泡沫或避免泡沫的破裂。

至於爲什麼會產生乘數效果呢？爲什麼增加一單位的政府支出，會讓國民所得增加數倍的效果呢？因爲凱因斯認爲人們的消費行爲是受到所得制約的（亦即前面談到的凱因斯「基本心理法則」）。

例如政府的公共工程增加 1 萬元，某甲因爲承包政府工程，其所得因此增加 1 萬元，然後他會增加 0.8 萬元的消費（假設邊際消費傾向 MPC = 0.8），然後賣他商品的某乙會增加 0.8 萬元的所得，然後某乙理論上也會增加（0.8 × 0.8）萬元的消費，這樣又成爲某丙的所得，某丙又會增加他的消費……，於是一波一波如漣漪般影響下去的消費，成爲一個無窮等比級數，其總和爲 5 萬：

$$1 + 0.8 + 0.8 \times 0.8 + 0.8 \times 0.8 \times 0.8 + \cdots\cdots = 1 / (1 - 0.8) = 5$$

所以，簡單凱因斯模型的財政政策之乘數效果，爲景氣蕭條時期的政府提供施政的理論基礎，在景氣蕭條時期，民眾因爲所得減少或失業而消費（C）減少，而市場買氣不足也使企業的投資活動（I）裹足不前，由於 Y = C + I + G，所以此時唯有靠增加政府支出（G）來刺激景氣了。例如美國在 1929 年至 1933 年發生了經濟大蕭條，在 1933 年就任的羅斯福總統，便積極地介入經濟活動，實行的一系列經濟政策，美國經濟終於在 1944 年恢復榮景。

知識補給站

大蕭條與羅斯福新政（The New Deal）

經濟大蕭條期間（1929-1933），美國的工業的產出下降了三分之一，農業的收入下降超過 50%，844,000 件房貸被扣押。失業率從 4% 增加到 25%，美國全國近 50% 的人力處於閒置狀態。羅斯福（Franklin Delano Roosevelt，1882-1945） 在 1933 年宣誓就職總統，允諾施行新政（The New Deal）。

羅斯福的新政是實行一系列經濟政策，其核心為三 R：救濟（Relief）、復興（Recovery）和改革（Reform），因此亦稱三 R 新政。新政擴張聯邦政府的角色，積極介入經濟活動，特別是在幫助窮人、失業者、年輕人、老人與貧困的鄉村社區。

而聯邦政府也因為 1933 年平民保育團計劃（Civilian Conservation Corps，CCC）與 1935 年的公共事業振興署（The Works Progress Administration，WPA）計劃，實施「以工代賑」政策。當時聯邦政府、州政府、與地方在救濟計畫上的總花費，於 1929 年時佔 GNP 的 3.9%，然後上升至 1932 年的 6.4%、1934 年達到 9.7%，經濟終於在 1944 年恢復榮景。在 1935-40 年間，福利支出佔了聯邦政府、州政府及地方政府預算的 49%。

羅斯福執政期間，為了提供經濟活力以及削減失業率，國家產業復興法案（The National Industrial Recovery Act，NIRA）創建了公共工程局，來組織與提供公共工程的建設資金，例如政府建築、機場、醫院、學校、道路、橋梁、與水壩的資金，均可由公共工程局來協助提供。

自 1933 年至 1935 年，公共工程局支出 33 億美元給民間企業來建設 34,599 項工程計畫，其中許多是相當大型的工程。許多失業民衆進入由政府資助的許多公共計畫的工作中，獲得就業的機會。此外，藉由植林與洪水控制，從腐蝕與廢棄中，也重新獲得了數百萬公頃的土地。

在羅斯福的第一個任期內經濟向上反轉，這是美國史上 GDP 成長最快的時期之一。所以，羅斯福新政可以說是凱因斯理論的具體落實。

資料來源：維基百科

二、膨脹缺口與緊縮缺口

一國的經濟表現，常因爲國內、外市場變動等各種因素的綜合作用之下，而有景氣循環的現象—許多經濟活動大約同時發生「復甦、擴張、高峰、收縮、衰退、谷底與再復甦」的循環現象。景氣循環造成國家經濟的波動，產生失業或是通貨膨脹等各種經濟問題，因此各國政府均積極地設法介入，而凱因斯模型正是政府介入景氣循環的理論基礎之一，亦即一國的政府可以利用財政政策去除景氣循環的干擾，儘量維持在充分就業的均衡所得。

如圖 11.7 所示，假設當我國的總支出達到 AE_f 的水準時，產生充分就業的均衡所得 Y_f^*，達到 E_f 的均衡點。如果實際的國民所得是 Y_1^*，太低了，必須設法將總支出線 AE_1 向上移動，則必須增加政府支出 $\overline{AB}$ 的額度，才能達到 Y_f^*，此額度稱爲緊縮缺口（deflationary gap）。如果實際的國民所得是 Y_2^*，太高了，則必須將總支出線 AE_2 向下移動，亦即必須減少政府支出 $\overline{BC}$ 的額度，才能達到 Y_f^*，此額度稱爲膨脹缺口（inflationary gap），至於如何估算緊縮缺口和膨脹缺口，則必須借助於政府支出乘數：

$$\text{政府支出乘數 } \frac{\Delta Y^*}{\Delta G} = \frac{1}{(1-b)}$$

其中 $\Delta Y^*(= Y_f^* - Y^*)$ 代表充分就業的均衡所得 Y_f^* 和實際均衡所得的差距。政府支出乘數移項之後可得緊縮（膨脹）缺口：

$$\Delta G = (1 - b)\Delta Y^*$$

ΔG 代表政府支出必須調整的金額，若爲緊縮缺口，$\Delta G > 0$，應該增加政府支出；若爲膨脹缺口，$\Delta G < 0$，應該減少政府支出。例如圖 11.7 中的國民所得 Y_1^*、Y_f^*、Y_2^* 分別爲 1,600、2,000、2,500，則

$$\text{緊縮缺口 } \Delta G = (1 - b)(Y_f^* - Y_1^*) = (1 - 0.8)(2{,}000 - 1{,}600) = 80$$

$$\text{膨脹缺口 } \Delta G = (1 - b)(Y_f^* - Y_2^*) = (1 - 0.8)(2{,}000 - 2{,}500) = -100$$

所以當實際所得較低時（$Y_1^* = 1600$），政府支出應該增加 80，才能達到充分就業的均衡所得 2,000；相反地，當實際所得較高時（$Y_2^* = 2{,}500$），政府支出應該減少 100，才能達到充分就業的均衡所得。在此要特別提醒：緊縮（膨脹）缺口是指縱軸的政府支出的差距 ΔG，不是橫軸的國民所得的差距 ΔY^*。

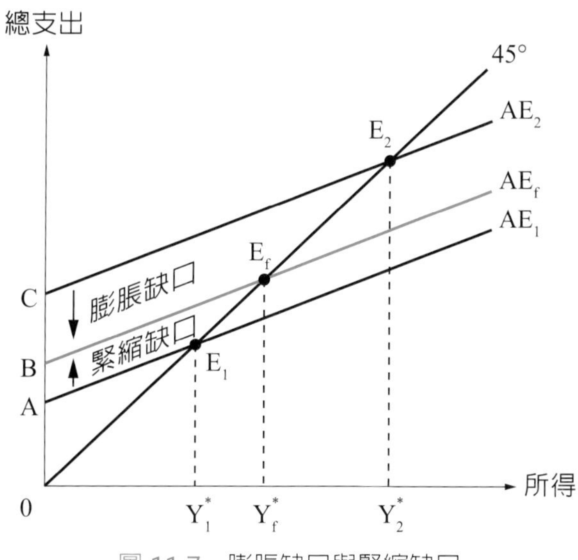

圖 11.7　膨脹缺口與緊縮缺口

時事小專欄

振興三倍券上路
應拉高使用乘數才見功效

用振興消費券刺激景氣

振興消費券是代用券的一種，為實現經濟政策的工具之一。政府發放給人民消費券，作為人民未來消費時的支付憑證，期待藉由增加民眾的消費活動，以振興市場買氣，進一步帶動生產與投資活動。

臺灣第一次實施振興消費券是在 2009 年，政府為了因應全球金融海嘯所帶來的消費緊縮問題，發給國民每人新臺幣 3,600 元的消費券。包含消費券防偽印刷等行政費用，共舉債 858 億元。消費券的投入對國內生產毛額增加了 363 億元。

2009 年 12 月 13 日，經建會自估消費券對於 GDP 的貢獻僅約 0.28~0.43%，替代率達六至七成。換言之，六成至七成的花費是用以購買本來就打算購入的項目，成果低於預期。

新冠肺炎於 2019 年底爆發，臺灣於 2020 年 6 月以後疫情緩和，接下來的挑戰是如何重啓經濟。行政院於 7 月 15 日至 12 月底實施第二次振興消費券方案－「振興三倍券」，而為了強化消費券刺激消費的效果，政府增加了「三倍」的設計－每人支付新台幣 1,000 元換 3,000 元振興券。具有中華民國國籍的國民、取得居留許可的外籍或陸籍配偶都能領。

振興券不排富，中低收入戶不用支付 1,000 元，政府會直接將錢撥入帳戶，作為兌換三倍券用。這樣看起來大費周章的設計，無非是希望在國民出一份錢，政府出兩份錢的鼓勵下，國民能夠掏腰包進行實際加碼的消費，以避免第一次消費券方案高替代率的問題。其實，消費券方案即是一種擴張性的財政政策，透過增加政府支出，來刺激景氣，提高均衡所得。

資料來源：摘錄自維基百科；中央社 2020/07/16

11.5 節儉的矛盾

凱因斯模型強調有效需求對經濟的貢獻，足夠的有效需求才能支撐高度的國民所得水準，所以該理論對於節儉不以爲然。因爲當整個社會爲了積累更多的財富而勤儉持家時，將產生抑制消費的副作用，可能造成市場買氣不足，於是商品滯銷、業績下滑，最後反而得到均衡所得減少的結果，稱爲節儉的矛盾（paradox of thrift）。

如圖 11.8 所示，原均衡發生在預擬儲蓄線 S_1 和預擬投資線的交點 E_1 點，此時的均衡國民所得爲 Y_1^*。如果此時人們覺得 Y_1^* 太低了，想要累積財富，所以增加儲蓄，由 S_1 提高到 S_2，儲蓄線向上移動，與投資線交在 E_2 點，而新的均衡的國民所得變成 Y_2^*，而 Y_2^* 其實是少於 Y_1^* 的，而且均衡的儲蓄還是停留在原來的水準（$S = I_0$），結果也沒有增加，這種事與願違的情況，即是節儉的矛盾。

例如 2019 年底的新冠肺炎疫情來勢洶洶，許多國家的人民預見將來的所得恐因疫情而減少，於是儲蓄顯著增加。對此現象，經濟學家憂心忡忡，可能產生節儉的矛盾，而延緩景氣復甦的來臨。

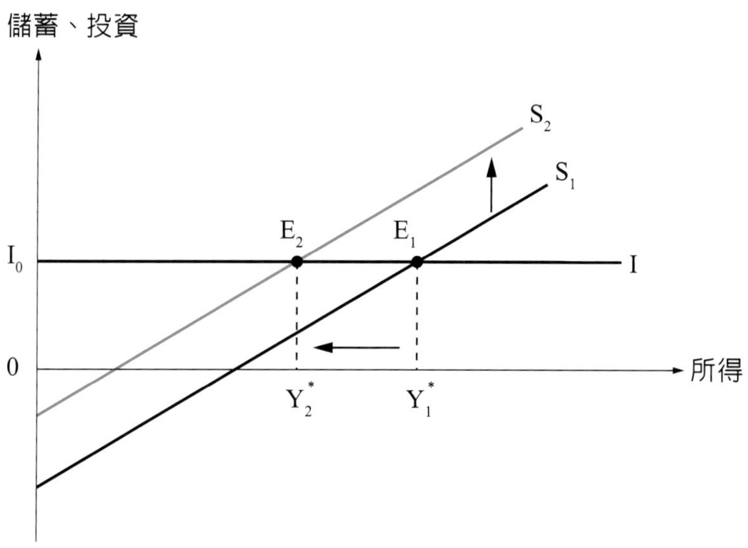

圖 11.8　節儉的矛盾

時事小專欄

疫情正催生 " 超級儲蓄世代 "

新冠肺炎疫情與儲蓄率

2019 年底的新冠肺炎（COVID-19）疫情來勢洶洶，肆虐全球。儘管臺灣疫情控制相對好，部分內需產業仍在第一波疫情中傷筋動骨，一些老字號飯店和餐廳頻傳歇業，而製造業面臨全球需求下滑，無薪假人數也屢創新高。主計總處考量疫情對於經濟成長、產業以及民眾收入的衝擊，加上疫情發展的不確定性，估計 2020 年儲蓄率（指國民儲蓄的總金額除以當年 GDP）為 35.79%。

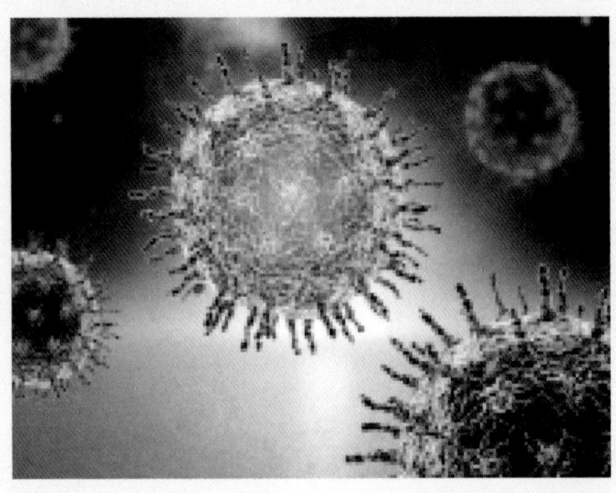

儲蓄率創新高是什麼徵兆呢？意味今年恐怕面臨消費與投資成長不足的困境。儲蓄率偏高有長期因素、也有短期原因，臺灣人口老化與少子化的人口趨勢，本來就不利消費成長；今年初爆發新冠肺炎疫情，重創經濟，更讓家庭不敢消費，企業投資計畫也受影響。

儲蓄率有很多影響因素，華人社會儲蓄觀念盛行與社會福利制度不如歐美國家健全等因素，均會推升儲蓄率。儲蓄高的好處是當疫情爆發時，停工封城，經濟活動突然關閉，有儲蓄的家庭能夠撐一陣子，所以華人社會短期受到的衝擊較小；反觀美國社會的儲蓄率低，許多家庭沒有什麼儲蓄，可能立刻面臨斷炊的窘境。

如表 11.1 所示，中國、新加坡和臺灣等華人社會都是儲蓄率高的國家，儲蓄率高的好處就是「家有餘糧，心中不慌」，但是造成的問題也不少，如消費疲弱的問題，如此只有通過政府大規模的基礎設施投資，或出口擴張，來解決這些過剩的資源，這樣就容易形成經濟發展模式過分依賴政府投資和外需的局面。

表 11.1　各國 2015 平均儲蓄率

全球排名	國家	儲蓄率（%）
1	卡達	54.5
2	中國	46.0
2	新加坡	46.0
7	臺灣	36.3
8	韓國	35.7
27	越南	29.0
30	荷蘭	28.3
31	馬來西亞	28.0
33	愛爾蘭	27.7
36	德國	27.3
47	日本	25.3
49	香港	24.8
61	俄羅斯	23.4
79	加拿大	20.5
91	美國	18.7

資料來源：維基百科；摘錄自聯合新聞網 2020/07/05

本章結論

凱因斯認爲有效需求的不足，才是造成經濟不景氣的原因，而有效需求即是一個國家在消費、投資、政府支出和貿易等項目的預擬的總支出。簡單凱因斯模型的總支出只考慮消費和投資，而暫時忽略政府和貿易部門。簡單凱因斯模型有兩種變型：所得 - 支出模型和投資 - 儲蓄模型，都可以得到相同的均衡所得水準。

所得 - 支出模型是用一條 45° 線來代表商品市場的均衡，總支出線和 45° 線的交點，代表總支出等於總產出之商品市場均衡，也決定了均衡所得的水準。而均衡所得也可以從投資 - 儲蓄的模型求得，投資等於儲蓄，代表所得的流入項等於漏出項，因此商品市場會達到均衡。

凱因斯學派認爲自發性支出項對均衡所得的影響有乘數效果，政府支出的乘數爲 $\frac{1}{(1-b)}$，其中 b 爲邊際消費傾向，如果實際的國民所得低於充分就業的所得，必須增加總支出，才能達到充分就業的所得，此總支出應增加的額度稱爲緊縮缺口。如果實際的國民所得高於充分就業的所得，則必須減少總支出，才能達到充分就業的所得，此減少的額度稱爲膨脹缺口。凱因斯對於節儉不以爲然，因爲當整個社會爲了積累更多的財富而勤儉持家，將抑制消費，造成市場買氣不足，反而得到均衡所得減少的結果，稱爲節儉的矛盾。

12 金融體系與貨幣

本章綱要

12.1 金融體系支持經濟的運行和發展
12.2 什麼是貨幣
12.3 貨幣的功能
12.4 貨幣的衡量
12.5 存款貨幣的創造
12.6 貨幣數量學說

焦點透視鏡｜比特幣取代黃金？央行搖頭 無法成為可靠支付工具

近期比特幣重回 4 萬美元大關，不少比特幣支持者，把比特幣形容為「數位黃金」。不過中央銀行在最新的報告指出，雖然比特幣等加密資產背後的技術而言，或有可能在金融體系占一席之地，但是從貨幣功能、貨幣演進及避險資產等面向分析，比特幣在貨幣金融體系無法與黃金相提並論。

央行在最新報告「比特幣 vs. 黃金：在全球貨幣金融體系扮演的角色」裡指出，比特幣問世被認為可帶來支付革命，但其實區塊鏈系統的結構性缺陷，使其無法成為可靠的支付工具。比特幣區塊鏈面臨「三難困境」的結構性缺陷問題，為維持區塊鏈系統的去中心化及安全性，須犧牲可擴充性，導致交易過多就會壅塞，交易費用隨之高漲的情況，使其無法成為可靠的支付工具。此外，比特幣等加密資產的區塊鏈系統與傳統支付系統形成明顯的對比。傳統支付系統當一特定平臺吸引更多用戶，便產生「贏者全拿」的網絡效應，致傳統平臺得以降低成本且強化信任。

12.1 金融體系支持經濟的運行和發展

金融體系是一個由各種金融中介機構、金融市場與金融工具組成的綜合系統，在經濟社會中扮演著支持經濟運行與發展的關鍵角色。直接金融與間接金融是金融體系中的兩種不同方式，直接金融是指資金有餘者直接透過金融市場，向資金不足者進行資金籌集和投資的過程。直接金融的主要特點是資金的直接轉移，不需要經過金融中介機構。

企業（資金不足者）可以透過發行股票或債券等直接向投資者籌集資金，而投資者（資金有餘者）可以直接購買這些金融工具。而間接金融則是指金融中介機構（如銀行和保險公司）在金融市場上充當中介，接收來自資金有餘者的資金，並將這些資金轉移給資金不足者。金融中介機構在間接金融體系中扮演著重要的角色，它們接收存款、發行貸款與提供保險等金融服務，將資金重新分配給資金不足者，同時也爲資金有餘者提供風險管理和資產保值的工具。以下就金融體系的功能、金融市場與金融中介機構的種類和功能分別予以介紹。

當前的政府貨幣儘管也無貴金屬的內含價值，而是基於對發行者的信賴、政府的保證，信任堪稱其內含價值；但值得信賴的貨幣制度並非一朝一夕就能出現，當前貨幣制度歷經數百年的演變而來。比特幣以技術建立的信任仍有許多缺陷，無法取代雙層金融體系下，藉由央行與商業銀行等制度性安排所建立的紮實信任基礎。

央行指出，比特幣因有供給量限制，具稀少性，倡議者稱比特幣為「數位黃金」，並認為其是抗通膨的避險資產；但從貨幣功能、貨幣演進及避險資產應有的特徵進行分析，比特幣在貨幣金融體系，無法與黃金相提並論。黃金在貨幣史上長期扮演要角；即使當前貨幣制度下，也是央行重要的準備資產。相較之下，比特幣不是貨幣，無法滿足貨幣的三大功能也無內含價值，欠缺最後貸款者支持。比特幣無法取代當前的貨幣體系。

資料來源：經濟日報 2023/12/18

解說

金融體系和貨幣是現代經濟運行的關鍵組成部分，它們通過促進資金流動、風險轉移和經濟活動的進行，對經濟體系的發展和穩定發揮重要作用。貨幣可說是人類的一大發明，有了它可以解決物物交換的許多不方便，大幅提高交易效率，因而有助於經濟發展，但往往太多的貨幣，也讓經濟社會面臨一大難題，本章首先介紹金融體系的功能、金融市場、金融中介機構的種類和功能，後半段介紹了什麼是貨幣與貨幣的功能。

一、金融體系的功能

金融體系的主要服務包括以下幾個方面

1. 資金配置

金融體系幫助資金從資金有餘者流向資金不足者，這有助於資金的高效率配置，從而促進經濟增長與發展。

2. 風險管理

金融中介機構和金融市場提供各種金融工具，如保險、期貨和選擇權，幫助個人與企業管理和轉移風險，這有助於降低不確定性，促進商業活動。

3. 支持貨幣流通

金融體系提供支付和清算服務，包括銀行存款、支票、信用卡與電子支付，這些工具使貨幣能夠更方便地在經濟中流通，促進交易。

4. 價格發現

金融市場提供了資產的價格發現機制，這有助於確定資產的價值，這些價格對於投資決策和資源配置至關重要。

5. 金融仲介

金融中介機構如銀行充當資金的仲介，接受存款並提供貸款，這有助於將資金從資金有餘者傳遞給資金不足者，並提供信貸服務。

6. 資金管理

金融中介機構提供投資和儲蓄選項，以滿足不同投資者的需求，這有助於個人和企業合理地管理他們的資金。

7. 支持政府財政政策

金融體系也支持政府通過發行債券來籌集資金，以支持公共政策和政府支出。

8. 促進國際貿易

金融體系支援國際貿易，提供外匯市場和國際支付系統，以促進跨國交易。

總之，金融體系是經濟社會的關鍵組成部分，它有助於促進經濟成長、資源配置、風險管理與貨幣流通，同時也支援政府與企業的財務需求。這些功能有助於保持金融穩定與經濟繁榮。

二、金融市場的分類與結構

金融市場是指各種金融工具（如股票、債券、貨幣、衍生性金融商品等）進行交易的場所或平臺，這些市場提供了企業與政府融資、投資者投資與交易的機會，同時也是經濟政策的傳導機制，以下依不同的分類標準，介紹幾種類型的金融市場：

（一）權益市場和債權市場

依請求權的先後分類，可分為權益市場與債權市場。

1. 權益市場（equity market）

權益市場是股票交易的市場，投資者通過購買股票成為公司的股東，分享公司的所有權，公司通過發行股票融資，而投資者通過購買股票參與公司的盈利，投資者在公司盈利時可能收到分紅，並通過股價上漲實現資本利得。

2. 債權市場（debt market）

債權市場是公債和公司債券交易的市場，投資者購買債券成爲債權人，投資者收到利息，到期時發行單位返還本金，債權市場相對於權益市場通常更穩定，但報酬卻較低。

（二）初級市場和次級市場

依有價證券是否爲首次發行分類，可分爲初級市場與次級市場。

1. 初級市場（primary market）

初級市場又稱爲發行市場，是指新上市證券（如新上市股票或新債券）初次公開發行給一般大衆的市場，在初級市場裡，公司或政府通過初次公開發行（IPO）股票或債券，向投資者募集資金，發行人可以是公司或政府，初級市場的主要目的是爲公司或政府提供融資，以支持其業務擴張或資本。

2. 次級市場（secondary market）

次級市場也被稱爲流通市場，是指已經發行的證券在投資者之間進行買賣的市場。在次級市場裡，投資者之間進行證券的二次買賣，而不是與發行單位直接交易，這些證券已經在初級市場發行並在次級市場自由交易，次級市場提供了證券的流動性，投資者可以在任何時間買賣已經存在的證券，而不需要等待發行人的發行，通過市場供需關係，次級市場上的證券價格在不同時間點根據投資者的交易行爲決定。

初級市場和次級市場是相輔相成的，初級市場若不健全，發行證券的品質不好，或發行量太少又集中少數特定人，則難以建立順暢的次級市場。

（三）資本市場和貨幣市場

依金融工具的期限長短分類爲資本市場與貨幣市場。

1. 資本市場（capital market）

資本市場是長期融資的市場，涉及股票與債券等長期投資工具的買賣，股票與債券是資本市場的主要工具，股票代表公司的所有權，而債券代表公司的債務，交易於資本市場的工具通常有一年或一年以上到期，投資者持有它們作爲長期投資，資本市場的主要目的是爲公司與政府提供長期資金，促進企業的成長與資本項目的實施。

2. 貨幣市場（money market）

貨幣市場是指短期融資的市場，涉及短期金融工具的買賣，短期國債、商業票據、銀行接受的存款等是貨幣市場的主要工具，貨幣市場工具的期限較短，通常在一年內到期，它們爲投資者提供了短期的流動性與安全性，貨幣市場的主要目的是滿足短期融資需求，包括滿足企業的運營資金需求以及提供給金融機構進行短期融資。

（四）集中市場與店頭市場

依交易場所分類，可分爲集中市場和店頭市場。

1. 集中市場（exchange market）

集中市場是指在一個中央化的交易所進行交易的市場，在這種市場中，買家和賣家通過公開的集中交易所進行買賣，交易會以透明的方式進行，股票、期貨與選擇權等金融工具在集中市場上交易。

2. 店頭市場（over-the-counter market，OTC market）

店頭市場是指交易不在中央交易所進行，而是通過經紀商、交易商與電子交易平臺直接進行的市場。在這種市場中，交易是點對點的，沒有中央集中的地方。店頭市場的交易通常是私下達成的，不像集中市場上那樣在公開市場上進行。這使得交易更加靈活，但也缺乏透明度。店頭市場上交易的金融工具包括股票、債券、外匯與衍生金融商品等。大部分的債券交易和一些股票交易發生在店頭市場。

三、金融中介機構的種類

金融中介機構是指那些在金融體系中充當中介角色的機構，它們接受資金來源（資金有餘者）的資金，然後將這些資金提供給資金需求者（資金不足者）。這種中介作用有助於促進經濟發展和金融市場運作，以下是金融中介機構的主要類型：

1. 商業銀行

商業銀行它們接受資金有餘者的存款，並以貸款形式將這些資金提供給資金不足者。商業銀行還提供各種金融服務，如支付和結算、信用卡與貸款。以下是商業銀行的主要特徵和功能：

(1) 吸收存款：商業銀行接受來自個人、企業與其他機構的存款，這些存款可以是定期存款、活期存款或儲蓄存款。

(2) 發放貸款：商業銀行向需要資金的個人、企業和其他機構提供各種類型的貸款，包括個人貸款、企業貸款與房屋貸款等。

(3) 支付和結算：商業銀行提供支付和結算服務，包括支票、電匯、轉帳等，以方便客戶進行資金的轉移和支付。

(4) 信用卡業務：商業銀行通常發行信用卡，使持卡人能夠在特定期限內以信用卡購物，然後根據契約支付款項。

(5) 外匯業務：商業銀行進行外匯業務，包括提供貨幣兌換、外匯交易與跨國支付服務。

(6) 金融中介：商業銀行作爲金融中介機構，將資金有餘者和資金不足者聯繫在一起，通過資本市場進行資金配置，促進經濟發展。

(7) 風險管理：商業銀行通過風險評估和風險管理，確保其業務的穩健運作，防範可能的金融風險。

(8) 金融創新：商業銀行在金融市場中推動創新，開發新的金融產品和服務，以滿足客戶不斷變化的需求。

2. 儲蓄和貸款機構

儲蓄和貸款機構提供儲蓄帳戶和貸款服務，通過吸納儲戶的存款並將這些資金用於向個人和企業提供貸款，促進了經濟的發展，儲蓄與貸款機構可能包括儲蓄銀行、信用合作社與信用聯盟等。

3. 投資銀行

投資銀行是金融體系中的一個特殊部門，專門提供與投資、資本市場與企業融資相關的服務。與商業銀行專注於存款、貸款和一般金融服務不同，投資銀行的主要業務包括提供企業融資、交易執行與資本市場服務、資產管理和財務顧問等。以下是投資銀行的主要特點和功能：

(1) 企業融資：投資銀行協助企業籌集資金，通常通過發行股票、債券或其他金融工具，以支持其業務擴張、收購或其他資本需求。

(2) 資本市場服務：投資銀行參與資本市場活動，包括股票上市、首次公開募股（IPO）、債券發行等。他們可以擔任承銷商、安排人或簽證人，協助企業在市場上籌集資金。

(3) 交易執行：投資銀行爲客戶提供股票、債券、外匯和其他金融工具的交易執行服務。這包括證券交易、外匯交易和衍生品交易等。

(4) 資產管理：投資銀行通常擁有資產管理部門，負責管理客戶的投資組合，提供投資建議和投資組合管理服務。

(5) 財務顧問：投資銀行提供財務顧問服務，協助客戶進行企業併購、資產買賣和其他策略性金融交易。

(6) 風險管理：投資銀行在交易執行和融資過程中需要有效率地管理風險，包括市場風險、信用風險和操作風險。

(7) 研究分析：投資銀行通常擁有研究部門，提供關於市場動態、產業趨勢和特定企業的研究報告，以協助客戶做出投資決策。

(8) 衍生性金融商品交易：投資銀行參與各種衍生性金融商品交易，包括期貨、選擇權和其他衍生性工具，以滿足客戶對風險管理和投資機會的需求。

投資銀行的業務往往與全球金融市場密切相關，並在協助企業融資、資本市場活動和金融交易方面發揮著關鍵作用。由於其複雜性和高度專業性，投資銀行的操作受到嚴格的監管和監督。

4. 保險公司

保險公司主要提供各種保險產品和服務，它們在風險管理方面發揮作用，幫助個人和企業應對不確定性。保險公司通過收取保費，向保險人承諾在發生特定風險或事件時提供金融賠償或服務。一些著名的保險公司包括安聯（Allianz）、AXA 與倫敦保險（Lloyd's of London）等。這些公司經營著複雜的全球業務，並提供多樣化的保險產品。

5. 證券公司

證券公司是一種專門從事證券交易和投資服務的金融機構。這些公司在證券市場上充當仲介，幫助投資者買賣股票、債券、衍生品等金融工具。一些知名的證券公司包括摩根士丹利（Morgan Stanley）、高盛（Goldman Sachs）、美林證券（Bank of America Merrill Lynch）與瑞銀（UBS）等。這些公司在全球金融市場中扮演著重要的角色，影響著全球資本流動和金融市場的穩定。

證券公司參與證券交易市場，提供股票、債券和其他金融產品的買賣服務。它們也可能提供投資諮詢和資產管理服務。

6. 信用評比機構

信用評比機構是專門評估債務工具與發行人信用風險的機構，它們的主要任務是為投資者與市場參與者提供關於公司債券、政府公債與金融商品以及其他債務工具的信用品質評估，這些機構的評比對投資者、借款人與市場非常重要，因為它們可以提供有關特定金融商品風險水準的重要資訊，促進市場透明度。

以下是一些常見的信用評比機構：

(1) 穆迪（Moody's Investors Service）：穆迪是全球最大的信用評比機構之一，穆迪為各種債務工具和發行人提供長期與短期信用評等。

(2) 標準普爾（Standard & Poor's Global Ratings）：標準普爾是另一家全球知名的信用評比機構，它提供包括企業、國家、地方政府與金融機構在內的各種實體的信用評比服務。

(3) 惠譽（Fitch Ratings）：惠譽是一家國際性的信用評比機構，它評估各種金融產品和實體的信用風險，包括企業、銀行、政府與結構化融資產品。

這些評比機構通常使用字母等級系統，例如 AAA、AA、A 與 BBB 評等，來表示評比的信用品質，高評比通常表示較低的信用風險，而低評比則表示較高的信用風險。評比的變化可能對市場產生顯著影響，因為投資者經常根據評比來做出投資和交易決策。需要注意的是，評比機構的評比也受到一些爭議，因為它們在過去的一些事件中未能準確預測某些金融崩潰。

7. 共同基金公司

共同基金公司是專門管理共同基金的金融機構。共同基金是一種投資工具，通過募集來自多個投資者的資金，將這些資金投資於股票、債券與貨幣市場工具等多種金融商品，共同基金公司負責管理基金資產、制定投資策略，並向投資者提供基金份額。一些全球知名的共同基金公司包括美國的 Vanguard、Fidelity 與 BlackRock，歐洲的 Amundi，亞洲的富達國際等，這些公司管理著各種類型的基金，滿足不同投資者的需求。

8. 典當機構和貸款機構

典當機構接受抵押品，提供短期、高風險的貸款，而貸款機構則可能專注於特定類型的貸款，如汽車貸款或房屋貸款。

整體而言，金融中介機構在經濟體系中促進了資金的有效率流動，並支持了各種經濟活動的進行，它們的存在有助於降低資金市場中的風險，同時提供了多樣的金融產品和服務，以滿足不同客戶的需求。

知識補給站 影子銀行 (Shadow Banking)

影子銀行是指一些提供和傳統商業銀行類似的金融服務的非銀行中介機構。投資銀行和商業銀行的業務要受到中央銀行等機構的監管。但他們如果把一些業務以影子銀行的方式操作，做成表外業務，這些資產在銀行的損益表上是看不到的，就可以逃脫監管，迷惑遲鈍的投資人。2007-2012 年的全球金融危機前，投資銀行用表外業務的方式將次級房屋貸款證券化，並用信貸違約掉期來對沖風險。

但最終風險積累爆發，投資銀行損失慘重，雷曼兄弟破產，造成了全球金融危機。學術界對對沖基金、貨幣基金、結構性投資工具等機構是否屬於影子銀行有爭議。投資銀行和商業銀行會將部分業務通過影子銀行的方式操作，但他們一般不被歸入影子銀行的範疇。但有金融專家稱現行銀行體系就是最大的影子銀行。

從 2000 年開始，全世界影子銀行的資產劇增，直到 2008 金融危機發生。美國金融穩定委員會（Financial Stability Board）估計 2007 年美國的影子銀行總資產約為 25 萬億美元，至 2011 年縮減到 24 萬億美元。2007 年世界前 11 大國影子銀行總資產約為 50 萬億美元，至 2008 年縮減到 47 萬億美元，但到 2011 年末又增至 51 萬億，全球的影子銀行資產高達 60 萬億。2012 年 11 月彭博新聞社引用金融穩定委員會的調查結果，稱全球的影子銀行資產已增至 67 萬億。目前「影子銀行」有三種最主要存在形式：銀行理財產品、非銀行金融機構貸款產品和民間借貸。

資料來源：摘錄自維基百科

四、金融中介機構的功能

金融中介機構在金融體系中扮演著重要角色，它們連接著資金有餘者和資金不足者，促進了經濟體系的運作。其功能可以分爲面額中介、期限中介、風險中介與資訊中介，茲介紹如下：

1. 面額中介（**value intermediary**）

   面額中介主要涉及資金的數量，即資金的面額。金融中介通過將大額的資金劃分成小額，以滿足不同資金有餘者和資金不足者的需求，這有助於提高流動性和降低交易的障礙，通過將大額資金細分爲小額，金融中介促進了金融市場的參與，使更多的個體和企業能夠參與融資和投資活動。

2. 期限中介（maturity intermediary）

期限中介涉及將短期資金轉化爲長期融資或將長期資金轉化爲短期融資，金融中介通過分配不同期限的資產和負債，有助於滿足投資者和借款者的不同期限偏好，提高金融體系的效率，使得資金有餘者和資金不足者能夠更好地匹配其資金需求和投資時間。

3. 風險中介（risk intermediary）

風險中介涉及將風險從一個實體轉移給另一個實體，金融仲介通過多樣化投資組合、保險和其他金融工具，有助於減輕個人和企業面臨的風險。降低金融交易的不確定性，促進更廣泛的投資和融資活動。

4. 資訊中介（information intermediary）

資訊中介涉及收集、分析和傳遞市場訊息，以幫助資金有餘者和資金不足者做出更明智的決策，金融中介通過提供準確的資訊，減少了市場不對稱性，提高市場的透明度，增加參與者對市場的信心，促進更有效的資源配置。

金融中介機構的這些功能共同構成了金融中介的角色，使其能夠促進資金的流動、降低交易成本、提高市場效率，並爲資金有餘者和資金不足者提供更廣泛的選擇的機會。

12.2 什麼是貨幣

在原始的社會，每個部落大致上是自給自足的，偶爾有商品交易，也是用以物易物（barter）的方式進行。在這物物交換的制度下，買賣雙方必需要「慾望雙重一致性（double coincidence of wants）」，這時交易才可能達成。而在專業分工化的經濟社會裡，人們以自己生產的財貨換取需要的財貨，財貨交易遠比以前頻繁，若沒有一種交易潤滑劑，則交易便不順暢，而交易變成爲繁瑣且很耗時間與成本，因此，有必要引進交易媒介，此一交易媒介，就是我們熟知的「貨幣」（money）。

貨幣（也稱爲貨幣供給額）是一種存量概念，一般大衆可接受用來支付財貨，或償付債務的工具。一般大衆提到貨幣，大多是指通貨（currency）（紙幣與鑄幣）。由於支票也是廣爲用來支付買賣，支票存款也可視爲一種貨幣，儲蓄存款若能迅速方便地換成通貨或支票存款，其實作用跟貨幣一樣。

現代化經濟社會使用的貨幣，依出現的時間順序，大致依序爲商品貨幣、金屬貨幣、可兌換紙幣、不可兌換紙幣及存款貨幣，而進入數位化時代，數位貨幣（digital currency）是指以數位形式存在的交易媒介，它通常是以密碼技術來創造、發行與流通，因此又稱爲密碼貨幣（cryptocurrency），發行數位貨幣的目的是希望它可以如同現金一樣地廣爲流通，而數位貨幣是運用 P2P（peer-to-peer）網路技術流通，亦即收支雙方不需要透過第三方來進行交易媒介的移轉或清算，因此，收支雙方的隱私都可以受到保護，這個性質稱之爲去中心化（decentralized）。

時事小專欄

PayPal 接受加密貨幣！比特幣大漲

比特幣再添助力　年底上看 10 萬美元！Paypal 開放用戶選用加密貨幣進行支付

PayPal（PYPL-US）美國用戶很快將能夠使用加密貨幣支付選購的商品，此舉可望將加密貨幣推向主流。此前一日 Visa（V-US）甫宣布將處理加密貨幣的支付，特斯拉（TSLA-US）近期也開始支付顧客用加密貨幣付款買車，萬事達卡（MA-US）上個月宣布今年起將促進加密貨幣交易。PayPal 執行長 Dan Schulman 表示，「讓顧客能在全球各商業中使用加密貨幣進行採購是推動加密貨幣普及與大規模接受的下一章。」

歷經多年陰霾的比特幣和其他加密貨幣終於撥雲見日，在一些投資巨頭和企業的青睞下獲得更高的接受度，引起大衆矚目。然而加密貨幣仍面臨許多人的質疑，例如美國聯準會（Fed）主席鮑爾（Jerome Powell）本月曾形容加密貨幣是一種「投機性資產」，比較像黃金的替代品而非美元，「他們高度波動，因此價值儲存上並不是那麼有用。」但瑞穗證券說：「比特幣是支票接收者中的投資首選。在增量支出中囊括近 60%，即意味著 250 億美元。」

今年迄今比特幣漲幅已超過 100%，且 3 月份漲幅超過 27%，遠非股市大盤所及，例如道指 3 月僅上漲約 7%、S&P 500 上升 4%。「事實上，今年年底前比特幣達到 10 萬美元並不意外，因為加密貨幣引起越來越多企業的興趣，以及機構投資者和散戶的關注。」

資料來源：摘錄自鉅亨網 2021/03/31

12.3 貨幣的功能

一般而言，如果以功能性來定義貨幣，貨幣應具有四大功能：交易媒介、計價單位、價值儲藏與遞延支付的標準，茲分別說明貨幣的功能如下：

一、交易媒介（medium of exchange）

貨幣最重要的一項功能，就是作爲財貨之間的交易媒介。交易媒介表現著貨幣現在的具體用途，人們可使用貨幣來滿足交易的需要。以貨幣作爲交易的媒介，是一種交易的潤滑劑，可以幫助交易進行，解決物物交換的不便，並降低交易成本，進而有助於經濟發展。

在物物交換制度下，買賣雙方必須充分了解彼此的偏好、財貨的種類、數量、品質以及信用狀況等資訊。且交易雙方需「慾望雙重一致性」，交易才能達成。所以，在沒有貨幣存在的情況下，交易必須耗費大量的時間與精力，付出昂貴的交易成本。有了貨幣作爲交易媒介，能有效降低交易成本，提高交易效率。

二、計價單位（unit of account）

計價單位又稱爲價值標準（standard of value）。貨幣的計價單位功能，係指以貨幣作爲「標準化」的計價單位，使得財貨與勞務的價值，能有一致性的衡量標準。以貨幣作爲計價單位，可以計算並比較各種財貨的價值，使生產者及消費者作出對其最有利的生產與消費決策；並且能大幅減少交換比率，進而降低交易成本，有助於經濟效率的提升。

在物物交換制度下，除了要雙方慾望滿足的一致性，另一個必須考慮的是彼此是否滿意交換比例，例如，一個農夫，家中有一頭牛，他希望一頭牛能換鄰居的 10 隻雞，但他的鄰居也許並不同意這個交換比率，他認爲 1 頭牛隻能換 9 隻雞才合理，經過協商後，最後也許彼此各退一步，例如，第一次交換他讓步，只換 9 隻雞，而下一次交換，換他的鄰居讓步，則他可換到 10 隻雞，由於沒有計價的單位，因此交易的比率並不固定，同時也增加彼此的交易成本。

因此，如果一個經濟社會能夠先制定各種商品的單位，例如公斤、磅及公尺等，之後再以貨幣作爲計價單位，這樣我們才能夠比較商品的價值，進而將貨幣作爲經濟社會交易商品的價值標準。

三、價值儲藏（store of value）

所謂價值儲藏功能，是指貨幣能夠儲存購買力（purchasing power），儲藏貨幣等於儲藏財貨價值，許多資產具價值儲存的功能，流動性高的資產轉換成貨幣並不需要支付太多成本。但是所有資產中貨幣的流動性最高，也就是說貨幣在實現其價值時間最短、成本最小。人們可將所得大於支出的部分，以貨幣形式持有，等到有時間且有慾望時才拿出來消費。有了貨幣便能解決物物交換下，有些財貨不易儲藏的困擾，進而有助於累積儲蓄，促進資本形成。

四、遞延支付的標準（standard of deferred payment）

貨幣的第四項功能爲遞延支付的標準，遞延支付的標準是指貨幣作爲債權債務衡量標準的用途。在一個物物交換的社會裡，因缺乏貨幣作爲計價單位，債權債務關係不易形成，阻礙了信用經濟的發展。

現代信用經濟之所以發達，是以債務發展爲基礎，人們時常因收支的時點不同，而必須靠舉債來因應。當人們在舉債時，若無共同計算工具，即使彼此仍信守諾言，但仍可能會產生交易上的困難，例如，張三向李四借豬肉一斤，言明明年春天再還，到了明年春天，張三依諾言償還豬肉一斤，但此豬肉的品質卻可能與當時不同。因此沒有貨幣，將造成債務上的同等價值判定上的困難，而貨幣在此時則扮演著遞延支付的標準。

綜合來說，貨幣具備交易媒介、計價單位、價值儲藏及遞延支付等四項功能。前兩項功能無時間性，而後兩項功能具有時間性。貨幣的價值儲藏功能，是指財富以貨幣的形式儲存起來，一段時間後（未來），再拿來作爲交易之用，又就功能特質而言，交易媒介與價值儲藏是貨幣的具體功能（concrete function），而計價單位與遞延支付則是貨幣的抽象功能（abstract function）。

因爲貨幣作爲交易媒介，在交易過程中必須移轉「財貨」；貨幣作爲價值儲藏，是把「財富」或生產過剩的「商品」，以貨幣形式保有。這兩項功能都屬具體功能。至於計價單位及遞延支付則不須有具體商品存在，故屬抽象功能。

整體而言，交易媒介表現著貨幣現在的具體用途；計價單位表現著貨幣現在的抽象用途；價值儲藏表現著貨幣未來的具體用途；延遲支付表現著貨幣未來的具體用途，只要具有這四種功能的商品，即可稱之爲貨幣。

12.4 貨幣的衡量

貨幣依各帳戶所特有的性質，分類統計，這些就稱之爲「貨幣總計數」（money aggregate），它是一種存量（stock）的觀念，所以又被稱爲「貨幣存量」（money stock），目前政府公佈的貨幣供給有 M_{1A}、M_{1B} 與 M_2，玆分述如下：

$$M_{1A} = 通貨淨額 + 支票存款 + 活期存款$$

其中，通貨淨額指的是央行所發行的紙幣加鑄幣扣除掉銀行及郵匯局的庫存現金，因爲銀行及郵匯局的庫存現金並不代表經濟體系中現行的支付能力。在存款貨幣機構業務的發展中，許多銀行發行比支票存款或是活期存款利率爲高的金融商品，而且這些商品的流動性並不亞於支票存款與活期存款，因此這些較晚近發展的金融商品也同樣代表經濟體系的支付能力。

這些金融商品當中，較具代表性的是美國的 NOW 帳戶（negotiable order of withdrawal accounts）。我國財政部於 1981 年取消活期儲蓄存款每半年提款不得超過 19 次之限制，活期儲蓄存款在我國實質上已與活期存款相當，我國央行也因此採用 M_{1B} 將活期儲蓄存款計入貨幣總計數的衡量，換言之，M_{1B} 的定義是 M_{1A} 所含的項目，再加入活期儲蓄存款：

$$M_{1B} = 通貨淨額 + 支票存款 + 活期存款 + 活期儲蓄存款$$

時事小專欄

續呈黃金交叉！
元月 M_{1B} 年增率 17.91%

台股湧錢潮　M_{1B} 增幅飆高

全球寬鬆貨幣風潮造成熱錢四溢，中央銀行昨（24）日公布，2 月貨幣總計數 M_{1B}、M_2 年增率持續飆高。其中，象徵股市資金活水的 M_{1B} 年增率漲至 18.57%，寫下 2010 年 4 月以來、近 11 年高點，國內貨幣存量 M_2 年增率，更是創 1999 年 8 月以來、逾 21 年半新高。央行統計顯示，象徵散戶投資信心的證券劃撥存款餘額為 2 兆 8,097 億元，續創歷史新高，較前一個月增加 450 億元。

央行經研處副處長蔡惠美表示，2 月 M_{1B}、M_2 年增率續漲，主要是受到 2 月適逢農曆春節，資金需求提高，加上通貨發行增加的影響。根據金管會統計，今年 2 月外資淨匯出 0.21 億美元，去年同期則是受新冠肺炎疫情影響，大舉淨匯出 38.97 億美元，今年與去年相比，淨匯出情況明顯縮減。對於 M_2 年增率重返 1999 年 8 月以來新高、顯示國內資金比國際金融海嘯時期還要寬鬆，由於受疫情影響，全球實施超寬鬆貨幣政策，此情況不只發生在臺灣，全球都一樣。

至於 M_{1B} 年增率飆高至 18.57%，蔡惠美說，2 月適逢農曆春節，通貨淨額成長率高，以及活期性存款年增 18.87% 所貢獻，而活期性存款大幅飆漲的主因之一，是證券劃撥存款餘額續飆歷史新高。散戶齊聚股市最前線，使證券劃撥帳戶水位不斷締造高位，活期性存款餘額也因此增至 20 兆 4,318 億元，創歷史新高，月增 1,006 億元。

資料來源：摘錄自經濟日報 2021/03/25

M_{1A} 或 M_{1B}，也稱為狹義貨幣。支票存款、活期存款與活期儲蓄存款稱為存款貨幣（deposit money），因為它們都是存款貨幣機構所能夠創造出來的貨幣，至於通貨則是指中央銀行創造的貨幣。通貨淨額佔 M_{1B} 的比例大約只有 10% 左右，佔最大宗的是存款貨幣機構創造出來的貨幣。而存款貨幣機構所能創造貨幣數量的多寡，取決於一國中央銀行之貨幣政策。

自 1990 年起，因活期存款與短天期定期存款之替代性大為提高，導致 M_{1B} 呈現極端的不穩定，亦喪失與經濟活動的緊密關係，自此央行遂轉而強調 M_2 的重要性。與 M_{1B} 相比，M_2 多了準貨幣（quasi money），又可稱為近似貨幣。準貨幣具有高流動性，但流動性又不如 M_{1B} 那樣高的物品。

準貨幣的內容包括：定期存款、定期儲蓄存款、外幣存款、乙種國庫券、央行儲蓄券、外匯存款（包括外幣活期存單、定期存單、外幣定期存單）、外國人新臺幣存款、附買回協議與郵匯局儲金等。準貨幣以價值儲藏持有為多，貨幣性並不完整。因此，M_2 可列式如下：

$$M_2 = \text{通貨淨額} + \text{存款貨幣} + \text{準貨幣} \qquad \text{(式 12.1)}$$

M_2 又被稱為廣義貨幣，其中佔最大比例的為準貨幣，準貨幣中又以定期存款佔最大宗。

知識補給站　一個故事看懂比特幣與挖礦的原理

一位名叫中本聰的人設計一套系統將銀行帳本進行改造，其中包含帳本從私有變公有，及不紀錄餘額只紀錄交易明細，如果想知道餘額通過計算就可以知道，另將此流通貨幣命名為比特幣。操作方式如下：為了隱私安全考慮，每個人都不用真實姓名交易，而是利用隨機生成一個數列，這個數介於 0 到 2^{256} 之間，出現當於宇宙中所有原子的數量，所以不用擔心重複的問題。

接著再利用 Base58 把這些數變成字符串，這個字符串就叫做私鑰，為擁有比特幣的唯一證明，也相當於你的密碼，有了密碼就要有帳戶，在私鑰的基礎上再次通過演算法算出一個公鑰，接著再進行一次演算得到相對較短的字符串叫做地址，如果你想收錢，只要告訴別人你的地址就行，但如果你想付錢就必須告訴別人地址跟公鑰，這是公鑰用於檢驗這個地址是不是你的，另外也不用擔心，因為別人是沒辦法透過公鑰推算出私鑰的，這樣就解決交易安全和公開的問題。

為了解決通貨膨脹，中本聰提到：比特幣不是無限發行，我們使用一個機制來控制發行的速度和數量，具體操作需要找到一串特定的數字我們叫做哈希值，利用相關資料與隨機數進行 sha256 函數運算，只要參數稍作改動，結果就會完全不同，但只要與哈希值相同，不管計算幾次結果都會是一樣的，而且運算過程不可逆。這個過程就叫做區塊，也就是俗稱的挖礦，每個區塊連起來就叫做區塊鏈，其總發行數量大約為 2,100 萬比特幣。

資料來源：https://www.youtube.com/watch?v=L2MDidCsH94

12.5 存款貨幣的創造

「存款貨幣的創造」是指一筆存款，經過銀行存放機制的運作後能夠變成數倍於原來的存款，流通於市面上，那銀行要創造存款貨幣的資金，通常可經由「原始存款」與「引申存款」兩種方式來獲取。

原始存款（primary deposits）指的是客戶將現金或銀行支票存入銀行，換取可以隨時動用或移轉給他人的資金，通常此部分的資金，是銀行被動的等待客戶上門的存款資金，所以此部分屬於較「消極的」存款貨幣。

引申存款（derivative deposits）則是指一般銀行向中央銀行融資，或銀行本身透過放款，貼現與投資後所得到的資金，通常此部分的資金，是銀行主動積極的向中央銀行借入資金，或透過各種放款，貼現與投資營利所創造的資金，所以此部分屬於較「積極的」存款貨幣。

以下說明銀行如何來創造存款貨幣：

一、資金來自中央銀行的借款（引申存款）

若假設一般銀行向央行融通的資金爲 D，考慮一般銀行的法定存款準備率 r。存款貨幣創造的過程與所產生的乘數效果說明如下：

此資金不是存款戶存入，所以不用提存準備金，可以一開始就全部貸放出去資金（D），客戶又將資金（D）全數存入，此時一般銀行須保留部分法定準備率（r）的資金後，其餘資金 $[D(1-r)]$ 可以貸放出去；存款戶又將資金 $[D(1-r)]$ 全數存入，一般銀行再保留部分法定準備率 r 的資金後，其餘資金 $[D(1-r)^2]$ 可以貸放出去；這筆資金依此模式不斷的存入再貸放出去。其資金所產生的貨幣乘數效果計算式，如（式 12.2）所示：

$$
\begin{aligned}
M &= D + D(1-r) + D(1-r)^2 + \cdots \\
&= D[1 + (1-r) + (1-r)^2 + \cdots] \\
&D \times \frac{1}{1-(1-r)} = D \times \frac{1}{r} = m \times D
\end{aligned}
\qquad \text{（式 12.2）}
$$

例題 12-1

若中央銀行透過「貼現窗口」借 1,000 元給商業銀行 A，當法定準備率為 10%，試問該商業銀行可創造存款貨幣？

解 M = 1,000 × (1 / 10%) = 10,000

銀行可創造存款貨幣 10,000 元。

二、資金來自存款戶的存款（原始存款）

若假設客戶存入原始存款資金爲 D，考慮銀行法定存款準備率爲 r。存款貨幣創造的過程與所產生的乘數效果說明如下：

此資金是由存款戶所存入的原始存款（D），所以必須提存準備金，此時銀行須保留部分法定準備率（r）後，貸放出去資金 $[D(1-r)]$；存款戶又將資金 $[D(1-r)]$ 全數存入，銀行又保留部分法定準備率 r 的資金後，其餘資金 $[D(1-r)^2]$ 可以貸放出去；存款戶又將資金 $[D(1-r)^2]$ 全數存入，銀行再保留部分法定準備率 r 的資金後，其餘資金 $[D(1-r)^3]$ 可以貸放出去；這筆資金依此模式不斷的存入再貸放出去。其乘數效果的計算式如（式 12.3）所示：

$$
\begin{aligned}
M &= D(1-r) + D(1-r)^2 + D(1-r)^3 \cdots \\
&= D(1-r)[1 + (1-r) + (1-r)^2 + \cdots] \\
& D \times \frac{1-r}{1-(1-r)} = m \times D
\end{aligned}
\qquad \text{（式 12.3）}
$$

例題 12-2

假設一開始客戶決定將存放在家的 1,000 元，存到銀行，法定準備率為 10%，此時，銀行可創造多少存款貨幣？

解 $M = 1{,}000 \times [(1-10\%) / 10\%] = 9{,}000$

銀行可創造存款貨幣 9,000 元。

12.6 貨幣數量學說

貨幣數量學說是指貨幣的價值完全決定於貨幣和財貨在交換中的數量關係。即貨幣的價值與貨幣的數量成反方向變動，與財貨的數量成同方向變動。具體地說，一方面，在其他條件不變時，貨幣的實際數量增加，貨幣的價值就減少；貨幣的實際數量減少，貨幣的價值就增加。另一方面，在其他條件不變的情況下，財貨增加，貨幣的價值也增加；商品減少，貨幣的價值也減少。

一、交易型貨幣數量學說

貨幣數量不是指貨幣的簡單數量，而是指貨幣的實際數量與其流通速度的乘積。包括現金和銀行活期存款。爲什麼要考慮貨幣流通速度？因爲現實經濟生活中，貨幣數量與貨幣流通速度有關，即現實經濟生活中一定時間內的貨幣數量，是貨幣數量與貨幣周轉次數的乘積。這裡所說財貨數量包括商品和服務數量，也是指一定時間內財貨實際數量及財貨與服務周轉次數的乘積。

現金交易方程式如下：

$$MV = PT \quad \text{（式 12.4)}$$

M：流通中的貨幣數量；

V：貨幣的交易流通速度；

P：平均價格水準；

T：財貨的交易量

（式 12.4）等號右邊乃經濟社會供給之總金額，左邊爲總金額，上述說明財貨與服務交易的「貨幣總值」等過程中的「貨幣流通總值」。

二、所得型貨幣數量學說

費雪方程式則變爲：

$$PY = MV \quad \text{（式 12.5)}$$

1. 其他條件不變的情況下，M 與 V 成反向變化。
2. 在費雪方程式中，P 爲價格水準，M 爲貨幣數量，V 爲貨幣流通速度和 Y 爲財貨的數量（一般 Y 變化較小）。P 與 M、V 成同方向變化，P 與 Y 成反方向變化。

從長期看，國民所得和貨幣流通速度變化不大，貨幣需求數量的變化是最根本的，一般物價水準取決於貨幣數量，即 M 增加過快，物價水準就上漲得快。

本章結論

本章介紹有關金融體系和貨幣的一些基本概念。金融體系和貨幣是現代經濟運行的關鍵組成部分，金融體系在經濟社會中發揮著重要作用，它通過將資金引導到最有生產力的地方，促進了經濟的增長。通過提供資金融通渠道，金融體系支持企業的發展和創新。

同時，金融體系也受到經濟波動的影響，金融危機和市場崩盤可能對整個經濟體系產生深遠的影響。金融體系是一個由各種金融中介機構、金融市場和金融工具組成的綜合系統，直接金融和間接金融是金融體系中的兩種不同方式，金融體系的主要功能包括提供儲蓄和信貸、支付和結算、風險轉移、資本配置等。

而貨幣是現代經濟社會一般可接受用來支付財貨，或償還債務的工具。接下來我們介紹了貨幣的四大功能：交易媒介、計價單位、價值儲藏與遞延支付。在這一章，我們也讓學生了解政府如何衡量貨幣，貨幣是一種存量的觀念，所以又被稱爲貨幣存量，目前我國政府公布的貨幣供給有 M_{1A}、M_{1B} 與 M_2，我們也分析了現在金融體系如何創造貨幣，最後粗略的介紹貨幣數量學說。

NOTE

13

總合供給與總合需求

本章綱要

歷史總會重演？SARS 重創全球經濟 1.2 兆這些行業首當其衝

武漢肺炎影響範圍持續擴散，如今連在太平洋另一端的美國都有確診案例。在 21 世紀，全球經濟可能因為傳染病蒸發 6 兆美元，約為 180 兆新臺幣。SARS 疫情衝擊全球經濟蒸發 1.2 兆新臺幣。如今武漢肺炎來勢洶洶，讓許多人擔憂不已。儘管新型冠狀病毒目前還有許多謎團未解，但可以透過 2003 年的經驗來推演可能的影響。

武漢肺炎肆虐，旅遊、交通等行業首當其衝。回顧 2003 年的 SARS 疫情對中國經濟的衝擊，中國 GDP 季增加率由 2003 年第一季的 12% 以上，大幅回落到第二季的 3.5%，年增率則回落 2 個百分點到 9.1%。

13.1 短期的經濟波動

一國經濟活動通常會表現出成長趨勢，然而，短期經濟活動卻存在波動，有些期間生產者無法把所有財貨賣出去，因此削減生產，實質國內生產毛額（GDP）下降。這種產出下降和失業率上升的情況稱之爲經濟衰退（economic recession），特別嚴重的衰退稱之爲經濟蕭條（economic depression）。有時經濟情況過熱，增長速度較快。這對經濟學家和政策制定者而言，經濟波動代表一種會重複發生的問題。

近十年來，除了 2015 年的 1.47% 以外，臺灣實質 GDP 皆大於成長 2%，在 2014 年更達到 4.72%。這種經濟成長在有些年度會比另一些年度更高；有時經濟衰退，甚至成長率轉爲負值，這些經濟體系產出的波動與就業的波動緊密相關，經濟學家稱這種產出與就業的短期波動現象爲景氣循環（business cycle）。

景氣循環就是國內生產總值及經濟活動的週期性波動。經濟學家在解釋這一定義時強調：第一，景氣循環的中心是國內生產總值的波動。第二，景氣循環是經濟中不可避免的波動。第三，雖然每次景氣循環並不完全相同，但它們卻有共同之點，即每個週期都是繁榮與衰退的交替。

路透社同時也分析指出，每當傳染病爆發時，股市總是幾家歡樂幾家愁，開心慶祝的有製藥類股，愁容滿面的則是觀光、飯店、航空、奢侈品與消費類股。儘管當傳染病來襲時，投資市場難免恐慌，但當年 SARS 疫情獲控制後的 6 個月股市就回到原來的水位，若說我們有從歷史經驗中學到什麼，那應該就是能更冷靜的面對疫情與投資市場的反應吧。

資料來源：今周刊 2020/01/22

解說

經濟波動的現象，每隔一段時間就會重現，經濟學家稱這種產出與就業的短期波動現象為景氣循環。這個名詞似乎指經濟波動是規律且可以預測的，但事實並非如此。經濟波動實際上既不規律且經常發生，有時它們接連發生，經濟體系經歷不景氣，失業率會提高，產出會下降。為了解這些現象，本章引進總需求曲線與總供給曲線來探討解釋經濟社會的短期經濟波動現象。並且用它來分析，當經濟體系遭受到暫時性的衝擊時，利率、物價與產出會發生什麼樣的變化，甚至可從中獲得一些有建設性的政策建議。

景氣循環可以分爲兩個大的階段：經濟擴張階段與經濟收縮階段，經濟擴張階段亦稱爲經濟繁榮，經濟繁榮是指國內生產總值與經濟活動高於正常水準的一個階段，其特徵爲生產迅速增加、投資增加、信用擴張、價格水準上升與就業增加，一般大衆對未來充滿樂觀。經濟繁榮的最高點稱爲頂峯，而經濟收縮階段亦稱經濟衰退，經濟衰退是指國內生產總值與經濟活動低於正常水準的一個階段，其特徵爲生產急劇減少，投資減少，信用緊縮，價格水準下跌，失業嚴重，一般大衆對未來持悲觀看法。經濟蕭條的最低點稱爲谷底。

雖然景氣循環這個名詞似乎意指經濟波動是規律且可以預測的，但事實並非如此。經濟衰退實際上既不規律也經常發生，有時它們接連發生，有時相隔甚遠。例如 2008 年開始的金融海嘯是迄今爲止，臺灣所經歷過的史上經濟最大衰退。行政院主計處在 2009 年 2 月 18 日公布經濟預測，2008 年第四季經濟呈現負成長 8.63%，2009 年預估全年經濟負成長爲 2.97%，都是歷史上最嚴重的經濟衰退。本章介紹大多數經濟學家採用的總合需求與總合供給模型來解釋短期經濟波動。

時事小專欄

2 月服務業營業測驗點連 3 揚

服務業景氣循環將大翻轉

「臺灣商業服務業景氣循環同行指標綜合指數」顯示，臺灣服務業因疫情衝擊，歷經 2020 年 4 月的景氣谷底，如今已走過下降期翻轉回升，預測臺灣服務業景氣循環出現「大翻轉」，估計至今年 7 月仍能持續復甦。

商研院指出，2020 年首季全球疫情蔓延，但臺灣疫情控制得宜，政府與民間合力應變見效，儘管過程多空交戰，但一年下來景氣循環變動終於回到復甦正軌。商業發展研究院服務業景氣循環預測小組分析，服務業景氣循環領先指標包含的子指標中，服務貿易收支淨額、商業服務業股價指數、金融及保險業實質 GDP、商業服務業僱員淨進入率等，目前均逆勢上升，一般看來已有景氣熱絡之感。

以商業服務業股價指數為例，該指標經歷 2019 年 10 月國際股災，2020 年 1 月觸底，循環指數降為 98.73，接著反彈上升，至 2020 年 11 月已回升到 100.04，高於長期趨勢值（100），今（2021）年更高達 100.41。

商研院同時也提醒，另一項子指標「民間實質民間固定資本形成」則顯示情勢不妙，此部分在 2018 年 4 月開始景氣循環指數不斷爬升，2019 年 11 月來到 101.19，本來看好台商回流的 2020 年高預期走勢，卻因疫情而變卦，甚至止升轉降，指數於 12 月已回降至長期趨勢（100）以下為 99.68。民間實質固定資本形成持續向上動力似有後濟無力之虞，有待嚴加觀測。

資料來源：摘錄自工商時報 2021/03/06

13.2 總合需求曲線

一、總合需求曲線的意義

總合需求（Aggregate Demand，AD）是指在一個國家或經濟體系中，對財貨的總需求。它表示了一個國家在一段時間內的消費支出、投資支出、政府支出和淨出口（出口減去進口）的總和。總合需求反映了經濟體系中各個經濟主體（個人、企業、政府和國際市場）對財貨的需求。

因此一個經濟社會的總合需求（AD）可表示成（式 13.1）如下：

$$AD = C + I + G + (EX - IM) \qquad (式 13.1)$$

其中，C：消費支出；I：投資支出；G：政府支出；EX：出口；IM：進口

此時商品數量和價格水準的組合軌跡，稱爲總合需求曲線。如圖 13.1 所示。而商品數量指的是實質所得（產出）。

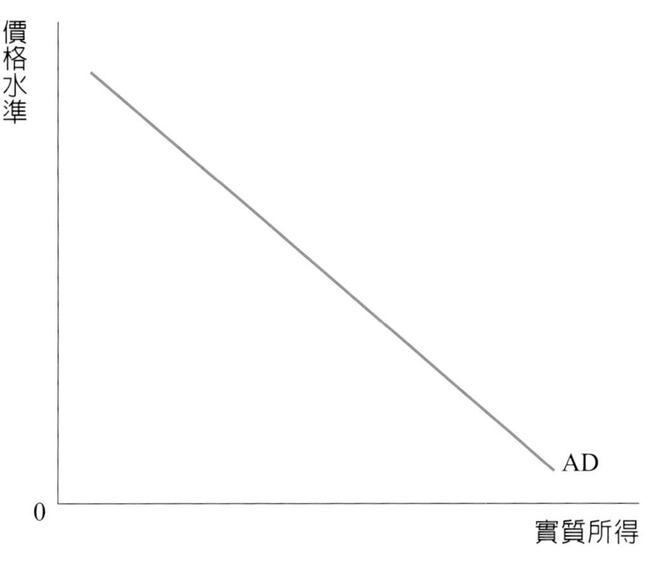

圖 13.1　總合需求曲線

由圖 13.1 顯示總合需求曲線是一條具有向右下方傾斜的曲線。也就是說，在其他條件不變的情況下，當價格水準上升的時候，總合需求量會減少；反之，當價格水準下降時，總合需求量將會提高。以下就總合需求線爲何負斜率加以說明之。

二、總合需求曲線為負斜率的原因

在個體經濟學中，某財貨的需求線爲負斜率的理由在於當消費者針對此一特定財貨，在該財貨價格較貴時，需求者會多購買其他財貨來替代，故造成該財貨的需求線具負斜率。例如百事可樂價格上升，則百事可樂的需求量將會減少，因爲消費者會用其他飲料來取代，故百事可樂的需求線具有負斜率。

而總合需求曲線呈現負斜率則表示在其他條件，諸如貨幣供給額、財政政策、消費支出及要素給付支出等變數維持不變的情況下，在價格水準較高時，總合需求量會減少；在價格水準較低時，總合需求量會增加。總合需求線具負斜率的理由有下列三點：

1. 實質財富效果（**real wealth effect**）

以貨幣形式持有的財富稱爲名目財富（Nominal Wealth），把名目財富除以價格水準則稱爲實質財富（Real Wealth），代表財富的實質購買力。當價格水準上升時，實質財富減少，消費減少；當價格水準下降時，實質財富增加，消費增加。

消費是總需求量的一部分。因此，物價水準與總需求量呈反方向變動，即價格水準下降，實質所得增加，消費增加，總需求量增加。消費者對財貨的購買能力增加，即增加有效需求量，從而提高實質所得。由此可知價格水準和實質所得成反比。

2. 跨期替代效果（**intertemporal substitution effect**）

爲了交易的需要，消費者持有貨幣，當價格水準下降時，無論是生產者或消費者要購買任何商品或服務的成本都會減少，也就是說，爲購買同等數量的財貨，要支付比物價變動前更少的貨幣。因而假定同一時間，經濟體系的貨幣數量固定不變時，爲因應貨幣需求的減少，於是利率自然就降低了。

當利率水準下降時，廠商爲了投資設廠或擴充機器設備所需要的借貸成本下降了，投資利潤於是提高了，在有利可圖之下，投資增加，同時也會導致一般大衆儲蓄減少。在可支配所得不變下，儲蓄減少代表當期消費增加，利率水準下降，引起的投資和消費增加，都必然導致總合需求量增加和實質所得提高。由以上敘述可知，價格水準下降會使利率下降，進而刺激總合需求量，使實質所得因而增加。

3. 國際替代效果（**international substitution effect**）

就國際貿易來說，若一個國家的價格水準上升，而其他國家價格水準及匯率維持不變，則此一國家出口財貨的價格會比生產同一產品的其他國家較貴，所以在產品競爭上會被其他國家取代。

例如，臺灣生產成衣銷往日本，假設臺灣生產一件衣服，其銷售價爲新臺幣 100 元，如果 1 元新臺幣等於 4 元日幣，則折算日幣：一件成衣在日本值 400 元日幣，現在因爲價格水準上升，國內的成衣漲爲新臺幣 200 元，則在匯率不變之下，每件成衣在日本便要值日幣 800 元。

可是日本不但從臺灣進口成衣，也從中國進口。所以當臺灣的成衣價格由新臺幣 100 元漲至新臺幣 200 元，若大陸的成衣價格沒有漲時，日本一定會少進口臺灣的成衣，多買中國的成衣，故我們對日本淨出口會減少，進而導致總合需求量減少，即實質所得減少，由此可知，價格水準和實質所得成反比。

由以上敘述可知，總合需求曲線之所以從左上方向右下方延伸的曲線，其斜率值爲負，主要是由於價格水準變動會使財富的實質價值，利率和對外貿易發生變化。這些變化會對總合需求量產生影響，即造成對實質所得產生衝擊。導致價格水準和實質所得成反比。

三、總合需求曲線的移動

總合需求曲線的移動是指該曲線在不同條件下相對於價格水準和實際產出的變化。至於造成總合需求曲線（AD）移動的原因很多，例如，投資邊際效率、政府政策、儲蓄和貨幣供給變動等因素，茲說明如下：

1. 投資邊際效率

   由於近年來國內經濟環境的劇烈變遷，如工資上漲，土地成本提高，和環保意識抬頭等，使國內企業投資邊際效率降低，進而使 AD 線左移（如圖 13.2 中，$AD_0 \rightarrow AD_1$）。

2. 財富的變動

   消費者的消費支出部份取決於其擁有資產價值的多寡，當其持有資產價值上的其隱含的購買力也隨之上升，因此總合需求也會隨之增加。相反的，消費者握有的資產市大幅縮水，將導致總合需求的下降。

3. 政府的財政政策

   政府的財政政策包含了政府支出與稅收。其中政府支出是政府控制總合需求有效的手段，政府可以經由改變其支出大小來左右經濟景氣，如果政府增加支出，則可擴大總需求來刺激景氣；反之，在經濟景氣過熱時，政府可採取緊縮支出，來減少總需求。例如，近年來，爲了提升國家競爭力，政府推行經濟前瞻計畫，興建大量公共建設，政府支出增加，刺激總需求，使總合需求曲線（AD）往右移（如圖 13.2 中，$AD_0 \rightarrow AD_2$）。

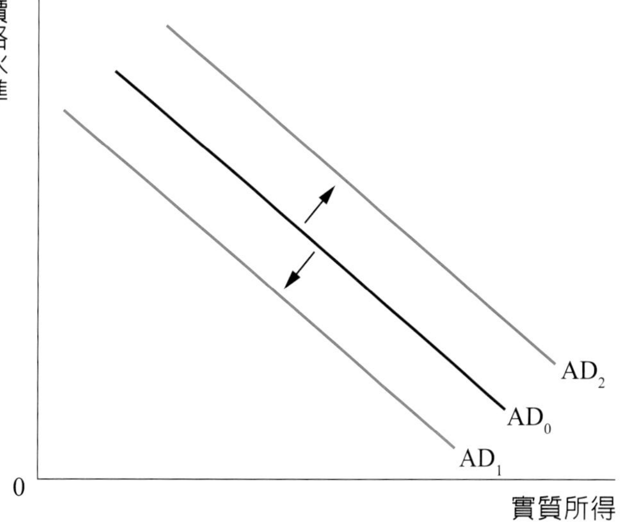

圖 13.2　總合需求曲線的移動

4. 儲蓄減少或消費傾向增加

臺灣 2020 儲蓄率升至 35.79%，超額儲蓄是 30 年來新高，消費支出下跌，使得總合需求線左移。反之，當國民消費型態改變，國民儲蓄率下降時，消費支出大幅上升，刺激總合需求，使得總合需求曲線會往右移動。

5. 央行的貨幣政策

當經濟非常不景氣，很多人失業。中央銀行爲了要刺激景氣，決定採取擴張性的貨幣政策，而貨幣供給的增加會導致利率下跌，使貸款成本降低，企業投資就因此增加，總合需求曲線會往右移動。反之，緊縮性的貨幣政策可能會減少消費者和企業的支出，導致總合需求曲線左移。

6. 貨幣需求

當股票加權指數飆漲，造成許多投機者會大量湧入，此時投機性質貨幣需要會大量上升，使總合需求線左移。

7. 出口和進口

出口和進口也可以影響總需求。如果一個國家的出口增加，那麼總合需求曲線可能會向右移。相反，如果進口增加，總合需求曲線可能會向左移。

8. 匯率的變動

當本國貨幣貶値，對國外消費者而言本國產品變得相對便宜，但對本國消費者來說外國產品變得相對昂貴，因此國外消費者就會增加購買本國產品，本國消費者減少購買外國產品，出口增加，進口減少將使總合需求曲線右移，而本國貨幣升值就會使總合需求曲線往左移動。

9. 對未來的預期

當廠商與消費者對經濟前景感到樂觀時，他們更可能增加投資與消費，總合需求曲線向右移。相反，當他們擔心經濟不景氣或不穩定時，他們可能會減少投資與支出，總合需求曲線將會向左移。

10. 國際因素

國際事件和全球經濟環境也可以影響需求曲線的移動。例如，全球經濟增長或衰退、匯率波動、貿易政策變化等因素都可能對總合需求曲線產生影響。

13.3 總合供給曲線

總合需求曲線本身無法單獨說明現有經濟體系的價格水準或產出數量（實質所得）的高低；它只能顯示兩個變數間的關係。爲了搭配總合需求曲線，我們需要另外一個價格水準（P）與實質所得（Y）的關係，能與總合需求曲線相交的總合供給曲線。共同決定經濟體系的物價水準和實質所得。

一、總合供給曲線類型

總合供給（aggregate supply，AS）是指價格水準和財貨供給數量之間的關係，總合供給通常受到許多因素的影響，包括生產力、技術、勞動力與自然資源等。因爲供給財貨的廠商在長期面對完全有彈性的價格，但在短期是面對僵硬的價格水準，總供給關係會受時間長短的影響。以下我們必討論兩種不同型態的總供給曲線：長期總合供給曲線（LAS）與短期總合供給曲線（SAS）。

1. 長期：垂直的總合供給曲線

因爲古典學派描述經濟體系的長期行爲，我們可從古典學派觀點導出長期總合供給曲線。產出的生產數量受固定的資本與勞動數量及現有技術的影響。要顯示這種關係，我們可將總供給曲線寫成：

$$Y = F(\overline{K}, \overline{L}) = \overline{Y} \quad \text{(式 13.2)}$$

根據古典學派的論點，產出並不受物價水準的影響。亦即顯示出不管價格水準是多少，產出水準都是一樣的數量，因此，我們可畫出一條垂直的總合供給曲線，如圖 13.3 所示。在長期總合需求曲線與這條垂直的總合供給曲線相交，決定均衡物價水準。

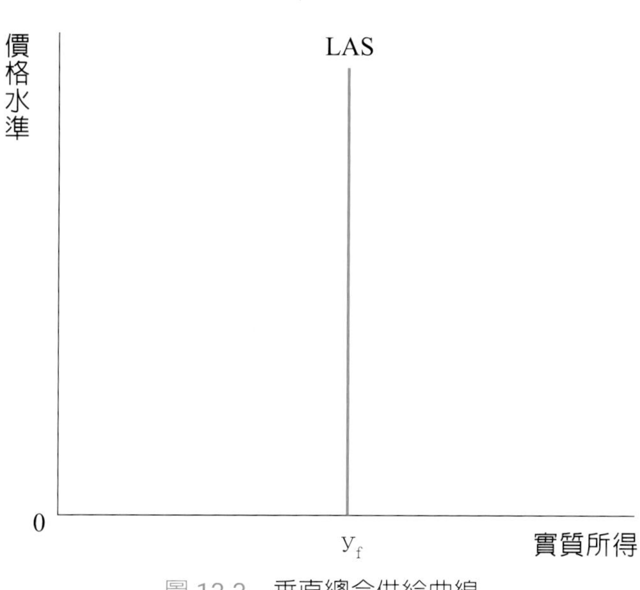

圖 13.3 垂直總合供給曲線

垂直的總合供給曲線符合古典學派的二分法，因其意味著產出水準與貨幣供給無關。此長期的產出水準 Y_f，稱爲充分就業產出水準（full-employment level of output）或自然產出水準（natural level of output）。它是經濟體系的資源被充份利用，失業處於自然失業率時的產出水準。充分就業就是指所有可用資源均沒有閒置的狀態。

這個階段又被稱之爲「古典區域（classical range）」，這是因爲古典學派的經濟學家認爲經濟體系中的一切工資和物價都可透過價格機能自動調整而達到充分就業。在此階段無論需求如何強烈。供給方面均已「無能爲力」，亦即，實質生產或實質所得固定不動，價格水準則隨需求之增加而上揚。因此，總合供給線爲一垂直線。

2. 短期：正斜率總合供給曲線

在 1929 與 1933 年間，總合需求大幅滑落，其結果之一：價格水準的大幅下降。1933 年美國的 GDP 平減指數較 1929 年的水準下降了 26%，其他的物價指數也有相同的結果。結果之二：總產出的大幅下降，1933 年美國的實質 GDP 較 1929 年的水準下降了 27%。結果之三：失業率的大幅攀升，由 3% 上升到 25%。

經濟大蕭條期間價格水準的大幅下降件隨著總產出的大幅下降，隱含著總合供給曲線爲正斜率，也就是價格水準與總產出爲正向關係，其變動爲同一方向。

所以，古典模型與垂直的總合供給曲線只適用於長期。在短期，有些價格是僵硬的，因此不會隨需求的改變而調整。因爲這種價格水準的僵硬性存在，短期總合供給曲線並不是垂直的。這裡的總產出，指的是由產出面衡量的實質 GDP，也可稱爲總合供給量。只不過這樣的總合供給曲線爲短期總合供給曲線，因此短期總合供給曲線（short-run aggregate supply curve）如圖 13.4 所示：

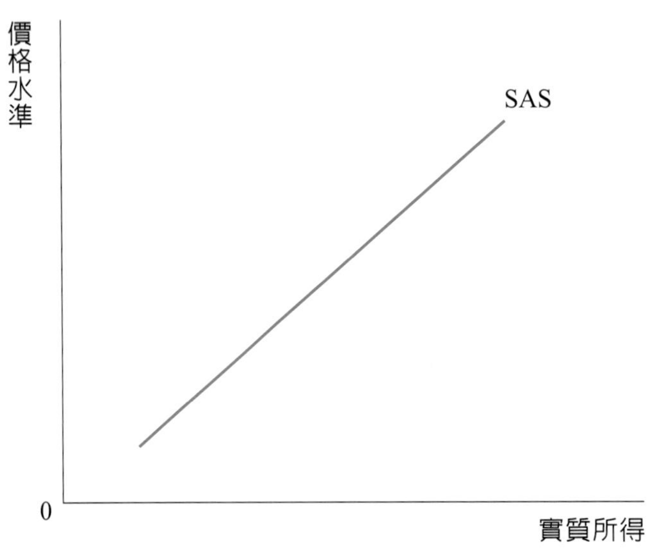

圖 13.4　正斜率總合供給曲線

在任何的一個時間點，廠商面臨的大部分成本基本上是固定的，而且在一定的期間無法改變。其中最大部份無法改變的成本爲付給勞動要素的成本。凱因斯學派提出幾個理由，並且根據這些理由導出總合供給曲線。

凱因斯學派的另一觀點爲不贊同工資能充分伸縮調整，而是認爲工資上漲容易下跌難，也就是說工資具有僵固性。首先，名目工資可能無法自由調整，也就是具有僵固性（stickiness）。許多的產業，名目工資均是以長期合約的方式來簽定，勞動供給者與公司雙方議定在一段特定的期間內維持名目工資不變，而無法隨時隨著價格水準的變動作出調整。而且就算沒有正式的合約，不成文的約定也可能限制名目工資的變動。

另外，在某些特定群體之勞動市場，工會組織的力量強大，有能力與公司就名目工資加以協商，也有力量要求所有加入工會的會員在議定的工資水準提供勞動力。因此，在勞動市場上，名目工資的僵固性是一個合理的假設。

另一方面，如果勞動供給者無法意識到實際價格水準發生改變，而存有貨幣幻覺（money illusion），當實際價格水準發生改變時，勞動供給者無法適時要求調整名目工資，也會發生工資僵固的現象。

工資僵固性爲凱因斯學派對於勞動市場的基本假設。爲何工資的僵固性會導致正斜率的短期總合供給曲線？首先，我們先要知道，在不同的市場結構中廠商具有不同的價格影響能力。在完全競爭市場中，廠商爲價格接受者；在不完全競爭市場中，廠商具有價格影響力。兩種市場結構都可以導出正斜率的短期總合供給曲線，但原因有些微不同。

在完全競爭市場中，廠商爲價格按受者，當價格水準下降時，代表性廠商所能收到的最終財貨的價格下降。由於在短期中，廠商所面臨的成本，特別是勞動成本，並無法變動，廠商平均利潤下降，導致廠商減少其供給量，最終使得總產出（實質 GDP）下降。

相反的，如果物價水準上升時，代表性廠商所能收到的最終財貨的價格上升。這時，廠商所面臨的成本，特別是勞動成本也一樣僵固不動，廠商的平均利潤上升，導致廠商增加其供給量，最終使得總產出（實質 GDP）上升。

在不完全競爭市場中，廠商對於價格有影響力，如果對於最終財貨的需求上升，代表性廠商會選擇同時提高商品的價格與商品的產量；如果對於最終商品的需求下降，代表性廠商會選擇同時降低財貨的價格與商品的產量。因此，價格水準與總產出有正向的關係。短期供給曲線因此可以定義爲：在生產成本，特別是勞動成本無法變動的期間內，物價水準與總產出之間的正向關係。

二、短期總合供給曲線的移動

短期總合供給曲線 (SAS) 的移動受到多種因素的影響，這些因素通常與生產、成本、技術和市場供給條件有關。以下是一些可能導致總合供給曲線移動的主要因素：

1. 生產成本

當生產成本上升時，通常會導致總合供給曲線向左移（如圖 13.5 中，$SAS_0 \rightarrow SAS_2$）。這包括原材料價格上漲、勞動力成本增加、能源價格上揚等。成本上升會使企業的生產變得更昂貴，從而減少了生產能力。

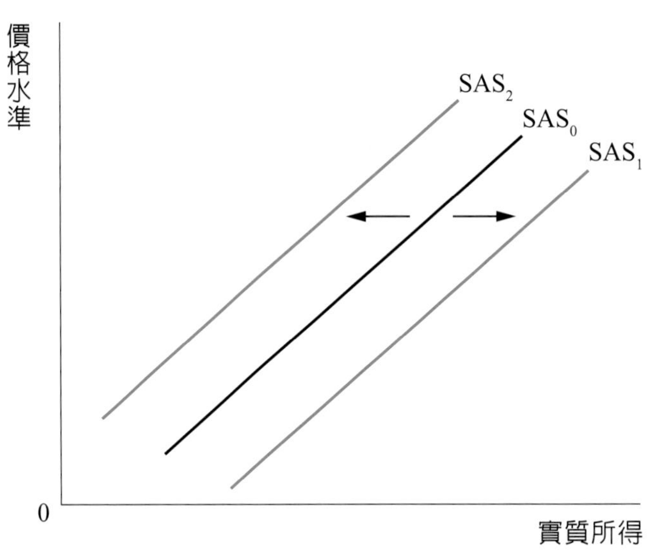

圖 13.5　短期總合供給線移動

2. 生產技術進步

廠商生產每一單位產品所需各種原料用量，往往隨生產技術的改進而減少，因此技術水準的提高，可以降低單位產品的成本，使廠商的生產利潤增加。此時廠商非常樂意增加生產，短期總合供給曲線將相應向右移（如圖 13.5 中，$SAS_0 \rightarrow SAS_1$）。

3. 稅收和補貼

政府的稅收政策與補貼政策可以影響企業的生產成本。減稅與補貼可以降低生產成本，鼓勵企業擴大生產，從而使短期總合供給曲線向右移。

4. 勞動力市場

勞動力市場的變化也可以影響短期總合供給曲線。當勞動力市場供應不足時，勞工成本可能上升，導致供給曲線向左移。相反，當勞動力市場供應過剩時，工資可能下降，短期總合供給曲線可能向右移。

5. 自然災害和供應鏈干擾

自然災害、供應鏈中斷或其他不可預測的事件可以影響短期總合供給曲線。例如，自然災害可能損壞生產設施，導致短期總合供給曲線向左移。

6. 國際因素

國際市場變化也會影響短期總合供給曲線。匯率波動、國際貿易政策變化和全球供應鏈的影響都可能影響短期總合供給曲線的位置。

總合供給曲線的移動通常用來解釋經濟成長、通貨膨脹、失業率等總體經濟現象。這些因素的變化會影響整個經濟體的總所得和價格水準，從而對經濟產生重大影響。

13.4 總合供需的均衡分析

如同對單一財貨供需均衡的分析，我們可以決定整體經濟體系均衡的價格水準和實質所得，及進一步瞭解總合供需發生變化對均衡價格水準和實質所得有何影響。總體經濟均衡的總合需求曲線（AD）是指在各種不同的價格水準下，經濟體系中的家計單位，廠商和政府所願意購買的商品與服務的數量兩者的軌跡。總合需求曲線通常呈負斜率，表示價格水準上升時，人們購買力下降，總合需求減少。

總合供給曲線（AS）顯示在各種不同的價格水準下，廠商所願意生產或銷售的商品與服務的數量兩者的軌跡連線。總合供給曲線通常呈正斜率，表示價格水準上升時，生產者願意提供更多財貨。將總供給與總需求曲線畫在同一個圖形上，即是總合供需模型，以下我們以圖 13.6 與圖 13.7 分別來闡述總體經濟社會的短期均衡與長期均衡。

一、短期均衡物價水準和實質所得決定

由圖 13.6 可知，總合需求曲線（AD）與短期總合供給曲線（SAS）二線的交點 E 決定了均衡實質所得水準（y_0）與均衡價格水準（P_0）。

若價格水準高於 P_0，會造成經濟社會產生超額供給，進而促使價格水準下降；若物價水準低於 P_0，經濟社會將會產生超額需求，進而使價格水準上升。

其次，在沒有其他因素變動之下，整體經濟體系會維持在這個實質所得和價格水準上。但若其他因素改變了，此時，總合需求曲線（AD）與短期總合供給曲線（SAS）將會移動，那麼將對實質所得和價格水準產生影響。

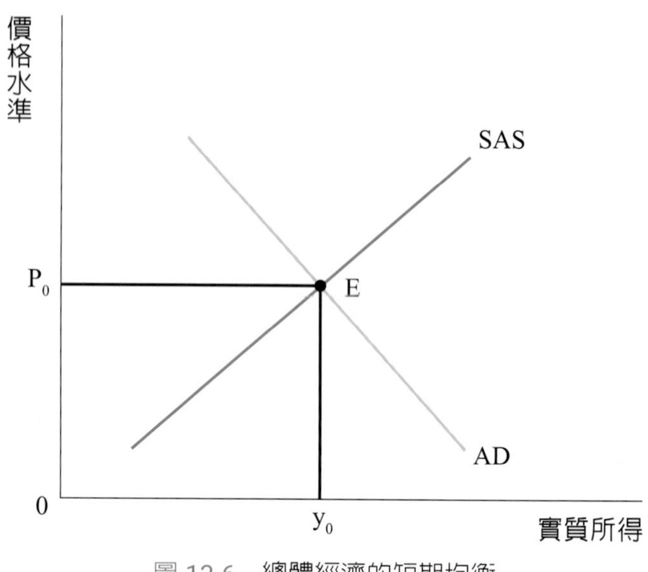

圖 13.6　總體經濟的短期均衡

二、長期均衡物價水準和實質所得決定

任何引起總合供給曲線與總合需求曲線變動的因素，均會造成價格水準與國民所得的改變，在景氣循環模型中，價格水準與國民所得是衡量景氣波動的兩個主要因素。

因此，可用來討論價格水準與國民所得的總合供需模型，正是用來分析景氣循環的最佳模型。有一點值得注意的是，短期總體經濟均衡與長期總體經濟均衡並不必然一致。當短期均衡偏離長期均衡時，國民所得偏離自然產出水準，而也會發生通貨膨脹或通貨緊縮現象。

圖 13.7 顯示經濟體系的均衡，E 點爲總需求曲線與長期總供給曲線（LAS）的相交點，所以是長期均衡點，其均衡產出爲自然失業率下的產出水準。同時，短期總供給曲線（SAS）也通過 E 點，所以，E 點也是短期的均衡點。長期均衡點與短期均衡點重疊，表示生產者與勞工的預期物價水準與實際物價水準一致，沒有資訊不完全或工資與物價僵固的情形出現。

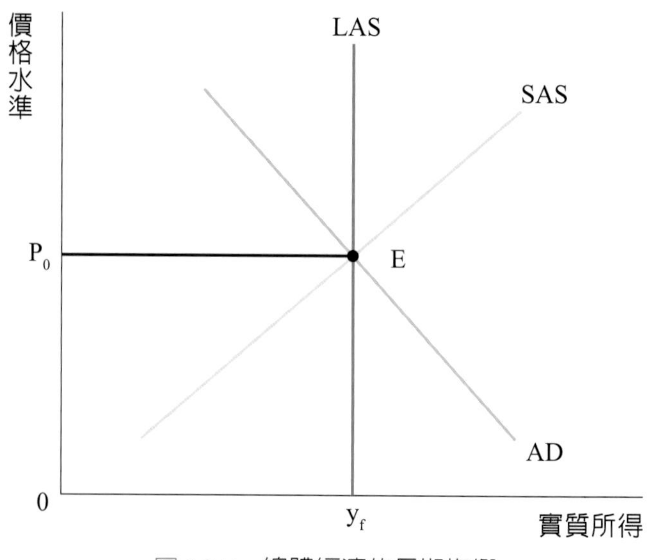

圖 13.7　總體經濟的長期均衡

13.5 總合需求面與總合供給面衝擊

在這一小節裡，我們運用總合需求曲線（AD）與短期總合供給曲線（SAS）模型來探討景氣循環，貨幣政策與財政政策，以及通貨緊縮與通貨膨脹等一些重要的經濟議題。又當經濟體系遭受到需求面與供給面的衝擊，利率、物價與產出會有什麼變化。

一、負向的總合需求面衝擊

2000 年 3 月美國科技類的泡沫破滅，科技股股價巨幅下跌；2001 年美國發生 911 恐佈攻擊，美股休市一週，2002 年在中國廣東爆發 SARS 疫情，造成中國、香港與臺灣的消費者恐慌，近年來兩岸政治關係緊繃，造成中國大陸來臺觀光客銳減，當發生股價重挫、消費者或觀光客銳減時，產品需求減少，而在 2020 年，首先在中國武漢爆發的新型冠狀病毒（COVID-19）疫情，亦造成世界經濟的恐慌，這些來自商品市場的負向需求面衝擊會如何影響利率、物價與產出呢？

以圖 13.8 加以說明。原有的均衡點 A，當發生負向的總合需求面的變動，將使得總合需求曲線向左方移動（由 AD_0 移動到 AD_1），產生新的短期均衡點 B。價格水準將會由 P_0 下降到 P_1，而實質所得（y）也會由 y_0 下降到 y_1。

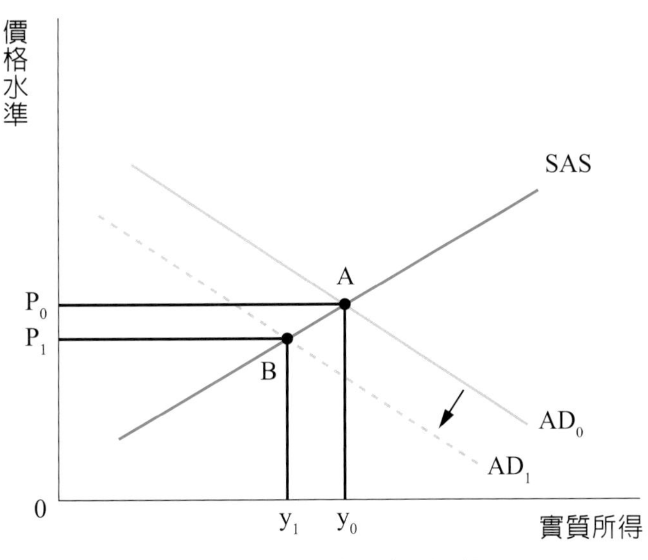

圖 13.8 負向的需求面衝擊

二、正向的總合需求面的衝擊

一般銀行授信條件轉趨寬鬆或中央銀行採取寬鬆貨幣政策，對於一個原本處於充分就業之經濟體的影響。

如圖 13.9 所示，此時總合需求曲線往右移，由 AD_0 移至 AD_1，均衡點由 A 點右移至 B 點，實質所得（$y_0 \rightarrow y_1$）和物價水準（$P_0 \rightarrow P_1$）均上升。總合供需模型得到的結論是：在短期間，利率下降，物價水準上升，產出增加。

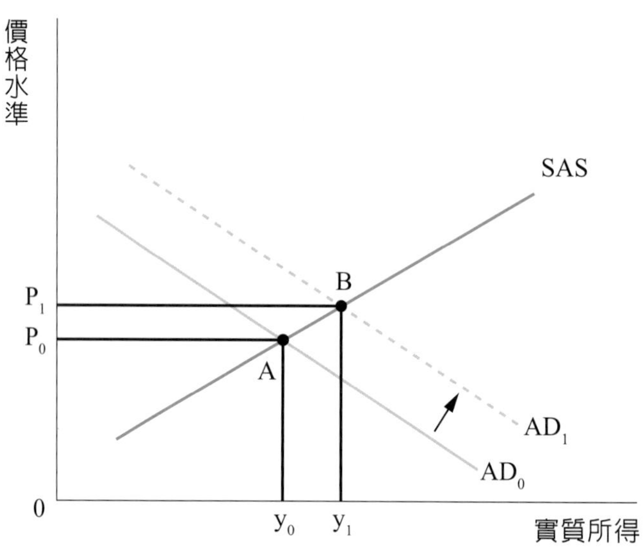

圖 13.9　寬鬆貨幣政策（正向總合需求衝擊）

知識補給站　雷曼兄弟破產　引爆全球金融危機

2008 年九月中旬，當時成立已經超過一百五十年的金融老店雷曼兄弟公司宣告破產，從美國華爾街到全球股、匯市，引發空前的金融大地震，美國雷曼兄弟公司倒閉，引發全球金融危機，各國政府和國際組織提供紓困量化寬鬆政策。

美國金融新聞網投資百科的評論文章指出：2008 年的金融危機給各國的第一個教

訓，就是銀行過度投資高風險的衍生性金融產品，一旦有一個環節出錯就會牽連整個金融體系，而另一個教訓就是銀行與金融機構都是跨國大企業，除了提高全球暴露風險的程度，也因為規模大到政府不敢讓他們倒閉，因此紓困措施只能一波接著一波。

從這些角度來看當年從次級房貸引發的一連串金融危機，歷史重演的機率不大，但這並不表示全球金融市場不會有新的挑戰出現。例如美國所謂的交易所指數基金 ETF 資產規模從 8,000 億美元大增為 5 兆美元，全球的 ETF 占金融市場規模達到 40%。

另外，像是 Facebook、Apple、Google、Amazon 這些行動網路概念投資標的也在金融市場異軍突起，各國政府致力於邁向復甦，面臨防弊與興利的矛盾處境，加上嚴格的法規經常被指為是絆腳石，因此也有分析師認為因由自負盈虧的業者自我約束才是比較合理的辦法，無論政府和國際組織如何取捨，對廣大的投資人來說分散風險、量入為出，不迷惑於新產品的美麗幻影就是自保的不二法門。

資料來源：摘錄自公視全球現場 2018/09/17

三、正向總合供給面的衝擊

我國財政部在 1996 年提倡企業的營利事業所得稅和個人所得稅的兩稅合一之稅制。此政策減輕企業的生產成本，增加總供給，使短期總合供給曲線往右移，由 SAS_0 移至 SAS_1，如圖 13.10 所示。此時均衡實質所得增加（$y_0 \rightarrow y_1$）和價格水準下跌（$P_0 \rightarrow P_1$）。

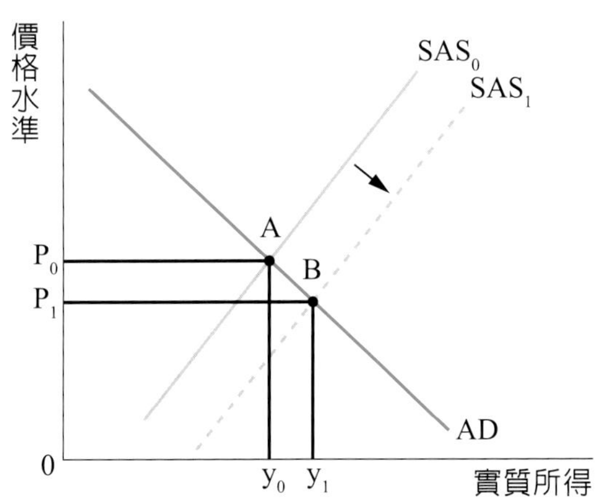

圖 13.10　企業生產成本減輕（正向總合供給衝擊）

時事小專欄

財金雙長示警資產泡沫風險

史上最大泡沫成形　Fed 將有動作？

自 2020 年武漢肺炎疫情爆發後，各國央行為降低對經濟的衝擊，紛紛祭出寬鬆措施，導致市場上熱錢亂竄。資金氾濫狂潮不但推升股市、原物料、房市、加密貨幣，泡沫也蔓延到生技、特殊目的收購公司（SPAC）、太空旅行等新興產業，什麼稀奇古怪的東西都能被炒作。

在 Fed 祭出無限 QE 後，各國央行跟進，資金狂潮湧入市場，刺激資產價格連創新高。2021 年 2 月美股再創歷史新高，美國銀行分析師指出，自 2020 年 3 月以來，全球股票市值以每小時 62 億美元的速度成長，已成為「所有資產泡沫的根源」。

面對無止盡的資產泡沫，各國政府態度又是如何？印度央行擔心加密貨幣恐危及印度的金融穩定，打算祭出政策管制，可能只允許央行發行官方加密貨幣，禁止比特幣等私人加密貨幣；而隨著房價飆漲，中國深圳、上海等地也密集調控房市，遏止房地產投機。

儘管經濟出現過熱警訊，美國仍將持續以政策刺激經濟，1.9 兆美元紓困案也已通過。投資人已開始擔心，2013 年「削減恐慌」（Taper Tantrum）是否會重演？當時聯準會（Fed）準備縮減每月 850 億美元購債的 QE 規模後，造成資金從新興市場恐慌性撤出，類似 2021 年 2 月底 10 年期公債殖利率急升，全球股市暴跌的情況。不過市場普遍仍認為，Fed 寬鬆將持續一段時間，並將密切關注 Fed 接下來立場是否會有變動。

資料來源：摘錄自自由時報 2021/03/15

四、負向總合供給面的衝擊

1970 年代與 1980 年的兩次石油危機造成油價兩度高漲，1996 年賀伯颱風與 2009 年莫拉克颱風造成臺灣農業生產重大損失，或 2007 至 2008 年快速成長的中國與印度對石油需求持續增加，導致國際油價上飆至二倍之多，這些衝擊會如何影響呢？

以圖 13.11 說明負向總合供給面的衝擊，假設國際油價飆漲，則短期總合供給曲線將由 SAS_0 移至 SAS_1。此時均衡實質所得下降 $(y_0 \rightarrow y_1)$ 和價格水準增加 $(P_0 \rightarrow P_1)$。

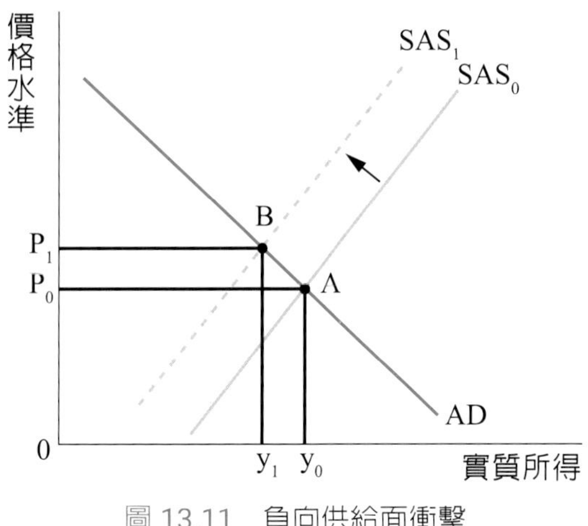

圖 13.11 負向供給面衝擊

總之，當總合需求面和總合供給面發生變化時，可能會對實際產出和價格水準產生不同的影響。政府和中央銀行通常試圖通過調整政策來應對這些衝擊，以實現經濟穩定和可持續成長的目標。

本章結論

在這一章中，我們引進了經濟學家所採用的總合供需模型，先介紹總合供給與總合需求的概念，再探討影響總合供需曲線背後的原因，也說明了總合供需受到哪些因素的影響而發生變動，這些變動又會如何決定短期產出水準與價格水準的變動。

一旦清楚掌握了總合供需模型，我們可以應用它來解釋經濟社會的短期經濟波動現象。並且用它來分析，當經濟體系遭受到科技類的泡沫破滅、科技股的股價劇烈下跌等需求面或進口原物料價格高漲與蔬果與穀物因天候因素減產等暫時性的供給面衝擊時，利率、物價與產出會有什麼變化，甚至可從中獲得一些有建設性的政策建議。

NOTE

14

中央銀行與貨幣政策

本章綱要

14.1　中央銀行
14.2　貨幣供給乘數及影響貨幣供給量的因素
14.3　貨幣政策的工具
14.4　貨幣政策的運作目標
14.5　中央銀行的獨立性與貨幣政策
14.6　貨幣政策的時間落後問題

什麼是量化寬鬆

無論是讀財經新聞還是國際新聞，我們不時會聽到某個國家採用了量化寬鬆(或寬鬆貨幣)政策，希望藉此振興經濟云云，聽起來像是什麼能夠點石成金的魔法。

量化寬鬆是什麼？就只是印鈔票嗎？有人會以加印鈔票來理解量化寬鬆。其實，為市場提供充足的流動資金，減低借貸成本，令借款人受惠，最後惠及並支持整個經濟體運作，才是量化寬鬆的主要意義。而印鈔票，就只是達到這個效果的手段之一。

量化寬鬆能否達到效果，也取決於銀行有沒有能力支持這個政策。也就是說，要看看銀行有沒有充裕的流動資金借貸給借款人。如果銀行沒有足夠的資金的話，即使量化寬鬆減低

14.1 中央銀行

一、中央銀行的經營目標

一國中央銀行的經營往往都不是以營利爲目標，亦不從事一般銀行對社會大衆的存款與放款業務。中央銀行的營業對象爲：(1) 政府機構，(2) 銀行及所有辦理授受信用之金融機構，(3) 國際及國外金融機構。因此，中央銀行的經營有其特殊的目標。

各國的中央銀行所採用的運作模式不盡相同，有些國家明訂中央銀行貨幣政策的唯一目標爲維持物價穩定，另外，亦有明訂物價穩定與充分就業爲貨幣政策的目標。根據我國的中央銀行法第二條規定，我國中央銀行經營的目標包括：促進金融穩定、健全銀行業務、維護對內及對外幣值的穩定與於上列目標範圍內，協助經濟發展，而我國中央銀行以追求物價穩定與金融穩定爲首要考量。

也就是說，由於各國中央銀行的貨幣政策目標不一，中央銀行的貨幣政策可能具有多重目標。然而，物價穩定與經濟發展目標間往往具有衝突性，當經濟高度成長、失業

了借貸成本，最終作用也不會太大。所以單單以為加印鈔票就能促進經濟發展的話，那就想得太簡單了。

量化寬鬆最終能夠達至「印鈔票」這一效果，實際上，也不是國家叫銀行開印鈔機多印幾張鈔票這麼簡單。以美國為例，它的量化寬鬆政策，其實是從中央銀行買入當地企業發行的債券開始。當美國聯儲局從企業手上大手買入債券以後，實際上就等同把資金注入這些企業。企業收到這些資金之後，通常都會選擇把資金存入銀行，此時銀行的存款增加。而存款增加之後，銀行就能拿出更多錢去借給社會上不同的人士與團體，社會整體的消費力也因此得以促進。

資料來源：天下雜誌

解說

中央銀行的一舉一動，將影響利率，信用與貨幣供給額的變動，進而影響金融市場，國民產出與通貨膨脹。由此可見，中央銀行的角色和任務甚為重要，可說是金融體系的樞紐。為了解中央銀行在經濟體系中所扮演的角色，我們有必要知道這個機構的業務，結構與決策過程。本章也介紹了中央銀行如何來執行貨幣政策及央行施行貨幣政策想要達成哪些目標。

率低時，價格水準就趨於不穩定，經濟社會有通貨膨脹的問題，相反地，價格水準穩定時，經濟就會成長緩慢或停滯不前，如果經濟社會過度強調物價水準穩定，而忽略了經濟發展，亦非經濟社會之福。

知識補給站　黑天鵝效應

黑天鵝效應（black swan effects）是指極不可能發生，實際上卻又發生的事件。主要具有下列三大特性：

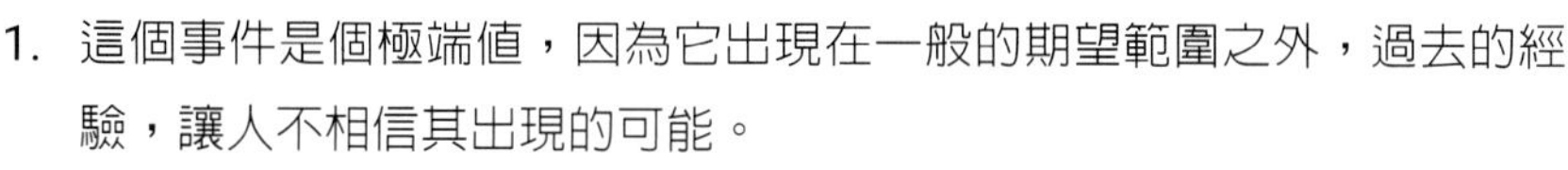

1. 這個事件是個極端值，因為它出現在一般的期望範圍之外，過去的經驗，讓人不相信其出現的可能。
2. 它會帶來極大的衝擊。
3. 儘管事件處於極端值，一旦發生，人們會因為天性使然而作出某種解釋，讓這事件成為可解釋或可預測。（此為非必要事件，只是解釋人類社會現象的一環，僅滿足前兩者即可稱之黑天鵝事件）

納西姆・尼可拉斯・塔雷伯（Nassim Nicholas Taleb）在他的 2001 年書籍《Fooled by Randomness》中討論了黑天鵝事件。而他在 2007 年出版的書籍《黑天鵝效應》中將這個隱喻擴展到金融市場以外的事件。「黑天鵝效應」常被套用在金融圈，例如，1997 年亞洲金融風暴、2001 年的 911 事件、2007 年次貸危機與 2016 年英國脫歐，都是過去金融史上的黑天鵝。

資料來源：維基百科

二、中央銀行的功能

中央銀行為達到前一小節所述的經營目標，中央銀行具有一般金融機構所沒有的特殊功能，茲敘述如下：

1. 發行通貨的銀行

世界上許多國家都把通貨的發行權交給中央銀行，我國中央銀行亦被賦予獨占通貨的發行權，而中央銀行所發行的通貨，如紙幣和鑄幣（輔幣），都獲法律保證它具有價值，所以通貨被稱為法定貨幣。且由中央銀行統一來發行通貨，易於管理，一方面可提供適量的通貨數量，另一方面須提供合理的鈔券組合。

2. 調度外匯的銀行

中央銀行的調度外匯的功能，最主要的工作是集中保管外匯，以及決定匯率訂定的方式。外匯為國際間清算債權債務的手段，故又稱國際準備。中央銀行集中保管的目的，主要目的為穩定匯率、調節國際收支，並穩定國內物價。

3. 銀行中的銀行

當一般企業在缺乏資金時，會向一般金融機構進行融資，但當一般金融機構也缺資金時，則是向中央銀行請求融資。因此中央銀行是扮演「最後貸款者」（lender of last resort）的角色。

由於中央銀行是一國資金的最後供給者，故它必須審核誰才有資格申請貸款，或者在何種狀況下，它才核准一般金融機構來貸款。一般而言，一般金融機構在流動性不足，一時週轉不靈時，方可請求中央銀行融資。如果一般金融機構已經瀕臨破產，則央行就必須慎重考慮要否協助該金融機構渡過難關。

4. 政府的銀行

作爲政府的銀行，政府的收支均透過中央銀行辦理，中央銀行角色主要爲向政府提供銀行服務、供給政府短期放款、管理政府債券、經理國庫融通資金與充任政府金融顧問等角色。

5. 執行貨幣政策

中央銀行可透過貨幣政策的工具如貼現窗口制度、存款準備率政策與公開市場操作等，來影響一般銀行的存款準備金，進而使貨幣供給量增加或減少，以達成寬鬆或緊縮的貨幣政策，進而影響所得、物價水準與就業等。

14.2 貨幣供給乘數及影響貨幣供給量的因素

一、貨幣供給乘數

在衡量貨幣供給的指標中，狹義貨幣供給量（M_1）指的是市場流動性較活絡的資金；而廣義貨幣供給量（M_2）則泛指整個經濟體系內所有的貨幣供給量。M_1 與 M_2 的數量增減，對於整個經濟體系的資金影響很大，所以它們所產生的乘數效果，也最受到關注與重視。以下介紹 M_1 與 M_2 的貨幣乘數。

1. M_1 的貨幣乘數

貨幣供給量（M），貨幣乘數（money multiplier，m）與貨幣基數（monetary base，MB）。三者之間的關係如（式 14.1）：

$$M = m \times MB \quad (式\ 14.1)$$

有關狹義貨幣供給量（M_1）與其貨幣基數的組成項目，分別如（式 14.2）與（式 14.3）：

$$M_1 = C + D \quad (式\ 14.2)$$

$$MB = C + R_D + R_T + R_E \quad (式\ 14.3)$$

由貨幣乘數方程式（式 14.1）經過推導後，M_1 的貨幣乘數（m）爲（式 14.4）：

$$M_1 = C + D = m \times MB = m \times (C + R_D + R_T + R_E)$$

$$\Rightarrow m = \frac{C + D}{C + R_D + R_T + R_E} \quad (式 14.4)$$

C：通貨淨額（現金）；

D：活期性存款（支票存款 + 活期存款 + 活期儲蓄存款）；

R_D：活期性存款的法定準備金；

R_T：定期性存款的法定準備金；

R_E：超額準備金

2. M_2 的貨幣乘數

有關 M_2 與其貨幣基數的組成項目，分別如（式 14.5）與（式 14.6）：

$$M_2 = C + D + T \quad (式 14.5)$$

$$MB = C + R_D + R_T + R_E \quad (式 14.6)$$

我們由貨幣乘數方程式（式 14.1）經過推導後，M_2 的貨幣乘數（m）爲（式 14.7）所示：

$$M_2 = C + D + T = m \times MB = m \times (C + R_D + R_T + R_E)$$

$$\Rightarrow m = \frac{C + D + T}{C + R_D + R_T + R_E} \quad (式 14.7)$$

C：通貨淨額（現金）；

D：活期性存款（支票存款 + 活期存款 + 活期儲蓄存款）；

T：定期性存款（準貨幣多屬於定期性存款）；

R_D：活期性存款的法定準備金；

R_T：定期性存款的法定準備金；

R_E：超額準備金

二、影響貨幣供給的因素

以下藉由 M_2 的貨幣乘數，來討論影響貨幣供給額的因素有哪些？由（式 14.7）得知，影響 M_2 的貨幣乘數（m）大致有 3 個主要因素，分別爲現金（C）、各類存款〔活期性存款（D）、定期性存款（T）〕與各類存款準備金〔（活期存款準備金（R_D），定期存款準備金（R_T）與超額準備金（R_E）〕。以下將針對這些因素對 M_2 的影響情形進行說明。表 14.1 列出影響 M_2 的貨幣乘數之因素，以及各因素與 m 以及 M_2 的變動關係：

表 14.1　影響 m 的因素以及各因素與 m & M_2 變動關係

影響因素	與 m 變動關係	與 M_2 變動關係
現金（C）	反向變動	反向變動
各類存款金額（D & T）	正向變動	正向變動
各類準備金（R_D & R_T & R_E）	反向變動	反向變動

1. 現金（C）

當民衆持有現金增多時，表示存款貨幣創造過程中，現金流失率增加，使可供創造存款貨幣的數量減少，所以貨幣供給額將減少。表 14.2 列出影響民衆持有現金比率高低的因素，以及各因素與 M_2 的變動關係：

表 14.2　影響民衆持有現金比率高低的因素

項目	說明	與 M_2 變動關係
存款水準	若銀行的存款利率提高，民衆基於機會成本考量，會減少現金持有，增加銀行存款金額，所以間接的使貨幣供給額增加。	正向變動
稅率水準	當銀行存款利息稅率愈高，民衆逃避課稅的誘因愈大，此時民衆會增加現金的持有，所以間接的使貨幣供給額減少。	反向變動
地下經濟	若經濟社會中，地下經濟活動愈熱絡，民衆怕留下非法的交易紀錄，通常會使用現金交易，此時民衆會增加現金的持有，所以間接的使貨幣供給額減少。	反向變動

2. 各類存款金額（D & T）

當銀行的各類存款（包括：活期性存款與定期性存款）增加時，表示存款貨幣創造過程中，現金流失率減少，有利於存款貨幣創造，所以使貨幣供給額增加。茲以下表 14.3 列出影響一般大眾持有各類存款金額高低的因素，以及各因素與 M_2 變動關係：

表 14.3　影響民眾持有各類存款金額高低的因素

項目	說明	與 M_2 變動關係
存款利率	若銀行的存款利率提高，民眾基於機會成本考量，會減少現金持有，增加銀行存款金額，所以間接的使貨幣供給額增加。	正向變動
存款替代	隨著金融創新商品的發達，銀行存款的替代商品增多，將使銀行的資金減少，所以間接的使貨幣供給額減少。	反向變動
所得財富	當民眾所得財富增加時，通常會將財富寄存於銀行的存款內將使銀行的資金增加，所以間接的使貨幣供給額增加。	正向變動

3. 各類存款準備金（R_D & R_T & R_E）

當一般銀行提高各類準備金（包括活期存款準備金、定期存款準備金與超額準備金）時，表示可供創造存款貨幣的數量減少，所以使得貨幣供給額減少。上述存款準備金中，活期存款與定期存款這兩項法定存款準備金，是由中央銀行所控制；一般銀行尚可調整超額準備金的存量，間接的影響貨幣供給額。茲以表 14.4 整理出影響一般銀行持有超額準備金高低的因素，以及各因素與 M_2 變動關係如下：

表 14.4　影響一般銀行持有超額準備金高低的因素

項目	說明	與 M_2 變動關係
短期利率	若貨幣市場的短期利率上升，一般銀行運用超額準備金進行投資的意願提高，一般銀行就會減少持有超額準備金的數量，所以間接的使貨幣供給額增加。	正向變動
銀行態度	若一般銀行的經營態度較積極且重視獲利能力，通常會盡量將超額準備拿去投資孳息，這樣會減少超額準備金的數量，所以間接的使貨幣供給額增加。	正向變動
貨幣政策	若央行實施較寬鬆的貨幣政策，銀行比較容易向央行融通資金，此時超額準備金保留的數量減少，所以間接的使貨幣供給額增加。	正向變動

項目	說明	與 M_2 變動關係
景氣變化	市場景氣愈差，一般銀行的放款容易產生逾期或變成壞帳，因此銀行會減少放款，此時超額準備金（通稱為爛頭寸）的數量增加，所以間接的使貨幣供給額減少。	正向變動
提款變異	若一般銀行預期民眾提款的變異增大，一般銀行為應付客戶的提領需求，會增加超額準備金的數量，所以間接的使貨幣供給額減少。	反向變動

時事小專欄

【財經懶人包】
存款準備率

跨行專戶餘額抵充存款準備金比率上限 8% 調至 16%

數位經濟愈來愈盛行，純網銀也陸續開業，中央銀行順應趨勢宣布金融機構日終撥存「跨行業務結算擔保專戶」餘額得抵充存款準備金的比率上限，由 8% 提高至 16%。

中央銀行依法要求金融機構，須提存一定比率的準備金；目前跨行業務結算擔保專戶（跨行專戶）日終餘額得抵充存款準備金的比率上限，為當月應提準備額的 8%。

不過央行點出 3 大關鍵，認為抵充比率上限有必要調升，首先，近兩年跨行支付交易量明顯成長，跨行清算資金餘額攀升；其次，國內 3 家純網路銀行開業，將提高清算資金需求；第三，提高抵充比率上限可支應春節假期清算資金的需求。目前樂天國際商業銀行已取得純網銀執照並開業，連線及將來商業銀行也將陸續開業；央行表示，提高抵充比率上限，可以滿足純網路銀行經營型態所需，更有利全體金融機構匡計與調撥清算資金。

基於上述原因，央行調升抵充比率上限至 16%，以利金融機構撥轉更充裕的清算資金，促進跨行支付交易 24 小時順暢運作。

資料來源：摘錄自中央通訊社 2021/01/25

14.3 貨幣政策的工具

貨幣政策工具是中央銀行使用的工具，以影響經濟中的貨幣供給額和利率水準，以實現特定的總體經濟目標。貨幣政策工具可以用來調整通貨膨脹率、經濟成長、就業率等方面的總體經濟變數。以下是一些常見的貨幣政策工具：

一、主要的貨幣政策工具

一國的中央銀行主要係透過包括「公開市場操作」、「貼現窗口制度」與「法定準備率」調整等三種貨幣政策工具來達成貨幣政策的目標。這三項主要貨幣政策工具的運用，都會引起貨幣供給額的變動。茲分別敘述如下：

（一）公開市場操作

所謂公開市場操作（open market operation）係指中央銀行基於對貨幣供給量管理的需要，在公開市場買賣債票券，來影響銀行體系的存款準備金、貨幣基數，以及利率水準。公開市場操作是中央銀行最重要的貨幣政策工具，也是最常使用的貨幣政策工具。

當中央銀行進行「公開市場買入操作」時，會使貨幣基數作等額增加，從而增加貨幣供給額並使短期利率下降，此操作稱爲擴張性操作（expansionary operation）；而當中央銀行進行「公開市場賣出操作」時，則會使貨幣基數等額減少，進而減少貨幣供給額並使短期利率上升，此項操作稱爲緊縮性操作（contractionary operation）。

1. 公開市場操作的方式

中央銀行執行公開市場操作，大致可分成四種方式進行：

(1) 買賣斷交易

所謂的買賣斷交易係指，中央銀行買入或賣出債、票券後，即和交易對手銀貨兩訖，之後沒有後續交易發生。若中央銀行預期準備金不足或剩餘會持續下去，亦即資金緊俏或寬鬆的時間較長時，可進行買賣斷操作。由於此一方式的影響期間較長，故又稱爲永久性操作（permanent operation）。

a. 買斷交易（outright purchase）

是指交易商向中央銀行買進債、票券，且債、票券的所有權與風險皆移轉給交易商。執行此交易後，中央銀行會從金融市場收回資金。

b. 賣斷交易（outright sell）

是指交易商將債、票券賣給央行，且債、票券的所有權與風險皆移轉給央行。執行此交易後，中央銀行會釋出資金至金融市場。

(2) 附條件交易

附買回交易（repurchase agreements）係指當一般銀行缺乏資金，中央銀行藉著向一般銀行買債、票券的同時，將資金交給一般銀行，中央銀行並與一般銀行約定好在未來某一時間，一般銀行再將債、票券買回。反之，附賣回交易（resell agreements）則是一般銀行向中央銀行買進債、票券時，約定好未來一般銀行再將債、票券賣回給中央銀行。

若中央銀行預期一般銀行的存款準備金不足或剩餘只是短暫現象，亦即資金之鬆緊期間較短時，可進行此一方式操作。附買回或附賣回操作的期間較短，通常爲一天或數天，故又稱之爲臨時性操作（temporary operation）。

(3) 發行定期存單

一國的中央銀行發行定期存單或其他單券等沖銷工具，來吸收金融市場過多的資金，藉此來收縮信用；而當定期存單或其他單券到期時，央行將反向釋出資金。央行發行定期存單的對象爲一般銀行，故發行或到期會影響一般銀行的存款準備金。

(4) 外匯操作

中央銀行利用外匯存底進行沖銷操作（sterilization operation），以調節金融市場資金。所謂的沖銷操作乃是指央行可以向一般銀行買進外匯，則此時就會相對的釋出等額的本國貨幣至金融市場；相反的，若中央銀行將外匯賣給一般銀行，那麼此時就會相對的從金融市場收回等額的本國貨幣。

2. 公開市場操作的優點

相較於其他貨幣政策工具，公開市場操作具有下列五項優點：

(1) 自主性（initiative）

中央銀行藉由公開市場操作來改變一般銀行準備金及貨幣基數。此時中央銀行是居於主動地位，而貼現窗口制度則不具備此種特質，因爲中央銀行雖可透過調整貼現率來影響一般銀行融通意願，但是否申請融通的主動權在於一般銀行手中。

(2) 伸縮性（flexibility）

中央銀行透過公開市場操作，可進行任何數量的調整，從小量到大量的操作都可以，並且可以持續地進行。

(3) 可逆性（reverse）

萬一發現經濟情勢改變，可立即反向操作。例如，當央行發現先前公開市場買進數量太大時，造成同業拆款利率太低，可立即進行公開市場操作來修正。

(4) 精確性（precision）

中央銀行的公開市場操作，可精確地控制一般銀行的存款準備金和貨幣基數的數量。例如，中央銀行欲使一般銀行的存款準備金增加 100 億元，則在公開市場買進政府公債 100 億元即可。

(5) 時效性（implemented quickly）

公開市場操作可迅速執行，不會有任何行政遲延。

（二）貼現窗口制度

1. 貼現窗口制度的意義

貼現窗口制度（discount window policy）爲一般銀行向中央銀行申請各項資金融通的機制，其融通的管道包括「重貼現」、「短期融通」及「擔保放款之再融通」。

中央銀行藉由貼現窗口制度，提供一般銀行融通資金，間接來影響放款與準備金，此時中央銀行亦扮演著金融市場最後貸款者（lender of last resort）的角色。

貼現窗口制度是中央銀行最早擁有的貨幣政策工具，雖目前公開市場操作方式是央行最常使用的操作工具，但貼現窗口制度所擔負的角色，仍對貨幣政策具有宣示效果，對於穩定金融仍具關鍵的影響性。

2. 貼現窗口制度的融通管道

(1) 重貼現

重貼現係指一般銀行持公民營生產事業實質交易所產生的票據，向央行辦理融通，融通利率稱爲重貼現率，爲中央銀行提供融通的最低利率。惟中央銀行近年來未再辦理此種融通方式，所以重貼現可說是備而不用。

(2) 短期融通

短期融通主要是用來支應一般銀行短期流動性不足，當一般銀行遭遇非預期性資金流失，導致銀行準備金不足，而又無法即時自同業拆款市場或公開市場操作取得資金時，一般銀行可以向央行的貼現窗口申請短期融通。

短期融通是我國央行最常採用的融通方式。短期融通適用的利率，依銀行有無提供擔保品而不同，有提供合格擔保品者，適用融通當時中央銀行公告之「擔保放款融通利率」；未提供擔保品者，適用融通當時央行公告之「短期融通利率」。

(3) 擔保放款之再融通

一般銀行已承作中央銀行同意之放款或承作配合貨幣政策之放款，或者現有緊急資金需求等情形下，中央銀行同意此時可以用有價證券、或存款準備金乙戶當作擔保品，向中央銀行申請擔保放款之再融通，但利率仍適用「擔保放款融通利率」。

3. 貼現窗口制度的優缺點

(1) 優點

貼現窗口制度具有三大優點，茲說明如下：

a. 中央銀行扮演最終貸放者

貼現窗口制度最重要的優點，係中央銀行可運用它扮演在銀行體系最後貸放者的角色，避免個別銀行倒閉，並防止一般銀行恐慌性的危機。公開市場操作雖可以影響一般銀行的準備金與貨幣基數，並進而改變貨幣供給額與利率水準，但卻無法妥善解決個別銀行瀕臨倒閉的問題。因此，中央銀行必須仰賴貼現窗口制度，以解決一般銀行危機與穩定金融情勢。

b. 宣示效果

貼現窗口制度的另一項優點或功能，就是用來傳達中央銀行未來貨幣政策的意向，即具宣示效果（announcement effect）。相對於市場利率的不斷變動，中央銀行調整貼現率的次數明顯較少，因此，銀行與社會大眾均特別關心貼現率的調整，尤其是調整方向改變時，可能係宣示貨幣政策方向改變。這也解釋了爲何貼現窗口制度對貨幣供給額的影響並不顯著，但每當貼現率調整時，大都會對市場利率造成明顯影響的原因。

c. 利用常備窗口機制促使貼現率形成短期利率的上限

所謂的常備窗口機制是指，當同業拆款利率「高於」貼現率時，中央銀行會無限量融通資金，促使貼現率形成短期利率的「上限」。

(2) 缺點

a. 執行效果有限

貼現窗口制度的主導權在於一般銀行即使中央銀行調整貼現率，仍無法主動影響一般銀行向中央銀行借款的意願，所以更不用說會去影響貨幣數量與利率，因此執行效果有限。

b. 套利投機產生

若同業拆款利率比重貼現利率高時，此時一般銀行會向央行申請貼現，將所得資金再到同業拆款市場放款，進行套利投機行為，這並不是貼現窗口制度原先的立意。

（三）存款準備率政策

1. 存款準備率政策的意義

存款準備率政策係指中央銀行藉由調整存款之法定準備率，來擴張或收縮一般銀行的信用創造能力，進而控制貨幣供給額並影響市場利率。而所謂存款準備金，係指存款貨幣機構對一般大眾的存款或其他負債，依一定比率提存準備金於中央銀行。前述的「一定比率」即稱為法定準備率或應提準備率（reserve requirements ratio）。

存款準備率政策包括「品質管制」與「數量管制」。就品質管制而言，中央銀行可規定合格準備金之資產內容，有一些國家規定，只有一般銀行的「庫存現金」及其「在中央銀行的存款」才能充當存款準備金，如我國、美國、加拿大及瑞士等國；而部分國家則規定，僅限於在中央銀行的存款才能充當存款準備金，如日本、英國及歐元區國家等。就數量管制而言，中央銀行得依一般大眾的存款及其他負債的種類、金額、幣別等標準，訂定並調整存款準備率藉以控制一般銀行準備金所能創造的存款貨幣數量。

2. 存款準備率政策的效果

中央銀行執行存款準備金政策的效果，大致有以下幾項：

(1) 影響貨幣供給量

中央銀行藉由調整存款準備率，增減一般銀行的可供放款的資金，資金經由貨幣供給的乘數效果，會使得貨幣數量產生變動。例如，中央銀行調降存款準備率，將使一般銀行的準備金部位增加，此時一般銀行的放款會增加，再透過貨幣供給的乘數效果後，使得貨幣供給數量增加。

(2) 影響利率水準

存款準備率的調整除影響準備金及同業拆款利率外，透過對貨幣供給量的影響，也會改變利率水準。在調高存款準備率的情形下，市場資金因貨幣供給額減少而相對緊縮，利率水準因而上升；反之，在調降法定準備率的情況下，市場資金因貨幣供給量增加而相對寬鬆，利率水準因而下降。

(3) 影響銀行成本和利潤

如果中央銀行提高存款準備率，雖然一般銀行存放在中央銀行的準備金增加，但相對的會減少一般銀行可供放款的資金。因爲存放在中央銀行準備金的利息收入會少於一般銀行放款給民間的利息收入，因此會使一般銀行的利潤受到影響。

例如，一般銀行的存款利率是 5%，存款準備率是 10%，就 100 元的存款來說，一般銀行必須提存 10 元的準備金，剩下的 90 元才可從事放款或投資，以賺取利益，所以該 90 元放款或投資的資金成本是 5.55%（5 / 90 = 5.55%），而不是存款利率 5%。也就是說，一般銀行將因此額外負擔 0.55% 的資金成本。

3. 存款準備率政策的優缺點

(1) 優點

a. 貨幣政策的效果明顯且迅速

對亟欲強力改變貨幣政策方向，以大幅提振經濟景氣或打壓過熱景氣的央行而言，調整法定準備率的效果既明顯且迅速。

b. 具中立性

調整存款準備率，對所有銀行的影響均一致，所以存款準備率政策具中立性符合公平原則。

c. 強烈的宣示效果

調整存款準備率，對超額準備金、貨幣供給乘數及貨幣供給額均有極大的影響，故對社會大衆的預期心理與一般銀行的經營態度都有很大的影響。

(2) 缺點

a. 政策缺乏伸縮性

中央銀行調整存款準備率，即使輕微調整，對貨幣數量的影響都很大，無法像公開市場操作那樣，可以依現在金融市場的資金需求去做微調，所以存款準備率政策缺乏伸縮性，且調整存款準備率的影響深遠，代價甚高。

b. 干預一般銀行的經營

如果中央銀行經常調整存款準備率，會增加一般銀行資金管理的不確定性；且過高的存款準備率，相對的，會減少一般銀行的放款資金，會影響一般銀行利潤，嚴重干擾一般銀行的經營。

時事小專欄

美推無限 QE 三大後遺症！

寬鬆貨幣政策催化貧富不均加劇？

鑑於疫情重創全球經濟甚深，各國中央銀行遂啓動多種寬鬆貨幣政策救經濟，但有專家學者開始擔心此舉將重蹈 2008 年金融危機後的覆轍，帶來所得分配更趨不均的巨大後遺症。

惟就理論而言，寬鬆貨幣政策是否必然促成所得分配不均，官方及學界至今仍有不同看法。像是英國的中央銀行於 2012 年的研究顯示，量化寬鬆（QE）貨幣政策提升了資產價格與家庭財富，也使分配嚴重傾斜。

然而，美國聯準會前主席柏南克（B. Bernanke）曾於 2015 年表示，所得分配不均現象是否該歸咎於貨幣政策，並不易釐清；歐洲的中央銀行前總裁德拉吉（M. Draghi）於 2016 年提到，貨幣政策經由各種傳遞管道，可明顯降低失業率，有助於低所得的家庭，前副總裁康斯坦西奧（V. Constancio）亦在 2017 年指出，歐元區所得分配不均主要是長期因素所致，貨幣政策的影響力相對較為次要。

日本學者中島誠（Makoto Nakajima）於 2015 年的研究則指出，貨幣政策的整體分配效果取決於四個管道：一為薪資異質性管道，即貨幣政策對不同產業部門的勞工薪資會有不同衝擊，以致影響所得分配；二為所得組成管道，即貨幣政策對不同家戶所得組成的影響有別，若寬鬆貨幣政策使投資收入及利潤增速較勞動薪資快，則會進一步惡化所得分配；三為投資組合管道，若央行持續推動寬鬆貨幣政策，進而推升各類資產價格，將有利於高收入家戶，無助所得分配；四為資產與負債效果，因擁有較多資產的儲蓄者通常比負債高的貸款者更富裕，一旦中央銀行維持低利率，將有利於負債高的貸款者，或將有助改善所得分配不均。

資料來源：摘錄自工商時報 2020/08/03

二、其他貨幣政策的工具

公開市場操作、貼現窗口制度與存款準備率政策是中央銀行三大傳統的貨幣政策工具，或通稱爲一般性貨幣政策的工具，這些工具都可以影響貨幣供給額與利率水準。但金融情勢變化莫測，中央銀行必須衡酌情勢，採取一些能直接或間接影響一般銀行經營態度或信用分配的措施，以「輔助」一般性貨幣政策的工具。非一般性貨幣政策的工具可簡單分爲三類：選擇性信用管制（selected credit control）、直接管制（direct control）與間接管制（indirect control）。

（一）選擇性的信用管制

選擇性的信用管制爲中央銀行對特定產業或對象的信用，加以限制或干預，以達成特定的貨幣政策目標。選擇性信用管制和一般性貨幣政策的工具最大的不同點有二：(1) 前者直接影響金融市場；後者影響銀行的準備金。(2) 前者係對特定信用予以限制或干預產業或對象的衝擊較大，故屬「非中立」的貨幣政策；後者較中立，影響是全面性而非特定產業或對象。常見的選擇性信用管制措施包括：

1. 保證金比率

保證金比率（margin requirement ratio）是指一般銀行對以證券爲抵押之放款，不能以該證券當時的市場價格核貸，而須保留一部分作爲保證金，保證金相對於市價的比率即稱爲保證金比率。中央銀行可以視金融市場狀況，調整此項比率，以規範一般銀行對證券業務的融通，並維持證券市場的穩定。

調整保證金比率，將會影響證券市場信用交易量，從而影響金融市場資金供給量，故會影響證券價格。在證券市場過度投機時，調高保證金比率，透過一般銀行對證券業務放款的限制，可抑制此投機現象。

2. 消費者信用管制

消費者信用管制（consumer credit control）是指中央銀行對消費者購買耐久財的分期付款信用（installment credit），或對信用卡預借現金進行管制。中央銀行可以調整消費者欲辦理分期付款信用的「頭期款的最低金額」與「償還期限」；或調整信用卡「可預借現金的額度」，以影響消費的信用資金需求，並控制一般銀行對消費信用的放款，以影響貨幣數量。

例如：央行「提高頭期款金額」、「縮短貸款期限」、「降低信用卡預借金額」，都會使消費者信用需求的可用資金減少，等於減少一般銀行的放款資金，也間接的影響民眾的消費擴張能力。

3. 不動產信用管制

不動產信用管制（mortgage credit control or real estate control）爲中央銀行針對不動產的付現條件與還款期限，加以規範，以影響銀行不動產信用之擴張。當不動產景氣過熱時，社會大眾對不動產投資的資金需求大幅增加，而大量向一般銀行借款，造成一般銀行信用過度擴張，則可提高頭期款的最低限額或縮短償還期限，來抑制過熱的不動產景氣，並健全一般銀行業務經營及穩定金融。

（二）直接管制

直接管制係指，中央銀行爲控制銀行的信用創造數量與信用的合理分配，對一般銀行的信用創造活動加以直接干涉與控制。常見的直接管制措施有：

1. 直接限制放款額度

藉由直接限制放款額度，來抑制一般銀行的信用創造能力，例如，第二次世界大戰後，英格蘭銀行曾經規定一般銀行的放款限額，要求一般銀行必須抑制放款數量。我國的中央銀行法第 31 條亦規定：「中央銀行認爲貨幣及信用情況有必要時，得對全體或任何一類金融機構，就其各類信用規定最高貸放限額。

2. 直接干涉銀行存款的吸收

對一般銀行的特定資金來源，訂定較高的準備金比率，以控制銀行可創造信用的存款數量。如我國中央銀行法第 23 條第 2 款規定：「中央銀行於必要時對自一定期日起之支票存款，活期存款及其他各種負債增加額，得另訂額外準備率，不受前項最高比率之限制。」

3. 對業務不當的一般銀行採取強制性制裁

中央銀行若認爲某銀行的信用政策與健全經營相違背時，可拒絕其融通要求，採取較高的懲罰性利率（penalty rate），或將其排除在公開市場操作的對象之外。

（三）間接管制

間接管制（indirect control）是指中央銀行以口頭勸說或與一般銀行彼此的信任，所建立的管控機制，通常間接管制對一般銀行並無強制性。

1. 自動配合

自動配合（voluntary cooperation）是指中央銀行與一般銀行之間，平時就存在著互信或利益一致的關係，因此央行欲執行各種貨幣政策，各銀行皆自動配合，就能實現貨幣政策目標。

2. 道德勸服

道德勸服（moral persuasion）是指中央銀行公開表明立場，希望以口頭說服各銀行能配合中央銀行的政策，以達到政策實施目標。通常道德勸服並無強制約束力是否能成功，將取決於中央銀行總裁的聲望與信譽，以及政策目標的困難度。一般實務上，會以中央銀行請一般銀行主管「喝咖啡」或「茶敘」，來表示央行將進行道德勸服的行動。

時事小專欄

日本加碼寬鬆推負利率

什麼是負利率？日本為什麼要這麼做？

日本央行決定跟歐洲央行一起，堅定地站在貨幣寬鬆的陣線上，週五（29 日）宣布負利率政策。民間銀行存入日本央行的部分存款，將從 2 月開始適用 -0.1% 的利率。如果需要的話，未來甚至有可能更低。

根據《日經》報導指出，選在這個時候實行負利率，原因是「原油價格下跌和對中國經濟的不安影響」。負利率的政策意味著，民間銀行如果把錢放到中央銀行，得要反過來支付費用。在全球市場滿天飛的兩隻大黑天鵝，同樣影響了日本經濟。油價的暴跌，讓日本央行不斷推遲 2% 的通貨膨脹目標，還有對中國等新興經濟體的擔憂，使得前景模糊不明。

理論上，負利率可以鼓勵銀行放款，一方面也是刺激消費者花錢而不是儲蓄，刺激國內支出和企業投資，同時貨幣因此進一步貶值，有助於出口。這個怪異的狀況，讓銀行頭大，是否意味著：你跟銀行貸款，銀行可能還會支付你費用，謝謝你來借錢？目前實施負利率的還有歐洲央行、丹麥、瑞士及瑞典。「負利率幾乎是日本央行的最後一招了，」富士通研究院（Fujitsu Institute ）的 Martin Schulz 認為，「但這最後一招的威力恐怕不會太強。」他也警告，歐元區是在金融危機的狀況下採取負利率，但是日本目前則是處於一個長期緩慢成長的環境。

Martin Schulz 接受《BBC》採訪時表示：「日本不是銀行不願意借錢，而是企業看不到投資的機會，沒有貸款投資的需求，即使利率變成負的，還是不會有什麼改變。因為企業需要的不是錢，而是投資機會，這只能透過結構性的改革，單靠貨幣政策很難起作用的。」

資料來源：摘錄自天下雜誌 2016/01/29

14.4 貨幣政策的運作目標

隨著各國政治經濟環境的不同，貨幣政策的目標間的優先順序，也會有所差別。大致而言，貨幣政策可能的最終目標（ultimate targets）有六項：物價水準穩定、高度就業、經濟成長、利率穩定、匯率穩定以及金融市場與金融機構穩定。前三項是一般總體經濟目標；後三項則是金融目標。茲敘述如下：

1. **物價水準穩定（price stability）**

維持物價水準穩定是大多數的中央銀行，在實施貨幣政策的首要目標。物價水準的高低，會影響一國貨幣的購買力。若物價水準不穩定，所引發的通貨膨脹，將會造成民眾的生活水準下降，社會交易成本增加，導致資源無效率運用，嚴重危及社會安定與經濟發展。所以中央銀行會把通貨膨脹率設定在某一目標下，以監控物價水準的穩定。

2. **高度就業（high employment）**

高度就業或低失業率也是值得努力的，原因有：(1) 高失業率帶給家庭和個人生活的壓力和痛苦，失業者也可能因而喪失自我尊嚴，這些常是造成社會不安的根源。(2) 高失業率表示經濟體不僅有閒置人力，且有閒置產能，故會導致當期產出的減少；失業者爲維持生計，須動用以前的儲蓄，也會降低資本累積速度，而不利於未來的產出，因此，促進充分就業也是一項重要的目標。

3. **經濟成長（economic growth）**

經濟成長與促進充分就業目標密切相關，因爲當失業率低時，表示閒置人力與產能較少，且企業較有可能增加資本支出（購置廠房及機器設備），因而有利於經濟成長。相反地，失業率高時，表示閒置人力與產能仍多，不值得企業再增加資本支出，因而不利於經濟成長。

經濟成長能提高國民經濟福祉，故也是貨幣政策值得努力的目標。

在物價水準不穩定時，過於強調充分就業與經濟成長目標，將會付出高昂的代價。這與在物價水準相對穩定而經濟不振時，卻一味強調物價穩定一樣，都是不智之舉。站在中央銀行的立場，物價水準穩定目標應高於高度就業及經濟成長目標，因爲唯有在物價水準穩定的環境下，經濟活動方能順利發展，因此，許多國家的中央銀行法均明定，中央銀行必須在穩定物價水準的前提下，協助經濟發展與促進充分就業。

4. 利率穩定（interest rate stability）

如同價格水準不穩定一樣，利率不穩定會造成家計部門和企業之消費與投資的困擾。例如，利率波動會影響消費者的購屋決定，使消費者很難決定何時要購買房子，建商也很難決定要蓋多少房子。

5. 匯率穩定（exchange rate stability）

一國的幣值維持穩定，有助於該國的國際貿易與國際投資活動的進行。匯率過度波動，會使進出口廠商在從事國際貿易時不確定的風險增加，不利國際貿易的進展。且一國貨幣過度升值會使本國商品對外競爭力下降；而過度貶值，造成進口物價上漲，會帶動國內的物價上揚。因此維持一國匯率穩定，是中央銀行貨幣政策的重要金融目標。

6. 金融市場與金融機構穩定

一國的金融市場與金融機構的穩定發展，有助於經濟發展。當金融危機或一般銀行發生倒閉時，會妨礙資金的流動與資本的形成，使得經濟活動受到阻擾。所以中央銀行會監視金融體系中的風險，以確保金融體系的穩健運作，避免金融危機和系統性風險。建立一個穩定的金融環境，讓市場資金更具流動性，使得儲蓄資金有效率的配置在投資機會上。

14.5 中央銀行的獨立性與貨幣政策

中央銀行獨立性是指中央銀行在執行貨幣政策和監管金融體系時，不受政治操控或政府的直接干預，以確保貨幣政策的有效性和穩定性。中央銀行獨立性對經濟的穩定和增長至關重要，因爲它有助於減少政治干預和短期選舉考慮對貨幣政策的影響，並提高市場信心。

以下是中央銀行獨立性與貨幣政策之間的關係：

1. 貨幣政策效能

中央銀行獨立性確保了貨幣政策的效能。當中央銀行能夠自主制定和執行貨幣政策時，它可以更好地應對通膨、失業、金融穩定等經濟挑戰，而不必受到政治壓力的影響。

2. 長期穩定性

爲確保經濟長期穩定，貨幣政策需要長期規劃和連貫性。中央銀行獨立性有助於確保政府不會干預貨幣政策以追求短期政治目標，並有助於穩定通膨率和利率。

3. 市場信心

市場和投資者更有信心投資一個中央銀行具有高度獨立性的國家，因爲他們相信中央銀行的決策是基於經濟數據和專業判斷，而不受政治波動的影響。這有助於吸引投資和資金流入，促進經濟增長。

4. 透明度

透明度是一種關於政策運作的信息開放度，它有助於市場參與者、投資者、政府和公衆更好地理解和評估中央銀行的決策，提高市場的可預測性，減少不確定性，並增強金融體系的穩定性。

然而，中央銀行獨立性並不是絕對的，它通常受到法律框架和政府的監督。政府通常會爲中央銀行設定貨幣政策的整體目標，並通過立法確保中央銀行的合法性和責任。因此，中央銀行獨立性並不意味著中央銀行完全不受監管，而是強調其獨立執行貨幣政策的能力。

14.6 貨幣政策的時間落後問題

貨幣政策中的時間落後問題是指當中央銀行調整貨幣政策工具以應對經濟變化時，經濟體對這些政策變化的反應並不是即時的，而存在一定的延遲或落後。這種落後可能導致中央銀行難以達到其貨幣政策目標，因爲政策的效應可能需要一段時間才能顯現，且影響的強度和持續時間可能因多種因素而有所不同。

一、執行貨幣政策的時間落後

一國中央銀行執行貨幣政策的「時間落後」（time lag）問題，大致可分爲「內在落後」與「外在落後」這兩部分。

（一）內在落後

內在落後（inside lag）是指經濟問題現象發生，央行認知到問題的嚴重性後，將商討採取因應對策，至中央銀行實際採取行動所需要花費的時間過程。而內在落後又可細分爲「認知落後」與「行政落後」兩部分。

1. 認知落後（**recognition lag**）

是指經濟問題現象發生，可能是由於中央銀行收集的統計資料欠缺，或中央銀行不能明確認知經濟未來變化情勢，直到中央銀行認知到需要採取行動所花費的時間（在圖 14.1 中的 t_0 ～ t_1）。

2. 行政落後（**administrative lag**）

是指當中央銀行認知問題後，將商討採取可行的因應對策，至中央銀行實際採取行動，所需花費的行政程序時間（在圖 14.1 中的 t_1 ～ t_2）。

（二）外在落後

外在落後（outside lag）又稱爲「影響落後」（impact lag）：是指貨幣政策執行後，經過層層的途徑的傳遞，到達社會上實際產生影響效果，所需要花費的時間（在圖 14.1 中的 t_2 ～ t_3）。通常此部分的落後期間是中央銀行所無法控制的。

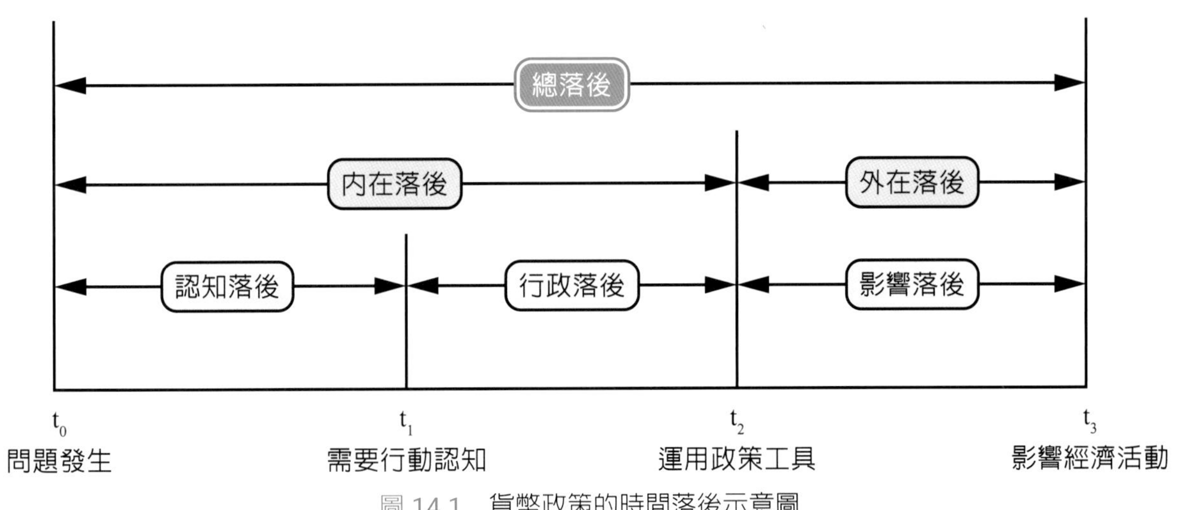

圖 14.1　貨幣政策的時間落後示意圖

二、時間落後的問題

貨幣政策的時間落後，會對經濟社會可能造成的問題，說明如下：

1. 不能符合實際的經濟需要

貨幣政策的內部落後的問題，可能使中央銀行的貨幣政策遲緩執行；外部落後的問題，可能使中央銀行的貨幣政策受到打折。所以當中央銀行要執行貨幣政策時有可能已經過時了，不能符合實際的經濟需要。

例如：當社會已經發生失業率提升的現象，但中央銀行考慮要調整貨幣政策時，可能須先花數月去了解實際的失業情形；當中央銀行體認到眞的須調整貨幣政策，決定採行可用方案後，到政策實施後對社會產生影響，此時社會的失業率情形早已因其他情勢有所改變。所以貨幣政策的時間落後問題，可能讓政策不符合實際的經濟需要。

2. 加重經濟景氣循環的波動

以圖 14.2 來說明，圖中實線代表未採取貨幣政策時的景氣循環，虛線則代表採取貨幣政策後的景氣循環。當景氣在高峰時，如 t_1 點，央行爲抑制過熱景氣，採行緊縮的貨幣政策，但因影響落後的因素，緊縮的效果直到 t_2 點才開始產生，使景氣循環脫離原來應走的實線，改沿虛線波動。

如圖 14.2 所示，原本景氣自然循環的谷底 A 點，因爲中央銀行的緊縮貨幣政策變爲 A' 點，讓衰退的景氣更形惡化。經濟社會若在達到 t_3 景氣谷底時，此時中央銀行爲刺激疲弱的景氣，採取寬鬆的貨幣政策，同樣地，因爲影響落後的因素，寬鬆貨幣政策的效果直到 t_4 點才開始產生，使得原本景氣自然循環的高峰 B 點，因爲中央銀行採取的寬鬆貨幣政策變爲 B' 點，讓過熱的景氣更形嚴重。

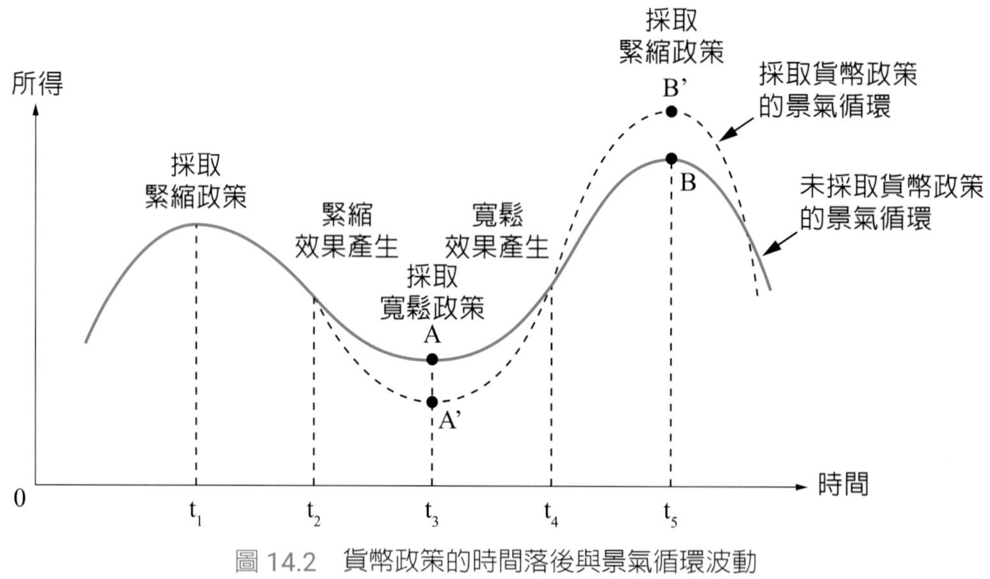

圖 14.2　貨幣政策的時間落後與景氣循環波動

因此，爲避免時間落後問題，中央銀行需要謹愼考慮政策的時機和幅度。他們通常會使用領先指標和經濟模型來預測經濟未來的發展，以更好地應對時間落後帶來的挑戰。此外，中央銀行可能會實施透明的貨幣政策，並定期舉行記者招待會或發布政策聲明，以影響市場參與者的預期，從而減小時間落後對政策效果的不利影響。

本章結論

在本章中，由於中央銀行是現代國家唯一發行貨幣的單位，所以我們首先就中央銀行的經營目標與功能加以介紹，接下來說明貨幣供給乘數與貨幣供給的決定因素。而在貨幣政策工具方面，我們分別詳細討論了中央銀行所掌握的主要工具及次要工具。

而我們也介紹了貨幣政策可能的最終目標：價格水準穩定、高度就業、經濟成長、利率穩定、匯率穩定以及金融市場與金融機構穩定。前三項是一般總體經濟目標；後三項是金融目標。我們發現隨著各國政治經濟環境的不同，貨幣政策目標間的優先順序，也會有所差別。最後本章亦論及有關貨幣政策的時間落後問題。

NOTE

15

生活的痛苦指數：失業與通貨膨脹

本章綱要

15.1 失業
15.2 失業的種類
15.3 失業救濟計畫
15.4 歐肯法則
15.5 物價指數與通貨膨脹
15.6 通貨膨脹的影響
15.7 通貨膨脹的解決對策
15.8 通貨膨脹率與失業率的關係

焦點透視鏡｜一個代表人民痛苦程度的指數

美國前總統雷根（Ronald Wilson Reagan）在 1980 年競選演說中，一再問美國民衆：「你們的生活是否比四年前過得更好？」他以失業率加上通貨膨脹率來陳述美國經濟的困境，並稱此指標為痛苦指數（misery index）。

當時美國總統是民主黨的卡特，1980 年美國通膨率達 13%，失業率為

15.1 失業

一、何謂失業

失業（unemployment）是指勞動力市場中有能力工作但無法找到工作的人口。失業率是經濟學家和政府官員關注的指標之一，它通常以百分比來衡量。高失業率可能會對一個國家的經濟和社會產生負面影響，包括減少個人所得、降低家庭生活水準，以及增加社會不安和貧困。我國行政院主計處對失業者之定義係參採國際勞工組織（International Labor Organization，ILO）的規定，指年滿 15 歲同時具有下列條件者：(1) 無工作；(2) 隨時可以工作；(3) 正在尋找工作或已找工作在等待結果。此外，尙包括等待恢復工作者及找到職業而未開始工作亦無報酬者。

相對於失業者，有工作的人是就業者（employer），詳而言之，就業者是指年滿 15 歲，擁有一份有酬工作，或在自家企業從事 15 小時以上的無酬工作。所以請大家注意：在自家企業幫忙，雖無支薪，也算就業。因爲如果你在自家企業幫忙，可以爲自家企業節省一份僱人的薪資，這份薪資就算作是你的酬勞，只是你沒有領走，貢獻給自家企業了，所以你算是就業者，不是失業者。

7%，合計痛苦指數高達 20，比起四年前高出 7 個百分點。當痛苦被具體量化成數字之後，雷根便理直氣壯地向選民說：「過去三年八個月可以用一句話來描述，那就是一場美國的悲劇。」感人的演說，加上痛苦指數具體的數據，讓高齡七十歲的雷根，獲得壓倒性的勝利。從此痛苦指數非但成為家喻戶曉的指標，更成為各國施政成績和朝野攻防的焦點。

資料來源：維基百科

解說

本章要講的重點是總體經濟學中兩個重要的概念，一個是失業，另一個是通貨膨脹，它們在經濟中起著關鍵作用。失業是人民找不到工作的困境，通貨膨脹是財貨愈來愈貴，實質所得變相縮水的現象，兩者都是嚴重的經濟問題，各國政府莫不視為施政的重要指標，所以值得大家來學習。

二、失業率與勞動參與率

由於失業人口是絕對數字，不足以顯示失業問題的相對嚴重性，故我們常用失業率（unemployment rate）來表示失業的情形。失業率指的是失業人數占勞動力之比率：

$$失業率 = \frac{失業人口}{勞動力} \times 100\% = (1 - \frac{就業人口}{勞動力}) \times 100\% \qquad (式\ 15.1)$$

其中，勞動力爲年滿 15 歲以上可以工作之民間人口，包括就業者及失業者；而民間人口爲 15 歲以上本國人口扣除武裝勞動力（現役軍人）、監管人口與失蹤人口，包括勞動力與非勞動力。而非勞動力爲年滿 15 歲不屬於勞動力之民間人口，包括因求學或準備升學、料理家務、高齡、身心障礙、想工作而未找工作及其他原因等，而未工作亦未找工作者。

失業率代表一個國家失業問題的一個指標，失業率愈高，失業問題就愈嚴重。此外，勞動參與率（labor force participation ratio）也是一個重要的指標：

$$勞動參與率 = \frac{勞動力}{15 歲以上人口} \times 100\% \qquad (式\ 15.2)$$

勞動力參與率是指勞動力占年滿 15 歲以上民間人口的比率，用來衡量人們參與經濟活動狀況的指標。勞動力參與率愈高，代表一個國家的人口當中，還在工作崗位上付出貢獻、賺取所得的比率越高。

藉由圖 15.1，可以更清楚失業人口和勞動力的結構：總人口分成「年滿 15 歲以上」和「未滿 15 歲」的人口；「年滿 15 歲以上」的人口又可分成「民間人口」、「現役軍人」和「監管人口」；「民間人口」可分成「勞動力」和「非勞動力」；「勞動力」可分成「就業人口」和「失業人口」。

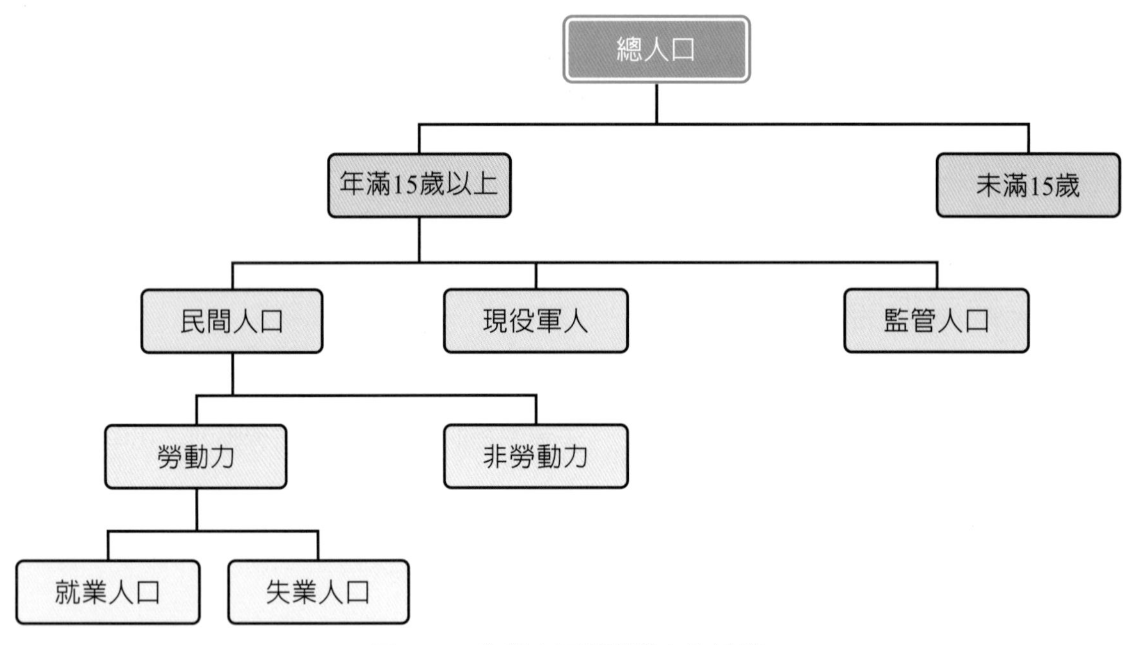

圖 15.1　失業人口和勞動力的結構

表 15.1 是我國近十年（2013-2022）失業率與勞動參與率之表列，以 2022 年的人口數字爲例，計算失業率與勞動參與率如下：

失業率 $_{2022}$ = 434 千人 / 11,853 千人 = 3.67%

勞動參與率 $_{2022}$ = 11,853 千人 /20,028 千人 = 59.17%

如表 15.1 所示，我國的失業人口在 2013 至 2022 年間，失業人口由 47 萬 8 千人減少到 43 萬 4 千人；失業率由 4.18% 緩降至 3.67%；勞動參與率由 58.43% 略升至 59.18%。由失業率和勞動參與率近十年的趨勢看起來，我國的就業情況尚屬良好。

此外，由於我國人口已進入老齡化的階段，生育率不斷降低，預期壽命不斷延長，人口學家創造一個「人口撫養比」（需要經濟供給的少年與老年人口之和與勞動人口數之比），反映社會老齡化程度的人口學指標。若勞動參與率太低，會造成人口撫養比太高，則人口撫養負擔將日趨沉重。

我國的勞動參與率尙屬穩定，因為雖然 (1) 青少年就學年限延長與中老年人提早退休，使勞動參與率趨降，但是 (2) 24~50 歲間之女性勞參率顯著提升，且以已婚者爲主，顯示受教育程度提高影響，女性婚後繼續工作比率之提升，已對趨降之勞動參與率帶來正面影響。在 (1) 與 (2) 兩個趨勢相互作用和抵銷之下，使勞動參與率穩定而微升。

表 15.1　我國歷年失業率與勞動參與率（2013-2022）

年	15 歲以上民間人口（千人）	勞動力（千人）			非勞動力（千人）	勞動參與率（%）	失業率（%）
		總計	就業者	失業者			
2013	19,587	11,445	10,967	478	8,142	58.43	4.18
2014	19,705	11,535	11,079	457	8,170	58.54	3.96
2015	19,842	11,638	11,198	440	8,204	58.65	3.78
2016	19,962	11,727	11,267	460	8,235	58.75	3.92
2017	20,049	11,795	11,352	443	8,254	58.83	3.76
2018	20,129	11,874	11,434	440	8,254	58.99	3.71
2019	20,189	11,946	11,500	446	8,243	59.17	3.73
2020	20,231	11,964	11,504	460	8267	59.14	3.85
2021	20,193	11,919	11,447	471	8274	59.02	3.95
2022	20,028	11,853	11,418	434	8175	59.18	3.67

資料來源：行政院主計總處。

時事小專欄

東奧委會增女性比例至 42%

女力崛起

「女力崛起」一詞反覆出現在報章雜誌與電子媒體，不只臺灣有蔡英文女士 2020 年連任中華民國總統，是中華民國首位女性總統，也是華人世界第一位女性總統。德國總理梅克爾（Angela Dorothea Merkel）已經縱橫德國政壇多年、對歐盟運作擁有關鍵影響力；英國脫歐公投後，接的保守黨首相梅伊（Theresa Mary May）也是女性。

長久以來，政治與經濟權力一直掌握在少數男性菁英手中。現在卻有愈來愈多女性突破職涯發展的性別限制，在政治、企業等各領域中，取得跟男性平起平坐的地位。我國第 10 屆立法委員女性立委占總席次 41.59%，參照國際組織「各國議會聯盟」（IPU）統計數據，女性國會議員比例已是亞洲之冠，世界排名第 16 名。

2019 年我國女性主管比率已近 4 成 3。35 歲至 39 歲女性勞動參與率更首次突破 8 成，創下歷史新高。此外，男女薪資落差亦逐年下降，相較 10 年前女性須多工作 66 天，才能與男性達到總薪資相同，至 2019 年已減少為 52 天。根據聯徵中心統計資料顯示，北市、桃園與台南市，皆有女性購屋成長幅度大於男性的現象，可見女性的經濟地位也在崛起中。

資料來源：摘錄自自由時報 2020/03/08；經濟日報 2020/03/09

表 15.2 是各主要國家的 2013 至 2022 年失業率的比較，在 2022 年我國的失業率（3.67%）接近南韓、德國，略高於香港、日本、新加坡，低於美國、加拿大、英國和法國；由於這段期間全球景氣頗佳，故經濟發達國家均呈現低失業率的狀態。

表 15.2　各國失業率（2013-2022）

年	中華民國	美國	日本	德國	加拿大	英國	南韓	新加坡	香港	法國
2013	4.18	7.4	4.0	5.0	7.2	7.6	3.1	1.9	3.4	10.3
2014	3.96	6.2	3.6	4.7	7.0	6.2	3.5	2.0	3.3	10.3
2015	3.78	5.3	3.4	4.4	6.9	5.4	3.6	1.9	3.3	10.4
2016	3.92	4.9	3.1	3.9	7.0	4.9	3.7	2.1	3.4	10.1
2017	3.76	4.4	2.8	3.6	6.4	4.4	3.7	2.2	3.1	9.4
2018	3.71	3.9	2.4	3.2	5.8	4.1	3.8	2.1	2.8	9.0
2019	3.73	3.7	2.4	3.0	5.7	3.8	3.8	2.3	2.9	8.4
2020	3.85	8.1	2.8	3.6	9.7	4.6	3.9	2.8	5.8	8.0
2021	3.95	5.4	2.8	3.6	7.5	4.5	3.7	2.7	5.2	7.9
2022	3.67	3.7	2.6	3.1	5.3	3.7	2.9	2.1	4.3	7.3

資料來源：維基百科。

例題 15-1

假設某國 15 歲以上人口為 1200 萬人，就業人口為 700 萬人，失業人口為 100 萬人，請計算該國的失業率與勞動參與率。

解 勞動力 = 就業人口 + 失業人口 = 700 + 100 = 800 萬人
失業率 = 失業人口 / 勞動力 = 100/800 = 12.5 %
勞動參與率 = 勞動力 /15 歲以上人口 = 800/1200 = 67 %

三、失業的成本

失業對個人和社會都會產生成本。以下爲失業可能帶來的成本：

1. 個人層面的成本

失業者通常無法賺取工資或薪水，這導致個人收入減少，可能導致生活水準下降。失業可能導致財務困難，包括無法支付房租、貸款、信用卡債務等。失業可以對個人的心理健康產生不良影響，包括焦慮、抑鬱和自尊心下降。

如果失業時間一久，在屢次求職被拒的挫折下，失業者可能不再尋找工作，成爲氣餒的工作者（discouraged worker），最後完全退出勞動力的行列。失業可能導致社交隔離，因爲人們無法參與社交活動或與同事互動。長時間失業可能對個人的職業發展產生不利影響，因爲他們可能失去技能和經驗。

2. 社會層面的成本

政府可能需要支付失業救濟金或其他社會福利，以幫助失業者，這會增加政府財政壓力。失業率上升可能導致犯罪率上升，因爲一些人可能轉向非法手段獲得收入。失業可能導致健康成本上升，因爲失業者可能無法支付醫療費用，並且可能忽略健康護理。家庭中有失業成員的兒童可能受到教育方面的影響，因爲他們可能無法獲得足夠的教育資源。高失業率可能導致社會不穩定，因爲人們可能感到不滿，政治和社會動盪可能加劇。

總之，失業對個人與社會都會產生嚴重的經濟、社會和心理成本。所以失業是經濟、社會、政治問題的重中之重，不可輕忽。因此，政府和企業通常會採取必要措施，以減少失業率，提供就業機會和社會支持，以幫助失業者克服這些成本。

15.2 失業的種類

失業是一個複雜的現象，存在著不同的類型和原因。失業主要分爲－摩擦性失業、結構性失業與循環性失業，各有其成因，茲依序介紹如下：

1. 摩擦性失業（frictional unemployment）

摩擦性失業是指因更換工作、或是應屆畢業生初次找工作，缺乏關於就業市場的訊息，以致於暫時沒有工作的情況。消除摩擦性失業的方法是強化勞動市場（勞動供給和需求；事求人和人求事）資訊的提供，成立職業介紹所，如各縣市的就業服務處；或架設求職網站，如 104 人力銀行、1111 人力銀行。

知識補給站

104 人力銀行

104 人力銀行的創辦人楊基寬先生，早年曾外派德國和英國，返台後與朋友成功創業。當時網路還不普及，人力招募處於報紙人事廣告和店家貼紅字條的傳統年代。

楊基寬眼見人們總是習慣沒有效率的求職求才管道，於是他勇敢創業，歷經兩年拼搏，在三十多坪的舊公寓住家，僅用一部電腦架設網站，於 1996 年創立 104 人力銀行，開啓國內人力資源市場新頁。

人的一生，超過 30 年花在職場，平均會換七次工作。找工作除了考慮薪資之外，理想、價值和社會影響力也很重要。有效率的人才平台不僅可以人盡其才，還能協助企業累積人力資本，促進國力的提升。104 人力銀行追求工作、生活與生命的質感，對求職者「不只找工作，幫你找方向」，對徵才企業「不只找人才，為你管理人才」；唯有看見「人」的價值，勞資才能共榮共享，職場才能有機共生。

為求產業創新，104 人力銀行以 C.M.O.S. 四大核心概念（cloud 雲端、mobile 行動、open 開放、social 社群）步入第二代 104，在多元職涯與多元人資的既有基礎上，優化廣度服務，滿足深層需求。觀察到人口老化與少子化的時代趨勢，104 人力銀行的經營觸角從職涯延伸到銀髮與兒童，進而確立「老有所終、壯有所用、幼有所長」為公司發展的三大核心。

資料來源：104 人力銀行公司簡介

2. 結構性失業（structural unemployment）

因產業結構的改變或區域發展的消長，導致勞動供需雙方無法契合的失業。例如農業經濟社會轉變成工業經濟社會，農業 GDP 佔比減少，工業 GDP 佔比增加，所以農業的勞動力過剩，但未受教育訓練的農業勞動力，一時也無法在工業部門找到工作，於是產生失業現象。

此外，在臺灣都市化的過程中，市場和人口向台北、台中、高雄等大都會集中，其它非都會縣市的工作機會相對減少很多，失業率因此較高。又如 1990 年代起，臺灣產業外移中國大陸及鄰近東南亞地區，到 2010 年「海外生產比」已經超過 50%，造成許多工作機會也外移了，而增加了結構性失業的嚴重性。對於結構性失業，各國政府常用的方法為：加強教育與職業訓練，提供便捷的交通網路，平衡區域間產業之發展，減少城鄉差距，以解決結構性失業。

3. 循環性失業（cyclical unemployment）

各國經濟乃至於全球經濟，常有景氣循環的現象，當經濟衰退時，企業投資和生產活動減少，對勞動的需求也減少，進而產生失業的現象，即循環性失業。此時，政府應該設法刺激景氣，透過適當的財政政策（擴大政府支出或減輕稅賦）、貨幣政策（增加貨幣供給數量、降低利率等），使市場的有效需求能夠增加，提高企業的投資意願和生產活動，進而增加勞動力的雇用，以減少失業的問題。

循環性失業是一國政府應該特別重視的失業型態，經濟政策主要是解決循環性失業，因為摩擦性失業和結構性失業是一個國家在經濟發展的過程中在所難免的，而循環性失業則是來自於經濟社會大環境的景氣波動，不是個別勞動者或個別企業的努力就可以解決的，所以必須政府出面協助，才能讓經濟社會走出蕭條，活絡市場，創造就業。所以摩擦性失業與結構性失業合稱自然失業（natural unemployment），自然失業與勞動力的比值為自然失業率（natural rate of unemployment）或稱正常失業率（normal rate of unemployment）。

如果一個國家實際的失業率等於自然失業率，表示該國沒有循環性失業、只有摩擦性失業與結構性失業，所以該國便處於充分就業（full employment）的狀態。因此，充分就業不是所有人都就業、沒有人失業，而是社會上只有摩擦性失業與結構性失業。臺灣在 2000-2015 年之間的估計平均自然失業率約為 4.20%，2022 年平均自然失業率約為 3.67%。參看表 15.1 的歷年失業率，我國的就業情形是接近充分就業的。

除了以上三種主要失業的類型，尚有季節性失業與隱藏性失業。季節性失業是指有些職業或行業具有季節性變動，導致某些時間段內需求減少，例如農業和觀光產業。解決季節性失業的方法爲提供失業救濟金或季節性工作者轉向其他職業的培訓。此外，政府可以促進多元化經濟，減少對季節性行業的依賴。

而隱藏性失業發生在人們有工作，但其實已經失去了工作效益，例如工作不足或在低效率工作環境中工作。解決隱藏性失業的對策爲提供培訓和再培訓，幫助工作者提高技能和轉移到更有價值的工作。

不同類型的失業需要不同的政策和對策來解決。政府、企業和社會組織可以共同合作，制定策略以降低失業率，政府和中央銀行通常使用各種政策工具，如貨幣政策、財政政策和勞動市場政策，來應對高失業率。這些政策可能包括刺激經濟增長、提供再培訓和技能提升就業機會，以及支持失業者尋找新工作等。

時事小專欄

疫情衝擊！
畢業生求職難

疫情衝擊，畢業生延後找工作

按往年經驗，畢業季（6至8月）的失業率總是較高的，因為存在著初次尋職的摩擦性失業人口。但是 2020 年 6 月失業率竟意外下降，跌破各界眼鏡。主計總處認為，可能是受到疫情衝擊，畢業生選擇繼續升學或是延畢，致初次尋職失業人數的增加未如預期的多。在往年正常情況下，初次尋職失業者應該增加 8,000 人以上，2020 年 6 月相較於 5 月卻只增加 6,000 人。2020 年 6 月失業者有 47.3 萬人，其中初次尋職失業者約 10 萬人，和去年同期相較，減少 8,000 人，反映畢業生對就業的態度並不積極。

勞動部為鼓勵畢業生積極投入就業，已經祭出就業獎勵措施，只要就業滿三個月，即發給獎勵金 2 萬元。勞動部預計提供 8 萬名額，但是 7 月底僅約 3 萬名就業青年上網登記。此外，在企業的獎勵方面，勞動部擬伺機推出僱用青年獎助計畫，凡是企業僱用青年薪資達 2.8 萬元以上，每僱用滿三個月，一次發給 2 萬元，最長 12 個月；換言之，雇主僱用每名青年，綁定每月薪資 2.8 萬元以上，僱用一年，雇主可獲得 8 萬元獎助。

資料來源：摘錄自經濟日報 2020/07/29

15.3 失業救濟計畫

前面提到的設立就業服務處、強化教育與職業訓練、和經濟政策分別是針對三類失業的策略。另外，對於失業者生活陷入困境的部分，政府可以實施失業救濟計畫來因應。

失業救濟計畫有多種形式，如失業保險、福利制度或失業救濟金等。失業保險（或稱爲社會保險）是在人們有工作的時候，本人和公司一起提撥繳納保險費，當人們不幸失業時，便可以每個月得到失業保險的給付。不過保險給付是有期限的，如半年，所以在領取失業救濟金的同時，自己要積極尋找工作，儘快回到工作崗位上。失業救濟金只是因爲我們失業了，即刻進入貧窮困境，所以政府給一點生活津貼，千萬不要對此產生依賴的心理，而錯失回歸職場的機會。

失業救濟計畫給付條件愈優渥的國家，通常會有較高的失業率，所以讓人懷疑失業救濟和失業之間是否存在互爲因果的關係。因此應該時常檢視：領取失業給付的期間是否太長，或領取給付的條件是否過寬。因爲失業的福利如果太高，和打工的所得差不多，將導致失業者喪失尋找工作的動機。

15.4 歐肯法則

經濟學家歐肯（Arthur Okun）研究第二次世界大戰後美國的經濟資料，發現一個規律：經濟成長率每降低 2%，就會使失業率提高 1%，此一規律後來被稱爲歐肯法則（Okun's law），如（式 15.3）所示：

$$\Delta(\text{失業率}) = -\beta \times \Delta(\text{經濟成長率}) \qquad (\text{式 } 15.3)$$

其中 Δ 代表變動，β 爲失業率和經濟成長率的連動係數，稱爲歐肯係數（Okun's coefficient）。負號 (–) 代表失業率和經濟成長率呈反方向變動。所以上述歐肯最初所發現的係數爲 0.5。其實，歐肯法則並不難理解，當經濟社會不景氣時，經濟成長率下滑，企業生產活動減少，人力需求降低，失業率當然就會提高。

只是歐肯係數在不同年代，不同的國家，不盡相同，以臺灣而例，依據行政院主計處（2010）估計，臺灣的歐肯係數介於 0.10 ～ 0.16 之間。所以若根據歐肯法則（式 15.3）和主計處的估計，並以 β = 0.15 代入，則當我國經濟成長率減緩 1% 時，

$$\Delta(\text{失業率}) = -0.15 \times (-1\%) = 0.15\%$$

我國失業率將上升 0.15%。若以 2022 的勞動力（11,853 千人）爲例，則預估的失業人口將增加：

11,853（千人）× 0.15% = 1 萬 8 千人

預估的失業率爲：

$$3.67\% + 0.15\% = 3.82\%$$

預估的失業人口爲：

11,853（千人）× 3.82% = 45 萬 3 千人

反之，當我國經濟成長率增加 1% 時，失業率將下降 0.15%，失業人口將減少 1 萬 8 千人。所以根據歐肯法則，經濟成長率將牽動失業率的高低，故爲各國政府所注重。

15.5 物價指數與通貨膨脹

一、物價指數

通貨膨脹是本章第二個主題，要了解通貨膨脹，需先了解物價指數。物價指數代表財貨與服務的一般價格水準，由於財貨與服務有成千上萬種，所以必須利用公式，將各種物價綜合成一個指數。常見的物價指數有四種：

1. 消費者物價指數（consumer price index，CPI）

   消費者物價指數以消費者日常生活會購買的財貨與服務之價格所計算的指數，用以衡量消費者的生活成本。消費者物價指數若上漲，代表人們的生活成本上升。

2. 躉售物價指數（wholesale price index，WPI）

   躉 (ㄉㄨㄣˇ) 售物價指數則是用來反應大宗物資的價格變化，包括原料、中間產品及進出口產品的批發價格。躉售物價指數是一種大量交易的（或批發的）物價指數，其交易階段先於消費（最終）階段，所以一般來說，躉售物價指數先行於消費者物價指數。

3. 生產者物價指數（producer price index，PPI）

   生產者物價指數是指以生產者在製造過程中，所需採購的財貨與服務之價格所計算的指數，用以衡量廠商的生產成本。生產者物價指數若上漲，代表廠商的生產成本上

升，意味著廠商的利潤空間被壓縮，或其產品在市場上競爭力下降。PPI 通常被視為一個領先指標，因為它可以提前顯示通貨膨脹或通貨緊縮的跡象。當 PPI 上升時，這可能意味著消費者最終將面臨價格上升的風險。

早期各主要國家在企業面的物價指數多以編製躉售物價指數開始，但是發展至今，多轉變為編製生產者物價指數，如美國、加拿大、歐盟和日本等。PPI 和 WPI 的調查範圍有所重複，但 WPI 涵蓋生產端的出廠價、經銷商大盤價、批發商中盤價等，常造成解讀上的困難，故 1970 年起，歐盟推動各國一致蒐集出廠價，而有 PPI 的產生。

4. **GDP 平減指數（GDP deflator）**

GDP 平減指數是名目國內生產毛額除以實質國內生產毛額，所得到的一般物價指數，其採用的價格資料為所有計入 GDP 之最終財貨與服務，所以和 CPI、WPI 與 PPI 分別採用消費者、批發商與生產者所面對的財貨價格不同。

二、消費者物價指數的計算

我們最常聽到的物價指數為消費者物價指數，故在此舉一個簡化的例子（消費者只買稻米和香蕉兩種商品），介紹消費者物價指數的計算過程，如表 15.3 所示，假設我們有三個年度的資料，而且我們選擇 t0 為基期。消費者物價指數是要衡量消費者的購物籃成本變化的程度，如（式 15.4）：

$$CPI = \frac{\text{當期購物籃成本}}{\text{基期購物籃成本}} \times 100 \qquad (\text{式 } 15.4)$$

但是購物籃中的商品數量容或隨時間而改變，所以必須指定一個基期的數量為標準，如表 15.3 的 t0 期消費者的購物籃中有 100 單位的稻米和 200 單位的香蕉，因此我們以此數量來計算各年的購物籃成本（ = 基期的數量 × 當期的價格），所以三個年度的消費者物價指數計算如下：

$$CPI_{t0} = (100 \times 40 + 200 \times 70) / (100 \times 40 + 200 \times 70) \times 100 = 100.00$$

$$CPI_{t1} = (100 \times 45 + 200 \times 72) / (100 \times 40 + 200 \times 70) \times 100 = 105.00$$

$$CPI_{t2} = (100 \times 50 + 200 \times 90) / (100 \times 40 + 200 \times 70) \times 100 = 127.78$$

其中 t0 期的 CPI 是基期和自己作比較所以 CPI_{t0} = 100.00%。CPI_{t1} 為 105 表示 t1 期的消費者物價比 t0 期上漲了 5%，CPI_{t1} 為 127.78 表示 t2 期的消費者物價比 t0 期上漲了 27.78%。

表 15.3　消費者物價指數（CPI）的計算

年度	稻米		香蕉		CPI	通貨膨脹率
	數量	價格	數量	價格		
t0 (基期)	100	40	200	70	100.00	-
t1	90	45	210	72	105.00	5%
t2	110	50	220	90	127.78	21.70%

三、通貨膨脹的意義

通貨膨脹（inflation）是指一個國家或地區的一般物價水準在一定期間內持續上漲的現象，導致貨幣購買力下降。所謂「一般物價」非指某幾種財貨的物價上漲，而是普遍性的物價上漲；所謂「持續上漲」非指「一次性」的上漲。由此定義可知，經濟學中所謂的通貨膨脹是以整體經濟活動的影響程度來界定的，若只是某種或某類商品價格上漲，或是該價格一次上漲後隨即停止，其對經濟活動的衝擊不大或影響時間短暫，並不算是通貨膨脹。

此外，若漲幅不大，沒有異常上漲幅度者，也不能稱爲通貨膨脹。例如，如果物價指數從今年開始，連續 6 年每年都上升 4%，則 6 年之後物價水準將上升了 [(1 + 0.04)6 – 1] × 100 = 26.5%，因爲是連續性的上漲，故符合通貨膨脹之定義。反之，若今年的物價水準一下子上升了 15%，而之後就維持在這個較高的水準而沒有變動，此爲「一次即止」式的物價調整，即不符合通貨膨脹之定義。

通貨膨脹有許多衡量方式，其中最常被用來衡量通貨膨脹的物價指數爲消費者物價指數（CPI），亦即：通貨膨脹率爲消費者物價指數的變動率，如（式 15.5）所示：

$$\text{通貨膨脹率}_t = \frac{(CPI_t - CPI_{t-1})}{CPI_{t-1}} \times 100 \qquad \text{（式 15.5）}$$

例如（利用表 15.3 的數字）t1 年的通貨膨脹率爲：

通貨膨脹率 $_{t1}$ = [(105.00 – 100.00) / 100.00] × 100% = 5%

t2 年的通貨膨脹率爲：

通貨膨脹率 $_{t2}$ = [(127.78 – 105.00) / 105.00] × 100% = 21.70%

所以 t2 年通貨膨脹的程度比 t1 年嚴重許多。

表 15.4 是近十年來我國與一些大家熟悉的國家的通貨膨脹率的比較，我國是通貨膨脹率較低的國家，我國的通貨膨脹率大都維持在 2% 以下。一些經濟學家認爲，如果每年的通貨膨脹率在 2.5% 以下都是正常的物價波動，是可容受的範圍，不算是發生了通貨膨脹的問題。

另外一點值得補充的是，在觀察期間內沒有政府管制價格的行爲，否則爲壓制型的通貨膨脹。甚至有學者認爲在經濟發展過程中，「物價溫和的上漲」，可以誘使廠商積極投資擴張，進而刺激經濟成長，就像潤滑油讓機器更順暢一般，溫和的通貨膨脹政策可使國家經濟運作更順暢，是一種「潤滑油政策」。

同時，在 5% 以內的溫和的通貨膨脹，基本上不至於引起社會太大的騷動。通貨膨脹傷害本國產業對外的競爭力，使得國際收支赤字攀升，外匯存底流失，同時造成本國貨幣的貶值。通貨膨脹的原因不必然是貨幣數量太多，仍須視財貨與勞務供給面的變動情形，方能論定。然則，貨幣在短期間內大量增加，常常是歷史上許多國家通貨膨脹的直接肇因。貨幣價值由物價水準反映，物價猛漲也使貨幣價值劇跌，因此早期學者常用「通貨」之大量膨脹，或「貨幣」之大量膨脹，來描述一般物價水準持續上升的現象。

表 15.4　我國與各國通貨膨脹率的比較（2013-2022）

年	中華民國	美國	日本	中國	南韓	新加坡	香港
2013	0.79	1.5	0.3	2.6	1.3	2.4	4.3
2014	1.20	1.6	2.8	1.9	1.3	1.0	4.4
2015	–0.30	0.1	0.8	1.4	0.7	–0.5	3.0
2016	1.39	1.3	–0.1	2.0	1.0	–0.5	2.4
2017	0.62	2.1	0.5	1.6	1.9	0.6	1.5
2018	1.35	2.4	1.0	2.1	1.5	0.4	2.4
2019	0.56	1.8	0.5	2.9	0.4	0.6	2.9
2020	–0.23	1.2	0.0	2.5	0.5	–0.2	0.3
2021	1.97	4.7	–0.2	0.9	2.5	2.3	1.6
2022	2.95	8.0	2.5	2.0	5.1	6.1	1.9

資料來源：我國行政院主計總處。

其餘國家為 International Financial Statistics (IMF) 及各國官網資料。

知識補給站　史上著名的超級通貨膨脹

中華民國（1945 － 1949）

中國在國共內戰的後期，發生了的惡性通貨膨脹。當時的國民黨政府在作戰失利的條件下，實施了幣制改革。在 1947 年，中國發行的最高面額為 5 萬元，到了 1948 年中，最高面額就已經到了 1 億 8 千萬元，1948 年政府用新發行的金圓券取代原有流通的法幣，結果不到一年的時間，金圓券的發行面額就增至 1 千萬元。甚至在當時，在地區性的新疆省銀行曾在 1949 年發行面額達 60 億元的法幣。

臺灣在光復初期，由於 (1) 戰時盟軍空襲，使臺灣經濟受到嚴重的損害，農工生產不及戰前三分之一，(2) 中國大陸的惡性通貨膨脹連帶波及，(3) 國民黨政府撤退來台，負擔 50 萬軍公教人員的生計，只能持續印鈔支應。所以臺灣也曾遭遇惡性通貨膨脹。1945 － 1949 年間，每年的通貨膨脹率都在 500% 至 1200% 之間。

為了解決惡性通貨膨脹，臺灣 1949 年 6 月 15 日實施幣制改革，發行「新臺幣」。每四萬舊臺幣兌換新臺幣一元。此外，政府還陸續採取了許多措施，包括舉辦優利存款，鼓勵儲蓄；充實財政收入，撙節支出；積極修復生產設備，增加工業生產；鼓勵農民生產，提高農業產量等等，終於使臺灣的物價逐漸平穩下來，而奠定了後來經濟穩定發展的基礎。

辛巴威（2000 － 2009）

非洲的辛巴威在 1980 年宣布獨立，在當時，辛巴威元實際上比美元的價值更高，匯率是 1：1.25 由於沒有節制的印出紙幣，辛巴威元在 21 世紀就開始惡性通脹。在 2004 年，通貨膨脹達到了 624%，經過政府的調控，2015 年的通貨膨脹率低於了三位數，然而到了 2006 年又飆到了 1,730%。

在 2006 年，政府用新的辛巴威元以 1：1000 的兌換率取代了舊的貨幣，2007 年時，通貨膨脹率達到了 11000%。到了 2008 年，政府還發行了 5 億、10 億、50 億、100 億面值的貨幣。那時辛巴威人上街，都需要提上好幾個袋子的錢，才夠用呢！

德國魏瑪共和國（1922 – 1923）

第一次世界大戰結束後，為了報復德國，法國和比利時派軍隊占領了德國最富饒、產值最高的工業區。德國的工業巨頭們隨即命令工人罷工，德國的稅收急劇下降。在 1922 年底，德國發現自己沒有財力繼續支付「凡爾賽條約」賠款，於是，德國大量增加貨幣發行。

在 1922 年，馬克的最大面值為 5 萬。一年之後變成了一百萬億。馬克對美元的匯率變成了 4.2 萬億：1。1923 年底，德國的年通貨膨脹率為 325,000,000%，相當於物價在這年裡每兩天就翻一倍。

資料來源：摘錄自每日頭條

時事小專欄

薪水追不上通膨速度

薪水階級如何面對通貨膨脹？

理財專家常建議投資人將快速貶值中的貨幣，轉換成以下的資產，以對抗通貨膨脹：黃金、定存、房地產、股票、債券。

持有一個資產的報酬有兩種主要來源：(1) 孳息所得；(2) 資本利得。其中孳息所得為利用該資產所產生的所得，如利息和股利等；資本利得則為該資產本身價格的變動，若漲價則資本利得為正，若跌價則資本利得為負（即損失）。

貨幣是一種具有立即可以購物的「完全流動性」，但不會產生任何孳息所得的特殊資產，其孳息所得 = 0，所以當貨幣貶值時，其資本利得為負，而且也沒有孳息所得來補貼損失，故資產報酬注定為負的。

房地產－投資房地產的孳息所得的房租收入，資本利得為房價的漲跌。台北市 2006 年台北市信義房價指數約為 140，2020 年的房價指數約 290，因此資本利得大幅成長。然而考慮到區域房價的走勢不同，加上目前的低利率推升了房價，以及臺灣的人口老化、所得停滯的問題嚴重，房地產還能不能有持續的上漲，其實是值得懷疑的。

股票－投資股票的孳息所得為股利收入，資本利得為股價的漲跌。股利是一種分紅，當公司賺錢的時候才會配發，一般來說，公司賺得多，股利就配得多，賺得少就配得少，甚至不配；而股價的漲跌更是波濤起伏，所以投資股票的報酬雖然較高，但是要承擔的風險也較大。

債券－債券是發行者為籌集資金而發行，在約定時間支付一固定利率，並在到期時償還本金的一種有價證券。根據不同發行者，可分為政府債券、金融債券以及公司債券。投資債券的孳息所得為固定的利息收入，資本利得為債券價格的漲跌。一般來說，債券被視為固定收益的有價證券，故其風險較低，也因此其報酬率不如股票。

投資組合－將資金配置在上述黃金、定存、房地產、股票、債券等資產，形成一個投資來對抗通貨膨脹，可以避免孤注一擲的風險。

資料來源：摘錄自商業周刊

四、通貨膨脹的類型

由總合供需模型可知，不論是總合供給曲線（AS）或是總合需求曲線（AD）向上移動皆能使均衡物價水準上升。因而，經濟學者將通貨膨脹分爲兩種類型：需求拉升型的通貨膨脹（demand pull inflation）與成本推動型的通貨膨脹（cost push inflation）。

在商品市場上，在現有的價格水準之下，如果總合需求持續增加，在總合供給維持不變的情形下，就會導致價格水準的不斷上升，引起通貨膨脹。需求拉升型的通貨膨脹是指總合需求過度增長所引的通貨膨脹，即「太多的貨幣追逐太少的財貨與勞務」。伴隨總合需求增加而引起的物價膨脹，稱之爲需求拉升型的通貨膨脹，茲以圖 15.2 說明如下：

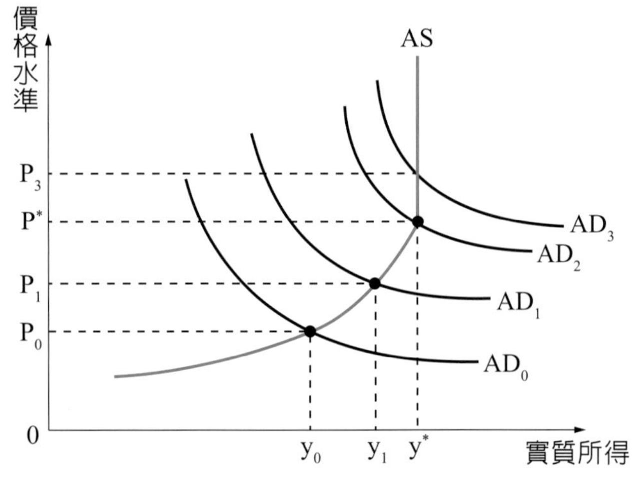

圖 15.2　需求拉升型的通貨膨脹

當總合需求曲線從 AD_0 上升爲 AD_1 時，總產出（y）增加，但價格水準也從 P_0 上升爲 P_1。因此，總合需求的擴張拉升了一般物價水準。若總合需求持續的增加，物價水準與總產出也會不斷地上升。但是，若總合需求增加到 AD_2 時，總產出已達充分就業水準 y^*。此時，若總合需求再增加至 AD_3，價格水準繼續上升（P_3），但總產出則維持不變（y^*）。

依照貨幣學派的看法，若貨幣當局增加貨幣供給，物價水準必定會上揚。由於貨幣供給增加源自需求面的擴張因素，因此，此種通貨膨脹乃是一種需求拉升的通貨膨脹。

事實上，除了貨幣供給增加外，任何會引起總合需求曲線向右移動的擴張性因素，都可能引起價格水準的持續上漲，例如，消費需求增加、投資需求擴大、政府採行增加公共支出及減稅之擴張性財政政策。不過，在所有引發需求拉升型通貨膨脹的原因當中，貨幣供給增加的效果似乎最爲彰顯。臺灣史上惡性的通貨膨脹時期（1945 年到 1950 年之間），這段期間也是因爲需求拉升而造成物價水準的持續上漲，主要的拉升成因是貨幣供給量的過度增加。

相對於需求拉升型的通貨膨脹，成本推動型的通貨膨脹是指由於生產成本的增加而引起的價格水準的上升。生產成本的增加，可能有以下兩種不同的原因：一方面包括工資水準上升，原料和能源等的漲價；另一方面可能爲擁有壟斷力之廠商利用其市場力量追逐壟斷利潤而限制產量，從而引起價格水準的普遍上揚。在現有的價格水準下，勞動者如果要求提高工資，廠商能夠雇用的勞動就會減少，其產量也就隨之減少，導致總合供給曲線向左移動，此時將出現供不應求，而價格水準也會隨之上升。

與需求拉升型的通貨膨脹不同的是，在短期成本上升的通貨膨脹將減少經濟的產出水準。假設總合需求不變，凡生產要素價格的增加大於其生產力的增加，將使生產成本上升而使總合供給減少，終將引起價格水準的上揚－這類型的通貨膨脹通常較可能是較短時期的現象，因爲在短期間內，若成本增加而價格維持不變，會使得廠商的利潤降低而減產，導致總合供給曲線向左移動，造成物價上漲。

茲以圖 15.3 說明如下：生產要素價格的增加，大於其生產力的增加，將使生產成本增加，總合供給曲線因而左移 ($AS_1 \rightarrow AS_2 \rightarrow AS_3$)，在各個一般物價水準下產出減少 ($y_0 \rightarrow y_1 \rightarrow y_2$)，一般物價水準上漲 ($P_0 \rightarrow P_1 \rightarrow P_2$)。

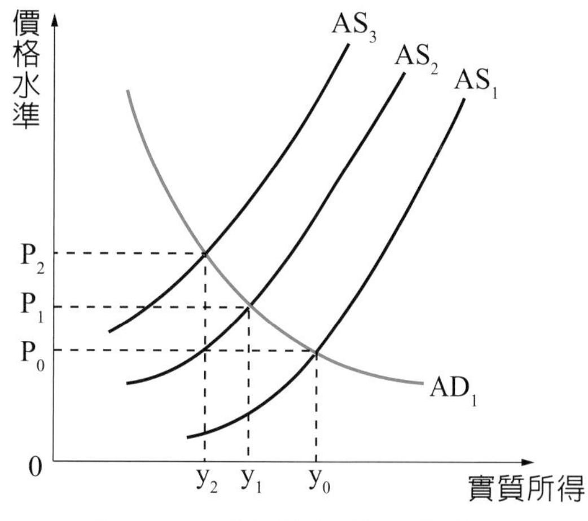

圖 15.3　成本推動型的通貨膨脹

成本推動型的通貨膨脹最顯著的例子，莫過於 1970 年代，石油輸出國家組織（Organization for Petroleum Exporting Countries，OPEC）突然將原油價格調高四倍，使得世界各國的價格水準節節攀升。由於石油是現代經濟社會生產活動所不可或缺的重要生產要素。當國際原油價格飆漲時，廠商的生產成本水漲船高，產品的售價也必須調升，以反映生產成本的增加。

成本推動型通貨膨脹所引起的衝擊，除了價格水準上漲外，產出也會減少。當成本推動型的通貨膨脹發生時，許多國家爲了要穩定經濟情勢免於落入蕭條狀態，而採行擴張性貨幣政策，結果隨著總合需求的增加，進而造成價格水準更進一步地攀升。1974年，石油輸出國家組織調高原油的價格，美國面對石油價格上漲的衝擊，連續幾年增加貨幣供給額，使得成本推動型的通貨膨脹轉而帶動需求拉升通貨膨脹，造成通貨膨脹問題的惡化。

15.6 通貨膨脹的影響

通貨膨脹雖然影響每個人，但是影響的方式和大小取決於通貨膨脹是可預期與否，以下探討通貨膨脹可否被預期對經濟社會可能的影響：

一、可預期通貨膨脹

當通貨膨脹是可預期的時候，它的損害通常較小。例如，在通貨膨脹率爲5%之下，雖然各種日常用品、自助餐、咖啡、車票和電影票等都漲了5%，但民衆可以要求名目工資也加薪5%，使得實質購買力沒有改變。對於儲蓄，通貨膨脹率仍可以在名目利率中反映出來。例如，如果在通貨膨脹率爲零時，名目利率爲4%。當通貨膨脹率爲5%時，儲蓄者可要求9%的利率，如此他的購買力仍沒有變。雖然如此，但是預期性通貨膨脹仍至少會有三項成本：

1. 皮鞋成本（**shoe leather costs**）

   由於通貨膨脹損及貨幣的購買力，因此一般人會儘量少持有現金，多把錢放在銀行裡。但如此一來，跑銀行或到提款機提款及轉帳的次數就增加。這會增加跑銀行或至提款機的成本，因此叫做走路工成本。因爲走路走多了，皮鞋較容易磨壞，買皮鞋或修皮鞋的成本就增加了，因此稱爲皮鞋成本。

2. 菜單成本（**menu cost**）

   當通貨膨脹率高時，許多商店的商品訂價需常常要更換，這些更換訂價的成本，叫做菜單成本。爲了常常更換這些訂價，業者不是自己花更多時間換標籤，就是要僱用工讀生換標籤，因此增加業者的成本。如果這是一家連鎖店，例如速食店，或是便利商店，它們除了要統一換標籤外，它們收銀機內的設定也要統一修改，這些都是菜單成本。

3. 契約成本 (contract cost)

勞資雙方或是訂貨生產之間，由於通貨膨脹的持續進行，造成彼此之間對物價上漲率在預期與實際上存在嚴重的落差，產生勞資糾紛及生產的停滯。爲避免這樣的現象，雙方透過協調及訂定契約的方式解決爭端，但同時也會增加了因訂定契約所帶來的成本。

二、不可預期通貨膨脹

民衆對通貨膨脹的厭惡，主要還是來自於不可預期通貨膨脹。但不可預期通貨膨脹對經濟社會帶來什麼影響呢？如果通貨膨脹爲社會大衆的預期之外，則會進一步造成勞資所得重分配及降低資源配置效率二種影響：

1. 由於工資契約並不會隨時作動態的調整，所以在通貨膨脹發生之後，只有價格水準上漲，但工資契約卻不能同時即時作調整。此時，一般物價水準上漲有利於雇主而不利於勞工，產生了所得重分配的效果。
2. 當預期物價將膨脹時，生產者對於產品售價、生產要素價格以及其他的生產成本的變化較難有正確的估算，此種不確定性的存在使廠商的投資裹足不前，或因擔心造成錯誤決策而增加決策成本，對資源的配置效率將造成不利的影響。

時事小專欄

通膨飆漲　委內瑞拉民不聊生

南美大國委內瑞拉舉行總統大選，但是包括美國在內，至少有十四個國家拒絕承認選舉結果，並召回大使以示抗議。美國更對委內瑞拉進行新一輪經濟制裁，嚴禁美國企業和公民購買委國國債。

委內瑞拉是全球石油蘊藏量最大的國家，出口獲利的百分之九十五都是賣油來的。不過，全球經濟局勢是變動，2014 年國際油價大幅走跌、收入銳減。截至 2018 年四月為止，委內瑞拉通膨率達百分之一萬八，這個數字已經高到不具任何意義。

經濟蕭條，政府卻用狂印鈔票推高通膨導致惡性循環不斷，人民買東西盡量都金融卡或信用卡付帳，要不就以物易物，能不用鈔票就不用鈔票。由於委內瑞拉生產原油的能力隨著經濟崩壞一落千丈，跌落近年來最低，儘管國際油價開始反彈，但委內瑞拉的產量，用來償還對中國和俄羅斯的債務後所剩無幾。現在的委內瑞拉竟然已成為原油進口國，走高的油價對委內瑞拉的經濟來說是雪上加霜。

資料來源：摘錄自民視新聞 2018/05/28

三、惡性通貨膨脹

惡性通貨膨脹（hyper inflation）或超級通貨膨脹是指每年通貨膨脹率超過三位數或每月通貨膨脹 50% 的嚴重性通貨膨脹。此時物價水準加速上升，貨幣的購買力急劇下降，民衆將對貨幣失去信心，人們會急於以貨幣換取實物。在大衆通膨預期心理的催化下，更加速通貨膨脹的惡化，於是市場上惜售、囤積、搶購、投機風氣甚囂塵上，終將造成物價劇烈上升而無法控制，導致整體經濟瀕臨崩潰邊緣。

惡性通貨膨脹的成本通常很高，主要有下面三種：

1. 它使得人心惶惶，終日不安，生產下降

   因爲物價隨時在變，當工人拿到薪水之後，會趕快把錢花掉，盡可能地買進各種物資囤積。廠商也是一樣，囤積各種物資和材料，以防止原物料隨時變貴。由於人人都花了很多時間浪費在搶購和囤積物資上，用在生產活動的時間就減少，因此會導致生產下滑。

2. 惡性通貨膨脹影響到政府的財政體質

   由於稅額是以名目計，因爲有通貨膨脹，納稅義務人會傾向於延期支付稅負。政府收到的稅也是名目的，等它收到時，購買力又大打折扣了。這會破壞政府的財政體質，迫使政府用其它的方法來融通政府支出，因此又會產生其它的扭曲。

3. 破壞市場的效率

   惡性通貨膨脹，對市場運作效率的毀壞性更大，它常常使得供需失調，使得市場那隻看不見的手無法正常運作，造成市場運作無效率，形成黑市、特權、賄賂等不良社會現象的溫床。

知識補給站 『漲價要要的？！』

仔細觀察漲價的原因可以分成兩種，一種是「成本推動的漲價」，一般消費者根本不知道價格中的成本利潤怎麼分配，這種情形就叫做「資訊不對稱」。另一種是「需求拉動的漲價」，當消費者沒有拒絕漲價的權利，但廠商因為獨占就漲得天高皇帝遠，這時就需要政府出手干預。

2011 年味全、統一、光泉這三家市占率加起來超過八成的牛奶廠商一起調漲牛奶價格，公平交易委員會立馬約談，最後開罰 3,000 萬元。根據主計處 2015 年統計，就臺灣近十年的實質薪資來看是不增反減，這表示實質購買力比十年前還要薄弱。我們可以從受僱人員報酬占國內生產毛額 GDP 的比例來看，當比例越高代表廠商都把錢發給員工，社會分配越公平，越低就是被老闆拿走了。

從分解漲價原因的過程中，我們了解到廠商要為漲價付出消費者跑走的代價，而消費者也要為不接受漲價而承擔後果，每一個人都選擇追求自己的最高利益，其實並沒有對錯，但我們應該看得更遠讓整個社會變好，長期對你我而言，或許才是最高利益。

資料來源：摘錄自 Taiwan Bar 2017/02/20

15.7 通貨膨脹的解決對策

就長期而言，通貨膨脹的根源在貨幣供給量的持續成長，故中央銀行若能維持穩定的貨幣供給成長率，即可有效地降低通貨膨脹率。誠如本章的 15.8 節所述，菲力普曲線描述出通貨膨脹率與失業率之間的抵換關係，因此，我們也可用來分析抑制通貨膨脹的對策。

短期而言，抑制通貨膨脹的方式有兩種：沿著短期菲力普曲線下滑（以較高之失業率換取較低之通貨膨脹率），以及設法使短期菲力普曲線整條往左下方移動。前者在菲力普曲線上點的移動，係來自需求面政策的變化，後者整條菲力普曲線的移動，係來自供給面的變化。以下，就針對這些降低通貨膨脹不利衝擊的政策加以探討。

一、需求面的政策

政府需求管理政策使總需求減少，即可降低通貨膨脹率。例如，一國的中央銀行採取緊縮性的貨幣政策，如提高重貼現率、提高法定存款準備率、在公開市場賣出債券。又如政府採取增加稅收、減少公共支出的緊縮性財政政策，亦可產生類似的效果。

二、供給面的政策

政府增加就業訊息提供或加強在職訓練，可降低自然失業率，使得總供給曲線向右下方移動，將有助於一般物價水準的下降。另如能降低民眾對物價水準上漲的預期，可使得短期菲力普曲線往左下方移動，即在相同失業下，只須忍受較低之通貨膨脹率。

三、所得政策

所得政策是指透過限制工資增長率，期能限制物價水準上漲率的政策，因此也稱工資和物價管理政策。之所以對所得進行管理，是因為通貨膨脹有時是由成本推動所造成。根據前述想法，一國政府可採取一些行政措施以抑制通貨膨脹，例如：直接管制工資、物價與利潤，或提供誘因以限制工資與物價的上漲，讓大眾降低物價上漲預期的心理。

所得政策一般分爲幾種型式：「一方面，一國政府可以規定工資和物價上漲的幅度，其中主要是規定工資增長率。企業和工會據此確定產品的價格變動幅度，如果違反，則以增加稅賦方式予以處罰。另一方面，一國政府也可採取法律和行政命令手段凍結工資與物價，禁止在一定時期內提高工資與物價。除此以外，還有所得指數化政策，即根據物價指數自動調整個人所得，調節稅收等。」

唯須指出者，如整體經濟環境持續惡化，所得政策不易有效施行，則前述通貨膨脹之不利影響，將逐漸浮現。

15.8 通貨膨脹率與失業率的關係

一、短期菲力普曲線

如以上所述，通貨膨脹和失業是政府所面對的兩個重要的經濟問題，所以如何維持低通貨膨脹率與低失業率是執政者最主要的兩個施政目標，不過這兩個目標往往是互相抵換的（trade-offs），亦即是通貨膨脹率與失業率之間存在反向變動的關係。這個關係是英國經濟學家菲力普（A. W. Phillips）於 1958 年發現的，他根據英國 1861-1957 年的名目工資成長率和失業率的資料，提出菲力普曲線（Phillips curve），並於 2006 年獲得諾貝爾獎的殊榮。

圖 15.4 是以失業率（u）爲橫軸、通貨膨脹率（π）爲縱軸，所畫出的菲力普曲線，其形狀是一條負斜率的雙曲線，代表失業率和通貨膨脹率的相反關係。如果一國的經濟原來在 A 點，失業率爲 7%，通貨膨脹率爲 2%（這些數字是虛擬的），而此時執政者覺得失業率太高了，想降低到 5%。由於通貨膨脹率與失業率呈反向變動關係，要降低失業率的同時，可能要忍受較高的通貨膨脹率 5%，而來到 B 點。

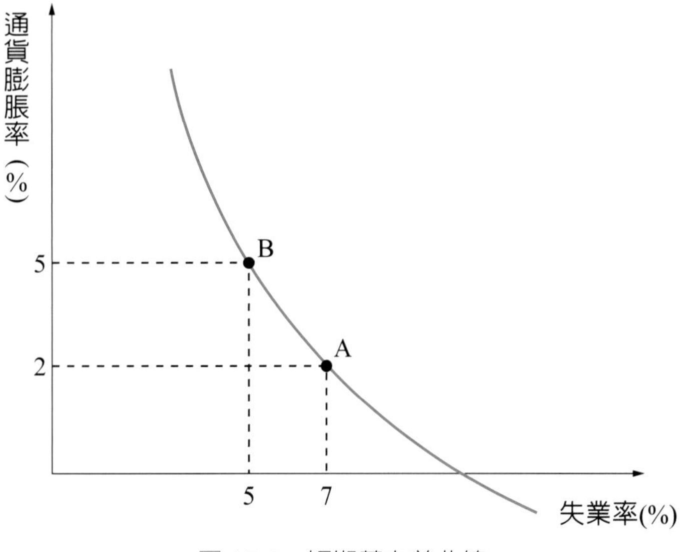

圖 15.4　短期菲力普曲線

二、長期菲力普曲線

當通貨膨脹成爲一種持續性的長期現象時，人們對通貨膨脹的預期就會使短期菲力普曲線向右上方移動（由圖 15.5 的 AA 移至 BB）。這時，通貨膨脹率與失業率之間的關係發生了如下的變化：經濟社會必須以更高的通貨膨脹率才能降低一定的失業率（如圖 15.5，維持 u_0 的失業率，原先只須忍受的通貨膨脹率 0，但短期菲力普曲線移至 BB 後，則須忍受較高的通貨膨脹率 1）。

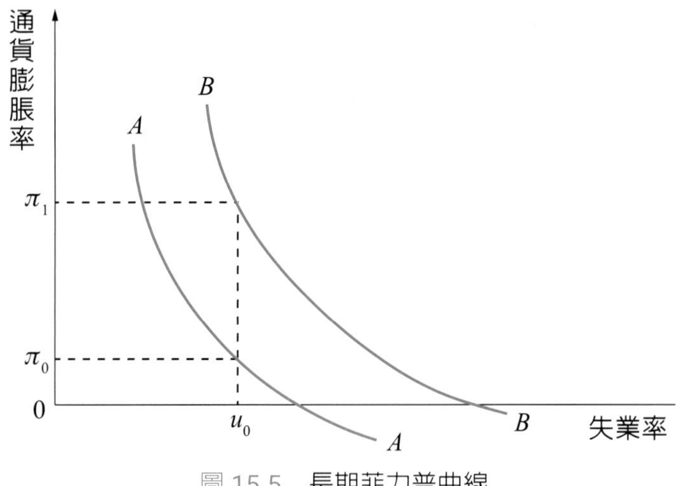

圖 15.5　長期菲力普曲線

在長期，如果短期菲力普曲線不斷向右上方移動，抵換一定的失業率所需的通貨膨脹率就愈來愈高，最終菲力普曲線將成爲一條垂直線，這就是所謂的長期菲力普曲線。如果經濟社會一開始在某一個自然失業率的水準下運作，長期菲力普曲線就是固定在自然失業率之的一條垂直線。長期垂直菲力普曲線否定了短期存在的失業率和通貨膨脹率之間的抵換關係：由於自然失業是經濟社會無法消除的常態，任何政府試圖以通貨膨脹來降低自然失業率的努力，在長期都將是徒勞無功。

總之，失業率和通貨膨脹率之間的關係是複雜且動態的。政府和中央銀行需要綜合考慮多種因素，制定經濟政策，以達到經濟發展和最適通貨膨脹水準的目標。

三、痛苦指數（Misery Index）

本章一開始就提到雷根總統演說中的痛苦指數，失業率和通貨膨脹率加起來即是痛苦指數，代表人民生活不幸福的程度。顯然痛苦指數的觀念和菲力普曲線是有關的。短期菲力普曲線揭示通膨率與失業率具有穩定的抵換關係，也就是若要維持低失業，就得忍受高通貨膨脹；若要降低通貨膨脹，就得忍受高失業。

但這一抵換關係在 1970 年代的石油危機中逐漸消失，當時出現停滯性通貨膨脹（stagflation）的現象，高通貨膨脹不再能換得低失業，菲力普曲線連年右移，因此把通貨膨脹率加上失業率，恰可表達此一停滯性通貨膨脹的困境。

表 15.5 是 2013-2022 臺灣各年失業率、通貨膨脹率、和痛苦指數的表列。在 2022 年，臺灣的失業率爲 3.67%，通貨膨脹率爲 2.95%、和痛苦指數爲 6.62。將表 15.5 的數字繪製成圖 15.6 的臺灣痛苦指數趨勢圖。臺灣這些年痛苦指數多介於 4-6 之間，且呈現穩定而微降的趨勢。臺灣近年來在痛苦指數上，在亞洲四小龍中，乃至於世界各國中，都有不錯的的表現。

表 15.5　臺灣各年失業率、通貨膨脹率、和痛苦指數（2013-2022）

年	失業率	通貨膨脹率	痛苦指數
2013	4.18	0.79	4.97
2014	3.96	1.2	5.16
2015	3.78	–0.3	3.48
2016	3.92	1.39	5.31
2017	3.76	0.62	4.38
2018	3.71	1.35	5.06
2019	3.73	0.56	4.29
2020	3.85	–0.23	3.62
2021	3.95	1.97	5.92
2022	3.67	2.95	6.62

資料來源：我國為行政院主計總處。

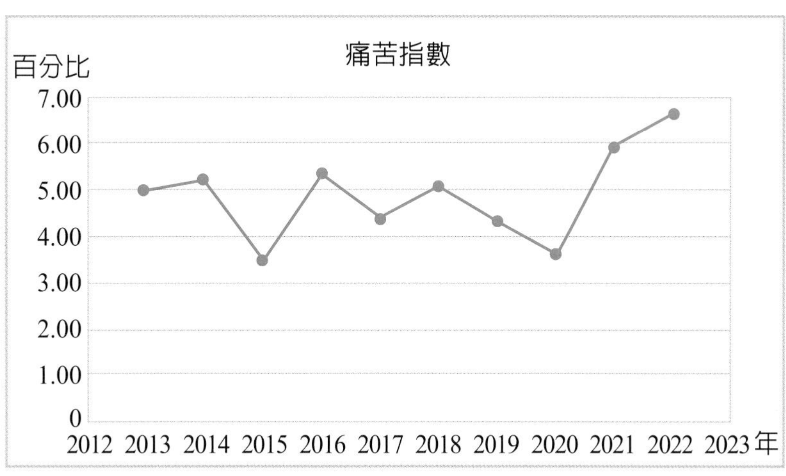

圖 15.6　臺灣痛苦指數趨勢圖（2013-2022）

本章結論

本章介紹了兩個重要的經濟課題－失業和通貨膨脹，有能力且有意願工作的國民卻找不到工作的現象，稱為失業。失業率指的是失業人數占勞動力之比率。勞動力參與率為勞動力占 15 歲以上包括 15 歲民間人口的比率，它用來衡量人們參與經濟活動狀況的指標。

失業有三個主要的種類：摩擦性失業、結構性失業與循環性失業。摩擦性失業與結構性失業合稱自然失業，如果一個國家實際的失業率等於自然失業率時，這個國家便處於充分就業的狀態。失業和一國的經濟成長有密切的關係，經濟學家歐肯研究第二次世界大戰後的美國資料發現：經濟成長率每降低 2%，就會使失業率提高 1%，此為「歐肯法則」，而失業率和經濟成長率的連動係數，稱為「歐肯係數」。

而本章討論通貨膨脹的定義、成因與通貨膨脹對經濟社會的影響。我們亦討論到解決通貨膨脹之對策，一般而言，一國政府可透過總體經濟政策，諸如，需求管理政策與供給面的政策來解決擾人的通貨膨脹，另外，所得政策亦屬解決方法之一。但有時候，為了要控制通貨膨脹，卻會犧牲就業，這就是菲力普曲線告訴我們的道理，所以政府有時面臨兩難的困境。

最後本章介紹失業和通貨膨脹二者的關係，二者的關係以短期菲力普曲線描述最為傳神，短期菲力普曲線是一條負斜率的雙曲線，揭示通貨膨脹率與失業率呈反向變動的關係。此外，失業率和通貨膨脹率加起來即是一國的痛苦指數，代表該國人民生活不幸福的程度。在長期，如果短期菲力普曲線不斷向右上方移動，抵換一定的失業率所需的通貨膨脹率就愈來愈高，最終菲力普曲線將成為一條垂直線。長期垂直菲力普曲線否定了短期存在的失業率和通貨膨脹率之間的抵換關係。

16

經濟成長：資本累積與技術進步

本章綱要

焦點透視鏡｜大國崛起紀錄片

「忽視過去的人，在未來行程裡，只是一個缺乏思想準備的匆匆過客。我們要做的只是一件事，讓歷史照亮未來的行程。」—《大國崛起》解說辭。

《大國崛起》是 2006 年在中國中央電視台經濟頻道（CCTV-2）首播的一部電視紀錄片，記錄了葡萄牙、西班牙、荷蘭、英國、法國、德國、俄國、日本與美國第九個世界級大國相繼崛起的過程，並總結大國崛起的規律。其 12 集的內容如下：

1. 海洋時代：葡萄牙及西班牙
2. 小國大業：荷蘭
3. 走向現代：英國
4. 工業先聲：英國

16.1 經濟成長的意義

一國或地區的經濟成長是指該國或地區實質總產出或人均實質國民所得，隨時間經過而持續不斷增加的現象。國際間多以經濟成長率（economic growth rate）作爲表示一國經濟實力、人民福祉和國際地位的指標，而經濟成長率是指實質總產出或實質國內生產毛額（gross domestic product，GDP）的年增率。我們在第十章已介紹了國民所得的衡量方式，同時也已介紹了衡量經濟成長的指標爲：

$$\text{經濟成長率}_t = \frac{\text{實質 GDP}_t - \text{實質 GDP}_{t-1}}{\text{實質 GDP}_{t-1}} \times 100\% \qquad \text{（式 16.1）}$$

（式 16.1）中的實質 GDP 有時也會被改爲用實質人均 GDP，亦即將實質 GDP 除以人口數，將人口的因素考慮進來，因爲快速的人口成長可能會稀釋掉經濟成長的成果。如果人口成長率高於實質 GDP 成長率時，雖然全國的 GDP 是增加的，但是每人分到的 GDP 卻是減少的，因而產生誤導。不過在已開發國家或人口數穩定的國家，用 GDP 或人均 GDP 所計算的經濟成長率是差不多的。

5. 激情歲月：法國
6. 帝國春秋：德國
7. 百年維新：日本
8. 尋道圖強：俄羅斯
9. 風雲新途：蘇聯
10. 新國新夢：美國
11. 危局新政：美國
12. 大道行思。

資料來源：維基百科

解說

大國崛起，各顯神通，此起彼落，波瀾壯闊的史詩令人熱血澎湃，不過，不管是美、日等大國的崛起，或是我們亞洲四小龍的飛龍在天，都有一個基本條件：就是亮麗的經濟成長！所以現在讓我們一起來學習經濟成長的來源。

經濟成長對一個國家或地區具有重要的意義，因爲它涉及到多個方面，包括經濟、社會和政治等層面。經濟成長通常伴隨著企業擴張和新企業的成立，這意味著更多的工作機會將被創建，減少失業率，增加就業機會。提高生活水準：經濟成長通常會增加人們的所得，使他們有能力購買更多的財貨和服務，改善生活品質。

經濟成長可以幫助減少貧困，因爲它提供了更多的機會，包括就業機會和社會福利計劃，以改善那些處於貧困狀況的人的生活條件。經濟成長有助於增加個人和企業的財富，提高國家的總體財富。這可以促進投資和資本累積累，有助於長期繁榮。隨著經濟增長，政府通常可增加的稅收，這可以用於提供公共服務，如教育、醫療和基礎設施建設。促進科技和創新。

一、生產函數與經濟成長

我們常用生產可能曲線（production possibility curve，PPC）的移動來表示經濟成長。生產可能曲線是當一個國家在現有技術條件下，用盡其經濟資源所能生產的 X、Y 兩種財貨之最大數量的組合軌跡。因爲資源是有限的，多生產 X 就要少生產 Y，多生產 Y 就要少生產 X，所以 PPC 是負斜率的，如圖 16.1 所示。

如果將一國的經濟成長表現在 PPC 上，就是 PPC 向右上方擴展；如果是經濟衰退則是 PPC 向左下方收縮。當 PPC 向右上方擴展時，代表一國所生產的產品組合，不管是 X 財貨還是 Y 財貨的數量都是增加的，所以代表經濟成長。如果 PPC 往左下方收縮，不管是 X 財貨還是 Y 財貨的數量，都是減少的，所以代表經濟衰退。

此外，生產可能曲線的移動方式也可代表一國經濟成長的不同模式，如圖 16.2(a) 所示，該國的農業產出成長的幅度大於工業產出成長的幅度，屬於重視農業的經濟成長的模式；如圖 16.2(b) 所示，該國的工業產出成長的幅度大於農業產出成長的幅度，屬於重視工業的經濟成長的模式；如圖 16.2(c) 所示，該國的農業和工業產出成長的幅度差不多，屬於產業均衡發展的模式，如美國、法國、荷蘭等國是工業強國也是農業大國。

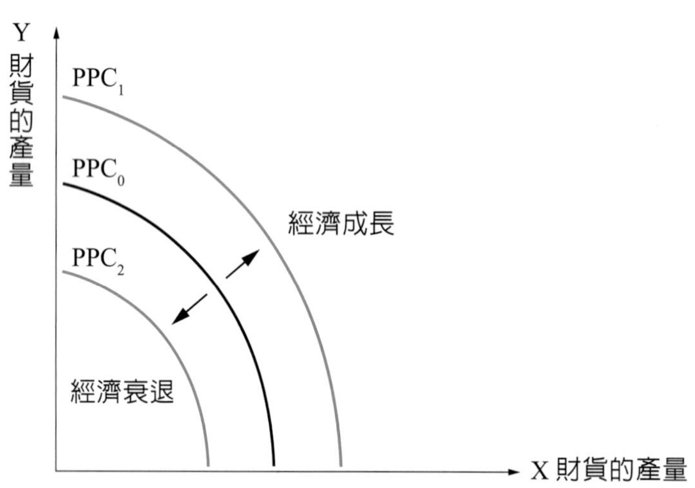

圖 16.1　用生產可能曲線表示經濟成長和經濟衰退

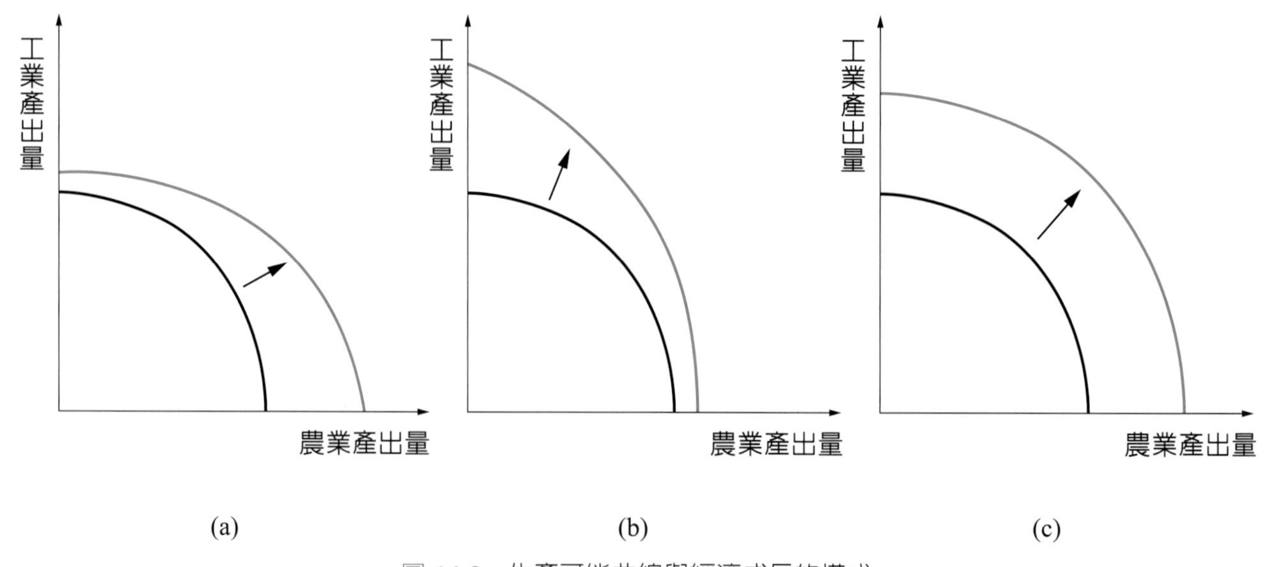

圖 16.2　生產可能曲線與經濟成長的模式

16.2 生產函數與經濟成長

前述以生產可能曲線的移動來表示經濟成長，本節要介紹另一種方式一以生產函數來表示經濟成長。生產函數是在描述將生產要素轉換成產出的一種技術關係。生產要素的投入量是生產函數的自變數，產品的產出量是生產函數的應變數。

生產要素包括土地、勞動、資本和企業家才能。當生產要素量多、質精時，自然能生產出較多的產量。此外，將生產要素轉變成產出的技術水準也很重要，同樣的生產要素，透過較高的技術水準，可得到較多的產出。假設有一個簡化的生產函數：

$$Y = A \cdot F(L, K) \qquad \text{（式 16.2）}$$

其中 Y 為總產出或 GDP，A 為代表技術水準的一個參數（parameter），參數越大，代表技術水準越高，F( ) 為生產函數，在此假設投入只有勞動 L 和資本存量 K 兩種。所以 Y 的增加，代表經濟成長。由 (式 16.2)，我們可以知道：經濟成長的來源主要是 L 和 K 的增加，或技術水準 A 的提昇。

如圖 16.3 所示，假設原來的經濟情況在 A 點，在生產函數 $Y = A_0 \cdot F(L, \overline{K}_0)$，當時的技術水準為 A_0，資本存量是固定生產要素，其數量固定在 $\overline{K}_0$。由於經濟成長是長期的分析，所以資本存量也會變動，譬如說增加到 $\overline{K}_1$，則產出曲線也會上移到 $Y = A_0 \cdot F(L, \overline{K}_1)$。當勞動增加到 L_1 時，經濟會來到 C 點而不是 B 點。但是如果這段期間，技術水準也進步到 A_1，則產出曲線會更上移到 $Y = A_1 \cdot F(L, \overline{K}_1)$，則 L_1 所對應的產出是在更高的 D 點。

A 點的產出 Y_1 之所以增加到 D 點的 Y_3 的原因，是勞動增加（A 到 B 點），資本存量增加（B 到 C 點），和技術進步（C 到 D 點）。所以勞動力的增加、機器設備等資本的投資和技術的提昇創新，均對 GDP 的成長有所貢獻。而且，經濟成長強調的是 GDP 的持續增長，所以生產要素的投入和技術各方面都要持續不斷地精進，才能讓一個國家在有如馬拉松賽跑之全球市場上，保持領先。

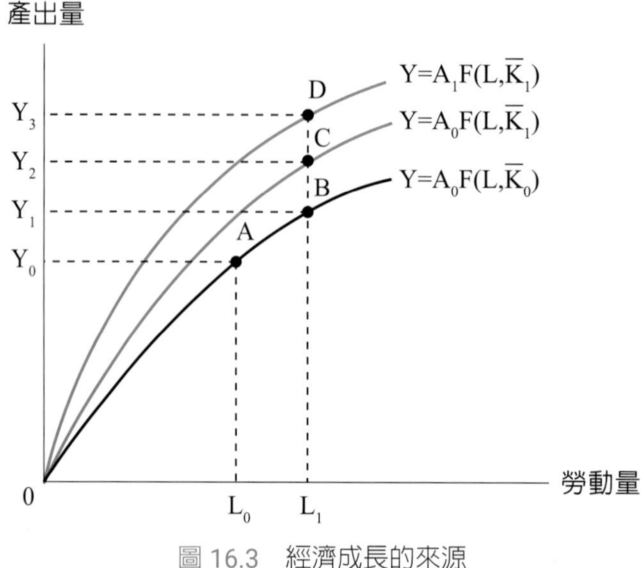

圖 16.3　經濟成長的來源

一、勞動生產力與經濟成長

勞動生產力是第三種常見的衡量經濟成長的方式，勞動生產力（productivity of labor）指的是單位勞動所產生的實質國內生產毛額，亦即將實質 GDP 除以勞動總數：

$$勞動生產力 = \frac{實質GDP}{勞動總數} = \frac{Y}{L} \quad （式 16.3）$$

其實勞動生產力和人均 GDP 的概念很接近，只差在前者的分母爲勞動總數而後者是人口數，而且一般來說一個如果國家的勞動生產力比較高，其人均 GDP 也會比較高的。

由於勞動 L 和資本 K 相搭配才能生產 Y，而且 K 的多寡會影響 Y 的生產，所以勞動生產力（Y/L）會受到單位勞動所使用資本（又稱人均資本、或勞動的資本裝備率，K/L）的影響，亦即勞動生產力的成長來自於 K/L 之成長，因此我們常以勞動生產力曲線（labor productivity curve，LPC）來表示「單位勞動所能產生的實質 GDP」與「單位勞動可使用資本」兩者之間的關係，如圖 16.4 所示。

此時「技術進步」的另一種表示方式為：「勞動生產力曲線向上移動」的情形，如 LPC_0 移動到 LPC_1。考慮 LPC_0 的 A 點，當人均資本為 $\left(\frac{K}{L}\right)_0$ 時，勞動生產力為 $\left(\frac{Y}{L}\right)_0$。現在技術進步了，相同的人均資本 $\left(\frac{K}{L}\right)_0$，可以創造更高的勞動生產力 $\left(\frac{Y}{L}\right)_1$，而到達 B 點，亦即技術進步使 LPC_0 移動到 LPC_1。

由於勞動生產力近於人均 GDP 的概念，而經濟成長率的另一種衡量方式為人均實質 GDP 的變動率，所以勞動生產力的不斷提昇可以視為經濟成長的同義詞，而勞動生產力曲線的向上移動可以代表技術進步的現象。

圖 16.5 為 1985 年到 2018 年的臺灣勞動生產力指數趨勢（資料來源：行政院主計總處），所謂勞動生產力指數是將勞動生產力數值指數化，以 2016 年為基期（2016 年勞動生產力指數為 100），以方便跨年比較分析。由圖 16.5 可知，我國的勞動生產力除了 2008 年與 2009 年金融危機期間稍有停滯外，每年均有穩定明顯成長趨勢，由 1985 年的 21.8 成長為 2018 年的 106.9，二十多年來平均的成長率約為 5%。

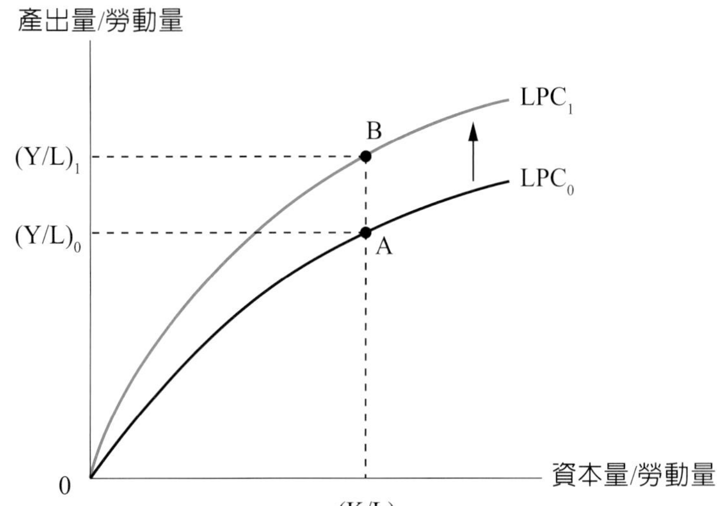

圖 16.4　勞動生產力曲線與技術進步

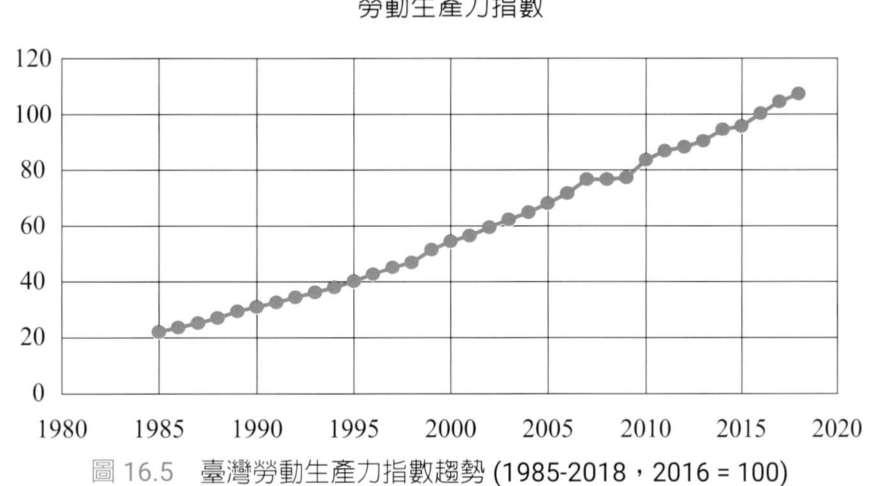

圖 16.5　臺灣勞動生產力指數趨勢 (1985-2018，2016 = 100)

16.3 技術進步的衡量

上述生產函數和勞動生產力函數的移動代表一種技術進步，事實上，第二次世界大戰之後，先進國家的經濟之所以能夠長期持續成長，主要歸功於技術進步。至於如何測度技術進步，以下是 1957 年 Solow 所提出的方法：首先，Solow 模型導出經濟成長率（g）：

$$g = \alpha g_K + \beta g_L + g_T \qquad \text{（式 16.4）}$$

其中 α 為資本所得份額（資本所得佔國民所得之比例），g_K 為資本成長率，β 為勞動所得份額（勞動所得佔國民所得之比例），g_L 為勞動成長率，g_T 為技術進步率。（式 16.4）是說經濟成長的來源，為資本成長、勞動成長和技術進步的貢獻。將（式 16.4）移項可得技術進步率 g_T 的估算式：

$$g_T = g - \alpha g_K - \beta g_L \qquad \text{（式 16.5）}$$

由（式 16.5）可知，技術進步是資本成長與勞動成長對經濟成長貢獻的剩餘部分，所以又稱為 Solow 殘差項（Solow residual），亦稱之為總要素生產力成長（total factor productivity growth）。

舉例說明如下：已知某一國家在 2019 年之經濟成長率 g = 5%，資本所得份額 α = 0.4，資本成長率 g_K = 6%，勞動所得份額 β = 0.6，勞動成長率 g_L = 1%，則該國 2019 年之技術進步率 g_T = 2%，如（式 16.6）所示。

$$g_T = 5\% - 0.4 \times 6\% - 0.6 \times 1\% = 2\% \qquad \text{（式 16.6）}$$

16.4 經濟成長與經濟發展

經濟成長（economic growth）和經濟發展（economic development）是經濟學中兩個不同但相關的概念。它們通常被用來評估一個國家或地區的經濟狀態，但它們關注的方面不同。經濟成長是指一個國家或地區的實際產出（通常以國內生產總值，GDP，來衡量）在一段時間內的增長。它通常用百分比或實際數字表示。經濟成長關注的是一個國家的經濟規模擴大，即生產和所得增加。經濟成長可以是短期的或長期的，它表現爲實際的經濟活動擴張，如增加生產、就業和投資。經濟成長通常用於評估一個國家經濟的健康程度，但它沒有考慮到分配、生活質量、環境問題或社會公平性等因素。

經濟發展是一個更綜合性的概念，考慮了經濟成長以外的因素。它包括提高人民的生活質量、降低貧困水平、改善教育和醫療等社會指標。經濟發展關注的是提高人民的生活條件，實現更廣泛的社會目標，如人權、環境保護、健康、教育和社會公平。經濟發展考慮了經濟增長，但也強調了經濟增長與社會進步的關聯，以確保經濟增長造福於更多的人。經濟成長通常被視爲實現經濟發展的手段之一，但它不是唯一的關鍵因素。經濟發展還需要適當的政策、制度、教育、醫療和社會基礎設施，以確保經濟增長轉化爲更廣泛的社會進步和人民的幸福。因此，經濟學家和政策制定者經常強調在追求經濟成長的同時，要關注經濟發展的各個層面。

依各國不同的經濟發展程度，可以將世界各國分成已開發國家（developed country）、開發中國家（developing country）和未開發國家（least developed country，LDC）。已開發國家有較高的人類發展指數、人均 GDP、工業化水準和生活品質。而開發中國家指的是經濟、社會方面發展程度較低的國家。

但現今隨著經濟發展，已有部分的開發中國家轉變成已開發國家（拉脫維亞、愛沙尼亞、立陶宛、捷克、斯洛伐克與斯洛維尼亞），另外，也有部份的開發中國家退化爲未開發國家。已開發國家大都處於「後工業化」時期，服務業爲主要產業，而開發中國家則大都處於「工業化」時期，未開發國家則還在農業時代。

根據國際貨幣基金組織（International Monetary Fund，IMF）2015 年的統計資料，已開發國家的 GDP 佔世界總 GDP 的 61%，按購買力平價計算則佔 43%，其人口只佔世界人口的 15%。

衡量一國經濟發展程度的重要指標爲人類發展指數（Human Development Index，HDI）。HDI 是聯合國開發計劃署（United Nations Development Programme，UNDP）

從 1990 年開始發布的一種指數，根據 HDI，可將各國劃分為四種等級：極高、高、中與低。只有被列入第一組「極高」的國家才有可能成為已開發國家。HDI 指數是根據平均壽命、受教育年限、人均所得等資料所計算出一個數值，以便在各國之間進行比較。HDI 的分類標準為：

極高：0.800 以上，

高：0.799~0.700 之間，

中：0.699~0.550 之間，

低：0.549 以下。

臺灣 2019 年的人類發展指數為 0.911，在世界排名為 21，屬於極高的類別。事實上，臺灣早已躋身「已開發國家」，也早被視為高度開發的經濟體。

一、臺灣的經濟奇蹟

臺灣經濟奇蹟（Taiwan economic miracle）是指臺灣在二十世紀下半葉開始，經濟快速發展的現象。中華民國政府遷至台澎金馬後，於 1950 年代至 2000 年代期間，在臺灣進行了一系列的制度改革、經濟建設及政治改革，如十大建設等，之後臺灣逐漸邁向高科技產業轉型，在此時的經濟發展，成為了許多開發中國家的典範，在 1990 年代，中華民國政府將這段時期施政作為和經濟成就，總結為「臺灣經驗」，向中國大陸及東南亞等地，進行經驗分享和宣傳。

1950 年代由政府開始主導投資和吸引國外投資，但是之後政府在經濟體系內扮演的角色逐步縮小，實施「市場經濟」，亦即人民在投資、消費或儲蓄等各方面皆能自由選擇，政府不會多加干預。此外，很多大型的國營銀行及公營企業，逐步邁向私有化，而有「國退民進」的趨勢。

過去 30 年，平均經濟成長率達到 8%。由於臺灣屬於「島國經濟」，資源和內需市場有限，所以相當倚重貿易，而以「出口導向」政策所賺取的外匯，為「工業化」提供豐富的資金。臺灣的外匯存底高達 4,981.7 億美元（2020 年 8 月），排名世界第四。

根據行政院主計處的統計顯示，臺灣人均 GDP 在 1961 年是 165 美元，2011 年已成長至超過 2 萬美元，2019 年臺灣人均 GDP 已達 25,539 美元，如以購買力平價計算，則已超過四萬多美元，與世界主要先進國家相當。

在日治時期之初，臺灣在經濟上的地位是糧食生產基地，僅有少數的食品加工業和輕工業。在太平洋戰爭爆發後，臺灣被日本政府重新定位為「南進基地」，而在高雄一帶發展軍事工業，因此開始臺灣「工業化」的新頁。

自 1960 年代起，臺灣輕工業發展快速，重工業則居於次要地位。政府設立「加工出口區」，以促進外貿。到了 1970 年代，為了推動基礎建設，和走出石油危機的不景氣，政府進行「十大建設」，為臺灣石化業與重工業打下良好的基礎。此時恰逢「越戰」，美國向臺灣訂購大量物資，這些因素都促使臺灣經濟快速起飛。由於經濟發展成功，臺灣遂晉身「亞洲四小龍」行列，亦達到新興工業化國家水平。

之後政府注意到「重工業」在經濟中的地位，實行積極的產業政策，在高雄建造煉鋼廠、造船廠、煉油廠等大型重工業廠區。此外，政府亦出資，並引進外資和華僑的科技資本，設立電子科技公司，如台積電、聯華電子等公司，也取得成功的表現。

1980 年代，政府進一步成立「新竹科學工業園區」，大力鼓勵廠商投資積體電路、電腦等高科技產業，以耗能少、污染低、附加價值高的「技術密集型」科技產業，取代傳統產業。不久，臺灣的個人電腦主機板產量，便位居世界第一，臺灣成為新興工業化國家。繼新竹科學園區的成功經驗之後，政府於 1995 年設置南部科學園區，在 2002 年成立中部科學園區，以平衡區域的發展。

二、世界各國的經濟成長

經濟成長猶如一個沒有盡頭的馬拉松，各國無不用盡全力，努力奔前，有人快有人慢，有人超前，而有人卻落後，表 16.1 羅列世界各主要國家地區近 20 年來的經濟成長率，前四欄是亞洲四小龍，後四欄是四大經濟體。

雖然各國的經濟成長率有高有低，但是有共同的趨勢，如圖 16.6 所示，這是因為經濟全球化，各國的國際貿易、國際投資和跨國生產活動使各國的經濟表現息息相關。其中 2008-2009 年發生了金融危機，所以各國的經濟成長率明顯下降，甚至為負。

由於美國歷史上最大的破產案 - 雷曼兄弟破產，開啓了 2008 年金融危機全面爆發的序幕，而繁榮時期不被人注意的房地產次級貸款及其各種衍生性金融商品成了連環爆的地雷，最後導致已持續多年的全球經濟擴張期戛然而止。

根據國際貨幣基金組織的資料顯示，新興經濟體（如臺灣等亞洲四小龍）的經濟成長率於 2009 年陡然驟降，平均成長率只有 2.8%，而美、日等工業先進國家更是出現負成長，平均成長率為 –3.4%。

另一方面，中國經濟對出口高度依賴，全球市場的需求下降對中國經濟也產生了巨大的影響，再加上中國內部許多結構性和制度性問題尚待解決，所以中國經濟於 2007 至 2014 年間，成長率腰斬，從 2007 年的 14.2% 跌到 2014 年的 7% 左右，自此以後，兩位數的成長恐怕難以再現了。

表 16.1　各主要國家地區之經濟成長率

單位：%

年	臺灣	新加坡	韓國	香港	日本	中國大陸	美國	歐元區
2001	–1.4	–1.1	4.9	0.6	0.4	8.3	1.0	2.2
2002	5.5	3.9	7.7	1.7	0.1	9.1	1.8	0.9
2003	4.2	4.5	3.1	3.1	1.5	10.0	2.8	0.6
2004	7.0	9.8	5.2	8.7	2.2	10.1	3.8	2.3
2005	5.4	7.4	4.3	7.4	1.7	11.3	3.3	1.7
2006	5.8	9.0	5.3	7.0	1.4	12.7	2.7	3.2
2007	6.9	9.0	5.8	6.5	1.7	14.2	1.8	3.0
2008	0.8	1.9	3.0	2.1	–1.1	9.7	–0.1	0.4
2009	–1.6	0.1	0.8	–2.5	–5.4	9.4	–2.5	–4.5
2010	10.3	14.5	6.8	6.8	4.2	10.6	2.6	2.1
2011	3.7	6.3	3.7	4.8	–0.1	9.6	1.6	1.7
2012	2.2	4.5	2.4	1.7	1.5	7.9	2.2	–0.9
2013	2.5	4.8	3.2	3.1	2.0	7.8	1.8	–0.2
2014	4.7	3.9	3.2	2.8	0.4	7.4	2.5	1.4
2015	1.5	3.0	2.8	2.4	1.2	7.0	3.1	2.1
2016	2.2	3.2	2.9	2.2	0.5	6.8	1.7	1.9
2017	3.3	4.3	3.2	3.8	2.2	6.9	2.3	2.5
2018	2.8	3.4	2.9	2.8	0.3	6.7	3.0	1.9
2019	2.7	0.7	2.0	–1.2	0.7	6.1	2.2	1.2

資料來源：行政院主計總處及各國官方網站。

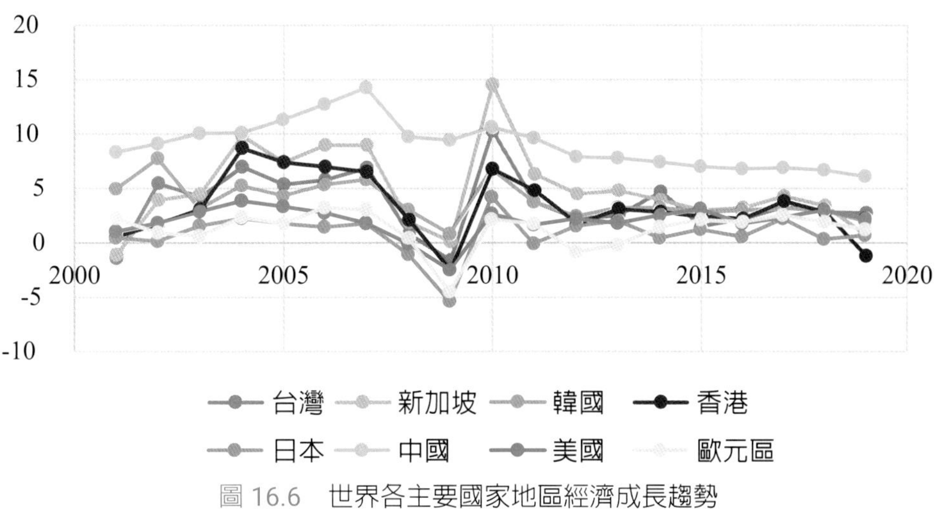

圖 16.6　世界各主要國家地區經濟成長趨勢

16.5 累積資本

中華民國國旗歌：「山川壯麗，物產豐隆，炎黃世冑，東亞稱雄。」歌詞描寫廣大的土地、豐富的資源與衆多的人口，是大國擁有大量的生產要素的寫照，但是站在經濟成長的觀點，土地的開發和礦產的挖掘是有其極限的，而且當經濟進入「已開發國家」階段，便會有人口成長減緩的趨勢，而有「少子化」與「老齡化」的現象。所以要靠土地、自然資源和勞動力的成長，來創造經濟持續成長的榮景，是有困難的。

而反觀二次世界大戰後的日本（人口雖多但資源有限），和亞洲四小龍（人口與資源均有限）的經濟奇蹟，也說明了土地、自然資源和勞動力之外，有更重要經濟成長的動力，那就是資本、技術進步和制度革新。我們先來談資本，資本有三種：實物資本、社會資本與人力資本，分別說明如下：

一、累積實物資本（鼓勵私人投資）

我們常說資本存量或資本就是這裡說的實物資本（physical capital）。資本是人類所創造的生產工具，主要是機器設備。而資本存量是在某特定時點，一個廠商或一經濟體所擁有之生產設備之存量（stock）。

資本存量越多，勞動的生產力就愈高。例如一個開曳引機耕田的農夫的生產力，遠遠大於拿鋤頭的農夫。我們常用人均資本（K/L）或稱勞動的「資本裝備率」來衡量生產過程中使用資本的密集程度（capital intensity），而用人均產出（Y/L）來衡量勞動的生產力，所以 K/L 愈多，Y/L 愈高。

如前面的圖 16.3 所示，當勞動為 L_1 時，雖然勞動投入量維持不變，但資本存量由 $\overline{K}_0$ 增加到 $\overline{K}_1$，總產出由 Y_1 增加到 Y_2（B 到 C 點）。政府應該獎勵民間投資，透過減稅、免稅與投資扣抵等方式，減少民間投資的成本，增加廠商的投資意願。

二、累積社會資本（改善基礎建設）

前面的實物資本主要是指企業的機器設備，至於公部門所建設的資本，稱為社會資本（social capital）。社會資本是指為社會生產和居民生活，提供公共服務的基礎建設（infrastructure），它是社會賴以生存發展的一般物質條件。主要包括：

1. 交通基礎建設：道路、鐵路、橋樑、港口和機場等；
2. 水力基礎建設：水庫和自來水廠等；
3. 電力基礎建設：火力發電廠、水力發電廠和核能電廠等；
4. 電信基礎建設：5G 基地台通訊基礎設施等。

政府應該致力於以上四種基礎建設，透過基礎建設的改善，以增進國家的經濟成長。

三、累積人力資本（提昇教育訓練）

人力資本（human capital）指人的知識、經驗、制度與習慣等。具備這些資本的勞工，擁有更高的生產能力，可以將這些資本轉換成經濟價值。人力資本可以經過教育訓練等投資手段來成長。

人力資本是介於勞動和資本之間的一種無形資本。知識、經驗、制度與習慣雖然無形，但卻是生產過程不可或缺的因素，而且這是人所創造的、不是自然存在的，且具有累積性（存量的概念），所以說它是一種無形的資本。

廿世紀末興起的知識經濟（knowledge economy）便是注重人力資本的一種經濟新型態。經濟合作暨發展組織（Organization for Economic Cooperation and Development，OECD）於 1996 年定義「知識經濟」為以擁有、創造、獲取、傳播及應用「知識」為重心的經濟型態。知識經濟運用新的技術、員工的創新、企業家的毅力與冒險精神，作為經濟發展原動力。

知識經濟係超越資本、有形資產和勞動力等傳統生產要素，與農業經濟、工業經濟並列的新經濟型態。所以政府應該注重人力資本的累積，經由學校教育、在職訓練或在職進修等方式，提升社會大眾的知識水準。

時事小專欄

GDP 不到 3%
工總籲政府改善五缺六失

臺灣經濟的「五缺、六失」問題

全國工業總會發表「2019 工總白皮書」，直指美中貿易戰、全球貿易爭端方興未艾，臺灣「五缺、六失」問題懸而未決。工總疾呼政府應該為產業營造永續經營環境，協助產業轉型升級，加速臺灣經濟成長。

所謂「五缺」是指缺水、缺電、缺工、缺地與缺人才；「六失」則是政府失能、社會失序、國會失職、經濟失調、世代失落與國家失去總體目標。關於五缺問題，行政院的因應策略為：

缺水－以開源、節流、調度及備援等策略，確保全台各科學園區與工業園區等產業用水，供應穩定安全。

缺電－在「非核家園、穩定供電、空污改善」三大政策主軸下，執行多元創能增加供給、積極節能、全民參與、靈活調度與智慧儲能等策略，穩定提供電力。增加燃氣機組及燃煤機組；並擴大再生能源占比達 20%。

缺地－優惠釋出公有土地（806 公頃）、輔導釋出政府開發之民間閒置土地（589 公頃）、開發與更新產業用地（564 公頃及 45 萬坪樓地板面積）等三大策略，解決產業缺地問題。

缺工－ (1) 媒合就業，開發勞動力。(2) 改善低薪，創造友善職場。(3) 產學雙贏，縮短學用落差。

缺才－從留才、攬才與育才 3 大面向，解決人才不足的問題。

(1) 留才：綜合所得稅最高稅率 45% 調降至 40%、獨資合夥組織盈餘直接課個人綜所稅，不必計算及繳納營利事業所得稅；修正《產業創新條例》，「員工獎酬股票」500 萬元內與「技術入股」均放寬為可選擇「實際轉讓時課稅（緩課）」，有限合夥組織創業投資事業符合一定要件者可適用「透視個體概念課稅」優惠，新創事業天使投資人每年最高可減除所得額中 300 萬元；打造新創友善創業環境；研擬修正《公司法》，將員工獎酬工具發放對象擴及控制公司及從屬公司的員工。

(2) 攬才：《外國專業人才延攬及僱用法》已完成三讀，放寬外國專業人才的簽證、居留、保險、租稅與退休等待遇。

(3) 育才：強化產學連結，精進契合式人才培育。

解決五缺問題，本質上是以政府介入生產要素資源的重分配，例如徵收民間土地或釋出國公有土地來蓋工業區、電廠與水庫等以支援產業，協助廠商降低成本、改善經營或提升國際競爭力。

資料來源：摘錄自 ETtoday 財經雲 2019/07/29

16.6 促進技術進步及其他

一、促進技術進步

技術進步指的是將一種生產投入轉換成產出，轉換的效率愈高，技術水準愈好。利用相同的質量的生產因素，可以產生更多、更好與更有價值的產出，就是一種技術進步。像美國、德國、日本與荷蘭等工業先進國家就是在技術方面有卓越表現的國家。

政府可以補助高等研究機構從事基礎研究，或鼓勵學術與企業合作，將基礎研究轉成可應用於商業生產的應用研究，或透過抵稅及獎勵的方式，鼓勵廠商直接從事與其生產有關的研究與發展。

知識補給站　美國矽谷傳奇

美國是創新創業大國。Boston、San Francisco、San Jose、Seattle、San Diego 是美國五大創新重鎮。從 2005 年至 2017 年，美國創新產業超過九成的成長都源自這五大重鎮，主要是與通訊科技、數據處理、軟體研發、航天科技相關的研究與商業活動。

在五大創業重鎮中，最令人津津樂道的是矽谷（Silicon Valley），位於美國加州北部、舊金山灣區南部 San Jose 一段長約 25 英里的谷地。當地企業多數是從事加工製造高濃度矽的半導體行業和電腦工業，故稱矽谷。

矽谷原是美國海軍一個工作站，後來航空研究基地也設於此，因此許多科技公司的商店都圍繞著海軍的研究基地而建立起來。這裡有很多好的大學如 University of California at Berkeley、Stanford University、University of California at Los Angeles 等，其中 Stanford University 的一個才華橫溢的 Frederick Emmons Terman 教授，在學校裏選擇了一塊大空地，設立了一些計劃，來鼓勵學生來此地發展他們的創業投資事業（venture capital）。

在 1951 年，Terman 又倡議成立 Stanford 研究園區，這是第一個位於大學附近的高科技工業園區。慢慢地各校各地群起效法，各種產學合作、成立科技新創公司蔚為風尚。

許多有名的公司如 Google、Facebook、蘋果（Apple）、優步（Uber）、特斯拉（Tesla）、推特（Twitter）、英特爾公司等都是在矽谷，矽谷成為難以撼動的世界科技中心。臺灣著名的新竹科學園區，附近有清華大學和交通大學等工科名校，是臺灣科技重鎮，亦是取法於矽谷。

資料來源：維基百科

二、開放自由的制度

制度對經濟成長亦有不容忽視的影響。制度泛指一個社會的遊戲規則（the rules of game），乃人類制訂用以塑造人類互動的約束。

例如一個公共工程的標案，得標者應該能夠提供最價廉物美的產品，而不允許政治遊說勢力介入。又如市場上的商品必須眞材實料不許有黑心商品（如餿水油、毒奶粉、假疫苗等），否則低成本的黑心財貨將對市場產生「劣幣驅逐良幣」的效果。又股票上市上櫃的公司財報要眞實揭露，不可內線交易，才能確保投資人利益，並健全資本市場的發展。

一旦制度法規建立之後，則所有市場相關的參與者都要共同遵守，而政府確實監督、執行這套制度法規，除此之外不會額外干預人們的經濟行爲，所以說是開放自由的制度。

時事小專欄

史上最佳！
臺灣經濟自由度全球第 6

臺灣經濟自由度 2021 躍升為全球第六

美國智庫傳統基金會發布「2021 經濟自由度指數」（2021 Index of Economic Freedom），臺灣躍升至全球第 6 名，創下 27 年來的最佳成績。國發會表示，主要是廉能政府、司法效能部分受到國際社會肯定。臺灣在 184 個經濟體中排名第 6 名，較去年大幅提升 5 名。臺灣在亞太地區中排名第 4，優於日本與南韓。2021 經濟自由度指數前 5 名為新加坡、紐西蘭、澳洲、瑞士、愛爾蘭。日本排名第 23 名，南韓 24 名，中國大陸第 107 名。

經濟自由度分為「法律制度」、「政府規模」、「監管效率」及「市場開放」4 大面向。國發會指出，近年政府推動廉能政府相關作為，例如自主承諾履行聯合國反貪腐公約，在 2018 年公布首次國家報告並舉辦國際審查會議；研擬制定「揭弊者保護法」草案；在政府採購實施許多與反貪腐相關之法規等，使臺灣此項指標得分較去年進步。

其次，臺灣司法執行契約的效率及效能、司法獨立及法院不受政治因素干擾等，亦有進步。司法院近年積極提升法院解決商業紛爭效率，於 2020 年 1 月 15 日公布「商業事件審理法」及「智慧財產及商業法院組織法」，以設立商業法院，專責審理商業事件，並持續強化法庭 e 化程度。

另外，臺灣在預算赤字部分占 GDP 的 1.7%、公共債務則占 GDP 的 28.2%，皆較去年為佳。但是，臺灣在勞動自由項目，因為人口老化、勞動力短缺等問題，評分較低。另外，臺灣在金融自由項目被評為「中度政府干預」，因為金融法規較為繁瑣，公股行庫比例較高，仍有進步空間。

資料來源：摘錄自中央通訊社 2021/03/04

三、智慧財產權的保護

財產權指資源之排他收益權、使用權與處分權（或轉讓權）；資源泛指一切有助於生產的事物，包含有形的實體資產、金融資產與與無形的智慧財產。

一個國家由農業經濟、工業經濟而服務業經濟，有效率地運用生產要素，並以高技術水準，進行生產以追求持續的經濟成長。但是要持續的經濟成長，最後要更上層樓，捨知識經濟，別無它法。而知識經濟中的發明創新活動，是重要的引擎。

但是一國鼓勵大家進行發明創新活動，必須有完善的法規制度，保障智慧財產權，不容他人任意模仿盜用。而保障智慧財產權更深遠的影響是：關鍵創新通常伴隨著新產業的出現，乃至於對人們的生活產生翻天覆地的改變。例如智慧型手機的出現，除了全部取代傳統按鍵式手機之外，也影響人們的娛樂社交、消費交易、廣告行銷與知識傳播等方面，甚至影響到產業的生態，如實體店面岌岌可危，而網路商店蓬勃發展。所以一國想要在經濟成長的競賽中保持領先，一定要保護智慧財產權。

四、政治的穩定

政治不穩定會是阻礙經濟成長的最大因素。政權如無法和平移轉，社會動盪，人民連基本生命財產都無法得到保護，如何拼經濟？唯有政治穩定，政策能夠持續，不會因爲改朝換代一切重來，經濟成長之路才能順暢無阻。

如果過去政策無法持續，過去政府的承諾隨風而逝，人民將無所措其手足，投資將血本無歸，此即國家風險（country risk），有礙企業的長期投資。所謂國家風險是指在國際經濟活動中，由於國家的主權行爲所引起的損失可能性。因此國際企業在進行跨國投資計劃時，政治穩定爲首要的考慮項目之一。

時事小專欄

中國 " 人口老化 " 嚴重！
中國社會將陷 " 未富先老 "

中國經濟成長的四大紅利

中國自 1978 年改革開放 40 年以來，平均經濟成長率達 9.5%，成就亮麗。學者認為其高速成長來源主要有四：全球化紅利、人口紅利、改革紅利與透支紅利。但是展望未來，這四大紅利正在出現巨大變化：

一、全球化大趨勢，顯然正遭到重大挫折，所有國家的外需市場，均面臨滯緩壓力，不得不開發本身的內需市場。

二、人口紅利已隨「一胎化」政策而提前結束，目前雖然重新開放「二孩」政策，但已緩不濟急。

三、對環境生態及對弱勢者（農民工、打工者）之透支，已不可持續。

故四大紅利已去其三，所幸中國還有巨大的改革空間，任何進一步的改革都將釋放出可觀紅利，教育與科技改革可以釋放出人才與創新紅利；行政或政治改革可以釋放出治理紅利；即將於 2020 年啓動的農村集體土地改革，則將釋放出難以想像的土地紅利。

另外，國際問題專家汪浩也提出改革開放的「四大紅利」的另一種說法，內容大同小異：

一、人口紅利：過去四十年中國人口成長了將近 45%，從 9.5 億人成長到 14 億人。

二、城市化紅利：從大概 10% 的城市化，增加到 65%-70% 的城市化。

三、工業化紅利：最明顯的表現為出口，中國從大概四十年前一年出口 100 億美元，到 2017 年進出口總額 4.1 兆美元，其中出口 2.26 兆美元。

四、金融化紅利：金融在經濟中的程度中的提高，包括房地產業的發展，特別是 M_2（廣義貨幣）發行量，在四十年前佔 GDP 的比例是 30%，現在發行量是 GDP 的 2.1 倍。

如今四大紅利逐漸消失：

一、人口紅利變成人口老齡化。

二、城市化演變為貧富分化。

三、製造產能過剩、貿易順差驟減。

四、經濟金融化造就的結果就是高負債與高槓桿化。

故中國的經濟成長似遇瓶頸，有賴當局審慎因應。

資料來源：摘錄自經濟日報社論 2019/09/14

16.7 經濟成長理論

以上介紹了經濟成長的意義、國內外經濟成長的歷程，接下來我們要介紹歷年來經濟學家對於經濟成長的來源所提供的系統性之理論分析。

一、Harrod-Domar 模型

Harrod-Domar 模型是一種凱因斯學派的經濟成長理論。1936 年凱因斯（John Maynard Keynes）提出他的經濟學理論，引發了「凱因斯革命」，而成爲一代顯學。但是幾年後，Roy F. Harrod 等人認爲凱因斯理論是一種靜態的體系，需要使凱因斯理論進

一步的長期化和動態化，才能更臻完整。於是 Harrod 在 1939 和 Domar 在 1946，各自發表論文，學界合稱 Harrod-Domar 模型。Harrod-Domar 模型認為：當經濟成長率 = (儲蓄率 / 資本產出比) 時，才能確保資本（產能）充分利用，此時的經濟成長率稱為「保證成長率」。但是若進一步希望資本和勞動同時達到充分就業，則必須符合以下的條件：

實際經濟成長率 = 保證成長率 = 人口成長率 （式 16.7)

該模型強調一個經濟體是無法自然地達到充分就業和保證成長率，所以政府應該鼓勵投資，以促進經濟成長。另一方面，由於經濟成長率 = (儲蓄率 / 資本產出比)，所以政府應該採取一些措施鼓勵國民儲蓄，以加速其經濟成長。

不過學界對此模型的批評為：勞動與資本同時達到充分就業的經濟成長，在現實世界幾乎是不可能發生，且實際經濟成長率與保證成長率均衡的機率極為渺小，所以其均衡解的穩定性是一種剃刀邊緣的穩定（knife-edge stability），換言之，Harrod-Domar 模型的解其實是一種不穩定解（instability）。

二、新古典成長模型

新古典經濟學派對 Harrod-Domar 模型提出許多批評，所以在 1950 年代推出 Solow-Swan 模型來取代它。新古典學派認為應透過資本市場，使投資與儲蓄取得聯繫，並且以利率來作為資金的供需的調節機制。而且經濟成長是一個不同部門間互動之後的轉換過程，不是像 Harrod-Domar 模型所說的是一個穩定成長路徑。新古典成長模型認為技術進步是促成經濟成長的關鍵因素，同時關鍵的技術創新常伴隨著新產業的出現。新古典成長模型的重要推論為：在長期均衡時，勞動與資本均達到充分就業，儲蓄等於投資，此時，

均衡的經濟成長率 = 資本成長率 = 勞動成長率 （式 16.8)

Solow-Swan 模型進一步導出：隨著儲蓄率的提高，投資增加，進而累積資本存量，可導致每人資本及每人產出的增加。而勞動成長率增加，會使每人使用資本及每人產出降低。

此外，新古典成長模型認爲：不論經濟起始狀態的人均資本處於何處，最後均會朝向長期穩定狀態收斂，當達長期穩定狀態時，各國的人均資本與每人產出與經濟成長率都將趨於一致，此稱之爲收斂假說（convergence hypothesis）。所以，開發中國家的經濟成長率會較高，進入已開發國家行列之後，經濟成長便會放緩，最後各國經濟成長率呈收斂的現象。不過若將各國的情況考慮進去，則產生條件收斂（conditional convergence)的現象：由於各國之生產函數、人口成長率及儲蓄率等各種經濟條件不同，當收斂到長期穩定狀態時，其人均資本、每人產出與經濟成長率就會不一樣。

三、內生成長模型

以 Paul Romer 和 Robert Lucas 爲代表的內生成長模型（endogenous growth model）主張：影響經濟成長甚鉅的技術進步是可以在經濟體內部促成的。先說明內生和外生的概念，凡是一個變數在經濟體內部可以決定其數值的，便稱爲內生變數（endogenous variable）；在經濟體內部無法決定數值的，便稱爲外生變數（exogenous variable）。內生變數可以在模型中求解得到它的數值，而外生變數通常是一個外部給定的已知條件，所以我們也就不深究它的來源，而直接代入模型。

新古典經濟成長理論沒有討論技術進步的來源爲何，把技術進步當作外生變數來看待，而內生成長模型則是將技術進步視爲內生變數來處理，強調技術進步是受到人們經濟行爲的影響。在勞動投入過程中，學校教育、訓練或在職學習等「人力資本」的累積，以及在物質資本積累過程中，研究與開發、發明創新等活動的做中學（learning by doing）效果，都可以促使技術進步。

而且人力資本是可無限累積的，具有規模報酬遞增的特性，所以能促進經濟持續的成長。其次，新古典成長模型認爲長期的經濟成長是由外生因素決定的，因此政策對經濟成長充其量只有短期效應，而內生成長模型則認爲，一國的長期成長是由一系列內生變數所決定的，而這些內生變數對政策是敏感的，並受政策的影響，所以在經濟成長過程中政府可以扮演積極的角色，尤其是補助企業的研發活動。

企業是經濟成長的最終推動力，企業爲了追求利潤，增加人力資本、開發新產品和提高產品質量，對於技術進步都有重大的貢獻。同時知識積累過程中會出現外部性（externalities）或知識外溢效果（knowledge spillover effect），亦即企業知識被其他企業模仿和挪用，由於研發人員的流動、保密措施的疏忽、交流中的不自覺外溢或合作中的分享等，而讓企業知識外溢。

雖然這類知識的外溢效果是企業不願看到，但又無法避免的，然而從公共利益的角度來看，大量的、加速的知識外溢，反而促進了整個國家技術層次的發展和進步，所以政府應以政策獎勵，支持研究開發和補助關鍵性產業部門的發展。

各種經濟成長理論代表經濟學家對於各國經濟成長所提出之「系統性」觀點。Harrod-Domar 成長模型認爲經濟成長取決於儲蓄率及勞動成長率，新古典成長模型則認爲長期的經濟成長由外生的技術進步率及勞動成長率所決定，而內生成長模型則強調人力資本累積與研究發展的規模報酬遞增的特性，透過做中學及外溢效果促進技術進步，並強調政府活動對經濟成長的重要性。

知識補給站

經濟發展的失敗案例－阿根廷的哭泣

阿根廷在 1861 年脫離西班牙獨立建國，當時是一個充滿潛力的新國家—肥沃廣大的彭巴草原、豐富的礦藏資源、綿長的海岸線、衆多的不凍港、優質的勞動力且沒有種族衝突，所以阿根廷一度成為躍眼的巨星。

阿根廷快速成長、吸引衆多移民，從 1870 到 1910 年，人口成長 5 倍、經濟規模成長 15 倍、出口居全球第 5 名、號稱「世界的糧倉和肉庫」；鐵路里程增加 60 倍；19 世紀時，阿根廷與美國經濟實力相當，外界多認為未來強國不是美國，就是阿根廷。

1908 之後，阿根廷平均國民所得超越德、法、荷及加拿大，全球排名第 5 名，歐洲人形容富裕是「像阿根廷人一樣有錢」；1950 年代，其人均所得也還是西班牙的 2 倍、日本的 3 倍。但是到 1965 年時，人均所得變成是法國、英國的 60%-70%，美國的 40%。

現在，阿根廷平均國民所得還是在 1.2 萬美元，但其它國家早已是其數倍之多。以經濟角度而言，這個國家幾乎原地踏步、毫無進展的過了一百年，而且每況愈下。

阿根廷從排名第 5 的富裕國家，下滑到排名 52 名的開發中國家，一直是發展經濟學的研究對象。貿易保護過盛、錯失了工業化機會、距離幾個經濟中心遙遠，土地與資本的集中問題、榨取式的經濟制度、民粹主義橫行、政變與軍政府等問題是各家學者提出的解釋。

其實類似這種「贏在起跑點」，之後卻「輸到脫褲子」的案例還不少—在韓戰結束後的 1961 年，因為日據時代是把工業發展擺在北韓，北韓比南韓進步富裕。當年南韓人均所得 82 美元，連迦納 179 美元的一半都不到，現在迦納的 2,130 美元只有韓國的 7%。60 年代，韓國時常派員去巴基斯坦、菲律賓取經學習，因為巴基斯坦當時是世銀的「明星學生」，菲律賓則是僅次於日本的亞洲第 2 富國，現在巴基斯坦人均所得只有約 1,600 美元、菲律賓近 4,000 美元。

資料來源：摘錄自風傳媒 2020/05/27

本章結論

一國的經濟成長是指該國實質總產出或每人平均實質國民所得，隨著時間經過而持續不斷增加的現象。而經濟成長率是指實質國內生產毛額的年變動率。

一個國家的經濟要能夠持續成長，除了土地、人口和自然資源之外，首先必須累積足夠的資本，而資本有三種：實物資本、社會資本和人力資本。關於累積實物資本，政府應該要獎勵民間投資，透過減稅、免稅與投資扣抵等方式，減少民間投資的成本，增加廠商的投資意願。在累積社會資本的方面，政府應該致力於交通、水力、電力和電信等基礎建設，透過基礎建設的改善，以增進國家的經濟成長。最重要的是累積人力資本，我們可以透過教育訓練等方式，來提昇人力資本的水準。

其次是促進技術進步，政府可以補助高等研究機構從事基礎研究，或鼓勵學校與企業合作，將基礎研究轉成可應用於商業生產上，或透過抵稅及獎勵的方式，鼓勵廠商直接從事與其生產有關的研究與發展。

此外，開放自由的制度對經濟成長亦有不容忽視的影響。制度泛指一個社會的遊戲規則，大家遵守遊戲規則，才能維護 此的利益，提高經濟效率。另外，完善的法規制度和保障智慧財產權也很重要，因爲如此才能鼓勵人民進行發明創新活動。關鍵創新通常伴隨著新產業的出現，可以爲國家經濟帶來新一波的榮景。

最後，政治不穩定是阻礙經濟成長的最大因素，穩定的政治能夠保持政策的一致性，不會因爲改朝換代一切重來，企業才能進行長期投資計劃，也才能吸引國外的資金投資本國。

NOTE

17

國際貿易

本章綱要

中美貿易戰對臺灣的衝擊！

中美貿易戰，不只是兩國之間喬好就好了，一旦真的大打出手，其他亞洲經濟體，特別是臺灣，恐怕會受到很大衝擊。

以 2015 年的數字來看，中國對美國的出口，其中有近 37% 都是自其他國家進口的中間產品所組成。隨著貿易衝突升溫，在供應鏈扮演中間產品的經濟體，一定會遭受到嚴重打擊。

典型的例子就是 iPhone 的生產，中國使用從臺灣、南韓進口的晶片、此外還有日本的技術，加上美國的設計，才組裝成 iPhone。表面上看起來是中國出口到美國，但實際上，

17.1 何謂國際貿易

國際貿易是指跨越國境的財貨交易，它是一個重要的經濟活動，有助於國家之間的經濟發展和國際關係。而當一國所生產的財貨能夠完全自給自足，不須透過國際貿易的方式，我們稱之爲封閉性經濟（closed economy）；相反的，當一國所生產的財貨無法自給自足，或是生產過剩，必須透過國際貿易時，則稱之爲開放性經濟（open economy）。

國際貿易對很多國家來說是國民生產總値的一個重要部分，進出口貿易可以調節國內生產要素的使用率，可藉由國際間的供需關係，進而調整經濟結構，增加財政收入等。雖然國際貿易已有悠久歷史，但隨著交通、工業化、跨國企業以及全球化等概念和運作上急速發展，國際貿易對國際的政治、經濟與文化都帶來了根本的改變。

世界各國對國際貿易有著迴異的看法，已開發國家及跨國企業視國際貿易爲國際間資源的更有效分配和利用，造福各國人民；然而，另一方面，開發中國家以及非政府組織則認爲國際貿易存在著權力上的不平衡，使已開發國家得以透過國際貿易對開發中國家進行剝削。

臺灣、南韓、日本、中國與美國本身都在供應鏈裡頭。電腦晶片等關鍵零組件是最容易受到貿易動盪影響的產品之一，如果中美貿易戰加劇，恐怕臺灣也不妙。中國製造的智慧型手機和其他電子用品，零組件的主要供應商就是臺灣，且許多終端產品都是銷往美國的，根據 Capital Economics 的數據，這大概佔了臺灣 GDP 將近 2%。

資料來源：摘錄自天下雜誌 2018/06/29

解說

國際貿易日趨熱絡，全球貿易的廣泛連結，一直以來，自由貿易為個別國家帶來好處，貿易的結果，進口財貨的價格會下跌，而且消費的選擇機會增加；所以，自由貿易基本上會產生。但基於保護主義者的論調，個別國家可能採行一些限制貿易的措施。在本章中，我們先探討國際貿易存在的可能性。再介紹關稅與配額如何限制貿易量，最後對關稅與配額政策進行經濟分析。

雖然國際貿易的發生，帶給參與的經濟體更高的利益，但仍有許多人依然認爲國際貿易有其危險性，例如，這幾年電視劇以及電影流行「韓流」，韓國影星當道，有人認爲這影響了臺灣本國藝人的演出機會，他們認爲播放韓劇的時段跟時間應該有所限制。可是 1990 年代臺灣的電視連續劇橫掃韓國，中國大陸以及東南亞各國時，國人卻不認爲外國應該限制電視播放台劇的時段。國際貿易是否應加以管制？又有哪些管制的方式？以及它們的效益與成本在哪裡？這些都是值得深思的問題。

如果世界上的國家，各種財貨的需要與供給條件均相同時，財貨的價格就不會產生差異，國際貿易就不至於會發生。如果相同的需要及供給條件，分別可用相同的社會無異曲線與生產可能曲線來替代時，以下將透過圖 17.1 說明無法產生國際貿易的理由。圖 17.1 中，T_HT_H 與 T_FT_F 分別代表國內與國外的生產可能曲線，而 I_H 與 I_F 則分別代表國內及國外的社會無異曲線。

在已知的相同價格線下，從兩國的生產可能曲線可知本國生產較多的 Y 財貨，外國則生產較多的 X 財貨，兩國呈現生產上的差異。但同時由兩國的 I_H 及 I_F 社會無異曲線可得知本國的消費偏好傾向於 Y 財貨，而外國的消費偏好則傾向於 X 財貨。結果造成生產差異抵消了消費上的差異，使得兩國之間的 X 財貨及 Y 財貨自給自足的價格比例呈現相等，即 X 財貨及 Y 財貨的價格比例在兩國的市場上是相同的，價格線的斜率是一樣。

在這樣的情況下，兩國不需要從事貿易往來作爲人們的供需調整，自然也不會產生國際貿易。

但現今的世界裡，很難找到一個國家或地區，其人民生活所需的財貨能夠完全地自給自足。之所以如此，可能是氣候以及地理環境的差異，或是生產原料的分佈不平均，抑或是專業分工上的差異所致。然而，國際貿易發生最直接的原因在於財貨存在著價格的差異，部分歸因於生產過多或不足所衍生出的貿易。

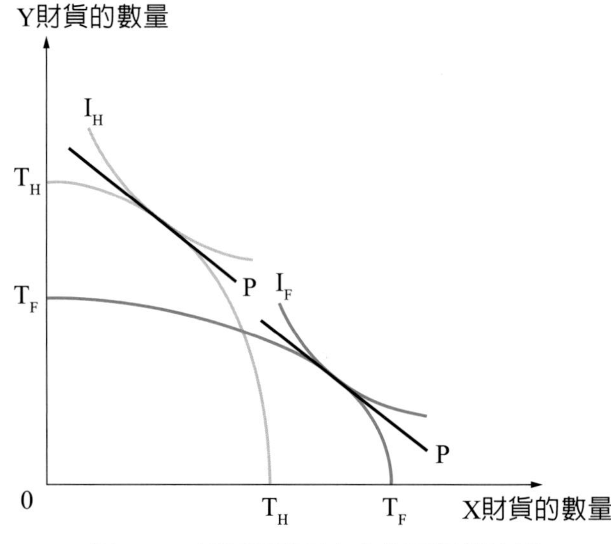

圖 17.1　兩國間商品存在相同價格比例

一般而言，當某一財貨的價格在外國比在本國高時，本國可出口此財貨而獲利；反之，當某一商品價格在外國比在本國低時，本國可藉由進口此財貨而獲取利潤。因此，當國與國之間的財貨價格存在差異時，國際間就會有貿易行爲發生。

知識補給站　世界貿易組織

世界貿易組織（World Trade Organization，縮寫為 WTO）是負責監督成員經濟體之間的各種貿易協議得以執行的一個國際組織，前身是 1948 年起實施的關稅及貿易總協定的秘書處。WTO 的總部位於瑞士日內瓦，現任的總幹事是羅伯托．阿澤維多。

截至 2016 年 7 月 29 日，世界貿易組織共有 164 個成員。WTO 的職能是調解紛爭，加入 WTO 不算簽訂一種多邊貿易協議，但其設置的入會門檻可以作為願意降低關稅和法政上配合及參與國際貿易的門票，它是貿易體制的組織和法律基礎，是衆多貿易協定的管理者，各成員貿易立法的監督者，是就貿易提供解決爭端和進行談判的場所。該機構是當代最重要的國際經濟組織之一，其成員之間的貿易額占世界貿易額的絕大多數，因此被稱為「經濟聯合國」。

資料來源：維基百科

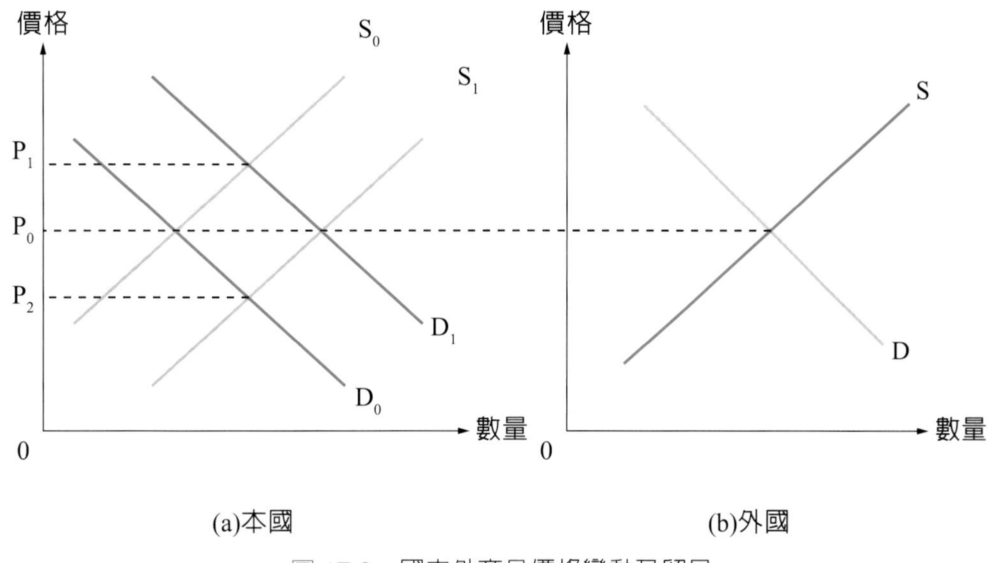

圖 17.2　國內外商品價格變動及貿易

接下來，用圖 17.2 來說明當國內及外國財貨價格的不同，產生國際貿易活動的情況。假定某財貨的價格分別由兩國對此商品的供需條件所決定。如果兩國商品市場的期初價格同在 P_0 水準。現在假設本國所得提升對此財貨之需求增加，使得需求曲線由 D_0 向上移至 D_1，均衡價格由 P_0 提高至 P_1。

商品的價格在國與國間的差異提供了貿易上的誘因，本國會增加此財貨的進口，外國則增加此財貨的出口。隨著國內對此財貨的進口，此商品的供給曲線由原先的 S_0 向右移動至 S_1，價格下跌。當均衡價格下降至 P_0 時，貿易無法再產生利益時，進口商則會停止進口。又或者我們可以假設本國因技術提升，生產成本下降，供給曲線由 S_0 向右移動至 S_1 時，均衡價格由 P_0 下降至 P_1，提高了本國廠商的國際競爭力，增加出口而獲利。

當一個經濟體的出口值大於其進口值時，稱該經濟體處於貿易順差（trade surplus）；反之，當一個經濟體進口值大於出口值時，稱它有貿易逆差（trade deficit）。一個經濟體的出口總價爲減去進口的總價值，稱爲貿易餘額（balance of trade）。在一個經濟體有貿易順差時，它的貿易餘額爲正，稱它爲淨出口國（net exporter），當一個經濟體有貿易逆差時，它的貿易餘額爲負，稱它爲淨進口國（net importer）。

國際貿易的往來，價格與成本是重要的考慮因素，但絕非是唯一的因素。在經濟理論之中，針對貿易的主張論點以絕對利益法則（absolute advantage rule）及比較利益法則（comparative advantage rule）最爲有名，茲在下一節予以介紹。

時事小專欄

美日德急求助
全球瘋搶臺灣半導體

美日德缺晶片向臺灣求援

彭博（Bloomberg）以「全球危險地依賴臺灣半導體」（The World Is Dangerously Dependent on Taiwan for Semiconductors）為題報導，臺灣在全球經濟扮演的角色在過去大多沒能引起注意，直到近來因汽車產業用於停車感應至減少廢氣排放等各方面的晶片缺貨，臺灣才嶄露頭角。由於德國福斯汽車（Volkswagen AG）、美國福特汽車（Ford Motor Co.）及日本豐田汽車（Toyota Motor Corp）等汽車製造商被迫停產且工廠停擺，臺灣的重要性瞬間變得不容忽視。科技與地緣政治專案主任克雷恩豪斯（Jan-Peter Kleinhans）表示，透過主導美國研發委外晶片製造模式，臺灣可說是整個半導體價值產業鏈最重要的關鍵。

這並不是說，臺灣是半導體產業供應鏈的唯一要角，美國仍居主導地位，尤其是在晶片設計與電子軟體工具；荷蘭艾司摩爾（ASML）壟斷製造先進晶片的設備；日本則是相關設備、化學藥劑的主要供應國。但是當重點轉換至體積更小，需要更節能又強而有力的晶片，台積電在這個領域可說是獨佔鰲頭，並且為臺灣打造一個以台積電為中心的產業生態，包括日月光公司是全球最主要的晶片封裝廠；而聯發科成為全球最大的智慧型手機晶片組供應商。法國智庫蒙田研究所（Institut Montaigne）亞洲計畫主任杜懋之（Mathieu Duchatel）表示，「臺灣是中國安全政策的重心」，但臺灣在全球晶片供應鏈中具有「重大的戰略價值」，這也是臺灣得以防止中國進犯的主因。彭博的報導提到，中國迫使全世界避免與臺灣打交道之際，各國領袖卻正體認到他們對於臺灣的依賴程度。

資料來源：摘錄自中央通訊社 2021/02/15

17.2 絕對利益與比較利益

一、絕對利益法則（Principle of Absolute Advantage）

前節說明了在兩國之間如果各種財貨之生產函數均相同時，不會產生國際貿易。接下來，本節將以兩國之間的生產函數不同的情況下，探討國際貿易存在的可能性。以下我們將介紹兩個代表性的貿易理論：亞當．斯密的絕對利益法則及大衛．李嘉圖的比較利益法則。

18 世紀蘇格蘭經濟學家亞當．斯密提出有關國際貿易的理論稱爲絕對利益法則，這一法則提供了解釋爲什麼國家之間進行國際貿易，可以使每個國家更富裕的基本原則，依據此一法則，貿易的發生是由於兩個經濟體在生產方面的專長不同，每個經濟體利用自己的專長去生產擅長的財貨，然後再透過貿易，與其他的經濟體進行交換或交易，絕對利益法則基於以下幾個前提假設之下得以成立：

1. 勞動是唯一的生產要素，各國在不同財貨上的生產技術不同，各國存在勞動生產力上的絕對差異。
2. 各國皆處於完全競爭市場，不存在運輸成本及關稅。
3. 勞動可在國內自由移動於各部門之間，但無法在國家之間移動。

亞當．斯密認爲一國應該要生產在成本上最具優勢的財貨，並且出口作爲交換外國其他較爲便宜的財貨。換言之，各國應該專門生產並出口具有絕對利益的財貨，不應該生產絕對不利益的財貨。接下來我們分別以單位產出投入及勞動生產力的角度，來說明臺灣與美國在絕對利益法則上的貿易選擇。

表 17.1　絕對利益法則（生產一單位所需的勞動小時）

	臺灣	美國
食品 (小時 / 單位)	2	5
衣服 (小時 / 單位)	4	1

在表 17.1 中，臺灣與美國生產一單位的食品分別需投入 2 小時與 5 小時；臺灣與美國生產每一單位的衣服分別需投入 4 小時與 1 小時。依據絕對利益法則，臺灣應生產食品，美國應生產衣服。因爲臺灣生產食品的投入係數爲 2，小於美國的 5；美國生產衣服的投入係數爲 1，小於臺灣的 4。

表 17.2　絕對利益法則（勞動 1 小時的產出量）

	臺灣	美國
食品 (單位 / 小時)	2	1
衣服 (單位 / 小時)	1	5

又依勞動生產力的角度來看，由表 17.2 知，在臺灣，每 1 小時的勞動可生產 2 單位的食品或生產 1 單位的衣服，而在美國，每 1 小時的勞動可生產 1 單位的食品或生產 5 單位的衣服。依據絕對利益法則，臺灣應生產食品，美國應生產衣服。因爲臺灣生產食品的勞動生產力爲 2，大於美國的 1；美國生產衣服的勞動生產力爲 5，大於臺灣的 1。

在上述的例子裡，臺灣與美國分別在農產品（食品）及工業產品（衣服）各具有絕對利益，絕對利益法則強調自由貿易的好處，並認爲通過專業化和國際貿易，每個國家都能夠在全球經濟體系中受益，從而實現更高的生產效率和更豐富的生活水準。這一法則也爲後來的比較利益法則提供了基礎，後者更強調機會成本和相對利益。

然而若按照絕對利益法則，在某些國家之間不可能發生國際貿易。例如美國與法國在農業及工業上，都是高度發展的國家，與某些發展落後的國家之間，就不會發生國際貿易。因爲美國與法國不管在農產品及工業產品與這些國家比較起來，均具有絕對利益的優勢。但美國與法國兩國及這些發展落後國家之間依然有貿易，顯然亞當．斯密的絕對利益法則無法解釋現實的國際貿易活動。於是大衛．李嘉圖提出比較利益法則以解決這樣的疑問。

二、比較利益法則（Comparative Advantage Rule）

與絕對利益法則一樣，比較利益法則也有以下幾點的假設，分別爲：

1. 勞動是唯一的生產要素，且勞動力爲充分就業狀態。
2. 兩個國家，只生產兩種財貨。
3. 勞動可在國內移動，但在國際間則否。
4. 商品市場及生產要素市場均爲完全競爭市場。
5. 兩國之間沒有運費及關稅的貿易障礙存在。

相較於亞當．斯密主張絕對利益是國際貿易的基礎，大衛．李嘉圖則認爲比較利益才是國際貿易的基礎。因此，即使一國在各產品的生產技術都遜於他國，只要比較不利益程度有別，其仍可出口技術比較不利益程度較低的產品，以交換技術比較不利益程度較高之財貨的進口。換言之，一國在生產某產品時具有比較利益，表示該國在生產此類財貨時所需的機會成本較他國爲低，則該國應該專業化生產該財貨。與前述的絕對利益法則一樣，以下我們以臺灣與美國的例子來做說明：

表 17.3　比較利益法則（生產一單位所需的勞動小時）

	臺灣	美國	臺灣勞動生產力相對於美國勞動生產力
食品 (小時 / 單位)	2	5	2.5
衣服 (小時 / 單位)	1	2	2
食品的機會成本	0.5	0.4	

在表 17.3 中，臺灣與美國生產 1 單位的食品分別需投入 2 小時與 5 小時；臺灣與美國生產 1 單位的衣服分別須投入 1 小時與 2 小時。不管是食品或衣服，臺灣皆處在絕對利益，美國則皆爲絕對不利益。

如果依據絕對利益法則，美國應從臺灣進口食品與衣服。但依據大衛·李嘉圖的比較利益法則，在這兩種財貨之間存在著絕對利益與絕對不利益之程度上有所差別，臺灣在食品的生產力相較於衣服爲高（2.5 大於 2）。因此，我們可以說臺灣在食品或衣服的生產均享有絕對利益，但在食品的生產方面有比較利益存在。而另一方面，美國雖然在食品或衣服生產條件均處在絕對不利益，但在衣服的生產卻有比較利益，因爲機會成本較低（0.4 小於 0.5）。

（一）貿易條件的決定

貿易條件（terms of trade，TOT）是指一個國家的出口品價格指數對其進口品價格指數的比率，或一國輸入一單位進口品與該國所需輸出之出口品數量的比率。而所謂的均衡貿易條件（equilibrium terms of trade）是指：能使兩國願意出口與願意進口之數量相互均等的出口品價格指數對進口品價格指數的比率（或進口財貨對出口產品的實物交換比率）。

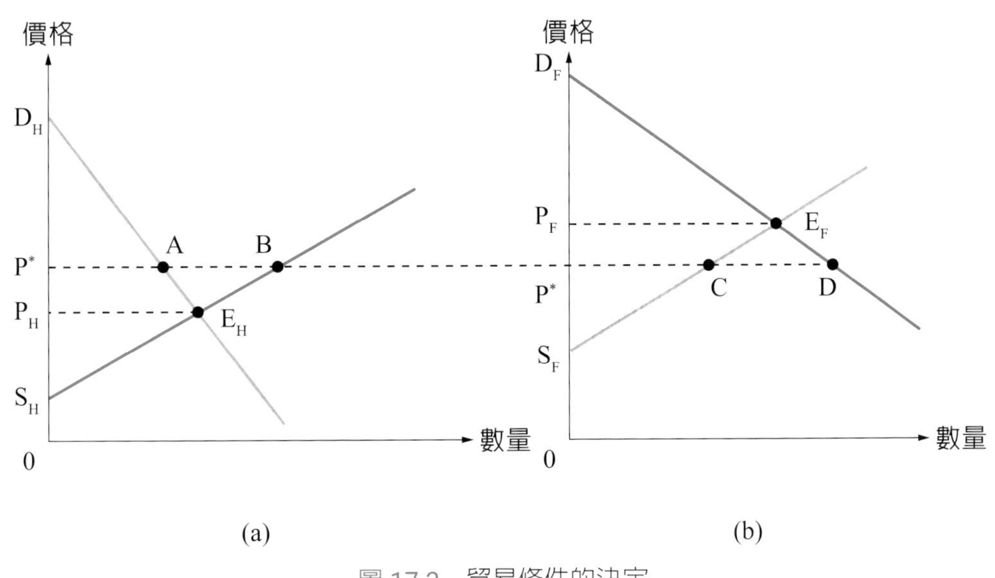

圖 17.3　貿易條件的決定

以圖 17.3(a) 與 (b) 來說明兩國貿易條件的如何決定，假設兩國採用同一貨幣作爲貿易價格的計算。圖 17.3(a) 與 (b) 分別代表本國及外國的市場。假設本國的貿易財貨爲電子產品。在國際貿易發生前，本國電子產品市場的均衡價格在 P_H，均衡點爲 E_H。而貿易對手國的電子產品市場的均衡價格爲 P_F，均衡點爲 E_F。但外國電子產品價格較本國電子產品價格爲高。

在國際貿易發生後，本國出口電子產品到國外，外國則開始進口電子產品。在國內的電子產品的價格因出口增加而上升；貿易對手國也因爲大量進口電子產品，國外市場價格則呈現下降。

當兩國在新的均衡價格水準（P^*）時，表示兩國的電子產品價格必須一致，而且本國電子產品的出口量等於對手國工業產品的進口量。當價格水準在 P^* 下，外國的電子市場會產生 $\overline{CD}$ 的超額需求，此一起超額需求的缺口將會由進口來加以填補，另一方面，本國會產生 $\overline{AB}$ 的超額供給，此一超額供給將會以出口的方式解決國內生產過剩，透過貿易改善兩國在商品的生產及消費的問題。

如果以社會福利效果的概念也可比較貿易前後所產生的利益，以圖 17.3(a) 與 (b) 爲例，在國際貿易發生之前，本國的社會福利（= 生產者剩餘 + 消費者剩餘）爲△ $D_HE_HS_H$ 面積，在國際貿易發生之後的國內社會福利效果（= △ $D_HE_HS_H$ + △ AE_HB）會多出△ AE_HB 面積，所增加的剩餘是來自消費者剩餘的減少（= ⏢ $P_HP^*AE_H$）及生產者剩餘的增加（= ⏢ $P_HP^*BE_H$）的差額。換言之，國際貿易的結果出口國的社會福利效果增加，生產者剩餘也增加，但消費者剩餘卻減少。

另一方面，進口國家在國際貿易發生前，社會福利效果（= 生產者剩餘 + 消費者剩餘）爲△ $D_FE_FS_F$ 面積，在國際貿易發生之後的外國的社會福利效果（= △ $D_FE_FS_F$ + △ CE_FD）會多出面積，所增加的剩餘是來自消費者剩餘的增加（= ⏢ $P_FP^*DE_F$）與生產者剩餘的減少（= ⏢ $P_FP^*CE_F$）之差額。換言之，國際貿易的結果使得進口國的社會福利效果增加，生產者利餘減少，但消費者剩餘卻是增加了。

因此，國際貿易使得不管出口國家或是進口國家的社會福利效果都增加了。只不過，就出口國而言，其主要的受惠者爲生產出口品的生產者；反之，就進口國而言，其主要的受惠者，爲消費進口品的消費者。

17.3 貿易障礙與貿易管制

貿易障礙（Trade Barriers）是指一個國家或地區實施的政策、法規或措施，對進口和出口商品和服務進行限制或干擾，從而對國際貿易產生負面影響。貿易障礙的目的可以是多種，包括保護國內產業、確保食品安全、保護消費者權益，或應對國際競爭等。貿易管制（Trade Regulations）則指的是政府實施的法規和規定，用於監管和管理國際貿易活動，以確保遵守法律、保護消費者、確保商品的質量和安全等。貿易管制的目的是維護公共利益，但它們通常不是為了創造貿易障礙，而是為了確保貿易活動的合法性和透明性。

在國際貿易與經濟發展的過程裡，有許多管制國際貿易的主張被提出來，不管這些管制國際貿易的主張，在有些經濟學家的眼裡看起來多麼的似是而非，限制自由貿易都是一種既存的現實。因此，有必要對一些常見的限制貿易的主張作一個回顧。

（一）幼稚產業理論

新興產業可能在初期面臨劣勢，包括技術、規模經濟和資本方面的不足，使其難以在國際市場上競爭。這一理論認為，新興產業可以通過時間和積累來提高效率和競爭力。幼稚產業理論主張，為了使本國剛開始萌芽的產業也有機會發展，一國有必要採取關稅或是非關稅的貿易障礙，來保護本國剛開始萌芽的產業，直到其有能力與外國的廠商競爭為止。這些政策旨在保護新興產業，使其有機會發展和成熟。

根據這一理論，雖然政府保護可能在初期增加生產成本，但這是為了實現長期經濟效益，一旦新興產業變得競爭力強大，它們可以成為國家經濟增長的引擎，創造就業機會並提高國際競爭力。雖然幼稚產業理論在某些情況下可能有助於國家發展新興產業，但也存在一些爭議。其中一個爭議是關於政府如何有效地選擇和支持幼稚產業，以及何時結束保護措施。此外，保護主義政策可能導致不必要的浪費和資源分配不當。因此，實施幼稚產業政策需要謹慎的規劃和評估。

（二）保護就業理論

一國的出口則是另一國的進口，因此，一國的貿易順差則為另一國的貿易逆差。出口與順差意味著本國所得與就業的增加；相反地，進口與逆差意味著本國所得與就業的減少。如果只以本國的利益為最大考量，可採取關稅或是非關稅的貿易障礙來減少進口，增加順差或是減少逆差，使本國的就業與所得提高。

（三）保護工資理論

保護工資理論認爲，當一個國家的工資水準遠高於其他國家時，該國的企業可能受到不公平競爭的影響。低工資國家的企業可以以更低的生產成本生產商品，這可能導致高工資國家的工作機會減少。一個國家可能會實施保護工資政策，以確保其工人不受到來自低工資國家的競爭的不利影響。這可以透過立法要求進口商品的生產國必須支付符合一定標準的工資，或者通過關稅來增加進口商品的價格。然而，保護工資理論也存在一些爭議。一些經濟學家認爲，這種政策可能對國內消費者不利，因爲它可能導致進口商品價格上升，進而提高生活成本。此外，它也可能引發貿易衝突，因爲其他國家可能會對國內出口商品實施報復性措施，對國際貿易關係造成不穩定。

（四）國際收支理論

如果一國處於經常帳逆差的狀況，則該國很容易傾向於以關稅或是非關稅的貿易障礙來減少進口，進而達到迅速有效地改善經常帳逆差的目的。

（五）反傾銷理論

反傾銷是指一個國家的生產者或出口者將其產品以低於國內市場價值或低於生產成本的價格出口到其他國家，這可能對其他國家的本土產業造成損害。爲了確定傾銷是否發生，通常會進行價格比較。傾銷定價的目的通常是搶佔國際市場份額，擴大出口，或在競爭中排擠其他國家的產品。

這種行爲可能導致國內產業的損害，例如失去市場份額、減少利潤和失業。當一個國家懷疑其他國家的傾銷行爲損害了本國產業時，它可以實施反傾銷措施，例如徵收反傾銷關稅或實施反傾銷措施來阻止這種行爲。這些措施旨在恢復公平競爭。世界貿易組織（WTO）制定了關於傾銷的規則，以協調並確保反傾銷措施的合法性和公平性。WTO的反傾銷協定提供了對反傾銷措施的指導，以確保其不濫用或損害國際貿易體系。反傾銷案例通常引發國際爭議，因爲確定傾銷是否發生以及如何應對傾銷是複雜的任務。

（六）流血輸出理論

對於出口國而言，出口商品的製造需要耗費其自然資源，某些自然資源可能無法再生或是無法在短期內回復。更有甚者，如果出口國家的工資水準，相對而言，極爲低廉，很容易讓出口國家的盲目愛國之士認爲，以其國家的廉價勞力結合珍貴不可恢復的資源耗損而創造出來的出口，是一種流血輸出的行爲。這些貿易限制的論點牽涉到層面十分複雜，且極容易引發貿易對手國採行報復的措施（retaliatory action）。

時事小專欄

歷經 4 年半！
英國脫歐貿易協議拍板

英國與歐盟《自由貿易協定》耶誕夜報佳音

耶誕夜報佳音！號稱史上最複雜「離婚」過程的英國脫歐（Brexit）24 日出現重大突破，英國與歐盟歷經漫長、艱苦的談判，終於達成一項《自由貿易協定》。英國在今年 1 月 31 日脫離歐盟，但仍暫時留在歐盟的單一市場與關稅聯盟，期望今年 12 月 31 日之前談成協定。如今距離英國與歐盟「經貿分家」大限只剩一個星期，協定總算出爐。

在長達 11 個月的談判中，雙方最大的分歧在於 3 項議題：公平競爭規則、爭端解決機制、英國海域的漁權。漁業雖然占英國與歐盟經濟產值比重並不高，但政治意義重大，也導致漁權談判分外棘手。

未來英國將在攸關商品競爭力的社會、環境、國家補助與勞動法規上，儘可能依循歐盟的法規與標準，以免傷害歐盟成員國的競爭力。雙方一旦發生爭議，將訴諸仲裁程序解決。

英國在 1973 年 1 月加入歐盟，2016 年 6 月 23 日透過公投決定脫離歐盟。脫歐支持者深信，如此可以拿回國家主權、恢復政策自主性，不再受歐盟羈絆；反對者則擔心脫歐將重創英國經濟，大幅削弱英國的國際地位。

歐盟是一個 4 億 5,000 萬人的龐大市場，英國是全球第 5 大經濟體（在歐洲僅次於德國）。歐盟是英國最重要的貿易夥伴，2019 年英國對歐盟出口 2,940 億英鎊（佔比 43%），從歐盟進口 3,740 億英鎊（佔比 52%），商品逆差 970 億英鎊，服務業順差 180 億英鎊，整體逆差 790 億英鎊。

而自由貿易協定（Free Trade Agreement，FTA）是兩國或多國、以及與區域貿易實體間所簽訂的具有法律約束力的契約，目的在於促進經濟一體化，消除貿易壁壘（例如關稅、貿易配額和優先順序別），允許貨品與服務在國家間自由流動。這些協定夥伴國，會組成自由貿易區。來自協定夥伴國的貨物，可以獲得關稅減免優惠。無論在進口還是出口國，自由貿易協定均有助於簡化海關手續。當協議國間存在不公平貿易慣例時，自由貿易協定可以協助貿易商進行補救。

資料來源：摘錄自風傳媒 2020/12/25

17.4 關稅與配額的經濟分析

傳統的貿易理論大多強調自由貿易可以帶來的貿易利得，但可能基於保護國內幼稚產業、維持國際收支平衡與獲取關稅收入，或甚至基於國家安全等非經濟理由，大多數的政府多希望能對貿易作某一程度的管制。在傳統的貿易管制措施中，以關稅與配額最爲常見，前者是管制價格，稱爲質的貿易管制（qualitative trade restriction）；後者爲管制數量，故稱之爲量的貿易管制（quantitative trade restriction）。關稅和配額是國際貿易政策工具，用於調節國際貿易流通。它們可以對經濟產生多種影響，這些影響取決於政策的設計和實施方式，以及相關的經濟背景。以下我們分別就關稅與配額做簡略的經濟分析。

一、關稅的經濟效果

小國因在國際市場的經濟影響力小，多爲價格的接受者（price taker），關稅的課徵並不會影響國際價格，故關稅將由其自行負擔，國內價格將隨關稅的課徵而做等額的上升。反之，大國可藉由進口關稅的課徵以減少進口量，進而迫使出口國降低售價，貿易條件因此改善，故關稅部分負擔落在出口國身上，因此進口國國內價格上漲的程度通常會小於關稅稅額。基於篇幅，以下本小節僅探討小國課徵關稅的經濟效果。

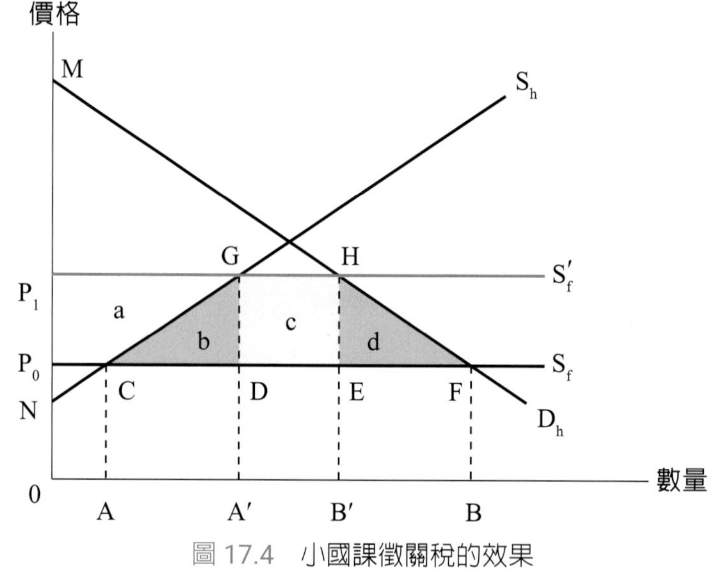

圖 17.4　小國課徵關稅的效果

假設本國爲小國，是國際市場的價格接受者，因此面對一出口供給彈性無窮大的世界供給曲線 S_f（見圖 17.4）。令國際價格爲 P_0。在自由貿易下，由於本國可從國外以 P_0 的價格無限量進口商品，故國內均衡價格必爲 P_0，此時國內供給量爲 OA，而需求量爲 OB，超額需求量 AB 的部分（= OB − OA）則由國外進口。這時消費者因此獲得△ P_0FM 的消費者剩餘（即消費者願意付的代價與其實際付出之間的差額），而生產者則可獲得△ P_0NC 的生產者剩餘（即生產者的營收與生產成本之間的差額）。

現若對進口品課徵關稅，由於本國為小國無法改變世界價格，故國際價格仍為 P_0，但國內價格則因每單位進口課以 t 元的從量關稅而上漲為 P_1（= P_0 + t）。國內供給量因此增加，由 OA 增為 OA'，但需求量則減少，由 OB 減為 OB'；因此進口量由 AB 減為 A'B'。由此可知，關稅政策具有減少進口競爭，鼓勵國內生產，有保護國內生產者的作用；同時關稅也因降低進口量而達到改善本國貿易收支的目的。這些結果支持了政府採取關稅所希望達到之保護國內生產者，改善國際收支，以及減少國內消費進口品的效果。

在社會福利效果方面，國內價格因關稅的課徵而上漲，故消費者剩餘從自由貿易下之△ P_0FM 減為△ P_1HM，共減少 a + b + c + d；但生產者剩餘則由△ P_0NC 增加為△ P_1NG，故增加 a，且政府有關稅收入 c（見圖 17.4）。綜合上述效果可知關稅亦具有所得重分配效果（redistribution effect），由國內消費者移轉到國內生產者與政府手中；其淨社會福利效果為 – (b + d)，亦即有淨損失（deadweight loss）。

為何課徵關稅會產生 b 與 d 兩個區域的損失？這可從進口量因關稅的課徵而減少的兩個部分（即 AA' + BB'）來觀察：

1. AA' 代表國內因供給增加而減少進口的部分

由於增加 AA' 的主產所需付出的成本（AA'DC+b），高於自國外進口的成本（AA'DC），可見國內的生產較無效率。而關稅的課徵等於保護了較無效率的國內生產者，以無效率的國內生產取代比較有效率的國外進口所造成的損失即是 b 的區域，故 b 為生產扭曲的損失（production distortion loss）。

2. BB' 代表國內總消費因關稅的課徵而減少消費的部分

消費者減少 BB' 的消費所減少的總效用為 BB'EF + d，但其所節省的消費支出僅為 BB'EF，換言之，減少 BB' 進口的淨損失為 d，故 d 代表著消費面扭曲的損失（consumption distortion loss）。

由上分析可知，小國課徵關稅對於廠商國內生產者所帶來的保護效果，事實上是以其國內消費者作為犧牲所換取而來的，況且保護較無效率的國內生產者也與大衛．李嘉圖所倡導的比較利益法則背道而馳，故整體而言，課徵關稅對於小國的社會福利有負面影響。

二、進口配額的經濟效果

進口配額（import quota）是指進口國對於進口產品設定進口的限制，規定進口只能在該限制之內進口的一種管制措施。進口配額是非關稅貿易障礙中最嚴格的一種政策工具。由於從數量管制起，故對價格的影響乃是間接的，此與關稅直接影響價格的情況並不相同。以下我們以圖 17.5 來說明進口配額的經濟效果。

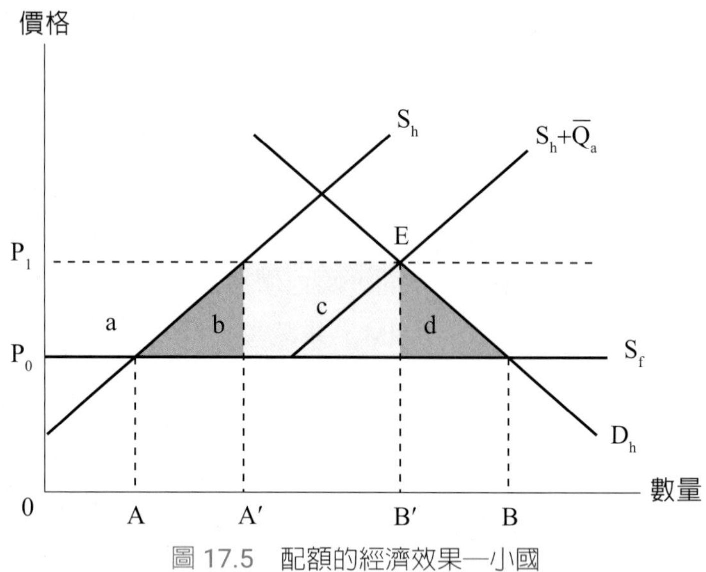

圖 17.5　配額的經濟效果—小國

在圖 17.5 中，令 D_h 與 S_h 分別表示本國對進口財的國內需求與供給曲線。若國際價格爲 P_0，則如圖 17.5 所示，在自由貿易下，本國國內的生產量爲 $\overline{0A}$，需求量爲 $\overline{0B}$，自國外進口量爲 $\overline{AB}$。

現若本國基於保護國內產業的理由，採取進口配額政策，只允許本國自國外進口 $\overline{Q_a}$。在這種情況下，本國國內對可進口財的總供給線（亦即國內供給加上進口配額），將由 S_h 水平右移 $\overline{Q_a}$，移至 $S_h + \overline{Q_a}$。總供給線與本國需求線的交點 E，決定新均衡點，國內價格由 P_0 漲至 P_1，此時，本國福利效果如下：

消費者剩餘	$-(a+b+c+d)$
生產者剩餘	$+a$
配額租	$+c$
淨損失爲	$-(b+d)$

爲得注意的是，如果進口配額由政府進行拍賣，拍賣所得爲圖 17.5 中矩形面積 C，我們稱此爲配額租（quota rent）；如果政府將配額租無條件分配給進口商，則配額租將由進口商取得，變成其超額利潤。不管配額租由政府或國內進口商取得，本國皆有兩個小三角形的淨損失（deadweight loss），即 b 與 d。此一結果與小國課徵關稅的效果相同，其中 b 之所以產生乃因本國利用進口配額保護較無生產效率的國內生產者，而 d 則

係因消費者必須付出更高的價格才能消費到商品所帶來的淨損失。

時事小專欄

輪胎美反傾銷課重稅

輪胎業者恐遭美國課反傾銷稅

美國商務部 2020 年 12 月 30 日表示，針對臺灣、韓國、泰國與越南的小客車與輕卡車輪胎的反傾銷調查結果，臺灣輪胎外銷將被課徵 52.42% 至 98.44% 反傾銷稅。

對此，經濟部國貿局表示，將儘速邀集相關公會及業者研商討論，協助爭取有利結果。我國國貿局表示，美國商務部針對我國小客車及輕卡車輪胎反傾銷初判，裁定我國產品之反傾銷稅率為 52.42% 至 98.44%，正新橡膠公司稅率為 52.42%，南港輪胎公司稅率為 98.44%，其他廠商稅率為 88.82%。

國貿局指出，美國商務部預計於 2021 年 5 月 14 日公告本案最後傾銷認定，之後將由美國國際貿易委員會針對受調查產品是否造成美國國內產業實質損害或有實質損害之虞，於 2021 年 6 月 28 日公告最後認定。如果美國商務部及國貿委員會都認定傾銷，則商務部將發出反傾銷稅課徵命令。我國國貿局表示，為協助業者因應後續調查程序，將儘速邀集相關公會與業者研商討論，以協助業者爭取有利的結果。

資料來源：摘錄自今日新聞 2021/01/01

三、傾銷與反傾銷

(一) 傾銷定義及種類

在不完全競爭市場中，廠商通常針對相同產品訂定不同的國內與國外銷售價格。一般而言，對不同消費者採取不同定價的作法稱爲價格歧視（price discrimination）。國際貿易中常見的歧視爲傾銷（dumping），即生產者出口產品的定價低於在國內的銷售價格。傾銷是一項具有爭議的貿易政策，它被普遍認爲是不公平措施，並受特別規範的制約。傾銷成立的條件有二。第一，產業必須爲不完全競爭，如此生產者才是價格的決定者而非接受者。第二，國內外市場必須能夠完全分割，以致國內消費者不易買回出口產品。

常見的傾銷有三類型：偶發性傾銷（sporadic dumping）、持續性傾銷（persistent dumping）與掠奪性傾銷（predatory dumping）。以下分別說明之：

1. 偶發性傾銷

所謂的偶發性傾銷是指出口商的傾銷行爲乃是短暫的、偶發的，其目的在消耗或調節過多的存貨。對進口國而言，此種傾銷對其國內消費者有利，且較不會造成國內出口商嚴重且持續性的傷害。

2. 持續性傾銷

持續性傾銷指的是出口商以低於國內售價或製造成本，在國外市場持續一段長時間的銷售。此類型傾銷通常會造成進口國國內生產者長久的、持續性的嚴重傷害故容易引起反彈與控告，而國內外需求彈性的差異是造成持續性傾銷的原因之一。由於在國際市場上替代品通常較多，出口商品的需求彈性往往高於出口國的國內市場需求彈性，因此出口商以低於國內的售價在國際市場上銷售，實乃出口商利潤極大的銷售策略，因此，在這種情況下的傾銷是否構成不公平貿易仍頗具爭議。

3. 掠奪性傾銷

所謂的掠奪性傾銷是指出口商以低於生產成本的價格在國外市場銷售。這種賠本銷售的目的在於迫使國外競爭對手退出市場，等競爭對手退出後，即可獨占市場，賺取獨占利潤。因此出口商在未來能否發揮獨占力量，賺取獨占利潤，且彌補過去傾銷的損失，實是此一策略能否成功的要件，也因此，掠奪性傾銷多半只是一種暫時性的策略。既然是暫時性策略，則競爭對手是否能在短期間內被擊倒，或擊倒後東山再起，也將影響出口商掠奪性傾銷策略的採行。

綜合上述，出口商之所以採取傾銷策略，其動機不外乎調節或消耗其過多的存貨，擴大海外市場佔有率，或迫使國外競爭對手退出市場。

（二）傾銷的控訴與反傾銷稅的課徵

出口國的傾銷行爲常被進口國視爲一種不公平的貿易（unfair trade）。面對此一不公平貿易，關稅及貿易總協定（General Agreement on Tariff and Trade，GATT）第六條允許進口國得課以反傾銷稅（antidumping duty）以反制之。反傾銷稅的大小以進口售價和其正常價值的差作爲上限，而所謂正常價爲，乃是指出口國國內相同產品的售價。但若出口國國內並未出售相同產品，則以輸往第三國的售價作為參考價格，若無參考價格，則以生產成本加合理銷售成本與正常利潤等所謂推算價格（constructed value）作為比較的基礎。

雖然進口國國內的生產者可針對傾銷出口商提出傾銷的控告，但傾銷案件一經提出後必須經過一段冗長的審查過程，才能做出最終裁定，對於傾銷所帶來的傷害可能緩不濟急，不過，即使傾銷案件不成立，提出控告的生產者仍可能藉此摸清楚競爭對手的成本結構，有助於知己知彼，提昇未來競爭力。

從被控告者立場而言，被控傾銷的出口商在反傾銷稅未判定前，雖未必產生立即的影響，但在生產與出口策略上都將受到牽制；一旦反傾銷被判定成立，其影響則視傾銷稅率而定。從出口商的角度來觀察，傾銷案的提出未必對出口商不利，以半導體為例，傾銷就像是個「穩壓器」，當記憶體產品價格過低時，傾銷案的提出，可刺激價格上漲，有助於生產者獲取合理利潤，維持健康的財務結構。

本章結論

在這一章中，我們學到了為什麼貿易為大衆帶來好處：由於貿易的結果，進口財貨的價格會下跌，而且消費的選擇機會增加；所以，自由貿易基本上會產生。

我們同時也瞭解到，一個經濟體不一定要在某項財貨的生產上具有絕對的利益才會產生貿易；而只要它專注於生產具有比較利益的產品，一樣會產生貿易利得。雖然如此，限制自由貿易仍是一個既存的事實。這些常見的限制貿易主張，其可能立基於包括保護幼稚產業、保護就業、保護工資、國際收支、反傾銷與流血輸出等。

而本章也討論了關稅與配額等最常見的限制自由貿易措施，並簡略分析了其可能帶來的經濟影響。本章所涵蓋的層面在於經濟體間財貨的實物交易，但經濟體間的互動，並不僅只於實物面，應該還包括金融面。在下一章中，我們將針對經濟體間在金融面的互動，作一介紹。

NOTE

18

國際收支與匯率

本章綱要

18.1 緊密的國際金融
18.2 國際收支
18.3 匯率制度
18.4 匯率和外匯市場
18.5 購買力平價

肺炎金融危機來襲

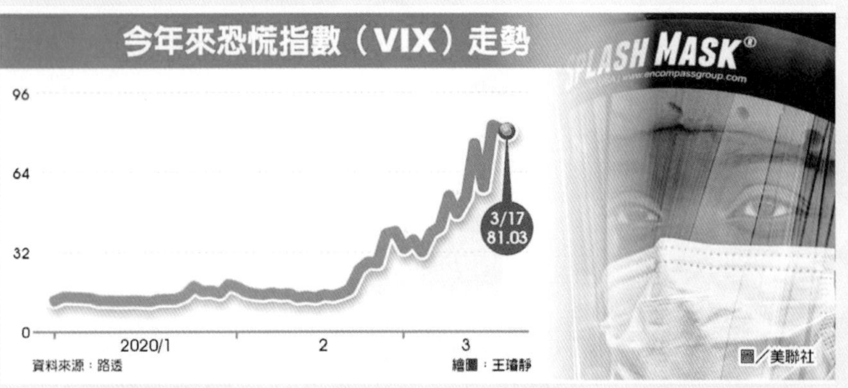

由於新冠肺炎疫情延燒，全球金融市場急轉直下，美國聯準會連番緊急降息仍無法穩住市場信心，道瓊工業指數週一狂洩近 3,000 點，創史上最大單日跌點，跌幅則是 1987 年股災以來最慘，週二原本開盤還漲 600 多點的道瓊指數，還是抵擋不住恐慌性的賣壓，由紅翻黑，盤中更跌破 2 萬點關卡。

18.1 緊密的國際金融

在過去 20 年裡，全球貨幣與金融市場上發生了一連串重大事件，諸如巴西、阿根挺和南韓等開發中國家及新興經濟體的貨幣價值大幅波動；歐洲貨幣統一的爭議；美國接受的國外直接投資屢創新高。此外，中歐和東歐的國家已發展出金融和貨幣體系；東南亞國家和俄羅斯也經歷高度不穩定的成長，伴隨發生數次金融危機和經濟成長的大幅下滑；2007 年中至 2009 年初，美國的「次級房貸風暴」引發全球金融危機並造成經濟大蕭條以來最嚴重的景氣衰退，2010　2012 年間又遭逢「歐債危機」，以及 2013 年初美國「財政懸崖」問題及 2019 年新冠肺炎疫情在全球快速蔓延，並引發新一波全球金融危機。

為因應「歐債危機」及「次級房貸風暴」對全球金經濟與金融的重大衝擊，美國 Fed、日本央行、英國央行及歐洲中央銀行紛紛採取量化寬鬆貨幣政策，引發「以鄰為壑」的爭議，主要國家間的「貨幣戰爭」方興未艾。

更令市場關注的是，恐慌指數更升破 80 點，超越 2008 年金融海嘯，BMO 策略師直言，全球正深陷 2020 肺炎金融危機。高盛發表報告稱，由於中國官方公布的 2020 年 1～2 月多項宏觀數據都創下歷史新低，因此將中國 2020 年第一季 GDP 增速預期由原本的 2.5% 大幅下調至 −9%。

美國方面，經濟專家警告，受疫情大幅衝擊，美國家庭、企業與投資人都應做好經濟將急遽轉疲的準備。穆迪目前預測美國第一季與第二季經濟年成長率將分別萎縮 1.6% 與 2.5%。不過下半年有望反彈，至於 2021 年經濟成長率料將超過 3%。穆迪首席經濟學家贊迪（Mark Zandi）指出，美國經濟上半年將因疫情重創而陷入負成長。但隨著疫情下半年可能受到控制，經濟可望緩步恢復運行。

資料來源：工商時報 2020/03/18

解說

緊密連結的國際經濟，全球金融體系已連成一體，任何地區的重大危機均難免波及到其他地區，任何開放經濟體制下的國家均無法免除市場「全球化」所帶來的機會與風險，國際金融已是一個重要課題。本章將介紹外匯市場、匯率、國際收支帳與匯率制度等，讓學生具備一些國際金融相關基礎知識。

又近年來，有愈來愈多的個人與企業將其事業與投資範圍擴展到國際間，使得全球貨幣與金融市場的動向日益重要，所以，有必要對國際金融市場做一了解，因此，本章擬將概略介紹國際貨幣與金融的相關知識，進而讓讀者可應用於分析世界貨幣與金融系統的運作，協助我們更深入瞭解近年來全球經濟所發生的重大事件。

知識補給站　星巴克分店指數

星巴克分店指數是由美國《商業週刊》專欄作家丹尼爾·葛洛斯（Daniel Gross）提出的，星巴克分店指數認為：一個國家星巴克連鎖分店愈多，受金融危機傷害的程度愈高。

葛洛斯指出，過去幾年，星巴克伴隨美國房市榮景而大肆擴張版圖，星巴克在美國大城市、尤其是金融中心紐約的分店密集度，多得令人咋舌，光是紐約曼哈頓一地，星巴克便開了二百家分店。此外，全美各地城市郊區甚或偏遠城鄉，也不難看到星巴克的身影。

然而，如同美國房市，星巴克的分店數在 2006 年春天創下新高後，也隨之反轉崩跌。和美國情況相似的還有這次在金融危機中受波及比較嚴重的幾個國家，譬如英國，其星巴克分店達到 689 店，光是倫敦便有 256 家，法國首都巴黎也有 35 家分店；另外，在這次金融危機中有「亞洲冰島」之稱的南韓也有 253 家星巴克分店。

與此相對應，星巴克分店進駐比較少的國家在金融風暴中受到的影響也比較小：僅在埃及有 3 家星巴克分店的非洲，在這次的經濟危機中受傷輕微；同樣，對中南美洲的影響也還好，巴西全國僅有 14 家星巴克分店；另外，連一家星巴克都沒有的義大利更是沒有多大損失。當然，「星巴克分店指數」理論也有例外，南美洲智利首都聖地亞哥有 27 家星巴克，但此次受牽連程度甚微，反觀全國僅有六家星巴克的俄羅斯，卻受傷慘重。

資料來源：MBA 智庫百科

18.2 國際收支

一、國際收支帳

國際收支帳（balance-of-payment accounts）是一個國家或地區在一定時期內，通常是一年，所記錄的全部經濟交易的統計報表。這些交易包括國際貿易、國際金融交易、國際投資和其他跨國經濟活動。國際收支報表主要用於追蹤一個國家或地區對外經濟活動的平衡狀況，以及評估外匯市場的穩定性和國際經濟政策的影響。如同國內生產毛額（GDP）一樣，一國的國際收支納入了所得和支出流動。

然而不同於國內生產毛額，國際收支還包含了金融資產的流動。根據會計記帳原理，交易如產生收益、資產減少及負債增加者，記入「貸方」。相反地，交易若產生費用、資產增加及負債減少者，記入「借方」。就此原則，商品出口、服務輸出、所得收入、經常移轉收入、對外投資減少及對外負債增加（如資本流入），應記入「貸方」，符號爲「+」；反之，商品進口、服務輸入、所得支出、經常移轉支出、對外投資增加及對外負債減少（如資本流出），應記入「借方」，符號爲「–」。

另一種較簡單的非正式記法爲，任何交易若導致本國有收入或資本流入的情況，記入「貸方」；而任何交易若導致本國有支出或資本流出的情況，則記「借方」。以下以我國國際收支總表（表 18.1）分別說明，經常帳（current account）、資本帳（capital account）、金融帳（financial account）、誤差與遺漏（errors and omissions）和準備資產（reserve assets），便可了解一國的國際收支體系。

表 18.1　我國國際收支總表

國際收支 109 年第 2 季暨 108 第 2 季			單位：億美元
	(1) 109 年第 2 季	(2) 108 年第 2 季	(1) – (2)
A. 經常帳	217.7	174.2	43.5
商品：收入（出口）	776.3	829.4	–53.1
商品：支出（進口）	621.4	685.5	–64.1
商品貿易淨額	154.9	144.0	11.0
服務：收入（輸出）	91.4	129.4	–38.0
服務：支出（輸入）	83.9	141.6	–57.7
服務收支淨額	7.5	–12.2	19.7
初次所得：收入	91.1	95.6	–4.5
初次所得：支出	28.8	47.6	–18.8
初次所得收支淨額	62.3	48.0	14.3
二次所得：收入	17.2	20.3	–3.1
二次所得：支出	24.3	26.0	–1.7
二次所得收支淨額	–7.1	–5.7	–1.4
B. 資本帳	0.0	0.1	–0.1
C. 金融帳	165.4	137.3	28.1
直接投資：資產	34.5	34.7	–0.3
股權和投資基金	40.0	28.3	11.7
債務工具	–5.6	6.4	–12.0
直接投資：負債	7.1	14.0	–6.9
股權和投資基金	13.5	9.7	3.8
債務工具	–6.4	4.4	–10.8

(續表 18.1)

證券投資：資產	155.7	101.5	54.2
股權和投資基金	56.2	–88.1	144.2
債務證券	99.5	189.6	–90.1
證券投資：負債	–33.8	–2.9	–30.9
股權和投資基金	–34.3	–6.5	–27.8
債務證券	0.5	3.6	–3.1
衍生金融商品：資產	–46.4	–37.1	–9.3
衍生金融商品：負債	–50.7	–55.7	5.0
其他投資：資產	–31.3	–59.9	28.6
其他投資：負債	24.4	–53.6	78.0
經常帳 + 資本帳 - 金融帳	52.2	36.9	15.3
D. 誤差與遺漏淨額	17.3	–12.5	29.8
E. 準備與相關項目	69.6	24.5	45.1
註：正號表示經常帳及資本帳的收入、支出，以及金融資產或負債的增加；負號表示相關項目的減少。在經常帳及資本帳餘額，正號表示順差，負號表示逆差；在金融帳及準備資產餘額，正號表示淨資產的增加；負號表示淨資產的減少。			

資料來源：中央銀行

(一) 經常帳

經常帳記錄了國家與其他國家之間的貨物貿易（出口和進口）、服務貿易（如旅遊、運輸、金融服務等）以及收支平衡（例如，利息和股息）。經常帳反映了一個國家在實際商品和服務交易上的盈虧。一個國家的進口超過出口，則稱該國有經常帳赤字：反之，若出口超過進口，稱該國有經常帳盈餘。經常帳在開放經濟體佔有重要地位的一個原因是：在國民所得恆等式中，等式右邊是對一國國內商品的總支出，經常帳的變動會影響國民總產出，並進而影響就業。

經常帳很重要的另一原因是，其可衡量國際借貸的規模及方向，當一國的進口超過出口時，表示其向外國購買的支出超過出售給外國的所得，此時必須以某種方式為此一經常帳赤字籌措資金。若進口大於出口則該國應如何支付呢？通常一個國家只有在向國外借貸差額時，才能有進口大於出口的情形，因此，經常帳赤字必定導致相同數量的淨外債增加。

同理，經常帳盈餘是指一個國家出口超過進口。而經常帳呈現盈餘的國家會融資給經常帳赤字的貿易夥伴，但該貿易夥伴國會簽發借據且最後仍須償還，因而經常帳盈餘國家的國外財富會增加。據此，一國經常帳餘額即等於其國外淨財富的變動。經常帳衡量跨越國界之商品，服務和所得的流動，它還包括國內政府和居民對外國政府和居民的移轉或禮物，以及外國對國內的移轉。經常帳裡的四大類別分別是商品、服務、初次所得和經常移轉。詳見下述：

1. 商品（goods）

商品類衡量實體貨物的進口和出口，包括食物、工業原材料、資本財（如機器），車輛和消費財；這些物品的出口分錄在商品類的貸方，因它導致從國外獲得金錢。任何這類物品的進口會是商品類的借方，因導致金錢流向國外。當一國商品出口額大於進口額時，稱爲貿易盈餘或貿易順差（trade surplus）；而當商品出口額小於進口額時，則稱爲貿易赤字或貿易逆差（trade deficit）。大部分的經濟學家認爲，商品類是國際收支裡最被準確衡量的類別，因這一類別衡量實體物品的貿易，而在許多國家是必須向海關當局登錄的。

2. 服務（services）

服務包括服務、觀光和旅行、軍事設備，軍事服務和援助的進口和出口。如提供諮詢、保險、金融或會計服務，從國外收到的付款，權利金或費用，記錄在服務類的貸方。類似地，進口這些服務而對國外的付款，權利金或費用，則記錄在服務類的借方。爲了解旅行和觀光服務如何出現在國際收支裡，例如，張三是利用寒暑出國的國內學生。張三的支出包括：火車票和旅館住宿，爲服務類項下的進口或借方，因爲這些服務可說是張三從國外進口而來。服務的進出口的量測，遠比貨物進出口的量測難得多，因非實體項目未在海關登錄。因此，估計國際上提供的服務量非常困難，所以經濟學家將服務稱爲看不見的東西。

3. 初次所得

(1) 薪資所得：指居留期間在一年以下的非居民（包括季節性工作者、越境工作者或其他短期工作者）工作的報酬。

(2) 投資所得：指持有國外金融資產一定期間的收益，或使用國外金融負債一定期間的支出。持有金融資產期間因評價所發生的未實現利得或損失，不列爲投資所得。而已實現的資本利得或損失則列爲金融帳交易。投資所得區分爲直接投資所得、證券投資所得與其他投資所得。

所得項目記載對國外持有國內金融資產的外國居民和政府所支付的利息和股利。它還包括持有國外金融資產的國內居民和政府所收到的付款。爲了說明投資所得是如何出現在國際收支裡，讓我們假設某位英國居民因他持有德國公債而收到利息；這個利息款項在英國的國際收支裡，屬出口或是貸方，這是因爲英國居民收到從國外來的金錢。

因此，持有國外金融資產的本國居民收到的所得款項，是貸方或出口；而對持有國內金融資產的外國居民的付款，則是借方或進口。

需留意經濟學家在所得類裡，並未納入購買金融資產；只有金融資產產生的所得才被包括在經常帳下，因資產所得能被用在當期的消費。

4. 二次所得（又稱爲經常移轉）

二次所得是指無償移轉實際資源或金融資產，屬於一種單向支付，而無對應的交易條件，所以又稱爲無償移轉支付或片面移轉支付（unilateral transfer payment）。二次所得收支主要包括贍家，捐贈等項目，各項目的收支相抵後的餘額，即稱爲經常移轉淨額。

時事小專欄

央行公布 Q2 國際收支順差

2020 年 Q4 國際收支順差創單季新高　全年寫次高紀錄

臺灣央行今（26）日公布我國去年第四季國際收支帳統計，國際收支順差高達 278.4 億美元，創單季新高紀錄，除了由於經常帳順差大增，央行調節匯市進場買匯也是一大因素；就全年來看，經常帳順差 942.8 億美元，創新高，國際收支順差 483.4 億美元，也創歷年次高，僅次 2009 年，反映亮眼的出口成績。

觀察第四季，央行指出，經常帳順差 273.3 億美元，而金融帳淨資產增加（淨流出）僅 22.2 億美元；其中，受惠於新興科技應用和遠距商機持續熱絡，加上傳產貨品需求逐漸回溫，推升商品貿易順差 230.4 億美元，年增 89 億美元。而服務收支由去年同期逆差 10.2 億美元轉為順差 13.8 億美元，主要因貨運收入增加，以及旅行收支逆差縮小約 11.35 億美元。

央行說明，去年第四季貨運收入高達 39.71 億美元，創單季新高，全年共達 100.85 億美元，也創全年新高紀錄，高於往年平均值約 30%。另一方面，央行不諱言，去年第四季國際收支順差創高，部分因素有央行為維持外匯市場秩序和流動性進場買匯調節所致。

此外，第四季金融帳淨資產增加僅 22.2 億美元，導致全年僅增加 500.4 億美元，創 2014 年來新低，央行解釋，主要是因壽險和投信海外投資熱度減緩，其中，居民對外證券投資淨增加 62.9 億美元，低於去年同期達 44.9 億美元，而外資增持台股，使非居民證券投資淨增加 43.8 億美元。

資料來源：摘錄自鉅亨網 2021/02/26

（二）資本帳

資本帳包括資本移轉及非生產性、非金融性資產（如商標、經銷權、網域名稱）的取得與處分。

（三）金融帳

金融帳記載一經濟體對外的金融資產與負債的交易，直接投資、證券投資、衍生金融商品與其他投資，各類投資均區分爲資產（居民對非居民之債權）及負債（居民對非居民之債務）。根據投資的功能或種類分爲：

1. 直接投資

直接投資是指投資者對於企業具有持久性利益之投資。包括股本投資、盈餘再投資與債務工具（關係企業間的往來借貸）。

2. 證券投資

包括股權和投資基金與債務證券投資。股權和投資基金包括股份、股票、參加憑證或其他足以表彰股權的證券如存託憑證等，相互基金與信託投資皆屬之；債務證券包括債券與貨幣市場工具。

3. 衍生金融商品

包括避險與非避險交易之衍生金融商品，如期貨、交換、遠期契約及選擇權等。衍生金融商品係結算後的收入或支出金額。

4. 其他投資

凡不屬於直接投資、證券投資及衍生金融商品的金融交易均歸類在其他投資。包括其他股本與債務工具，後者包括現金與存款、貸（借）款、貿易信用及預收（付）款以及其他應收（付）款項，其中，不可分配黃金帳戶（unallocated gold accounts）包含於存款。

各項交易再依部門別分爲短期與長期，短期則指契約期限在一年及一年以下者，長期係指契約期限超過一年或未載明到期日者。

（四）誤差與遺漏

誤差與遺漏（errors and omissions）係一平衡科目。國際收支帳係根據複式記帳制度記載，原則上，借方合計數應等於貸方合計數。惟實際上，由於資料欠缺或各機關所提供之原始資料數據錯誤等因素，致國際收支借貸雙方合計數不可能相等，需以「誤差與遺漏」科目平衡之。

（五）準備資產

準備資產係指貨幣當局所控管隨時可動用的國外資產。包括貨幣用黃金、外匯存底（含外幣現金、存款、放款及有價證券）與其他債權，這帳戶記載貨幣當局持有國外資產變動的記錄故又稱爲官方準備交易帳。

二、國際收支的赤字和盈餘

若我們將經常帳、資本帳、金融帳與官方準備交易帳餘額的借方和貸方進行加總，則其總和應爲零。然而，實務上是罕見的；會計過程裡許多的交易被忽略了或是被刻意地 藏了起來，例如，非法交易不會讓政府機構知道，且某些合法交易爲了逃稅，也會不想讓政府機構（如海關）知曉，此外，政府統計人員在製作借方和貸方分錄時，難免會出錯。若經常帳、資本帳、金融帳與準備資產餘額的借方和貸方之總和不等於零，則國際收支會出現抵銷分錄，經濟學家將此抵銷分錄稱爲誤差與遺漏項目，整體的國際收支是經常帳、資本帳、金融帳、誤差與遺漏和官方準備交易帳的借方和貨方之和，因借方分錄抵銷了所有的貨方分錄，而誤差與遺漏抵銷了可能的錯誤，所以整體的國際收支會等於零。

當經濟學家和媒體指稱國際收支赤字或盈餘指的是官方準備交易帳餘額爲正的狀況，忽略誤差與遺漏，若經常帳、資本帳和金融帳的借方和貸方之和爲負，則私部門對外國人的付款超過本國私部門所收到的外國人付款。在這種情況下，官方準備交易帳餘額必須爲正，而這被稱爲國際收支赤字。

又若經常帳、資本帳和金融帳的借方和貸方之和爲正，亦即從外國人所收到的私人付款超過本國人對外國人的付款。在這種情況下，官方準備交易帳餘額爲負，且存在國際收支盈餘，國際收支均衡意指經常帳、資本帳和金融帳的借方和貸方之和爲零的狀況，因此官方準備交易帳也爲零。

國際收支帳的目的是幫助政府、中央銀行和經濟學家了解國家的國際金融地位，檢視貿易盈虧、資本流動、外國直接投資等方面的情況，並制定相應的經濟政策。國際收支報表也被用來監測外匯市場的穩定性，因爲帳目平衡的變化可能影響一個國家或地區的貨幣匯率，當一個國家的國際收支帳出現逆差（負數）時，可能需要採取措施來改善國際收支，如貨幣貶值、貿易政策調整或吸引更多外國投資。相反地，盈餘（正數）可能表明國家在國際貿易和金融方面的強勁表現。

知識補給站 歐洲主權債務危機

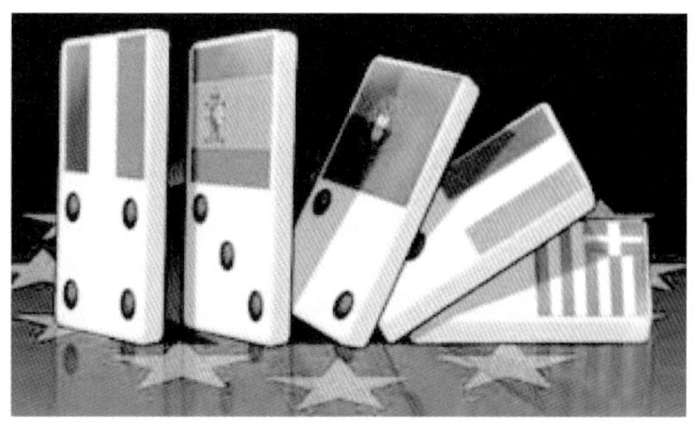

歐洲主權債務危機是指 2008 年金融危機之後歐洲部分國家，因在國際借貸市場中大量負債並超過了其自身清償能力，造成無力還債或者必須延期還債的現象。

早在 2009 年 12 月，希臘發生主權債務危機，隨即國際三大評級機構惠譽、標準普爾和穆迪相繼下調希臘主權信用評級，並將其評級展望定位為負面，希臘乃至整個歐洲的債務危機由此拉開序幕。截止到 2010 年 4 月底，其已經蔓延至歐元區內經濟實力較強的葡萄牙、義大利、愛爾蘭和西班牙（與希臘，一起被國際評級機構稱為“PIIGS”）。

此後，法國和德國兩個歐元區的核心國家也受到了危機的影響。2012 年初，標準普爾宣佈將法國等 9 國主權信用評級下調，法國主權信用被踢出 AAA 級。至此，由希臘開始的主權債務危機已演變成一場席捲整個歐洲的主權債務危機。

資料來源：MBA 智庫百科

18.3 匯率制度

匯率制度（exchange rate system）是一個國家或地區用來管理本國貨幣與其他國家貨幣之間的匯率的體系。匯率制度有兩個極端：一個是固定匯率制度（fixed exchange rate system），另一個是浮動匯率制度（free floating exchange rate system），這兩個極端可能有不同的變形，在兩個極端之間還有一些過渡型與折衷型的制度。

某些制度在歷史上存在，但是現在不復存在，根據國際貨幣基金會（International Monetary Fund，IMF）對世界各國匯率制度的分類，主要的匯率制度依照中央銀行或貨幣當局干預外匯市場的程度高低，可以區分爲八類：無法定貨幣之匯率機制、貨幣發行局制度、傳統釘住匯率機制、區間釘住匯率、爬行釘住匯率、區間內爬行匯率、管理浮動匯率與自由浮動匯率等八類。茲介紹如下：

1. 無法定貨幣之匯率機制（**exchange arrangements with no separate tender**）

以其他經濟體的貨幣作爲本國的法償貨幣，或者是貨幣同盟中的會員國與其他會員國共同使用同一法定貨幣，例如歐盟會員國以歐元作爲所有加入歐洲貨幣同盟的會員國之法定貨幣，而另一例爲巴拿馬以美元作爲該國的流通貨幣。

2. 貨幣發行局制度（**currency board arrangements**）

又可稱聯繫匯率，指一個經濟體透過立法方式將其貨幣與另一特定外國貨幣維持穩定的兌換關係，在貨幣發行局的制度下，央行在匯率上之功能不復存在，相反地，貨幣發行局發行可隨時轉換貨幣，且可依固定比率轉換爲外國準備貨幣。貨幣發行局保有以準備貨幣計價的高品質與附利率證券，以作爲準備金，其準備金將百分之百等於流通的貨幣。

貨幣發行局無法決定貨幣供給額，而是由市場力量來決定貨幣的供給額。只有在市場上有對當地貨幣的需求出現，以準備貨幣兌換當地貨幣時，才能發行當地貨幣。因此，在此制度下，也無法以墊款給政府的方式來增加貨幣供給額。同時，貨幣發行局也無法扮演銀行體系最後貸款者的角色，這些使用貨幣發行局制度的國家，通貨膨脹率會與發行準備貨幣之國家相同，在過去 150 年間，超過 70 個國家（主要爲前英國殖民地）成立過貨幣發行局。

3. 傳統釘住匯率（**conventional pegged arrangements**）

傳統釘住匯率是指一個國家或地區將其貨幣的匯率固定在一個特定的外幣或一籃貨幣組合（basket of currencies），並承諾保持這個固定匯率，通常通過中央銀行的干預來實現，這種做法通常需要中央銀行不斷地購買或出售外幣來維持固定匯率，並調整貨幣供應以支持這個政策，並承諾保持這個固定匯率，通常通過中央銀行的干預來實現。這種做法通常需要中央銀行不斷地購買或出售外幣來維持固定匯率，並調整貨幣供應以支持這個政策。

4. 區間釘住匯率（**pegged exchange rate within horizontal bands**）

又可稱匯率目標區，大體與傳統釘住匯率機制相同，只不過中央銀行制定了一個特定的目標範圍，該範圍內的匯率被視爲合理的或可接受的，中央銀行通常會採取行動，以確保國內貨幣的匯率在這一目標範圍內波動，中央銀行對外匯市場的干預程度會隨著實際匯率逼近央行所能容忍的界線而增強。

5. 爬行釘住匯率（**crawling pegs**）

一個經濟體的匯率正在逐漸升值或升高，而不是急劇波動或下跌，或者是根據一組指標的變動來進行匯率的調整。

6. 區間內爬行匯率（crawling band）

一個經濟體對其貨幣定出一中心價位，並允許其實際匯率在此中心價位一定的區間上下波動，但是中心價位定期根據一組指標的變動以固定的幅度調整。

7. 管理浮動匯率（managed floating with no preannounced path for exchange rate）

一國的中央銀行或貨幣當局不事先預告或未事前設定匯率變動的方向，而是主動干預外匯市場，影響匯率的走勢。管理浮動匯率的目的通常是穩定國內貨幣的匯率，以減少對出口和進口商的不確定性，以及防止劇烈的匯率波動。然而，這種方法也可能存在挑戰，包括需要大量外匯儲備來支持干預政策，以及可能對市場產生負面影響。此外，長期而言，維持管理浮動匯率可能不是一個可持續的策略，因爲市場力量可能會超越政府的能力。因此，中央銀行需要謹慎平衡這些考慮因素。

8. 自由浮動匯率（independently floating exchange rate）

自由浮動匯率是指一個國家或地區的貨幣的匯率完全由市場機能決定，政府和中央銀行不會積極干預外匯市場。在這種體制下，匯率會在外匯市場上根據投資者、企業與金融機構的需求和供給而波動。中央銀行或貨幣當局進場干預的行動，僅在緩和匯率波動的幅度，並非在決定匯率的水準。自由浮動匯率的主要優勢在於它能夠快速反應市場需求和供給，並且爲市場提供更多的自由度，它通常更具透明性，因爲中央銀行不需要干預，且不需要大量外匯儲備，然而，自由浮動匯率制度也可能導致較大的匯率波動，這可能對經濟體產生風險。

18.4 匯率和外匯市場

在本節你將學到外匯和匯率的種種不同的類型，也將了解決定一國貨幣價值的因素，並了解套利如何產生利潤。外匯市場是由銀行、外匯經紀商與中央銀行組成的體系，而家計部門、廠商和政府利用這個體系，買賣外匯或其它國家的貨幣。外匯體系促進了財貨和資產從某個國家到另一個國家的流動，匯率（exchange rate）是外匯的價格，且是這個體系的重要元素。

匯率是指兩個不同貨幣之間的相對價格，通常用來表示一個國家的貨幣可以交換另一個國家的貨幣的比率，匯率在國際貿易與國際金融市場扮演重要角色，因爲它們影響到一國貨幣的價值和交換率。

匯率有兩種表示的方式：第一種爲直接報價法（direct quotation），又稱價格報價法（price quotation），也稱爲美國基礎法（U.S. terms），指的是一單位外國貨幣可以兌換多少單位的本國貨幣，例如，NTD / USD = 32 / 1 表示一單位的美元可兌換 32 單位的新臺幣。第二種爲間接報價法（indirect quotation），也稱爲數量報價法（volume quotation）或稱爲歐洲基礎法（European terms），指的是一單位本國貨幣可以兌換多少單位的外國貨幣，此種報價方式係以本國貨幣爲基準，而以可換取外國貨幣來表示的報價方式。例如 USD / NTD = 1 / 32，表示一單位的新臺幣可兌換 $\frac{1}{32}$ 單位的美元。

由於現在美元是外匯市場上最重要的貨幣，因此，銀行間的報價方式通常是以美元爲基準來報價，也就是說，以一單位的美元可兌換多少單位的其他貨幣來報價。

當我們在衡量貨幣升值或貶值的幅度時，必須分辨本國貨幣的升貶值幅度，與外國貨幣的升貶幅度，以新臺幣兌換美元爲例，這表示必須分別計算新臺幣兌換美元的升貶值幅度與美元兌換新臺幣的升貶值幅度，二者並不相同。

時事小專欄

熱錢撤退新興市場！
新臺幣意外 " 開貶 "

熱錢匯出　臺幣爆量連 3 貶

國際美元走強，熱錢匯出下，亞幣全倒！週一新臺幣兌美元匯率盤中貶回 28 元價位，終場收在 28.303 元，貶值 2.7 分，匯價連 3 貶，合計台北與元太外匯經紀公司成交量擴大為 25.83 億美元。外匯交易員指出，近期因美債殖利率攀升，美元轉強，資金從新興亞洲股市撤出，令主要亞幣承壓，今日人民幣離岸價貶破 6.54 元　1 美元，幾乎回吐今年以來漲幅，韓元則收在 4 個月以來新低，新臺幣在外資大舉匯出、進口商擔憂美元升勢確立進場買匯下，盤中 27 元價位也失守，實質匯價走弱，不過新臺幣今年以來仍升值 0.72%，表現相對強勢。

外匯交易員表示，外資上週賣超台股逾 700 億元後，週一再減碼 167 億元，使股市開高走低，出口商見狀午後已有惜售心態，後市觀察美債殖利率、美元走勢以及外資動向。

資料來源：摘錄自自由時報 2021/03/08

一、外匯市場的角色

外匯市場是全球金融市場中最大、最流動的市場之一，它在國際貿易和國際金融交易中扮演著關鍵的角色，外匯市場提供了一個平台，使不同國家的貨幣可以互相交換，這使得國際貿易和投資變得更容易，因爲企業和個人可以用本國貨幣購買外國貨幣，以支付跨國交易，外匯市場上的匯率價格確定了一種貨幣相對於其他貨幣的價值。這些匯率決定了國際貿易的價格和條件，對全球經濟有重大影響。

企業和投資者可以利用外匯市場進行避險，以保護自己免受匯率波動的風險，通過外匯選項、期貨和衍生品，他們可以鎖定或對沖不同貨幣的風險。外匯市場吸引了投資者和交易者，他們參與貨幣交易以謀求獲利，這種活動在外匯市場上創建了流動性，使市場變得更具活力。中央銀行和政府可能在外匯市場中干預，以維護國內貨幣的穩定性，他們可以通過購買或出售外匯來調整匯率，以達到其貨幣政策目標。

外匯市場是國際金融市場的一部分，它通過交易和金融機構提供了融資、資金調度和風險管理工具，從而有助於國際資本流動。外匯市場也在國際商業交易和投資中起到風險管理的作用，企業可以使用不同的外匯工具來管理匯率風險，以確保他們的國際業務穩定。總之，外匯市場在促進國際貿易、投資、貨幣政策與全球金融體系中扮演著關鍵的角色。它爲不同國家的經濟和金融體系之間的聯繫提供了一個重要的渠道，並在全球經濟中具有深遠的影響。

二、作為相對價格的匯率

如我們在前一節所述，匯率的角色在於衡量兩種貨幣之間的價值。因此，匯率是一種相對價格，它顯示某種貨幣以另一種貨幣計價的價格。因匯率連結兩種貨幣的交換比例，經濟學家常常將匯率稱爲雙邊匯率（bilateral exchange rate）。

例如美元相對歐元的匯率爲 1.2752 \$ / €，代表得用 1.2752 美元才能換到 1 歐元。匯率也可以用需要多少單位外幣才能買進一美元來表示，或一美元可兌換多少單位外幣，而這剛巧是每單位外幣兌換多少美元的倒數，因此，這種美元相對歐元的匯率爲 1 / (1.2752 \$ / €) 或 0.7842 € / \$，這意謂必須以 0.7842 歐元來交換 1 美元，因有著兩種不同表示匯率的方式，所以事先決定採每單位外幣多少美元這樣的匯率，還是一美元多少單位外幣，便很重要。

知識補給站　大麥克指數

大麥克指數（Big Mac index）是一個非正式的經濟指數，這個指數在 1986 年由《經濟學人》雜誌推出，每年出版一次，該指數在英語國家裡衍生了漢堡經濟（Burgernomics）一詞。

兩國的大麥克漢堡的購買力平價匯率的計算方法，是以一個國家的大麥克漢堡以當地貨幣的價格，除以另一個國家的大麥克漢堡以當地貨幣的價格。該比率用來跟實際的匯率比較；要是該比率比匯率為低，就表示第一國貨幣的匯價被低估了（根據購買力平價理論）；相反，要是該比率比匯率為高，則第一國貨幣的匯價被高估了。

舉例而言，假設一個大麥克漢堡在美國的售價為 \$2.50，在英國的售價為 £2.00；購買力平價匯率就是 2.50 ÷ 2.00 = 1.25\$ / £。要是 \$1 能買入 £0.55（或 £1 = \$1.82），則表示購買力平價匯率 < 名義匯率，英國的物價水平比美國高，美元相對英鎊被低估，而英鎊兌美元則被高估了，以兩國大麥克漢堡的售價而言，英鎊兌美元的匯率被高估了 25%（(2.5 − 2) ÷ 2 × 100%）。

漢堡測量購買力平價存在著局限性，或許無法全面反映國家整體經濟狀況。比方說，當地稅收、商業競爭力及漢堡材料的進口稅等。很多國家，像在麥當勞這樣的國際速食餐廳用餐要比在當地餐館貴，而且不同國家對大麥克漢堡的需求不一。儘管如此，大麥克指數廣為經濟學家引述，並有一定情況和相對客觀的經濟參考價值。

在 2004 年 1 月，《經濟學人》又推出了「中杯拿鐵指數」（Tall Latte index）。計算原理一樣，但大麥克漢堡被一杯星巴克（Starbucks）咖啡取代，標誌著該連鎖店的全球擴展，不過因為咖啡豆貿易的全球化程度較高，因此該數據的準確度比起大麥克是相形見絀。在 1997 年，該報也出版了一份「可口可樂地圖」，顯示每個國家的人均可樂飲用量愈高，平均健康程度愈低。

資料來源：維基百科

三、貨幣升值和貶值

當匯率從 NTD / USD = 32.5 / 1 變成 NTD / USD = 32.6 / 1，這代表新臺幣相對美元貶值（depreciation），這是因爲購買一單位美元所需的新臺幣金額增加了。換言之，美元的新臺幣價格上升了。與此同時，美元相對新臺幣升值（appreciation），一單位新臺幣可換多少單位外幣的匯率從 USD / NTD = 1 / 32.5 改變成爲 USD / NTD = 1 / 32.6，顯示購買一單位新臺幣所需的美元金額減少了，或新臺幣的美元價格下跌了。

四、交叉匯率

二國貨幣可直接交換產生匯率，也可透過各自與第三國貨幣（如美元）的雙邊匯率「間接」計算而得，此種匯率則稱之爲交叉匯率（cross rate）。交叉匯率通常運用在二種情況：

1. 交易較不熱絡的貨幣間，市場上並無匯率報價，或報價不具參考性，則可透過各自與美元間的匯率，計算交叉匯率。
2. 某市場二國貨幣透過各自與美元匯率計算的交叉匯率，可能與另一外匯市場的匯率不同，而存在套利機會，例如，在台北外匯市場透過「日圓 / 美元」及「美元 / 歐元」匯率，計算出「日圓 / 歐元」交叉匯率爲 114.57，而同一時間，東京外匯市場的「日圓 / 歐元」匯價爲 112.50。此表示歐元在東京外匯市場被低估，而在台北外匯市場被高估。

交叉匯率顯示在某個特別的日子，每單位貨幣兌換多少美元和一美元可兌換多少單位貨幣的歐元匯率，分別爲 1.2752 $ / €和 0.7842 € / $。然而，假設我們想要知道的是英鎊和歐元之間的匯率，而非美元和歐元，爲了得到此一匯率，我們可以計算交叉匯率，它是我們從兩個雙邊匯率計算得到的第三個匯率。

例如，英鎊的一單位貨幣兌換多少美元的匯率爲 1.3842 $ / €，而歐元的一單位貨幣兌換多少美元的匯率爲 1.2752 $ / €，根據這兩個雙邊匯率，很容易便能計算一單位歐元等於多少單位英鎊，或一單位英鎊等於多少單位歐元。

五、買賣價差

舉例來說，假設一個美國學生將爲了研讀經濟學，前往英國倫敦一學期，在出發前，他想要將美元換成英鎊。他看到美元英鎊匯率爲 1.3842 $ / ￡，假設他打電話給他的當地銀行要求英鎊報價，它回覆「840 和 844」：這是因爲銀行從業人員對任何事（包括語言）都講究效率，所以報價僅包含即期匯率的最後 3 個數字。

因此，這個報價的意思是 1.3840 $ / ￡和 1.3844 $ / ￡。較低的匯率是買價（bid price），亦即銀行爲換取他的 1 英鎊所願意給你的美元金額；較高的匯率是賣價（ask price），亦即他必須付銀行的美元金額，以交換銀行的 1 英鎊，即期匯率是買價和賣價的中位値，而買價和賣價之間的差距，被稱爲買賣價差（bid-ask spread 或 bid-offer spread）。

六、名目匯率與實質匯率

到目前為止，我們所討論的都是名目匯率（nominal exchange rate），名目匯率告訴我們在交換外國貨幣時，本國貨幣的購買力。而名目匯率並未反應兩個國家間價格水準的改變。但如果我們有興趣的是，我們的貨幣所能夠買到的外國財貨呢？換言之，若我們真正在意的是，以外國財貨來衡量之我們貨幣的購買力呢？實質匯率（real exchange rate）顯示本國貨幣所能購買「外國財貨」的數量，它等於名目匯率乘上「外國價格水準與本國價格水準的比率」，即：

$$實質匯率 = 名目匯率 \times (P_f / P_d) \qquad (式 18.1)$$

(式 18.1) 中，P_f 與 P_d 分別代表外國與本國的價格水準。從上式可以發現，實質匯率的上升，可能來自於名目匯率的上升，外國相對價格的上升（P_f / P_d），或二者加乘或抵銷之結果。反之，亦然。實質匯率常被用來作為衡量一國財貨對外競爭力的指標。名目匯率不變之下，實質匯率上升意味著外國財貨變得相對較貴，而本國財貨相對較便宜，故有利於出口的競爭力。反之，實質匯率下降，意味著本國財貨相對較貴，故不利於出口的競爭力。

七、外匯套利

許多人將外匯交易商視為大額買賣貨幣的市場參與者，並因而獲得鉅額利潤。事實上，某些交易者的確從外匯市場賺了非常多的錢，套利（arbitrage）的行為產生了這些利潤。簡單來說，套利意謂「買低、賣高」，亦即個人根據價差來找尋利潤。個人也可跨越時間從貨幣獲利，也可藉由貨幣投機或避險來獲利。

空間套利（spatial arbitrage）指的是跨越空間的套利交易，如跨越兩個不同地理位置的市場，若空間套利機會能夠存在，則某貨幣在某一市場的匯率，必須和它在另一個市場的匯率不同。假設你剛好有一百萬美元的信用額度，且你注意到丹麥克朗在紐約的匯率為 5.8426 Dkr / $，而在倫敦則是 5.8134 Dkr / $。假設對買進和賣出貨幣皆無限制，則在忽略手續費的情況下，匯率差距顯示存在套利機會。

在紐約，1 百萬美元可以購進 Dkr 5,842,600，而在倫敦則是 Dkr 5,813,400，因此你可以在紐約以一百萬美元買進 Dkr 5,842,600，並將之在倫敦賣出，獲得 $1,005,023。因此，若你在紐約用美元買進克朗，並將之在倫敦賣出換取美元，則你將獲利 $ 5,023。這種套利行動會跨空間進行（在兩個不同的市場），因此被稱爲空間套利。

若存在空間套利，外匯交易員透過進行交易便會減少或消除套利的機會，回想上述空間套利的例子，若外匯交易員在紐約買進克朗，並在倫敦賣出，則紐約的一單位美元克朗匯率應會下跌，而倫敦的一單位美元克朗匯率應會上升，這將消除兩地匯率的差異，獲利機會因而被「套利帶走」。

而三角套利或三方套利（triangular arbitrage or three-way arbitrage）較爲複雜，它涉及三種或多種貨幣。在多國多種通貨的情形下，則可能發生三角套利、四角套利與以至 n 種通貨的 n 角套利，在三種通貨情況下所發生的匯率套利行爲稱之爲三角套利（triangular arbitrage），是指匯率套利者，在某一時點，進行不同通貨的同時買賣，最後仍然回到原來的通貨，以賺取利潤的行爲。

在各地外匯中心的匯率相同下，根據兩點套利，套利者不可能經由買低賣高而獲利，但根據三角套利，在此情況下，套利者仍然可以利用直接匯率（direct exchange rate）與間接或交叉匯率（indirect or cross exchange rate）的不同，而套利獲益，若存在三角套利的機會，某一貨幣跨市場的價格必須不相同。在前一個例子裡，某個市場一單位美元之貨幣匯率，必須與另一場一單位美元貨幣匯率不相等，而三角套利若能存在，所涉及的三個匯率的任一匯率均不能相等。

18.5 購買力平價

我們常常聽到某國貨幣是遭到低估（undervalued）或高估（overvalued），這意謂著什麼呢？若目前市場所決定的匯率，和某個經濟模型所得到的匯率不一致的話，則此匯率將被視爲高估或低估。受到高估貨幣（overvalued currency）的匯率爲目前市場價值比理論或模型所預測爲高的匯率，則此貨幣很可能會經歷市場調整，造成該貨幣貶值；受到低估貨幣（undervalued currency）的匯率爲目前市場價值比理論或模型所預測爲低的匯率，而此貨幣很可能會經歷市場調整，導致貨幣價值升高。

在完全競爭市場的型態下，在不考慮交易成本，關稅等市場不完全性的因素之下，當以相同的貨幣來衡量商品的價格時，任何一種商品在任何一個經濟體中其價格必須一致，此稱爲單一價格法則（law of one price）。單一價格法則如果應用在可貿易商品（tradable goods）的場合時，稱爲購買力平價法則（purchasing power parity rule），是最早和最古老用在判斷貨幣是否高估或低估的匯率理論。

由於購買力平價法則是應用在可貿易商品的場合，因此計算出來的均衡匯率是使經濟體間的貿易餘額維持平衡的匯率，單一價格法則之所以能夠成立，與完全競爭市場中的價格機能有些許的不同，完全競爭市場中的價格機能，是由於當市場價格偏離均衡價格時，會產生超額供給或是超額需求，因此促使生產者與消費者朝著均衡點進行調整，而最終達成均衡狀態。但是在國際經濟中成立的單一價格法則，其能夠成立是建立在套利行爲。

在國際貿易中的可貿易商品市場，或是在國際的各種金融市場上，假設有許多套利者存在，這些套利者尋求買低賣高的機會，一旦有某個市場的價格偏離均衡價格，就可以成爲套利標的。例如，當美元的價格在臺灣的外匯市場高於世界其他外匯市場的價格時，套利者就會在臺灣的外匯市場賣出美元，同時在世界其他的外匯市場買進美元，如果有許多的套利者同時這樣交易時，或者是只有少數的套利者但交易部位相當大時，臺灣的外匯市場上的美元價格就會下跌，而趨近世界其他外匯市場的美元價格。購買力平價法則可分爲兩種：絕對購買力平價法則（absolute purchasing power parity rule）與相對購買力平價法則（relative purchasing power parity rule）。

一、絕對購買力平價

以下說明絕對購買力平價法則，首先假設存在兩個不同的經濟體，兩國間的匯率採直接報價法，也就是說，一單位外國貨幣可以換得多少單位的本國貨幣，在兩個經濟體間，無貿易障礙，而且國際貿易不存在交易成本，兩個經濟體均充分就業，都生產同質性的可貿易商品，此一貿易商品的市場結構爲完全競爭。此種型態之貿易稱爲產業內貿易（intra-industry trade）。購買力平價說明，在忽略交易成本，稅率差異和貿易限制之下，則同質的貨物和服務交易，在將價格轉換成以共同貨幣計價時，應導致兩國間存在相同的價格。因此，購買力平價常被稱爲單一價格法則（law of one price）。

爲了說明此一論點，假設軍用雨衣在紐約的售價爲 $ 420，然而同樣的軍用雨衣在倫敦的售價爲 £ 300。購買力平價意謂著英鎊美元的匯率應爲 1.4 $ / £：使用這個匯率，我們可將倫敦軍用雨衣的英鎊售價，轉變成 $ 420 的美元售價（$ 300 × 1.4 $ / £ = $ 420）。換言之，根據購買力平價，在對匯率進行調整後，軍用雨衣在倫敦和紐約的價格便會相等。我們將絕對購買力平價以下方式表示。讓 S 爲一單位英鎊美元匯率 $ / £，P 爲美國的物價水準，P^* 爲英國的物價水準。接著，我們可以將絕對購買力平價寫成：

$$P = S \times P^* \qquad (式\ 18.2)$$

也就是說，國內物價水準，應等於外國物價水準乘以即期匯率。請留意即期匯率將外國物價水準轉化成以本國貨幣來計價。因此，我們可以說，以本國貨幣表示的國內物價水準，應等於以本國貨幣表示的外國物價水準。這正是單一物價定律。根據絕對購買力平價法則指出，高物價指數的國家，貨幣應該貶值。絕對購買力平價法則意味著，在各經濟體之間，在可貿易商品市場上存在著完全套利的機會。但是，各經濟體之間，可能存在著諸如交易成本、稅賦、補貼、貿易障礙、不可貿易商品的存在、不完全競爭與外匯市場的干預、在不同的國家間計算物價指數的商品組合不同，而使得絕對購買力平價理論只有在長期均衡達成時方能成立。

二、相對購買力平價

前一節討論了絕對購買力平價，因它處理的是絕對物價水準。而如果經濟體的價格水準會隨著時間而改變，而且每個經濟體變動的程度不一。在此情況下，如果購買力平價理論依然要維持成立，匯率必須隨本國與外國通貨膨脹率間的差異而改變，這種關係就稱爲「相對購買力平價」。因其探究價格水準的改變，而不是絕對價格水準。我們可從絕對購買力平價，推導出相對購買力平價。讓我們將變數的變動百分比，以變數前加上 %Δ 符號來表示：例如，%ΔP 表示在一段期間裡價格水準的變動百分比。經由計算絕對購買力平價式子裡的每一個變數的變動百分比，我們得到如下的相對購買力平價：

$$\%\Delta S = \%\Delta P - \%\Delta P^* \qquad (式\ 18.3)$$

相對購買力平價，將匯率改變與跨國價格改變的差異連結在一起。相對購買力平價法則旨在說明名目匯率的變動率應等於兩國相對價格的變動率。也就是說，匯率變動百分比只是兩國之間通貨膨脹率的差距。

這暗示著，高通貨膨脹率國家的貨幣相對於低通貨膨脹率國家的貨幣應貶值；低通貨膨脹率國家的貨幣相對於高通貨膨脹率國的貨幣應升值。這些抵銷變動對本國廠商與外國廠商在商品市場上的相對競爭地位，不會造成任何影響。也就是說，名目匯率的改變，對一家公司或一個國家在商品市場上的相對競爭地位而言，並不重要。值得強調的是，論及幣值變動會影響一家公司或一個國家在商品市場上的相對競爭力時，關鍵之處並不在名目匯率的相對改變，而在實質購買力的相對改變。

最後，我們來看，實際經濟社會裡，購買力平價存在著什麼樣的問題呢？

1. 它假設二國物價指數的「商品內容」完全相同，但在實務上，這條件幾乎不可能成立。例如，一國只生產汽車與衣服，另一國生產稻米與西瓜，則不易進行比較。
2. 許多國家都公佈「物價指數」，但沒有公佈「加權物價水準」。
3. 即使我們仍用物價指數（如消費者物價指數）計算購買力平價，但各國的消費者物價指數包含非貿易財，例如，房地產，其價格在不同城市差異極大，也無法進行商品套利，這使價格一致的可能性降低。

本章結論

在這章，我們介紹外匯市場、匯率與國際收支帳等等，也了解了到當二國使用不同貨幣時，貨幣如何兌換的問題。

而本章也介紹了奠基於單一價格法則的絕對購買力平價與相對購買力平價。絕對購買力平價指出，高物價指數的國家，貨幣應該貶值。且暗示著，在可貿易商品市場上，在各經濟體之間，存在著完全套利的機會。而相對的購買力平價指出匯率變動百分比爲兩國之間通貨膨脹率的差距。意味著高通貨膨脹率國家的貨幣相對於低通貨脹脹率國的貨幣應貶值；低通貨膨脹率國家的貨幣相對於高通貨膨脹率國的貨幣應升值。

國家圖書館出版品預行編目(CIP)資料

基礎經濟學 / 李見發, 戴錦周, 邱泰穎著. -- 二版.
-- 新北市 : 全華圖書股份有限公司, 2024.05
面 ;   公分
ISBN 978-626-328-991-8(平裝)

1.CST: 經濟學

550   113007356

基礎經濟學(第二版)

作者 / 李見發、戴錦周、邱泰穎
發行人 / 陳本源
執行編輯 / 楊琍婷
封面設計 / 盧怡瑄
出版者 / 全華圖書股份有限公司
郵政帳號 / 0100836-1 號
圖書編號 / 0830301
二版一刷 / 2024 年 06 月
定價 / 新台幣 640 元
ISBN / 978-626-328-991-8
全華圖書 / www.chwa.com.tw
全華網路書店 Open Tech / www.opentech.com.tw
若您對本書有任何問題，歡迎來信指導 book@chwa.com.tw

臺北總公司(北區營業處)
地址：23671 新北市土城區忠義路 21 號
電話：(02) 2262-5666
傳真：(02) 6637-3695、6637-3696

南區營業處
地址：80769 高雄市三民區應安街 12 號
電話：(07) 381-1377
傳真：(07) 862-5562

中區營業處
地址：40256 臺中市南區樹義一巷 26 號
電話：(04) 2261-8485
傳真：(04) 3600-9806(高中職)
(04) 3601-8600(大專)

（請由此線剪下）

讀者回函卡

掃 QRcode 線上填寫 ▶▶▶

姓名：________ 生日：西元____年____月____日 性別：□男 □女

電話：（ ）________ 手機：________

e-mail：（必填）________

註：數字零，請用 Φ 表示，數字 1 與英文 L 請另註明並書寫端正，謝謝。

通訊處：□□□□□________

學歷：□高中・職 □專科 □大學 □碩士 □博士

職業：□工程師 □教師 □學生 □軍・公 □其他

學校／公司：________ 科系／部門：________

・需求書類：

□ A. 電子 □ B. 電機 □ C. 資訊 □ D. 機械 □ E. 汽車 □ F. 工管 □ G. 土木 □ H. 化工 □ I. 設計

□ J. 商管 □ K. 日文 □ L. 美容 □ M. 休閒 □ N. 餐飲 □ O. 其他

・本次購買圖書為：________ 書號：________

・您對本書的評價：

封面設計：□非常滿意 □滿意 □尚可 □需改善，請說明________

內容表達：□非常滿意 □滿意 □尚可 □需改善，請說明________

版面編排：□非常滿意 □滿意 □尚可 □需改善，請說明________

印刷品質：□非常滿意 □滿意 □尚可 □需改善，請說明________

書籍定價：□非常滿意 □滿意 □尚可 □需改善，請說明________

整體評價：請說明________

・您在何處購買本書？

□書局 □網路書店 □書展 □團購 □其他________

・您購買本書的原因？（可複選）

□個人需要 □公司採購 □親友推薦 □老師指定用書 □其他________

・您希望全華以何種方式提供出版訊息及特惠活動？

□電子報 □ DM □廣告（媒體名稱________）

・您是否上過全華網路書店？（www.opentech.com.tw）

□是 □否 您的建議________

・您希望全華出版哪方面書籍？________

・您希望全華加強哪些服務？________

感謝您提供寶貴意見，全華將秉持服務的熱忱，出版更多好書，以饗讀者。

填寫日期： / /

2020.09 修訂

親愛的讀者：

感謝您對全華圖書的支持與愛護，雖然我們很慎重的處理每一本書，但恐仍有疏漏之處，若您發現本書有任何錯誤，請填寫於勘誤表內寄回，我們將於再版時修正，您的批評與指教是我們進步的原動力，謝謝！

全華圖書 敬上

勘 誤 表

書 號		書 名		作 者	
頁 數	行 數	錯誤或不當之詞句		建議修改之詞句	

我有話要說：（其它之批評與建議，如封面、編排、內容、印刷品質等・・・）

得 分

基礎經濟學　學後評量

CH01 緒論

班級：＿＿＿＿＿＿＿＿

學號：＿＿＿＿＿＿＿＿

姓名：＿＿＿＿＿＿＿＿

一、選擇題

(　　) 1. 下列哪一項不是經濟學的定義？　(A) 屬於自然科學　(B) 教我們如何作選擇的科學　(C) 研究人類經濟行為的科學　(D) 滿足現在與未來的需要。

(　　) 2. 下列哪一項不是學了經濟學之後的好處？　(A) 賺大錢　(B) 學習其它商科更容易　(C) 了解作這樣選擇的理由　(D) 可以作出理性的選擇。

(　　) 3. 經濟學的分類，如果依研究方法區分可分為：(A) 個體經濟學　(B) 總體經濟學　(C) 實證經濟學　(D) 計量經濟學。

(　　) 4. 經濟學的分類，如果依研究對象區分可分為：(A) 規範經濟學　(B) 總體經濟學　(C) 實證經濟學　(D) 農業經濟學。

(　　) 5. 在個體經濟循環流程中，下列哪一項敘述有誤？　(A) 家計單位在要素市場扮演供給的角色　(B) 廠商在商品市場扮演供給的角色　(C) 有商品與要素兩個市場　(D) 政府扮演課稅與補貼角色。

(　　) 6. 在個體經濟循環流程中，家計單位扮演何種角色？　(A) 是要素市場的供給者　(B) 是商品市場的供給者　(C) 是要素市場的需求者　(D) 是被政府課稅的角色。

(　　) 7. 在總體經濟循環流程中，下列哪一項敘述有誤？　(A) 家計單位在要素市場扮演供給的角色　(B) 廠商在金融市場扮演可貸資金供給的角色　(C) 有商品、要素與金融三個市場　(D) 政府扮演課稅與補貼角色。

(　　) 8. 在總體經濟循環流程中，廠商扮演何種角色？　(A) 是要素市場的供給者　(B) 在金融市場扮演可貸資金需求者的角色　(C) 是商品市場的需求者　(D) 在金融市場扮演可貸資金供給者的角色。

(　　) 9. 有關經濟學的思考方式，下列哪一項敘述有誤？　(A) 以邊際思考作決策　(B) 理性的選擇　(C) 決策易受外在誘因干擾　(D) 天下有白吃的午餐。

(　　) 10. 為什麼生產可能曲線上每一個產品組合都是最大？因為　(A) 發生技術進步　(B) 充分使用要素　(C) 增加要素使用量　(D) 使用機器設備緣故。

（請沿虛線撕下）

( ) 11. 下列哪一項不是生產可能曲線的用途？ (A) 可以說明機會成本遞增的概念 (B) 可以表現中性經濟成長 (C) 可以說明生產的限制 (D) 可以表現偏向經濟成長。

( ) 12. 下列哪一項有關絕對利益的敘述有誤？ (A) 亞當斯密提出的的概念 (B) 以生產力來衡量 (C) 以機會成本來衡量 (D) 經過修正成為比較利益的基礎。

( ) 13. 下列哪一項有關絕對利益的敘述有誤？ (A) 可以增加一國的絕對收益 (B) 以機會成本來衡量 (C) 以生產力來衡量 (D) 經過修正成為比較利益的基礎。

( ) 14. 下列哪一項對比較利益的敘述有誤？ (A) 李嘉圖提出的的概念 (B) 以生產力來衡量 (C) 以機會成本來衡量 (D) 從修正絕對利益而來。

( ) 15. 運用比較利益的概念來生產交換，雙方可以獲得什麼好處？ (A) 交換的雙方總產量都可以增加 (B) 交換的一方總產量一定減少 (C) 增加休閒時間 (D) 工作時間延長。

二、問答題

1. 請說明經濟學如何分類？
2. 請繪圖說明個體與總體的經濟循環流程。
3. 何謂生產可能曲線？如何利用生產可能曲線說明機會成本遞增的概念。

得　分

全華圖書（版權所有，翻印必究）

基礎經濟學　學後評量

CH02 需求、供給與彈性

班級：____________

學號：____________

姓名：____________

一、選擇題

(　　) 1. 市場需求曲線是個別需求曲線的什麼加總？　(A) 水平　(B) 垂直　(C) 混合　(D) 異質。

(　　) 2. 如果鉛筆與原子筆是替代關係，當鉛筆價格上漲則原子筆需求線會：(A) 左移　(B) 右移　(C) 不變　(D) 先右移再左移。

(　　) 3. 下列哪一項不是影響咖啡需求量改變的因素？　(A) 所得　(B) 奶油粒的價格　(C) 烘培技術　(D) 喝咖啡人數。

(　　) 4. 報紙標題：蒜頭價格飆漲雲林調站查獲蒜商疑似囤貨150公噸。這件事屬於：　(A) 需求增加　(B) 供給減少　(C) 供給增加　(D) 價格上限。

(　　) 5. 下列哪一項不是生產的聯合產品：　(A) 豬肉與豬肝　(B) 蔗糖與木板　(C) 虱目魚與虱目魚肚　(D) 烏魚與烏魚子。

(　　) 6. 超額供給是指：　(A) 生產不足　(B) 生產過剩　(C) 短缺　(D) 消費過剩。

(　　) 7. 基本工資是價格的？　(A) 下限　(B) 無限　(C) 上限　(D) 固定價格。

(　　) 8. 需求量是消費者在某個價格下，願意而且能夠購買的數量。願意是指消費後可以？　(A) 增加體重　(B) 增加效用　(C) 增加所得　(D) 增加身高。

(　　) 9. 下列哪一項不是需求的表示方法？　(A) 需求曲線　(B) 需求表　(C) 需求函數　(D) 需求矩陣。

(　　) 10. 下列哪一項不是影響需求價格彈性的因素：　(A) 財貨定義廣狹　(B) 財貨支出占總所得比例　(C) 生產成本　(D) 時間長短。

(　　) 11. 降價時總收益不變，該財貨的彈性是：　(A) 缺乏彈性　(B) 富於彈性　(C) 單位彈性　(D) 固定彈性。

(　　) 12. 在同一條需求曲線上愈往左上方，彈性值愈：　(A) 小　(B) 大　(C) 不變　(D) 由大變小。

(　　) 13. 什麼樣需求彈性的財貨適合薄利多銷？　(A) 缺乏彈性　(B) 單位彈性　(C) 富於彈性　(D) 無彈性。

（請沿虛線撕下）

(　　) 14. 對生產者課稅，生產者比消費者負擔較多的稅，因為：(A) 需求價格彈性絕對值小於供給價格彈性　(B) 需求價格彈性絕對值大於供給價格彈性　(C) 需求價格彈性絕對值等於供給價格彈性　(D) 生產者願意多負擔。

(　　) 15. 課稅後的負擔多寡與什麼有關？　(A) 議價能力　(B) 課稅對象　(C) 相對價格彈性大小　(D) 逃稅能力。

二、問答題

1. 試繪圖說明何謂需求量變動？何謂需求變動？以及影響因素各為何？
2. 臺灣邁向高齡化社會，高齡者經常需要長期照護。請以標示清晰的圖形，並以文字詳細說明下列事件對臺灣長期照護服務市場均衡數量及價格的影響。
   (1)短期下高齡者的數量增加但長期照護機構數量不變。
   (2)長期下高齡者數量增加且長期照護機構數量增加。
   【107調查三等　財經實務組】
3. 請繪圖說明價格彈性與總收益之關係。

得　分

基礎經濟學　學後評量

CH03 消費者最適選擇

班級：＿＿＿＿＿＿＿＿

學號：＿＿＿＿＿＿＿＿

姓名：＿＿＿＿＿＿＿＿

一、選擇題

(　　) 1. 邊際效用是表示？　(A) 變動一單位消費的總效用變動量　(B) 每吃一口飯的滿足程度　(C) 慾望的不足程度　(D) 東西好用的程度。

(　　) 2. 效用無異曲線上每一點表示：　(A) 效用一樣　(B) 效用增加　(C) 效用減少　(D) 效用先增後減。

(　　) 3. 當總效用達最大化時，MU是　(A) 大於0　(B) 等於0　(C) 小於0　(D) 達極小值。

(　　) 4. 下列有關無異曲線特性的敘述，何者錯誤？　(A) 任兩條無異曲線有交點　(B) 愈往右上方效用愈大　(C) 無異曲線為負斜率　(D) 平面空間有無限多條無異曲線。

(　　) 5. 當MUX / PX ＞ MUY / PY時應該：　(A) 減少X消費，增加Y消費　(B) 增加X消費，減少Y消費　(C) 消費均不變　(D) 先增加Y後減少X消費。

(　　) 6. 下列有關邊際替代率遞減的敘述，何者正確？　(A) 因為無異曲線形狀凹向原點　(B) 因為慾望總有被滿足時候　(C) 因為慾望無窮　(D) 因為財貨間互為替代。

(　　) 7. 當Y財貨價格變貴時，預算線將會如何改變？　(A) 變陡　(B) 變平坦　(C) 平行右移　(D) 平行左移。

(　　) 8. 當所得減少時，預算線將會如何改變？　(A) 變陡　(B) 變平坦　(C) 平行右移　(D) 平行左移。

(　　) 9. 消費者剩餘是指？　(A) 消費者主觀願意支付金額高於客觀實際支付金額　(B) 消費者主觀願意支付金額低於客觀實際支付金額　(C) 消費者主觀願意支付金額等於客觀實際支付金額　(D) 消費者支出的總金額。

(　　) 10. 對於完全替代財貨，當MRS ＞ PX / PY時：　(A) 所有所得買Y，X ＝ 0　(B) 無限組均衡解　(C) 所有所得買X，Y ＝ 0　(D) 同時買X與Y。

(　　) 11. 價格效果可分解成：　(A) 財富效果、所得效果　(B) 替代效果、產量效果　(C) 替代效果、所得效果　(D) 皮古效果、產量效果。

（請沿虛線撕下）

(　　) 12. 季芬財貨的替代效果與所得效果之比較：(A) 替代效果大於所得效果，所以價格效果為正　(B) 替代效果大於所得效果，所以價格效果為負　(C) 替代效果等於所得效果，所以價格效果為負　(D) 替代效果小於所得效果，所以價格效果為正。

(　　) 13. 如果縱軸是風險，橫軸是報酬率，則效用最大的均衡點會在哪裡？　(A) 縱軸　(B) 橫軸　(C) 原點　(D) 重合無限多組解。

(　　) 14. 恩格爾曲線為負斜率表示X財貨是？　(A) 正常財　(B) 奢侈品　(C) 獨立財　(D) 劣等財。

(　　) 15. 恩格爾曲線為正斜率表示X財貨是？　(A) 正常財　(B) 季芬品　(C) 獨立財　(D) 劣等財。

二、問答題

1. 請說明無異曲線的特性為何？
2. 試以無異曲線分析法繪圖說明效用最大化的均衡條件為何？
3. 假設某消費者的效用函數是U(X, Y) = 2X + 10Y − Y2，他的所得是60，X商品與Y商品的價格分別是PX = 2和PY = 4。
   (1)試求此位消費者的效用極大消費組合。
   (2)Y商品價格降低會使得追求效用極大之消費者購買Y商品數量增加。此需求量增加又可區分為「代替效果」與「所得效果」兩部分，請分別解釋其意義。
   【105調查四等　財經實務組】

得　分

基礎經濟學　學後評量

CH04 廠商生產與成本

班級：＿＿＿＿＿＿＿＿
學號：＿＿＿＿＿＿＿＿
姓名：＿＿＿＿＿＿＿＿

一、選擇題

(　　) 1. 以函數描述要素投入與產出之間的技術關係，此函數稱為：　(A) 消費函數　(B) 投入函數　(C) 成長函數　(D) 生產函數。

(　　) 2. 下列哪一個有關合理生產階段的敘述是正確？　(A) MP極大點至AP極大點　(B) AP極大點至MP等於0　(C) AP極大點至MP小於0　(D) MP大於0。

(　　) 3. 當兩個要素為完全替代時，在何種條件下，均衡點會落在橫軸上　(A) 邊際技術替代率大於要素相對價格比　(B) 邊際技術替代率小於要素相對價格比　(C) 邊際技術替代率等於要素相對價格比　(D) 邊際替代率大於要素相對價格比。

(　　) 4. 當總收入減經濟成本大於0時稱為？　(A) 超額利潤　(B) 會計利潤　(C) 正常利潤　(D) 影子利潤。

(　　) 5. MP與AP的關係下列哪一個為真？　(A) AP遞增時，MP小於AP　(B) AP遞增時，MP大於AP　(C) AP遞減時，MP大於AP　(D) MP極大時，MP等於AP。

(　　) 6. 有關MC、AC與AVC三者之關係，下列敘述何者正確？　(A) 當MC小於AC或AVC時，AC與AVC呈下降趨勢　(B) 當MC小於AC或AVC時，AC與AVC呈上升趨勢　(C) 當MC大於AC或AVC時，AC與AVC呈下降趨勢　(D) 當MC等於AC或AVC時，AC與AVC呈下降趨勢。

(　　) 7. 廠商追求利潤最大化或損失極小化，會選擇在第幾個生產階段生產？(A) 第一生產階段　(B) 第二生產階段　(C) 第三生產階段　(D) 第四生產階段。

(　　) 8. 為維持相同產量，當增加一種要素投入，另一種要素投入必須減少，兩種要素變動量相對比值稱為？　(A) 邊際技術替代率　(B) 邊際替代率　(C) 邊際生產替代率　(D) 邊際要素轉換率。

（請沿虛線撕下）

(　　) 9. 下列有關AFC的敘述何者為真？ (A) AFC呈遞減趨勢 (B) AFC呈水平線 (C) AFC呈遞增趨勢 (D) AFC有極小值。

(　　) 10. 店面是自有，此犧牲的房租收入在成本中屬於： (A) 會計成本 (B) 沉入成本 (C) 隱藏成本 (D) 外顯成本。

(　　) 11. LTC是STC的什麼線？ (A) 長期平均線 (B) 切線 (C) 絡包線 (D) 包絡線。

(　　) 12. 如果兩個要素為完全替代時，邊際技術替代率小於兩個要素相對價格比時，均衡點會落在哪裡？ (A) 縱軸 (B) 橫軸 (C) 重合無限多組解 (D) 原點。

(　　) 13. 有關等產量曲線特性的敘述，下列何者正確？ (A) 凹向原點 (B) 邊際技術替代率遞增 (C) 有無限多且彼此相互平行 (D) 切線斜率為固定常數。

(　　) 14. 觀察MP與MC的形狀，可知兩者之間具有對偶的特性，下列敘述哪一項正確？ (A) 當MP達最低點 時，MC達最高點 (B) 當MP達最高點時，MC達最低點 (C) 當MP遞減 時，MC也呈遞減 (D) 當MP遞增時，MC也呈遞增。

(　　) 15. 觀察AP與AVC的形狀，可知兩者之間具有對偶的特性，下列敘述哪一項正確？ (A) 當AP達到最高點 時，AVC達最低點 (B) 當AP達到最低點時，AVC達最高點 (C) 當AP遞增時，AVC也遞增 (D) 當AP遞減時，AVC也遞減。

二、問答題

1. 請繪圖說明TP與AP、MP三者關係為何？
2. 請說明等量曲線具有哪些特性？
3. 請繪圖說明為什麼LAC是SAC的包絡線？

得　分

基礎經濟學　學後評量

CH05 完全競爭市場

班級：＿＿＿＿＿＿＿＿

學號：＿＿＿＿＿＿＿＿

姓名：＿＿＿＿＿＿＿＿

一、選擇題

(　　) 1. 完全競爭市場是價格接受者是指：　(A) 價格由廠商決定　(B) 價格由消費者決定　(C) 價格由市場供需決定　(D) 價格由政府決定。

(　　) 2. 完全競爭廠商的短期供給曲線是指：　(A) MC ≥ AVC最低點以上的線段　(B) MC ≥ AC最低點以上的線段　(C) MC曲線　(D) AC曲線。

(　　) 3. 有關完全競爭市場長期的說明，下列哪一項敘述是錯的？　(A) 生產要素均可變動　(B) 廠商數量固定　(C) 新廠商加入，舊廠商退出　(D) 價格切LAC最低點。

(　　) 4. 下列有關完全競爭市場長期均衡的敘述是錯的？　(A) 所有廠商生產效率極大　(B) 所有廠商均享有正常利潤　(C) 所有廠商均享有超額利潤　(D) 均衡產量等於社會最適產量。

(　　) 5. 形成成本遞增產業長期供給曲線的原因是？　(A) 要素價格下降　(B) 要素價格上漲　(C) 要素購買有折扣　(D) 要素價格不受影響。

(　　) 6. 完全競爭長期均衡的敘述哪一項是錯的？　(A) 價格切LAC最低點　(B) 大家都只有正常利潤　(C) 在均衡點上，LMC = LAC (D) 在均衡點上，LAC > LMC。

(　　) 7. 下列哪一項產品最接近完全競爭市場？　(A) 自助餐　(B) 小麥　(C) 自來水　(D) 飛機。

(　　) 8. 下列哪一項不是區分市場結構的標準？　(A) 廠商人數多寡　(B) 產品品質　(C) 進出市場自由程度　(D) 技術水準。

(　　) 9. 決定利潤最大化產量的必要條件是：　(A) MR > MC　(B) MR = MC　(C) MR < MC　(D) MR ≠ MC。

(　　) 10. 所謂生產者剩餘是指：　(A) 生產者的收入　(B) 生產者的成本　(C) 生產者客觀得到的收入高於主觀可以接受的最低價格　(D) 生產者客觀得到的收入低於主觀可以接受的最低價格。

（請沿虛線撕下）

( ) 11. 下列有關對完全競爭廠商歇業敘述是正確？ (A) 有超額利潤時 (B) 有正常利潤 (C) 損失所有固定成本且發生倒貼 (D) 經濟損失。

( ) 12. 完全競爭廠商長期生產具有生產效率是因為： (A) 產量剛好滿足消費者需要 (B) 在長期平均成本最低點生產 (C) 在長期邊際成本最低點生產 (D) 廠商利潤達最大化。

( ) 13. 下列有關形成成本遞增型產業長期供給曲線的敘述正確？ (A) 因為舊廠商擴大產量致成本提高 (B) 因新廠商加入致要素價格上升 (C) 政府課稅緣故 (D) 廣告支出增加緣故。

( ) 14. 下列有關形成成本遞減型產業長期供給曲線的敘述正確？ (A) 因為舊廠商減少產量致成本下降 (B) 因新廠商加入致要素價格下降 (C) 政府補貼緣故 (D) 裁員緣故。

( ) 15. 下列有關完全競爭市場長期時的效率敘述有誤？： (A) 生產效率 (B) 配置效率 (C) 經濟效率 (D) 在LAC最低點生產。

二、問答題

1. 試以MR-MC分析法繪圖說明完全競爭廠商的短期均衡。
2. 請繪圖說明完全競爭廠商的短期供給曲線為何？
3. 請明完全競爭市場長期均衡的特性為何？

得　分

全華圖書（版權所有，翻印必究）

基礎經濟學　學後評量

CH06 獨占

班級：＿＿＿＿＿＿＿＿

學號：＿＿＿＿＿＿＿＿

姓名：＿＿＿＿＿＿＿＿

一、選擇題

(　　) 1. 下列哪一個廠商屬於獨占？　(A) 洗髮精業者　(B) 台灣高鐵　(C) 手搖飲料業者　(D) 波音客機廠商。

(　　) 2. 下列哪一項有關獨占廠商的AR與MR關係的敘述正確？　(A) AR ＝ MR　(B) AR ＞ MR　(C) AR ＜ MR　(D) 沒有關係。

(　　) 3. 有關獨占的特性，下列哪一項的敘述不正確？　(A) 廠商即產業　(B) 產品異質　(C) 存在明顯的進入障礙　(D) 產品沒有近似替代品。

(　　) 4. 獨占的敘述，下列哪一項的敘述不正確？　(A) 價格接受者　(B) 自來水公司是獨占　(C) 有自然獨占廠商存在　(D) 長期時有可能不是追求利潤最大化。

(　　) 5. 獨占廠商的短期供給曲線應該是？　(A) AVC最低以上沿著MC的線段　(B) AC最低以上沿著MC的線段　(C) 不存在　(D) 各個子市場的MC水平加總。

(　　) 6. 有關獨占廠商差別取價的敘述哪一項為正確？　(A) 第一級別取價剝奪部分消費者剩餘　(B) 第二級別取價剝奪全部消費者剩餘　(C) 第三級差別取價買愈多價格愈低　(D) 第三級差別取價彈性愈大市場取價愈低。

(　　) 7. 多工廠獨占的產量均衡條件為？　(A) MC1 ＝ MC2 ＝ MR ＝ Σ MC　(B) MR1 ＝ MR2 ＝ MC ＝ Σ MR　(C) Σ MC ＝ Σ MR　(D) MC ＝ MR。

(　　) 8. 獨占廠商差別訂價的理由為？　(A) 不知道市場的需求特性　(B) 促進消費者大量消費　(C) 攫取消費者剩餘　(D) 服務不同的客群滿足其需求。

【108年普考】

(　　) 9. 下列有關獨占市場的敘述何者為真？　(A) 生產者所面對之需求曲線即為市場需求曲線　(B) 生產者可自由進出市場　(C) 生產者所銷售之商品有許多替代商品　(D) 生產者為價格接受者。

（請沿虛線撕下）

(　　) 10. 下列有關第三級差別定價的敘述何者不正確？ (A) 廠商為獨佔廠商 (B) 消費者必須有不同的需求彈性 (C) 廠商必須能區分消費群 (D) 消費者可以轉售其商品。

(　　) 11. 在獨占市場中，若廠商面臨A、B兩個市場，則下列敘述何者正確？ (A) A、B兩市場的價格一定相同 (B) 需求彈性愈小的市場，價格越高 (C) 需求彈性愈大的市場，價格越高 (D) 價格與兩市場的需求彈性無關。
【108年普考】

(　　) 12. 下列有關第三級差別定價的產量決定條件何者不正確？ (A) MR = MC = MR1 (B) MR = MC = MR2 (C) MC1 = MC2 = MR = Σ MC (D) Q = Q1 + Q2。

(　　) 13. 形成自然獨占是因為？ (A) 生產有規模不經濟 (B) 生產有規模經濟 (C) 自然就形成獨占 (D) 政府的規定。

(　　) 14. 自然獨占的訂價管制方式可以採？ (A) 依總成本訂價 (B) 依平均變動成本訂價 (C) 依市場需求曲線訂價 (D) 依邊際成本訂價。

(　　) 15. 將獨占與完全競爭市場做一比較，下列敘述哪一項正確？(A) 獨占定價低、完全競爭訂價高 (B) 獨占定價高、完全競爭訂價低 (C) 獨占產量高、完全競爭產量低 (D) 獨占社會剩餘較大。

二、問答題

1. 請繪圖說獨占廠商的短期均衡。
2. 差別訂價要成為可行的策略，必須具備哪些條件？
3. 請說明政府對自然獨占訂價的管制措施內容為何？

得　分

基礎經濟學　學後評量

CH07 獨占性競爭與寡占

班級：＿＿＿＿＿＿＿＿

學號：＿＿＿＿＿＿＿＿

姓名：＿＿＿＿＿＿＿＿

一、選擇題

(　　) 1. 臺灣美容美髮業的市場結構為：　(A) 獨占市場　(B) 完全競爭市場　(C) 寡占市場　(D) 獨占性競爭市場。　【107年普考】

(　　) 2. 水泥產業屬於：　(A) 獨占市場　(B) 完全競爭市場　(C) 寡占市場　(D) 獨占性競爭市場。

(　　) 3. 對於獨占性競爭市場而言，下列敘述何者正確？　(A) 廠商為價格接受者　(B) 長期存在超額利潤　(C) 短期均衡也等於長期均衡　(D) 個別廠商所面對需求曲線為負斜率。　【108年普考】

(　　) 4. 有關獨占性競爭市場需求線的敘述何者正確？　(A) 比獨占廠商的市場需求線較陡　(B) 比獨占廠商的市場需求線較平坦　(C) 比完全競爭的市場需求線較平坦　(D) 是一條垂直線。

(　　) 5. 獨占性競爭市場中廠商長期利潤為零的原因為：　(A) 廠商無法影響價格　(B) 價格相對不穩定　(C) 市場沒有進入障礙　(D) 合作優於競爭。　【108年普考】

(　　) 6. 完全競爭市場與寡占市場之不同處，是在於「寡占市場」　(A) 決策會相互影響　(B) 可能生產異質產品　(C) 很難自由進出市場　(D) 以上皆是。

(　　) 7. 寡占市場異於其他所有市場的是：　(A) 個別廠商生產異質產品　(B) 個別廠商之間的決策互相牽制　(C) 常依賴價格的競爭　(D) 均衡時的價格高於邊際成本。

(　　) 8. 石油輸出國家組織（OPEC）對世界經濟產生相當深遠的影響，這是何種型態的組織？　(A) 自然獨占　(B) 托拉斯　(C) 卡特爾　(D) 辛迪克。

(　　) 9. 在其他條件不變下，當一個獨占性競爭廠商因為負的經濟利潤而退出市場時，會造成：　(A) 市場供給的減少　(B) 市場供給的增加　(C) 其他未退出廠商所面對的需求減少　(D) 其他未退出廠商所面對的需求增加。　【107年國考】

（請沿虛線撕下）

(　　) 10. 下列哪一項是卡特爾組織較容易成功的因素？ (A) 組織成員愈多愈好 (B) 經濟景氣愈好 (C) 產品需求價格彈性愈小愈好 (D) 進入障礙愈小愈好。

(　　) 11. 下列有關獨占廠商與獨占性競爭廠商的比較，何者正確？ (A) 兩者皆有訂價能力 (B) 兩者皆生產同質商品 (C) 兩者在長期皆享有正利潤 (D) 獨占廠商會造成社會福利損失，獨占性競爭廠商則不會。 【108年國考】

(　　) 12. 獨占性競爭市場和完全競爭市場的長期均衡，具備的共同性質為： (A) 經濟利潤為零 (B) 都位於平均成本最低處生產 (C) 產品都是同質 (D) 都在邊際成本小於平均成本處生產。 【108年國考】

(　　) 13. 有關壟斷性競爭的敘述，下列敘述何者錯誤？ (A) 壟斷性競爭市場中有許多供給廠商 (B) 壟斷性競爭市場中各廠商銷售完全同質的商品 (C) 壟斷性競爭市場中的廠商在長期可以自由地進出市場 (D) 壟斷性競爭市場中的廠商在長期下利潤為零。 【109年國考】

(　　) 14. 下列哪一項不是一個賽局的組成元素： (A) 參賽者 (B) 報酬 (C) 機率值 (D) 策略。

(　　) 15. 在拗折需求曲線模型中，市場均衡價格為什麼具有穩定性？ (A) 因為政府管制緣故 (B) 因為MC都通過MR中斷處 (C) 因為MR都通過MC中斷處 (D) 因為廠商是價格接受者。

二、問答題

1. 請繪圖說明獨占性競爭短期均衡。
2. 請比較獨占性競爭廠商與完全競爭廠商長期均衡有何異同，並說明其原因。
3. 請說明拗折需求理論模型中，市場價格為什麼具有僵固性？

得　分

全華圖書（版權所有，翻印必究）

基礎經濟學　學後評量

CH08 生產要素市場

班級：＿＿＿＿＿＿＿＿

學號：＿＿＿＿＿＿＿＿

姓名：＿＿＿＿＿＿＿＿

一、選擇題

(　　) 1. 下列哪一項有關要素需求的敘述是正確的？　(A) 直接需求　(B) 最終需求　(C) 引申需求　(D) 隱藏性需求。

(　　) 2. 當產品市場完全競爭時，VMP與MRP之關係，下列哪一項敘述是正確的？　(A) VMP ＞ MRP　(B) VMP ＜ MRP　(C) VMP ＝ MRP　(D) VMP ≤ MRP。

(　　) 3. 當產品市場不完全競爭時，VMP與MRP之關係，下列哪一項敘述是正確的？　(A) VMP ＞ MRP　(B) VMP ＜ MRP　(C) VMP ＝ MRP　(D) VMP ≤ MRP。

(　　) 4. 當要素市場完全競爭時，MFC與AFC之關係，下列哪一項敘述是正確的？(A) MFC ＞ AFC　(B) MFC ＜ AFC　(C) MFC ＝ AFC　(D) MFC ≤ AFC。

(　　) 5. 當要素市場不完全競爭時，MFC與AFC之關係，下列哪一項敘述是正確的？　(A) MFC ＞ AFC　(B) MFC ＜ AFC　(C) MFC ＝ AFC　(D) MFC ≤ AFC。

(　　) 6. 下列哪一項不是影響勞動供給曲線移動的因素？　(A) 財貨價格　(B) 嗜好或觀念轉變　(C) 移工　(D) 人口結構轉變。

(　　) 7. 下列哪一項不是影響勞動需求曲線移動的因素？　(A) 財貨價格　(B) 勞動生產力　(C) 技術進步型態　(D) 醫療衛生水準。

(　　) 8. 當某一產業快速發展，則其對要素的需求會發生什麼變化？　(A) 減少　(B) 增加　(C) 不變　(D) 無法確定。

(　　) 9. 廠商生產時使用到的廠房或機器設備是屬於下列哪一項生產要素？　(A) 勞動　(B) 土地　(C) 資本　(D) 企業才能。

(　　) 10. 當工資上升時，將發生以下哪一項改變？　(A) 勞動供給線向左移動　(B) 勞動供給線向右移動　(C) 勞動供給量增加　(D) 勞動供給量減少。

(　　) 11. 下列有關地租的敘述，哪一項有誤？　(A) 是土地的價格　(B) 是一種剩餘　(C) 是稅負的一種　(D) 類似超額利潤。

（請沿虛線撕下）

(　　) 12. 形成差額地租是因為？ (A) 土地的肥沃度不同 (B) 承租人負擔能力有差異 (C) 稅率不同 (D) 土地面積不同。

(　　) 13. 下列哪一項有關雙邊獨占的敘述有誤？ (A) 勞動供給為獨賣 (B) 勞動需求為獨買 (C) 均衡工資由雙方議價力量強弱來決定 (D) 勞動供給一方將得到較高工資。

(　　) 14. 有關利率的決定，下列哪一項的敘述有誤？ (A) 儲蓄與投資決定 (B) 銀行與客戶決定 (C) 可貸資金的供需決定 (D) 貨幣供需決定。

(　　) 15. 下列哪一項有資本的敘述有誤？ (A) 存量概念 (B) 流量概念 (C) 價格為利率或利息 (D) 可分為實質資本與貨幣資本。

二、問答題

1. 試繪圖說明產品市場與要素市場都是不完全競爭時，均衡勞動量與工資如何決定，並列出均衡條件。
2. 試繪圖說明地租與準地租及經濟租的主要內容。
3. 請說明資本的意義為何？

得　分

全華圖書（版權所有，翻印必究）

基礎經濟學　學後評量

CH09 公共財與外部性

班級：＿＿＿＿＿＿＿＿

學號：＿＿＿＿＿＿＿＿

姓名：＿＿＿＿＿＿＿＿

一、選擇題

(　　) 1. 下列哪一項財貨屬於準公共財？　(A) 治安　(B) 國防　(C) 收費游泳池　(D) 高麗菜。

(　　) 2. 下列哪一項特性，不是公共財具備的？　(A) 不具敵對性　(B) 不具排他性　(C) 具排他性　(D) 消費可分割性。

(　　) 3. 公共財的願付價格是如何計算出來的：　(A) 水平加總　(B) 垂直加總　(C) 聯合加總　(D) 分層加總。

(　　) 4. 為什麼會發生「搭便車」的現象？　(A) 因為隱藏自己的偏好　(B) 因為不用錢　(C) 因為政府一定會提供　(D) 因為該財貨屬於準私有財。

(　　) 5. 下列哪一項不屬於環境公共財？　(A) 海洋　(B) 森林　(C) 公廁　(D) 全球氣候。

(　　) 6. 有關私有財與公共財之間的差異，下列敘述何者正確？　(A) 私有財不具排他性與敵對性，公共財都具備　(B) 私有財具排他性與敵對性，公共財都不具備　(C) 私有財不具排他性具敵對性，公共財都具備　(D) 私有財具排他性不具敵對性，公共財都不具備。

(　　) 7. 公有資源又可稱為：　(A) 準私有財　(B) 準公共財　(C) 純私有財　(D) 純公共財。

(　　) 8. 上游工廠任意排放廢水導致下游魚塭的魚大量死亡，是屬於哪一種外部性？　(A) 生產者對消費者　(B) 外部利益　(C) 生產者對生產者　(D) 消費者對消費者。

(　　) 9. 二手菸屬於哪一種外部性？　(A) 生產者對生產者　(B) 外部利益　(C) 生產者對消費者　(D) 消費者對消費者。

(　　) 10. 當發生外部成本時，廠商故意忽略則會造成：　(A) 定較高價格　(B) 產量少於最適產量　(C) 產量多於最適產量　(D) 定較低價格。

(　　) 11. 當發生外部成本時，可採取哪種矯正策略？　(A) 補貼　(B) 獎勵　(C) 課稅　(D) 停止營業。

（請沿虛線撕下）

(　　) 12. 什麼情況下可採用寇斯定理解決外部性問題？　(A) 交易成本高　(B) 財產權不明確　(C) 交易成本低　(D) 政府無法介入。

(　　) 13. 當發生正外部時，廠商故意忽略則會造成：　(A) 定較低價格　(B) 產量少於最適產量　(C) 產量多於最適產量　(D) 定較高價格。

(　　) 14. 當發生外部利益時，可採取哪種矯正策略？　(A) 補貼　(B) 價格折扣　(C) 課稅　(D) 擴大營業。

(　　) 15. 下列哪一項屬於正外部性？　(A) 二手菸　(B) 打疫苗　(C) 空汙　(D) 工地噪音。

二、問答題

1. 依消費排他性與敵對性，可將財貨分成哪四類？請分別說明之。
2. 請繪圖說明發生負外部性時廠商之均衡為何？並說明如何矯正之？
3. 請繪圖說明發生正外部性時廠商之均衡為何？並說明如何矯正之？

得　分

基礎經濟學　學後評量

CH10 國民經濟活動的衡量

班級：＿＿＿＿＿＿＿＿

學號：＿＿＿＿＿＿＿＿

姓名：＿＿＿＿＿＿＿＿

一、選擇題

(　　) 1. 丁丁麵包店花新臺幣80元買了一包臺製麵粉，並用這包麵粉製作售價新臺幣300元的麵包賣給消費者；另一包臺製麵粉在金聯超市被消費者以新臺幣120元購買。試問前述三筆交易對臺灣國內生產毛額（gross domestic product）的影響：　(A) 國內生產毛額增加新臺幣120元　(B) 國內生產毛額增加新臺幣200元　(C) 國內生產毛額增加新臺幣420元　(D) 國內生產毛額增加新臺幣500元。　【108年普考】

(　　) 2. 假設其他條件不變。下列關於國民所得與物價的敘述，何者正確？　(A) 一國的實質GDP會隨基期的改變而改變　(B) 一國的名目GDP會隨基期的改變而改變　(C) 一國的GDP平減指數不會隨基期的改變而改變　(D) 一國的名目GNP會隨基期的改變而改變。　【106年普考】

(　　) 3. 下列何者是中間財？　(A) 進口的手機　(B) 國產手機　(C) 土地　(D) 手機鏡頭。　【106年普考】

(　　) 4. 假設人口數不變。若2010年的平均每人GDP是50萬元，2011與2012年的平均每人GDP分別是55萬與60萬元。相較於2011年，2012年的GDP成長率？　(A) 上升　(B) 不變　(C) 下降　(D) 無法計算。　【105年普考】

(　　) 5. 下列何者不應計入本國之GDP？　(A) 政府對於國民教育的補貼　(B) 股票交易產生的手續費　(C) 中古車商的薪資　(D) 自住房屋之設算租金。　【104年普考】

(　　) 6. 地下經濟繁榮的國家通常　(A) 高估GDP　(B) 低估GDP　(C) 無法估計GDP　(D) 以上皆非。

(　　) 7. 假定在某期間內，名目GDP由2000億元，增為2400億元。同期，GDP平減指數（deflator）由125增為150。該期間內　(A) 實質GDP提高　(B) 實質GDP降低　(C) 實質GDP維持不變　(D) 無法判定。

(　　) 8. 下列何者為流量之概念？　(A) 財富　(B) 資產　(C) 特定時點的資本數量　(D) 所得。

（請沿虛線撕下）

(　　) 9. 下列何者不是衡量GDP所產生的問題？ (A) 未包含所得稅　(B) 排除地下經濟　(C) 忽略所得分配　(D) 未考慮環境品質。

(　　) 10. 若政府購買增加100萬，但GDP保持不變，則下列何種情況可能發生？（其他保持不變）　(A) 民間消費支出減少100萬　(B) 出口增加100萬　(C) 國內存貨增加100萬　(D) 進口減少100萬。

(　　) 11. 若從支出面計算GDP，不包括下列那一項？ (A) 原物料的出口值　(B) 機器的出口值　(C) 公務員薪資　(D) 利潤。【107年國考】

(　　) 12. 下列何者是中間財？ (A) 出口的手機　(B) 出口的手機鏡頭　(C) 進口的手機鏡頭　(D) 機器。【107年國考】

(　　) 13. 假設A國在2018年的名目GDP為9,000億元，且GDP平減指數（GDP deflator）為120。A國的實質GDP為：　(A) 7,000億元　(B) 7,500億元　(C) 8,000億元　(D) 8,500億元。【108年國考】

(　　) 14. 在其他條件不變下，假設一位農民花了1,000元種菜，且全部使用國產原料。收成後以1,500元賣給消費者。這項交易對今年度GDP的貢獻為：　(A) 500元　(B) 1,000元　(C) 1,500元　(D) 2,000元。【108年國考】

(　　) 15. 假設臺灣今年共進口外國生產的酒類，價值1億元，且全部售出。在其他條件不變且不考慮酒商的利潤及政府稅收下，此項活動對臺灣今年度GDP的貢獻為：　(A) 0元　(B) 0.5億元　(C) 1億元　(D) 2億元。

【108年國考】

二、問答題

1. GDP雖然是世界各國廣泛採用，但是它往往不能真正反映一國的福利水準，因為GDP有哪些缺點？

2. 有一個國家生產稻米和香蕉兩種產品，試完成下表。

年度	稻米		香蕉		名目GDP	實質GDP	GDP平減指數
	數量	價格	數量	價格			
t0 (基期)	90	40	20	60			
t1	100	35	25	65			
t2	110	38	30	80			

得　分

全華圖書（版權所有，翻印必究）

基礎經濟學　學後評量

CH11 國民所得的決定

班級：____________

學號：____________

姓名：____________

一、選擇題

(　　) 1. 邊際消費傾向定義為： (A) 消費改變除以總消費水準 (B) 消費改變除以可支配所得改變 (C) 可支配所得改變除以消費改變 (D) 消費改變除以可支配所得水準。【91初等考試】

(　　) 2. 下列有關凱因斯有效需求理論中短期消費函數的敘述，何者錯誤？ (A) 自發性支出與當期可支配所得無關 (B) 平均消費傾向（APC）大於邊際消費傾向（MPC） (C) 平均消費傾向（APC）會隨當期可支配所得增加而遞增 (D) 邊際消費傾向（MPC）小於1。【94年四技】

(　　) 3. 根據簡單凱因斯模型，當可支配所得等於800億，預擬消費支出為600億；當可支配所得等於1,000億，預擬消費支出為640億。則當可支配所得等於800億時，預擬儲蓄為： (A) 200億 (B) 360億 (C) 560億 (D) 1,400億。【105年地特4等】

(　　) 4. 簡單凱因斯模型中，已知消費函數的自發性消費為800，且人們會在可支配所得大於2,000時開始考慮儲蓄。請問該消費函數的邊際消費傾向為多少？ (A) 0.4 (B) 0.5 (C) 0.6 (D) 0.7。【105年特考三級】

(　　) 5. 在凱因斯模型中，下列何者對儲蓄函數的敘述正確？ (A) 儲蓄隨著所得增加而增加 (B) 它等於45°線與消費函數差額的絕對值 (C) 它是45°線與家庭支出加投資支出線的差額 (D) 它是利率的函數。【92年政大金融】

(　　) 6. 一般來說，邊際消費傾向： (A) 等於零 (B) 在零與1之間 (C) 等於1 (D) 隨著所得增加而增加。【89四等特考】

(　　) 7. 假設總體經濟模型為Y＝C＋I＋G，式中C＝10＋0.8Yd，Yd＝Y－T，I＝40，G＝50，T＝20。則： (A) 均衡所得水準為400 (B) 均衡消費支出為300 (C) 均衡儲蓄水準為70 (D) 政府購買支出乘數為4。【89年四技】

(　　) 8. 若本國消費函數為C＝100＋0.8YD，其中C為消費、YD為可支配所得。另外，本國投資、政府支出、稅賦、進口與出口均為100。若本國的充分就業產出為1,200，試問在均衡時，經濟社會有： (A) 緊縮缺口，缺口大小為100 (B) 緊縮缺口，缺口大小為20 (C) 膨脹缺口，缺口大小為100 (D) 膨脹缺口，缺口大小為20。【105年特考】

（請沿虛線撕下）

(　　) 9. 在封閉體系且考慮政府部門下，假設邊際消費傾向為0.8，邊際稅率為0.25，充分就業產出為5,000萬，而目前經濟體系的均衡產出為4,000萬。請問政府定額稅該採何種方式，才會使經濟體系達到充分就業產出？ (A) 減稅400萬 (B) 減稅500萬 (C) 減稅1,000萬 (D) 減稅2,000萬。

【105年特考三級】

(　　) 10. 在一個簡單凱因斯模型（沒有政府及外貿部門），GDP等於： (A) C+I+S (B) I+S (C) C+I (D) C+I−S。 【87四等特考】

(　　) 11. 根據凱因斯理論，節儉的矛盾是說自發性儲蓄增加會導致： (A) 所得與儲蓄增加 (B) 所得減少，但儲蓄不變或減少 (C) 所得增加，但儲蓄不變 (D) 所得減少與投資增加。 【105年地特4等】

(　　) 12. 在簡單凱因斯模型中，均衡所得等於： (A) 自發性消費除以邊際消費傾向 (B) 自發性儲蓄除以邊際儲蓄傾向 (C) 自發性支出除以邊際消費傾向 (D) 自發性支出除以邊際儲蓄傾向。 【107年國考】

(　　) 13. 在一個封閉的凱因斯體系中，假設邊際消費傾向為0.8，政府支出增加100億元，且稅收也同時增加100億元。其他條件不變下，均衡實質所得會： (A) 增加100億元 (B) 增加400億元 (C) 增加500億元 (D) 不改變。

【108年國考】

(　　) 14. 有關節儉的矛盾，下列何者正確？ (A) 在短期下，人們希望增加儲蓄，但實際儲蓄並沒有增加的現象 (B) 凱因斯認為節儉是美德 (C) 古典學派認為節儉是罪惡 (D) 在說明充分就業下均衡所得的決定。

【109年國考】

(　　) 15. 在簡單凱因斯模型中，當所得增加5,000元時，消費增加4,000元，則： (A) 平均消費傾向等於0.8 (B) 邊際消費傾向等於0.8 (C) 平均儲蓄傾向等於0.8 (D) 自發性支出乘數為1.25。 【109年國考】

二、問答題

1. 試繪圖並說明在簡單凱因斯模型中，商品市場如何達到均衡。
2. 試繪圖並說明膨脹缺口與緊縮缺口。
3. 試繪圖並說明節儉的矛盾。

得　分

全華圖書

基礎經濟學　學後評量

CH12 金融體系與貨幣

班級：＿＿＿＿＿＿

學號：＿＿＿＿＿＿

姓名：＿＿＿＿＿＿

一、選擇題

(　　) 1. 下列何者並非「以物易物」（barter）交易方式的主要缺點？ (A) 不易達成「欲望的雙重巧合」（double coincidence of wants） (B) 物品運送成本高 (C) 無法找零，不易滿足「等值互償」 (D) 若某人收支時點不一致，就會難以消費。【108年公務人員初等考試】

(　　) 2. 下列何者不計入「貨幣」統計項目內？ (A) 您在銀行的支票存款 (B) 您放在家裡的現金 (C) 便利商店收銀機裡的現金 (D) 自動提款機(ATM)裡的鈔票 (E) 您在銀行的活期存款。

(　　) 3. 下列有關貨幣之敘述，何者正確？ (A) 法定貨幣（fiat money）之內在價值低於法定貨幣之面值 (B) 法定貨幣之內在價值等於法定貨幣之面值 (C) 法定貨幣之內在價值高於法定貨幣之面值 (D) 貨幣當局發行法定貨幣不考慮物價上漲因素。【108年公務人員初等考試】

(　　) 4. 貨幣是資產的一種，其各項功能中強的應當是： (A) 價值儲存的功能 (B) 保值的功能 (C) 投機的功能 (D) 交易媒介的功能。【108年公務人員初等考試】

(　　) 5. 下列哪一種功能是貨幣的基本功能？ (A) 計價單位 (B) 交易媒介 (C) 價值儲藏 (D) 延期支付 (E) 以上皆非。

(　　) 6. 金融市場依信用工具的期限長短來分類，可分為： (A) 債務市場與股權市場 (B) 初級市場與次級市場 (C) 國內金融市場與國際金融市場 (D) 股票市場與債券市場 (E) 貨幣市場與資本市場。

(　　) 7. 首次發行有價證券的市場，稱為： (A) 債券市場 (B) 流通市場 (C) 次級市場 (D) 初級市場 (E) 貨幣市場。

(　　) 8. 下列何者屬於金融中介機構？ (A) 證券商 (B) 期貨公司 (C) 票券公司 (D) 商業銀行 (E) 中央銀行。

(　　) 9. 金融市場依金融工具的期限長短來分類，可分為： (A) 債務市場與股權市場 (B) 初級市場與次級市場 (C) 股票市場與債券市場 (D) 貨幣市場與資本市場。

（請沿虛線撕下）

(　　) 10. 假設法定存款準備率為25%，且每家銀行的超額準備率為15%。若中央銀行賣出500萬元的政府公債，下列敘述何者正確？ (A) 貨幣供給數量最多增加1,250萬元 (B) 貨幣供給數量最多增加2,000萬元 (C) 貨幣供給數量最多減少1,250萬元 (D) 貨幣供給數量最多減少2,000萬元。

【107年普考】

(　　) 11. 下列何者未包含在我國貨幣統計量M1B當中？ (A) 志偉皮夾中的零錢三千元 (B) 保達公司新增其第一銀行的支票存款三百萬元 (C) 欣然食品存放在玉山銀行的定期存款五十萬元 (D) 鴻海公司新增其華南銀行的活期存款兩百萬元。 【109年公務人員特考】

(　　) 12. 下列何者是從事直接金融業務的金融機構？ (A) 銀行 (B) 保險公司 (C) 證券公司 (D) 基金公司。 【105年地特五等】

(　　) 13. 下列何者不是物物交換經濟的缺點？ (A) 無法找零 (B) 商品無法分割 (C) 可以作為交易媒介 (D) 要找到雙方可以交換的商品，必須花很多搜尋成本。 【104年高考三級】

(　　) 14. 假設銀行不保有超額準備以及社會大眾不會持有通貨的前提下，若商業銀行的存款準備率是25%，則貨幣乘數為： (A) 2 (B) 4 (C) 25 (D) 100。 【105年地特五等】

(　　) 15. 下列何者是包含在M1B中但並未包含在M1A中？ (A) 活期存款 (B) 旅行支票 (C) 通貨 (D) 活期儲蓄存款。

二、問答題

1. 貨幣具有那四大功能？試說明其重要性。
2. 請比較下列各項，其二者之間有何差異：
   (1)直接金融與間接金融。
   (2)貨幣市場與資本市場。
3. 假設新臺幣的通貨發行額為30,000億元，活期存款為25,000億元，活期儲蓄存款為40,000億元，定期存款與定期儲蓄存款兩者合計為200,000億元，銀行庫存現金為5,000億元，存簿儲金為35,000億元，支票存款淨額為20,000億元，則貨幣供給額M1A、M1B、M2與準貨幣分別為多少？

得 分

全華圖書（版權所有，翻印必究）

基礎經濟學　學後評量

CH13 總合供給與總合需求

班級：＿＿＿＿＿＿

學號：＿＿＿＿＿＿

姓名：＿＿＿＿＿＿

一、選擇題

(　　) 1. 若某一經濟體系的物價在短期具有完全僵固性，則下列敘述何者正確？ (A) 該國的總合需求曲線為水平線　(B) 該國的短期總產出由總合需求決定　(C) 貨幣中立性在該國短期是成立的　(D) 該國短期總產出等於充分就業產出。【107 公務人員初等考試】

(　　) 2. 根據總合供需模型，在其他條件不變，且勞動市場未達充分就業下，減稅最可能導致：　(A) 進口需求增加，實質工資率上升　(B) 進口需求減少，實質工資率上升　(C) 進口需求增加，實質工資率下降　(D) 進口需求減少，實質工資率下降。【107年地特】

(　　) 3. 根據總合需求分析，本國貨幣升值將導致：　(A) 總合需求線右移，貨幣需求增加　(B) 總合需求線右移，貨幣需求減少　(C) 總合需求線左移，貨幣需求增加　(D) 總合需求線左移，貨幣需求減少。【107年地特】

(　　) 4. 根據一般物價變動的財富效果（wealth effect），當物價下跌，資產的購買力將會？　(A) 上升且消費者支出減少　(B) 上升且消費者支出增加 (C) 上升且投資支出減少　(D) 上升且投資支出增加。【106年高考】

(　　) 5. 其他條件不變之下，下列那一個選項，會使得總合需求曲線向右方移動？ (A) 股價狂跌　(B) 物價下跌　(C) 房價大跌　(D) 稅率下降。【106年地特】

(　　) 6. 某一經濟體系的總合需求曲線與短期總合供給曲線，相交於一個小於充分就業的所得水準之上。其他條件不變之下，在趨向長期均衡的過程中，此經濟體系會有下列那個變化？　(A) 名目工資上升，使得短期總合供給曲線向左上方移動　(B) 名目工資下降，使得短期總合供給曲線向左上方移動　(C) 名目工資上升，使得短期總合供給曲線向右下方移動　(D) 名目工資下降，使得短期總合供給曲線向右下方移動。【106年地特】

(　　) 7. 某經濟體系原處於長期均衡狀態，而其短期總合供給線為一水平線。若貨幣流通速度增加，而其政府並沒有採取任何干預措施，則下列何者正確？　(A) 產出在長期以及短期均會調升　(B) 價格在長期以及短期均會調升　(C) 價格在短期會調升，而產出在長期會調升　(D) 產出在短期會調升，而價格在長期會調升。【106年地特】

（請沿虛線撕下）

(　　) 8. 假設某一封閉經濟體系，其名目工資具向下僵固性，但不具向上僵固性，且目前的所得水準等於其充分就業時的所得水準。其他條件不變之下，若該經濟體系的政府增加支出，根據凱因斯的總合供需模型，該經濟體系均衡的：(A) 產出及物價水準皆上升　(B) 產出水準上升但物價水準不變　(C) 產出水準及物價水準皆不變　(D) 產出水準不變但物價水準上升。【105年地特】

(　　) 9. 下列有關總合需求的敘述，何者正確？　(A) 減稅使總合需求線右移；增加政府購買性支出使總合需求線左移　(B) 減稅使總合需求線左移；增加政府購買性支出使總合需求線右移　(C) 減稅與增加政府購買性支出均使總合需求線右移　(D) 減稅與增加政府購買性支出均使總合需求線左移。【105年地特】

(　　) 10. 總合需求曲線會隨下列那種情形而左移？　(A) 政府支出增加　(B) 貨幣需求減少　(C) 貨幣供給增加　(D) 自發性投資減少。

(　　) 11. 緊縮的貨幣政策會使：　(A) 總合需求曲線左移　(B) 總合需求曲線右移　(C) 總合供給曲線左移　(D) 總合供給曲線右移。

(　　) 12. 物價膨脹期間，若工會要求提高工資，將導致：　(A) 總合需求線左移　(B) 總合需求線右移　(C) 總合供給線左移　(D) 總合供給線右移。

(　　) 13. 凱因斯學派的總合供給曲線其斜率為：　(A) 垂直　(B) 負斜率　(C) 水平　(D) 部分正斜率。

(　　) 14. 古典學派之總供給曲線為：　(A) 總產出為物價水準之遞減函數　(B) 總產出為物價水準之遞增函數　(C) 總產出固定於某一水準之曲線　(D) 以上皆非。

二、問答題

1. 近年來，世界各國皆在引進數位科技取代類比技術，原本各自獨立的產業現可跨業經營（數位匯流），行動支付、物聯網、製造業4.0、創新服務業、……乃因應而生。進入數位經濟時代後，請利用AD－AS（總合需求與供給）模型來探討：
(1)AD是否會受到影響？為什麼？
(2)AS是否會受到影響？為什麼？
(3)國內一般物價水準與實質國民所得是否會受到影響？為什麼？【106年高考】

2. 在總合供給與總合需求模型中，試說明下列哪一項因素會使總合需求曲線與總合供給移動？
(1)預期物價水準上升。
(2)減稅。
(3)貨幣需求增加。
(4)貨幣供給增加。

得　分

基礎經濟學　學後評量

CH14 中央銀行與貨幣政策

班級：＿＿＿＿＿＿＿＿

學號：＿＿＿＿＿＿＿＿

姓名：＿＿＿＿＿＿＿＿

一、選擇題

(　　) 1. 中央銀行提高貼現率會導致貨幣供給量的　(A) 增加和利率提高　(B) 減少和利息率提高　(C) 增加和利率降低　(D) 減少和利率降低。

(　　) 2. 如果中央銀行向公衆大量購買政府債券，他的意圖是　(A) 增加商業銀行存入中央銀行的存款　(B) 減少商業銀行的貸款總額　(C) 提高利息率水準　(D) 通過增加商業銀行的貸款總額擴大貨幣供給量以達到降低利率刺激投資的目的。

(　　) 3. 假如商業銀行沒有保留超額儲備，中央銀行在公開市場上賣出政府債券，將使商業銀行的儲備　(A) 變得過剩　(B) 增加一倍　(C) 變得不足　(D) 維持在原水準。

(　　) 4. 中央銀行被稱為「政府的銀行」，是因為中央銀行：　(A) 獨占通貨發行權　(B) 保管外匯　(C) 保管法定準備金　(D) 辦理票據交換之清算　(E) 代理國庫。

(　　) 5. 中央銀行被稱為「發行銀行」，是因為中央銀行：　(A) 獨占通貨發行權　(B) 保管外匯　(C) 扮演銀行最後融通者角色　(D) 辦理票據交換之清算　(E) 代理國庫。

(　　) 6. 假設中央銀行欲使貨幣供給額從9,000億增加至10,500億，在貨幣乘數為3的情況下，貨幣基數必須：　(A) 2,500億增加到5,000億　(B) 2,500億增加到4,000億　(C) 3,000億增加到3,500億　(D) 9,003億增加到10,503億。

(　　) 7. 欲降低物價水準，中央銀行可：　(A) 在公開市場賣出政府公債　(B) 在公開市場買進政府公債　(C) 調降重貼現率　(D) 調降法定存款準備率。

(　　) 8. 貨幣政策影響經濟體系會經過一段冗長落後期，最主要的原因為：　(A) 貨幣政策之計畫案需經立法院通過後，呈報總統施行　(B) 貨幣政策係透過利率改變發生效果，但中央銀行無法快速改變利率　(C) 利率改變後主要影響廠商的投資，但廠商的投資決策早就決定，無法立即改變　(D) 利率改變後主要影響家計單位的消費，但家計單位的消費決策早就決定，無法立即改變。

(請沿虛線撕下)

(　　) 9. 下列何者並非我國中央銀行用來影響貨幣供給之方式？ (A) 發行定期存單 (B) 對商業銀行道德勸說 (C) 調整商業本票利率 (D) 改變應提準備率。

(　　) 10. 「公開市場操作」是指中央銀行： (A) 在公開市場買賣債券，以調節貨幣供給額 (B) 召開記者會，在公開場合宣布貨幣政策 (C) 在公開場合與商業銀行協商業務 (D) 在證券市場買賣公開上市公司股票。

(　　) 11. 以下何者為中央銀行用以刺激景氣的擴張型貨幣政策？ (A) 調高法定存款準備率 (B) 公開市場買入 (C) 公開市場賣出 (D) 調高重貼現率。

(　　) 12. 若中央銀行在公開市場賣出債券，下列敘述何者正確？ (A) 利率提高且貨幣供給增加 (B) 利率提高且貨幣供給減少 (C) 利率降低且貨幣供給增加 (D) 利率降低且貨幣供給減少。

(　　) 13. 有關「法定準備率」的敘述，下列何者正確？ (A) 法定準備率的高低，由財政部立法訂定 (B) 法定準備率提高，銀行的超額準備會增加 (C) 法定準備率降低，銀行體系創造貨幣的能力會提高 (D) 法定準備率愈高，公司償債能力亦愈高。

(　　) 14. 假定某銀行存款金額為250億元，所提準備金30億元恰足夠為應提準備。今中央銀行宣布調降應提準備率至8%，則原始應提準備率與該銀行至少可動用的準備金各是多少？ (A) 12%；10億元 (B) 12%；20億元 (C) 10%；10億元 (D) 10%；20億元。

二、問答題

1. 中央銀行的三種主要貨幣政策工具是什麼？
2. 計算下列每種情況時的貨幣乘數：
   (1)貨幣供給為5,000億元，貨幣基礎為2,000億元。
   (2)存款為5,000億元，通貨為1,000億元，準備金為500億元。
   (3)準備金為500億元，通貨為1,500億元，準備金與存款的比率為0.1。

得　分

全華圖書（版權所有，翻印必究）

基礎經濟學　學後評量

CH15 生活的痛苦指數：失業與通貨膨脹

班級：＿＿＿＿＿＿＿＿

學號：＿＿＿＿＿＿＿＿

姓名：＿＿＿＿＿＿＿＿

一、選擇題

(　　) 1. 下列何項對失業者的敘述錯誤？　(A) 目前無任何工作機會　(B) 隨時可以工作　(C) 有兼職但無全職工作　(D) 已參加求職面試，目前在等候面試結果通知。【106年普考】

(　　) 2. 小明每週工作20小時；小華處於暫時解雇（temporary layoff，又稱臨時解雇）狀態；小強為全職大學生，試問誰屬於「民間勞動力」？　(A) 小明　(B) 小華　(C) 小明和小華　(D) 小明和小強。【108年普考】

(　　) 3. 勞動參與率告訴我們民間人口中＿＿＿的比例。　(A) 從未就業　(B) 受雇勞工　(C) 選擇參與勞動市場　(D) 可以參與勞動市場。【108年普考】

(　　) 4. 強化勞動市場供需資訊的提供，成立職業介紹所，或架設求職網站，可以消除：　(A) 循環性失業　(B) 結構性失業　(C) 摩擦性失業　(D) 隱藏性失業。

(　　) 5. 假設民國105年的物價指數為105，民國106年的物價指數為110，民國107年的物價指數為115；則下列敘述何者錯誤？　(A) 這三年的整體物價水準一年比一年高　(B) 這三年經濟體系中的每一個商品都越來越貴　(C) 民國105年至民國106年的通貨膨脹率大於民國106年至民國107年的通貨膨脹率　(D) 民國105年至民國106年的通貨膨脹率為正，民國106年至民國107年的通貨膨脹率也為正。【108年普考】

(　　) 6. 根據勞動部的資料，民國53年的基本工資為每月新臺幣450元，民國108年的基本工資為每月新臺幣23,100元。給定民國53年與民國108年的消費者物價指數（consumer price index，簡稱CPI），則我們如何計算民國108年的基本工資相當於民國53年的多少錢？　(A) (\$23,100 / \$450) × 民國53年的CPI　(B) \$450 × (民國108年的CPI / 民國53年的CPI)　(C) \$23,100 × (民國108年的CPI / 民國53年的CPI)　(D) \$23,100 × (民國53的CPI / 民國108年的CPI)。【108年普考】

(　　) 7. 下列關於物價膨脹率的敘述，何者正確？　(A) 如果物價膨脹率超過名目利率，則存款的購買力一定是上升的　(B) 如果物價膨脹率超過名目利率，則存款的購買力一定是下降的　(C) 事後的實質利率高於事前的實質利率　(D) 事後的實質利率低於事前的實質利率。【106年普考】

(　　) 8. 假設公債的名目利率在2013與2014年分別為1.1%與1.2%，而通貨膨脹率分別為0.9%與1.4%，則：　(A) 公債的實質利率分別為–0.2%與0.2%　(B) 公債的實質利率分別為0.2%與–0.2%　(C) 公債的實質利率分別為–0.2%

（請沿虛線撕下）

與–0.2%　(D) 兩年的實質利率均為正0.2%，因為實質利率不可能為負。【106年普考】

(　　) 9. 下列何者為痛苦指數的定義？　(A) 失業率 + 經濟成長率　(B) 經濟成長率 + 通貨膨脹率　(C) 失業率 + 負債比率　(D) 失業率 + 通貨膨脹率。

(　　) 10.「過多的貨幣追逐過少的財貨」，造成一般物價持續上揚的現象，是屬於：　(A) 輸入性通貨膨脹　(B) 結構性通貨膨脹　(C) 成本推動的通貨膨脹　(D) 需求拉動的通貨膨脹。

(　　) 11. 在充分就業下，下列敘述何者正確？　(A) 失業率為零　(B) 循環性失業為零　(C) 結構性失業為零　(D) 摩擦性失業為零。【107年國考】

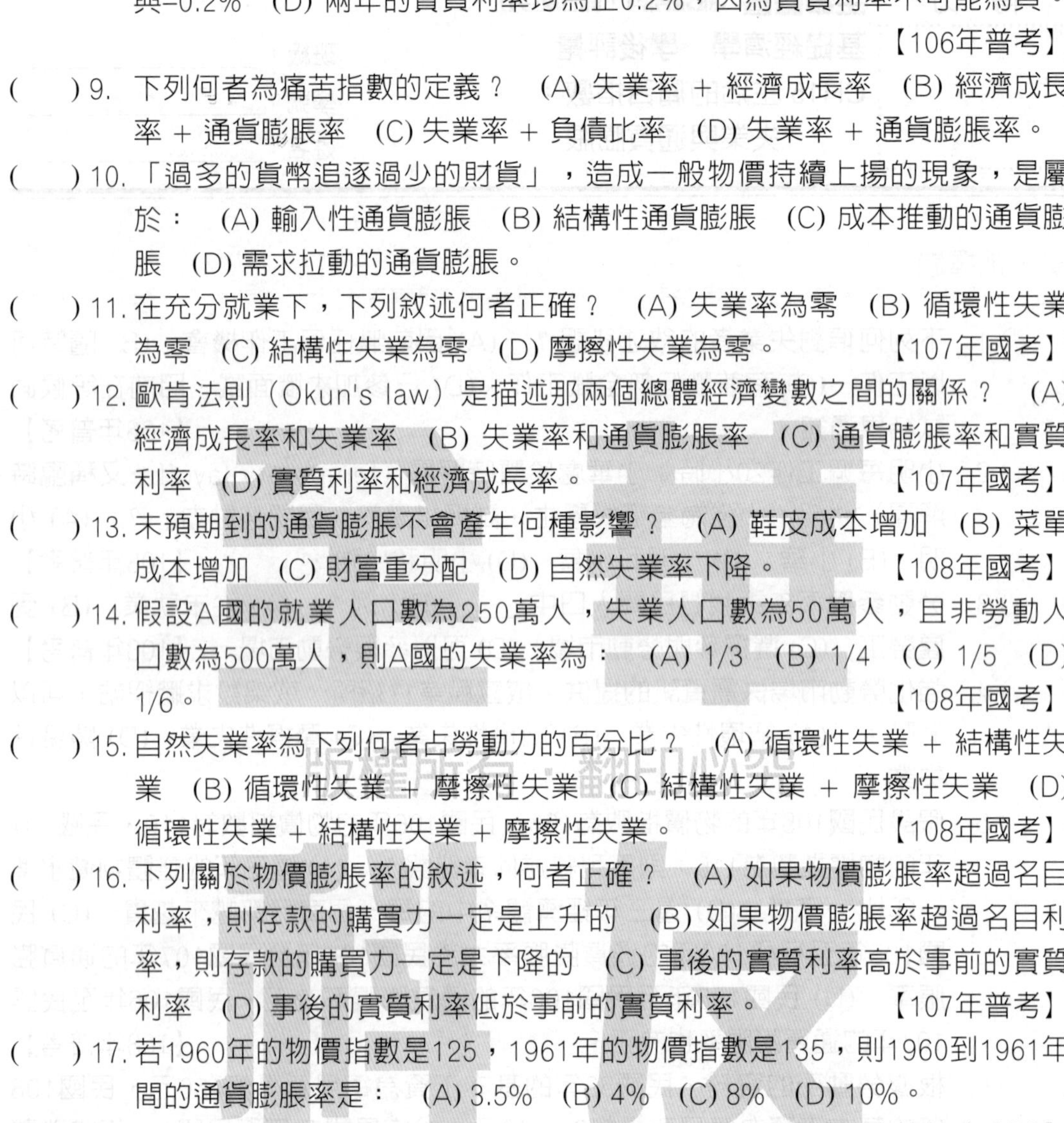

(　　) 12. 歐肯法則（Okun's law）是描述那兩個總體經濟變數之間的關係？　(A) 經濟成長率和失業率　(B) 失業率和通貨膨脹率　(C) 通貨膨脹率和實質利率　(D) 實質利率和經濟成長率。【107年國考】

(　　) 13. 未預期到的通貨膨脹不會產生何種影響？　(A) 鞋皮成本增加　(B) 菜單成本增加　(C) 財富重分配　(D) 自然失業率下降。【108年國考】

(　　) 14. 假設A國的就業人口數為250萬人，失業人口數為50萬人，且非勞動人口數為500萬人，則A國的失業率為：　(A) 1/3　(B) 1/4　(C) 1/5　(D) 1/6。【108年國考】

(　　) 15. 自然失業率為下列何者占勞動力的百分比？　(A) 循環性失業 + 結構性失業　(B) 循環性失業 + 摩擦性失業　(C) 結構性失業 + 摩擦性失業　(D) 循環性失業 + 結構性失業 + 摩擦性失業。【108年國考】

(　　) 16. 下列關於物價膨脹率的敘述，何者正確？　(A) 如果物價膨脹率超過名目利率，則存款的購買力一定是上升的　(B) 如果物價膨脹率超過名目利率，則存款的購買力一定是下降的　(C) 事後的實質利率高於事前的實質利率　(D) 事後的實質利率低於事前的實質利率。【107年普考】

(　　) 17. 若1960年的物價指數是125，1961年的物價指數是135，則1960到1961年間的通貨膨脹率是：　(A) 3.5%　(B) 4%　(C) 8%　(D) 10%。【87高等檢定考試】

二、問答題

1. 請問失業有哪些主要的種類？
2. 通貨膨脹的類型有哪些？
3. 衡量通貨膨脹的指標有哪些？
4. 設某國價格水準在2014年為107.9，2015年為111.5，2016年為114.5。求：
   (1)2015年和2016年通貨膨脹率各為多少？
   (2)若以前兩年通貨膨脹的平均值作為第三年通貨膨脹的預期值，試計算2017年的預期通貨膨脹率？
   (3)若2017年的利率為6%，計算該年的實質利率。

得　分

基礎經濟學　學後評量

CH16 經濟成長：資本累積與技術進步

班級：＿＿＿＿＿＿＿＿

學號：＿＿＿＿＿＿＿＿

姓名：＿＿＿＿＿＿＿＿

一、選擇題

(　　) 1. 在其他條件不變下，生產技術水準提高，會使得經濟成長率：　(A) 下降　(B) 不受影響　(C) 效果不確定　(D) 上升。

(　　) 2. 如果生產可能曲線整條向外移動，這表示有可能是：　①生產技術進步了　②原先失業的人就業了　③經濟成長了　(A) ①與②均對　(B) ①與③均對　(C) ②與③均對　(D) ①與②與③均對。

(　　) 3. 我們常以勞動生產力曲線（Labor Productivity Curve，LPC）來表示下列哪種變數之關係？　(A) 實質GDP / 勞動、資本 / 勞動　(B) 實質GDP、勞動　(C) 實質GDP、資本　(D) 實質GDP / 勞動、資本 / 勞動。

(　　) 4. 根據梭羅理論模型（Solow model）的論點，A和B兩國的人口成長率相同，儲蓄率也相同，但是A國經濟成長起步較早，則在穩定狀態（steady state）下，兩國的每人平均所得何者較高？　(A) A國　(B) B國　(C) 兩國一樣高　(D) 無法比較。

(　　) 5. 經濟成長的殘餘因素直接或間接與下列何者有關？　(A) 消費　(B) 教育　(C) 投資　(D) 政治。

(　　) 6. 甲國在2006年的GDP為1,200億，2005年為800億，依此資料判定，2006年甲國的經濟成長率是多少？　(A) 20%　(B) 50%　(C) 70%　(D) 無法判斷。

(　　) 7. 隨著農業機械化、工業自動化，我國未來的　(A) 服務業　(B) 製造業　(C) 農業　(D) 土地密集產業　，將吸收更多的就業人口，而為促進我國經濟成長的主力。

(　　) 8. 地處北歐的芬蘭，雖然氣候寒冷，自然資源缺乏，但其政府卻投注大量的經費預算於「創新文化、投資腦力」上，將芬蘭從一個貧窮的國家搖身變為全球最具競爭力的經濟體。這項成功的經驗說明了芬蘭何種政策的奏效？　(A) 經濟成長　(B) 政治穩定　(C) 教育發展　(D) 環境保育。

（請沿虛線撕下）

(　　) 9. 下列哪一種經濟成長理論認為技術進步是受到人們經濟行為的影響？ (A) Harrod-Domar模型 (B) Solow-Swan模型 (C) 內生成長模型 (D) 古典成長模型。

(　　) 10. 在其他條件不變下，資本存量增加，會造成： (A) 經濟成長提高 (B) 經濟成長下降 (C) 經濟成長不受影響 (D) 對經濟成長之效果無法確定。 【93初等考】

(　　) 11. 根據梭羅的新古典成長模型，當儲蓄率由s1增加為s2，下列何者錯誤？ (A) 增加穩定狀態（steady state）下的人均消費 (B) 增加穩定狀態下的人均資本 (C) 增加穩定狀態下的人均產出 (D) 不影響穩定狀態下的人均所得成長率。 【106年國考】

(　　) 12. 生產可能曲線（production possibility curve）係指下列何者？ (A) 任何要素稟賦都能生產的商品組合的軌跡 (B) 任何技術都能生產的商品組合的軌跡 (C) 以最少的生產要素所能生產的商品組合的軌跡 (D) 以既有的技術與生產要素稟賦所能達到的最大產量組合的軌跡。【107年國考】

(　　) 13. 下列何者並非經濟成長之關鍵因素？ (A) 資本存量 (B) 勞動力投入 (C) 人口性別比例 (D) 技術水準。 【107年國考】

(　　) 14. 假設某國家從2000年到2003年的3年間，實質GDP由100億美元成長到123億美元。此國在該期間的 平均每年經濟成長率約為多少？ (A) 3% (B) 7% (C) 12% (D) 23%。 【107年國考】

(　　) 15. 內生成長理論主要的任務是： (A) 以內含貨幣成長取代Solow成長模型無貨幣之缺陷 (B) 要解釋社會如何可達黃金比例的成長 (C) 顯示人口成長如何導致資本及產出之減少 (D) 要解釋何以生產力會改變。 【107年國考】

二、問答題

1. 請問一個國家能夠持續經濟成長的動力來源為何？
2. 已知某一國家之經濟成長率$g = 4\%$，資本所得份額$\alpha = 0.6$，資本成長率$g_K = 5\%$，勞動所得份額$\beta = 0.4$，勞動成長率$g_L = 2\%$，則該國之技術進步率為何？

得 分

全華圖書

基礎經濟學 學後評量

CH17 國際貿易

班級：＿＿＿＿＿＿＿＿

學號：＿＿＿＿＿＿＿＿

姓名：＿＿＿＿＿＿＿＿

一、選擇題

( ) 1. 國際貿易建立在比較利益的基礎上，以下何者與比較利益無關？ (A) 政府的政策 (B) 自然條件的差異 (C) 生產技術的差異 (D) 生產因素的優勢程度。

( ) 2. 假設甲國與乙國在生產過程只使用勞動生產要素，且兩國支付勞動工資相同。在相同的勞動投入下，甲國全部生產皮鞋可得16雙，全部生產衣服可得10件；乙國全部生產皮鞋可得12雙，全部生產衣服可得8件。下列敘述何者正確？ (A) 乙國生產皮鞋與衣服都享有比較利益 (B) 依比較利益法則，兩國不會產生貿易行為 (C) 乙國生產皮鞋享有比較利益 (D) 甲國生產皮鞋享有比較利益。

( ) 3. 繼續上題，若兩國要進行貿易，則貿易條件可能為 (A) 1.3 (B) 1.4 (C) 1.5 (D) 1.6。

( ) 4. 政府調降進口品的關稅會造成何種影響？ (A) 進口品價格會上升 (B) 消費者福利會減少 (C) 進口量會增加 (D) 出口量會減少。

( ) 5. 進口配額（quotas）的效果為： (A) 提高商品價格，但減少進口數量 (B) 提高商品價格，但增加進口數量 (C) 降低商品價格，但減少進口數量 (D) 降低商品價格，但增加進口數量。

( ) 6. 對進口產品課徵關稅，將會使產品在本國： (A) 進口數量增加 (B) 出口數量增加 (C) 進口品價格下跌 (D) 進口品價格上升。

( ) 7. 進口限制、進口限額、自動出口設限及關稅等措施，會造成下列何種影響？ (A) 均會增加數量與價格 (B) 均會降低數量與價格 (C) 會降低均衡時的數量但會提高均衡價格 (D) 會增加均衡時的數量但會降低均衡價格。

( ) 8. 國際貿易之所以發生，是因為： (A) 國際間生產要素缺乏流動性 (B) 各國經濟資源稟賦不同 (C) 各國生產各種產品所需的技術與投入不同 (D) 各國人口數量不一樣。

（請沿虛線撕下）

( ) 9. 如果在國際貿易上實施配額的限制，相對於自由貿易，將會有以下何種情形？ (A) 國內生產者將以較低的價格出更多的數量 (B) 國內生產者將以較低的價格出售更少的數量 (C) 國內生產者將以較高的價格出售更多的數量 (D) 國內生產者將以較高的價格出售更少的數量。

( ) 10. 哪一項不是反對自由貿易的理由： (A) 保護剛發展之幼苗產業 (B) 保護國家安全相關產業 (C) 保護就業機會 (D) 維持國家經濟專業化生產。

( ) 11. 哪些貿易保護政策，是屬於價格的政策工具？ 甲. 關稅 乙. 補貼 丙. 配額 (A) 甲乙 (B) 甲丙 (C) 乙丙 (D) 甲乙丙。

( ) 12. 開放自由貿易後，對本國之影響為 (A) 出口產品之消費者獲益 (B) 出口產品之生產者獲益 (C) 出口數量減少 (D) 出口產品本國之價格下降。

( ) 13. 下列有關比較利益法則的敘述，何者錯誤？ (A) 可用以決定專業分工型態 (B) 可應用至個人、公司行號之交易，以及國家間之貿易 (C) 可用以決定生產數量及交易條件 (D) 根據機會成本決定比較利益。

( ) 14. 專業分工（specialization）的利益，主要是因為何種利益所致？ (A) 絕對利益（absolute advantage） (B) 不存在的利益（non-exist advantage） (C) 不公平的利益（absolute advantage） (D) 相對利益（comparative advantage）。

( ) 15. 進口限制、進口限額、自動出口設限及關稅等措施，會造成下列何種影響？ (A) 均會增加數量與價格 (B) 均會降低數量與價格 (C) 會降低均衡時的數量但會提高均衡價格 (D) 會增加均衡時的數量但會降低均衡價格。

二、問答題

1. 本國是小國，未開放貿易前國內商品的均衡價格為15元。開放貿易後，政府對同質進口品課徵從量關稅每單位2元，若國際價格是10元，則開放貿易後，試問：
   (1)消費者買本國產品要付出多少？
   (2)消費者買進口產品要付出多少？
   (3)本國廠商產量會增加或減少？
2. 試以圖形分析小國進口課徵進口關稅對該國消費者剩餘、生產者剩餘、政府關稅收入、以及社會總剩餘之影響。

得　分

全華圖書（版權所有，翻印必究）

基礎經濟學　學後評量

CH18 國際收支與匯率

班級：＿＿＿＿＿＿＿

學號：＿＿＿＿＿＿＿

姓名：＿＿＿＿＿＿＿

一、選擇題

(　　) 1. 美元兌換新臺幣之匯率由1比32變為1比33，則新臺幣匯率的變動幅度為：(A) 貶值3.13%　(B) 貶值3.03%　(C) 升值3.13%　(D) 升值3.03%。【93二專】

(　　) 2. 下列何者將導致新臺幣升值？　(A) 進口大於出口　(B) 本國利較高，外匯流入　(C) 中央銀行買入外匯　(D) 捐贈外匯予他國。

(　　) 3. 若新臺幣相對美元升值時，則：　(A) 臺灣自行車在美國賣得更便宜　(B) 臺灣自行車在美國賣得更貴　(C) 美國汽車在臺灣賣得更貴　(D) 美國電腦在臺灣賣得更貴。【92四等特考】

(　　) 4. 考慮臺幣與美元外匯市場的均衡匯率，下列何者會促使臺幣升值？　(A) 臺灣到美國的留學生增加　(B) 外資大量湧入臺灣股市投資　(C) 臺灣增加進口美國產品　(D) 到臺灣的美國觀光客減少。

(　　) 5. 根據購買力平價假說，下列敘述何者正確？　(A) 一國的幣值與其通貨膨脹率呈反比　(B) 一國的幣值與其通貨膨脹率呈正比　(C) 一國的幣值與其國內利率水準呈反比　(D) 一國的預期幣值與其國內利率水準呈正比。

(　　) 6. 下列哪一項交易會產生外匯需求？　(A) 外國歌星來臺舉辦演唱會　(B) 國外企業來臺設廠投資　(C) 觀光客倍增計畫增加國外觀光客　(D) 外國對國內建材需求增加。

(　　) 7. 假設泰銖（泰國貨幣）與新臺幣都不是國際間可兌換通貨（internationally convertible currencies），若你將前往泰國採購400萬泰銖的特產，且已知美元兌換新臺幣的匯率為1比30及美元兌換泰銖的匯率為1比40，則該特產採購金額換算成新臺幣為：　(A) 400萬元　(B) 300萬元　(C) 100萬元　(D) 10萬元。

(　　) 8. 當新臺幣有升值的傾向時，常導致我國的中央銀行在外匯市場買進美元，促使我國的外匯存底節節升高，此舉將會導致我國的利率水準：(A) 下跌，且貨幣供給數量增加　(B) 下跌，且貨幣供給數量減少　(C) 提高，且貨幣供給數量增加　(D) 提高，且貨幣供給數量減少。

（請沿虛線撕下）

(　)9. 當本國貨幣價值相對於外幣上升時： (A) 本國進口會減少，而經常帳會改善 (B) 本國出口會增加，而經常帳會改善 (C) 本國出口會減少，而經常帳會惡化 (D) 本國進口會增加，而經常帳會改善。

(　)10. 下列何者會使我國國際收支的經常帳增加？ (A) 美國利率大幅下降 (B) 我國出現大幅順差 (C) 外資大量流入本國來買股票 (D) 社會大眾預期美元會大幅貶值。

(　)11. 新臺幣與其它外國貨幣，例如美元、歐元等之兌換關係稱為： (A) 物價 (B) 匯率 (C) 利率 (D) 貼現率。

(　)12. 一國貨幣當局用以挹注國際收支逆差時，可動用之外幣資產稱為： (A) 外匯存款 (B) 外匯存底 (C) 外幣準備金 (D) 外幣預備金。

(　)13. 在外匯制度方面，若主管當局放任匯價在市場上自由調整變化，此匯率制度稱為： (A) 固定匯率制度 (B) 釘住匯率制度 (C) 浮動匯率制度 (D) 聯繫匯率制度。

(　)14. 若日圓相對美元的需求增加，將會發生下列何種情況？ (A) 美元升值 (B) 日圓貶值 (C) 美元貶值 (D) 美元需求增加。 【105年高考三級】

(　)15. 所謂貿易順差是指： (A) 出口減進口大於零 (B) 出口減進口小於零 (C) 出口加進口大於零 (D) 出口加進口小於零。

二、問答題

1. 何謂相對購買力平價？
2. 若美元兌換新臺幣之匯率由1比32變為1比33，則新臺幣匯率的變動幅度為何？
3. 根據購買力平價理論，假設在一年的期間，甲國通貨膨脹率為8%，乙國的通貨膨脹率為5%，則甲國的貨幣相對於乙國的貨幣應該為何？